대한상공회의소
국가
공인

사전이
필요없는
상공회의소
한자시험
실전모의고사

중급
3·4·5급
포함

개정판

에듀멘토르

01 부수란 무엇인가?

부수란 자전에서 한자를 찾는데 필요한 기본 글자이자, 한자 구성의 기본 글자로서 214자로 되어 있다.
부수는 한자를 문자 구조에 따라 분류·배열할 때 그 공통 부분을 대표하는 근간이 되는 글자의 구실을 한다.
부수자들은 각각 의미 기능을 가지고 있다. 그러므로 부수자를 알면 모르는 한자의 뜻을 쉽게 추측할 수 있다.
부수가 한자를 구성하는 위치에 따라 분류해 보면 다음과 같다.

변	왼쪽 부분을 차지하는 부수
人	亻_ 인변 價 個 代 使
水	氵_ 삼수변 減 江 決 流
手	扌_ 재방변 技 指 打

방	오른쪽 부분을 차지하는 부수
刀	刂_ 칼도방 到 列

머리	윗부분에 놓여 있는 부수
竹	대죽머리 答 筆
艸	艹_ 초두머리 苦 落
宀	갓머리 家 官

발	아랫부분에 놓여 있는 부수
皿	그릇명발 益
火	灬_ 불화발 熱 然

엄호	위와 왼쪽을 싸는 부수
广	엄호 廣

받침	왼쪽과 아래를 싸는 부수
廴	민책받침 建
辶	책받침 過 達

에운담	둘레를 감싸는 부수
囗	큰입구몸 圖 四 固

제부수 한 글자가 그대로 부수인 것

角 車 見 高 工 口 金 己 女 大 力 老 里 立 馬 面 毛 木 目 文 門 米 方 白 父 非
飛 鼻 比 士 山 色 生 夕 石 小 水 首 手 示 食 臣 身 心 十 羊 魚 言 用 牛 雨 月
肉 音 邑 衣 二 耳 人 一 日 入 子 自 長 鳥 赤 田 足 走 竹 至 止 靑 寸 齒 土 八
風 行 香 血 火 黃 黑

초급 한자를 부수별로 정리하면 다음과 같다.(반복된 한자는 제부수 한자임)

一	한 일 一 不 上 七 下 世 三
丨	뚫을 곤 中
丶	점 주 主
乙	새 을 九
亅	갈고리 궐 事
二	두 이 二 五
亠	돼지해머리 京 交 亡
人	亻 사람 인 人 價 個 代 使 仕 今 令 仙 備 他 以 休 來 信 位 偉 作 低 住 例 保 俗 修 便 傳 億 仁
儿	걷는사람 인 元 兄 光 充 先 兒
入	들 입 入 內 全 兩
八	여덟 팔 八 公 六 共 兵 典
冂	멀 경 再
冫	이수변 冬 冷
凵	위터진 입 구 出
刀	刂 칼 도 到 列 分 利 別 初 前 則
力	힘 력 力 加 功 助 勉 動 勇 務 勞 勤 勝 勢
匕	비수 비 北 化
十	열 십 十 南 協 午 卒 半 千
厂	민엄호 原
厶	마늘모 去 參
又	또 우 反 友 受 取
口	입 구 口 可 古 句 史 右 各 吉 同 名 合 向 告 君 命 和 品 問 商 唱 單 善 喜
囗	큰입구 圖 四 固 回 因 國 園
土	흙 토 土 基 堂 城 在 地 場 增 報
士	선비 사 士
夊	천천히 걸을 쇠 夏
夕	저녁 석 夕 多 外 夜
大	큰 대 大 奉 夫 天 太 失
女	계집 녀 女 婦 姓 始 如 好 婚
子	아들 자 子 季 孫 學 字 存 孝

4

宀	갓머리 家 官 客 守 安 宅 完 定 宗 室 容 宿 害 密 富 實 察 寒
寸	마디 촌 寸 寺 尊 對
小	작을 소 小 少
尸	주검 시 展 屋
山	메 산 山 島
巛	개미허리 川
工	장인 공 工 巨 左
己	몸 기 己
巾	수건 건 常 師 席 市 希
干	방패 간 年 平 幸
广	엄호 廣 序 度 庭
廴	민책받침 建
弋	주살 익 式
弓	활 궁 强 弱 引 弟
彡	터럭 삼 形
彳	두인변 德 得 往 律 後 復

心	忄_ 마음 심 心 急 念 怒 感 必 志 忠 快 思 性 恩 患 悲 惡 情 惠 想 愛 意 慶 應
戈	창 과 成 戰
手	扌_ 손 수 手 技 指 授 接 擧 才 打 拜
戶	지게 호 所
攴	攵_ 등글월문 敬 收 數 改 放 故 敎 政 效 救 敗 敵
文	글월 문 文
斗	말 두 料
斤	도끼 근 新
方	모 방 方 族
日	날 일 日 景 早 明 星 是 昨 時 春 晝 暗
曰	가로 왈 曲 書 最 會
月	달 월 月 期 朝 服 望 有
木	나무 목 木 果 林 東 材 村 校 橋 根 極 案 業 植 榮 樂 樹 末 本
欠	하품 흠 歌 次
止	그칠 지 止 正 步 武 歲 歷

歹	죽을사변 死	田	밭 전 田 界 男 由 留 番 畫
殳	갖은등글월문 殺	疒	병질 엄 病
毋	말 무 母 每	癶	필발머리 登 發
比	견줄 비 比	白	흰 백 白 百 的
毛	터럭 모 毛	皿	그릇 명 益
氏	각시 씨 民	目	눈 목 目 相 眼 省 着 直 眞
气	기운 기 氣	矢	화살 시 短 知
水	氵_ 물 수 水 減 江 決 流 深 洞 治 溫 浴 油 注 漁 洋 法 氷 波 淸 漢 湖 海 活 洗 消 滿 求 河 永	石	돌 석 石 硏
		示	보일 시 示 禁 福 神 祖 祝 禮
火	灬_ 불 화 火 熱 然 無	禾	벼 화 科 私 秋 移 稅 種
爪	손톱 조 爭	穴	구멍 혈 空 窓 究
父	아비 부 父	立	설 립 立 競 童 章
牛	소 우 牛 物 特	竹	대 죽 竹 答 笑 筆 第 節 等 算
犬	犭_ 개 견 獨	米	쌀 미 米 精
玉	구슬 옥 玉 王 理 現	糸	실 사 結 約 給 素 紙 絶 終 經 統 綠 線
生	날 생 生 産	网	罒_ 그물 망 罪
用	쓸 용 用	羊	양 양 羊 美 義

부수	뜻·음 / 해당 한자
羽	깃 우 習
老	늙을 로 老 考 者
耳	귀 이 耳 聞 聖 聲
肉	고기 육 肉 能 育
臣	신하 신 臣
自	스스로 자 自
至	이를 지 至 致
臼	절구 구 興
舟	배 주 船
艮	그칠 간 良
色	빛 색 色
艸	卄_ 풀 초 苦 落 英 葉 藝 藥 花 草 萬
虍	범 호 號
血	피 혈 血 衆
行	다닐 행 行 街
衣	옷 의 衣 表 製
襾	덮을 아 要 西
見	볼 견 見 觀 視 親
角	뿔 각 角 解
言	말씀 언 言 計 記 訓 訪 設 說 詩 試 話 誠 語 調 認 議 識 課 論 請 讀 變 談
豆	콩 두 豊
貝	조개 패 貴 賣 買 財 貯 貨 貧 責 賞 質 賢
赤	붉을 적 赤
走	달아날 주 走 起
足	발 족 足 路
身	몸 신 身
車	수레 거·차 車 輕 軍
辰	별 진 農
辵	辶_ 책받침 過 達 送 運 遠 逆 造 通 退 選 速 進 道 近
邑	阝_ 고을 읍 邑 郡 都 部 鄕
酉	닭 유 醫
里	마을 리 里 野 量 重

金	쇠 금 金 銀		飛	날 비 飛
長	긴 장 長		食	밥 식 食 養 飮
門	문 문 門 間 開		首	머리 수 首
阜	阝_ 언덕 부 陸 陰 限 防 陽		香	향기 향 香
隹	새 추 難 雄 集		馬	말 마 馬
雨	비 우 雨 雪 電 雲		骨	뼈 골 體
靑	푸를 청 靑		高	높을 고 高
非	아닐 비 非		魚	고기 어 魚 鮮
面	낯 면 面		鳥	새 조 鳥
韋	다룸 가죽 위 韓		黃	누를 황 黃
音	소리 음 音		黑	검을 흑 黑
頁	머리 혈 頭 順 願 題		鼻	코 비 鼻
風	바람 풍 風		齒	이 치 齒

02 한자의 짜임

한자의 짜임이란 수만 자가 되는 한자를 그 성립된 구조 유형에 따라 여섯 가지로 분류한 육서를 말한다.
육서에는 상형 · 지사 · 회의 · 형성 · 전주 · 가차가 있다.

1. 상형

구체적인 사물의 모양을 본떠서 글자를 만드는 원리를 상형이라 한다.

木	나무의 모양을 본뜸	山	산의 모양을 본뜸
石	언덕 밑에 돌이 굴러 떨어진 모양을 본뜸	人	사람의 모습을 본뜸
入	사람이 허리를 굽히고 동굴 안으로 들어가는 형태를 본뜸	子	아이의 모습을 본뜸
鳥	새의 모양을 본뜸	川	시내의 모습을 본뜸

2. 지사

수나 위치 등 형태가 없는 추상적인 관념이나 사물을 가리키는 글자를 만드는 원리를 지사라 한다.

一 二 三 四 七 八 九 十 上 下

末	木(나무) + 一(끝부분 표시) : 나무를 나타내는 木과 끝부분을 표시하는 一이 합해서 이루어진 지사 문자로 끝을 뜻함
本	木(나무) + 一(뿌리 부분 표시) : 나무를 나타내는 木과 뿌리 부분을 표시하는 一이 합해서 이루어진 지사 문자로 근본이나 뿌리를 뜻함

3. 회의

이미 만들어진 두 개 이상의 글자에서 뜻을 모아 새로운 글자를 만드는 원리를 회의라 한다.

林	木 + 木 : 木이 나란히 결합하여 나무가 많이 있는 숲의 뜻을 나타내는 회의 문자

孝	老 + 子 : 老와 子가 결합하여 아들이 부모를 머리 위에 받들고 있는 모양의 회의 문자

4. 형성

이미 만들어진 글자를 결합하여 한쪽은 뜻을, 다른 한쪽은 음을 나타내는 글자를 만드는데, 이런 원리를 형성이라 한다.

형성자는 한자의 70%를 차지하여 대개의 한자는 두 개 이상의 문자가 뜻 부분과 음 부분으로 구성되어 있다. 형성자는 뜻 부분에서 그 글자의 뜻을 생각할 수 있고, 음 부분에서 그 글자의 음을 추리할 수 있어 알고 있는 한자를 바탕으로 새로운 한자의 뜻과 음을 쉽게 짐작할 수 있다.

景	日(뜻), 京(음)		界	田(뜻), 介(음)
功	力(뜻), 工(음)		空	穴(뜻), 工(음)
課	言(뜻), 果(음)		洞	水(뜻), 同(음)
頭	頁(뜻), 豆(음)		想	心(뜻), 相(음)
城	土(뜻), 成(음)			

5. 전주

이미 만들어진 한자만으로는 문화 문명의 발달로 무수히 늘어나는 사물과 개념을 다 표기할 수 없게 되었다. 그러자 기존의 문자 중에서 유사한 뜻을 가진 한자를 다른 뜻으로 전용하게 되었는데, 이를 전주라고 한다.

道	본래 '발로 걸어다니는 길'의 뜻인데, 의미가 확대되어 '道德, 道理'에서의 '道'와 같이 '정신적인 길'이라는 뜻으로도 쓰임

惡	본래 '악하다'는 뜻으로 음은 '악', 악한 것은 모두 미워하기 때문에 '憎惡, 惡寒'의 '惡'는 '미워하다'라는 뜻과 '오'라는 음으로 쓰임

6. 가차

이미 만들어진 漢字를 원래 뜻에 관계없이 음만 빌어다가 쓰는 것으로 위와 같이 외래어 표기에 많이 사용되며, 의성어나 의태어 표기에도 쓰인다.

France	佛蘭西(불란서)

Asia	亞細亞(아세아)

Buddha	佛陀(불타)

England	英國(영국)

Itarly	伊太利(이태리)

Paris	巴利(파리)

03 한자어의 짜임

두 자 이상의 한자가 결합하여 한 단위의 의미체를 형성할 때는 반드시 기능상의 관계를 가지게 된다.
한자어의 짜임은 그러한 기능상의 관계를 설명한 것이다.
한자어의 짜임은 문법적 기능에 따라 다음과 같이 분류할 수 있다.

1. 주술 관계

주체가 되는 말(주어)과 서술하는 말(서술어)이 결합된 한자어로 서술어는 행위 · 동작 · 상태 등을 나타내고, 주어는 그 주체가 된다. 주어를 먼저 해석하고, 서술어를 나중에 해석하여 '~가(이) ~함'으로 풀이한다.

月出	월출 – 달이 뜸 出은 月의 동작을 서술	夜深	야심 – 밤이 깊음 深은 夜의 상태를 서술
日出	일출 – 해가 뜸 出은 日의 동작을 서술	年少	연소 – 나이가 젊음 少은 年의 상태를 서술
人造	인조 – 사람이 만듦 造는 人의 동작을 서술	骨折	골절 – 뼈가 부러짐 折은 骨의 상태를 서술

2. 술목 관계

서술하는 말(서술어)과 서술의 목적 · 대상이 되는 말(목적어)이 결합된 한자어로, 서술어는 행위나 동작을 나타내고, 목적어는 대상이 된다. 목적어를 먼저 해석하고, 서술어를 나중에 해석하여 '~를(을) ~ 함'이라고 풀이한다.

卒業	졸업 – 학업을 마침 業은 卒의 목적 · 대상이 됨	讀書	독서 – 글을 읽음 書는 讀의 목적 · 대상이 됨
作文	작문 – 글을 지음 文은 作의 목적 · 대상이 됨	交友	교우 – 벗을 사귐 友는 交의 목적 · 대상이 됨
修身	수신 – 몸을 닦음 身은 修의 목적 · 대상이 됨	敬老	경로 – 늙은이를 공경함 老는 敬의 목적 · 대상이 됨

3. 술보 관계

서술하는 말(서술어)과 이를 도와 부족한 뜻을 완전하게 해주는 말(보어)이 결합된 한자어로, 서술어는 행위나 동작을 나타내고, 보어는 서술어를 도와 부족한 뜻을 완전하게 해 준다. 보어를 먼저 해석하고 서술어를 나중에 해석하여 '~이(가) ~함', '~에 ~함'으로 풀이한다.

有名	유명 – 이름이 있음 名은 有의 뜻을 완전하게 해 줌
無罪	무죄 –허물이 없음 罪는 無의 뜻을 완전하게 해 줌
有能	유능 – 능력이 있음 能은 有의 뜻을 완전하게 해 줌

無敵	무적 – 적이 없음 敵은 無의 뜻을 완전하게 해 줌
無法	무법 – 법이 없음 法은 無의 뜻을 완전하게 해 줌
有限	유한 – 한계가 있음 限은 有의 뜻을 완전하게 해 줌

4. 수식 관계

꾸며주는 말(수식어)과 꾸밈을 받는 말(피수식어)이 결합된 한자어로, 앞에 있는 한자가 뒤에 있는 한자를 꾸미거나 한정하는 역할을 한다. 구성되는 한자의 성분에 따라 다음과 같이 나눌 수 있다.

1 관형어 + 체언

관형어가 체언을 수식하는 관계로 짜여진 한자어로, '~한 ~', '~하는 ~'로 해석한다.

靑山	청산 – 푸른 산 靑은 山을 꾸미는 말
白雲	백운 – 흰 구름 白은 雲을 꾸미는 말

落葉	낙엽 – 떨어지는 잎 落은 葉을 꾸미는 말
幼兒	유아 – 어린 아이 幼는 兒를 꾸미는 말

2 부사어 + 용언

부사어가 용언을 한정하는 관계로 짜여진 한자어로, '~ 하게 ~함'으로 해석한다.

必勝	필승 – 반드시 이김 必은 勝을 꾸미는 말
過食	과식 – 지나치게 먹음 過는 食을 꾸미는 말

急行	급행 – 급히 감 急은 行을 꾸미는 말
徐行	서행 – 천천히 감 徐는 行을 꾸미는 말

5. 병렬 관계
같은 성분의 한자끼리 나란히 병렬되어 짜여진 것으로 이것은 다시 '대립', '유사', '대등' 으로 나눌 수 있다.

▌1 유사 관계
서로 비슷한 뜻을 가진 한자로 이루어진 한자어로, 두 글자의 종합된 뜻으로 풀이한다.

事業	사업 – 일 事와 業의 뜻이 서로 같음	**衣服**	의복 – 옷 衣와 服의 뜻이 서로 같음
樹木	수목 – 나무 樹와 木의 뜻이 서로 같음	**恩惠**	은혜 – 고마운 혜택 恩과 惠의 뜻이 서로 같음
溫暖	온난 – 따뜻함 溫과 暖의 뜻이 서로 같음	**海洋**	해양 – 큰 바다 海와 洋의 뜻이 서로 같음

▌2 대립 관계
서로 반대되는 의미를 가진 한자가 만나 이루어진 한자어로 '～와(과) ～', '～하고 ～함' 으로 해석한다.

上下	상하 – 위아래 上과 下의 뜻이 서로 반대	**大小**	대소 – 크고 작음 大와 小의 뜻이 서로 반대
黑白	흑백 – 검은 빛과 흰 빛 黑과 白의 뜻이 서로 반대	**强弱**	강약 – 강함과 약함 强과 弱의 뜻이 서로 반대
貧富	빈부 – 가난함과 넉넉함 貧과 富의 뜻이 서로 반대	**內外**	내외 – 안과 밖 內와 外의 뜻이 서로 반대

▌3 대등 관계
서로 대등한 의미를 가진 한자가 만나 이루어진 한자어로 '～와 ～' 로 해석한다.

花鳥	화조 – 꽃과 새 花와 鳥의 뜻이 서로 대등	**松竹**	송죽 – 소나무와 대나무 松과 竹의 뜻이 서로 대등
父母	부모 – 아버지와 어머니 父와 母의 뜻이 서로 대등	**子女**	자녀 – 아들과 딸 子와 女의 뜻이 서로 대등
兄弟	형제 – 형과 동생 兄과 弟의 뜻이 서로 대등	**正直**	정직 – 바르고 곧음 正과 直의 뜻이 서로 대등

04 필순의 기본 원칙

필순의 기본 원칙이란 하나의 글자를 쓰고자 할 때 그 글자를 이루어가는 기본적인 순서를 말한다.

1. 왼쪽에서 오른쪽으로, 위에서 아래로 쓴다.

川	내 천	총 3 획
	ノ 川 川	

三	석 삼	총 3 획
	一 二 三	

2. 가로획과 세로획이 교차할 때에는 가로획을 먼저 쓴다.

十	열 십	총 2 획
	一 十	

土	흙 토	총 3 획
	一 十 土	

3. 삐침과 파임이 만날 때에는 삐침을 먼저 쓴다.

人	사람 인	총 2 획
	ノ 人	

父	아비 부	총 4 획
	ノ 八 ク 父	

4. 왼쪽과 오른쪽의 모양이 같을 때에는 가운데를 먼저 쓴다.

山	메 산	총 3 획
	丨 山 山	

水	물 수	총 4 획
	ノ 기 水 水	

5. 안과 바깥쪽이 있을 때에는 바깥쪽을 먼저 쓴다.

日	날 일	총 4 획
	丨 冂 日 日	

內	안 내	총 4 획
	丨 冂 冃 內	

6. 꿰뚫는 획은 나중에 쓴다.

中	가운데 중	총 4 획
	丶 冂 口 中	

車	수레 거·차	총 7 획
	一 亻 冂 亐 盲 亘 車	

7. 오른쪽 위의 점은 나중에 찍는다.

代	대신 대	총 5 획
	ノ 亻 亻 代 代	

武	군인 무	총 8 획
	一 二 干 干 正 正 武 武	

8. 삐침이 짧고 가로획이 길면 삐침을 먼저 쓴다.

右	오른쪽 우	총 5 획
	ノ 广 大 右 右	

9. 삐침이 길고 가로획이 짧으면 가로획을 먼저 쓴다.

左	왼 좌	총 5 획
	一 ナ 广 左 左	

05 반의어 목록

한자의 뜻이 서로 상대 · 반의의 관계를 갖는 한자들이다.

佳(아름다울 가) 美(아름다울 미)	醜(더러울 추)	乾(마를 건) 枯(마를 고) 燥(마를 조)	濕(젖을 습) 潤(불을 윤)	空(빌 공) 虛(빌 허)	滿(찰 만)	
假(거짓 가)	眞(참 진)			公(공평할 공)	私(사사 사)	
加(더할 가) 益(더할 익) 增(더할 증) 添(더할 첨)	減(덜 감) 省(덜 생) 損(덜 손) 除(덜 제)	軟(연할 연)	堅(굳을 견) 硬(굳을 경) 固(굳을 고) 確(굳을 확)	寡(적을 과) 少(적을 소)	多(많을 다)	
可(옳을 가)	否(아닐 부)			敎(가르칠 교)	學(배울 학)	
干(방패 간)	滿(찰 만)	遺(보낼 견) 送(보낼 송)	迎(맞을 영)	拘(잡을 구) 操(잡을 조) 執(잡을 집) 捉(잡을 착) 捕(잡을 포)	放(놓을 방)	
甘(달 감) 樂(즐길 락)	苦(쓸 고)	結(맺을 결)	釋(풀 석) 解(풀 해)			
剛(굳셀 강)	柔(부드러울 유)	潔(깨끗할 결)	汚(더러울 오)			
江(강 강)	山(메 산)	京(서울 경)	鄕(시골 향)	群(무리 군) 黨(무리 당) 徒(무리 도) 隊(무리 대) 等(무리 등) 類(무리 류) 輩(무리 배) 衆(무리 중)	獨(홀로 독) 孤(외로울 고)	
降(내릴 강)	登(오를 등) 昇(오를 승)	輕(가벼울 경)	重(무거울 중)			
		慶(경사 경)	弔(조상할 조)			
康(편안 강) 寧(편안 녕) 安(편안 안)	危(위태할 위)	經(지날 경)	緯(씨줄 위)			
		競(다툴 경)	和(화할 화) 協(화합할 협)			
强(강할 강)	弱(약할 약)			君(임금 군)	臣(신하 신)	
開(열 개)	閉(닫을 폐)	古(예 고) 昔(예 석) 舊(예 구)	新(새 신) 今(이제 금)	窮(궁할 궁) 困(곤할 곤) 貧(가난할 빈)	富(부자 부) 裕(넉넉할 유)	
皆(다 개)	個(낱 개)					
客(손 객)	主(주인 주)	姑(시어미 고)	婦(며느리 부)	克(이길 극) 勝(이길 승)	敗(패할 패) 負(질 부)	
巨(클 거) 大(큰 대) 偉(클 위) 泰(클 태) 太(클 태) 弘(클 홍)	小(작을 소) 微(작을 미)	高(높을 고) 隆(높을 륭) 崇(높을 숭) 尊(높을 존) 卓(높을 탁)	卑(낮을 비) 低(낮을 저)	近(가까울 근)	遠(멀 원) 悠(멀 유)	
				飢(주릴 기) 餓(주릴 아)	飽(배부를 포)	
		曲(굽을 곡) 屈(굽힐 굴)	直(곧을 직) 貞(곧을 정)			
乾(하늘 건)	坤(땅 곤) 地(땅 지)	骨(뼈 골)	肉(고기 육)			

給(줄 급) 賜(줄 사) 與(줄 여) 贈(줄 증) 授(줄 수)	受(받을 수)
速(빠를 속) 急(급할 급)	緩(느릴 완) 遲(더딜 지) 徐(천천히 서)
起(일어날 기)	伏(엎드릴 복)
吉(길할 길)	凶(흉할 흉)
暖(따뜻할 난) 溫(따뜻할 온)	冷(찰 랭) 寒(찰 한)
難(어려울 난)	易(쉬울 이)
男(사내 남)	女(계집 녀) 娘(여자 낭)
內(안 내)	外(바깥 외)
奴(종 노)	婢(계집종 비)
旦(아침 단) 朝(아침 조)	夕(저녁 석)
單(홀 단)	複(겹칠 복)
短(짧을 단)	長(긴 장)
斷(끊을 단) 切(끊을 절) 絶(끊을 절)	絡(이을 락) 繼(이을 계) 聯(연이을 련) 連(이을 련) 續(이을 속) 承(이을 승) 接(이을 접)
畓(논 답)	田(밭 전)
淑(맑을 숙) 淡(맑을 담) 雅(맑을 아) 淸(맑을 청)	濁(흐릴 탁)
答(대답 답)	問(물을 문)
貸(빌릴 대)	借(빌 차)

冬(겨울 동)	夏(여름 하)
同(한가지 동)	異(다를 이)
東(동녘 동)	西(서녘 서)
洞(밝을 통) 明(밝을 명)	冥(어두울 명) 暗(어두울 암) 昏(어두울 혼)
動(움직일 동)	靜(고요할 정)
頭(머리 두) 首(머리 수)	尾(꼬리 미)
鈍(둔할 둔)	銳(날카로울 예) 敏(민첩할 민)
得(얻을 득) 獲(얻을 획)	失(잃을 실)
去(갈 거) 赴(다다를 부) 往(갈 왕)	來(올 래)
略(간략할 략)	詳(자세할 상)
劣(못할 렬)	優(뛰어날 우) 秀(빼어날 수)
老(늙을 로)	少(적을 소)
勞(일할 로)	使(하여금 사)
了(마칠 료) 終(마칠 종) 卒(마칠 졸) 罷(마칠 파) 末(끝 말)	初(처음 초) 始(비로소 시)
陸(뭍 륙)	海(바다 해)
利(이로울 리)	害(해할 해)
離(떠날 리)	合(합할 합)
莫(없을 막)	存(있을 존) 在(있을 재)
默(잠잠할 묵)	騷(떠들 소)
民(백성 민)	官(벼슬 관)

無(없을 무)	有(있을 유)
散(흩을 산)	社(모일 사) 會(모일 회) 集(모을 집)
忙(바쁠 망)	閑(한가할 한)
滅(멸할 멸) 亡(없을 망)	興(일 흥) 盛(성할 성)
賣(팔 매) 販(팔 판)	買(살 매)
免(면할 면)	司(맡을 사) 委(맡길 위) 任(맡길 임) 托(맡길 탁)
消(사라질 소) 隱(숨을 은)	現(나타날 현) 著(나타날 저) 顯(나타날 현)
冥(어두울 명)	昭(밝을 소) 哲(밝을 철)
哭(울 곡) 鳴(울 명) 泣(울 읍)	笑(웃음 소)
母(어미 모)	父(아비 부)
茂(무성할 무) 繁(번성할 번) 盛(성할 성)	衰(쇠할 쇠)
密(빽빽할 밀)	疎(성길 소) 稀(드물 희)
攻(칠 공) 擊(칠 격) 拍(칠 박) 伐(칠 벌) 征(칠 정) 討(칠 토) 打(칠 타)	保(지킬 보) 守(지킬 수) 防(막을 방) 衛(지킬 위)
薄(엷을 박)	厚(두터울 후)

班(나눌 반) 分(나눌 분) 析(쪼갤 석)	合(합할 합)	卑(낮을 비) 賤(천할 천)	尊(높을 존) 貴(귀할 귀)	惡(미워할 오) 憎(미워할 증)	愛(사랑 애) 好(좋을 호) 慈(사랑 자)

背(등 배)	腹(배 복)	客(손 객) 賓(손 빈)	主(주인 주)	抑(누를 억) 壓(누를 압)	解(풀 해) 釋(풀 석)

| 白(흰 백)
素(흴 소) | 玄(검을 현)
黑(검을 흑) | 死(죽을 사)
殺(죽일 살) | 生(날 생)
活(살 활) | 午(낮 오)
晝(낮 주) | 夜(밤 야) |

| 罰(벌할 벌) | 賞(상줄 상) | 捨(버릴 사) | 拾(주울 습) | 翁(늙은이 옹) | 幼(어릴 유) |

別(다를 별) 殊(다를 수) 異(다를 이) 差(다를 차)	如(같을 여) 若(같을 약) 肖(같을 초)	斜(비낄 사) 傾(기울 경)	平(평평할 평)	雨(비 우)	晴(갤 청)
		上(윗 상)	下(아래 하)	陰(그늘 음)	陽(볕 양)
		暑(더울 서) 熱(더울 열)	凉(서늘할 량) 冷(찰 랭) 寒(찰 한)	引(끌 인)	推(밀 추)

兵(병사 병) 卒(군사 졸)	將(장수 장) 帥(장수 수)			因(인할 인)	果(열매 과)
		先(먼저 선)	後(뒤 후)	入(들 입)	出(날 출)
殃(재앙 앙) 災(재앙 재) 禍(재앙 화)	福(복 복)	善(착할 선)	惡(악할 악)	自(스스로 자)	他(다를 타)
		成(이룰 성)	敗(패할 패)	前(앞 전)	後(뒤 후)
夫(지아비 부)	妻(아내 처) 婦(지어미 부)	水(물 수)	火(불 화)	左(왼 좌)	右(오른쪽 우)
		手(손 수)	足(발 족)	朝(아침 조)	夕(저녁 석)
浮(뜰 부)	潛(잠길 잠) 沈(잠길 침) 浸(잠길 침)	順(순할 순)	逆(거스를 역)	進(나아갈 진)	退(물러날 퇴)
		身(몸 신) 體(몸 체)	心(마음 심)	投(던질 투)	打(칠 타)
北(북녘 북)	南(남녘 남)	伸(펼 신)	縮(줄일 축)	兄(형 형)	弟(아우 제)
崩(무너질 붕)	建(세울 건)	深(깊을 심)	淺(얕을 천)		
妃(왕비 비)	王(임금 왕) 皇(황제 황)	我(나 아) 予(나 여) 余(나 여) 吾(나 오)	汝(너 여)		
悲(슬플 비) 哀(슬플 애) 嗚(슬플 오) 慨(슬퍼할 개)	悅(기쁠 열) 歡(기쁠 환) 喜(기쁠 희)	兒(아이 아) 童(아이 동)	丈(어른 장)		

06 동음 이의어

한자어의 음은 같으나 뜻이 다른 한자어들이다.

ㄱ

가격	加擊	때려 침.
	價格	돈으로 나타낸 상품의 값
가계	家系	대대로 이어온 한 집안의 전통
	家計	집안 살림을 꾸려나가는 방도나 형편
각색	名色	갖가지 빛깔. 여러 가지
	脚色	소설 · 시 등을 각본으로 만듦.
간지	干支	천간과 지지
	間紙	장정이 접어서 된 책의 종이가 얇아 힘이 없을 때, 접은 각 장 속에 넣어 받치는 종이
감수	甘受	질책, 고통, 모욕 따위를 달게 받음.
	監修	책의 저술 편찬을 지도 · 감독하는 일, 또는 그 사람
강하	江河	강과 큰 내
	降下	위에서 아래로 내림, 내려감. 높은 데서 낮은 데로 내려감, 내려옴.
강화	強化	모자라는 점을 보완하여 보다 더 튼튼하게 함, 또는 튼튼하여짐.
	講和	전쟁 상태에 있던 나라가 전투를 중지하고, 평화로운 상태로 돌아가는 일
개량	改良	고치어 좋게 함.
	改量	토지를 다시 측량함.
개명	改名	이름을 고침, 또는 그 고친 이름
	開明	사람의 지혜가 열리고 문화가 발달함.
건조	乾燥	습기나 물기가 없는 마른 상태
	建造	건물이나 배 따위를 세우거나 만듦.

결의	決意	뜻을 정하여 굳게 가짐, 또는 그 뜻
	結義	남남끼리 의리로써 형제 · 자매와 같은 관계를 맺음.
경기	競技	기술의 낫고 못함을 서로 겨루는 일
	景氣	매매나 거래 따위에 나타난 경제 활동의 상황
경로	敬老	노인을 공경함.
	經路	지나는 길
경향	京鄉	서울과 시골
	傾向	마음이나 형세 따위가 어떤 방향으로 기울어 쏠림, 또는 그런 방향
고가	古家	지은 지 퍽 오래된 집
	高價	값이 비쌈. 비싼 값
고수	固守	굳게 지킴.
	高手	수가 높음, 또는 그 사람
공명	功名	공을 세워 널리 알려진 이름
	共鳴	남의 사상이나 의견 따위에 동감함.
	公明	사사로움이나 편벽됨이 없이 공정하고 명백함.
공사	公私	공적인 일과 사사로운 일
	工事	토목이나 건축 등에 관한 일
	公社	정부가 설립한 공공 기업체로서 경제상 독립되어 있는 공법상의 법인
공수	空輸	항공 수송의 준말
	攻守	공격과 수비
공용	公用	공공의 목적으로 사용함.
	共用	공동으로 씀.

과거	科擧	벼슬아치를 뽑기 위하여 보던 시험
	過去	지나간 때
과실	果實	열매·과일
	過失	잘못이나 허물
교훈	校訓	학교의 교육 이념을 표현한 말
	教訓	사람으로서 나아갈 길을 가르치고 깨우침, 또는 그 가르침.
구명	救命	사람의 목숨을 구함.
	究明	사리나 원인 따위를 깊이 연구하여 밝힘.
국사	國史	나라의 역사
	國事	나라의 중대한 일. 나라 전체에 관련되는 일
군민	郡民	행정 구역인 군 안에 사는 사람
	軍民	군인과 민간인
군수	郡守	군의 행정 사무를 맡아보는 책임자
	軍需	군사상의 수요, 곧 군사상으로 필요한 물자
군신	君臣	임금과 신하
	軍神	군인의 무운을 지켜준다는 신
급수	級數	우열에 따라 매기는 등급
	給水	물을 공급함, 또는 그 물
기술	記述	문장으로 적음.
	技術	어떤 일을 정확하고 능률적으로 해내는 솜씨
기인	奇人	기이한 사람
	起因	무슨 일을 일으키는 원인이 됨, 또는 그 원인

ㄷ

단신	單身	혼자의 몸
	短信	짤막한 보도
대가	代價	물건을 산 값으로 치르는 돈
	大家	학문이나 기예 등 전문 분야에 조예가 깊은 사람
대신	代身	대리자
	大臣	군주 국가에서 장관을 이르는 말
대풍	大豊	곡식이 썩 잘된 풍작, 또는 그러한 일
	大風	큰 바람
동지	冬至	24절기의 하나. 연중 밤이 가장 긴 날
	同志	뜻을 같이 하는 일, 또는 그런 사람

ㅁ

무사	無事	아무 일이 없음.
	武士	옛날에 무도를 닦아서 전쟁이나 군대 등에 종사하던 사람
	無死	야구에서 아직 아웃된 사람이 한 사람도 없는 상황
무용	武勇	무예와 용맹
	無用	소용이 없음. 쓸모 없음.

ㅂ

반도	叛徒	반란을 꾀하거나, 반란을 일으킨 무리
	半島	대륙에서 바다 쪽으로 길게 뻗어 나와 3면이 바다인 육지
발전	發電	전기를 일으킴.
	發展	세력 따위가 성하게 뻗어나감.
방면	方面	어떤 장소나 지역이 있는 방향
	放免	육체적·정신적으로 얽매인 상태에 있던 것을 풀어 줌.
방문	訪問	남을 찾아봄.
	房門	방으로 드나드는 문
백미	白眉	여러 사람 중에서 가장 뛰어난 사람. 많은 것 중에서 가장 뛰어난 것

	白米	흰 쌀
변경	邊境	나라와 나라의 경계가 되는 변두리 지역
	變更	바꾸어 고침.
병가	病暇	병으로 말미암은 휴가
	兵家	병법에 밝은 사람
병력	兵力	병사 · 병기 등의 총체로서의 군대의 힘
	病歷	이제까지 걸렸던 병의 경력
병사	病死	병에 걸려 죽음.
	兵士	군사
보고	寶庫	보물처럼 귀중한 것이 간직되어 있는 곳
	報告	주어진 임무에 대하여 그 결과나 내용을 말이나 글로 알림.
보수	補修	상하거나 부서진 부분을 손질하여 고침.
	保守	오랜 습관이나 제도 등을 소중히 여겨 그대로 지킴.
본성	本姓	본디의 성
	本性	본디의 성질. 타고난 성질
부자	富者	살림이 넉넉한 사람
	父子	아버지와 아들
비행	飛行	항공기 따위가 하늘을 날아다님.
	非行	도리나 도덕 또는 법규에 어긋나는 행위

ㅅ

사수	射手	총포나 활 따위를 쏘는 사람
	死守	목숨을 걸고 지킴.
사원	寺院	절
	社員	회사에 근무하는 사람
사전	辭典	낱말을 모아 일정한 순서로 배열하여 발음, 뜻, 용법, 어원 등을 해설한 책
	事典	여러 가지 사항을 모아 일정한 순서로 배열하여 설명한 책

사후	事後	일이 끝난 뒤
	死後	죽은 뒤
산출	算出	계산해 냄.
	産出	물건이 생산되어 나오거나 물건을 생산해 냄.
상가	喪家	초상난 집
	商街	상점이 많이 늘어서 있는 거리
선두	先頭	첫머리
	船頭	배의 앞머리
성명	姓名	성과 이름
	聲明	일정한 사항에 관한 견해나 태도를 여러 사람에게 공개하여 발표하는 일
세계	世系	한 집안이나 왕실 대대의 계통
	世界	지구 위의 모든 지역
속성	速成	빨리 이루어짐, 또는 빨리 이룸.
	屬性	사물의 본질을 이루는 고유한 특징이나 성질
수도	首都	한 나라의 중앙 정부가 있는 도시
	水道	상수도의 준말. 상수도와 하수도를 두루 일컫는 말
수상	水上	물 위
	受賞	상을 받음.
수세	水洗	물로 씻음.
	守勢	적을 맞아 지키는 태세, 또는 힘이 부쳐서 밀리는 형세
수식	修飾	겉모양을 꾸밈.
	數式	숫자나 문자를 계산 신호로 연결하여 수학적으로 뜻을 가지게 한 것
수업	修業	학업이나 기예를 닦음.
	授業	학교 같은 데서 학업이나 기술을 가르쳐 줌.
	受業	학업이나 기술의 가르침을 받음.

수학	修學	학업을 닦음.
	數學	수량 및 도형의 성질이나 관계를 연구하는 학문
시가	市價	상품이 시장에서 팔리는 값
	詩歌	시
	市街	도시의 큰 거리, 또는 번화한 거리
	時價	가격이 바뀌는 상품을 거래할 때의 가격
시공	施工	공사를 시행함.
	時空	시간과 공간
시급	時急	시간적으로 매우 급함.
	時給	임금을 시간당 얼마씩으로 정하여 일한 시간에 따라 계산해 주는 일
시인	是認	옳다고 여기거나 그러하다고 인정함.
	詩人	시를 짓는 사람
시장	市場	여러 가지 상품을 사고파는 장소
	市長	시를 대표하고 시의 행정을 관장하는 직, 또는 그 직에 있는 사람
식수	植樹	나무를 심음.
	食水	식용으로 쓰는 물
신선	神仙	선도를 닦아 신통력을 얻은 사람
	新鮮	새롭고 산뜻함. 채소나 생선 따위가 싱싱함.
신임	信任	믿고 일을 맡김.
	新任	새로 임명함, 또는 그 사람
실명	失明	눈이 어두워짐. 시력을 잃음.
	實名	실제의 이름
심산	心算	속셈
	深山	깊은 산

ㅇ

약소	弱小	약하고 작음.
	略少	적고 변변하지 못함.
양자	養子	입양으로 아들이 된 사람
	兩者	두 사람, 또는 두 사물
역사	力士	뛰어나게 힘이 센 사람
	歷史	인간 사회가 거쳐온 변천의 모습, 또는 그 기록
원로	遠路	먼 길
	元老	관직이나 나이 · 덕망 따위가 높고 나라에 공로가 많은 사람
유명	有名	이름이 있음. 이름이 알려져 있음.
	遺命	임금이나 부모 등이 임종할 때 내리는 분부
의사	意思	무엇을 하려고 하는 생각이나 마음
	醫師	의술과 약으로 병을 고치는 직업에 종사하는 사람
	義士	의리와 지조를 굳게 지키는 사람. 나라와 민족을 위해 의로운 행동으로 목숨을 바친 사람
이해	利害	이익과 손해
	理解	사리를 분별하여 앎. 말이나 글의 뜻을 깨쳐 앎.
인도	人道	인간으로서 마땅히 지켜야 할 도리
	引導	가르쳐 일깨움. 길을 안내함.
인정	人情	사람이 본디 지니고 있는 온갖 감정
	認定	옳다고 믿고 정함.
일일	一日	하루
	日日	매일
입신	立身	사회적으로 기반을 닦고 출세함.
	入神	신의 경지에 이른다는 뜻으로 지혜나 기술이 신묘한 지경에 이름.

ㅈ

자신	自身	제 몸
	自信	자기의 값어치나 능력을 믿음, 또는 그런 마음
장부	丈夫	다 자란 건장한 남자
	帳簿	금품의 수입과 지출을 기록하는 일, 또는 그 책
재고	再考	한번 정한 일을 다시 한번 생각함.
	在庫	창고에 있음.
적수	赤手	맨손
	敵手	서로 엇비슷한 상태
전력	電力	전기의 힘
	前歷	과거의 경력
	戰力	전투나 경기 따위를 할 수 있는 능력
전문	全文	글의 전체
	專門	어떤 한 가지 일을 오로지 연구하거나, 한 가지 일에 마음을 쏟아 함.
전사	戰死	전쟁터에서 싸우다가 죽음.
	戰士	싸우는 사람
	戰史	전쟁의 사적을 기록한 역사
정도	正道	올바른 길. 바른 도리
	定都	도읍을 새로 정함.
정식	正式	규정대로의 바른 방식
	定食	식당이나 음식점 따위에서 일정한 식단에 따라 차리는 음식

존속	存續	계속 존재함.
	尊屬	부모나 그 항렬 이상의 친족
주관	主管	책임지고 맡아봄. 주장하여 관리함.
	主觀	여러 현상을 의식하며 사물을 생각하는 마음의 움직임.
주의	注意	마음에 새겨 조심함.
	主義	사상, 학설 또는 사물의 처리 방법 따위에서 변하지 않는 일정한 이론이나 태도, 또는 방침이나 주장

ㅊ

차도	差度	병이 조금씩 나아가는 일
	車道	차가 주로 다니게 마련한 길

ㅌ

타자	打字	타자기로 종이 위에 글자를 찍음.
	他者	야구에서 상대편 투수의 공을 치는 공격진의 선수
투석	投石	돌을 던짐, 또는 그 돌
	透析	반투막을 사용하여 콜로이드 고분자 용액을 정제하는 일, 또는 그 방법

ㅎ

회의	會議	여럿이 모여 의논함, 또는 그 모임
	會意	한자 육서의 하나. 둘 이상의 한자를 뜻으로 결합시켜 새 글자를 만든 방법

07 사자성어

街談巷說	가담항설 거리나 항간에 떠도는 소문

佳人薄命	가인박명 아름다운 여자는 수명이 짧음.

刻骨難忘	각골난망 은혜가 뼈에 새겨져 잊혀지지 않음.

刻骨銘心	각골명심 어떤 일을 뼈에 새길 정도로 마음속 깊이 새겨 두고 잊지 아니함.

刻骨痛恨	각골통한 뼈에 사무칠 만큼 원통하고 한스러움, 또는 그런 일

各人各色	각인각색 사람마다 각기 다름.

角者無齒	각자무치 뿔이 있는 짐승은 이가 없다. 한 사람이 여러 가지 재주나 복을 다 가질 수 없다는 말

刻舟求劍	각주구검 배에 금을 긋고 칼을 찾음. 낡은 생각만 고집하며 이를 고치지 않는 어리석고 미련한 모습

看雲步月	간운보월 낮에는 구름을 바라보고 밤에는 달빛 아래 거닌다는 뜻. 고향을 그리워하는 마음

感慨無量	감개무량 마음속에서 느끼는 감동이나 느낌이 끝이 없음, 또는 그 감동이나 느낌

甘言利說	감언이설 비위를 맞추는 달콤한 말

感之德之	감지덕지 분에 넘치는 듯 싶어 매우 고맙게 여기는 모양

甲男乙女	갑남을녀 갑이란 남자를 뜻하고 을이란 여자를 뜻하므로, 평범한 사람들을 이르는 말

江湖煙波	강호연파 강이나 호수 위에 안개처럼 뿌옇게 이는 기운, 또는 그 수면의 잔물결

改過遷善	개과천선 지난날의 잘못이나 허물을 고쳐 올바르고 착하게 됨.

居安思危	거안사위 편안하게 있을 때 위태로움을 생각하라. 근심 걱정이 없을 때 미리 준비하고 대비하라는 뜻

舉案齊眉	거안제미 밥상을 눈썹과 가지런하도록 공손히 들어 남편 앞에 가지고 간다. 남편을 깍듯이 공경함

格物致知	격물치지 사물의 이치를 확실히 앎. 사물의 본질이나 이치를 끝까지 연구하여 지식에 도달함.

隔世之感	격세지감 오래지 않은 동안에 몰라보게 변하여 아주 다른 세상이 된 것 같은 느낌

擊壤老人	격양노인 태평한 생활을 즐거워하여 노인이 땅을 치며 노래함.

牽強附會	견강부회 말을 억지로 끌어 붙임.

見利忘義	견리망의 이익을 보면 의리를 잊음.

見利思義	견리사의 이익보다 의를 먼저 생각함.

犬馬之勞	견마지로 신하가 임금 앞에 자신의 노력을 낮춤.

見物生心	견물생심 어떠한 실물을 보게 되면 그것을 가지고 싶은 욕심이 생김.

見危致命	견위치명 나라의 위태로움을 보고 목숨을 버림.

堅忍不拔	견인불발 굳게 참고 견디어 마음이 흔들리지 않음.

決死反對	결사반대 죽기를 각오하고 있는 힘을 다하여 반대함.

結者解之	결자해지 맺은 사람이 풀어야 한다. 처음에 일을 벌여 놓은 사람이 끝을 맺어야 한다는 말

結草報恩	결초보은 죽어 혼령이 되어서도 은혜를 잊지 않고 갚음.

兼人之勇	겸인지용 몇 사람을 당할 정도로 용맹함.

輕擧妄動	경거망동 경솔하여 생각 없이 망령되게 행동함, 또는 그런 행동

傾國之色	경국지색 임금이 혹하여 국정을 게을리함으로써 나라를 위기에 빠뜨리게 할 미인

傾城之美	경성지미 한 성(城)을 기울어뜨릴만한 미색(美色)

敬而遠之	경이원지 겉으로는 존경하는 체하면서 속으로는 멀리함.

驚天動地	경천동지 하늘을 놀라게 하고 땅을 뒤흔든다는 뜻으로, 세상을 몹시 놀라게 함.

敬天愛人	경천애인 하늘을 숭배하고 인간을 사랑함.

鷄卵有骨	계란유골 달걀에도 뼈가 있다. 운수가 나쁜 사람은 좋은 기회를 만나도 일이 잘 안됨을 이르는 말

鷄鳴狗盜	계명구도 비굴하게 남을 속이는 하찮은 재주, 또는 그런 재주를 가진 사람을 이르는 말

桂玉之歎	계옥지탄 식량 구하기가 계수나무 구하듯이 어렵고, 땔감을 구하기가 옥을 구하기만큼 어려움.

孤軍奮鬪	고군분투 외로이 떨어져 있는 군사가 많은 수의 적군과 용감하게 잘 싸움. 남의 도움을 받지 아니하고 힘에 벅찬 일을 잘해 나감.

高臺廣室	고대광실 매우 크고 좋은 집

孤立無援	고립무원 주변에 아무도 없는 외톨이

鼓腹擊壤	고복격양 배를 두드리며 흙덩이를 침. 곧 의식(衣食)이 풍족한 상황

姑息之計	고식지계 당장 편한 것만을 택하는 꾀나 방법. 한때의 안정을 얻기 위하여 임시로 둘러맞추어 처리하는 계책

苦肉之策	고육지책 적을 속이기 위하여 자신의 괴로움을 무릅쓰고 꾸미는 계책

孤掌難鳴	고장난명 혼자서는 일하기 어려움.

苦盡甘來	고진감래 쓴 것이 다하면 단 것이 온다는 뜻으로, 고생 끝에 즐거움이 옴을 이르는 말

骨肉相爭	골육상쟁 가까운 혈족끼리 서로 싸움.

公明正大	공명정대 하는 일이나 태도가 사사로움이나 그릇됨이 없이 아주 정당하고 떳떳함.

空前絶後	공전절후 전에도 없었고 앞으로도 없음.

空卽是色	공즉시색 세상의 모든 사물은 실체가 아님.

公平無私	공평무사 공평하여 사사로움이 없음.

誇大妄想	과대망상 자신의 능력, 재산 따위의 현재를 실제보다 크게 과장하여 사실인 것처럼 믿는 일, 또 는 그런 생각

過大評價	과대평가 실제보다 지나치게 높이 평가함, 또는 그런 평가

過小評價	과소평가 사실보다 작거나 약하게 평가함.

過失相規	과실상규 향약의 네 가지 덕목 가운데 하나. 나쁜 행 실을 하지 못하도록 서로 규제함.

過猶不及	과유불급 정도를 지나침은 미치지 못함과 같다는 뜻 으로 중용(中庸)이 중요함.

矯角殺牛	교각살우 빈대 잡으려다 초가삼간 태운다. 곧 조그마 한 일을 하려다 큰 일을 그르친다는 뜻

巧言令色	교언영색 교묘한 말로 남을 속임. 남의 환심을 사려고 아 첨하는 교묘한 말과 보기좋게 꾸미는 얼굴빛

敎外別傳	교외별전 석가의 설교 외에 석가가 마음으로써 따로 깊은 뜻을 전함.

交友以信	교우이신 친구를 믿음으로써 사귐.

敎學相長	교학상장 가르치는 사람과 배우는 사람이 서로의 학 업을 증진시킴

九曲肝腸	구곡간장 굽이굽이 서린 창자라는 뜻으로, 깊은 마음 속 또는 시름이 쌓인 마음속을 비유

口蜜腹劍	구밀복검 입으로는 꿀을 담고 뱃속으로는 칼을 지녔 다. 입으로는 친절하나 속으로는 해칠 생각 을 품음.

九死一生	구사일생 아홉 번 죽을 뻔하다 한 번 살아난다. 죽을 고비를 여러 차례 넘기고 겨우 살아남.

口尙乳臭	구상유취 하는 언동이 아직 어림.

九牛一毛	구우일모 많은 양 중에서 극히 적은 양

九折羊腸	구절양장 꼬불꼬불하게 어린 양의 창자라는 뜻으로, 길이 몹시 험하게 꼬불꼬불함.

國泰民安	국태민안 나라가 태평하고 백성이 편안함.

群鷄一鶴	군계일학 닭의 무리 가운데서 한 마리의 학이란 뜻. 여럿 가운데서 가장 뛰어난 사람

君臣有義	군신유의 임금과 신하 사이의 도리는 의리에 있음.

群雄割據	군웅할거 여러 영웅이 각기 한 지방씩 차지하고 위세 를 부림.

君爲臣綱	군위신강 신하는 임금을 섬기는 것이 근본임.

窮餘之策	궁여지책 궁한 나머지 생각다 못하여 짜낸 계책

權謀術數	권모술수 목적 달성을 위하여 수단과 방법을 가리지 아니하는 온갖 모략이나 술책

사자성어	독음	뜻
權不十年	권불십년	권세는 십 년을 가지 못한다는 뜻으로, 아무리 높은 권세라도 오래가지 못함.
勸上搖木	권상요목	나무 위에 오르라고 권하고는 오르자마자 아래서 흔들어 댐.
勸善懲惡	권선징악	착한 일을 권장하고 악한 일을 징계함.
克己復禮	극기복례	자기의 욕심을 누르고 예의 범절을 따름.
極惡無道	극악무도	더할 나위 없이 악하고 도리에 완전히 어긋나 있음.
近墨者黑	근묵자흑	먹을 가까이 하면 검게 된다. 좋지 못한 사람과 가까이 하면 악에 물들게 됨.
錦上添花	금상첨화	비단 위에 꽃을 놓는다는 뜻으로, 좋은 일이 겹침을 비유
今昔之感	금석지감	예와 지금의 차이가 심함.
今時初聞	금시초문	바로 지금 처음으로 들음.
金科玉條	금과옥조	금이나 옥처럼 귀중히 여겨 꼭 지켜야 할 법칙이나 규정
金蘭之契	금란지계	금이나 난초와 같이 귀하고 향기로움을 풍기는 친구 사이의 사귐.
金蘭之交	금란지교	쇠를 자를 수 있을 만큼 단단하고 난초처럼 향기나는 친구 사이
金石之交	금석지교	쇠와 돌처럼 굳은 사귐.
金城湯池	금성탕지	쇠로 만든 성과, 그 둘레에 파놓은 뜨거운 물로 가득찬 못이라는 뜻으로, 방어 시설이 잘되어 있는 성
錦衣夜行	금의야행	비단옷을 입고 밤길을 다닌다는 뜻으로, 아무 보람이 없는 일을 함을 이르는 말
錦衣玉食	금의옥식	비단옷과 흰 쌀밥이라는 뜻으로, 호화스럽고 사치스러운 생활을 이르는 말
錦衣還鄉	금의환향	비단옷을 입고 고향에 돌아온다는 뜻으로, 출세를 하여 고향에 돌아옴을 비유
金枝玉葉	금지옥엽	불면 꺼질까 쥐면 터질까 아주 귀한 집안의 소중한 자식
氣高萬丈	기고만장	펄펄 뛸 만큼 대단히 성이 남. 일이 뜻대로 잘될 때, 우쭐하여 뽐내는 기세가 대단함.
起死回生	기사회생	거의 죽을 뻔하다가 도로 살아남.
奇想天外	기상천외	착상이나 생각 따위가 쉽게 짐작할 수 없을 정도로 기발하고 엉뚱함.
旣往之事	기왕지사	이미 지나간 일
騎虎之勢	기호지세	호랑이를 타고 달리는 형세, 이미 시작한 일을 중도에서 그만둘 수 없는 경우
吉凶禍福	길흉화복	길흉과 화복을 아울러 이르는 말
落落長松	낙락장송	가지가 길게 축축 늘어진 키가 큰 소나무
落木寒天	낙목한천	나뭇잎이 다 떨어진 겨울의 춥고 쓸쓸한 풍경, 또는 그런 계절

落花流水	낙화유수 떨어지는 꽃과 흐르는 물이라는 뜻으로, 가는 봄의 경치를 이르는 말
難攻不落	난공불락 공격하기가 어려워 쉽사리 함락되지 아니함.
亂臣賊子	난신적자 나라를 어지럽히는 불충한 무리
難兄難弟	난형난제 서로 엇비슷함. 막상막하
南男北女	남남북녀 우리 나라에서 남자는 남쪽 지방이 잘나고 여자는 북쪽 지방이 고움을 이르는 말
男女老少	남녀노소 남자와 여자, 늙은이와 젊은이란 뜻. 모든 사람을 이르는 말
男女有別	남녀유별 유교에서 남자와 여자 사이에 분별이 있어야 함을 이르는 말
內憂外患	내우외환 나라 안팎의 여러 가지 어려움.
內柔外剛	내유외강 겉으로 보기에는 강하게 보이나 속은 부드러움.
怒氣衝天	노기충천 성이 하늘을 찌를듯이 머리끝까지 치받쳐 있음.
怒發大發	노발대발 몹시 노하여 펄펄 뛰며 성을 냄.
綠楊芳草	녹양방초 푸른 버드나무와 향기로운 풀
綠衣紅裳	녹의홍상 연두 저고리와 다홍 치마. 젊은 여인의 옷차림

論功行賞	논공행상 공적의 크고 작음 따위를 논의하여 그에 알맞은 상을 줌.
弄瓦之慶	농와지경 딸을 낳은 기쁨을 이르는 말
弄璋之慶	농장지경 아들을 낳은 기쁨, 또는 아들을 낳은 일을 이르는 말
累卵之勢	누란지세 새알을 쌓아 놓은 듯한 위태로운 형세
累卵之危	누란지위 새알을 쌓아 놓은 것 같이 몹시 위태로움.
能小能大	능소능대 모든 일에 두루 능함.
多多益善	다다익선 많을수록 더욱 좋음.
多事多難	다사다난 여러 가지 일도 많고 어려움이나 탈도 많음.
多才多能	다재다능 재주와 능력이 여러 가지로 많음.
多情多感	다정다감 정이 많고 감정이 풍부함.
斷機之教	단기지교 학업을 중도에 폐함은 짜던 베를 끊는 것과 같아 아무 이득이 없음.
斷金之交	단금지교 매우 정의가 두터운 사이의 교제
單刀直入	단도직입 혼자서 칼 한 자루를 들고 적진으로 곧장 쳐들어간다. 여러 말을 늘어놓지 않고 바로 요점이나 본문제를 말함.

28

黨同伐異	당동벌이 일의 옳고 그름은 따지지 않고 뜻이 같은 무리끼리는 서로 돕고 그렇지 않은 무리는 배척함.

獨不將軍	독불장군 무슨 일이든 자기 생각대로 혼자서 처리하는 사람

大驚失色	대경실색 몹시 놀라 얼굴빛이 하얗게 질림.

讀書三到	독서삼도 독서하는 데는 눈으로 보고, 입으로 읽고, 마음으로 깨우쳐야 함.

大器晩成	대기만성 큰 그릇을 만드는 데는 시간이 오래 걸린다. 크게 될 사람은 늦게 이루어짐.

獨也靑靑	독야청청 남들이 모두 절개를 꺾는 상황 속에서도 홀로 절개를 굳세게 지키고 있음.

代代孫孫	대대손손 오래도록 내려오는 여러 대

同價紅裳	동가홍상 같은 값이면 다홍치마(좋은 것)를 택함.

大同團結	대동단결 여러 집단이나 사람이 어떤 목적을 이루려고 크게 한 덩어리로 뭉침.

同苦同樂	동고동락 괴로움도 즐거움도 함께 함.

大同小異	대동소이 큰 차이 없이 거의 같음.

東問西答	동문서답 물음과는 전혀 상관없는 엉뚱한 대답

大明天地	대명천지 아주 환하게 밝은 세상

同病相憐	동병상련 같은 병의 환자끼리 서로 가엾게 여김. 같은 처지의 사람끼리 서로 비슷한 아픔을 느낌.

大聲痛哭	대성통곡 큰 소리로 몹시 슬프게 곡을 함.

東奔西走	동분서주 동쪽으로 뛰고 서쪽으로 뛴다. 사방으로 이리저리 몹시 바쁘게 돌아다님.

大言壯語	대언장어 주제에 맞지 않게 큰 소리침.

同床異夢	동상이몽 같은 자리에 자면서 다른 꿈을 꾼다. 겉으로는 같이 행동하면서도 속으로는 각각 딴 생각을 하고 있음.

大義滅親	대의멸친 대의를 위해서 사사로움을 버림.

東西古今	동서고금 동양과 서양, 옛날과 지금을 통틀어 이르는 말

桃園結義	도원결의 의형제를 맺음을 이르는 말

東西南北	동서남북 동쪽, 서쪽, 남쪽, 북쪽이라는 뜻으로, 모든 방향을 이르는 말

道聽途說	도청도설 길거리에 떠돌아다니는 뜬 소문

同姓同本	동성동본 성(姓)과 본관이 모두 같음.

塗炭之苦	도탄지고 몹시 고생스러움. 진구렁에 빠지고 숯불에 타는 고생

同時多發	동시다발 같은 때나 시기에 많이 발생함.

冬溫夏淸	동온하청 부모에게 효도함. 겨울은 따뜻하게 여름은 시원하게 해드림.
同族相殘	동족상잔 동족끼리 서로 헐뜯고 싸움.
登高自卑	등고자비 천리길도 한 걸음부터. 높은 곳에 오르려면 낮은 곳에서부터 올라가듯이 무슨 일이든 순서가 있음.
燈下不明	등하불명 등잔 밑이 어둡다는 뜻으로, 가까이에 있는 물건이나 사람을 잘 찾지 못함.
燈火可親	등화가친 가을이 되어 독서하기에 좋음.
良藥苦口	양약고구 좋은 약은 입에 쓰나 병에 이롭다. 충언(忠言)은 귀에 거슬리나 자신에게 이로움.
戀慕之情	연모지정 사랑하여 그리워하는 정
馬耳東風	마이동풍 남의 말을 대충 들음.
莫逆之友	막역지우 아주 허물 없는 벗. 서로 거역하지 아니하는 친구. 아주 허물없는 사이
萬古常靑	만고상청 오랜 세월을 두고 변함없이 늘 푸름
萬古不變	만고불변 아주 오랜 세월 동안 변하지 아니함.
萬里長天	만리장천 아득히 높고 먼 하늘
萬事休矣	만사휴의 모든 것이 헛수고로 돌아감을 이르는 말

晚時之歎	만시지탄 시기에 늦어 기회를 놓쳤음을 안타까워하는 탄식
罔極之恩	망극지은 끝없이 베풀어 주는 혜택이나 고마움.
亡羊之歎	망양지탄 달아난 양을 쫓는데 갈림길이 많아서 잃어버리고 탄식한다. 학문의 길이 다방면이어서 진리를 깨닫기가 어려움을 한탄함.
茫然自失	망연자실 멍하니 정신을 잃음.
望雲之情	망운지정 객지에서 부모를 생각하는 마음
麥秀之歎	맥수지탄 고국의 멸망을 한탄함
孟母斷機	맹모단기 맹자의 어머니가 아들이 학업을 중단하고 돌아왔을 때, 짜던 베를 칼로 자름. 어머니의 엄격한 자녀 교육을 이름.
孟母三遷	맹모삼천 맹자의 어머니가 맹자를 가르치기 위하여 세 번 이사함.
面從腹背	면종복배 면전에서는 따르나 뱃속으로는 배반함.
滅私奉公	멸사봉공 사를 버리고 공을 위해 희생함.
明鏡止水	명경지수 맑은 거울과 고요한 물. 잡념과 가식과 헛된 욕심 없이 맑고 깨끗한 마음
名山大川	명산대천 이름난 산과 큰 내
名實相符	명실상부 이름과 실상이 서로 꼭 맞음.

明若觀火	명약관화 불을 보듯 뻔함.	博覽强記	박람강기 여러 가지의 책을 널리 많이 읽고 기억을 잘함.
目不忍見	목불인견 눈앞에 벌어진 상황 따위를 눈뜨고는 차마 볼 수 없음.	博而不精	박이부정 여러 방면으로 널리 아나 정통하지는 못함
目不識丁	목불식정 낫 놓고 'ㄱ'자도 모름. 아주 무식함.	拍掌大笑	박장대소 손백을 치며 크게 웃음.
武陵桃源	무릉도원 신선이 살았다는 전설적인 곳	博學多識	박학다식 학식이 넓고 아는 것이 많음.
無不通知	무불통지 무슨 일이든지 환히 통하여 모르는 것이 없음.	拔本塞源	발본색원 나쁜 것의 뿌리를 뽑음.
無所不爲	무소불위 하지 못하는 일이 없음.	發憤忘食	발분망식 분발하여 끼니를 잊고 노력함.
無用之物	무용지물 쓸모없는 물건이나 사람	傍若無人	방약무인 곁에 사람이 없는 것 같다. 거리낌 없이 함 부로 행동함.
無爲徒食	무위도식 하는 일 없이 놀고 먹음.	背水之陣	배수지진 적과 싸울 때 강이나 바다를 등지고 진을 침. 목숨을 걸고 어떤 일에 대처하는 경우
無腸公子	무장공자 담력이나 기개가 없는 자	背恩忘德	배은망덕 은덕을 저버림.
聞一知十	문일지십 하나를 듣고 열을 앎.	百家爭鳴	백가쟁명 많은 학자나 문인 등이 자기의 학설이나 주 장을 자유롭게 발표하여, 논쟁하고 토론하 는 일
門前成市	문전성시 찾아오는 사람이 많아 문 앞이 시장을 이루 다시피 함.	白骨難忘	백골난망 죽어서 백골이 되어도 잊을 수 없다는 뜻. 남에게 큰 은덕을 입었을 때 고마움의 뜻으 로 이르는 말
物外閑人	물외한인 세상에 욕심이 없고 한가하게 지내는 사람	百年佳約	백년가약 남녀가 부부가 되어 평생을 함께 하겠다는 아름다운 언약
美辭麗句	미사여구 아름다운 말로 듣기 좋게 꾸민 글귀	百年大計	백년대계 먼 앞날까지 미리 내다보고 세우는 크고 중 요한 계획

百年河淸	백년하청 시간이 가도 해결의 기미가 없음.

百萬長者	백만장자 재산이 매우 많은 사람, 또는 아주 큰 부자

白面書生	백면서생 오직 글만 읽고 세상사에 경험이 없는 사람

百發百中	백발백중 백번 쏘아 백번을 맞힌다. 총이나 활 따위를 쏠 때마다 겨눈 곳에 다 맞음.

白雲孤飛	백운고비 멀리 떠나는 자식이 어버이를 그리워함.

白衣民族	백의민족 흰옷을 입은 민족이라는 뜻으로, '한민족'을 이르는 말

百戰老將	백전노장 많은 전투를 치른 노련한 병사. 세상 일을 많이 치러서 모든 일에 노련한 사람

百戰百勝	백전백승 싸울 때마다 다 이김.

百折不屈	백절불굴 여러 번 꺾어져도 굽히지 않음.

伯仲之間	백중지간 서로 우열을 가리기 힘든 사이

伯仲之勢	백중지세 서로 어금버금한 형세. 누가 못하고 누가 낫다고 할 수 없을 정도로 서로 비슷함.

百八煩惱	백팔번뇌 사람이 지닌 108가지의 번뇌

百害無益	백해무익 해롭기만 하고 하나도 이로운 바가 없음.

別有天地	별유천지 우리가 살고 있는 이 세상 밖의 다른 세상. 특별히 경치가 좋거나 분위기가 좋은 곳

兵家常事	병가상사 전쟁에서 이기고 지는 일은 흔히 있는 일임. 실패하는 일은 흔히 있으므로 낙심할 것이 없다는 말

夫婦有別	부부유별 남편과 아내 사이의 도리는 서로 침범하지 않음을 이름.

父爲子綱	부위자강 아버지와 자식 사이에 지킬 떳떳한 도리

父子有親	부자유친 아버지와 아들 사이에는 친애해야 함을 이르는 말

父傳子傳	부전자전 아버지가 아들에게 대대로 전함.

夫唱婦隨	부창부수 부부의 화합을 뜻하는 말로 예로부터 남편이 부르면 부인이 따른다는 말

不老長生	불로장생 늙지 아니하고 오래 삶.

不立文字	불립문자 문자나 말로써 도를 전하지 아니함. 불가의 뜻이 마음에서 마음으로 전해짐.

不問可知	불문가지 묻지 아니하여도 알 수 있음.

不遠千里	불원천리 천 리 길도 멀다고 여기지 않음.

不恥下問	불치하문 자기보다 아래 사람에게 배우는 것을 부끄럽게 여기지 않음.

不偏不黨	불편부당 아주 공평하여 어느 한쪽으로 치우치지 아니함.

附和雷同 부화뇌동
줏대가 없이 남의 말에 쉽게 따름.

北窓三友 북창삼우
거문고, 술, 시(詩)를 아울러 이르는 말

不可思議 불가사의
사람의 생각으로는 미루어 헤아릴 수 없이
이상하고 야릇함.

不勞所得 불로소득
직접 일을 하지 아니하고 얻는 수익

不問曲直 불문곡직
잘잘못을 묻지 않고 함부로 행함.

不知其數 부지기수
헤아릴 수가 없을 만큼 많음, 또는 그렇게
많은 수효

朋友有信 붕우유신
벗 사이에는 믿음이 있어야 함을 이름.

非一非再 비일비재
같은 현상이나 일이 한두 번이나 한둘이 아
니고 많음.

貧者一燈 빈자일등
가난한 사람이 바치는 하나의 등(燈). 물질
의 많고 적음보다 정성이 중요함을 비유

氷炭之間 빙탄지간
얼음과 숯불의 사이. 서로 화합할 수 없는
사이

四顧無親 사고무친
의지할 만한 사람이 아무도 없음.

士農工商 사농공상
예전에, 백성을 나누던 네 가지 계급으로
선비, 농부, 공장(工匠), 상인

四面春風 사면춘풍
누구에게나 좋게 대하는 일, 또는 그런 사
람을 비유적으로 이르는 말

四方八方 사방팔방
여기저기 모든 방향이나 방면

四分五裂 사분오열
여러 갈래로 갈기갈기 찢어짐. 질서 없이
어지럽게 흩어지거나 헤어짐.

沙上樓閣 사상누각
모래 위에 세운 누각. 기초가 튼튼하지 못
하여 오래 견디지 못할 일이나 물건

事親以孝 사친이효
어버이를 섬김에 효도로써 함.

四通八達 사통팔달
도로나 교통망, 통신망 따위가 이리저리 사
방으로 통함.

事必歸正 사필귀정
모든 일은 반드시 바른 길로 돌아감.

四海兄弟 사해형제
온 세상 사람이 모두 형제와 같다는 뜻으
로, 친밀함을 이르는 말

山紫水明 산자수명
산은 자줏빛으로 선명하고 물은 맑다. 경치
가 아름다움.

山戰水戰 산전수전
산에서도 싸우고 물에서도 싸웠다. 세상의
온갖 고생과 어려움

山川草木 산천초목
산과 내와 풀과 나무라는 뜻으로, 자연을
이르는 말

殺身成仁 살신성인
자기의 몸을 희생하여 인(仁)을 이룸.

三三五五 삼삼오오
서너 사람 또는 대여섯 사람이 떼를 지어
다니거나 무슨 일을 함, 또는 그런 모양

三旬九食 삼순구식
서른 날에 아홉 끼니밖에 못 먹음. 가난하
여 끼니를 많이 거름.

三餘之功	삼여지공 독서하기에 가장 좋은 '겨울밤'을 일컬음.

三人成虎	삼인성호 세 사람이 짜면 거리에 범이 나왔다는 거짓말도 꾸밀 수 있다. 근거 없는 말이라도 여러 사람이 말하면 곧이듣게 됨.

三從之道	삼종지도 예전에, 여자가 따라야 할 세 가지 도리. 어려서는 아버지를, 결혼해서는 남편을, 남편이 죽은 후에는 자식을 따라야 함.

三尺童子	삼척동자 키가 석 자 정도밖에 되지 않는 어린 아이 철없는 어린 아이를 이름.

三遷之敎	삼천지교 맹자의 교육을 위하여 어머니가 세 번이나 집을 옮긴 일. 교육에는 환경이 중요함을 이름.

三寒四溫	삼한사온 아시아의 동부, 북부에서 나타나는 겨울 기온의 변화. 7일을 주기로 사흘 동안 춥고 나흘 동안 따뜻함.

相思不忘	상사불망 서로 그리워하여 잊지 못함.

桑田碧海	상전벽해 뽕나무밭이 변하여 푸른 바다가 됨. 세상 일이 덧없이 변함.

塞翁之馬	새옹지마 인생에 있어서의 길흉 화복은 항상 바뀌어 미리 헤아릴 수 없음.

生老病死	생로병사 사람이 나고 늙고 병들고 죽는 네 가지 고통

生面不知	생면부지 서로 한 번도 만난 적이 없어서 전혀 알지 못하는 사람, 또는 그런 관계

生死苦樂	생사고락 삶과 죽음, 괴로움과 즐거움을 통틀어 이르는 말

先見之明	선견지명 어떤 일이 일어나기 전에 미리 앞을 내다보고 아는 지혜

先公後私	선공후사 공적인 것을 앞세우고 사적인 것은 뒤로 함.

善男善女	선남선녀 착하고 어진 사람들

雪上加霜	설상가상 눈 위에 서리가 덮인 격으로, 불행한 일이 연거푸 일어남.

說往說來	설왕설래 서로 변론을 주고받으며 옥신각신함, 또는 말이 오고 감.

世上萬事	세상만사 세상에서 일어나는 온갖 일

小貪大失	소탐대실 작은 것을 탐하다가 큰 것을 잃음.

束手無策	속수무책 손을 묶은 것처럼 어찌할 도리가 없어 꼼짝 못함.

率先垂範	솔선수범 남보다 앞장서서 행동해서 몸소 다른 사람의 본보기가 됨.

送舊迎新	송구영신 묵은 해를 보내고 새해를 맞음.

壽福康寧	수복강녕 오래 살고 복을 누리며 건강하고 평안함.

手不釋卷	수불석권 손에서 책을 놓을 사이 없이 열심히 공부함.

修身齊家	수신제가 몸과 마음을 닦아 수양하고 집안을 다스림.

水魚之交	수어지교 고기와 물과의 관계처럼 떨어질 수 없는 특별한 친분

脣亡齒寒	순망치한 옆사람이 망하면 이웃이 함께 위험함.
乘勝長驅	승승장구 싸움에 이긴 형세를 타고 계속 몰아침.
是是非非	시시비비 여러 가지의 잘잘못을 옳고 그름을 따지며 다툼.
始終如一	시종여일 처음부터 끝까지 변함없이 한결같음.
始終一貫	시종일관 일 따위를 처음부터 끝까지 한결같이 함.
識字憂患	식자우환 학식이 있는 것이 오히려 근심을 사게 됨.
信賞必罰	신상필벌 공이 있는 자에게는 상을 주고, 죄가 있는 사람에게는 벌을 준다. 상과 벌을 공정하고 엄중하게 하는 일
身言書判	신언서판 사람됨을 판단하는 네 가지 기준, 즉 몸, 말, 글, 판단력
神出鬼沒	신출귀몰 귀신같이 나타났다가 사라진다. 움직임을 알 수 없을 만큼 자유자재로 나타나고 사라짐.
實事求是	실사구시 사실에 토대를 두어 진리를 탐구하는 일
深思熟考	심사숙고 깊이 잘 생각함.
深山幽谷	심산유곡 깊은 산속의 으슥한 골짜기
心心相印	심심상인 마음과 마음에 서로를 새김.
十伐之木	십벌지목 열 번 찍어 안 넘어가는 나무 없음.
十中八九	십중팔구 열 가운데 여덟이나 아홉 정도로 거의 대부분이거나 틀림없음.
我田引水	아전인수 제 논에 물대기. 자기에게만 이롭게 함.
惡戰苦鬪	악전고투 매우 어려운 조건을 무릅쓰고 힘을 다하여 고생스럽게 싸움.
安分知足	안분지족 편안한 마음으로 제 분수를 지키며 만족할 줄을 앎.
安貧樂道	안빈낙도 가난한 생활을 하면서도 편안한 마음으로 도를 즐겨 지킴.
眼下無人	안하무인 방자하고 교만하여 사람을 모두 얕잡아 봄.
愛國愛族	애국애족 자기 나라와 겨레를 사랑함.
哀而不悲	애이불비 속으로는 슬프지만 겉으로는 슬픔을 나타내지 아니함.
哀而不傷	애이불상 슬퍼하되 도를 넘지 아니함.
愛之重之	애지중지 매우 사랑하고 소중히 여기는 모양
藥房甘草	약방감초 무슨 일이나 빠짐없이 낌. 반드시 끼어야 할 사물
弱肉强食	약육강식 약한 자가 강한 자에게 먹힌다. 강한 자가 약한 자를 희생시켜서 번영하거나, 약한 자가 강한 자에게 끝내는 멸망됨.

羊頭狗肉	양두구육 양의 고기를 내놓고 사실은 개고기를 판다. 겉으로는 그럴 듯하게 내세우나 속엔 음흉한 딴 생각이 있음.	如履薄氷	여리박빙 얇은 얼음을 밟는 것 같다. 몹시 위험하여 조심함을 이르는 말
梁上君子	양상군자 들보 위의 사람, 즉 도둑	女必從夫	여필종부 아내는 반드시 남편을 따라야 한다는 말
兩者擇一	양자택일 둘 중에서 하나를 고름.	易地思之	역지사지 처지를 바꾸어서 생각하여 봄.
魚東肉西	어동육서 제사상을 차릴 때, 생선 반찬은 동쪽에 놓고 고기 반찬은 서쪽에 놓는 일	緣木求魚	연목구어 나무에 올라 물고기를 구하듯 불가능한 일을 하려고 함.
魚頭肉尾	어두육미 물고기는 머리 쪽이 맛이 있고, 짐승 고기는 꼬리 쪽이 맛이 있음.	連戰連勝	연전연승 싸울 때마다 계속하여 이김.
語不成說	어불성설 말이 조금도 사리에 맞지 아니함.	榮枯盛衰	영고성쇠 인생이나 사물의 번성함과 쇠락함이 서로 바뀜.
漁父之利	어부지리 조개와 도요새가 서로 버티는 통에 어부가 둘을 다잡아 이득을 봄.	五穀百果	오곡백과 온갖 곡식과 과실
億兆蒼生	억조창생 수많은 백성	五里霧中	오리무중 짙은 안개 속에 있어 방향을 알 수 없음과 같이 무슨 일에 대해서 알 길이 없음.
焉敢生心	언감생심 감히 생각도 못함.	烏飛梨落	오비이락 까마귀 날자 배 떨어진다. 아무 관계도 없는 일인데 때가 같아서 관계가 있는 것처럼 의심을 받게 됨.
言語道斷	언어도단 너무 어처구니가 없어 할 말이 없음.	吾鼻三尺	오비삼척 내 코가 석자. 자기 사정이 급하여 남을 돌볼 겨를이 없음.
言中有骨	언중유골 말 속에 뼈가 있다는 뜻으로, 예사로운 말 속에 단단한 속뜻이 들어 있음.	傲霜孤節	오상고절 서릿발이 심한 속에서도 굴하지 아니하고 외로이 지키는 절개. 국화(菊花)를 이르는 말
言行一致	언행일치 말과 행동이 서로 같음, 또는 말한 대로 실행함.	烏合之卒	오합지졸 까마귀가 모인 것처럼 질서가 없이 모인 병졸. 임시로 모여들어서 규율이 없고 무질서한 병졸 또는 군중
嚴妻侍下	엄처시하 아내에게 쥐여사는 남편의 처지를 놀림조로 이르는 말	玉骨仙風	옥골선풍 살빛이 희고 고결하여 신선과 같은 풍채

屋上架屋	옥상가옥 지붕 위에 또 지붕을 만든다. 흔히 물건이나 일을 부질없이 거듭함.
溫故知新	온고지신 옛것을 익혀서 그것으로 미루어 새 것을 깨달음.
曰可曰否	왈가왈부 어떤 일에 대하여 옳거니 옳지 아니하거니 하고 말함.
王侯將相	왕후장상 제왕, 제후, 장수, 재상을 아울러 이르는 말
樂山樂水	요산요수 산수(山水)의 자연을 즐기고 좋아함.
搖之不動	요지부동 흔들어도 꼼짝하지 아니함.
勇氣百倍	용기백배 격려나 응원 따위에 자극을 받아 힘이나 용기를 더 냄.
龍頭蛇尾	용두사미 용의 머리 뱀의 꼬리. 출발은 좋으나 대충 끝남.
龍尾鳳湯	용미봉탕 맛이 매우 좋은 음식을 비유적으로 이르는 말
愚公移山	우공이산 마음만 단단히 먹으면 큰 일도 이룸.
右往左往	우왕좌왕 이리저리 왔다갔다 하며 일이나 나아가는 방향을 종잡지 못함.
優柔不斷	우유부단 어물어물 망설이기만 하고 결단성이 없음.
牛耳讀經	우이독경 쇠귀에 경 읽기. 아무리 가르치고 일러 주어도 알아듣지 못함.

遠禍召福	원화소복 화를 멀리 하고 복을 부름.
月下老人	월하노인 부부의 인연을 맺어 준다는 전설상의 늙은이
危機一髮	위기일발 위급함이 매우 절박한 순간
有口無言	유구무언 입이 있어도 할 말이 없음. 변명을 못함.
有名無實	유명무실 이름만 그럴듯하고 실속은 없음.
流芳百世	유방백세 꽃다운 이름이 후세에 널리 전해짐.
有備無患	유비무환 미리 준비가 되어 있으면 걱정할 것이 없음.
唯我獨尊	유아독존 세상에서 자기 혼자 잘났다고 뽐내는 태도
類類相從	유유상종 가재는 게 편. 같은 무리끼리 서로 사귐.
草綠同色	초록동색 풀빛과 녹색은 같다. 이름은 달라도 성질이나 내용은 같음.
悠悠自適	유유자적 속세를 떠나 아무 속박 없이 조용하고 편안하게 삶.
有終之美	유종지미 한번 시작한 일을 끝까지 잘하여 끝맺음이 좋음.
隱忍自重	은인자중 마음속에 감추어 참고 견디면서 몸가짐을 신중하게 행동함.

吟風弄月	음풍농월 맑은 바람과 밝은 달을 대상으로 시를 짓고 흥취를 자아내어 즐겁게 놂.
疑心暗鬼	의심암귀 마음속에 의심이 생기면 갖가지 무서운 망상이 잇달아 일어나 불안해짐.
異口同聲	이구동성 입은 다르나 목소리는 같다. 여러 사람의 말이 한결같음.
以卵投石	이란투석 계란으로 바위 치기. 아주 약한 것으로 강한 것에 대항하려는 어리석음
耳目口鼻	이목구비 귀·눈·입·코를 아울러 이르는 말. 귀·눈·입·코를 중심으로 한 얼굴의 생김새
以心傳心	이심전심 말이나 글로 전하지 않고 마음에서 마음으로 전함.
以熱治熱	이열치열 열은 열로써 다스림. 힘은 힘으로 물리침.
利用厚生	이용후생 기구를 편리하게 쓰고 먹을 것과 입을 것을 넉넉하게 하여, 국민의 생활을 나아지게 함.
二律背反	이율배반 꼭 같은 근거를 가지고 정당하다고 주장되는 서로 모순되는 두 명제 관계
泥田鬪狗	이전투구 진흙탕에서 싸우는 개. 자기의 이익을 위하여 비열하게 다툼.
二八靑春	이팔청춘 16세 무렵의 꽃다운 청춘, 또는 혈기 왕성한 젊은 시절
離合集散	이합집산 헤어졌다가 모였다가 하는 일
因果應報	인과응보 과거 또는 전생의 선악의 인연에 따라 뒷날의 길흉화복을 받음.
人面獸心	인면수심 사람의 얼굴을 하고 있으나 마음은 짐승과 같다. 마음이나 행동이 몹시 흉악함.
人命在天	인명재천 사람의 목숨은 하늘에 달려 있다. 목숨의 길고 짧음은 사람의 힘으로 어쩔 수 없음.
人事不省	인사불성 제 몸에 벌어지는 일을 모를 만큼 정신을 잃은 상태
人死留名	인사유명 사람은 죽어서 이름을 남긴다. 사람의 삶이 헛되지 아니하면 그 이름이 길이 남음.
人山人海	인산인해 사람이 산을 이루고 바다를 이루었다. 사람이 수없이 많이 모인 상태
人海戰術	인해전술 우수한 화기보다 다수의 병력을 투입하여 적을 압도하는 전술
一刻千金	일각천금 아무리 짧은 시간이라도 천금과 같이 귀중함.
一擧兩得	일거양득 한 가지 일로 두 가지 이득을 취함.
一口二言	일구이언 한 입으로 두 말을 한다. 한 가지 일에 대하여 말을 이랬다저랬다 함.
一刀兩斷	일도양단 칼로 무엇을 대번에 쳐서 두 도막을 냄. 어떤 일을 머뭇거리지 아니하고 선뜻 결정함.
他山之石	타산지석 다른 산에서 나는 작은 돌로도 자신의 구슬을 갈 수 있다. 남의 하찮은 언행일지라도 자신의 품성을 높이는 데 교훈으로 삼을 수 있음.
一望無際	일망무제 한눈에 바라볼 수 없을 정도로 아득하게 멀고 넓어서 끝이 없음.
一脈相通	일맥상통 사고방식, 상태, 성질 따위가 서로 통하거나 비슷해짐.

38

日暮途遠	일모도원 해는 졌고 길은 멂, 즉 뜻하는 바는 큰 데 너무 늦어 달성이 어려움.

一問一答	일문일답 한 번 물음에 대하여 한 번 대답함.

一罰百戒	일벌백계 한 사람을 벌주어 백 사람을 경계한다. 경각심을 불러 일으키기 위하여 본보기로 한 사람에게 엄한 처벌을 함.

一絲不亂	일사불란 한 오리 실도 엉키지 아니함. 질서가 정연하여 조금도 흐트러지지 아니함.

一石二鳥	일석이조 돌 한 개를 던져 새 두 마리를 잡는다는 뜻으로, 동시에 두 가지 이득을 봄.

一心同體	일심동체 한마음 한 몸이라는 뜻으로, 서로 굳게 결합함을 이르는 말

一魚濁水	일어탁수 한 마리의 물고기가 물을 흐린다. 한 사람의 잘못으로 여러 사람이 피해를 입게 됨.

一言半句	일언반구 한 마디 말과 반 구절이라는 뜻으로, 아주 짧은 말을 이르는 말

一以貫之	일이관지 하나의 방법이나 태도로써 처음부터 끝까지 한결같음. 모든 것을 하나의 원리로 꿰뚫어 이야기함.

一日三省	일일삼성 매일 세 번 자신을 반성함.

一日三秋	일일삼추 하루가 삼 년 같다는 뜻으로, 몹시 애태우며 기다림을 이르는 말

一字無識	일자무식 글자를 한 자도 모를 정도로 무식함. 또는 그런 사람

一長一短	일장일단 일면의 장점과 다른 일면의 단점을 통틀어 이르는 말

一場春夢	일장춘몽 봄날의 한바탕 꿈처럼 헛된 영화

一朝一夕	일조일석 하루 아침과 하루 저녁이란 뜻으로, 짧은 시일을 이르는 말

一進一退	일진일퇴 한 번 앞으로 나아갔다 한 번 뒤로 물러섰다함.

一觸卽發	일촉즉발 조금만 닿아도 곧 폭발할 것 같은 모양. 막 일이 일어날 듯하여 위험한 지경

日就月將	일취월장 날로 달로 나아감. 학문이 날로 달로 나아감.

一波萬波	일파만파 금새 사방으로 번져 나감.

一片丹心	일편단심 한 조각의 붉은 마음이라는 뜻으로, 진심에서 우러나오는 변치 아니하는 마음

一筆揮之	일필휘지 단숨에 그리거나 씀.

一喜一悲	일희일비 한편으로는 기뻐하고 한편으로는 슬퍼함. 또는 기쁨과 슬픔이 번갈아 일어남.

臨機應變	임기응변 그때그때 처한 사태에 맞추어 즉각 그 자리에서 결정하거나 처리함.

立身揚名	입신양명 출세하여 이름을 세상에 떨침.

自强不息	자강불식 스스로 힘써 행하여 쉬지 않음.

自激之心	자격지심 자기가 한 일에 대하여 스스로 미흡하게 여기는 마음

自給自足	자급자족 필요한 물자를 스스로 생산하여 충당함.
自問自答	자문자답 스스로 묻고 스스로 대답함.
子孫萬代	자손만대 오래도록 내려오는 여러 대
自手成家	자수성가 물려받은 재산이 없이 자기 혼자의 힘으로 집안을 일으키고 재산을 모음.
自業自得	자업자득 자기가 저지른 일의 결과를 자기가 받음.
自由自在	자유자재 거침없이 자기 마음대로 할 수 있음.
自中之亂	자중지란 같은 편끼리 하는 싸움
自初至終	자초지종 처음부터 끝까지의 과정
自暴自棄	자포자기 절망에 빠져 자신을 스스로 포기하고 돌아 보지 아니함.
自畵自讚	자화자찬 자기가 그린 그림을 스스로 칭찬한다는 뜻 으로, 자기가 한 일을 스스로 자랑함.
作心三日	작심삼일 단단히 먹은 마음이 사흘을 가지 못한다는 뜻으로, 결심이 굳지 못함을 이름.
張三李四	장삼이사 장씨 세 사람과 이씨 네 사람. 이름이나 신 분이 특별하지 아니한 평범한 사람들
長幼有序	장유유서 어른과 어린이 사이에는 엄격한 차례가 있 고 복종해야 할 질서가 있음.

赤手空拳	적수공권 맨손과 맨주먹이라는 뜻으로, 아무것도 가 진 것이 없음을 이르는 말
適材適所	적재적소 알맞은 인재를 알맞은 자리에 씀.
電光石火	전광석화 번갯불이나 부싯돌의 불이 번쩍거리는 것 과 같이 짧은 시간이나 재빠른 움직임
前代未聞	전대미문 이제까지 들어본 적이 없는 일
前途有望	전도유망 앞으로 잘 될 희망이 있음. 장래가 유망함.
前無後無	전무후무 전에도 없었고 앞으로도 없음.
全心全力	전심전력 온 마음과 온 힘
前人未踏	전인미답 이제까지 아무도 발을 들여놓거나 도달한 사람이 없음.
前程萬里	전정만리 앞길이 구만 리 같음.
轉禍爲福	전화위복 화가 바뀌어 복이 됨.
切齒腐心	절치부심 몹시 분하여 이를 갈면서 속을 썩임.
漸入佳境	점입가경 갈수록 재미있음.
朝令暮改	조령모개 아침에 명령을 내리고 저녁에 다시 고침.

朝變夕改	조변석개 아침 저녁으로 뜯어 고침.

鳥足之血	조족지혈 새 발의 피라는 뜻으로, 매우 적은 분량을 비유적으로 이르는 말

足脫不及	족탈불급 맨발로 뛰어도 따라가지 못한다. 능력, 역 량, 재질 따위가 두드러져 도저히 다른 사 람이 따라가지 못할 정도

存亡之秋	존망지추 존속과 멸망, 또는 생존과 사망이 결정되는 아주 절박한 경우나 시기

縱橫無盡	종횡무진 자유자재로 행동하여 거침이 없는 상태

坐不安席	좌불안석 앉아도 자리가 편안하지 않다. 마음이 불안 하거나 걱정스러워서 한 군데에 가만히 앉 아 있지 못하고 안절부절 못하는 모양

坐井觀天	좌정관천 우물에 앉아서 하늘을 본다. 견문이 좁음을 뜻함.

左之右之	좌지우지 이리저리 제 마음대로 휘두르거나 다룸.

左衝右突	좌충우돌 마구 찌르고 부딪침. 아무에게나 또는 아무 일에나 함부로 맞닥뜨림.

主客一體	주객일체 주체와 객체가 하나가 됨.

晝耕夜讀	주경야독 낮에는 밭을 갈고 밤에는 책을 읽음.

走馬看山	주마간산 수박 겉 핥기. 말을 타고 달리면서 산수를 본다. 바쁘게 대충 보며 지나감을 일컫는 말

柱石之臣	주석지신 주춧돌(주석)이 될 만한 신하

晝夜長川	주야장천 밤낮으로 쉬지 아니하고 연달음.

酒池肉林	주지육림 호화로운 술잔치

竹馬故友	죽마고우 어릴 때, 대나무말을 타고 놀며 같이 자란 친구

衆寡不敵	중과부적 적은 수로 많은 사람을 당하기 어려움.

衆口難防	중구난방 여러 사람의 말을 막기가 어려움.

指鹿爲馬	지록위마 윗사람을 속여 마음대로 함.

支離滅裂	지리멸렬 이리저리 흩어지고 찢기어 갈피를 잡을 수 없음.

地上天國	지상천국 하늘에서 찾을 것이 아니라 이 현실 사회에 서 세워야 한다는 완전한 이상 세계

至誠感天	지성감천 정성이 지극하면 하늘도 감동함. 어떤 일을 정성껏 하면 좋은 결과를 맺음.

伯牙絕鉉	백아절현 친한 친구의 죽음을 슬퍼함.

指呼之間	지호지간 손짓하여 부를 만한 가까운 거리

盡忠報國	진충보국 충성을 다하여 나라의 은혜를 갚음.

進退兩難	진퇴양난 앞으로 나아가기도 어렵고 뒤로 물러나기 도 어려움.

進退維谷	진퇴유곡 앞으로 나아가도 뒤로 물러나도 골짜기만 있음. 어쩔 수 없는 궁지에 빠진 상태
此日彼日	차일피일 이날저날 미룸.
天高馬肥	천고마비 하늘이 높고 말이 살찐다는 뜻으로, 하늘이 맑고 모든 것이 풍성함을 이르는 말
千慮一得	천려일득 천 번을 생각하여 하나를 얻는다. 어리석은 사람이라도 많은 생각을 하면 그 과정에서 한 가지쯤은 좋은 것이 나올 수 있음.
千慮一失	천려일실 천 번 생각에 한 번 실수. 슬기로운 사람이라도 여러 가지 생각 가운데에는 잘못되는 것이 있을 수 있음.
千萬多幸	천만다행 아주 다행함.
天生緣分	천생연분 하늘이 정하여 준 연분
千辛萬苦	천신만고 천 가지 매운 것과 만 가지 쓴 것. 온갖 어려운 고비를 다 겪으며 심하게 고생함.
天壤之差	천양지차 하늘과 땅 사이와 같이 엄청난 차이
天人共怒	천인공노 하늘과 땅이 함께 분노한다는 뜻으로, 같은 무리의 불행을 슬퍼함.
千載一遇	천재일우 절호의 기회
千差萬別	천차만별 여러 가지 사물이 모두 차이가 있고 구별이 있음.
千篇一律	천편일률 시문의 격조(格調)가 모두 비슷하여 특성이 없음. 여럿이 개별적 특성이 없이 모두 엇비슷함.

天下第一	천하제일 세상에 견줄 만한 것이 없이 최고임.
徹頭徹尾	철두철미 처음부터 끝까지 철저함.
靑山流水	청산유수 산에 맑은 물이라는 뜻으로, 막힘없이 썩 잘하는 말을 비유적으로 이르는 말
靑天白日	청천백일 하늘이 맑게 갠 대낮. 맑은 하늘에 뜬 해
淸風明月	청풍명월 맑은 바람과 밝은 달
初志一貫	초지일관 처음에 세운 뜻을 끝까지 밀고 나감.
寸鐵殺人	촌철살인 간단한 말로 핵심을 찔러 감동시킴.
秋風落葉	추풍낙엽 가을 바람에 떨어지는 나뭇잎. 어떤 형세나 세력이 갑자기 기울어지거나 헤어져 흩어지는 모양
出告反面	출곡반면 밖에 나갈 때 가는 곳을 반드시 아뢰고, 되돌아와서는 반드시 얼굴을 보여 드림.
取捨選擇	취사선택 여럿 가운데서 쓸 것은 쓰고 버릴 것은 버림.
醉生夢死	취생몽사 술에 취하여 자는 동안에 꾸는 꿈 속에 살고 죽는다. 한평생을 아무 하는 일 없이 흐리멍텅하게 살아감.
七去之惡	칠거지악 예전에, 아내를 내쫓을 수 있는 이유가 되었던 일곱 가지 허물
卓上空論	탁상공론 현실성이 없는 허황한 이론이나 논의

貪官汚吏
탐관오리
백성의 재물을 탐내어 빼앗는, 행실이 깨끗하지 못한 관리

泰山北斗
태산북두
존경받는 인물

太平聖代
태평성대
태평스런 시절

破廉恥漢
파렴치한
염치를 모르는 뻔뻔한 사람

破顔大笑
파안대소
매우 즐거운 표정으로 활짝 웃음

破竹之勢
파죽지세
대를 쪼개는 기세라는 뜻으로, 적을 거침없이 물리치고 쳐들어가는 기세

八道江山
팔도강산
팔도의 강산이라는 뜻으로, 우리 나라 전체의 강산을 이르는 말

八方美人
팔방미인
어느 모로 보나 아름다운 사람. 여러 방면에 능통한 사람을 비유적으로 이르는 말

敗家亡身
패가망신
집안의 재산을 다 써 없애고 몸을 망침.

平地突出
평지돌출
변변치 못한 집에서 인물이 나옴.

抱腹絕倒
포복절도
배를 끌어안고 넘어질 정도로 몹시 웃음.

表裏不同
표리부동
겉과 속이 다름.

風樹之嘆
풍수지탄
효도를 다하지 못하고 어버이를 여읜 자식의 슬픔을 비유한 말

風前燈火
풍전등화
바람 앞에 놓인 등불, 사물이 매우 위태로운 처지에 놓여 있음을 비유하는 말

皮骨相接
피골상접
살가죽과 뼈가 맞붙을 정도로 몹시 마름.

彼此一般
피차일반
두 편이 서로 같음.

匹夫之勇
필부지용
깊은 생각 없이 혈기만 믿고 함부로 부리는 소인의 용기

匹夫匹婦
필부필부
한 쌍의 지아비와 지어미

下石上臺
하석상대
아랫돌 빼서 윗돌 괴기. 임시 변통으로 이리저리 둘러맞춤을 이르는 말

鶴首苦待
학수고대
학의 목처럼 길게 늘여 고대함.

含憤蓄怨
함분축원
분하고 원통한 마음을 품음.

咸興差使
함흥차사
일을 보러 밖에 나간 사람이 오래도록 돌아오지 않을 때 하는 말

恒茶飯事
항다반사
항상 있어서 이상하거나 신통할 것이 없는 일

行方不明
행방불명
곳이나 방향을 모름.

虛禮虛飾
허례허식
예절, 법식 등을 겉으로만 번드레하게 하는 일

虛送歲月
허송세월
하는 일 없이 세월만 헛되이 보냄

虛張聲勢	허장성세 실속이 없으면서 허세만 떠벌림.
軒軒丈夫	헌헌장부 외모가 준수하고 풍채가 당당한 남자
賢母良妻	현모양처 어진 어머니이면서 착한 아내
螢雪之功	형설지공 갖은 고생을 하며 부지런히 학문을 닦아서 성공함.
螢窓雪案	형창설안 반딧불이 비치는 창과 눈(雪)이 비치는 책상. 어려운 가운데서도 학문에 힘씀.
形形色色	형형색색 형상과 빛깔 따위가 서로 다른 여러 가지
浩然之氣	호연지기 하늘과 땅 사이에 가득찬 넓고 큰 원기. 거침 없이 넓고 큰 기개
好衣好食	호의호식 좋은 옷을 입고 좋은 음식을 먹음.
胡蝶之夢	호접지몽 나비가 된 꿈. 물아(物我)의 구별을 잊음을 비유하는 말
昏定晨省	혼정신성 저녁에는 부모님의 잠자리를 정하고 아침에는 부모님께서 안녕히 주무셨는지를 살핌.
弘益人間	홍익인간 널리 인간을 이롭게 함. 단군의 건국 이념
花蛇添足	화사첨족 불필요함. 사족

花容月態	화용월태 꽃같은 용모에 달같은 몸매
花朝月夕	화조월석 경치 좋은 시절, 즉 봄과 가을
回賓作主	회빈작주 주장하는 사람의 의견을 무시하고 자기 마음대로 함.
會者定離	회자정리 만난 자는 반드시 헤어짐. 모든 것이 무상함을 나타내는 말
後生可畏	후생가외 후배들이 선배들보다 훌륭하게 될 수 있는 가능성이 있어 두려운 존재가 될 수 있음.
厚顔無恥	후안무치 뻔뻔스러워 부끄러워할 줄 모름.
後悔莫及	후회막급 후회해도 도리 없음.
凶惡無道	흉악무도 성질이 거칠고 사나우며 도의심이 없음.
興亡盛衰	흥망성쇠 흥하고 망함과 성하고 쇠함.
興盡悲來	흥진비래 즐거운 일이 다하면 슬픈 일이 닥쳐온다. 세상 일은 순환되는 것임을 이르는 말
喜怒哀樂	희로애락 기쁨과 노여움과 슬픔과 즐거움

① 실전 모의고사(정답 및 해설)

1	②	2	①	3	①	4	③	5	④
6	①	7	②	8	③	9	②	10	④
11	②	12	③	13	④	14	②	15	①
16	①	17	②	18	④	19	②	20	④
21	④	22	①	23	④	24	①	25	②
26	②	27	③	28	②	29	③	30	②
31	②	32	④	33	①	34	③	35	①
36	③	37	④	38	①	39	④	40	①
41	②	42	④	43	④	44	③	45	①
46	②	47	③	48	⑤	49	④	50	②
51	③	52	④	53	③	54	②	55	③
56	②	57	③	58	③	59	④	60	②
61	①	62	④	63	①	64	②	65	③
66	②	67	③	68	④	69	④	70	②
71	④	72	②	73	①	74	④	75	②
76	③	77	①	78	④	79	②	80	③
81	①	82	④	83	②	84	③	85	①
86	④	87	③	88	②	89	①	90	④
91	④	92	②	93	②	94	④	95	①
96	①	97	③	98	③	99	②	100	①
101	③	102	②	103	③	104	④	105	①
106	①	107	④	108	③	109	②	110	①
111	①	112	③	113	②	114	④	115	③
116	③	117	①	118	④	119	②	120	③
121	②	122	④	123	②	124	①	125	②
126	④	127	①	128	③	129	②	130	④
131	①	132	③	133	①	134	③	135	④
136	②	137	③	138	②	139	①	140	①
141	①	142	④	143	②	144	③	145	①
146	④	147	②	148	③	149	④	150	②
151	③	152	①	153	③	154	②	155	①
156	①	157	③	158	①	159	④	160	①
161	②	162	④	163	③	164	②	165	③
166	①	167	④	168	④	169	④	170	④
171	②	172	①	173	①	174	③	175	②
176	②	177	④	178	④	179	③	180	②
181	①	182	②	183	④	184	②	185	③
186	①	187	④	188	②	189	③	190	④
191	④	192	③	193	②	194	②	195	①
196	①	197	③	198	③	199	②	200	③
201	①	202	④	203	②	204	③	205	①
206	④	207	②	208	③	209	③	210	①

제1영역 漢字

1~5 제시된 한자의 부수 고르기

1 多(많을 다) 夕부 3획
  ① 又(또 우)   ❷ 夕(저녁 석)
  ③ ノ(삐칠 별)   ④ 多(많을 다)

2 寺(절 사) 寸부 3획
  ❶ 寸(마디 촌)   ② ⺍(초두머리)
  ③ 土(흙 토)   ④ 亅(갈고리 궐)

3 速(빠를 속) 辶(辵)부 7획
  ❶ 辶(책받침)   ② 束(묶을 속)
  ③ 木(나무 목)   ④ 口(입 구)

4 益(더할 익) 皿부 5획
  ① 八(여덟 팔)   ② 两(덮을 아)
  ❸ 皿(그릇 명)   ④ 一(한 일)

5 種(씨 종) 禾부 9획
  ① 十(열 십)   ② 刂(칼 도)
  ③ 重(무거울 중)   ❹ 禾(벼 화)

6~10 제시된 한자의 획수 고르기

6 求(구할 구) 水(물 수)부 2획, 총 7획
  一 十 寸 求 求 求 求

7 方(모 방) 方(모 방)부 0획, 총 4획
  ` 一 亇 方

8 竹(대 죽) 竹(대 죽)부 0획, 총 6획
  ノ ト ヒ ヒ ヒ 竹

9 每(매양 매) 毋(말 무)부 3획, 총 7획
  ノ 亇 仁 匄 每 每 每

10 夏(여름 하) 夂(천천히 걸을 쇠)부 7획, 총 10획
  一 一 一 一 一 一 一 一 夏 夏

11~15 제시된 필순 유형에 맞는 한자 고르기

11 위에서 아래로 쓴다.
  ① 一(한 일) 一
  ❷ 言(말씀 언) ` 一 一 一 一 言 言
  ③ 以(써 이) ノ ヒ ヒ ㅆ 以
  ④ 川(내 천) ノ 川 川

12 가로획과 세로획이 교차할 때는 가로획을 먼저 쓴다.
① 二(두 이) ㅡ二
② 心(마음 심) 心心心
❸ 十(열 십) 一十
④ 江(강 강) 丶丶氵汀江

13 안과 바깥쪽이 있을 때에는 바깥쪽을 먼저 쓴다.
① 臣(신하 신) 一丁丆丏丏臣
② 亡(망할 망) 丶亠亡
③ 太(클 태) 一ナ大太
❹ 日(날 일) ㅣ冂冂日

14 가운데를 꿰뚫는 획은 나중에 쓴다.
① 五(다섯 오) 一丁丂五
❷ 中(가운데 중) 丶口口中
③ 非(아닐 비) 丿刂丬非非非非
④ 來(올 래) 一厂厂刄朿來來

15 좌우의 모양이 같을 때에는 가운데를 먼저 쓴다.
❶ 山(메 산) ㅣㄴ山
② 牛(소 우) 丿ㅗ牛
③ 大(큰 대) 一ナ大
④ 年(해 년) 丿ㅗ二生生年

16~20 제시된 한자의 짜임을 알고 같은 짜임의 한자 고르기

16 上(윗 상) 지사
❶ 下(아래 하) 지사
② 平(평평할 평)
③ 品(물건 품)
④ 休(쉴 휴)

17 火(불 화) 상형
① 橋(다리 교)
❷ 月(달 월) 상형
③ 性(성품 성)
④ 美(아름다울 미)

18 魚(고기 어) 상형
① 七(일곱 칠)
② 漁(고기잡을 어)
③ 反(돌이킬 반)
❹ 馬(말 마) 상형

19 洋(큰바다 양) 형성
① 生(날 생)
❷ 始(비로소 시) 형성
③ 工(장인 공)
④ 木(나무 목)

20 林(수풀 림) 회의
① 目(눈 목)
② 詩(시 시)
③ 基(터 기)
❹ 男(사내 남) 회의

21~31 제시된 한자의 음 고르기

21 虎(범 호)
22 請(청할 청)
23 勤(부지런할 근)
24 聞(들을 문)
25 觀(볼 관)
26 患(근심 환)
27 鷄(닭 계)
28 耕(밭갈 경)
29 督(감독할 독)
30 斯(이 사)
31 橫(가로 횡)

32~39 제시된 음에 알맞은 한자 알기

32 대
① 交(사귈 교)
② 曲(굽을 곡)
③ 科(과목 과)
❹ 代(대신 대)

33 한
❶ 寒(찰 한)
② 解(풀 해)
③ 千(일천 천)
④ 次(버금 차)

34 집
❶ 集(모을 집)
② 宅(집 택)
③ 賢(어질 현)
④ 會(모일 회)

35 갈
❶ 渴(목마를 갈)
② 困(곤할 곤)
③ 關(관계할 관)
④ 舊(예 구)

36 급
① 弓(활 궁)
② 其(그 기)
❸ 及(미칠 급)
④ 均(고를 균)

37 도
① 禽(새 금)
② 唐(당나라 당)
③ 糾(꼴 규)
❹ 稻(벼 도)

38 사
❶ 邪(간사할 사)
② 賦(세금 부)
③ 磨(갈 마)
④ 床(상 상)

39 시
① 崩(무너질 붕)
② 拔(뽑을 발)
③ 雁(기러기 안)
❹ 矢(화살 시)

40~47 같은 음의 한자 고르기

40 單(홀 단)
❶ 短(짧을 단)
② 德(큰 덕)
③ 半(반 반)
④ 本(근본 본)

41 毛(털 모)
① 究(연구할 구)
❷ 母(어미 모)
③ 非(아닐 비)
④ 可(옳을 가)

42 傳(전할 전)
① 銀(은 은)
② 所(바 소)
③ 赤(붉을 적)
❹ 典(법 전)

43 權(권세 권)
① 幾(몇 기)
② 但(다만 단)
③ 拾(주울 습)
❹ 勸(권할 권)

44 讓(사양할 양)
① 盛(성할 성)
❷ 揚(날릴 양)
③ 舌(혀 설)
④ 將(장차, 장수 장)

45 較(비교할 교)
❶ 巧(공교할 교)
② 壇(단 단)
③ 獵(사냥할 렵)
④ 肥(살찔 비)

46 薄(엷을 박)
　① 碑(비석 비)　　　❷ 迫(핍박할 박)
　③ 肅(엄숙할 숙)　　　④ 漫(질펀할 만)

47 墻(담 장)
　① 宰(재상 재)　　　② 汚(더러울 오)
　❸ 葬(장사지낼 장)　　④ 遲(더딜 지)

48~58 제시된 한자의 뜻 고르기

48 强(강할 강)　　　　　*49* 加(더할 가)

50 童(아이 동)　　　　　*51* 害(해할 해)

52 列(벌일 렬)　　　　　*53* 佳(아름다울 가)

54 泣(울 읍)　　　　　　*55* 障(막을 장)

56 遵(좇을 준)　　　　　*57* 郭(성곽 곽)

58 譽(기릴 예)

59~65 제시된 뜻에 맞는 한자 고르기

59 터　① 吉(길할 길)　　❷ 基(터 기)
　　　　③ 官(벼슬 관)　　④ 百(일백 백)

60 세다① 元(으뜸 원)　　② 友(벗 우)
　　　　❸ 計(셀 계)　　　④ 才(재주 재)

61 무리❶ 衆(무리 중)　　② 姓(성 성)
　　　　③ 笑(웃음 소)　　④ 船(배 선)

62 벗　① 露(이슬 로)　　② 申(펼 신)
　　　　③ 而(말이을 이)　❹ 朋(벗 붕)

63 집　❶ 宙(집 주)　　　② 昌(창성할 창)
　　　　③ 針(바늘 침)　　④ 亦(또 역)

64 길　① 員(인원 원)　　❷ 程(길 정)
　　　　③ 子(나 여)　　　④ 舟(배 주)

65 줄기① 郊(들 교)　　　② 鈍(둔할 둔)
　　　　❸ 幹(줄기 간)　　④ 召(부를 소)

66~70 제시된 한자와 비슷한 뜻의 한자 고르기

66 硬(굳을 경)
　① 架(시렁 가)　　　❷ 確(굳을 확)
　③ 狗(개 구)　　　　④ 陶(질그릇 도)

67 繼(이을 계)
　① 涉(건널 섭)　　　② 削(깎을 삭)
　❸ 絡(이을 락)　　　④ 岸(언덕 안)

68 慮(생각할 려)
　① 拙(옹졸할 졸)　　② 債(빚 채)
　③ 刺(찌를 자·척)　　❹ 憶(생각할 억)

69 審(살필 심)
　❶ 察(살필 찰)　　　② 蝶(나비 접)
　③ 越(넘을 월)　　　④ 錯(섞일 착)

70 援(도울 원)
　① 庸(떳떳할 용)　　❷ 佐(도울 좌)
　③ 慘(참혹할 참)　　④ 況(하물며 황)

제2영역　語 彙

71~72 짜임이 같은 한자어 고르기

71 壓卷(누를 압, 책 권) : 가장 뛰어난 부분, 또는 여럿 중에서 가장 뛰어난 것 술목
　① 責任(꾸짖을 책, 맡길 임) : 어떤 일에 관련되어 그 결과에 대하여 지는 의무나 부담
　② 自己(스스로 자, 몸 기) : 그 사람 자신
　③ 多樣(많을 다, 모양 양) : 종류가 여러 가지로 많음
　❹ 讀書(읽을 독, 글 서) : 책을 읽음 술목

72 愛國(사랑 애, 나라 국) : 나라를 사랑함 술목
　① 天地(하늘 천, 땅 지) : 하늘과 땅
　② 禁止(금할 금, 그칠 지) : 하지 못하게 함
　❸ 授業(줄 수, 일 업) : 학업·기술을 가르쳐 줌 술목
　④ 階段(섬돌 계, 층계 단) : 층계

73~90 음이 같은 한자어(동음이의어) 고르기

73 改名(고칠 개, 이름 명) : 이름을 고침
　❶ 開明(열 개, 밝을 명) : 사람의 지혜가 열리고 문화가 발달함
　② 歌手(노래 가, 손 수) : 노래하는 것을 업으로 삼는 사람
　③ 商街(장사 상, 거리 가) : 상점이 많이 늘어서 있는 거리
　④ 各個(각각 각, 낱 개) : 하나하나. 낱낱

74 決意(결단할 결, 뜻 의) : 회의에서 의안이나 제의 등의 가부를 결정함, 또는 그 뜻
　① 頭角(머리 두, 뿔 각) : 머리의 끝. 여럿 중에서 특히 뛰어난 학식이나 재능
　❷ 結義(맺을 결, 옳을 의) : 남남끼리 의리로서 형제·자매·남매와 같은 관계를 맺음
　③ 時間(때 시, 사이 간) : 어떤 시각에서 다른 시각까지의 동안, 또는 그 길이
　④ 慶祝(경사 경, 빌 축) : 기쁘고 좋은 일을 축하함

75 經路(지날 경, 길 로) : 지나는 길. 사람이나 사물이 거쳐온 길, 또는 거쳐간 길
　① 救急(구원할 구, 급할 급) : 위급한 상황에 놓여 있는 사람을 구하는 일, 특히 위급한 환자나 부상자에게 응급 치료를 하는 일
　② 奉仕(받들 봉, 벼슬 사) : 나라나 사회 또는 남을 위하여 자신의 이해를 돌보지 아니하고 몸과 마음을 다하여 일함
　③ 永遠(길 영, 멀 원) : 언제까지고 계속하여 끝이 없음, 또는 끝없는 세월
　❹ 敬老(공경 경, 늙을 로) : 노인을 공경함

76 景氣(볕 경, 기운 기) : 매매나 거래 따위에 나타난 경제 활동의 상황
　① 變化(변할 변, 될 화) : 사물의 모양·성질·상태 등이 달라짐
　② 訪問(찾을 방, 물을 문) : 남을 찾아봄
　❸ 競技(다툴 경, 재주 기) : 기술이나 능력의 낫고 못함을 서로 겨루는 일
　④ 深海(깊을 심, 바다 해) : 깊은 바다

77 古家(예 고, 집 가) : 지은 지 퍽 오래된 집
　❶ 高價(높을 고, 값 가) : 값이 비쌈
　② 眼藥(눈 안, 약 약) : 눈에 넣는 약
　③ 試食(시험 시, 먹을 식) : 시험 삼아 먹어 봄
　④ 孫子(손자 손, 아들 자) : 아들의 아들

78 共同(함께 공, 한가지 동) : 여러 사람이 다 함께 함
　① 勝戰(이길 승, 싸움 전) : 싸움에 이김
　② 展示(펼 전, 보일 시) : 물품 따위를 늘어 놓고 보임
　③ 固定(굳을 고, 정할 정) : 일정한 곳이나 상태에서 변하지 아니함
　④ 空洞(빌 공, 골 동) : 아무것도 없이 텅 빈 굴

79 公理(공변될 공, 다스릴 리) : 일반에 통용되는 도리
　① 敎育(가르칠 교, 기를 육) : 지식을 가르치고 품성과 체력을 기름
　❷ 功利(공 공, 이로울 리) : 어떤 행위에 의하여 얻어지는 공명과 이익
　③ 野望(들 야, 바랄 망) : 그 사람의 처지나 능력 등으로 보아서 좀처럼 이룰 수 없을 만큼 큰 욕망
　④ 送信(보낼 송, 믿을 신) : 통신을 보냄

80 果實(실과 과, 열매 실) : 먹을 수 있는 나무의 열매
　① 發見(필 발, 볼 견) : 처음 봄
　② 米飮(쌀 미, 마실 음) : 쌀이나 좁쌀 따위를 푹 끓여서 체에 받아 낸 음식
　❸ 過失(허물 과, 잃을 실) : 잘못이나 허물
　④ 萬歲(일만 만, 해 세) : 오랜 세월. 만년

81 水道(물 수, 길 도) : 물을 소독한 후 관을 통하여 집집마다 보내어 주는 시설
　❶ 首都(머리 수, 도읍 도) : 한 나라의 중앙 정부가 있는 도시. 서울
　② 正直(바를 정, 곧을 직) : 마음이 바르고 곧음
　③ 波動(물결 파, 움직일 동) : 물결의 움직임. 사회적으로 일어난 큰 변동
　④ 落葉(떨어질 락[낙], 잎 엽) : 나뭇잎이 떨어짐. 말라서 떨어진 나뭇잎

82 入神(들 입, 귀신 신) : 신의 경지에 이른다는 뜻으로 지혜나 기술이 신묘한 경지에 이름
　① 新鮮(새 신, 고울 선) : 새롭고 깨끗함
　② 英雄(꽃부리 영, 수컷 웅) : 재주나 용맹이 뛰어나 위대한 일을 해낸 사람
　③ 應答(응할 응, 대답 답) : 물음에 응하여 대답함
　❹ 立身(설 립[입], 몸 신) : 사회적으로 인정을 받고 높이 됨

83 武士(군인 무, 선비 사) : 지난날, 무예에 익숙하여 전쟁 등에 관한 일에 종사하던 사람
　① 存在(있을 존, 있을 재) : 실제로 있음, 또는 있는 그것
　❷ 無事(없을 무, 일 사) : 일 없음. 아무 탈 없음
　③ 庭園(뜰 정, 동산 원) : 집 안에 나무·꽃 등을 가꾸어 놓은 마당
　④ 貴族(귀할 귀, 겨레 족) : 지난날, 가문이나 지위가 높아 특권을 가졌던 사람들

84 兵力(병사 병, 힘 력) : 병사·병기 등의 총체로서의 군대의 힘
　① 滿足(찰 만, 발 족) : 마음에 부족함이 없이 흐뭇함
　② 章句(글 장, 글귀 구) : 글의 장과 구
　❸ 病歷(병 병, 지날 력) : 걸렸던 병의 경력
　④ 貯金(쌓을 저, 쇠 금) : 돈을 모아 둠, 또는 그 돈

85 放免(놓을 방, 면할 면) : 붙잡아 가두어 두었던 사람을 놓아줌
　❶ 方面(모 방, 낯 면) : 어떤 장소나 지역이 있는 방향
　② 印朱(도장 인, 붉을 주) : 도장을 찍는 데 쓰는 붉은 빛의 재료
　③ 哀惜(슬플 애, 아낄 석) : 슬프고 아까움
　④ 細密(가늘 세, 빽빽할 밀) : 가늘고 조밀함

86 不知(아닐 불[부], 알 지) : 알지 못함
　① 崇尙(높을 숭, 높일 상) : 높여 소중히 여김
　② 歡迎(기쁠 환, 맞을 영) : 오는 사람을 기쁜 마음으로 반갑게 맞음
　③ 甘味(달 감, 맛 미) : 단맛
　❹ 扶持(도울 부, 가질 지) : 상당히 어렵게 보존하거나 유지하여 나감

87 專門(오로지 전, 문 문) : 한가지 일을 오로지 함
　① 抗拒(막을 항, 막을 거) : 순종하지 아니하고 맞서서 반항함
　② 件數(물건 건, 셈 수) : 사물이나 사건의 가짓수
　❸ 全文(온전할 전, 글월 문) : 글의 전체
　④ 健壯(굳셀 건, 장할 장) : 몸이 크고 굳셈

88 乾燥(마를 건, 마를 조) : 습기나 물기가 없는 마른 상태
　① 追擊(쫓을 추, 칠 격) : 뒤쫓아 가며 공격함
　❷ 建造(세울 건, 지을 조) : 건물이나 배 따위를 세우거나 만듦
　③ 格調(격식 격, 고를 조) : 사람의 품격과 취향
　④ 敦篤(도타울 돈, 도타울 독) : 인정이 두터움

89 監修(볼 감, 닦을 수) : 책의 저술이나 편찬 따위를 지도하고 감독함
　❶ 甘受(달 감, 받을 수) : 질책·고통·모욕 따위를 군말 없이 달게 받음
　② 橋梁(다리 교, 들보 량) : 시내나 강을 사람이나 차량이 건널 수 있게 만든 다리
　③ 牽引(끌 견, 끌 인) : 끌어서 당김
　④ 缺點(이지러질 결, 점 점) : 잘못되거나 부족하여 완전하지 못한 점

90 奇人(기이할 기, 사람 인) : 성격이나 말, 행동 따위가 보통 사람과 다른 별난 사람
　① 謙辭(겸손할 겸, 말씀 사) : 겸손의 말
　② 寶庫(보물 보, 곳집 고) : 귀중한 것이 많이 나거나 간직되어 있는 곳
　③ 攻略(칠 공, 간략할 략) : 군대의 힘으로 적의 영토나 진지를 공격하여 빼앗음
　❹ 起因(일어날 기, 인할 인) : 무슨 일을 일으키는 원인이 됨, 또는 그 원인

91~92 같은 한자가 다른 음으로 읽히는 한자어 고르기

91 ① 易姓(바꿀 역, 성 성) : 나라의 왕조가 바뀜
　② 周易(두루 주, 바꿀 역) : 삼경의 하나. 음양의 원리로 천지 만물의 변화하는 현상을 설명하고 해석한 유교의 경전
　③ 交易(사귈 교, 바꿀 역) : 물건을 서로 파는 일
　❹ 平易(평평할 평, 쉬울 이) : 까다롭지 않고 쉬움

92 ① 自省(스스로 자, 살필 성) : 스스로 반성함
　❷ 省略(덜 생, 간략할 략) : 한 부분을 덜어서 간략히 함
　③ 反省(돌이킬 반, 살필 성) : 자기 자신의 잘못을 스스로 돌이켜 살핌
　④ 省墓(살필 성, 무덤 묘) : 조상의 산소를 찾아가서 돌봄, 또는 그런 일

93~110 세 개 어휘에 공통되는 한자 고르기

93 給(줄 급)□, 材(재목 재)□, 香(향기 향)□
　① 率(거느릴 솔)　　❷ 料(헤아릴 료)
　③ 令(하여금 령)　　④ 良(좋을 량)
　* 給料(급료), 材料(재료), 香料(향료)

94 暗(어두울 암)□, 表(겉 표)□, □者(놈 자)
　① 敗(패할 패)　　② 有(있을 유)
　③ 便(편할 편)　　❹ 記(기록할 기)
　* 暗記(암기), 表記(표기), 記者(기자)

95 □白(흰 백), □別(나눌 별), 報(알릴 보)□
　❶ 告(고할 고)　　② 陸(뭍 륙)
　③ 仁(어질 인)　　④ 法(법 법)
　* 告白(고백), 告別(고별), 報告(보고)

96 □難(어려울 난), □樂(즐길 락), □行(다닐 행)
　① 勞(일할 로)　　② 考(생각할 고)
　❸ 苦(쓸 고)　　④ 步(걸음 보)
　* 苦難(고난), 苦樂(고락), 苦行(고행)

97 分(나눌 분)□, 內(안 내)□, 外(바깥 외)□
　① 冷(찰 랭)　　② 勉(힘쓸 면)
　❸ 科(과목 과)　　④ 務(힘쓸 무)
　* 分科(분과), 內科(내과), 外科(외과)

98 夜(밤 야)□, □復(회복할 복), □體(몸 체)
　① 留(머무를 류)　　❷ 光(빛 광)
　③ 談(말씀 담)　　④ 鼻(코 비)
　* 夜光(야광), 光復(광복), 光體(광체)

99 □民(백성 민), □守(지킬 수), 市(시장 시)□
　① 背(등 배)　　② 綠(푸를 록)
　③ 列(벌일 렬)　　❹ 郡(고을 군)
　* 郡民(군민), 郡守(군수), 市郡(시군)

100 女(계집 녀)□, 敵(대적할 적)□, 靑(푸를 청)□
　❶ 軍(군사 군)　　② 怒(성낼 노)
　③ 農(농사 농)　　④ 島(섬 도)
　* 女軍(여군), 敵軍(적군), 靑軍(청군)

101 □度(법도 도), □致(이를 치), 至(이를 지)□
　① 京(서울 경)　　② 界(지경 계)
　❸ 極(극진할 극)　④ 兩(두 량)
　* 極度(극도), 極致(극치), 至極(지극)

102 □用(쓸 용), 感(느낄 감)□, 禮(예도 례)□
　① 藝(재주 예)　　❷ 服(옷 복)
　③ 早(이를 조)　　④ 製(지을 제)
　* 服用(복용), 感服(감복), 禮服(예복)

103 □室(집 실), □和(화할 화), □順(순할 순)
　① 耳(귀 이)　　② 尊(높을 존)
　❸ 溫(따뜻할 온)　④ 認(알 인)
　* 溫室(온실), 溫和(온화), 溫順(온순)

104 □相(서로 상), 部(떼 부)□, 王(임금 왕)□
　① 右(오른쪽 우)　② 浴(목욕할 욕)
　③ 昨(어제 작)　　❹ 位(자리 위)
　* 位相(위상), 部位(부위), 王位(왕위)

105 □婚(혼인할 혼), □然(그럴 연), □達(통달할 달)
　❶ 未(아닐 미)　　② 麥(보리 맥)
　③ 忙(바쁠 망)　　④ 卯(토끼 묘)
　* 未婚(미혼), 未然(미연), 未達(미달)

106 □絶(끊을 절), 厚(두터울 후)□, □罪(허물 죄)
　❶ 謝(사례할 사)　② 浮(뜰 부)
　③ 也(어조사 야)　④ 甚(심할 심)
　* 謝絶(사절), 厚謝(후사), 謝罪(사죄)

107 敍(펼 서)□, 著(나타날 저)□, 陳(베풀 진)□
　① 賓(손 빈)　　② 班(나눌 반)
　③ 吏(관리 리)　　❹ 述(펼 술)
　* 敍述(서술), 著述(저술), 陳述(진술)

108 規(법 규)□, □寫(베낄 사), □範(법 범)
　① 羽(깃 우)　　② 殘(남을 잔)
　❸ 模(본뜰 모)　④ 紫(자줏빛 자)
　* 規模(규모), 模寫(모사), 模範(모범)

109 □性(성품 성), 從(좇을 종)□, 尊(높을 존)□
　① 潛(잠길 잠)　　❷ 屬(붙일 속)
　③ 幽(그윽할 유)　④ 偶(짝 우)
　* 屬性(속성), 從屬(종속), 尊屬(존속)

110 連(이을 련)□, 閉(닫을 폐)□, □骨(뼈 골)
　❶ 鎖(쇠사슬 쇄)　② 洲(섬 주)
　③ 妾(첩 첩)　　④ 肖(닮을 초)
　* 連鎖(연쇄), 閉鎖(폐쇄), 鎖骨(쇄골)

111~126 제시된 한자어와 상대되는 뜻의 한자어 고르기

111 入學(들 입, 배울 학) : 학교에 들어가 학생이 됨
　❶ 卒業(마칠 졸, 일 업) : 규정된 교과 또는 학과를 마침
　② 視線(볼 시, 줄 선) : 눈이 가는 방향
　③ 故鄕(연고 고, 시골 향) : 나서 자란 곳
　④ 音聲(소리 음, 소리 성) : 사람의 발음 기관에서 나오는 소리

112 出生(날 출, 날 생) : 세상에 태어남
　① 財産(재물 재, 낳을 산) : 개인이나 단체가 소유하는 재물
　② 助長(도울 조, 길 장) : 흔히 의도적으로 어떠한 경향이 더 심하여지도록 도와서 북돋움
　❸ 死亡(죽을 사, 망할 망) : 사람이 죽음
　④ 電熱(번개 전, 더울 열) : 전류가 흐를 때 전기 저항에 의하여 생기는 열

113 後退(뒤 후, 물러날 퇴) : 뒤로 물러남
　① 雨期(비 우, 기약할 기) : 일 년 중에 비가 많이 오는 시기
　❷ 前進(앞 전, 나아갈 진) : 앞으로 나아감
　③ 血肉(피 혈, 고기 육) : 피와 살, 자기 자식
　④ 植樹(심을 식, 나무 수) : 나무를 심음

114 上席(윗 상, 자리 석) : 윗자리
　① 恩惠(은혜 은, 은혜 혜) : 베풀어 주는 혜택
　② 偉人(위대할 위, 사람 인) : 위대한 일을 한 사람
　③ 議論(의논할 의, 논할 론) : 어떤 일을 해결하기 위하여 서로 의견을 주고받음
　❹ 末席(끝 말, 자리 석) : 끝자리

115 仙界(신선 선, 지경 계) : 신선이 산다는 곳
　① 養魚(기를 양, 고기 어) : 물고기를 기름
　❷ 俗世(풍속 속, 인간 세) : 신앙의 세계에 대하여 이 세상을 일컫는 말
　③ 弱小(약할 약, 작을 소) : 약하고 작음
　④ 先祖(먼저 선, 할아비 조) : 먼 대의 조상

116 兒童(아이 아, 아이 동) : 어린 아이
　① 政治(정사 정, 다스릴 치) : 나라를 다스리는 일
　② 取得(가질 취, 얻을 득) : 자기의 소유로 만들거나 가짐
　❸ 成人(이룰 성, 사람 인) : 이미 성년이 된 사람, 어른
　④ 話題(말씀 화, 제목 제) : 이야깃거리

117 原因(근원 원, 인할 인) : 무슨 일이 일어난 까닭
  ❶ 結果(맺을 결, 실과 과) : 어떤 까닭으로 말미암아 이루어진 결말
  ② 風向(바람 풍, 향할 향) : 바람이 불어오는 방향
  ③ 念頭(생각 념[염], 머리 두) : 마음속의 생각. 마음, 생각
  ④ 獨唱(홀로 독, 부를 창) : 혼자 노래를 부름

118 陽地(볕 양, 땅 지) : 햇볕이 바로 드는 곳
  ① 筆順(붓 필, 순할 순) : 글씨를 쓸 때 붓을 움직이는 차례
  ② 石油(돌 석, 기름 유) : 땅 속에서 나오는 불에 잘 타는 기름
  ③ 逆流(거스를 역, 흐를 류) : 물이 거슬러 흐름
  ❹ 陰地(그늘 음, 땅 지) : 햇볕이 들지 않는 곳

119 洋藥(큰바다 양, 약 약) : 서양식으로 조제한 약
  ① 近接(가까울 근, 접할 접) : 가까이 다가감, 또는 가까이 닿음
  ❷ 韓藥(한국 한, 약 약) : 한방에서 쓰는 약
  ③ 聖君(성인 성, 임금 군) : 덕으로 나라를 다스린 어질고 훌륭한 임금
  ④ 忠誠(충성 충, 정성 성) : 진정에서 우러나는 정성

120 善行(착할 선, 다닐 행) : 착한 행동
  ① 黑色(검을 흑, 빛 색) : 검은 색
  ② 安住(편안 안, 살 주) : 자리잡아 편안하게 삶
  ❸ 惡行(악할 악, 다닐 행) : 악독한 행위
  ④ 休紙(쉴 휴, 종이 지) : 못 쓰게 된 종이. 화장지

121 靑松(푸를 청, 소나무 송) : 푸른 소나무
  ① 寒流(찰 한, 흐를 류) : 한대 지방에서 적도 쪽으로 흐르는 찬 바닷물의 흐름
  ❷ 老松(늙을 로[노], 소나무 송) : 늙은 소나무
  ③ 客愁(손 객, 근심 수) : 객지에서 느끼는 쓸쓸함이나 시름
  ④ 天壽(하늘 천, 목숨 수) : 타고난 수명. 천명(天命)

122 尊待(높을 존, 기다릴 대) : 존경하는 말투로 대함
  ① 賢淑(어질 현, 맑을 숙) : 어질고 정숙함
  ② 純眞(순수할 순, 참 진) : 마음이 순박하고 진실함
  ③ 乘馬(탈 승, 말 마) : 말을 탐. 말타기
  ❹ 下待(아래 하, 기다릴 대) : 업신여기어 소홀히 대우함

123 兄弟(형 형, 아우 제) : 형과 아우
  ① 施設(베풀 시, 베풀 설) : 도구, 기계, 장치 따위를 베풀어 설비함, 또는 그런 설비
  ❷ 姊妹(손윗누이 자, 누이 매) : 여자끼리의 동기
  ③ 我執(나 아, 잡을 집) : 자기 중심의 좁은 생각에 집착하여 다른 사람의 의견이나 입장을 고려하지 아니하고 자기만을 내세우는 것
  ④ 推仰(밀 추, 우러를 앙) : 높이 받들어 우러러봄

124 完熟(완전할 완, 익힐 숙) : 열매 따위가 무르익음
  ① 掠奪(노략질할 략[약], 빼앗을 탈) : 폭력으로 빼앗음
  ② 糧穀(양식 량[양], 곡식 곡) : 양식으로 쓰이는 곡식
  ❸ 未熟(아닐 미, 익힐 숙) : 일에 익숙하지 못함
  ④ 制御(지을 제, 거느릴 어) : 상대편을 억눌러서 제 마음대로 다룸

125 上昇(윗 상, 오를 승) : 낮은 데서 위로 올라감
  ❶ 下降(아래 하, 내릴 강) : 밑으로 내려옴
  ② 區域(구분할 구, 지경 역) : 갈라놓은 지역
  ③ 誤譯(그르칠 오, 번역할 역) : 잘못 번역함, 또는 잘못된 번역
  ④ 劣勢(못할 렬[열], 형세 세) : 힘이나 형세 따위가 상대편보다 떨어져 있음

126 肯定(즐길 긍, 정할 정) : 그러하다고 생각하여 옳다고 인정함
  ① 透映(통할 투, 비칠 영) : 광선을 통과시켜 비침
  ② 脫營(벗을 탈, 경영할 영) : 군인이 자기가 속한 병영에서 무단으로 빠져나와 도망함
  ③ 根源(뿌리 근, 근원 원) : 일이 생겨나는 본바탕
  ❹ 否定(아닐 부, 정할 정) : 그렇지 아니하다고 단정하거나 옳지 아니하다고 반대함

127~132 사자 성어 완성하기

127 安(편안 안)貧(가난할 빈)樂(즐길 락)□
  ❶ 道(길 도)　　　　② 到(이를 도)
  ③ 圖(그림 도)　　　④ 島(섬 도)
  * 安貧樂道(안빈낙도) : 가난한 생활을 하면서도 편안한 마음으로 도를 즐겨 지킴

128 敎(가르칠 교)學(배울 학)相(서로 상)□
  ① 場(마당 장)　　　② 章(글 장)
  ❸ 長(길 장)　　　　④ 再(두 재)
  * 敎學相長(교학상장) : 가르치는 사람과 배우는 사람이 서로의 학업을 증진시킨다는 뜻

129 風(바람 풍)前(앞 전)□火(불 화)
① 端(끝 단)　　　❷ 燈(등 등)
③ 郞(사내 랑)　　　④ 柳(버들 류)
* 風前燈火(풍전등화) : 바람 앞에 놓인 등불, 사물이 매우 위태
로운 처지에 놓여 있음을 비유하는 말

130 自(스스로 자)强(강할 강)不(아닐 불)□
① 飾(꾸밀 식)　　　② 伸(펼 신)
③ 愼(삼갈 신)　　　❹ 息(쉴 식)
* 自强不息(자강불식) : 스스로 힘써 행하여 쉬지 않음

131 □言(말씀 언)壯(장할 장)談(말씀 담)
❶ 豪(호걸 호)　　　② 浩(넓을 호)
③ 互(서로 호)　　　④ 毫(터럭 호)
* 豪言壯談(호언장담) : 분수에 맞지 않는 말을 희떱게 지껄임,
또는 그 말

132 □園(동산 원)結(맺을 결)義(옳을 의)
① 途(길 도)　　　② 渡(건널 도)
❸ 桃(복숭아 도)　　　④ 逃(도망할 도)
* 桃園結義(도원결의) : 의형제를 맺음을 이르는 말

133~136 제시된 사자 성어의 뜻 알기

133 花(꽃 화)朝(아침 조)月(달 월)夕(저녁 석)
花朝月夕(화조월석) : 경치가 좋은 때

134 語(말씀 어)不(아닐 불)成(이룰 성)說(말씀 설)
語不成說(어불성설) : 말이 조금도 사리에 맞지 않는다.

135 雪(눈 설)上(윗 상)加(더할 가)霜(서리 상)
雪上加霜(설상가상) : 어려운 일이 연거푸 일어난다.

136 漸(점점 점)入(들 입)佳(아름다울 가)境(지경 경)
漸入佳境(점입가경) : 갈수록 더욱 좋거나 재미있는
경지로 들어간다.

137~140 뜻에 맞는 사자 성어 고르기

137 이리저리 오락가락하다.
① 晝(낮 주)夜(밤 야)長(길 장)川(내 천)
晝夜長川(주야장천) : 밤낮으로 쉬지 않고 연
달음
② 一(한 일)字(글자 자)無(없을 무)識(알 식)
一字無識(일자무식) : 글자를 한 자도 모를 정도
로 무식함, 또는 그런 사람. 어떤 분야에 대하여
아는 바가 하나도 없음을 비유
❸ 右(오른쪽 우)往(갈 왕)左(왼 좌)往(갈 왕)
右往左往(우왕좌왕) : 이리저리 왔다 갔다 하며
일이나 나아가는 방향을 종잡지 못함
④ 百(일백 백)害(해할 해)無(없을 무)益(더할 익)
百害無益(백해무익) : 해롭기만 하고 이로운 바
가 없음

138 마음에서 마음으로 전하다.
① 父(아비 부)子(아들 자)有(있을 유)親(친할 친)
父子有親(부자유친) : 아버지와 아들 사이에는
친애해야 함을 이르는 말
❷ 以(써 이)心(마음 심)傳(전할 전)心(마음 심)
以心傳心(이심전심) : 말이나 글로 전하지 않고
마음에서 마음으로 전함
③ 喜(기쁠 희)喜(기쁠 희)樂(즐길 락)樂(즐길 락)
喜喜樂樂(희희낙락) : 매우 기뻐하고 즐거워함
④ 有(있을 유)口(입 구)無(없을 무)言(말씀 언)
有口無言(유구무언) : 변명을 못함

139 불을 보듯이 명백하다.
① 落(떨어질 락)落(떨어질 락)長(길 장)松(소나무 송)
落落長松(낙락장송) : 가지가 길게 축축 늘어진
키가 큰 소나무
② 北(북녘 북)斗(말 두)七(일곱 칠)星(별 성)
北斗七星(북두칠성) : 큰곰자리에서 가장 뚜렷
하게 보이는 국자 모양으로 된 일곱 개의 별
❸ 明(밝을 명)若(같을 약)觀(볼 관)火(불 화)
明若觀火(명약관화) : 불을 보듯 뻔함
④ 背(등 배)恩(은혜 은)忘(잊을 망)德(큰 덕)
背恩忘德(배은망덕) : 은덕을 저버림

140 부질없이 덧보태어 하는 일
❶ 屋(집 옥)上(윗 상)架(시렁 가)屋(집 옥)
屋上架屋(옥상가옥) : 지붕 위에 또 지붕을 만
듦. 흔히 물건이나 일을 부질없이 거듭함
② 乘(탈 승)勝(이길 승)長(길 장)驅(몰 구)
乘勝長驅(승승장구) : 싸움에 이긴 형세를 타고
계속 몰아침
③ 奇(기이할 기)奇(기이할 기)妙(묘할 묘)妙(묘할 묘)
奇奇妙妙(기기묘묘) : 매우 기이하고 묘함
④ 始(비로소 시)終(마칠 종)一(한 일)貫(꿸 관)
始終一貫(시종일관) : 일 따위를 처음부터 끝까
지 한결같이 함

제3영역　讀解

141~154 문장에 쓰인 한자어의 음 알기

141 책을 읽으면 우리가 살고 있는 시대뿐만 아니라
過去(지날 과, 갈 거)나 미래에 대해서도 새로운
사실을 알 수 있다.

142 민주주의의 특징은 나라의 일을 맡아볼 대표자를 <u>選擧</u>(가릴 선, 들 거)를(을) 통해 뽑는 일이다.

143 <u>廣告</u>(넓을 광, 고할 고)를(을) 들을 때에는 그 정보가 정확한지, 허위와 과장은 없는지 판단하며 들어야 한다.

144 수현이는 <u>課外</u>(공부할 과, 바깥 외)로 피아노를 배우고 있다.

145 모든 사람은 <u>平等</u>(평평할 평, 무리 등)하다.

146 연날리기는 사람들의 마음을 드높게 해 주는 오래된 <u>民俗</u>(백성 민, 풍속 속) 놀이의 하나이다.

147 음성 언어는 소리의 속성 때문에 말하는 이와 듣는 이가 <u>對面</u>(대할 대, 낯 면)한 상태에서 사용된다.

148 강화도는 한강 어귀에 있어 교통과 <u>國防</u>(나라 국, 막을 방)(으)로도 중요한 구실을 한다.

149 고종 황제는 네덜란드 헤이그에서 열린 만국 평화 회의에 <u>特使</u>(특별할 특, 하여금 사)를(을) 파견하여 일제의 침략을 세계에 알리고자 했다.

150 <u>幸福</u>(다행 행, 복 복)과 불행을 느끼는 것은 우리가 살아 있는 생명체로서 감정을 가지고 있기 때문이다.

151 낱말은 우리가 사용하는 낱낱의 말로서, 문장을 이루는 기본적인 <u>要素</u>(요긴할 요, 본디 소)이다.

152 같은 인종이라도 언어 · <u>宗敎</u>(으뜸 종, 가르칠 교) · 역사 등 문화적인 특징에 따라 여러 민족으로 나눌 수 있다.

153 비록 지금 죽는다고 한들 어찌 조금이라도 <u>餘恨</u>(남을 여, 한할 한)이(가) 있겠사옵니까?

154 우리 나라는 세계 태권도 <u>聯盟</u>(연이을 련[연], 맹세할 맹)의 회원국에 수천여 명의 사범을 파견한다.

155~159 문장에 쓰인 한자어의 뜻 알기

155 남의 말에 <u>意見</u>(뜻 의, 볼 견)을 같이하여 찬성하는 말을 할 때에 '맞장구치다' 라는 말을 쓴다.
  * 어떤 일에 대한 생각

156 피로를 <u>回復</u>(돌아올 회, 회복할 복)하기 위해서는 적당한 휴식과 충분한 영양 섭취, 수면, 목욕 등이 필요하다.
  * 이전 상태로 돌리다.

157 낙동강 <u>河口</u>(물 하, 입 구)의 을숙도는 많은 철새들이 찾아오는 것으로 유명하다.
  * 강의 어귀

158 다람쥐는 우리 나라 곳곳에 사는데, 주로 <u>溪谷</u>(시내 계, 골 곡) 부근의 숲에 가장 많이 산다.
  * 물이 흐르는 골짜기

159 행정 자치부는 지방 자치 단체를 <u>監督</u>(볼 감, 감독할 독)하고 국가의 치안을 담당한다.
  * 지도하고 단속하다.

160~164 문장에 맞는 한자어 고르기

160 친절한 사람은 이웃에게 □□과 용기를 불어넣어 준다.
  ❶ 希望(바랄 희, 바랄 망) : 기대하여 바람
  ② 充滿(채울 충, 찰 만) : 가득하게 참
  ③ 充望(채울 충, 바랄 망) * 한자어 아님
  ④ 希亡(바랄 희, 망할 망) * 한자어 아님

161 전시회를 관람하기 전에 □□ 책자의 서문을 읽으면, 작품에 대한 정보를 알 수 있다.
  ① 安內(편안 안, 안 내) * 한자어 아님
  ❷ 案內(책상 안, 안 내) : 인도하여 일러줌
  ③ 眼內(눈 안, 안 내) * 한자어 아님
  ④ 安來(편안 안, 올 래) * 한자어 아님

162 박씨를 심자 얼마 후 싹이 나고, 박 넝쿨이 흥부네 □□ 지붕을 덮었다.
  ① 草可(풀 초, 옳을 가) * 한자어 아님
  ② 初加(처음 초, 더할 가) * 한자어 아님
  ③ 草加(풀 초, 더할 가) * 한자어 아님
  ❹ 草家(풀 초, 집 가) : 볏짚 · 밀짚 · 갈대 등으로 지붕을 이은 집

163 우리는 조개 껍데기 하나에도 큰 기쁨을 누렸고, 단풍잎 하나에도 □□을 느꼈다.
  ① 喜望(기쁠 희, 바랄 망) * 한자어 아님
  ② 唯悅(오직 유, 기쁠 열) * 한자어 아님
  ❸ 喜悅(기쁠 희, 기쁠 열) : 기쁨과 즐거움, 또는 기뻐하고 즐거워함
  ④ 于悅(어조사 우, 기쁠 열) * 한자어 아님

164 산대놀이에는 북, 장구, 두 개의 피리, 젓대, 해금 등 여섯 □□를 사용한다.
  ① 祈求(빌 기, 구할 구) : 원하는 바가 실현되도록 빌고 바람
  ② 機具(틀 기, 갖출 구) : 기계와 기구
  ❸ 樂器(음악 악, 그릇 기) : 음악을 연주하는 데 쓰이는 기구를 통틀어 이르는 말
  ④ 器具(그릇 기, 갖출 구) : 세간, 도구, 기계 따위를 통틀어 이르는 말

165~170 문장에 맞지 않는 한자어 고르기

165 ① 通信(통할 통, 소식 신) 상황에서는 자신과 ② 相對(서로 상, 대할 대)의 모습이 드러나지 않기 때문에 바람직하지 못한 ❸ 億語(억 억, 말씀 어)가 마구 ④ 使用(하여금 사, 쓸 용)되기도 한다.
　* 億語 → 言語(말씀 언, 말씀 어)

166 직지심경은 2001년 9월 4일, '유네스코 세계 기록 유산'으로 ❶ 善定(착할 선, 정할 정)되어 ② 現存(나타날 현, 있을 존)하는 금속 ③ 活字本(살 활, 글자 자, 근본 본) 가운데 ④ 世界(인간 세, 지경 계)에서 가장 오래된 것임을 인정받았다.
　* 善定 → 選定(가릴 선, 정할 정)

167 자신의 ① 貴重(귀할 귀, 무거울 중)함을 알고, 자신이 하는 일에 보람을 느끼며, 자신의 ② 能力(능할 능, 힘 력)과 ③ 素質(본디 소, 바탕 질)에 따라 맡겨진 일을 ❹ 姓實(성 성, 열매 실)히 해야 한다.
　* 姓實 → 誠實(정성 성, 열매 실)

168 ① 佛敎(부처 불, 가르칠 교)는 지혜와 ② 慈悲心(사랑 자, 슬플 비, 마음 심)으로 자신을 다스리고 착한 생활을 할 것을 가르치고 있으며, 많은 ③ 文化(글월 문, 될 화) ❹ 有産(있을 유, 낳을 산)을 남겼다.
　* 有産 → 遺産(남길 유, 낳을 산)

169 남북 ① 頂上(정수리 정, 윗 상) 회담은 ② 分斷(나눌 분, 끊을 단) 이후 처음으로 남북의 정상이 직접 만나, 7천만 겨레 앞에 ❸ 關系(관계할 관, 맬 계) 개선을 ④ 約束(맺을 약, 묶을 속)하였다는 점에서 중요한 의미가 있다.
　* 關系 → 關係(관계할 관, 맬 계)

170 남북한 정상이 합의한 공동 ① 宣言(베풀 선, 말씀 언)은 화해와 통일, ② 緊張(긴할 긴, 베풀 장) ③ 緩和(느릴 완, 화할 화)와 평화 정착, 이산 가족 상봉, 경제ㆍ사회ㆍ문화 교류 등 ❹ 實淺(열매 실, 얕을 천) 과제를 담고 있다.
　* 實淺 → 實踐(열매 실, 밟을 천)

171~178 바르게 쓴 한자어 고르기

171 시원하게 뚫린 도로 옆으로 파란 이파리를 흔드는 가로수들이 한결 싱그러워 보였다.
　① 價路樹(값 가, 길 로, 나무 수)
　❷ 街路樹(거리 가, 길 로, 나무 수)
　③ 街勞樹(거리 가, 일할 로, 나무 수)
　④ 街路收(거리 가, 길 로, 거둘 수)

172 농구에서는 수비를 피해 자기편 선수에게 공을 연결해 주는 것이 중요하다.
　❶ 守備(지킬 수, 갖출 비)
　② 水飛(물 수, 날 비)
　③ 首比(머리 수, 견줄 비)
　④ 修比(닦을 수, 견줄 비)

173 말하기와 듣기는 언어 생활에서 큰 비중을 차지하고 있다.
　❶ 比重(견줄 비, 무거울 중)
　② 比中(견줄 비, 가운데 중)
　③ 比衆(견줄 비, 무리 중)
　④ 悲重(슬플 비, 무거울 중)

174 북한에서는 원칙적으로 개인이 사유 재산을 가지지 못하게 되어 있다.
　① 死有(죽을 사, 있을 유)
　② 四有(넉 사, 있을 유)
　❸ 私有(사사 사, 있을 유)
　④ 事由(일 사, 말미암을 유)

175 가계 소득이 줄면 국가에 내는 세금도 적어지므로 정부의 경제 활동도 활발하게 이루어지지 못한다.
　① 世金(인간 세, 쇠 금)
　❷ 稅金(세금 세, 쇠 금)
　③ 稅今(세금 세, 이제 금)
　④ 稅禁(세금 세, 금할 금)

176 오늘날에는 우리들의 일상 생활에 필요한 물건의 매매가 거의 시장을 통해서 이루어지고 있다.
　① 市長(시장 시, 길 장)
　❷ 市場(시장 시, 마당 장)
　③ 試場(시험 시, 마당 장)
　④ 詩章(시 시, 글 장)

177 우리가 생활 자원을 낭비하면 다음 세대는 쾌적하고 건강한 삶을 누릴 수 없게 될 것이다.
　① 快哉(쾌할 쾌, 어조사 재)
　② 快栽(쾌할 쾌, 심을 재)
　③ 快錢(쾌할 쾌, 돈 전)
　❹ 快適(쾌할 쾌, 맞을 적)

178 허락 없이 사진이나 이름을 사용하는 것은 중대한 사생활 침해이다.
　① 許落(허락 허, 떨어질 락)
　② 虛落(빌 허, 떨어질 락)
　③ 虛諾(빌 허, 허락할 낙)
　❹ 許諾(허락 허, 허락할 낙[락])

179~183 어구의 뜻과 비슷한 한자어 고르기

179 보통 때 텔레비전을 보시지 않던 할머니께서 북한의 이산 가족 방문단이 온 날부터는 매일 텔레비전을 보신다.
　① 平生(평평할 평, 날 생)
　② 特別(특별할 특, 나눌 별)
　❸ 平素(평평할 평, 본디 소)
　④ 平少(평평할 평, 적을 소)

180 소녀가 다가가자 놀란 암탉은 병아리들을 몰고 달아나기 시작하였다.
　① 接線(접할 접, 줄 선)
　❷ 接近(접할 접, 가까울 근)
　③ 接木(접할 접, 나무 목)
　④ 接對(접할 접, 대할 대)

181 사람들은 멋있고 아름다운 우표를 만들기 위하여 노력한다.
　❶ 製作(지을 제, 지을 작)
　② 題作(제목 제, 지을 작)
　③ 第作(차례 제, 지을 작)
　④ 弟作(아우 제, 지을 작)

182 늘 아들 하나만 있었으면 좋겠다던 당신 소원이 이루어져서 기쁘지요?
　① 成取(이룰 성, 가질 취)
　❷ 成就(이룰 성, 나아갈 취)
　③ 成吹(이룰 성, 불 취)
　④ 誠就(정성 성, 나아갈 취)

183 '미주알' 은 '항문을 이루는 창자의 끝 부분' 을 가리키는 말이다.
　① 構姓(얽을 구, 성 성)
　② 久成(오랠 구, 이룰 성)
　③ 九星(아홉 구, 별 성)
　④ 構成(얽을 구, 이룰 성)

184~188 글에 쓰인 한자어와 한자의 뜻 알기

184 ㉠가장의 뜻을 가진 것은?
　① 淸(맑을 청)　　❷ 最(가장 최)
　③ 第(차례 제)　　④ 移(옮길 이)

185 ㉡前(앞 전)의 음이 바른 것은?
　① 후　　　　　② 상
　❸ 전　　　　　④ 간

186 ㉢발표의 한자 표기가 바른 것은?
　❶ 發表(필 발, 겉 표)
　② 發便(필 발, 편할 편)
　③ 發見(필 발, 볼 견)
　④ 發明(필 발, 밝을 명)

187 ㉣필요의 한자 표기가 바른 것은?
　① 受要(받을 수, 요긴할 요)
　② 主要(주인 주, 요긴할 요)
　③ 重要(무거울 중, 요긴할 요)
　❹ 必要(반드시 필, 요긴할 요)

188 ㉤音樂(소리 음, 음악 악)의 독음이 바른 것은?
　① 안락　　　　❷ 음악
　③ 편안　　　　④ 음향

189~193 글에 쓰인 한자어와 한자의 뜻 알기

189 ㉠해마다의 한자 표기가 바른 것은?
　① 往年(갈 왕, 해 년)
　② 昨年(어제 작, 해 년)
　❸ 每年(매양 매, 해 년)
　④ 來年(올 래[내], 해 년)

190 ㉡지냈다의 뜻을 가장 잘 나타낸 것은?
　① 行事(다닐 행, 일 사)
　② 擧事(들 거, 일 사)
　③ 進行(나아갈 진, 다닐 행)
　❹ 擧行(들 거, 다닐 행)

191 ㉢구름의 뜻을 나타낸 것은?
　❶ 雲(구름 운)　　② 運(옮길 운)
　③ 雨(비 우)　　　④ 風(바람 풍)

192 ㉣많았는데의 뜻을 가장 잘 나타낸 것은?
　① 硏(갈 연)　　　② 量(헤아릴 량)
　③ 兩(두 량)　　　❹ 多(많을 다)

193 ㉤따뜻한 사랑의 뜻을 가장 잘 나타낸 것은?
　① 愛情(사랑 애, 뜻 정)
　❷ 溫情(따뜻할 온, 뜻 정)
　③ 溫度(따뜻할 온, 법도 도)
　④ 溫水(따뜻할 온, 물 수)

194~197 글에 쓰인 한자어와 한자의 뜻 알기

194 ㉠數字(셈 수, 글자 자)의 독음이 바른 것은?
　① 수자　　　　❷ 숫자
　③ 정자　　　　④ 활자
　* 數字는 한글 맞춤법 규정에 의하여 '숫자' 라고 읽음

195 ㉡親久~㉤體重 중 한자 표기가 바르지 않은 것은?
❶ ㉡ 親久(친할 친, 오랠 구)
② ㉢ 收集(거둘 수, 모을 집)
③ ㉣ 代身(대신 대, 몸 신)
④ ㉤ 體重(몸 체, 무거울 중)
  * 親久 → 親舊(친할 친, 예 구)

196 ㉥어떤 사람의 뜻을 가진 것은?
❶ 誰(누구 수)　　② 雖(비록 수)
③ 須(모름지기 수)　④ 壽(목숨 수)

197 ㉦'상' 의 한자 표기가 바른 것은?
① 常(항상 상)　　② 傷(상할 상)
❸ 像(모양 상)　　④ 喪(잃을 상)

198~203 글에 쓰인 한자어와 한자의 뜻 알기

198 ㉠侵略(침노할 침, 간략할 략)의 독음이 바른 것은?
① 침입　　　　② 침탈
❸ 침략　　　　④ 침투

199 ㉡기습의 한자 표기가 바른 것은?
① 寄習(부칠 기, 익힐 습)
❷ 奇襲(기이할 기, 엄습할 습)
③ 奇習(기이할 기, 익힐 습)
④ 氣習(기운 기, 익힐 습)

200 ㉢전쟁~㉥강요의 한자 표기가 바르지 않은 것은?
① ㉢戰爭(싸움 전, 다툴 쟁)
② ㉣日帝(날 일, 임금 제)
❸ ㉤姑痛(시어미 고, 아플 통)
④ ㉥强要(강할 강, 요긴할 요)
  * 姑痛 → 苦痛(쓸 고, 아플 통)

201 ㉦군수의 한자 표기가 바른 것은?
❶ 軍需(군사 군, 쓰일 수)
② 郡守(고을 군, 지킬 수)
③ 軍輸(군사 군, 보낼 수)
④ 軍隨(군사 군, 따를 수)

202 ㉧物資~㉠食糧의 독음이 바른 것은?
① ㉧物資(물건 물, 재물 자)
② ㉨生産(날 생, 낳을 산)
③ ㉩基地(터 기, 땅 지)
❹ ㉠食糧(먹을 식, 양식 량)

203 ㉡약탈의 한자 표기가 바른 것은?
① 略奪(간략할 략[약], 빼앗을 탈)
❷ 掠奪(노략질할 략[약], 빼앗을 탈)
③ 略脫(간략할 략[약], 벗을 탈)
④ 掠脫(노략질할 략[약], 벗을 탈)

204~210 글에 쓰인 한자어와 한자의 뜻 알기

204 ㉠거리의 한자 표기가 바른 것은?
① 距利(떨어질 거, 이로울 리)
② 巨利(클 거, 이로울 리)
❸ 距離(떨어질 거, 떠날 리)
④ 巨離(클 거, 떠날 리)

205 ㉡어느 정도의 뜻을 가장 잘 나타낸 것은?
❶ 多少(많을 다, 적을 소)
② 誰何(누구 수, 어찌 하)
③ 大小(큰 대, 작을 소)
④ 大略(큰 대, 간략할 략)

206 ㉢오차~㉥기록의 한자 표기가 바른 것은?
① ㉢誤借(그르칠 오, 빌릴 차)
② ㉣許庸(허락 허, 떳떳할 용)
③ ㉤糾正(꼴 규, 바를 정)
❹ ㉥記錄(기록할 기, 기록할 록)

207 ㉦기계의 '기' 자와 같은 한자를 사용하는 것은?
① 基準(터 기, 준할 준)
❷ 機關(틀 기, 관계할 관)
③ 寄居(부칠 기, 거할 거)
④ 放棄(놓을 방, 버릴 기)

208 ㉧폭의 뜻을 가진 것은?
① 賴(의뢰할 뢰)
② 嶺(고개 령)
❸ 幅(폭 폭)
④ 盜(도둑 도)

209 ㉨굴곡~㉩형태의 한자 표기가 바르지 않은 것은?
① ㉨屈曲(굽힐 굴, 굽을 곡)
② ㉩傾斜(기울 경, 비낄 사)
❸ ㉠倣害(본뜰 방, 해할 해)
④ ㉡形態(형상 형, 태도 태)
  * 倣害 → 妨害(방해할 방, 해할 해)

210 ㉢단축의 '축' 자의 한자 표기가 바른 것은?
❶ 縮(줄일 축)
② 逐(쫓을 축)
③ 畜(짐승 축)
④ 築(쌓을 축)

| 정답 |

1 ①	2 ③	3 ②	4 ④	5 ②
6 ③	7 ①	8 ②	9 ④	10 ①
11 ③	12 ②	13 ③	14 ①	15 ④
16 ②	17 ③	18 ①	19 ①	20 ③
21 ②	22 ④	23 ①	24 ②	25 ③
26 ②	27 ③	28 ③	29 ④	30 ③
31 ②	32 ①	33 ②	34 ④	35 ④
36 ④	37 ①	38 ②	39 ④	40 ④
41 ②	42 ③	43 ①	44 ④	45 ②
46 ④	47 ③	48 ④	49 ④	50 ②
51 ③	52 ④	53 ③	54 ②	55 ①
56 ②	57 ④	58 ②	59 ②	60 ③
61 ②	62 ②	63 ①	64 ②	65 ②
66 ①	67 ④	68 ③	69 ②	70 ④
71 ①	72 ③	73 ①	74 ④	75 ①
76 ②	77 ③	78 ③	79 ①	80 ④
81 ④	82 ②	83 ②	84 ④	85 ④
86 ④	87 ②	88 ②	89 ②	90 ②
91 ②	92 ②	93 ②	94 ①	95 ②
96 ④	97 ③	98 ②	99 ①	100 ④
101 ③	102 ①	103 ①	104 ③	105 ①
106 ②	107 ③	108 ②	109 ④	110 ①
111 ③	112 ②	113 ④	114 ②	115 ①
116 ②	117 ④	118 ②	119 ①	120 ②
121 ②	122 ①	123 ④	124 ③	125 ③
126 ①	127 ②	128 ②	129 ③	130 ③
131 ②	132 ②	133 ③	134 ③	135 ④
136 ①	137 ③	138 ②	139 ③	140 ①
141 ①	142 ②	143 ③	144 ②	145 ④
146 ①	147 ②	148 ②	149 ③	150 ④
151 ①	152 ③	153 ①	154 ④	155 ②
156 ②	157 ④	158 ②	159 ②	160 ②
161 ④	162 ②	163 ④	164 ②	165 ②
166 ①	167 ①	168 ②	169 ②	170 ②
171 ②	172 ③	173 ③	174 ④	175 ③
176 ①	177 ①	178 ②	179 ①	180 ②
181 ③	182 ②	183 ③	184 ②	185 ④
186 ②	187 ②	188 ①	189 ①	190 ②
191 ④	192 ③	193 ④	194 ②	195 ①
196 ②	197 ③	198 ③	199 ②	200 ④
201 ①	202 ②	203 ③	204 ②	205 ④
206 ①	207 ③	208 ②	209 ④	210 ②

제1영역 漢字

1~5 제시된 한자의 부수 고르기

1 開(열 개) 門부 4획
  ❶ 門(문 문)
  ② 才(재주 재)
  ③ 牙(어금니 아)
  ④ 日(날 일)

2 決(결단할 결) 水(氵)부 4획
  ① 火(불 화)
  ② 木(나무 목)
  ❸ 水(물 수)
  ④ 土(흙 토)

3 慶(경사 경) 心부 11획
  ① 广(엄호)
  ❷ 心(마음 심)
  ③ 夂(칠 복)
  ④ 慶(경사 경)

4 考(생각할 고) 老부 2획
  ① 戈(창 과)
  ② 土(흙 토)
  ③ 匕(비수 비)
  ❹ 老(늙을 로)

5 軍(군사 군) 車부 2획
  ① 冖(민갓머리)
  ❷ 車(수레 거·차)
  ③ 亅(갈고리 궐)
  ④ 一(한 일)

6~10 제시된 한자의 획수 고르기

6 郡(고을 군) 邑(阝)(고을 읍)부 7획, 총 10획
  フコヨ尹君君君君郡郡

7 極(극진할 극) 木(나무 목)부 9획, 총 13획
  一十才才木杧极极柯柯極極極

8 勉(힘쓸 면) 力(힘 력)부 7획, 총 9획
  ノ冖午午各多兔兔勉

9 保(보전할 보) 人(亻)(사람 인)부 7획, 총 9획
  ノ亻亻伫仔仔仔保保

10 先(먼저 선) 儿(걷는사람 인)부 4획, 총 6획
  ノ广产生失先

11~15 제시된 필순 유형에 맞는 한자 고르기

11 위에서 아래로 쓴다.
  ① 植(심을 식) 一十才才木杧柏柏柏植植植
  ② 勝(이길 승) ノ月月月月胖胖胖勝勝勝
  ❸ 案(책상 안) ゛宀宀宀安安安案案
  ④ 短(짧을 단) ノ노노누午矢矢知知知短短短

12 오른쪽 위의 점은 나중에 찍는다.
　① 堂(집 당) ⼀ ⼂ ⼆ ⼩⼩ ⼩⼩ ⼩⼩ 尚 尚 学 堂 堂
　❷ 式(법 식) ⼀ ⼆ ⼯ 三 式 式
　③ 拜(절 배) ⼂ ⼂ ⼆ 三 扌 扌 拜 拜 拜
　④ 番(차례 번) ⼂ ⼂ ⼃ ⼍ 平 平 采 采 番 番 番

13 가로획과 세로획이 교차할 때에는 가로획을 먼저 쓴다.
　① 服(옷 복) ⼃ ⼌ ⼌ 月 月 肝 服 服
　② 仙(신선 선) ⼂ ⼂ 仆 仙 仙
　❸ 七(일곱 칠) ⼀ 七
　④ 貧(가난할 빈) ⼂ ⼋ 分 分 分 貧 貧 貧 貧 貧 貧

14 왼쪽에서 오른쪽으로 쓴다.
　❶ 川(내 천) ⼃ 川 川
　② 書(글 서) ⼮ ⼆ ⼱ ⼸ ⼸ 聿 聿 書 書 書 書
　③ 雪(눈 설) ⼀ ⼂ ⼡ 币 币 币 雨 雨 雪 雪 雪
　④ 習(익힐 습) ⼃ ⼌ ⼌ ⼌⼌ ⼌⼌ 羽 羽 習 習 習 習

15 좌우의 모양이 같을 때에는 가운데를 먼저 쓴다.
　① 示(볼 시) ⼀ ⼆ ⼅ 示 示
　② 夜(밤 야) ⼂ ⼂ ⼸ ⼜ ⼜ 疒 夜 夜
　③ 運(옮길 운) ⼂ ⼌ ⼍ ⼏ 戸 冒 冒 冒 軍 軍 軍 運 運
　❹ 永(길 영) ⼂ ⼂ ⼅ ⼅ 永

16~20 제시된 한자의 짜임을 알고 같은 짜임의 한자 고르기

16 魚(고기 어) 상형
　① 順(순할 순)　　　❷ 雨(비 우) 상형
　③ 列(벌일 렬)　　　④ 逆(거스를 역)

17 鳥(새 조) 상형
　① 昨(어제 작)　　　② 偉(위대할 위)
　❸ 足(발 족) 상형　　④ 移(옮길 이)

18 夫(지아비 부) 상형
　❶ 充(채울 충) 상형　② 育(기를 육)
　③ 七(일곱 칠)　　　④ 洋(큰바다 양)

19 寸(마디 촌) 지사
　❶ 末(끝 말) 지사　　② 飮(마실 음)
　③ 女(계집 녀)　　　④ 林(수풀 림)

20 神(귀신 신) 형성
　① 早(이를 조)　　　② 本(근본 본)
　❸ 約(맺을 약) 형성　④ 六(여섯 륙)

21~31 제시된 한자의 음 고르기

21 察(살필 찰)　　　*22* 唱(부를 창)
23 統(거느릴 통)　　*24* 血(피 혈)
25 效(본받을 효)　　*26* 希(바랄 희)
27 庚(별, 천간 경)　　*28* 凉(서늘할 량)
29 顧(돌아볼 고)　　*30* 倣(본뜰 방)
31 蔬(나물 소)

32~39 제시된 음에 알맞은 한자 알기

32 구　❶ 究(연구할 구)　② 近(가까울 근)
　　　③ 廣(넓을 광)　　④ 怒(성낼 노)

33 두　① 半(반 반)　　❷ 頭(머리 두)
　　　③ 分(나눌 분)　　④ 奉(받들 봉)

34 빙　① 色(빛 색)　　② 稅(세금 세)
　　　❸ 氷(얼음 빙)　　④ 孫(손자 손)

35 맥　① 莫(없을 막)　　② 晩(저물 만)
　　　③ 露(이슬 로)　　❹ 麥(보리 맥)

36 복　① 卯(토끼 묘)　　❷ 伏(엎드릴 복)
　　　③ 妙(묘할 묘)　　④ 戊(천간 무)

37 대　❶ 帶(띠 대)　　② 惱(번뇌할 뇌)
　　　③ 盲(눈멀 맹)　　④ 貌(모양 모)

38 목　① 苗(모 묘)　　❷ 睦(화목할 목)
　　　③ 髮(터럭 발)　　④ 腐(썩을 부)

39 보　① 默(잠잠할 묵)　② 副(버금 부)
　　　❸ 補(기울 보)　　④ 腹(배 복)

40~47 같은 음의 한자 고르기

40 島(섬 도)
　① 亡(망할 망)　　② 勞(일할 로)
　③ 路(길 로)　　　❹ 度(법도 도)

41 使(하여금 사)
　① 滿(찰 만)　　　❷ 師(스승 사)
　③ 西(서녘 서)　　④ 守(지킬 수)

42 歲(해 세)
　① 受(받을 수)　　② 始(비로소 시)
　❸ 洗(씻을 세)　　④ 惡(악할 악)

43 舞(춤출 무)
　❶ 茂(무성할 무)　② 也(어조사 야)
　③ 秀(빼어날 수)　④ 淑(맑을 숙)

44 舍(집 사)
　① 危(위태할 위)　② 倫(인륜 륜)
　❸ 謝(사례할 사)　④ 寅(범 인)

45 糖(엿 당)
　① 簿(문서 부)　　❷ 黨(무리 당)
　③ 譜(족보 보)　　④ 崩(무너질 붕)

46 冥(어두울 명)
- ① 朔(초하루 삭)
- ② 聘(부를 빙)
- ③ 燒(사를 소)
- ❹ 銘(새길 명)

47 屛(병풍 병)
- ① 僧(중 승)
- ② 餓(주릴 아)
- ❸ 竝(나란할 병)
- ④ 軟(연할 연)

48~58 제시된 한자의 뜻 고르기

48 增(더할 증)   *49* 竹(대 죽)

50 直(곧을 직)   *51* 秋(가을 추)

52 取(가질 취)   *53* 招(부를 초)

54 革(가죽 혁)   *55* 鶴(학 학)

56 畢(마칠 필)   *57* 肯(즐길 긍)

58 陵(언덕 릉)

59~65 제시된 뜻에 맞는 한자 고르기

59 마치다
- ① 黃(누를 황)
- ❷ 卒(마칠 졸)
- ③ 患(근심 환)
- ④ 限(한할 한)

60 접하다
- ① 表(겉 표)
- ② 快(쾌할 쾌)
- ❸ 接(접할 접)
- ④ 豊(풍성할 풍)

61 빌다
- ① 低(낮을 저)
- ❷ 祝(빌 축)
- ③ 赤(붉을 적)
- ④ 助(도울 조)

62 하늘
- ① 雖(비록 수)
- ② 辛(매울 신)
- ③ 我(나 아)
- ❹ 乾(하늘 건)

63 미치다
- ❶ 及(미칠 급)
- ② 松(소나무 송)
- ③ 散(흩을 산)
- ④ 霜(서리 상)

64 빠지다
- ① 妨(방해할 방)
- ② 壁(벽 벽)
- ❸ 沒(빠질 몰)
- ④ 蜂(벌 봉)

65 꿀
- ① 窮(다할 궁)
- ❷ 蜜(꿀 밀)
- ③ 納(들일 납)
- ④ 忌(꺼릴 기)

66~70 제시된 한자와 비슷한 뜻의 한자 고르기

66 觀(볼 관)
- ❶ 覽(볼 람)
- ② 塔(탑 탑)
- ③ 剛(굳셀 강)
- ④ 規(법 규)

67 屢(여러 루)
- ① 塗(바를, 길 도)
- ② 埋(묻을 매)
- ③ 募(모을 모)
- ❹ 庶(여러 서)

68 漠(넓을 막)
- ① 薄(엷을 박)
- ② 赴(다다를 부)
- ❸ 浩(넓을 호)
- ④ 拂(떨칠 불)

69 貸(빌릴 대)
- ① 析(쪼갤 석)
- ❷ 借(빌 차)
- ③ 掃(쓸 소)
- ④ 束(묶을 속)

70 空(빌 공)
- ① 遂(드디어 수)
- ② 牙(어금니 아)
- ③ 壤(흙덩이 양)
- ❹ 虛(빌 허)

제2영역   語彙

71~72 짜임이 같은 한자어 고르기

71 幼兒(어릴 유, 아이 아) : 젖먹이 수식
- ❶ 靑雲(푸를 청, 구름 운) : 푸른 빛을 띤 구름, 높은 명예나 벼슬을 비유하여 이르는 말 수식
- ② 巡警(돌 순, 깨우칠 경) : 경찰 공무원 계급의 하나. 경장의 아래
- ③ 敍述(펼 서, 펼 술) : 사건이나 생각 따위를 차례대로 말하거나 적음
- ④ 崇仰(높을 숭, 우러를 앙) : 공경하여 우러러봄

72 樹木(나무 수, 나무 목) : 나무 유사
- ① 申告(펼 신, 고할 고) : 어떤 사실을 보고하거나 알리는 일
- ② 伸縮(펼 신, 줄일 축) : 늘고 줆, 또는 늘이고 줄임
- ❸ 群衆(무리 군, 무리 중) : 한 곳에 모인 많은 사람의 무리 유사
- ④ 暗記(어두울 암, 기록할 기) : 기억할 수 있도록 외움

73~90 음이 같은 한자어(동음이의어) 고르기

73 代價(대신 대, 값 가) : 값. 어떤 일을 함으로써 얻어지는 결과
- ❶ 大家(큰 대, 집 가) : 학문이나 기예 등 전문 분야에 조예가 깊은 사람
- ② 代金(대신 대, 쇠 금) : 물건 값으로 치르는 돈
- ③ 道家(길 도, 집 가) : 노장의 무위 자연의 사상을 따르던 학자를 통틀어 이르는 말
- ④ 單價(홀 단, 값 가) : 낱개의 값. 각 단위의 값

74 海山(바다 해, 메 산) : 깊은 해저로부터 천미터 이상의 높이로 우뚝 솟아 있는 지형
　① 江山(강 강, 메 산) : 강과 산. 국토
　② 競爭(다툴 경, 다툴 쟁) : 서로 겨루어 다툼
　③ 計算(셀 계, 셈할 산) : 수량을 헤아림. 수치를 구하거나 식을 간단히 하거나 함
　❹ 解産(풀 해, 낳을 산) : 아이를 낳음

75 景觀(볕 경, 볼 관) : 경치
　❶ 京官(서울 경, 벼슬 관) : 조선 때 서울에 있던 각 관아의 관원
　② 修養(닦을 수, 기를 양) : 품성 · 지혜 · 도덕을 닦음
　③ 建立(세울 건, 설 립) : 탑, 동상, 건물 따위를 만들어 세움
　④ 科學(과목 과, 배울 학) : 자연에 속하는 모든 것을 다루는 학문. 일정한 목적과 방법에 의하여 하나의 체계를 세우는 학문

76 代身(대신 대, 몸 신) : 다른 것으로 먼저 것을 바꿔 채움. 남의 일을 대행함
　① 對答(대할 대, 대답 답) : 묻는 말에 자기의 뜻을 나타냄, 또는 나타내는 그 말
　❷ 大臣(큰 대, 신하 신) : 조선 때에 정승을 달리 이르던 말
　③ 達成(통달할 달, 이룰 성) : 뜻한 바를 이룸
　④ 對談(대할 대, 말씀 담) : 두 사람 또는 여러 사람이 어떤 일에 대하여 서로 의견을 주고받음

77 力士(힘 력, 선비 사) : 육체적으로 뛰어나게 힘이 센 사람
　① 法律(법 법, 법칙 률) : 국가가 제정하고 국민이 지켜야 할 법의 규율
　② 陸地(뭍 륙[육], 땅 지) : 물에 잠기지 않은 땅덩이
　❸ 歷史(지날 력, 역사 사) : 인간 사회가 거쳐온 변천의 모습, 또는 그 기록
　④ 料理(헤아릴 료[요], 다스릴 리) : 맛있는 음식을 만드는 일, 또는 그 음식

78 禮意(예도 례[예], 뜻 의) : 경의를 표하는 마음
　① 木馬(나무 목, 말 마) : 어린 아이들이 타고 놀 수 있게 나무로 만든 장난감 말
　② 名馬(이름 명, 말 마) : 이름난 말. 훌륭한 말
　❸ 禮義(예도 례[예], 옳을 의) : 예절과 의리
　④ 禮節(예도 례[예], 마디 절) : 예의와 절도. 예의범절

79 武士(군인 무, 선비 사) : 지난날, 무예에 익숙하여 전쟁 등에 관한 일에 종사하던 사람
　❶ 無死(없을 무, 죽을 사) : 일이 없음. 아무 탈 없음
　② 無子(없을 무, 아들 자) : 아들이 없음. 무자식

　③ 務實(힘쓸 무, 열매 실) : 실제에 힘씀
　④ 務望(힘쓸 무, 바랄 망) : 꼭 이루어지길 바람

80 訪問(찾을 방, 물을 문) : 남을 찾아봄
　① 所聞(바 소, 들을 문) : 여러 사람의 입에 오르내리면서 전하여 오는 말
　② 自問(스스로 자, 물을 문) : 스스로에게 물음
　③ 私門(사사 사, 문 문) : 남에게 자기의 가문을 낮추어 부르는 말
　❹ 方文(모 방, 글월 문) : 약방문. 한방에서 약을 짓기 위하여 약재의 이름과 그 분량을 적은 종이

81 本姓(근본 본, 성 성) : 본디의 성
　① 本論(근본 본, 논할 론) : 논문이나 논설 등의 중심이 되는 부분
　② 本文(근본 본, 글월 문) : 서문이나 발문 따위에 대하여 그 책의 주요 내용을 다룬 부분의 글
　❸ 本性(근본 본, 성품 성) : 본디의 성질
　④ 美白(아름다울 미, 흰 백) : 하얗게 아름다움

82 富者(부자 부, 놈 자) : 재산이 많은 사람
　① 步調(걸음 보, 고를 조) : 여럿이 줄지어 걸을 때의 걸음걸이, 또는 걸음의 속도
　❷ 父子(아비 부, 아들 자) : 아버지와 아들
　③ 部曲(떼 부, 굽을 곡) : 옛날에 천민이나 죄인들을 수용하던 특수 행정 구역
　④ 不誠(아닐 불, 정성 성) : 불성실의 준말

83 非行(아닐 비, 다닐 행) : 그릇된 행위. 나쁜 짓
　① 鼻祖(코 비, 할아비 조) : 어떤 일을 가장 먼저 시작한 사람
　❷ 飛行(날 비, 다닐 행) : 하늘을 날아다님
　③ 悲感(슬플 비, 느낄 감) : 슬픈 느낌
　④ 無比(없을 무, 견줄 비) : 너무 뛰어나 견줄 수 없음

84 對備(대할 대, 갖출 비) : 일에 대응할 준비를 함
　① 是非(옳을 시, 아닐 비) : 옳고 그름. 옳고 그름을 따짐
　❷ 大悲(큰 대, 슬플 비) : 불교에서 중생의 고통을 구제하려는 부처의 큰 마음
　③ 無備(없을 무, 갖출 비) * 한자어 안됨
　④ 喜悲(기쁠 희, 슬플 비) : 기쁨과 슬픔

85 喪家(잃을 상, 집 가) : 사람이 죽어 장례를 치르는 집
　① 聲價(소리 성, 값 가) : 좋은 평판
　② 尙古(높일 상, 예 고) : 옛날의 문물이나 사상, 제도 따위를 귀하게 여김
　③ 史家(역사 사, 집 가) : 역사가의 준말
　❹ 商街(장사 상, 거리 가) : 상점이 많이 늘어서 있는 거리

86 遺命(남길 유, 목숨 명) : 임금이나 부모가 죽을 때에 남긴 명령
　① 遺民(남길 유, 백성 민) : 망하여 없어진 나라의 백성
　❷ 有名(있을 유, 이름 명) : 이름이 알려져 있음
　③ 有無(있을 유, 없을 무) : 있음과 없음
　④ 遺産(남길 유, 낳을 산) : 죽은 사람이 남겨 놓은 재산

87 加擊(더할 가, 칠 격) : 때려 침
　① 歌曲(노래 가, 굽을 곡) : 시가 등을 가사로 한 성악곡
　❷ 價格(값 가, 격식 격) : 물건의 값
　③ 攻擊(칠 공, 칠 격) : 나아가 적을 침
　④ 可恐(옳을 가, 두려울 공) : 두려워할만함

88 高架(높을 고, 시렁 가) : 땅 위에 높다랗게 가로지름
　❶ 古家(예 고, 집 가) : 지은 지 퍽 오래 된 집
　② 高下(높을 고, 아래 하) : 높음과 낮음
　③ 苟且(구차할 구, 또 차) : 말이나 행동이 떳떳하거나 버젓하지 못함
　④ 大蓋(큰 대, 덮을 개) : 일의 큰 원칙으로 말하건대

89 白眉(흰 백, 눈썹 미) : 흰 눈썹. 여럿 가운데에서 가장 뛰어난 사람이나 훌륭한 물건
　① 伯母(맏 백, 어미 모) : 큰어머니. 아버지 맏형의 아내를 이르는 말
　❷ 白米(흰 백, 쌀 미) : 흰 쌀
　③ 白面(흰 백, 낯 면) : 빛이 흰 얼굴
　④ 白綿(흰 백, 솜 면) : 흰 솜

90 邊境(가 변, 지경 경) : 나라와 나라의 경계가 되는 변두리 지역
　① 變亂(변할 변, 어지러울 란) : 어떤 변고로 말미암아 세상이 어지러워지는 일
　❷ 變更(변할 변, 고칠 경) : 다르게 바꾸어 새롭게 고침
　③ 辯難(말씀 변, 어려울 난) * 한자어 아님
　④ 犯法(범할 범, 법 법) : 법을 어김

91~92 같은 한자가 다른 음으로 읽히는 한자어 고르기

91 ① 車費(수레 차, 쓸 비) : 차를 타고 치르는 삯
　❷ 人力車(사람 인, 힘 력, 수레 거) : 사람의 힘으로 끄는 수레
　③ 馬車(말 마, 수레 차) : 말이 끄는 수레
　④ 下車(아래 하, 수레 차) : 차에서 내림

92 ① 回復(돌아올 회, 회복할 복) : 이전의 상태로 돌아옴
　❷ 復活(다시 부, 살 활) : 다시 살아남
　③ 復職(회복할 복, 직분 직) : 다시 본디의 자리로 돌아옴
　④ 復舊(회복할 복, 예 구) : 예전의 상태로 회복함

93~110 세 개 어휘에 공통되는 한자 고르기

93 ☐門(문 문), ☐族(겨레 족), 作(지을 작)☐
　① 早(이를 조)　　　　❷ 家(집 가)
　③ 晝(낮 주)　　　　　④ 後(뒤 후)
　* 家門(가문), 家族(가족), 作家(작가)

94 ☐感(느낄 감), 共(함께 공)☐, ☐行(다닐 행)
　❶ 同(한가지 동)　　　② 注(물댈 주)
　③ 動(움직일 동)　　　④ 孝(효도 효)
　* 同感(동감), 共同(공동), 同行(동행)

95 防(막을 방)☐, ☐品(물건 품), 對(대할 대)☐
　① 令(하여금 령)　　　❷ 備(갖출 비)
　③ 賞(상줄 상)　　　　④ 志(뜻 지)
　* 防備(방비), 備品(비품), 對備(대비)

96 ☐食(먹을 식), 朝(아침 조)☐, 協(합할 협)☐
　① 夕(저녁 석)　　　　② 力(힘 력)
　③ 禁(금할 금)　　　　❹ 會(모일 회)
　* 會食(회식), 朝會(조회), 協會(협회)

97 ☐能(능할 능), 天(하늘 천)☐, ☐致(이를 치)
　① 宗(으뜸 종)　　　　② 材(재목 재)
　❸ 才(재주 재)　　　　④ 走(달릴 주)
　* 才能(재능), 天才(천재), 才致(재치)

98 ☐由(말미암을 유), ☐律(법칙 률), ☐主(주인 주)
　① 他(다를 타)　　　　❷ 自(스스로 자)
　③ 船(배 선)　　　　　④ 序(차례 서)
　* 自由(자유), 自律(자율), 自主(자주)

99 調(고를 조)☐, ☐合(합할 합), ☐解(풀 해)
　❶ 和(화할 화)　　　　② 讀(읽을 독)
　③ 理(다스릴 리)　　　④ 貯(쌓을 저)
　* 調和(조화), 和合(화합), 和解(화해)

100 ☐日(날 일), ☐年(해 년), ☐事(일 사)
　① 賣(팔 매)　　　　　② 買(살 매)
　③ 終(마칠 종)　　　　❹ 每(매양 매)
　* 每日(매일), 每年(매년), 每事(매사)

101 ☐力(힘 력), 外(바깥 외)☐, 氣(기운 기)☐
　① 至(이를 지)　　　　② 黑(검을 흑)
　❸ 勢(형세 세)　　　　④ 羊(양 양)
　* 勢力(세력), 外勢(외세), 氣勢(기세)

102 □國(나라 국), □人(사람 인), 友(벗 우)□
  ❶ 愛(사랑 애)   ② 韓(한국 한)
  ③ 情(뜻 정)   ④ 婦(며느리 부)
  * 愛國(애국), 愛人(애인), 友愛(우애)

103 □藥(약 약), 最(가장 최)□, □聞(들을 문)
  ❶ 新(새 신)   ② 尊(높을 존)
  ③ 少(적을 소)   ④ 明(밝을 명)
  * 新藥(신약), 最新(최신), 新聞(신문)

104 反(돌이킬 반)□, □答(대답 답), □用(쓸 용)
  ① 洋(큰바다 양)   ② 淸(맑을 청)
  ❸ 應(응할 응)   ④ 惡(악할 악)
  * 反應(반응), 應答(응답), 應用(응용)

105 棄(버릴 기)□, □利(이로울 리), 職(직분 직)□
  ❶ 權(권세 권)   ② 停(머무를 정)
  ③ 位(자리 위)   ④ 業(일 업)
  * 棄權(기권), 權利(권리), 職權(직권)

106 □婚(혼인할 혼), □産(낳을 산), 打(칠 타)□
  ① 鍾(쇠북 종)   ❷ 破(깨뜨릴 파)
  ③ 生(날 생)   ④ 席(자리 석)
  * 破婚(파혼), 破産(파산), 打破(타파)

107 □罪(허물 죄), 侵(침노할 침)□, 初(처음 초)□
  ① 第(차례 제)   ② 入(들 입)
  ❸ 犯(범할 범)   ④ 級(등급 급)
  * 犯罪(범죄), 侵犯(침범), 初犯(초범)

108 適(맞을 적)□, □務(힘쓸 무), 責(꾸짖을 책)□
  ① 逝(갈 서)   ❷ 任(맡길 임)
  ③ 望(바랄 망)   ④ 當(마땅할 당)
  * 適任(적임), 任務(임무), 責任(책임)

109 □候(기후 후), 追(쫓을 추)□, 特(특별할 특)□
  ① 放(놓을 방)   ② 別(나눌 별)
  ③ 需(쓰일 수)   ❹ 徵(부를 징)
  * 徵候(징후), 追徵(추징), 特徵(특징)

110 □達(통달할 달), □知(알 지), 親(친할 친)□
  ❶ 熟(익힐 숙)   ② 榮(영화 영)
  ③ 熱(더울 열)   ④ 認(알 인)
  * 熟達(숙달), 熟知(숙지), 親熟(친숙)

111~126 제시된 한자어와 상대되는 뜻의 한자어 고르기

111 理性(다스릴 리[이], 성품 성) : 사물의 이치를 논
리적으로 생각하고 판단하는 마음의 작용
  ① 性品(성품 성, 물건 품) : 사람의 됨됨이. 성질
과 품격
  ② 合理(합할 합, 다스릴 리) : 이치에 맞음

③ 感性(느낄 감, 성품 성) : 느낌을 받아들이는 성질
④ 知性(알 지, 성품 성) : 사물을 알고 생각하고
판단하는 능력

112 成功(이룰 성, 공 공) : 뜻을 이룸
  ① 出世(날 출, 인간 세) : 사회적으로 높이 되거나
유명해짐
  ❷ 失敗(잃을 실, 패할 패) : 일이 뜻한 바대로 되
지 못하거나 그릇됨
  ③ 立身(설 립[입], 몸 신) : 사회적으로 인정을 받
고 높이 됨
  ④ 成果(이룰 성, 실과 과) : 이루어 내거나 이루어
진 결과

113 溫水(따뜻할 온, 물 수) : 따뜻한 물
  ① 惡手(악할 악, 손 수) : 장기나 바둑에서 잘못
놓은 나쁜 수
  ② 高手(높을 고, 손 수) : 수가 높음, 또는 그 사람
  ③ 重水(무거울 중, 물 수) : 중수소와 산소로 된,
보통의 물보다 분자량이 큰 물
  ❹ 冷水(찰 랭[냉], 물 수) : 차가운 물

114 輕減(가벼울 경, 덜 감) : 부담이나 고통 따위를 덜
어서 가볍게 함
  ① 角木(각 목, 나무 목) : 네모지게 켠 나무
  ② 流失(흐를 류, 잃을 실) : 물에 떠내려가 없어짐
  ❸ 加重(더할 가, 무거울 중) : 더 무겁게 함
  ④ 減少(덜 감, 적을 소) : 덜어서 적게 함

115 多元(많을 다, 으뜸 원) : 요소나 근원이 여러 갈래
임, 또는 많은 근원
  ❶ 一元(한 일, 으뜸 원) : 여러 사물 현상의 근원
이 오직 하나인 것
  ② 二元(두 이, 으뜸 원) : 두 가지의 요소
  ③ 深遠(깊을 심, 멀 원) : 생각이나 사상 뜻 따위
가 매우 깊음
  ④ 次元(버금 차, 으뜸 원) : 어떤 일을 하거나 생
각하거나 할 때의 처지, 또는 그 정도나 수준

116 無能(없을 무, 능할 능) : 능력이 없음
  ① 賢命(어질 현, 목숨 명) : 윗사람을 높이어 그의
명령을 이르는 말
  ❷ 有能(있을 유, 능할 능) : 능력이 뛰어남
  ③ 多能(많을 다, 능할 능) : 능력이 많음
  ④ 藝能(재주 예, 능할 능) : 영화, 연극, 음악, 무
용 등 오락적인 색채가 강한 연예를 통틀어 이
르는 말

117 對話(대할 대, 말씀 화) : 서로 마주 대하여 이야기 함, 또는 그 이야기
① 談話(말씀 담, 말씀 화) : 허물없이 이야기를 나눔, 또는 서로 주고받는 이야기
② 無言(없을 무, 말씀 언) : 말이 없음
③ 論爭(논할 론[논], 다툴 쟁) : 말이나 글로 서로의 의견을 주장하며 다툼
❹ 獨白(홀로 독, 말할 백) : 혼자서 중얼거림

118 客體(손 객, 몸 체) : 작용의 대상이 되는 것
① 人體(사람 인, 몸 체) : 사람의 몸
② 固體(굳을 고, 몸 체) : 일정한 모양과 부피를 가지고 있어 쉽게 변형되지 않는 물체
❸ 主體(주인 주, 몸 체) : 사물의 주가 되는 부분, 또는 중심이 되는 것
④ 聖體(성인 성, 몸 체) : 카톨릭에서 빵과 포도주로 상징된 예수의 몸과 피를 이르는 말

119 國內(나라 국, 안 내) : 나라 안
❶ 國外(나라 국, 바깥 외) : 나라 밖
② 外國(바깥 외, 나라 국) : 다른 나라
③ 內國(안 내, 나라 국) : 자기 나라 안
④ 國手(나라 국, 손 수) : 장기나 바둑 따위의 기량이 한 나라에서 으뜸가는 사람

120 母音(어미 모, 소리 음) : 사람이 날숨으로 목청을 울려 입을 통하여 내는 소리
① 音聲(소리 음, 소리 성) : 사람의 발음 기관에서 나오는 소리
❷ 子音(아들 자, 소리 음) : 사람이 날숨으로 소리를 낼 때, 목 안 또는 입 안에서 장애를 받고 나는 소리
③ 聲音(소리 성, 소리 음) : 음성, 목소리
④ 父音(아비 부, 소리 음) * 한자어 아님

121 權利(권세 권, 이로울 리) : 어떤 일을 행하거나 타인에 대하여 당연히 요구할 수 있는 힘이나 자격
① 利益(이로울 리[이], 더할 익) : 이롭고 도움되는 일
❷ 義務(옳을 의, 힘쓸 무) : 마땅히 해야 할 직분
③ 官吏(벼슬 관, 관리 리) : 관청 일을 맡아보는 사람
④ 利權(이로울 리[이], 권세 권) : 이익을 얻게 되는 권리

122 過去(지날 과, 갈 거) : 지나간 때
❶ 未來(아닐 미, 올 래) : 아직 다가오지 않은 때
② 現在(나타날 현, 있을 재) : 이제. 지금
③ 經過(지날 경, 지날 과) : 시간이 지나감
④ 到來(이를 도, 올 래) : 이름. 닥쳐옴

123 別居(나눌 별, 거할 거) : 따로 삶
① 居住(거할 거, 살 주) : 일정한 곳에 자리를 잡고 머물러 삶
② 作別(지을 작, 나눌 별) : 서로 헤어짐
③ 朝會(아침 조, 모일 회) : 주로 학교에서 담임 선생과 학생들이 수업하기 전에 모여서 나누는 아침 인사
❹ 同居(한가지 동, 거할 거) : 한 집에 같이 삶

124 傑作(뛰어날 걸, 지을 작) : 매우 훌륭한 작품
① 大作(큰 대, 지을 작) : 내용이 방대하고 규모가 큰 작품이나 제작
② 作品(지을 작, 물건 품) : 만든 물건
❸ 拙作(옹졸할 졸, 지을 작) : 자기의 작품을 겸손하게 이르는 말
④ 名作(이름 명, 지을 작) : 이름난 작품, 뛰어난 작품

125 急行(급할 급, 다닐 행) : 급히 감
① 速行(빠를 속, 다닐 행) : 빨리 감
② 行人(다닐 행, 사람 인) : 지나가는 사람
❸ 緩行(느릴 완, 다닐 행) : 느리게 감
④ 步行(걸음 보, 다닐 행) : 걸어가는 일

126 普遍(넓을 보, 두루 편) : 모든 것에 공통되거나 들어맞음, 또는 그런 것
❶ 特殊(특별할 특, 다를 수) : 특별히 다름
② 正道(바를 정, 길 도) : 올바른 길. 바른 도리
③ 妥當(온당할 타, 마땅할 당) : 형편이나 이치에 마땅함
④ 普通(넓을 보, 통할 통) : 특별하지 아니하고 흔히 볼 수 있어 평범함

127~132 사자 성어 완성하기

127 □前(앞 전)成(이룰 성)市(시장 시)
❶ 門(문 문)　　　　② 治(다스릴 치)
③ 交(사귈 교)　　　④ 死(죽을 사)
* 門前成市(문전성시) : 찾아오는 사람이 많아 집 문 앞이 시장을 이루다시피 함을 이르는 말

128 一(한 일)口(입 구)□言(말씀 언)
① 一(한 일)　　　　❷ 二(두 이)
③ 三(석 삼)　　　　④ 再(두 재)
* 一口二言(일구이언) : 한 입으로 두 말을 한다는 뜻으로, 한 가지 일에 대하여 말을 이랬다저랬다 함을 이르는 말

129 □山(메 산)北(북녘 북)斗(말 두)
① 南(남녘 남)　　　❷ 泰(클 태)
③ 刀(칼 도)　　　　④ 杯(잔 배)
* 泰山北斗(태산북두) : 존경받는 인물, 태두(泰斗)

130 五(다섯 오)里(마을 리)□中(가운데 중)
① 貿(무역할 무)　　② 拍(칠 박)
❸ 霧(안개 무)　　④ 眼(눈 안)

* 五里霧中(오리무중) : 짙은 안개 속에 있어 방향을 알 수 없음과 같이, 무슨 일에 대해 알 길이 없음의 비유

131 指(가리킬 지)□爲(할 위)馬(말 마)
① 石(돌 석)　　② 綠(푸를 록)
③ 呼(부를 호)　　❹ 鹿(사슴 록)

* 指鹿爲馬(지록위마) : 윗사람을 속여 마음대로 함

132 □田(밭 전)碧(푸를 벽)海(바다 해)
① 像(모양 상)　　❷ 桑(뽕나무 상)
③ 床(상 상)　　④ 李(오얏 리)

* 桑田碧海(상전벽해) : 뽕나무밭이 변하여 푸른 바다가 되었다는 뜻으로, 세상이 엄청나게 변했음을 비유하는 말

133~136 제시된 사자 성어의 뜻 알기

133 一(한 일)擧(들 거)兩(두 량)得(얻을 득)
一擧兩得(일거양득) : 한 가지 일을 하여 두 가지 이익을 얻는다.

134 難(어려울 난)兄(형 형)難(어려울 난)弟(아우 제)
難兄難弟(난형난제) : 두 사물이 비슷하여 낫고 못함을 정하기 어렵다.

135 背(등 배)水(물 수)之(갈 지)陣(진칠 진)
背水之陣(배수지진) : 어떤 일을 성취하기 위하여 더 이상 물러설 수 없다.

136 一(한 일)以(써 이)貫(꿸 관)之(갈 지)
一以貫之(일이관지) : 모든 것을 하나의 원리로 꿰뚫어 이야기한다.

137~140 뜻에 맞는 사자 성어 고르기

137 매우 많은 것 가운데 극히 적은 수
① 世(인간 세)上(윗 상)萬(일만 만)事(일 사)
世上萬事(세상만사) : 세상에서 일어나는 온갖 일
② 立(설 립)春(봄 춘)大(큰 대)吉(길할 길)
立春大吉(입춘대길) : 입춘을 맞이하여 크게 길함
❸ 九(아홉 구)牛(소 우)一(한 일)毛(털 모)
九牛一毛(구우일모) : 많은 양 중에서 극히 적은 양
④ 不(아닐 불)立(설 립)文(글월 문)字(글자 자)
不立文字(불립문자) : 문자나 말로써 도를 전하지 아니함

138 쉬운 지식을 배워 어려운 이치를 깨닫는다.
① 九(아홉 구)死(죽을 사)一(한 일)生(날 생)
九死一生(구사일생) : 아홉 번 죽을 뻔하다 한 번 살아난다는 뜻으로, 죽을 고비를 여러 차례 넘기고 겨우 살아남을 이르는 말
❷ 下(아래 하)學(배울 학)上(윗 상)達(통달할 달)
下學上達(하학상달) : 아래부터 배워서 위에 이른다. 쉬운 것부터 배워 깊은 이치를 깨달음
③ 今(이제 금)時(때 시)初(처음 초)聞(들을 문)
今時初聞(금시초문) : 바로 지금 처음으로 들음
④ 三(석 삼)日(날 일)天(하늘 천)下(아래 하)
三日天下(삼일천하) : 사흘 동안 천하를 얻었다. 아주 짧은 기간 정권을 잡았다가 무너짐

139 손짓하여 부를 만큼 가까운 거리이다.
① 三(석 삼)人(사람 인)成(이룰 성)虎(범 호)
三人成虎(삼인성호) : 세 사람이 짜면 거리에 범이 나왔다는 거짓말도 꾸밀 수 있다는 뜻으로, 근거 없는 말이라도 여러 사람이 말하면 곧 이든게 됨을 이르는 말
② 不(아닐 불)遠(멀 원)千(일천 천)里(마을 리)
不遠千里(불원천리) : 천 리 길도 멀다고 여기지 않음
❸ 指(가리킬 지)呼(부를 호)之(갈 지)間(사이 간)
指呼之間(지호지간) : 손짓하여 부를만한 가까운 거리
④ 朝(아침 조)三(석 삼)暮(저물 모)四(넉 사)
朝三暮四(조삼모사) : 아침에는 세 개, 저녁에는 네 개. 눈 앞에 보이는 것만 알고 결과가 같은 것을 모르는 것을 비유하여 이르는 말

140 이미 성숙해지다.
❶ 羽(깃 우)翼(날개 익)已(이미 이)成(이룰 성)
羽翼已成(우익이성) : 새의 날개와 깃이 이미 자람. 여건이나 능력이 충분히 성숙함
② 日(날 일)就(나아갈 취)月(달 월)將(장차 장)
日就月將(일취월장) : 날로 달로 나아감. 학문이 날로 달로 나아감
③ 塞(변방 새)翁(늙은이 옹)之(갈 지)馬(말 마)
塞翁之馬(새옹지마) : 인생에 있어서의 길흉 화복은 항상 바뀌어 미리 헤아릴 수 없음
④ 老(늙을 로)當(마땅할 당)益(더할 익)壯(장할 장)
老當益壯(노당익장) : 늙어도 원기가 더욱 씩씩함

제3영역 **讀解**

141~154 문장에 쓰인 한자어의 음 알기

141 국민 의례로 국기에 대한 경례와 愛國歌(사랑 애, 나라 국, 노래 가) 제창을 하였다.

142 즉석 음식이나 加工(더할 가, 장인 공) 식품을 즐겨 먹다 보면 편리한 것만 찾게 되고, 성격이 조급해지기 쉽다.

143 복지 사회는 국민들 스스로 그런 사회를 만들고자 하는 의욕을 가질 때 可能(옳을 가, 능할 능)할 수 있다.

144 독도에는 갈매기들이 섬 전체가 하얗도록 알을 낳고, 各種(각각 각, 씨 종) 새들이 둥지를 틀고 새끼를 기른다.

145 동해안은 여름철의 수온이 황해나 남해보다 낮아 해수욕을 즐길 수 있는 期間(기약할 기, 사이 간)이 짧다.

146 상대에 따라 적절한 말을 쓰지 않으면 예의에 어긋날 뿐만 아니라, 듣는 사람의 感情(느낄 감, 뜻 정)을 상하게 할 수도 있다.

147 권투 선수들은 경기에 앞서서 체중 조절을 하는데, 한계 체중보다 무거운 경우에는 체중을 減量(덜 감, 헤아릴 량)해야 한다.

148 신지식인 농업인은 새로운 생각으로 농사짓는 법을 改善(고칠 개, 착할 선)하여 농촌이 발전하도록 힘쓰는 농업인이다.

149 크고 작은 自動車(스스로 자, 움직일 동, 수레 차)들이 줄지어 달린다.

150 '아니 땐 굴뚝에 연기 날까'라는 속담은 원인이 있어야 結果(맺을 결, 실과 과)(이)가 생긴다는 뜻이다.

151 씨름은 먼 옛날부터 행하여 오던 우리의 固有(굳을 고, 있을 유)한 민속 경기의 하나이다.

152 모든 사람은 다 高貴(높을 고, 귀할 귀)한 존엄성을 지니고 있으므로 사람을 차별하거나 괴롭히면 안 된다.

153 비슷한 평수의 아파트라면 어느 집이나 다를 것 없는 그런 居室(거할 거, 집 실)이었다.

154 남극은 특유한 자연 환경과 지구 전체에 끼치는 영향 때문에 연구할 價值(값 가, 값 치)가 높은 땅이다.

155~159 문장에 쓰인 한자어의 뜻 알기

155 시간을 잘 활용하는 사람만이 成功(이룰 성, 공 공)할 수 있다.
   * 뜻을 이루다.

156 능력을 최대로 발휘할 수 있는 기회를 公平(공변될 공, 평평할 평)하게 주는 것이 평등이다.
   * 한쪽에 치우치지 않고 공정하다.

157 보다 크고 좋은 집을 가지고 싶어하는 것이 사람들의 共通(함께 공, 통할 통)된 마음이다.
   * 여럿 사이에 두루 통용되거나 관계되다.

158 양재천은 낮에는 개구쟁이들의 놀이터로, 저녁에는 가족들의 피서지로 脚光(다리 각, 빛 광)받고 있다.
   * 무대 앞 아래에서 배우를 비추는 조명. 사회적 관심

159 민수는 꾸중들을 覺悟(깨달을 각, 깨달을 오)를 하고 고개를 푹 숙였다.
   * 앞으로 해야 할 일이나 겪을 일에 대한 마음의 준비

160~164 문장에 맞는 한자어 고르기

160 우리 겨레의 가장 큰 □□은 통일된 국가를 이룩하는 일이다.
   ① 科業(과목 과, 일 업) * 한자어 아님
   ❷ 課業(공부할 과, 일 업) : 하여야 할 일. 정하여 놓은 업무, 또는 학업
   ③ 過業(지날 과, 일 업) * 한자어 아님
   ④ 官業(벼슬 관, 일 업) : 관영 사업. 정부에서 경영하는 영리 사업

161 책을 읽으면 즐거움이나 □□, 지식, 정보 등을 얻을 수 있으므로, 독서는 매우 중요하다.
   ① 交訓(사귈 교, 가르칠 훈) * 한자어 아님
   ② 橋訓(다리 교, 가르칠 훈) * 한자어 아님
   ③ 校訓(학교 교, 가르칠 훈) : 그 학교의 교육 이념을 간단하게 표현한 말
   ❹ 教訓(가르칠 교, 가르칠 훈) : 가르치고 깨우침. 또는 그 가르침

162 국민의 □□가 받아들여지는 것이 민주 정치의 특징이다.
   ❶ 要求(요긴할 요, 구할 구) : 필요하여 달라고 함
   ② 要九(요긴할 요, 아홉 구) * 한자어 아님
   ③ 要句(요긴할 요, 글귀 구) * 한자어 아님
   ④ 要救(요긴할 요, 구원할 구) * 한자어 아님

163 나는 어느 누구의 □□이나 방해를 받지 않고 내
마음대로 하고 싶다.
① 敢涉(감히 감, 건널 섭) * 한자어 아님
② 看涉(볼 간, 건널 섭) * 한자어 아님
③ 相關(서로 상, 관계할 관) : 서로 관련을 가짐,
또는 그 관련
❹ 干涉(방패 간, 건널 섭) : 직접 관계가 없는 남
의 일에 부당하게 참견함

164 감사원은 행정부의 회계 감사와 공무원의 부정·
부패를 □□하는 일을 한다.
① 鑑視(거울 감, 볼 시) * 한자어 아님
② 監試(볼 감, 시험 시) : 조선 시대 과거의 한 종
류. 사마시
❸ 監視(볼 감, 볼 시) : 단속하기 위하여 주의 깊
게 살핌
④ 甘視(달 감, 볼 시) * 한자어 아님

165~170 문장에 맞지 않는 한자어 고르기

165 ① 安全(편안 안, 온전할 전) 보장 ❷ 里事會(마을
리, 일 사, 모일 회)는 ③ 世界(인간 세, 지경 계)의
④ 平和(평평할 평, 화할 화)와 안전을 지키기 위
한 일을 한다.
　　* 里事會 → 理事會(다스릴 리, 일 사, 모일 회)

166 청나라는 명나라를 무너뜨리기 위하여 ❶ 祖鮮(할
아비 조, 고울 선)에 많은 ② 兵士(병사 병, 선비
사)와 공물을 요청하였고, 청나라와 조선의 관계
를 ③ 兄弟(형 형, 아우 제)의 관계에서 ④ 君臣(임
금 군, 신하 신)의 관계로 바꿀 것을 요구하였다.
　　* 祖鮮 → 朝鮮(아침 조, 고울 선)

167 ❶ 共算(함께 공, 셈할 산)주의 사회에서는 ② 個
人(낱 개, 사람 인)이 ③ 財産(재물 재, 낳을 산)을
가지는 것이 ④ 禁止(금할 금, 그칠 지)되어 있다.
　　* 共算 → 共産(함께 공, 낳을 산)

168 ❶ 猶傳(오히려 유, 전할 전) ② 工學(장인 공, 배울
학)을 이용하면 여러 가지 유전병을 ③ 根本的(뿌리
근, 근본 본, 과녁 적)으로 치료할 수 있고 사람의 ④
壽命(목숨 수, 목숨 명)을 연장할 수도 있다.
　　* 猶傳 → 遺傳(남길 유, 전할 전)

169 인체에 ① 吸收(마실 흡, 거둘 수)된 유산균은 창자
속에 있는 해로운 균을 ② 消毒(사라질 소, 독 독)하
고 ③ 疾病(병 질, 병 병)을 ❹ 豫訪(미리 예, 찾을
방)하여 우리의 건강을 지켜 준다.
　　* 豫訪 → 豫防(미리 예, 막을 방)

170 인디언들은 사람이나 ① 事物(일 사, 물건 물)의 이
름을 그 사람의 ❷ 姓格(성 성, 격식 격)이나 그 사
물의 ③ 特徵(특별할 특, 부를 징) 등을 ④ 强調(강
할 강, 고를 조)하여 짓는다.
　　* 姓格 → 性格(성품 성, 격식 격)

171~178 바르게 쓴 한자어 고르기

171 급속히 변화하는 사회에 슬기롭게 대응하는 길은
창조와 개척 정신을 기르는 것이다.
① 給速(줄 급, 빠를 속)
❷ 急速(급할 급, 빠를 속)
③ 給俗(줄 급, 풍속 속)
④ 急俗(급할 급, 풍속 속)

172 연주가 끝나자 수많은 청중들이 기립하여 박수 갈
채를 보냈다.
① 氣立(기운 기, 설 립)
② 技立(재주 기, 설 립)
❸ 起立(일어날 기, 설 립)
④ 己立(몸 기, 설 립)

173 농악은 모내기, 김매기 등의 고된 일을 할 때에, 그
리고 단오, 추석 같은 명절에도 행해진다.
❶ 農樂(농사 농, 음악 악)
② 農藥(농사 농, 약 약)
③ 農惡(농사 농, 악할 악)
④ 農落(농사 농, 떨어질 락)

174 친구 사이에 나누는 명랑한 인사는 다정한 마음의
표현이다.
① 多精(많을 다, 정할 정)
② 多正(많을 다, 바를 정)
③ 多政(많을 다, 정사 정)
❹ 多情(많을 다, 뜻 정)

175 현대 사회는 우리가 상상할 수 없을 정도로 그 발
전 속도가 빨라지고 있다.
① 現大(나타날 현, 큰 대)
② 現對(나타날 현, 대할 대)
❸ 現代(나타날 현, 대신 대)
④ 賢代(어질 현, 대신 대)

176 충효는 오랫동안 우리 조상들의 도덕의 기준이었
고, 행동 강령이었다.
❶ 道德(길 도, 큰 덕)
② 都德(도읍 도, 큰 덕)
③ 到德(이를 도, 큰 덕)
④ 圖德(그림 도, 큰 덕)

177 같은 글을 읽어도 <u>단순</u>히 글자만 읽고 지나갈 때와 내용을 이해하려고 애쓰며 읽을 때, 그 결과는 같지 않다.
① 丹叔(붉을 단, 아재비 숙)
② 但純(다만 단, 순수할 순)
❸ 單純(홑 단, 순수할 순)
④ 單叔(홑 단, 아재비 숙)

178 기온이 낮은 북쪽 지방은 김치가 빨리 시어질 <u>염려</u>가 없어, 간을 싱겁게 하고 양념은 담백하게 한다.
① 念麗(생각 념[염], 고울 려)
❷ 念慮(생각 념[염], 생각할 려)
③ 念勵(생각 념[염], 힘쓸 려)
④ 念那(생각 념[염], 어찌 나)

179~183 어구의 뜻과 비슷한 한자어 고르기

179 <u>겨울철</u>을 알이나 애벌레로 보낸 곤충들은 보통 늦은 봄이나 여름이 되면 성충이 되어 활동한다.
❶ 冬季(겨울 동, 계절 계)
② 立冬(설 립[입], 겨울 동)
③ 冬至(겨울 동, 이를 지)
④ 三冬(석 삼, 겨울 동)

180 장승을 <u>마을 어귀</u>에 세워 두었는데, 마을로 들어오는 잡귀 등을 몰아내기 위해서이다.
① 童口(아이 동, 입 구)
② 同口(한가지 동, 입 구)
③ 東口(동녘 동, 입 구)
❹ 洞口(골 동, 입 구)

181 악어가 먹이를 잡을 때는 물에서 바위처럼 위장하고 있다가 먹이가 <u>나타나면</u> 번개처럼 낚아챈다.
① 登章(오를 등, 글 장)
② 登長(오를 등, 길 장)
❸ 登場(오를 등, 마당 장)
④ 等場(무리 등, 마당 장)

182 흥부가 박을 타자 금은보화가 쏟아져 나왔다. 흥부는 <u>큰 부자</u>가 되었다.
① 甲扶(갑옷 갑, 도울 부)
❷ 甲富(갑옷 갑, 부자 부)
③ 甲否(갑옷 갑, 아닐 부)
④ 甲浮(갑옷 갑, 뜰 부)

183 윤관은 별무반을 편성하여 여진족을 <u>물리쳤다</u>.
❶ 擊退(칠 격, 물러날 퇴)
② 激退(격할 격, 물러날 퇴)
③ 隔退(막힐 격, 물러날 퇴)
④ 格退(격식 격, 물러날 퇴)

184~188 글에 쓰인 한자어와 한자의 뜻 알기

184 ㉠<u>웃음</u>의 뜻을 가진 것은?
① 少(적을 소)　　② 素(본디 소)
❸ 笑(웃음 소)　　④ 小(작을 소)

185 ㉡<u>해방</u>의 한자 표기가 바른 것은?
① 海方(바다 해, 모 방)
② 海防(바다 해, 막을 방)
③ 解防(풀 해, 막을 방)
❹ 解放(풀 해, 놓을 방)

186 ㉢福(복 복)의 음이 바른 것은?
① 북　　　　　　❷ 복
③ 박　　　　　　④ 부

187 ㉣<u>친밀</u>의 한자 표기가 바른 것은?
① 齒密(이 치, 빽빽할 밀)
② 則密(법칙 칙, 빽빽할 밀)
❸ 親密(친할 친, 빽빽할 밀)
④ 致密(이를 치, 빽빽할 밀)

188 ㉤<u>의학적</u>의 '의' 자의 한자 표기가 바른 것은?
❶ 醫(의원 의)　　② 議(의논할 의)
③ 意(뜻 의)　　　④ 衣(옷 의)

189~193 글에 쓰인 한자어와 한자의 뜻 알기

189 ㉠<u>별</u>의 뜻을 나타낸 것은?
❶ 星(별 성)　　　② 城(성 성)
③ 聖(성인 성)　　④ 省(살필 성)

190 ㉡<u>은하</u>의 한자 표기가 바른 것은?
① 恩河(은혜 은, 물 하)
❷ 銀河(은 은, 물 하)
③ 恩夏(은혜 은, 여름 하)
④ 銀夏(은 은, 여름 하)

191 ㉢<u>모여 있다</u>의 뜻을 가진 것은?
① 眞(참 진)　　　② 進(나갈 진)
③ 質(바탕 질)　　❹ 集(모을 집)

192 ㉣<u>생각하였다</u>의 뜻을 가장 잘 나타낸 것은?
① 說(말씀 설)　　② 寺(절 사)
❸ 想(생각 상)　　④ 常(항상 상)

193 ㉤<u>알아 냈다</u>의 뜻을 가장 잘 나타낸 것은?
① 發現(필 발, 나타날 현)
② 發明(필 발, 밝을 명)
③ 發熱(필 발, 더울 열)
❹ 發見(필 발, 볼 견)

67

194~197 글에 쓰인 한자어와 한자의 뜻 알기

194 ㉠施設(베풀 시, 베풀 설)의 독음이 바른 것은?
① 장치 ❷ 시설
③ 적실 ④ 장소

195 ㉡닫을의 뜻을 가진 것은?
❶ 閉(닫을 폐) ② 恒(항상 항)
③ 閑(한가할 한) ④ 篇(책 편)

196 ㉢吉凶~㉅堅固 중 한자 표기가 바르지 않은 것은?
① ㉢吉凶(길할 길, 흉할 흉)
❷ ㉣判段(판단할 판, 계단 단)
③ ㉤意味(뜻 의, 맛 미)
④ ㉥堅固(굳을 견, 굳을 고)
* 判段 → 判斷(판단할 판, 끊을 단)

197 ㉦기술의 '기' 자의 한자 표기가 바른 것은?
① 旣(이미 기) ② 其(그 기)
❸ 技(재주 기) ④ 幾(몇 기)

198~203 글에 쓰인 한자어와 한자의 뜻 알기

198 ㉠繁盛(번성할 번, 성할 성)의 독음이 바른 것은?
① 창성 ② 흥성
③ 형성 ❹ 번성

199 ㉡공룡의 한자 표기가 바른 것은?
① 恭龍(공손할 공, 용 룡)
❷ 恐龍(두려울 공, 용 룡)
③ 供龍(이바지할 공, 용 룡)
④ 孔龍(구멍 공, 용 룡)

200 ㉢定義~㉥貢擊 중 한자 표기가 바르지 않은 것은?
① ㉢定義(정할 정, 옳을 의)
② ㉣英國(꽃부리 영, 나라 국)
③ ㉤模樣(본뜰 모, 모양 양)
❹ ㉥貢擊(바칠 공, 칠 격)
* 貢擊 → 攻擊(칠 공, 칠 격)

201 ㉦인상의 한자 표기가 바른 것은?
❶ 印象(도장 인, 코끼리 상)
② 印像(도장 인, 모양 상)
③ 引像(끌 인, 모양 상)
④ 引象(끌 인, 코끼리 상)

202 ㉧지진의 '진' 자의 한자 표기가 바른 것은?
① 珍(보배 진) ② 鎭(진압할 진)
❸ 震(진동할 진) ④ 振(떨칠 진)

203 ㉨실제~㉫계속의 한자 표기가 바르지 않은 것은?
① ㉨實際(열매 실, 사이 제)
② ㉩種類(씨 종, 무리 류)
❸ ㉠想象(생각 상, 코끼리 상)
④ ㉫繼續(이을 계, 이을 속)
* 想象 → 想像(생각 상, 모양 상)

204~210 글에 쓰인 한자어와 한자의 뜻 알기

204 ㉠한지의 한자 표기가 바른 것은?
① 旱紙(가물 한, 종이 지)
❷ 韓紙(한국 한, 종이 지)
③ 汗紙(땀 한, 종이 지)
④ 含紙(머금을 함, 종이 지)

205 ㉡수출품~㉤장려의 한자 표기가 바르지 않은 것은?
① ㉡輸出品(보낼 수, 날 출, 물건 품)
② ㉢官廳(벼슬 관, 관청 청)
③ ㉣需要(쓰일 수, 요긴할 요)
❹ ㉤獎諒(장려할 장, 믿을 량)
* 獎諒 → 獎勵(장려할 장, 힘쓸 려)

206 ㉥온돌방의 '돌' 자와 같은 한자를 사용하는 것은?
❶ 突破(갑자기 돌, 깨뜨릴 파)
② 挑發(돋울 도, 필 발)
③ 豚肉(돼지 돈, 고기 육)
④ 敦厚(도타울 돈, 두터울 후)

207 ㉦제사의 뜻을 가진 것은?
① 提(끌 제) ② 堤(둑 제)
❸ 祭(제사 제) ④ 濟(건널 제)

208 ㉧창호지~㉠과정의 한자 표기가 바르지 않은 것은?
① ㉧窓戶紙(창 창, 집 호, 종이 지)
❷ ㉨珠邊(구슬 주, 가 변)
③ ㉩製造(지을 제, 지을 조)
④ ㉠過程(지날 과, 길 정)
* 珠邊 → 周邊(두루 주, 가 변)

209 ㉫잇고 있는의 뜻을 가장 잘 나타낸 것은?
① 裕持(넉넉할 유, 가질 지)
② 誘持(꾈 유, 가질 지)
③ 惟持(생각할 유, 가질 지)
❹ 維持(벼리 유, 가질 지)

210 ㉬우수성의 '우' 자의 한자 표기가 바른 것은?
① 偶(짝 우) ❷ 優(넉넉할 우)
③ 愚(어리석을 우) ④ 郵(우편 우)

③ 실전 모의고사(정답 및 해설)

| 정답 |

1 ②	2 ①	3 ③	4 ④	5 ①
6 ③	7 ①	8 ②	9 ③	10 ④
11 ③	12 ②	13 ①	14 ③	15 ④
16 ①	17 ③	18 ②	19 ④	20 ③
21 ①	22 ②	23 ④	24 ③	25 ①
26 ②	27 ④	28 ③	29 ②	30 ①
31 ②	32 ④	33 ②	34 ①	35 ②
36 ③	37 ④	38 ①	39 ②	40 ②
41 ③	42 ①	43 ④	44 ②	45 ③
46 ①	47 ②	48 ③	49 ③	50 ④
51 ④	52 ④	53 ④	54 ②	55 ④
56 ④	57 ②	58 ④	59 ③	60 ②
61 ④	62 ②	63 ①	64 ②	65 ④
66 ③	67 ①	68 ②	69 ②	70 ④
71 ③	72 ②	73 ②	74 ④	75 ②
76 ②	77 ②	78 ②	79 ①	80 ①
81 ②	82 ②	83 ④	84 ②	85 ②
86 ②	87 ③	88 ②	89 ③	90 ③
91 ①	92 ①	93 ④	94 ②	95 ①
96 ①	97 ①	98 ①	99 ④	100 ②
101 ③	102 ②	103 ②	104 ④	105 ③
106 ②	107 ②	108 ②	109 ③	110 ③
111 ②	112 ②	113 ④	114 ①	115 ①
116 ③	117 ②	118 ②	119 ②	120 ④
121 ②	122 ②	123 ④	124 ①	125 ③
126 ④	127 ②	128 ②	129 ③	130 ②
131 ②	132 ②	133 ②	134 ②	135 ①
136 ④	137 ①	138 ④	139 ①	140 ②
141 ③	142 ②	143 ②	144 ④	145 ②
146 ③	147 ②	148 ②	149 ②	150 ③
151 ③	152 ④	153 ④	154 ②	155 ④
156 ④	157 ②	158 ②	159 ②	160 ④
161 ④	162 ②	163 ②	164 ②	165 ②
166 ①	167 ②	168 ②	169 ④	170 ②
171 ②	172 ①	173 ②	174 ②	175 ②
176 ③	177 ①	178 ②	179 ③	180 ④
181 ①	182 ③	183 ②	184 ②	185 ④
186 ③	187 ①	188 ④	189 ②	190 ②
191 ④	192 ①	193 ②	194 ③	195 ②
196 ①	197 ③	198 ②	199 ②	200 ①
201 ①	202 ③	203 ①	204 ②	205 ③
206 ①	207 ④	208 ③	209 ②	210 ①

제1영역   漢字

1~5 제시된 한자의 부수 고르기

1 吉(길할 길) 口부 3획
① 吉(길할 길) ❷ 口(입 구)
③ 士(선비 사) ④ 一(한 일)

2 貴(귀할 귀) 貝부 5획
❶ 貝(조개 패) ② 中(가운데 중)
③ 丨(뚫을 곤) ④ 口(입 구)

3 路(길 로) 足부 6획
① 各(각각 각) ② 攵(칠 복)
❸ 足(발 족) ④ 路(길 로)

4 每(매양 매) 毋부 3획
① 母(어미 모) ② 亠(돼지해머리)
③ 厂(민엄호) ❹ 毋(말 무)

5 勉(힘쓸 면) 力부 7획
❶ 力(힘 력) ② 免(면할 면)
③ 八(여덟 팔) ④ 儿(걷는사람 인)

6~10 제시된 한자의 획수 고르기

6 拜(절 배) 手(손 수)부 5획, 총 9획
一 一 一 三 手 手 扌 拝 拜 拜

7 北(북녘 북) 匕(비수 비)부 3획, 총 5획
一 一 一 北 北

8 氷(얼음 빙) 水(물 수)부 1획, 총 5획
丿 刀 ヌ 水 氷

9 移(옮길 이) 禾(벼 화)부 6획, 총 11획
丿 二 千 千 禾 禾 栘 栘 移 移 移

10 律(법칙 률) 彳(중인변)부 6획, 총 9획
丿 彳 彳 彳 律 律 律 律 律

11~15 제시된 필순 유형에 맞는 한자 고르기

11 삐침과 파임이 만날 때에는 삐침을 먼저 쓴다.
① 千(일천 천) 一 二 千
② 次(버금 차) 丶 二 冫 次 次 次
❸ 人(사람 인) 丿 人
④ 才(재주 재) 一 十 才

12 안과 바깥쪽이 있을 때에는 바깥쪽을 먼저 쓴다.
① 責(꾸짖을 책) 一 十 主 圭 丰 责 责 责 責 責
❷ 內(안 내) 丨 冂 內 內
③ 太(클 태) 一 ナ 大 太
④ 宅(집 택) 丶 丶 宀 宀 宅 宅

13 가로획과 세로획이 교차할 때에는 가로획을 먼저 쓴다.
❶ 土(흙 토) 一 十 土
② 波(물결 파) 丶 丶 氵 氵 沪 沪 波 波
③ 訓(가르칠 훈) 丶 一 言 言 言 言 訓 訓 訓
④ 惠(은혜 혜) 一 一 百 百 亩 申 重 重 重 惠 惠

14 꿰뚫는 획은 나중에 쓴다.
① 婚(혼인할 혼) 乚 乚 女 女' 女' 妒 妌 姘 婚 婚 婚
② 邑(고을 읍) 丶 口 口 口 무 吊 邑
❸ 羊(양 양) 丶 丶 丷 半 羊 羊
④ 敗(패할 패) 丨 冂 冂 月 月 貝 貝 貯 貯 敗

15 위에서 아래로 쓴다.
① 快(쾌할 쾌) 丶 丶 忄 忄 快 快 快
② 協(합할 협) 一 十 忄 朸 朸 協 協 協
③ 億(억 억) 丿 亻 亻 伫 伫 伫 俨 俨 偣 偣 億 億 億
❹ 兄(형 형) 丶 口 口 冖 兄

16~20 제시된 한자의 짜임을 알고 같은 짜임의 한자 고르기

16 石(돌 석) 상형
❶ 牛(소 우) 상형　　② 位(자리 위)
③ 如(같을 여)　　④ 意(뜻 의)

17 休(쉴 휴) 회의
① 感(느낄 감)　　② 二(두 이)
❸ 孝(효도 효) 회의　　④ 鳥(새 조)

18 功(공 공) 형성
① 左(왼 좌)　　❷ 救(구원할 구) 형성
③ 耳(귀 이)　　④ 竹(대 죽)

19 下(아래 하) 지사
① 親(친할 친)　　② 增(더할 증)
③ 逆(거스를 역)　　❹ 本(근본 본) 지사

20 英(꽃부리 영) 형성
① 七(일곱 칠)　　② 寸(마디 촌)
❸ 往(갈 왕) 형성　　④ 要(요긴할 요)

21~31 제시된 한자의 음 고르기

21 鄕(시골 향)　　22 寒(찰 한)
23 季(계절 계)　　24 減(덜 감)

25 郡(고을 군)　　26 勤(부지런한 근)
27 卷(책 권)　　28 倒(넘어질 도)
29 脈(맥 맥)　　30 團(둥글 단)
31 冒(무릅쓸 모)

32~39 제시된 음에 알맞은 한자 알기

32 능　① 洞(골 동)　　② 毛(털 모)
　　　③ 多(많을 다)　　❹ 能(능할 능)

33 보　① 復(회복할 복)　❷ 保(보전할 보)
　　　③ 問(물을 문)　　④ 民(백성 민)

34 석　❶ 席(자리 석)　　② 鼻(코 비)
　　　③ 使(하여금 사)　④ 賞(상줄 상)

35 서　① 霜(서리 상)　　❷ 暑(더울 서)
　　　③ 巳(뱀 사)　　④ 舌(혀 설)

36 수　① 乘(탈 승)　　② 顔(얼굴 안)
　　　❸ 愁(근심 수)　　④ 甚(심할 심)

37 쇄　① 岳(큰산 악)　　② 額(이마 액)
　　　③ 瞬(눈깜짝할 순)　❹ 刷(인쇄할 쇄)

38 역　❶ 驛(역 역)　　② 沿(따를 연)
　　　③ 搖(흔들 요)　　④ 泳(헤엄칠 영)

39 윤　① 姿(모양 자)　　❷ 潤(윤택할 윤)
　　　③ 儀(거동 의)　　④ 酌(술부을 작)

40~47 같은 음의 한자 고르기

40 慶(경사 경)
① 戰(싸움 전)　　❷ 競(다툴 경)
③ 致(이를 치)　　④ 養(기를 양)

41 科(과목 과)
① 植(심을 식)　　② 貯(쌓을 저)
❸ 課(공부할 과)　④ 草(풀 초)

42 俗(풍속 속)
❶ 速(빠를 속)　　② 則(법칙 칙)
③ 着(붙을 착)　　④ 安(편안 안)

43 揚(날릴 양)
① 拾(주울 습)　　② 絲(실 사)
③ 昔(옛 석)　　❹ 讓(사양할 양)

44 與(더불 여)
① 脫(벗을 탈)　　❷ 餘(남을 여)
③ 抱(안을 포)　　④ 閑(한가할 한)

45 僞(거짓 위)
　① 罷(마칠 파)　　　② 享(누릴 향)
　❸ 慰(위로할 위)　　④ 嫌(싫어할 혐)

46 玆(이 자)
　❶ 紫(자줏빛 자)　　② 忽(문득 홀)
　③ 還(돌아올 환)　　④ 戱(놀이 희)

47 株(그루 주)
　① 徑(지름길 경)　　② 厥(그 궐)
　③ 稻(벼 도)　　　　❹ 鑄(부어만들 주)

48~58 제시된 한자의 뜻 고르기

48 調(고를 조)　　　　49 傳(전할 전)
50 參(참여할 참)　　　51 向(향할 향)
52 喜(기쁠 희)　　　　53 華(빛날 화)
54 溪(시내 계)　　　　55 稿(원고 고)
56 却(물리칠 각)　　　57 欄(난간 란)
58 漏(샐 루)

59~65 제시된 뜻에 맞는 한자 고르기

59 말씀　① 堂(집 당)　　　② 頭(머리 두)
　　　　❸ 談(말씀 담)　　④ 綠(푸를 록)

60 겨울　① 母(어미 모)　　❷ 冬(겨울 동)
　　　　③ 木(나무 목)　　④ 萬(일만 만)

61 셈　　① 殺(죽일 살)　　② 夕(저녁 석)
　　　　③ 世(인간 세)　　❹ 算(셈 산)

62 쏘다　① 似(같을 사)　　② 舍(집 사)
　　　　❸ 射(쏠 사)　　　④ 傷(다칠 상)

63 누구　❶ 誰(누구 수)　　② 秀(빼어날 수)
　　　　③ 雖(비록 수)　　④ 須(모름지기 수)

64 열흘　① 循(돌 순)　　　❷ 旬(열흘 순)
　　　　③ 殉(따라죽을 순)④ 尋(욕될 욕)

65 뛰다　① 睡(졸음 수)　　② 搜(찾을 수)
　　　　③ 獸(짐승 수)　　❹ 躍(뛸 약)

66~70 제시된 한자와 비슷한 뜻의 한자 고르기

66 繼(이을 계)
　① 鳳(새 봉)　　　　② 夢(꿈 몽)
　❸ 續(이을 속)　　　④ 奔(달릴 분)

67 討(칠 토)
　❶ 伐(칠 벌)　　　　② 秘(숨길 비)
　③ 蛇(뱀 사)　　　　④ 旋(돌 선)

68 碧(푸를 벽)
　① 昭(밝을 소)　　　② 攝(당길 섭)
　❸ 蒼(푸를 창)　　　④ 誦(욀 송)

69 辯(말씀 변)
　① 閱(볼 열)　　　　❷ 辭(말씀 사)
　③ 詠(읊을 영)　　　④ 蓮(연꽃 련)

70 迷(미혹할 미)
　① 凝(엉길 응)　　　② 臟(오장 장)
　③ 滴(물방울 적)　　❹ 惑(미혹할 혹)

제2영역　　語 彙

71~72 짜임이 같은 한자어 고르기

71 溫柔(따뜻할 온, 부드러울 유) : 성격이 온화하고 부드러움 대등
　① 交友(사귈 교, 벗 우) : 벗을 사귐
　② 有恨(있을 유, 한할 한) : 한이 있음
　❸ 老翁(늙을 로, 늙은이 옹) : 늙은이 대등
　④ 亦是(또 역, 옳을 시) : 또한

72 禁煙(금할 금, 연기 연) : 담배를 피우지 못하게 함, 담배를 끊음 술목
　① 宇宙(집 우, 집 주) : 무한한 시간과 만물을 포함하고 있는 끝없는 공간의 총체
　❷ 轉業(구를 전, 업 업) : 직업을 바꿈 술목
　③ 球技(공 구, 재주 기) : 공을 사용하는 운동 경기
　④ 配匹(짝 배, 짝 필) : 부부로서의 짝

73~90 음이 같은 한자어(동음이의어) 고르기

73 市價(시장 시, 값 가) : 시장에서 상품이 매매되는 가격
　① 私家(사사 사, 집 가) : 개인이 살림하는 집
　❷ 詩歌(시 시, 노래 가) : 가사를 포함한 시문학을 통틀어 이르는 말
　③ 大擧(큰 대, 들 거) : 많은 사람이 한꺼번에 들고 일어남
　④ 小金(작을 소, 쇠 금) : 대금보다 작은 국악에 쓰이는 타악기의 하나

74 重苦(무거울 중, 쓸 고) : 참기 힘든 고통
　① 登高(오를 등, 높을 고) : 높은 데 오름
　② 等高(같을 등, 높을 고) : 높이가 똑같음
　③ 上古(윗 상, 예 고) : 아주 오랜 옛날
　❹ 中古(가운데 중, 예 고) : 이미 사용하였거나 오래됨. 중고품

75 大橋(큰 대, 다리 교) : 규모가 큰 다리
　① 大故(큰 대, 연고 고) : 어버이의 상사(喪事)
　❷ 對校(대할 대, 학교 교) : 학교끼리 맞서 싸움
　③ 對句(대할 대, 글귀 구) : 비슷한 어조나 어세를
　　가진 것으로 짝지은 둘 이상의 글귀
　④ 大口(큰 대, 입 구) : 대구과의 물고기

76 精到(정할 정, 이를 도) : 매우 정묘한 경지에 다다름
　① 地圖(땅 지, 그림 도) : 지구 표면의 일부, 또는
　　전부를 축척에 의하여 평면상에 나타낸 그림
　❷ 定都(정할 정, 도읍 도) : 도읍을 새로 정함
　③ 落島(떨어질 락[낙], 섬 도) : 외따로 멀리 떨어
　　져 있는 섬
　④ 獨立(홀로 독, 설 립) : 남의 도움이나 간섭을 받
　　지 않고 스스로의 힘으로 나라를 다스려 나감

77 利己(이로울 리[이], 몸 기) : 자신의 이익만을 꾀함
　① 里長(마을 리[이], 길 장) : 행정 구역의 단위인
　　'리(里)'를 대표하여 일을 맡아보는 사람
　❷ 理氣(다스릴 리[이], 기운 기) : 성리학에서 태극
　　과 음양
　③ 利用(이로울 리[이], 쓸 용) : 물건을 이롭게 쓰
　　거나 쓸모 있게 씀
　④ 山林(메 산, 수풀 림) : 산과 숲

78 上下(윗 상, 아래 하) : 위와 아래
　① 三夏(석 삼, 여름 하) : 여름 석 달
　❷ 常夏(항상 상, 여름 하) : 일년 내내 여름 같은 기후
　③ 山河(메 산, 물 하) : 산과 강. 자연
　④ 市街(시장 시, 거리 가) : 인가나 상가가 많이 늘
　　어서 번창한 곳

79 止水(그칠 지, 물 수) : 흐르지 않고 고여 있는 물
　❶ 指數(가리킬 지, 셈 수) : 어떤 수나 문자의 오른쪽
　　위에 덧붙여 거듭제곱을 나타내는 숫자나 문자
　② 自首(스스로 자, 머리 수) : 죄를 지은 사람이 스
　　스로 잘못을 알림
　③ 字數(글자 자, 셈 수) : 글자의 수효
　④ 基數(터 기, 셈 수) : 수를 나타내는 기본이 되는
　　0에서 9까지의 정수

80 時急(때 시, 급할 급) : 시각을 다툴 만큼 몹시 절박
하고 급함
　❶ 時給(때 시, 줄 급) : 노동한 시간에 따라 지급되
　　는 임금
　② 收給(거둘 수, 줄 급) : 수입과 지급을 아울러 이
　　르는 말
　③ 至急(이를 지, 급할 급) : 매우 급함
　④ 性急(성품 성, 급할 급) : 성질이 급함

81 君臣(임금 군, 신하 신) : 임금과 신하를 아울러 이
르는 말
　① 軍務(군사 군, 힘쓸 무) : 군사에 관한 사무
　② 武人(군인 무, 사람 인) : 무사인 사람. 곧 무예
　　를 닦은 사람을 이름
　❸ 軍神(군사 군, 귀신 신) : 전쟁의 신
　④ 新聞(새 신, 들을 문) : 새로운 사실을 알려 주려
　　고 정기적으로 찍어 내는 인쇄물

82 原因(근원 원, 인할 인) : 무슨 일이 일어난 까닭
　❶ 遠因(멀 원, 인할 인) : 연관성이 먼, 간접적인
　　원인
　② 元祖(으뜸 원, 할아비 조) : 첫 대의 조상. 어떤
　　일을 처음으로 시작한 사람
　③ 原子(근원 원, 아들 자) : 물질의 기본적 구성 단위
　④ 遠洋(멀 원, 큰바다 양) : 뭍에서 멀리 떨어진 바다

83 固定(굳을 고, 정할 정) : 일정한 곳이나 상태에서
변하지 아니함
　① 高卒(높을 고, 마칠 졸) : '고등학교 졸업'이 줄
　　어든 말
　② 高重(높을 고, 무거울 중) *한자어 아님
　③ 加重(더할 가, 무거울 중) : 더 무겁게 함
　❹ 故情(연고 고, 뜻 정) : 오랜 정분

84 先唱(먼저 선, 부를 창) : 맨 먼저 주창함. 노래나
구령 따위를 맨 먼저 부름
　① 初春(처음 초, 봄 춘) : 초봄. 이른 봄
　❷ 船窓(배 선, 창 창) : 배의 창문
　③ 電線(번개 전, 줄 선) : 전기가 통하는 금속선
　④ 合唱(합할 합, 부를 창) : 여러 사람이 목소리를
　　맞추어 노래함

85 假名(거짓 가, 이름 명) : 실제의 자기 이름이 아닌
이름
　① 可望(옳을 가, 바랄 망) : 이룰 수 있을 듯한 희망
　❷ 佳名(아름다울 가, 이름 명) : 좋은 평판이나 명
　　성. 아름다운 이름
　③ 記名(기록할 기, 이름 명) : 이름을 적음
　④ 假家(거짓 가, 집 가) : 임시로 지은 집

86 勿論(말 물, 논할 론) : 말할 것도 없이
　① 物色(물건 물, 빛 색) : 물건의 빛깔. 어떤 기준
　　에 맞는 사람이나 물건을 고름
　❷ 物論(물건 물, 논할 론) : 이러쿵저러쿵하는 여
　　러 사람의 논의나 세상의 평판
　③ 物價(물건 물, 값 가) : 물건 값
　④ 勿施(말 물, 베풀 시) : 하려던 일을 그만둠

87 病暇(병 병, 겨를 가) : 병으로 말미암아 얻는 휴가
 ① 平和(평평할 평, 화할 화) : 평온하고 화목함
 ② 評價(평할 평, 값 가) : 값어치를 따져 밝힘. 수준·능력 따위를 측정함
 ❸ 兵家(병사 병, 집 가) : 중국에서, 제자 백가 가운데 병술(兵術)을 논하던 학파
 ④ 兵丁(병사 병, 장정 정) : 병역을 치르고 있는 장정

88 穀類(곡식 곡, 무리 류) : 쌀, 보리, 밀 따위의 곡식을 통틀어 이르는 말
 ① 谷水(골 곡, 물 수) : 골짜기의 물
 ❷ 曲流(굽을 곡, 흐를 류) : 굽이쳐 흘러감, 또는 그 흐름이나 물
 ③ 哭聲(울 곡, 소리 성) : 곡하는 소리
 ④ 毒種(독 독, 씨 종) : 성질이 매우 독한 사람

89 陳米(벌일 진, 쌀 미) : 묵은 쌀
 ① 陳設(벌일 진, 베풀 설) : 잔치나 제사 때, 법식에 따라 상에 음식을 벌여 차림
 ② 陳述(벌일 진, 펼 술) : 자세히 벌여 말함, 또는 그 말
 ❸ 眞味(참 진, 맛 미) : 음식의 참맛
 ④ 陳情(벌일 진, 뜻 정) : 실정이나 사정을 진술함

90 康福(편안할 강, 복 복) : 크나큰 복
 ① 强暴(강할 강, 사나울 폭) : 몹시 우악스럽고 사나움
 ② 傾覆(기울 경, 뒤집힐 복) : 나라나 집안 등이 결딴나서 망하는 일, 또는 망하게 하는 일을 흔히 이르는 말
 ❸ 降福(내릴 강, 복 복) : 카톨릭에서 천주가 인간에게 복을 내리는 일을 이름
 ④ 飮福(마실 음, 복 복) : 제사를 지내고 난 뒤 제사에 쓴 음식을 나누어 먹음

91~92 같은 한자가 다른 음으로 읽히는 한자어 고르기

91 ❶ 降伏(항복할 항, 엎드릴 복) : 적이나 상대편의 힘에 눌리어 굴복함
 ② 降雨(내릴 강, 비 우) : 비가 내림, 또는 그 비
 ③ 下降(아래 하, 내릴 강) : 높은 곳에서 아래로 향하여 내려옴
 ④ 昇降機(오를 승, 내릴 강, 틀 기) : 동력을 사용하여 사람이나 화물을 아래위로 나르는 장치

92 ❶ 星宿(별 성, 별 수) : 고대 중국에서 천구상의 별을 이십팔수로 나눈 것
 ② 投宿(던질 투, 잘 숙) : 여관, 호텔 따위의 숙박 시설에 들어서 묵음
 ③ 宿泊(잘 숙, 머무를 박) : 여관이나 호텔 따위에서 잠을 자고 머무름
 ④ 宿願(잘 숙, 원할 원) : 오래전부터 품어 온 염원이나 소망

93~110 세 개 어휘에 공통되는 한자 고르기

93 □色(빛 색), 苦(쓸 고)□, □解(풀 해)
 ① 心(마음 심)   ② 血(피 혈)
 ❸ 難(어려울 난)   ④ 讀(읽을 독)
 * 難色(난색), 苦難(고난), 難解(난해)

94 □校(학교 교), □極(극진할 극), □記(기록할 기)
 ① 學(배울 학)   ❷ 登(오를 등)
 ③ 至(이를 지)   ④ 退(물러날 퇴)
 * 登校(등교), 登極(등극), 登記(등기)

95 □者(놈 자), 開(열 개)□, □界(지경 계)
 ❶ 業(일 업)   ② 行(다닐 행)
 ③ 水(물 수)   ④ 流(흐를 류)
 * 業者(업자), 開業(개업), 業界(업계)

96 □代(대신 대), 發(필 발)□, 出(날 출)□
 ❶ 現(나타날 현)   ② 時(때 시)
 ③ 産(낳을 산)   ④ 給(줄 급)
 * 現代(현대), 發現(발현), 出現(출현)

97 各(각각 각)□, 別(나눌 별)□, 一(한 일)□
 ❶ 種(씨 종)   ② 自(스스로 자)
 ③ 方(모 방)   ④ 念(생각 념)
 * 各種(각종), 別種(별종), 一種(일종)

98 日(날 일)□, 暗(어두울 암)□, □事(일 사)
 ❶ 記(기록할 기)   ② 起(일어날 기)
 ③ 示(보일 시)   ④ 時(때 시)
 * 日記(일기), 暗記(암기), 記事(기사)

99 □日(날 일), 解(풀 해)□, 取(가질 취)□
 ① 得(얻을 득)   ② 說(말씀 설)
 ③ 來(올 래)   ❹ 消(사라질 소)
 * 消日(소일), 解消(해소), 取消(취소)

100 非(아닐 비)□, □號(이름 호), 順(순할 순)□
 ① 序(차례 서)   ❷ 番(차례 번)
 ③ 口(입 구)   ④ 常(항상 상)
 * 非番(비번), 番號(번호), 順番(순번)

101 早(이를 조)□, □約(맺을 약), 短(짧을 단)□
 ① 身(몸 신)   ② 密(빽빽할 밀)
 ❸ 期(기약할 기)   ④ 朝(아침 조)
 * 早期(조기), 期約(기약), 短期(단기)

102 □人(사람 인), □火(불 화), 神(귀신 신)□
    ❶ 聖(성인 성)   ② 成(이룰 성)
    ③ 星(별 성)   ④ 城(성 성)
    * 聖人(성인), 聖火(성화), 神聖(신성)

103 陰(그늘 음)□, 加(더할 가)□, □惡(악할 악)
    ① 陽(볕 양)   ❷ 害(해칠 해)
    ③ 熱(더울 열)   ④ 善(착할 선)
    * 陰害(음해), 加害(가해), 害惡(해악)

104 □老(늙을 로), □語(말씀 어), 尊(높을 존)□
    ① 少(적을 소)   ② 重(무거울 중)
    ③ 言(말씀 언)   ❹ 敬(공경 경)
    * 敬老(경로), 敬語(경어), 尊敬(존경)

105 □禮(예도 례), □客(손 객), 祝(빌 축)□
    ① 願(원할 원)   ② 原(근원 원)
    ❸ 賀(하례할 하)   ④ 福(복 복)
    * 賀禮(하례), 賀客(하객), 祝賀(축하)

106 □書(글 서), □者(놈 자), 共(함께 공)□
    ① 作(지을 작)   ❷ 著(나타날 저)
    ③ 麥(보리 맥)   ④ 壽(목숨 수)
    * 著書(저서), 著者(저자), 共著(공저)

107 □冠(갓 관), □點(점 점), 薄(엷을 박)□
    ❶ 弱(약할 약)   ② 命(목숨 명)
    ③ 缺(이지러질 결)   ④ 據(근거 거)
    * 弱冠(약관), 弱點(약점), 薄弱(박약)

108 □求(구할 구), □望(바랄 망), 枯(마를 고)□
    ① 希(바랄 희)   ❷ 渴(목마를 갈)
    ③ 死(죽을 사)   ④ 絕(끊을 절)
    * 渴求(갈구), 渴望(갈망), 枯渴(고갈)

109 □導(이끌 도), □接(접할 접), 牽(끌 견)□
    ① 道(길 도)   ② 制(지을 제)
    ❸ 引(끌 인)   ④ 姻(혼인 인)
    * 引導(인도), 引接(인접), 牽引(견인)

110 □雅(맑을 아), □純(순수할 순), 肅(엄숙할 숙)□
    ① 高(높을 고)   ② 優(넉넉할 우)
    ❸ 淸(맑을 청)   ④ 靑(푸를 청)
    * 淸雅(청아), 淸純(청순), 肅淸(숙청)

111~126 제시된 한자어와 상대되는 뜻의 한자어 고르기

111 個別(낱 개, 나눌 별) : 여럿 중에서 하나씩 따로 나뉘어 있는 상태
    ① 個體(낱 개, 몸 체) : 하나의 독립된 생물체
    ❷ 全體(온전할 전, 몸 체) : 온통. 전부

    ③ 主體(주인 주, 몸 체) : 어떤 단체나 물건의 주가 되는 부분
    ④ 別個(나눌 별, 낱 개) : 관련성이 없이 서로 다름

112 巨富(클 거, 부자 부) : 대단히 많은 재산. 부자 가운데에서도 특히 큰 부자
    ① 貧富(가난할 빈, 부자 부) : 가난함과 부유함
    ❷ 極貧(극진할 극, 가난할 빈) : 몹시 가난함
    ③ 貧血(가난할 빈, 피 혈) : 피가 부족함
    ④ 巨商(클 거, 장사 상) : 밑천을 많이 가지고 크게 하는 장사, 또는 그런 장수

113 內容(안 내, 얼굴 용) : 어떤 일의 줄거리가 되는 것
    ① 內實(안 내, 열매 실) : 내부의 실제 사정
    ② 內室(안 내, 집 실) : 안방
    ③ 形便(모양 형, 편할 편) : 일이 되어 가는 모양이나 결과
    ④ 形式(모양 형, 법 식) : 겉모습. 격식이나 절차

114 樂觀(즐길 락[낙], 볼 관) : 인생이나 사물을 밝고 희망적인 것으로 봄
    ❶ 悲觀(슬플 비, 볼 관) : 세상 일을 슬프고 괴롭게만 생각함
    ② 客室(손 객, 집 실) : 손님이 드는 방
    ③ 走者(달릴 주, 놈 자) : 달리는 사람
    ④ 觀光(볼 관, 빛 광) : 다른 지방이나 다른 나라에 가서 그 곳의 풍경, 풍습, 문물 따위를 구경함

115 無形(없을 무, 모양 형) : 형상이나 형체가 없음
    ❶ 有形(있을 유, 모양 형) : 모양이나 형체가 있음
    ② 人形(사람 인, 모양 형) : 사람 모양으로 만든 장난감
    ③ 形體(모양 형, 몸 체) : 사물의 모양과 바탕
    ④ 人間(사람 인, 사이 간) : 사람

116 物質(물건 물, 바탕 질) : 물체의 본바탕. '재물'을 달리 이르는 말
    ① 肉體(고기 육, 몸 체) : 사람의 몸
    ② 物我(물건 물, 나 아) : 외물(外物)과 자아를 아울러 이르는 말
    ❸ 精神(정할 정, 귀신 신) : 마음이나 생각
    ④ 巨物(클 거, 물건 물) : 거창한 물건, 사회적으로 큰 영향을 가진 인물

117 光明(빛 광, 밝을 명) : 밝은 빛
    ① 榮光(영화 영, 빛 광) : 빛나고 아름다운 영예
    ❷ 暗黑(어두울 암, 검을 흑) : 어둡고 캄캄함
    ③ 明暗(밝을 명, 어두울 암) : 밝음과 어두움
    ④ 後光(뒤 후, 빛 광) : 어떤 사물을 더욱 빛나게 하거나 두드러지게 하는 배경

118 客觀(손 객, 볼 관) : 자기와의 관계에서 벗어나 제 삼자의 입장에서 사물을 보거나 생각함
① 大觀(큰 대, 볼 관) : 크고 넓게 전체를 내다봄, 또는 그런 관찰
② 觀客(볼 관, 손 객) : 구경하는 사람
❸ 主觀(주인 주, 볼 관) : 자기만의 견해나 관점
④ 主體(주인 주, 몸 체) : 어떤 단체나 물건의 주가 되는 부분

119 來生(올 래[내], 날 생) : 불교의 삼생(三生)의 하나. 죽은 뒤의 생애를 이름
① 人生(사람 인, 날 생) : 사람이 세상을 살아가는 일
❷ 前生(앞 전, 날 생) : 불교의 삼생(三生)의 하나. 이 세상에 태어나기 이전의 생애
③ 所生(바 소, 날 생) : 자기가 낳은 아들이나 딸
④ 生年(날 생, 해 년) : 태어난 해

120 登場(오를 등, 마당 장) : 무대나 연단 따위에 나옴. 어떤 사건이나 분야에서 새로운 제품이나 현상, 인물 등이 세상에 처음으로 나옴
① 登山(오를 등, 메 산) : 산에 오름
② 退去(물러날 퇴, 갈 거) : 있던 자리에서 옮겨 가거나 떠남
③ 後退(뒤 후, 물러날 퇴) : 뒤로 물러남
❹ 退場(물러날 퇴, 마당 장) : 어떤 장소에서 물러남

121 未備(아닐 미, 갖출 비) : 아직 다 갖추지 못한 상태에 있음
① 未完(아닐 미, 완전할 완) : 아직 덜 됨
② 完成(완전할 완, 이룰 성) : 완전히 다 이룸
❸ 完備(완전할 완, 갖출 비) : 빠짐없이 완전히 갖춤
④ 對備(대할 대, 갖출 비) : 어떤 일에 대응할 준비를 함

122 密集(빽빽할 밀, 모을 집) : 빽빽이 모임
❶ 散在(흩을 산, 있을 재) : 여기저기 흩어져 있음
② 密度(빽빽할 밀, 법도 도) : 빽빽이 들어선 정도
③ 集會(모을 집, 모일 회) : 여러 사람이 어떤 목적을 위하여 일시적으로 모임, 또는 그런 모임
④ 密約(빽빽할 밀, 맺을 약) : 남몰래 약속함, 또는 그렇게 한 약속

123 空虛(빌 공, 빌 허) : 속이 텅 빔
① 空城(빌 공, 성 성) : 사는 사람이나 지키는 군사가 없는 빈 성
❷ 充實(채울 충, 열매 실) : 내용이 알차고 단단함
③ 忠告(충성 충, 고할 고) : 남의 결함이나 잘못을 진심으로 타이름, 또는 그런 말
④ 忠實(충성 충, 열매 실) : 충직하고 성실함

124 飢餓(주릴 기, 주릴 아) : 굶주림
❶ 飽食(배부를 포, 먹을 식) : 배부르게 먹음
② 棄兒(버릴 기, 아이 아) : 길러야 할 의무가 있는 사람이 남몰래 아이를 내다 버림, 또는 그렇게 버린 아이
③ 小食(작을 소, 먹을 식) : 음식을 적게 먹음
④ 飽滿(배부를 포, 찰 만) : 넘치도록 가득함

125 具體(갖출 구, 몸 체) : 사물을 직접 경험하거나 지각할 수 있도록 일정한 형태와 성질을 갖춤
① 體統(몸 체, 거느릴 통) : 지체나 신분에 알맞은 체면
② 體面(몸 체, 낯 면) : 남을 대하기에 떳떳한 도리나 얼굴
❸ 抽象(뽑을 추, 코끼리 상) : 개별적인 사물이나 구체적인 개념으로부터 공통적인 요소를 뽑아 일반적인 개념으로 파악함, 또는 그렇게 하는 정신 작용
④ 抽出(뽑을 추, 날 출) : 전체 속에서 어떤 물건, 생각, 요소 따위를 뽑아냄

126 獨創(홀로 독, 비롯할 창) : 다른 것을 모방함이 없이 새로운 것을 만들어 내거나 생각해 냄
① 毒性(독 독, 성품 성) : 독이 있는 성분
② 獨特(홀로 독, 특별할 특) : 특별하게 다름
③ 高踏(높을 고, 밟을 답) : 속세에 초연하며 현실과 동떨어진 것을 고상하게 여김
❹ 模倣(본뜰 모, 본뜰 방) : 다른 것을 본뜨거나 본받음

127~132 사자 성어 완성하기

127 百(일백 백)年(해 년)□淸(맑을 청)
① 下(아래 하)　　　❷ 河(물 하)
③ 豊(풍성할 풍)　　④ 請(청할 청)
　* 百年河淸(백년하청) : 시간이 가도 해결의 기미가 없음

128 見(볼 견)□生(날 생)心(마음 심)
① 得(얻을 득)　　　② 人(사람 인)
③ 利(이로울 리)　　❹ 物(물건 물)
　* 見物生心(견물생심) : 어떠한 실물을 보게 되면 그것을 가지고 싶은 욕심이 생김

129 走(달릴 주)馬(말 마)□山(메 산)
❶ 看(볼 간)　　　　② 名(이름 명)
③ 刀(칼 도)　　　　④ 皮(가죽 피)
　* 走馬看山(주마간산) : 수박 겉 핥기. 말을 타고 달리면서 산수를 본다는 뜻으로 바쁘게 대충 보며 지나감을 일컫는 말

130 □强(강할 강)附(붙을 부)會(모일 회)
  ❶ 牽(끌 견)   ② 拍(칠 박)
  ③ 弱(약할 약)   ④ 堅(굳을 견)
  * 牽强附會(견강부회) : 말을 억지로 끌어 붙임

131 衆(무리 중)□不(아닐 불[부])敵(대적할 적)
  ① 過(지날 과)   ❷ 寡(적을 과)
  ③ 果(실과 과)   ④ 者(놈 자)
  * 衆寡不敵(중과부적) : 적은 수효로 많은 수효를 대적하지 못함

132 表(겉 표)□不(아닐 불[부])同(한가지 동)
  ❶ 裏(속 리)   ② 里(마을 리)
  ③ 變(변할 변)   ④ 白(흰 백)
  * 表裏不同(표리부동) : 겉과 속이 다름

133~136 제시된 사자 성어의 뜻 알기

133 白(흰 백)面(낯 면)書(글 서)生(날 생)
  白面書生(백면서생) : 한갓 글만 읽고 세상 일에는 전혀 경험이 없는 사람

134 朝(아침 조)名(이름 명)市(시장 시)利(이로울 리)
  朝名市利(조명시리) : 무슨 일이든 적당한 장소에서 해야 한다.

135 佳(아름다울 가)人(사람 인)薄(엷을 박)命(목숨 명)
  佳人薄命(가인박명) : 아름다운 여자는 수명이 짧다.

136 國(나라 국)士(선비 사)無(없을 무)雙(쌍 쌍)
  國士無雙(국사무쌍) : 나라에서 견줄 사람이 없을 정도로 빼어나다.

137~140 뜻에 맞는 사자 성어 고르기

137 착하고 어진 사람들
  ❶ 善(착할 선)男(사내 남)善(착할 선)女(계집 녀)
    善男善女(선남선녀) : 착한 사람
  ② 不(아닐 불)求(구할 구)聞(들을 문)達(통달할 달)
    不求聞達(불구문달) : 이름이 세상에 나기를 원하지 아니함
  ③ 大(큰 대)道(길 도)無(없을 무)門(문 문)
    大道無門(대도무문) : 사람으로서 마땅히 지켜야 할 큰 도리나 정도에는 거칠 것이 없음
  ④ 全(온전할 전)心(마음 심)全(온전할 전)力(힘 력)
    全心全力(전심전력) : 온 마음과 온 힘

138 거의 죽을 뻔하다가 도로 살아나다.
  ① 作(지을 작)心(마음 심)三(석 삼)日(날 일)
    作心三日(작심삼일) : 단단히 먹은 마음이 사흘을 가지 못한다는 뜻으로, 결심이 굳지 못함을 이르는 말
  ② 大(큰 대)公(공변될 공)無(없을 무)私(사사 사)
    大公無私(대공무사) : 매우 공평하여 사사로움이 없음
  ③ 秋(가을 추)風(바람 풍)落(떨어질 락)葉(잎 엽)
    秋風落葉(추풍낙엽) : 가을 바람에 떨어지는 나뭇잎. 어떤 형세나 세력이 갑자기 기울거나 헤어져 흩어지는 모양
  ❹ 起(일어날 기)死(죽을 사)回(돌아올 회)生(날 생)
    起死回生(기사회생) : 거의 죽을 뻔하다가 도로 살아남

139 아주 친밀하여 떨어질 수 없는 사이
  ❶ 水(물 수)魚(고기 어)之(갈 지)交(사귈 교)
    水魚之交(수어지교) : 고기와 물과의 관계처럼 떨어질 수 없는 특별한 친분
  ② 見(볼 견)利(이로울 리)忘(잊을 망)義(옳을 의)
    見利忘義(견리망의) : 이익을 보면 의리를 잊음
  ③ 一(한 일)長(길 장)一(한 일)短(짧을 단)
    一長一短(일장일단) : 일면의 장점과 다른 일면의 단점을 통틀어 이르는 말
  ④ 創(비롯할 창)業(일 업)守(지킬 수)成(이룰 성)
    創業守成(창업수성) : 일을 시작하기는 쉬우나 이룬 것을 지키기는 어려움

140 도둑
  ① 君(임금 군)子(아들 자)三(석 삼)樂(즐길 락)
    君子三樂(군자삼락) : 군자의 세 가지 즐거움. 부모가 살아 계시고 형제가 무고한 것, 하늘과 사람에게 부끄러워할 것이 없는 것, 천하의 영재를 얻어서 가르치는 것
  ❷ 梁(들보 량)上(윗 상)君(임금 군)子(아들 자)
    梁上君子(양상군자) : 들보 위의 사람, 즉 도둑
  ③ 天(하늘 천)長(길 장)地(땅 지)久(오랠 구)
    天長地久(천장지구) : 하늘과 땅은 영원함을 이르는 말. 하늘과 땅처럼 영구히 변함이 없음
  ④ 仙(신선 선)風(바람 풍)道(길 도)骨(뼈 골)
    仙風道骨(선풍도골) : 풍채와 골격이 남보다 뛰어난 것

제3영역 **讀 解**

141~154 문장에 쓰인 한자어의 음 알기

141 안중근 의사는 스물 여덟 살 되던 해에 블라디보스 토크로 亡命(망할 망, 목숨 명)를 하였다.

142 진실되지 않은 광고는 결국 소비자에게 外面(바깥 외, 낯 면)당하게 된다.

143 수입하는 자원이 많아지면 애써 벌어들인 外貨(바깥 외, 재물 화)가 그만큼 외국으로 나가게 된다.

144 추석은 우리 나라 名節(이름 명, 마디 절) 중의 하나인데, 예로부터 가위라고 불러 왔다.

145 新式(새 신, 법 식) 학교가 생기기 전에는 여자들은 학교에 다닐 수 없었다.

146 국토 開發(열 개, 필 발)의 목적은 지역 특성에 맞추어 전 국토를 고르게 발전시키는 데 있다.

147 옛날에 공부하는 방법은 대개 文章(글월 문, 글장)를 외우고 뜻을 풀이하며 글씨를 쓰는 것이었다.

148 몸이 아파 米飮(쌀 미, 마실 음)을 끓여 먹고 있는 동안에 나는 평소에 먹던 음식들이 먹고 싶어졌다.

149 열대 기후 지역은 일년 내내 기온이 높고 비가 많이 내려 密林(빽빽할 밀, 수풀 림)을 이루고 있다.

150 어떤 사전을 사용하든지 먼저 일러두기를 잘 보아서 그 사전의 사용 方法(모 방, 법 법)을 알아두어야 한다.

151 報道(알릴 보, 길 도) 기관으로는 방송국과 신문사 등이 있다.

152 衣服(옷 의, 옷 복)(는)은 원료인 섬유를 이용해서 뽑은 실로 옷감을 짜서 바느질하여 만든다.

153 우리는 사람을 더욱 귀중하게 여기는 사회로 만들어 나갈 莫重(없을 막, 무거울 중)한 책임을 지닌 일꾼들이다.

154 대관령 牧場(칠 목, 마당 장)은 깨끗한 풀로 건강한 젖소만을 키워 사람들에게 좋은 우유를 대 주고 있다.

155~159 문장에 쓰인 한자어의 뜻 알기

155 우즈베키스탄에서는 몇 해 전부터 한국인 의사들이 奉仕(받들 봉, 벼슬 사) 활동을 하고 있다.

  * 자신의 이해를 돌보지 않고 몸과 마음을 다하여 일하다.

156 문단은 여러 개의 문장이 모여서 하나의 중심 내용을 나타내는 글의 한 部分(떼 부, 나눌 분)이다.

  * 전체를 몇으로 나눈 것 중의 하나

157 국가는 국민이 나라를 잃는 不幸(아닐 불, 다행 행)을 겪지 않도록 외적의 침입으로부터 국민을 보호한다.

  * 행복하지 않다.

158 잡초가 茂盛(무성할 무, 성할 성)한 밭에는 곡식이나 채소가 잘 자랄 수 없다.

  * 초목이 우거지다.

159 우리 민족은 애국 啓蒙(열 계, 어두울 몽) 운동을 통해 일제의 침략에 대항하였다.

  * 어린 아이나 무식한 사람을 깨우쳐 주다.

160~164 문장에 맞는 한자어 고르기

160 씨름에서는 상대의 공격 기술이나 움직임을 예측하여 적절한 □□ 자세를 갖추어야 한다.
   ① 守悲(지킬 수, 슬플 비) * 한자어 아님
   ② 修悲(닦을 수, 슬플 비) * 한자어 아님
   ③ 修備(닦을 수, 갖출 비) * 한자어 아님
   ❹ 守備(지킬 수, 갖출 비) : 외부의 침략이나 공격을 막아 지킴

161 나의 어릴 적 희망은 □□□가 되는 것이었다.
   ① 比行士(견줄 비, 다닐 행, 선비 사) * 한자어 아님
   ❷ 飛行士(날 비, 다닐 행, 선비 사) : 일정한 자격을 지니고 면허를 받아서 항공기의 조종에 종사하는 사람
   ③ 比行師(견줄 비, 다닐 행, 스승 사) * 한자어 아님
   ④ 飛行師(날 비, 다닐 행, 스승 사) * 한자어 아님

162 문화재의 발굴로 새로운 역사적 □□을 알 수 있다.
   ① 史室(역사 사, 집 실) * 한자어 아님
   ❷ 史實(역사 사, 열매 실) : 역사에 실제로 있는 사실
   ③ 事室(일 사, 집 실) * 한자어 아님
   ④ 私室(사사 사, 집 실) : 개인의 방

163 육식 □□인 악어는 사람을 해치는 것은 물론이고 짐승이나 물고기도 닥치는 대로 먹어치운다.
   ❶ 動物(움직일 동, 물건 물) : 생물을 크게 두 개로 분류한 것 중 하나로 짐승, 사람 따위를 통틀어 이르는 말
   ② 同物(한가지 동, 물건 물) * 한자어 아님
   ③ 洞物(골 동, 물건 물) * 한자어 아님
   ④ 童物(아이 동, 물건 물) * 한자어 아님

164 찬 음식을 먹는다는 데서 이름이 붙여진 한식은 조상의 산소를 찾아 ☐☐하는 날이다.
① 成墓(이룰 성, 무덤 묘) * 한자어 아님
② 省廟(살필 성, 사당 묘) * 한자어 아님
❸ 省墓(살필 성, 무덤 묘) : 조상의 산소를 찾아가서 돌봄, 또는 그런 일
④ 成廟(이룰 성, 사당 묘) * 한자어 아님

165~170 문장에 맞지 않는 한자어 고르기

165 유교는 ① 人間(사람 인, 사이 간)의 ❷ 度理(법도 도, 다스릴 리)를 밝히고 도덕과 윤리를 바로잡아 ③ 平和(평평할 평, 화할 화)로운 사회를 이룩하고자 하는 ④ 思想(생각 사, 생각 상)이다.
* 度理 → 道理(길 도, 다스릴 리)

166 ❶ 人技(사람 인, 재주 기) 있는 만화의 ② 主人公(주인 주, 사람 인, 공변될 공)은 ③ 廣告(넓을 광, 고할 고)에도 나오고 여러 가지 ④ 商品(장사 상, 물건 품)에서도 볼 수 있다.
* 人技 → 人氣(사람 인, 기운 기)

167 오늘날은 ① 交通(사귈 교, 통할 통) 수단이 발달하여, 전국 ❷ 角地(뿔 각, 땅 지)에서 생산된 ③ 農水産物(농사 농, 물 수, 낳을 산, 물건 물)이 그날로 소비자에게 보내져, 소비자는 늘 ④ 新鮮(새 신, 고울 선)한 농수산물을 구할 수 있다.
* 角地 → 各地(각각 각, 땅 지)

168 ① 原始(근원 원, 비로소 시) ② 信仰(믿을 신, 우러를 앙)은 자연의 힘에 대해 두려움과 존경심을 가지고 자연을 ❸ 崇杯(높을 숭, 잔 배)하는 신앙으로, 바위와 돌 등 ④ 自然物(스스로 자, 그럴 연, 물건 물)을 섬기는 것, 산이나 바다, 땅의 신을 섬기는 것 등이 있다.
* 崇杯 → 崇拜(높을 숭, 절 배)

169 장보고는 청해진을 중심으로 중국-신라-일본을 연결하는 ① 國際(나라 국, 사이 제) ② 貿易(무역할 무, 바꿀 역)을 ③ 主導(주인 주, 인도할 도)하여 신라인의 진취적 ④ 氣象(기운 기, 코끼리 상)을 떨쳤다.
* 氣象 → 氣像(기운 기, 모양 상)

170 ① 打字機(칠 타, 글자 자, 틀 기)에 대해 전혀 아는 것이 없었던 안과 의사 공병우 ❷ 薄士(엷을 박, 선비 사)가 한글 타자기를 만든 것은, 바로 끈질긴 ③ 探究(찾을 탐, 연구할 구)와 ④ 勞力(일할 로, 힘 력)의 결과였다.
* 薄士 → 博士(넓을 박, 선비 사)

171~178 바르게 쓴 한자어 고르기

171 금강산은 예로부터 봄에는 금강산, 여름에는 봉래산, 가을에는 풍악산, 겨울에는 백설이 쌓여 개골산이라고 불렀다.
① 百雪(일백 백, 눈 설)
❷ 白雪(흰 백, 눈 설)
③ 白說(흰 백, 말씀 설)
④ 百說(일백 백, 말씀 설)

172 김구 선생은 동포들을 걱정하여 '홍커우 폭탄 사건의 책임자는 나 김구다.' 라는 성명서를 발표했다.
❶ 聲明書(소리 성, 밝을 명, 글 서)
② 聖明書(성인 성, 밝을 명, 글 서)
③ 聖名書(성인 성, 이름 명, 글 서)
④ 聲名書(소리 성, 이름 명, 글 서)

173 앞으로 다가올지도 모르는 물 부족 현상을 막기 위해서는 평소에 물을 아껴 써야 한다.
① 平笑(평평할 평, 웃음 소)
② 平消(평평할 평, 사라질 소)
❸ 平素(평평할 평, 본디 소)
④ 平所(평평할 평, 바 소)

174 우리는 후손에게 물려줄 새로운 에너지를 개발하여 이용해야 한다.
① 後勢(뒤 후, 형세 세)
❷ 後孫(뒤 후, 손자 손)
③ 後歲(뒤 후, 해 세)
④ 後洗(뒤 후, 씻을 세)

175 1895년, 마르코니는 전파로 송신할 수 있는 무선전화를 발명하였다.
① 送身(보낼 송, 몸 신)
② 送臣(보낼 송, 신하 신)
③ 送神(보낼 송, 귀신 신)
④ 送信(보낼 송, 소식 신)

176 서동은 신라 진평왕의 딸 선화공주가 아름답다는 소문을 듣고, 신라의 수도인 서라벌로 갔다.
① 修道(닦을 수, 길 도)
② 水道(물 수, 길 도)
❸ 首都(머리 수, 도읍 도)
④ 收都(거둘 수, 도읍 도)

177 냉방이 된 실내와 외부의 온도차에 몸이 적응하지 못하는 것이 냉방병의 주원인이다.
❶ 冷房(찰 냉, 방 방)   ② 冷飯(찰 냉, 밥 반)
③ 冷林(찰 냉, 성 박)   ④ 冷凡(찰 냉, 무릇 범)

78

178 진로 계획을 올바르게 세우기 위해서는 먼저 나 자신을 이해하고 탐색하는 일이 중요하다.
① 探塞(찾을 탐, 막힐 색)
❷ 探索(찾을 탐, 찾을 색)
③ 探敍(찾을 탐, 펼 서)
④ 探緖(찾을 탐, 실마리 서)

179~183 어구의 뜻과 비슷한 한자어 고르기

179 광양 제철소는 큰 배가 닿을 수 있게 수심도 깊어 제철소를 만들기에 적합한 조건을 갖추고 있다.
① 建設(세울 건, 말씀 설)
② 造船(지을 조, 배 선)
❸ 建設(세울 건, 베풀 설)
④ 造製(지을 조, 지을 제)

180 "나는 네 마음을 잘 안다."
① 心政(마음 심, 정사 정)
② 心定(마음 심, 정할 정)
③ 心正(마음 심, 바를 정)
❹ 心情(마음 심, 뜻 정)

181 많은 아이들이 놀이터에서 놀고 있다.
❶ 兒童(아이 아, 아이 동)
② 兒同(아이 아, 한가지 동)
③ 我東(나 아, 동녘 동)
④ 我童(나 아, 아이 동)

182 할아버지의 소원은 북에 두고 온 가족을 만나는 것이다.
① 相丙(서로 상, 남녘 병)
② 相扶(서로 상, 도울 부)
❸ 相逢(서로 상, 만날 봉)
④ 喪夫(잃을 상, 지아비 부)

183 아이들은 손뼉을 쳤다.
① 博受(넓을 박, 받을 수)
❷ 拍手(칠 박, 손 수)
③ 薄收(엷을 박, 거둘 수)
④ 泊手(머무를 박, 손 수)

184~188 글에 쓰인 한자어와 한자의 뜻 알기

184 ㉠통화의 한자 표기가 바른 것은?
① 通貨(통할 통, 재물 화)
❷ 通話(통할 통, 말씀 화)
③ 統話(거느릴 통, 말씀 화)
④ 統貨(거느릴 통, 재물 화)

185 ㉡等(무리 등)의 음이 바른 것은?
① 외 ② 내 ③ 들 ❹ 등

186 ㉢밖의 뜻을 가진 것은?
① 元(으뜸 원) ② 用(쓸 용) ❸ 外(바깥 외) ④ 浴(목욕할 욕)

187 ㉣예절의 한자 표기가 바른 것은?
❶ 禮節(예도 례[예], 마디 절)
② 例節(법식 례[예], 마디 절)
③ 列節(벌일 렬[열], 마디 절)
④ 令節(하여금 령[영], 마디 절)

188 ㉤案內(책상 안, 안 내)의 독음이 바른 것은?
① 설명 ❷ 안내 ③ 경고 ④ 주의

189~193 글에 쓰인 한자어와 한자의 뜻 알기

189 ㉠음식물의 한자 표기가 바른 것은?
① 音食物(소리 음, 먹을 식, 물건 물)
❷ 飮食物(마실 음, 먹을 식, 물건 물)
③ 飮式物(마실 음, 법 식, 물건 물)
④ 音式物(소리 음, 법 식, 물건 물)

190 ㉡막을의 뜻을 가진 것은?
① 方(모 방) ② 訪(찾을 방) ❸ 防(막을 방) ④ 放(놓을 방)

191 ㉢줄일 수 있다의 뜻을 나타낸 것은?
① 節電(마디 절, 번개 전)
② 節水(마디 절, 물 수)
③ 絶半(끊을 절, 반 반)
④ 節約(마디 절, 맺을 약)

192 ㉣50퍼센트의 뜻을 가장 잘 나타낸 것은?
❶ 半(반 반) ② 反(돌이킬 반) ③ 米(쌀 미) ④ 美(아름다울 미)

193 ㉤수거~㉧효과의 한자 표기가 바르지 않은 것은?
① ㉤收去(거둘 수, 갈 거)
❷ ㉥感少(느낄 감, 적을 소)
③ ㉦利益(이로울 리[이], 더할 익)
④ ㉧效果(본받을 효, 실과 과)
* 感少 → 減少(덜 감, 적을 소)

194~197 글에 쓰인 한자어와 한자의 뜻 알기

194 ㉠實施(열매 실, 베풀 시)의 독음이 바른 것은?
① 시설 ② 시행 ❸ 실시 ④ 실천

195 ㉡세울의 뜻을 가진 것은?
  ❶ 建(세울 건)　　　② 乾(하늘 건)
  ③ 擧(들 거)　　　④ 脚(다리 각)

196 ㉢公布~㉫理念 중 한자 표기가 바르지 않은 것은?
  ① ㉢ 公布(공변될 공, 알릴 포)
  ❷ ㉣ 正權(바를 정, 권세 권)
  ③ ㉤ 承認(이을 승, 알 인)
  ④ ㉫ 理念(다스릴 리[이], 생각 념)
  * 正權 → 政權(정사 정, 권세 권)

197 ㉠무력의 '무' 자의 한자 표기가 바른 것은?
  ① 無(없을 무)　　　② 務(힘쓸 무)
  ❸ 武(군인 무)　　　④ 舞(춤출 무)

198~203 글에 쓰인 한자어와 한자의 뜻 알기

198 ㉠皇帝(임금 황, 임금 제)의 독음이 바른 것은?
  ① 천황　　　② 대왕
  ③ 임금　　　❹ 황제

199 ㉡강제의 한자 표기가 바른 것은?
  ① 講製(익힐 강, 지을 제)
  ❷ 強制(강할 강, 지을 제)
  ③ 鋼製(강철 강, 지을 제)
  ④ 強製(강할 강, 지을 제)

200 ㉢해산~㉫경찰의 한자 표기가 바르지 않은 것은?
  ① ㉢解散(풀 해, 흩을 산)
  ② ㉣總散府(다 총, 감독할 독, 관청 부)
  ③ ㉤憲兵(법 헌, 병사 병)
  ❹ ㉫驚察(놀랄 경, 살필 찰)
  * 驚察 → 警察(살필 경, 살필 찰)

201 ㉠동원의 한자 표기가 바른 것은?
  ❶ 動員(움직일 동, 인원 원)
  ② 動源(움직일 동, 근원 원)
  ③ 動院(움직일 동, 집 원)
  ④ 動援(움직일 동, 도울 원)

202 ㉤탄압의 '압' 자의 한자 표기가 바른 것은?
  ① 甲(갑옷 갑)　　　② 申(펼 신)
  ❸ 壓(누를 압)　　　④ 押(도장찍을 압)

203 ㉨單體~㉤影響 중 한자 표기가 바르지 않은 것은?
  ❶ ㉨單體(홑 단, 몸 체)
  ② ㉩組織(짤 조, 짤 직)
  ③ ㉠基盤(터 기, 소반 반)
  ④ ㉤影響(그림자 영, 울릴 향)
  * 單體 → 團體(둥글 단, 몸 체)

204~210 글에 쓰인 한자어와 한자의 뜻 알기

204 ㉠염려의 한자 표기가 바른 것은?
  ① 廉慮(청렴할 렴[염], 생각할 려)
  ❷ 念慮(생각 념[염], 생각할 려)
  ③ 染慮(물들 염, 생각할 려)
  ④ 鹽慮(소금 염, 생각할 려)

205 ㉡批判~㉫關心 중 한자 표기가 바르지 않은 것은?
  ① ㉡批判(비평할 비, 판단할 판)
  ② ㉢實際(열매 실, 사이 제)
  ❸ ㉣主粧(주인 주, 단장할 장)
  ④ ㉫關心(관계할 관, 마음 심)
  * 主粧 → 主張(주인 주, 베풀 장)

206 ㉫해안~㉩정확의 한자 표기가 바르게 된 것은?
  ❶ ㉫海岸(바다 해, 언덕 안)
  ② ㉧側量(곁 측, 헤아릴 량)
  ③ ㉠悲較(슬플 비, 견줄 교)
  ④ ㉩精確(정할 정, 굳을 확)

207 ㉩山脈(메 산, 줄기 맥)의 '맥'과 같은 한자를 사용하는 것은?
  ① 妄發(망녕될 망, 필 발)
  ② 妹夫(누이 매, 지아비 부)
  ③ 大麥(큰 대, 보리 맥)
  ❹ 動脈(움직일 동, 줄기 맥)

208 ㉨관리의 뜻을 가진 것은?
  ① 離(떠날 리)　　　② 裏(속 리)
  ❸ 吏(관리 리)　　　④ 履(밟을 리)

209 ㉡나라를 다스리는의 뜻을 가장 잘 나타낸 것은?
  ① 修身(닦을 수, 몸 신)
  ❷ 治國(다스릴 치, 나라 국)
  ③ 齊家(가지런할 제, 집 가)
  ④ 平天下(평평할 평, 하늘 천, 아래 하)

210 ㉩積極(쌓을 적, 극진할 극)의 '적' 자의 한자 표기가 바른 것은?
  ❶ 積(쌓을 적)　　　② 績(길쌈 적)
  ③ 跡(자취 적)　　　④ 適(갈 적)

|정답|

1	①	2	④	3	④	4	④	5	④
6	③	7	②	8	③	9	③	10	④
11	①	12	④	13	②	14	③	15	①
16	②	17	④	18	①	19	②	20	②
21	②	22	①	23	④	24	①	25	①
26	③	27	①	28	③	29	②	30	④
31	③	32	②	33	③	34	④	35	②
36	④	37	①	38	③	39	①	40	②
41	①	42	③	43	④	44	④	45	②
46	③	47	④	48	①	49	③	50	②
51	②	52	③	53	②	54	①	55	②
56	②	57	②	58	③	59	③	60	①
61	②	62	③	63	④	64	②	65	①
66	②	67	③	68	④	69	②	70	④
71	①	72	①	73	②	74	②	75	②
76	②	77	④	78	①	79	③	80	②
81	②	82	①	83	①	84	④	85	②
86	②	87	③	88	②	89	①	90	②
91	③	92	②	93	②	94	②	95	②
96	②	97	②	98	①	99	②	100	②
101	①	102	②	103	①	104	④	105	③
106	①	107	②	108	①	109	④	110	①
111	④	112	④	113	②	114	①	115	②
116	②	117	①	118	②	119	②	120	②
121	①	122	②	123	②	124	②	125	②
126	②	127	④	128	②	129	①	130	②
131	③	132	②	133	③	134	②	135	②
136	①	137	①	138	②	139	②	140	②
141	③	142	③	143	②	144	①	145	②
146	④	147	④	148	③	149	②	150	②
151	②	152	①	153	②	154	②	155	②
156	③	157	②	158	②	159	②	160	②
161	②	162	②	163	②	164	②	165	②
166	①	167	④	168	②	169	①	170	②
171	③	172	④	173	②	174	②	175	②
176	①	177	①	178	②	179	②	180	②
181	③	182	③	183	②	184	②	185	②
186	④	187	④	188	②	189	①	190	②
191	②	192	④	193	①	194	②	195	②
196	④	197	④	198	③	199	②	200	④
201	③	202	②	203	④	204	④	205	①
206	③	207	②	208	①	209	③	210	①

제1영역 漢字

1~5 제시된 한자의 부수 고르기

1 價(값 가) 人(亻)부 13획

❶ 亻(인변)　　② 两(덮을 아)
③ 目(눈 목)　　④ 八(여덟 팔)

2 結(맺을 결) 糸부 6획

① 士(선비 사)　　② 土(흙 토)
③ 口(입 구)　　④ 糸(실 사)

3 輕(가벼울 경) 車부 7획

① 一(한 일)　　② 巛(개미허리)
③ 工(장인 공)　　④ 車(수레 거 · 차)

4 課(공부할 과) 言부 8획

① 木(나무 목)　　② 日(날 일)
③ 田(밭 전)　　④ 言(말씀 언)

5 橋(다리 교) 木부 12획

① 丿(삐칠 별)　　② 口(입 구)
③ 冂(멀경몸)　　④ 木(나무 목)

6~10 제시된 한자의 획수 고르기

6 勤(부지런할 근) 力(힘 력) 11획, 총 13획

一 艹 艹 艹 芒 芒 苧 莗 堇 堇 勤 勤

7 禁(금할 금) 示(보일 시)부 8획, 총 13획

一 十 寸 木 木 材 林 林 埜 梦 埜 禁 禁

8 給(줄 급) 糸(실 사)부 6획, 총 12획

ㄥ ㄠ ㄠ 幺 幺 糸 糸 給 給 給 給 給

9 念(생각 념) 心(마음 심)부 4획, 총 8획

丿 人 스 今 今 念 念 念

10 答(대답 답) 竹(대 죽)부 6획, 총 12획

丿 ㄣ ㄣ 㣺 竹 竹 竺 竺 ᄷ 芩 答 答

11~15 제시된 필순 유형에 맞는 한자 고르기

11 왼쪽에서 오른쪽으로 쓴다.

❶ 外(바깥 외) 丿 夕 夕 外 外
② 客(손 객) 丶 丶 宀 宀 宀 宓 客 客
③ 究(연구할 구) 丶 丶 宀 宀 宂 究 究
④ 量(헤아릴 량) 丶 丨 口 口 旦 旦 昌 昌 昌 量 量 量

12 좌우의 모양이 같을 때에는 가운데를 먼저 쓴다.
  ① 月(달 월) ㇒ 刀 刀 月
  ② 競(다툴 경) ㇒ ㇒ ㇒ ㇒ ㇒ ㇒ 竞 竞 竞 竞 竞 竞 竞
    竞 竞 競 競 競
  ③ 界(지경 계) ㇒ 冂 田 田 田 罘 界 界
  ④ 出(날 출) ㇒ 丄 屮 出 出

13 가운데를 꿰뚫는 획은 나중에 쓴다.
  ① 個(낱 개) ㇒ 亻 亻 佣 佣 佣 個 個 個 個
  ❷ 書(글 서) ㇒ ㇒ ㇒ 申 肀 書 書 書 書 書
  ③ 開(열 개) 丨 冂 冂 門 門 門 門 門 開 開
  ④ 固(굳을 고) 丨 冂 冂 門 門 固 固 固

14 가로획과 세로획이 교차될 때에는 가로획을 먼저 쓴다.
  ① 季(계절 계) ㇒ 二 千 禾 禾 季 季 季
  ② 敎(가르칠 교) ㇒ ㇒ 耂 耂 孝 孝 孝 敎 敎 敎 敎
  ❸ 共(함께 공) 一 十 卄 卅 共 共
  ④ 根(뿌리 근) 一 十 木 木 木 杍 柙 柙 根 根

15 삐침을 먼저 쓰고 파임을 나중에 쓴다.
  ❶ 文(글월 문) ㇒ 亠 ナ 文
  ② 擧(들 거) ㇒ ㇒ ㇒ ㇒ ㇒ ㇒ 飾 飾 飾 與 與 與 與 擧 擧 擧
  ③ 京(서울 경) ㇒ 亠 亠 古 亨 亨 京 京
  ④ 里(마을 리) 丨 冂 日 日 旦 里 里

16~20 제시된 한자의 짜임을 알고 같은 짜임의 한자 고르기

16 老(늙을 로) 상형
  ① 鼻(코 비)   ❷ 萬(일만 만) 상형
  ③ 賞(상줄 상)   ④ 原(언덕, 근원 원)

17 序(차례 서) 형성
  ① 音(소리 음)   ② 本(근본 본)
  ③ 素(본디 소)   ❹ 俗(풍속 속) 형성

18 益(더할 익) 회의
  ❶ 思(생각 사) 회의   ② 收(거둘 수)
  ③ 始(비로소 시)   ④ 案(책상 안)

19 半(반 반) 회의
  ① 母(어미 모)   ② 毛(털 모)
  ③ 江(강 강)   ❹ 家(집 가) 회의

20 米(쌀 미) 상형
  ① 視(볼 시)   ❷ 果(실과 과) 상형
  ③ 神(귀신 신)   ④ 室(집 실)

21~31 제시된 한자의 음 고르기

21 德(큰 덕)   22 到(이를 도)
23 東(동녘 동)   24 等(무리, 같을 등)
25 列(벌일 렬)   26 留(머무를 류)
27 脚(다리 각)   28 丹(붉을 단)
29 默(잠잠할 묵)   30 稀(드물 희)
31 吸(마실 흡)

32~39 제시된 음에 알맞은 한자 알기

32 률 ① 報(갚을, 알릴 보) ❷ 律(법칙 률)
    ③ 林(수풀 림)   ④ 末(끝 말)

33 면 ① 婦(며느리 부)   ② 夫(지아비 부)
    ❸ 勉(힘쓸 면)   ④ 首(머리 수)

34 방 ① 臣(신하 신)   ② 歲(해 세)
    ③ 飛(날 비)   ❹ 防(막을 방)

35 대 ① 旅(나그네 려)   ❷ 待(기다릴 대)
    ③ 徒(무리 도)   ④ 烈(매울 렬)

36 앙 ① 甚(심할 심)   ② 氏(성씨 씨)
    ③ 顏(얼굴 안)   ❹ 仰(우러를 앙)

37 휴 ❶ 携(이끌 휴)   ② 毀(헐 훼)
    ③ 候(기후 후)   ④ 曉(새벽 효)

38 횡 ① 劃(그을 획)   ② 獲(얻을 획)
    ❸ 橫(가로 횡)   ④ 懷(품을 회)

39 확 ❶ 穫(거둘 확)   ② 環(고리 환)
    ③ 悔(뉘우칠 회)   ④ 還(돌아올 환)

40~47 같은 음의 한자 고르기

40 漁(고기잡을 어)
  ① 葉(잎 엽)   ❷ 語(말씀 어)
  ③ 億(억 억)   ④ 如(같을 여)

41 榮(영화 영)
  ❶ 英(꽃부리 영)   ② 藝(재주 예)
  ③ 五(다섯 오)   ④ 玉(구슬 옥)

42 容(얼굴 용)
  ① 六(여섯 륙)   ② 牛(소 우)
  ❸ 用(쓸 용)   ④ 肉(고기 육)

43 讓(사양할 양)
  ① 於(어조사 어)   ② 嚴(엄할 엄)
  ③ 憶(생각할 억)   ❹ 揚(날릴 양)

44 余(나 여)
  ① 瓦(기와 와)   ② 亦(또 역)
  ❸ 汝(너 여)   ④ 炎(불꽃 염)

45 揮(휘두를 휘)
  ① 軍(군사 군)   ❷ 輝(빛날 휘)
  ③ 確(굳을 확)   ④ 禾(벼 화)

46 況(상황 황)
  ① 鴻(기러기 홍)   ② 弘(넓을 홍)
  ❸ 荒(거칠 황)   ④ 禍(재앙 화)

47 換(바꿀 환)
  ① 忽(문득 홀)   ② 昏(어두울 혼)
  ③ 魂(넋 혼)   ❹ 丸(둥글 환)

48~58 제시된 한자의 뜻 고르기

48 恩(은혜 은)   49 飮(마실 음)

50 昨(어제 작)   51 材(재목 재)

52 貯(쌓을 저)   53 臥(누울 와)

54 又(또 우)   55 惑(미혹할 혹)

56 豪(호걸 호)   57 慧(슬기 혜)

58 衡(저울대 형)

59~65 제시된 뜻에 맞는 한자 고르기

59 대적하다
  ① 全(온전할 전)   ② 製(지을 제)
  ❸ 敵(대적할 적)   ④ 祖(할아비 조)

60 일찍
  ❶ 早(이를 조)   ② 造(지을 조)
  ③ 足(발, 넉넉할 족)   ④ 卒(마칠 졸)

61 왼쪽
  ① 走(달릴 주)   ❷ 左(왼 좌)
  ③ 右(오른쪽 우)   ④ 注(물댈 주)

62 근심
  ① 尤(더욱 우)   ② 遇(만날 우)
  ❸ 憂(근심 우)   ④ 云(말할 운)

63 하다
  ① 怨(원망할 원)   ② 唯(오직 유)
  ③ 柔(부드러울 유)   ❹ 爲(할 위)

64 위협하다
  ① 螢(반딧불 형)   ❷ 脅(위협할 협)
  ③ 亨(형통할 형)   ④ 嫌(싫어할 혐)

65 드러나다
  ❶ 顯(나타날 현)   ② 縣(고을 현)
  ③ 絃(줄 현)   ④ 穴(구멍 혈)

66~70 제시된 한자와 비슷한 뜻 한자 고르기

66 暇(겨를 가)
  ① 却(물리칠 각)   ❷ 餘(남을 여)
  ③ 渴(목마를 갈)   ④ 康(편안할 강)

67 添(더할 첨)
  ① 勸(권할 권)   ② 勢(형세 세)
  ❸ 加(더할 가)   ④ 鍊(단련할 련)

68 減(덜 감)
  ❶ 損(덜 손)   ② 照(비칠 조)
  ③ 募(모을 모)   ④ 僅(겨우 근)

69 紅(붉을 홍)
  ① 細(가늘 세)   ② 綠(푸를 록)
  ❸ 赤(붉을 적)   ④ 廊(행랑 랑)

70 姦(간사할 간)
  ① 殿(큰집 전)   ② 倉(곳집 창)
  ③ 鮮(고울 선)   ❹ 邪(간사할 사)

제2영역   語 彙

71~72 짜임이 같은 한자어 고르기

71 屈曲(굽을 굴, 굽을 곡) : 사람이 살아가면서 잘되거나 잘 안 되거나 하는 일이 번갈아 나타나는 변동 유사
  ① 靑龍(푸를 청, 용 룡) : 푸른 용
  ② 訴訟(호소할 소, 송사할 송) : 법원에 재판을 청구하는 일, 또는 그 절차
  ❸ 顔面(얼굴 안, 낯 면) : 얼굴 유사
  ④ 號角(부를 호, 뿔 각) : 불어서 소리를 내어 신호용 따위로 쓰는 작은 물건

72 秀麗(빼어날 수, 고울 려) : 경치나 용모가 빼어나게 아름다움 유사
  ❶ 貌樣(모양 모, 모양 양) : 겉으로 나타나는 생김새나 모습 유사
  ② 首尾(머리 수, 꼬리 미) : 머리와 꼬리
  ③ 黃龍(누를 황, 용 룡) : 누런 용
  ④ 環境(고리 환, 지경 경) : 생활체를 둘러 싸고 직접 간접으로 영향을 주는 자연, 또는 사회의 조건이나 형편

73~90 음이 같은 한자어(동음이의어) 고르기

73 算出(셈할 산, 날 출) : 계산해 냄
  ① 入出(들 입, 날 출) : 수입과 지출
  ② 山村(메 산, 마을 촌) : 산속에 자리한 마을
  ③ 日出(날 일, 날 출) : 해가 돋음
  ❹ 産出(낳을 산, 날 출) : 물건이 생산되어 나오거나 물건을 생산해 냄

74 他山(다를 타, 메 산) : 다른 산
　① 野山(들 야, 메 산) : 들 근처에 있는 나지막한 산
　❷ 打算(칠 타, 셈할 산) : 이해 관계를 따져 셈쳐
　　봄, 또는 그 계산
　③ 物産(물건 물, 낳을 산) : 그 지방에서 나는 물건
　④ 順産(순할 순, 낳을 산) : 탈 없이 아이를 낳음

75 口頭(입 구, 머리 두) : 마주 대하여 입으로 하는 말
　① 口實(입 구, 열매 실) : 핑계 거리. 변명할 자료
　❷ 句讀(글귀 구, 구절 두) : 구두점의 사용법
　③ 口論(입 구, 논할 론) : 말로써 논쟁함
　④ 賣買(팔 매, 살 매) : 사고 팖

76 正道(바를 정, 길 도) : 바른 길
　① 獨島(홀로 독, 섬 도) : 울릉도 옆의 섬
　❷ 定都(정할 정, 도읍 도) : 수도를 정함
　③ 讀圖(읽을 독, 그림 도) : 지도의 표시를 해독함
　④ 別堂(나눌 별, 집 당) : 본채의 곁이나 뒤에 따로
　　떨어지게 지은 집

77 代立(대신 대, 설 립) : 공역에 다른 사람을 대신 보
내는 일
　① 存立(있을 존, 설 립) : 국가나 단체·제도·학
　　설 따위가 망하거나 없어지지 않고 존재함
　② 成立(이룰 성, 설 립) : 사물이 이루어짐
　③ 建立(세울 건, 설 립) : 탑, 동상, 건물 따위를 만
　　들어 세움
　❹ 對立(대할 대, 설 립) : 마주 섬

78 上士(윗 상, 선비 사) : 국군 하사관 계급의 하나,
중사의 위
　❶ 相思(서로 상, 생각 사) : 남녀가 서로 그리워함
　② 相生(서로 상, 날 생) : 오행에서 각 요소들이 다
　　른 요소들을 나게 하는 것, 또는 그 관계
　③ 死生(죽을 사, 날 생) : 죽고 삶
　④ 三聖(석 삼, 성인 성) : 세계의 세 성인. 공자, 예
　　수, 석가

79 雪花(눈 설, 꽃 화) : 눈송이를 꽃에 비유하여 이르
는 말
　① 仙化(신선 선, 될 화) : 신선으로 화한다는 뜻으
　　로 늙어서 병이나 고통없이 곱게 죽음
　② 手話(손 수, 말씀 화) : 주로 농아자끼리 손으로
　　하는 말
　❸ 說話(말씀 설, 말씀 화) : 한 민족 사이에 전승되
　　어 오는 이야기를 통틀어 이르는 말
　④ 船貨(배 선, 재물 화) : 배에 실은 화물

80 時調(때 시, 고를 조) : 고려 말부터 발달하여 온 우
리 나라 고유의 정형시
　① 試所(시험 시, 바 소) : 과거를 치르는 곳
　❷ 始祖(비로소 시, 할아비 조) : 한 가계나 왕계의
　　초대가 되는 사람
　③ 式典(법 식, 법 전) : 의례를 갖추어 베푸는 행사
　④ 曲調(굽을 곡, 고를 조) : 음악이나 가사의 가락.
　　곡이나 노래의 수를 세는 단위

81 姓名(성 성, 이름 명) : 성과 이름
　① 說明(말씀 설, 밝을 명) : 알기 쉽게 풀어서 밝힘
　❷ 聲明(소리 성, 밝을 명) : 어떤 사항에 관한 의견
　　이나 태도를 여러 사람에게 발표하는 일
　③ 解明(풀 해, 밝을 명) : 까닭이나 내용 따위를 풀
　　어서 밝힘
　④ 題目(제목 제, 눈 목) : 글이나 책, 그림, 노래 따
　　위의 이름

82 市場(시장 시, 마당 장) : 여러 가지 상품을 사고 파는 곳
　❶ 詩章(시 시, 글 장) : 시의 장구
　② 因子(인할 인, 아들 자) : 어떤 결과의 원인이 되
　　는 낱낱의 요소
　③ 詩想(시 시, 생각 상) : 시를 짓기 위한 시인의
　　착상이나 구상
　④ 是正(옳을 시, 바를 정) : 잘못된 것을 바로잡음

83 種子(씨 종, 아들 자) : 채소나 곡식의 씨앗
　❶ 從者(좇을 종, 놈 자) : 시중드는 사람
　② 宗主(으뜸 종, 주인 주) : 고대 중국에서 봉건 제
　　후들 가운데 패권을 잡은 맹주
　③ 入住(들 입, 살 주) : 특정한 땅이나 집에 들어가 삶
　④ 晝夜(낮 주, 밤 야) : 낮과 밤

84 期必(기약할 기, 반드시 필) : 틀림없이 이루어지기
를 기약함
　① 太平(클 태, 평평할 평) : 세상이 안정되고 풍년
　　이 들어 아무 걱정이 없고 평안함
　② 寸陰(마디 촌, 그늘 음) : 매우 짧은 시간
　③ 退村(물러날 퇴, 마을 촌) : 옛날에 시골 아전이
　　읍내에서 촌으로 물러나 살던 일
　❹ 起筆(일어날 기, 붓 필) : 글을 쓰기 시작함

85 佳景(아름다울 가, 볕 경) : 좋은 경치
　① 觀光(볼 관, 빛 광) : 다른 고장의 경치·풍습 등
　　을 구경함
　❷ 家慶(집 가, 경사 경) : 집안의 경사
　③ 古經(예 고, 글 경) : 옛 경전 또는 경문
　④ 尊敬(높을 존, 공경 경) : 남의 훌륭한 행위나 인
　　격 따위를 높여 공경함

84

86 逢迎(만날 봉, 맞이할 영) : 남이나 상대편의 뜻을 맞추어 줌. 영합
  ① 奉養(받들 봉, 기를 양) : 부모나 조부모를 받들어 모심
  ❷ 奉迎(받들 봉, 맞이할 영) : 귀인이나 웃어른을 받들어 맞음
  ③ 奉別(받들 봉, 나눌 별) : 윗사람과 이별함
  ④ 逢別(만날 봉, 나눌 별) : 만남과 이별

87 刻印(새길 각, 도장 인) : 도장을 새김
  ① 覺悟(깨달을 각, 깨달을 오) : 앞으로 해야 할 일이나 겪을 일에 대한 마음의 준비
  ② 記銘(기록할 기, 새길 명) : 새로 생긴 경험을 머릿속에 새기는 일
  ❸ 各人(각각 각, 사람 인) : 각각의 사람
  ④ 角度(뿔 각, 법도 도) : 각의 크기

88 主管(주인 주, 주관할 관) : 책임지고 맡아봄
  ① 主權(주인 주, 권세 권) : 주가 되는 권리
  ❷ 主觀(주인 주, 볼 관) : 여러 현상을 의식하며 사물을 생각하는 마음의 움직임
  ③ 主導(주인 주, 이끌 도) : 주장이 되어 이끌거나 지도함
  ④ 主張(주인 주, 베풀 장) : 자기의 학설이나 의견 따위를 굳이 내세움, 또는 그 학설이나 의견

89 蜜酒(꿀 밀, 술 주) : 꿀과 메밀가루를 섞어서 만든 술
  ❶ 密奏(빽빽할 밀, 아뢸 주) : 몰래 임금에게 아룀
  ② 密輸(빽빽할 밀, 보낼 수) : 법을 어기고 몰래 하는 수출이나 수입
  ③ 蜜水(꿀 밀, 물 수) : 꿀물
  ④ 蜜蜂(꿀 밀, 벌 봉) : 꿀벌

90 空腹(빌 공, 배 복) : 아침에 아무 것도 먹지 않은 배
  ① 鼓腹(북 고, 배 복) : 배를 두드림
  ❷ 功服(공 공, 옷 복) : 상복의 대공과 소공을 아울러 이르는 말
  ③ 洪福(넓을 홍, 복 복) : 큰 행복
  ④ 承服(이을 승, 복종할 복) : 납득하여 좇음

91~92 같은 한자가 다른 음으로 읽히는 한자어 고르기

91 ① 私見(사사 사, 볼 견) : 개인의 사사로운 의견
  ② 後見人(뒤 후, 볼 견, 사람 인) : 미성년자 또는 금치산자를 보호하며 그들의 법률 행위를 대리하는 일을 하는 사람
  ❸ 謁見(뵐 알, 뵐 현) : 지체 높은 사람을 찾아 뵘
  ④ 見聞(볼 견, 들을 문) : 보고 들음

92 ① 數學(셈 수, 배울 학) : 수량이나 도형의 성질 등에 대하여 연구하는 학문
  ② 數年(셈 수, 해 년) : 두서너 해
  ❸ 頻數(자주 빈, 자주 삭) : 일이 매우 잦음
  ④ 奇數(기이할 기, 셈 수) : 홀수

93~110 세 개 어휘에 공통되는 한자 고르기

93 □要(요긴할 요), □化(될 화), 富(부자 부)□
  ❶ 强(강할 강)   ② 重(무거울 중)
  ③ 深(깊을 심)   ④ 感(느낄 감)
  * 强要(강요), 强化(강화), 富强(부강)

94 □良(좋을 량), □善(착할 선), □定(정할 정)
  ① 獨(홀로 독)   ② 安(편안 안)
  ❸ 改(고칠 개)   ④ 次(버금 차)
  * 改良(개량), 改善(개선), 改定(개정)

95 不(아닐 불)□, 考(생각할 고)□, 省(살필 성)□
  ❶ 察(살필 찰)   ② 義(옳을 의)
  ③ 試(시험 시)   ④ 法(법 법)
  * 不察(불찰), 考察(고찰), 省察(성찰)

96 □住(살 주), □植(심을 식), □動(움직일 동)
  ① 入(들 입)   ❷ 移(옮길 이)
  ③ 運(움직일 운)   ④ 雄(수컷 웅)
  * 移住(이주), 移植(이식), 移動(이동)

97 樂(즐길 락)□, 公(공변될 공)□, 花(꽃 화)□
  ① 草(풀 초)   ② 圖(그림 도)
  ③ 元(으뜸 원)   ❹ 園(동산 원)
  * 樂園(낙원), 公園(공원), 花園(화원)

98 □滿(찰 만), □分(나눌 분), □實(열매 실)
  ① 事(일 사)   ② 未(아닐 미)
  ③ 過(지날 과)   ❹ 充(채울 충)
  * 充滿(충만), 充分(충분), 充實(충실)

99 □談(말씀 담), 直(곧을 직)□, 兩(두 량)□
  ❶ 面(낯 면)   ② 立(설 립)
  ③ 私(사사 사)   ④ 接(접할 접)
  * 面談(면담), 直面(직면), 兩面(양면)

100 □反(돌이킬 반), 色(빛 색)□, 位(자리 위)□
  ① 感(느낄 감)   ❷ 相(서로 상)
  ③ 患(근심 환)   ④ 則(법칙 칙)
  * 相反(상반), 色相(색상), 位相(위상)

101 □一(한 일), □合(합할 합), □計(셀 계)
  ❶ 統(거느릴 통)   ② 都(도읍 도)
  ③ 集(모을 집)   ④ 有(있을 유)
  * 統一(통일), 統合(통합), 統計(통계)

102 □氣(기운 기), 快(쾌할 쾌)□, □動(움직일 동)
　① 運(움직일 운)
　❷ 活(살 활)
　③ 生(날 생)
　④ 樂(즐길 락)
　* 活氣(활기), 快活(쾌활), 活動(활동)

103 調(고를 조)□, 自(스스로 자)□, □法(법 법)
　❶ 律(법칙 률)　　② 他(다를 타)
　③ 化(될 화)　　　④ 方(모 방)
　* 調律(조율), 自律(자율), 律法(율법)

104 校(학교 교)□, 不(아닐 불)□, □務(힘쓸 무)
　① 歌(노래 가)　　② 稅(세금 세)
　③ 長(길 장)　　　④ 服(옷, 복종할 복)
　* 校服(교복), 不服(불복), 服務(복무)

105 □究(연구할 구), □問(물을 문), □訪(찾을 방)
　① 硏(갈 연)　　　② 深(깊을 심)
　❸ 探(찾을 탐)　　④ 禮(예도 례)
　* 探究(탐구), 探問(탐문), 探訪(탐방)

106 □例(법식 례), 驚(놀랄 경)□, □質(바탕 질)
　❶ 異(다를 이)　　② 同(한가지 동)
　③ 里(마을 리)　　④ 才(재주 재)
　* 異例(이례), 驚異(경이), 異質(이질)

107 □大(큰 대), □張(베풀 장), □散(흩을 산)
　① 巨(클 거)　　　❷ 擴(넓힐 확)
　③ 分(나눌 분)　　④ 伸(펼 신)
　* 擴大(확대), 擴張(확장), 擴散(확산)

108 □助(도울 조), □佐(도울 좌), □職(직분 직)
　❶ 補(기울 보)　　② 保(보전할 보)
　③ 協(합할 협)　　④ 賤(천할 천)
　* 補助(보조), 補佐(보좌), 補職(보직)

109 □像(모양 상), 放(내칠 방)□, 終(마칠 종)□
　① 影(그림자 영)　　② 偶(짝 우)
　③ 講(욀 강)　　　❹ 映(비칠 영)
　* 映像(영상), 放映(방영), 終映(종영)

110 □反(돌이킬 반), □背(등 배), □憲(법 헌)
　❶ 違(어길 위)　　② 贊(도울 찬)
　③ 改(고칠 개)　　④ 犯(범할 범)
　* 違反(위반), 違背(위배), 違憲(위헌)

111~126 제시된 한자어와 상대되는 뜻의 한자어 고르기

111 公的(공변될 공, 과녁 적) : 딸려 있는 기관이나 사회 일반에 관계된 것
　① 公子(공변될 공, 아들 자) : 지체 높은 집안의 젊은 자제
　② 史的(역사 사, 과녁 적) : 역사에 관계되는 것
　③ 不死(아닐 불, 죽을 사) : 죽지 않음
　❹ 私的(사사 사, 과녁 적) : 개인에 관계되는 것

112 君子(임금 군, 아들 자) : 학문과 덕행이 높은 사람
　① 大人(큰 대, 사람 인) : 큰 사람. 어른
　② 聖人(성인 성, 사람 인) : 지덕이 뛰어난 세인의 모범으로 숭상할 만한 사람
　③ 美人(아름다울 미, 사람 인) : 얼굴이 아름다운 여자
　❹ 小人(작을 소, 사람 인) : 나이 어린 아이. 키나 몸집이 작은 사람

113 減少(덜 감, 적을 소) : 덜어서 적게 함
　① 加減(더할 가, 덜 감) : 더하고 뺌
　② 增減(더할 증, 덜 감) : 늚과 줆
　❸ 增加(더할 증, 더할 가) : 수나 양이 많아짐, 또는 많아지게 함
　④ 所得(바 소, 얻을 득) : 일의 경과로 얻어지는 이익

114 高調(높을 고, 고를 조) : 높은 가락. 시나 노래로 크게 흥겨움이 일어나는 일
　❶ 低調(낮을 저, 고를 조) : 능률이 오르지 않음
　② 快調(쾌할 쾌, 고를 조) : 상태가 매우 좋음
　③ 調節(고를 조, 마디 절) : 사물의 상태를 알맞게 조정하거나 균형이 잘 잡혀 어울리도록 함
　④ 調養(고를 조, 기를 양) : 몸을 보살피고 병을 다스림

115 入學(들 입, 배울 학) : 학교에 들어가 학생이 됨
　① 休學(쉴 휴, 배울 학) : 학생이 병이나 사고 따위로 말미암아 일정한 기간 학업을 쉼
　② 修學(닦을 수, 배울 학) : 학업을 닦음
　③ 無學(없을 무, 배울 학) : 배움이 없음
　❹ 退學(물러날 퇴, 배울 학) : 다니던 학교를 그만둠, 또는 그만 두게 함

116 同意(한가지 동, 뜻 의) : 같은 의견. 의견을 같이함
　① 同調(한가지 동, 고를 조) : 가락이 같음. 남의 의견이나 주장에 찬동하여 그에 따름
　❷ 異意(다를 이, 뜻 의) : 다른 의견
　③ 意圖(뜻 의, 그림 도) : 무엇을 이루려는 생각
　④ 意向(뜻 의, 향할 향) : 무엇을 하려는 생각

117 希望(바랄 희, 바랄 망) : 기대하여 바람
  ❶ 絕望(끊을 절, 바랄 망) : 모든 희망이 끊어짐
  ② 大望(큰 대, 바랄 망) : 큰 희망
  ③ 所望(바 소, 바랄 망) : 바라는 바
  ④ 展望(펼 전, 바랄 망) : 경치를 멀리 바라봄. 앞날에 있어서의 일의 형세

118 都市(도읍 도, 시장 시) : 사람이 많이 모여 사는 번화한 곳
  ① 都邑(도읍 도, 고을 읍) : 서울
  ② 都城(도읍 도, 성 성) : 서울
  ❸ 鄕村(시골 향, 마을 촌) : 시골
  ④ 故鄕(연고 고, 시골 향) : 태어나서 자란 곳

119 保守(보전할 보, 지킬 수) : 오랜 습관·제도 등을 소중히 여겨 그대로 지킴
  ① 中道(가운데 중, 길 도) : 어느 쪽으로도 치우치지 않는 일
  ② 事大(일 사, 큰 대) : 약자가 강자를 좇아 섬김
  ❸ 進步(나아갈 진, 걸음 보) : 차츰차츰 나아지거나 나아가는 일
  ④ 獨立(홀로 독, 설 립) : 남의 도움이나 간섭을 받지 않고 스스로의 힘으로 나라를 다스려 나감

120 不實(아닐 불[부], 열매 실) : 내용이 충실하지 못함
  ❶ 充實(채울 충, 열매 실) : 내용 따위가 잘 갖추어지고 알참
  ② 不忠(아닐 불, 충성 충) : 충성을 다하지 아니함
  ③ 忠誠(충성 충, 정성 성) : 진정에서 우러나는 정성
  ④ 忠情(충성 충, 뜻 정) : 충성스러운 정

121 吉兆(길할 길, 억조 조) : 좋은 일이 있을 징조
  ❶ 凶兆(흉할 흉, 억조 조) : 좋지 않은 징조
  ② 吉凶(길할 길, 흉할 흉) : 길함과 흉함
  ③ 吉鳥(길할 길, 새 조) : 사람에게 어떤 길한 일이 생김을 미리 알려준다는 새
  ④ 凶年(흉할 흉, 해 년) : 농작물이 예년에 비하여 잘되지 아니하여 굶주리게 된 해

122 暖流(따뜻할 난, 흐를 류) : 적도 부근의 저위도 지역에서 고위도 지역으로 흐르는 따뜻한 해류
  ① 急流(급할 급, 흐를 류) : 물이 급하게 흐름
  ❷ 寒流(찰 한, 흐를 류) : 한대 지방에서 적도 쪽으로 흐르는 찬 바닷물의 흐름
  ③ 亂流(어지러울 란, 흐를 류) : 속도나 압력이 불규칙하게 변하는 일
  ④ 氣流(기운 기, 흐를 류) : 공기의 흐름

123 落第(떨어질 락[낙], 차례 제) : 시험에서 떨어짐
  ① 落點(떨어질 락[낙], 점 점) : 총탄이나 포탄의 떨어지는 지점
  ② 王弟(임금 왕, 아우 제) : 임금의 아우
  ③ 科落(과목 과, 떨어질 락) : 과목 낙제의 준말
  ❹ 及第(미칠 급, 차례 제) : 과거에 합격하던 일

124 單純(홑 단, 순수할 순) : 복잡하지 않고 간단함
  ① 多數(많을 다, 셈 수) : 수효가 많음
  ❷ 複雜(겹칠 복, 섞일 잡) : 여러 가지 사물이나 사정이 겹치고 뒤섞여 어수선함
  ③ 複數(겹칠 복, 셈 수) : 둘 이상의 사람이나 사물의 동작이나 상태를 나타내는 언어 형식
  ④ 單數(홑 단, 셈 수) : 하나인 수

125 短縮(짧을 단, 줄일 축) : 일정 기준보다 짧게 줄임, 또는 짧게 줌
  ① 短期(짧을 단, 기약할 기) : 짧은 기간
  ② 年長(해 년[연], 길 장) : 비교하여 나이가 많음
  ❸ 延長(끌 연, 길 장) : 시간이나 거리 따위를 본래보다 길게 늘임
  ④ 壽命(목숨 수, 목숨 명) : 생물이 살아 있는 연한

126 傾斜(기울 경, 비낄 사) : 한쪽으로 비스듬히 기울어짐
  ① 貸與(빌릴 대, 더불 여) : 빌려 줌
  ❷ 水平(물 수, 평평할 평) : 잔잔한 수면처럼 평평한 모양
  ③ 貸借(빌릴 대, 빌 차) : 차주가 대주의 것을 이용한 뒤 그것을 반환해야 하는 계약을 통틀어 이르는 말
  ④ 賃貸(품삯 임, 빌릴 대) : 돈을 받고 자기의 물건을 남에게 빌려 줌

127~132 사자 성어 완성하기

127 竹(대 죽)馬(말 마)□友(벗 우)
  ① 古(예 고)   ② 名(이름 명)
  ③ 親(친할 친)   ❹ 故(연고 고)
  * 竹馬故友(죽마고우) : 어릴 때, 대나무말을 타고 놀며 같이 자란 친구

128 □一(한 일)知(알 지)十(열 십)
  ① 門(문 문)   ② 問(물을 문)
  ❸ 聞(들을 문)   ④ 文(글월 문)
  * 聞一知十(문일지십) : 하나를 듣고 열을 앎

129 日(날 일)暮(저물 모)□遠(멀 원)

  ❶ 途(길 도)   ② 刀(칼 도)

  ③ 月(달 월)   ④ 大(큰 대)

  * 日暮途遠(일모도원) : 해는 졌고 길은 멂, 즉 뜻하는 바는 큰데 너무 늦어 달성이 어려움

130 □木(나무 목)求(구할 구)魚(고기 어)

  ① 燕(제비 연)   ❷ 緣(인연 연)

  ③ 綠(푸를 록)   ④ 敏(민첩할 민)

  * 緣木求魚(연목구어) : 나무에 올라 물고기를 구하듯 불가능한 일을 하려고 함

131 遠(멀 원)交(사귈 교)近(가까울 근)□

  ① 掛(걸 괘)   ② 戰(싸움 전)

  ❸ 攻(칠 공)   ④ 睦(화목할 목)

  * 遠交近攻(원교근공) : 가까이 있는 나라를 공격하고 멀리 있는 나라와는 우의를 맺는 정책

132 □然(그럴 연)之(갈 지)氣(기운 기)

  ① 胡(오랑캐 호)   ❷ 浩(넓을 호)

  ③ 央(가운데 앙)   ④ 粉(가루 분)

  * 浩然之氣(호연지기) : 하늘과 땅 사이에 가득 찬 넓고 큰 원기. 거침 없이 넓고 큰 기개

133~136 제시된 사자 성어의 뜻 알기

133 多(많을 다)多(많을 다)益(더할 익)善(착할 선)

  多多益善(다다익선) : 많으면 많을수록 좋다.

134 各(각각 각)人(사람 인)各(각각 각)色(빛 색)

  各人各色(각인각색) : 사람마다 각기 다르다.

135 三(석 삼)尺(자 척)童(아이 동)子(아들 자)

  三尺童子(삼척동자) : 철 없는 어린 아이

136 過(지날 과)恭(공손할 공)非(아닐 비)禮(예도 례)

  過恭非禮(과공비례) : 지나친 공손은 예의가 아니다.

137~140 뜻에 맞는 사자 성어 고르기

137 총이나 활을 쏠 때마다 겨눈 곳에 다 맞다.

  ❶ 百(일백 백)發(쏠 발)百(일백 백)中(가운데 중)

  百發百中(백발백중) : 백번 쏘아 백번을 맞힌다는 뜻으로 총이나 활 따위를 쏠 때마다 겨눈 곳에 다 맞음을 이르는 말

  ② 一(한 일)石(돌 석)二(두 이)鳥(새 조)

  一石二鳥(일석이조) : 돌 한 개를 던져 새 두 마리를 잡는다는 뜻으로, 동시에 두 가지 이득을 봄

  ③ 自(스스로 자)業(일 업)自(스스로 자)得(얻을 득)

  自業自得(자업자득) : 자기가 저지른 일의 결과를 자기가 받음

  ④ 士(선비 사)農(농사 농)工(장인 공)商(장사 상)

  士農工商(사농공상) : 예전에, 백성을 나누던 네 가지 계급 선비, 농부, 공장(工匠), 상인

138 여러 가지 일도 많고 어려움도 많다.

  ① 多(많을 다)才(재주 재)多(많을 다)能(능할 능)

  多才多能(다재다능) : 재주와 능력이 여러 가지로 많음

  ❷ 多(많을 다)事(일 사)多(많을 다)難(어려울 난)

  多事多難(다사다난) : 여러 가지 일도 많고 어려움이나 탈도 많음

  ③ 父(아비 부)傳(전할 전)子(아들 자)傳(전할 전)

  父傳子傳(부전자전) : 아버지가 아들에게 대대로 전함

  ④ 山(메 산)戰(싸움 전)水(물 수)戰(싸움 전)

  山戰水戰(산전수전) : 산에서도 싸우고 물에서도 싸웠다. 세상의 온갖 고생과 어려움을 다 겪었음

139 외물과 자아가 어울려 하나가 되다.

  ① 獨(홀로 독)不(아닐 불)將(장수 장)軍(군사 군)

  獨不將軍(독불장군) : 무슨 일이든 자기 생각대로 혼자서 처리하는 사람

  ② 大(큰 대)同(한가지 동)小(작을 소)異(다를 이)

  大同小異(대동소이) : 큰 차이 없이 거의 같음

  ③ 克(이길 극)己(몸 기)復(회복할 복)禮(예도 례)

  克己復禮(극기복례) : 지나친 욕심을 누르고 예의 범절을 쫓음

  ❹ 物(물건 물)我(나 아)一(한 일)體(몸 체)

  物我一體(물아일체) : 자연물과 자아가 하나된 상태

140 몹시 가난하다.

  ① 破(깨뜨릴 파)竹(대 죽)之(갈 지)勢(형세 세)

  破竹之勢(파죽지세) : 대를 쪼개는 기세라는 뜻으로, 적을 거침없이 물리치고 쳐들어가는 기세

  ❷ 三(석 삼)旬(열흘 순)九(아홉 구)食(먹을 식)

  三旬九食(삼순구식) : 서른 날에 아홉 끼니밖에 못 먹음

  ③ 傾(기울 경)國(나라 국)之(갈 지)色(빛 색)

  傾國之色(경국지색) : 임금이 혹하여 국정을 게을리함으로써 나라를 위기에 빠뜨리게 할 미인

  ④ 奇(기이할 기)貨(재물 화)可(옳을 가)居(거할 거)

  奇貨可居(기화가거) : 진귀한 물품들을 쌓아 두었다가 나중에 높은 값에 팖

제3영역 讀解

141~154 문장에 쓰인 한자어의 음 알기

141 학생 모두가 일어서서 校歌(학교 교, 노래 가)를 제창하였다.

142 국민은 투표로써, 자신의 意見(뜻 의, 볼 견)을 표시한다.

143 매만 맞고 돌아온 흥부는 스스로의 힘으로 살아가기로 決心(결단할 결, 마음 심)하고 열심히 일을 하였다.

144 신문에는 수많은 廣告(넓을 광, 알릴 고)가 실린다.

145 나는 모아 둔 일기장을 챙기면서 옛날에 쓴 日記(날 일, 기록할 기)들을 살펴보았다.

146 합격자 명단이 붙어 있는 게시판 앞의 학생들의 얼굴에 喜悲(기쁠 희, 슬플 비)가 엇갈렸다.

147 人類(사람 인, 무리 류)는 모두 평화를 원하지만, 지금도 전쟁을 계속하고 있는 곳이 있다.

148 시조는 우리 민족만이 짓고 부르던 고유한 形式(모양 형, 법 식)의 노래이다.

149 일단 합의를 통해 결정된 일에는 모두가 믿고 따르며 協力(합할 협, 힘 력)해야 한다.

150 자원의 개발과 산업의 발전은 우리 생활을 向上(향할 향, 윗 상)시켜 주지만, 한편으로는 여러 문제점이 생기고 있다.

151 탐스럽고 화려한 꽃으로 모란이나 장미가 있고, 香氣(향기 향, 기운 기)가 좋은 꽃으로는 백합과 라일락이 있다.

152 필요 없는 전등 하나를 끄면, 그만큼 돈도 節約(마디 절, 맺을 약)할 수 있다.

153 假令(거짓 가, 하여금 령) 다음과 같은 문장을 놓고 고찰해 보기로 하겠다.

154 아내는 꼼꼼한 성격이어서 빠뜨리지 않고 家計簿(집 가, 셀 계, 문서 부)을(를) 적는다.

155~159 문장에 쓰인 한자어의 뜻 알기

155 할아버지의 春秋(봄 춘, 가을 추)가 어떻게 되느냐는 질문에 '일흔이십니다' 라고 대답하였다.
  * 나이

156 그의 長技(길 장, 재주 기)는 뭐니 해도 명창에 비길만한 소리이다.
  * 가장 잘하는 재주

157 막동은 내색하지 않으려고 무던히 애를 쓰고 있었지만 內心(안 내, 마음 심) 공포에 가까운 불안에 떨고 있었다.
  * 마음속으로

158 그녀는 그의 처지며 그의 주위에서 생기고 있는 일이 무엇인지 대뜸 看破(볼 간, 깨뜨릴 파)를 한 것 같았다.
  * 속내를 알아차리다.

159 고종 황제는 새로운 내각을 조직함에 있어서도 왜국 공사관의 심한 干涉(방패 간, 건널 섭)을 배제할 수가 없었다.
  * 남의 일에 참견하다.

160~164 문장에 맞는 한자어 고르기

160 요즈음 어린이들은 겉으로 보기에는 건강한 것 같아도 온실의 □□처럼 몸이 허약하다.
  ① 花園(꽃 화, 동산 원) : 꽃을 심은 동산
  ② 化草(될 화, 풀 초) * 한자어 아님
  ③ 花初(꽃 화, 처음 초) * 한자어 아님
  ❹ 花草(꽃 화, 풀 초) : 보기 위해 꽃밭이나 화분에 심는 풀과 나무

161 우리 □□의 대부분은 산으로 되어 있다.
  ① 國民(나라 국, 백성 민) : 한 나라 안에서 살고 있는 모든 사람들
  ❷ 國土(나라 국, 흙 토) : 나라의 땅
  ③ 農土(농사 농, 흙 토) : 농사짓는 땅
  ④ 國地(나라 국, 땅 지) * 한자어 아님

162 그는 □□가 공인하는 미남이다.
  ① 子他(아들 자, 다를 타) * 한자어 아님
  ② 者他(놈 자, 다를 타) * 한자어 아님
  ❸ 自他(스스로 자, 다를 타) : 자기와 남
  ④ 字他(글자 자, 다를 타) * 한자어 아님

163 그 선수는 자신이 은퇴를 할 것인지 아닌지에 대하여 아직 □□를 분명히 밝히지 않았다.
  ① 去來(갈 거, 올 래) : 돈을 서로 주고받거나 물건을 사고 파는 일
  ② 去取(갈 거, 가질 취) * 한자어 아님
  ❸ 去就(갈 거, 나아갈 취) : 어떤 사건이나 문제에 대하여 밝히는 태도
  ④ 過去(지날 과, 갈 거) : 지나간 때

164 교육부 □□에서 교수들의 논문 표절이 무더기로 적발돼 물의를 빚었다.
① 感謝(느낄 감, 사례할 사) : 고마움. 고맙게 여김
❷ 監査(볼 감, 조사할 사) : 감독하고 검사함
③ 甘辭(달 감, 말씀 사) * 한자어 아님
④ 敢死(감히 감, 죽을 사) * 한자어 아님

165~170 문장에 맞지 않는 한자어 고르기

165 모든 ① 生物(날 생, 물건 물)이 그렇듯이, ② 人間(사람 인, 사이 간)도 적절한 ❸ 校育(학교 교, 기를 육)을 받음으로써 사회화되고 ④ 自我(스스로 자, 나 아)의 폭을 넓히게 되는 것이다.
* 校育 → 敎育(가르칠 교, 기를 육)

166 ❶ 間學(물을 문, 배울 학) ② 作品(지을 작, 물건 품)이 인간의 ③ 生活(날 생, 살 활) 모습을 담아낸다면, 문학 작품 속에도 갈등이 ④ 存在(있을 존, 있을 재)할 것이다.
* 間學 → 文學(글월 문, 배울 학)

167 태풍이 ① 南海(남녘 남, 바다 해)안을 ② 强打(강할 강, 칠 타)하여 많은 ③ 財産(재물 재, 낳을 산) 피해와 ❹ 人名(사람 인, 이름 명) 피해를 냈다.
* 人名 → 人命(사람 인, 목숨 명)

168 김씨는 ① 所聞(바 소, 들을 문)난 ❷ 空妻家(빌 공, 아내 처, 집 가)였으나, 그래도 ③ 自身(스스로 자, 몸 신)은 결코 공처가가 아니라 ④ 愛妻家(사랑 애, 아내 처, 집 가)일 뿐이라고 말하였다.
* 空妻家 → 恐妻家(두려울 공, 아내 처, 집 가)

169 정부는 ❶ 經齊(지날 경, 가지런할 제) 발전에 꼭 필요한 ② 道路(길 도, 길 로), 항만, ③ 空港(빌 공, 항구 항) 등을 ④ 建設(세울 건, 베풀 설)하는 데에 힘썼다.
* 經齊 → 經濟(지날 경, 건널 제)

170 유엔의 '여성에 대한 모든 형태의 차별 철폐 협약 이 ① 發效(필 발, 본받을 효)한 지도 20년째, ② 先進國(먼저 선, 나아갈 진, 나라 국) 소리를 들으려면 여성 차별 관련 ③ 制度(지을 제, 법도 도)와 ❹ 官行(벼슬 관, 다닐 행)도 부지런히 고쳐나가야 한다.
* 官行 → 慣行(익숙할 관, 다닐 행)

171~178 바르게 쓴 한자어 고르기

171 어린이들은 일반적으로 영양이 많은 생선을 충분히 먹지 않는다.
① 育分(기를 육, 나눌 분)
② 養育(기를 양, 기를 육)
❸ 充分(채울 충, 나눌 분)
④ 忠分(충성 충, 나눌 분)

172 정치를 하는 사람 중에서는 자기의 이익만을 추구하는 사람이 있다.
① 正治(바를 정, 다스릴 치)
② 正致(바를 정, 이를 치)
③ 政致(정사 정, 이를 치)
❹ 政治(정사 정, 다스릴 치)

173 한식은 설, 단오, 추석과 함께 4대 명절 가운데 하나이다.
① 韓食(한국 한, 먹을 식)
❷ 寒食(찰 한, 먹을 식)
③ 韓式(한국 한, 법 식)
④ 寒式(찰 한, 법 식)

174 어느덧 소년은 자라 청년이 되었다.
① 請年(청할 청, 해 년)
② 情年(뜻 정, 해 년)
❸ 靑年(푸를 청, 해 년)
④ 淸年(맑을 청, 해 년)

175 인구가 한 곳으로 집중하지 않도록 전국을 고르게 살기 좋은 곳으로 만들어야 한다.
① 集重(모을 집, 무거울 중)
② 集衆(모을 집, 무리 중)
❸ 集中(모을 집, 가운데 중)
④ 集合(모을 집, 합할 합)

176 민주주의 정치는 국민이 직접 정치가가 되거나 대표를 뽑아 나라를 다스리는 정치이다.
❶ 直接(곧을 직, 접할 접)
② 間接(사이 간, 접할 접)
③ 直線(곧을 직, 줄 선)
④ 直選(곧을 직, 가릴 선)

177 시골이 고향인 그는 서울 생활을 청산하고 부인과 귀농 생활을 하기 위해 고향으로 내려왔다.
❶ 歸農(돌아갈 귀, 농사 농)
② 貴農(귀할 귀, 농사 농)
③ 歸國(돌아갈 귀, 나라 국)
④ 貴國(귀할 귀, 나라 국)

178 그 한마디가 엄마와 나 사이의 구제할 수 없는 진흙탕 같은 분위기를 빠르게 건조시키고 <u>균열</u>마저 가게 하는 것 같았다.
　① 均熱(고를 균, 더울 열)
　② 均裂(고를 균, 찢어질 렬[열])
　❸ 龜裂(터질 균, 찢어질 렬[열])
　④ 菌裂(버섯 균, 찢어질 렬[열])

179~183 어구의 뜻과 비슷한 한자어 고르기

179 임진왜란이 일어나자, 전국에서 <u>나라를</u> 지키기 위해 의병이 일어섰다.
　① 國歌(나라 국, 노래 가)
　❷ 國家(나라 국, 집 가)
　③ 族長(겨레 족, 길 장)
　④ 學習(배울 학, 익힐 습)

180 진희는 집에서 <u>맏딸</u>이다.
　① 長男(길 장, 사내 남)
　❷ 長女(길 장, 계집 녀)
　③ 次男(버금 차, 사내 남)
　④ 次女(버금 차, 계집 녀)

181 재호네 집은 <u>매우 가난하다.</u>
　① 富貴(부자 부, 귀할 귀)
　② 有識(있을 유, 알 식)
　❸ 極貧(극진할 극, 가난할 빈)
　④ 極樂(극진할 극, 즐길 락)

182 우리 나라의 명절 가운데에서 설, <u>수리</u>, 한가위가 큰 명절이다.
　① 秋夕(가을 추, 저녁 석)
　② 下午(아래 하, 낮 오)
　❸ 端午(끝 단, 낮 오)
　④ 正午(바를 정, 낮 오)

183 그 나라는 우방과의 <u>외교 관계가 끊어지면서</u> 경제적인 손실이 많았다.
　① 絕交(끊을 절, 사귈 교)
　❷ 斷交(끊을 단, 사귈 교)
　③ 通交(통할 통, 사귈 교)
　④ 交涉(사귈 교, 건널 섭)

184~188 글에 쓰인 한자어와 한자의 뜻 알기

184 <u>㉠죽음</u>의 뜻을 가진 것은?
　① 短(짧을 단)　　　❷ 死(죽을 사)
　③ 病(병 병)　　　④ 復(회복할 복)

185 <u>㉡뽑아서</u>의 뜻을 가진 것은?
　① 買(살 매)　　　② 賣(팔 매)
　❸ 選(가릴 선)　　　④ 殺(죽일 살)

186 <u>㉢출전</u>의 한자 표기가 바른 것은?
　① 快勝(쾌할 쾌, 이길 승)
　② 史官(역사 사, 벼슬 관)
　③ 登山(오를 등, 메 산)
　❹ 出戰(날 출, 싸움 전)

187 <u>㉣많은 병사</u>의 뜻을 가장 잘 나타낸 것은?
　① 大君(큰 대, 임금 군)
　❷ 大軍(큰 대, 군사 군)
　③ 對戰(대할 대, 싸움 전)
　④ 移動(옮길 이, 움직일 동)

188 <u>㉤싸움에 지고 말았다</u>의 한자 표기가 바른 것은?
　① 滿期(찰 만, 기약할 기)
　② 速步(빠를 속, 걸음 보)
　③ 風波(바람 풍, 물결 파)
　❹ 敗戰(패할 패, 싸움 전)

189~193 글에 쓰인 한자어와 한자의 뜻 알기

189 <u>㉠罪(허물 죄)</u>의 독음이 바른 것은?
　❶ 죄　　　② 비
　③ 시　　　④ 인

190 <u>㉡명리</u>의 한자 표기가 바른 것은?
　① 命理(목숨 명, 다스릴 리)
　② 代理(대신 대, 다스릴 리)
　❸ 名利(이름 명, 이로울 리)
　④ 合理(합할 합, 다스릴 리)

191 <u>㉢거리</u>의 한자 표기가 바른 것은?
　① 家(집 가)　　　❷ 街(거리 가)
　③ 回(돌아올 회)　　　④ 出(날 출)

192 <u>㉣行動(다닐 행, 움직일 동)</u>의 독음이 바른 것은?
　① 필승　　　② 황색
　③ 교육　　　❹ 행동

193 <u>㉤언행</u>의 한자 표기가 바른 것은?
　❶ 言行(말씀 언, 다닐 행)
　② 香水(향기 향, 물 수)
　③ 自然(스스로 자, 그럴 연)
　④ 南行(남녘 남, 다닐 행)

194~197 글에 쓰인 한자어와 한자의 뜻 알기

194 ㉠洗練(씻을 세, 익힐 련)의 독음이 바른 것은?
① 단련　　　　② 선련
❸ 세련　　　　④ 수련

195 ㉣으뜸의 뜻을 가진 것은?
① 貴(귀할 귀)　　② 均(고를 균)
❸ 元(으뜸 원)　　④ 華(빛날 화)

196 ㉡技術~㉥耕路 중 한자 표기가 바르지 않은 것은?
① ㉡技術(재주 기, 재주 술)
② ㉢黑土(검을 흑, 흙 토)
③ ㉣名品(이름 명, 물건 품)
❹ ㉥耕路(밭갈 경, 길 로)

　* 耕路 → 經路(지날 경, 길 로)

197 ㉆등장의 '장' 자의 한자 표기가 바른 것은?
① 長(긴 장)　　　② 壯(장할 장)
③ 章(글 장)　　　❹ 場(마당 장)

198~203 글에 쓰인 한자어와 한자의 뜻 알기

198 ㉠전쟁~㉣자연의 한자 표기가 바른 것은?
① ㉠戰鬪(싸움 전, 싸움 투)
② ㉡勝負(이길 승, 질 부)
❸ ㉢氣候(기운 기, 기후 후)
④ ㉣自宴(스스로 자, 잔치 연)

199 ㉺뒤바뀔의 뜻을 가장 잘 나타낸 것은?
① 休戰(쉴 휴, 싸움 전)
❷ 逆轉(거스를 역, 구를 전)
③ 更新(고칠 경, 새 신)
④ 改革(고칠 개, 고칠 혁)

200 ㉧역사의 '역' 자와 같은 한자를 사용하는 것은?
① 負役(질 부, 부릴 역)
② 交易(사귈 교, 바꿀 역)
③ 陽曆(볕 양, 책력 력)
❹ 遍歷(두루 편, 지날 력)

201 ㉂화공, ㉃수공의 한자 표기가 바른 것은?
① 火工(불 화, 장인 공), 水工(물 수, 장인 공)
② 火功(불 화, 공 공), 手功(손 수, 공 공)
❸ 火攻(불 화, 칠 공), 水攻(물 수, 칠 공)
④ 化工(될 화, 장인 공), 手工(손 수, 장인 공)

202 ㉾때의 뜻을 가진 것은?
① 空(빌 공)　　　❷ 時(때 시)
③ 慙(부끄러울 참)　④ 禾(벼 화)

203 ㉩場面~㉲童男風 중 한자 표기가 바르지 않은 것은?
① ㉩場面(마당 장, 낯 면)
② ㉠赤壁大戰(붉을 적, 벽 벽, 큰 대, 싸움 전)
③ ㉦聯合軍(연이을 련, 합할 합, 군사 군)
❹ ㉲童男風(아이 동, 사내 남, 바람 풍)

　* 童男風 → 東南風(동녘 동, 남녘 남, 바람 풍)

204~210 글에 쓰인 한자어와 한자의 뜻 알기

204 ㉠성가대원의 한자 표기가 바른 것은?
① 聲歌臺員(소리 성, 노래 가, 대 대, 인원 원)
② 聖歌臺員(성인 성, 노래 가, 대 대, 인원 원)
③ 聲歌隊員(소리 성, 노래 가, 무리 대, 인원 원)
❹ 聖歌隊員(성인 성, 노래 가, 무리 대, 인원 원)

205 ㉡兵師~㉭威力 중 한자 표기가 바르지 않은 것은?
❶ ㉡兵師(병사 병, 스승 사)
② ㉢暫時(잠깐 잠, 때 시)
③ ㉣逸話(편안할 일, 말씀 화)
④ ㉭威力(위엄 위, 힘 력)

　* 兵師 → 兵士(병사 병, 선비 사)

206 ㉤유명의 한자 표기가 바른 것은?
① 幽冥(그윽할 유, 어두울 명)
② 幽明(그윽할 유, 밝을 명)
❸ 有名(있을 유, 이름 명)
④ 遺命(남을 유, 목숨 명)

207 ㉂성탄절의 한자 표기가 바른 것은?
① 四旬節(넉 사, 열흘 순, 마디 절)
❷ 聖誕節(성인 성, 태어날 탄, 마디 절)
③ 釋誕節(풀 석, 태어날 탄, 마디 절)
④ 復活節(다시 부, 살 활, 마디 절)

208 ㉿百貨店~㉠輕快의 독음이 바른 것은?
❶ ㉿百貨店(일백 백, 재물 화, 가게 점)
② ㉧密集(빽빽할 밀, 모을 집)
③ ㉦中心街(가운데 중, 마음 심, 거리 가)
④ ㉠輕快(가벼울 경, 쾌할 쾌)

209 ㉢含蓄(머금을 함, 모을 축)의 독음이 바른 것은?
① 내포　　　　② 함유
❸ 함축　　　　④ 상징

210 ㉣구세군의 '구' 자의 한자 표기가 바른 것은?
❶ 救(구원할 구)　　② 求(구할 구)
③ 拘(잡을 구)　　　④ 究(연구할 구)

| 정답 |

1 ②	2 ①	3 ④	4 ③	5 ②
6 ③	7 ④	8 ③	9 ③	10 ②
11 ②	12 ①	13 ②	14 ①	15 ③
16 ③	17 ①	18 ④	19 ②	20 ②
21 ③	22 ④	23 ④	24 ②	25 ②
26 ①	27 ③	28 ②	29 ②	30 ④
31 ②	32 ②	33 ③	34 ②	35 ①
36 ①	37 ③	38 ①	39 ④	40 ③
41 ②	42 ②	43 ②	44 ③	45 ④
46 ③	47 ①	48 ①	49 ③	50 ④
51 ①	52 ②	53 ②	54 ④	55 ③
56 ①	57 ②	58 ②	59 ③	60 ②
61 ③	62 ④	63 ②	64 ②	65 ①
66 ①	67 ④	68 ②	69 ②	70 ②
71 ②	72 ④	73 ②	74 ②	75 ②
76 ①	77 ②	78 ①	79 ③	80 ②
81 ②	82 ②	83 ②	84 ③	85 ②
86 ④	87 ②	88 ②	89 ④	90 ③
91 ②	92 ①	93 ②	94 ①	95 ②
96 ④	97 ②	98 ①	99 ③	100 ④
101 ①	102 ②	103 ②	104 ②	105 ④
106 ①	107 ②	108 ②	109 ②	110 ④
111 ②	112 ①	113 ②	114 ④	115 ③
116 ③	117 ②	118 ②	119 ②	120 ②
121 ②	122 ②	123 ④	124 ④	125 ①
126 ②	127 ②	128 ②	129 ②	130 ②
131 ①	132 ②	133 ①	134 ③	135 ④
136 ①	137 ④	138 ②	139 ③	140 ①
141 ③	142 ②	143 ②	144 ②	145 ②
146 ①	147 ②	148 ②	149 ③	150 ②
151 ③	152 ④	153 ②	154 ①	155 ②
156 ③	157 ②	158 ②	159 ③	160 ②
161 ②	162 ①	163 ②	164 ①	165 ④
166 ②	167 ②	168 ④	169 ②	170 ②
171 ②	172 ②	173 ④	174 ②	175 ②
176 ④	177 ②	178 ②	179 ③	180 ①
181 ④	182 ②	183 ②	184 ②	185 ②
186 ①	187 ④	188 ②	189 ②	190 ①
191 ②	192 ②	193 ②	194 ②	195 ②
196 ②	197 ①	198 ②	199 ②	200 ②
201 ②	202 ②	203 ①	204 ④	205 ①
206 ④	207 ②	208 ④	209 ④	210 ②

제I영역　漢字

1~5 제시된 한자의 부수 고르기

1 經(지날, 글 경) 糸부 7획
① 工(장인 공)　　② 糸(실 사)
③ 川(내 천)　　④ 一(한 일)

2 男(사내 남) 田부 2획
❶ 田(밭 전)　　② 力(힘 력)
③ 刀(칼 도)　　④ ㅣ(뚫을 곤)

3 命(목숨 명) 口부 5획
① 儿(걷는사람 인)　　② ノ(삐칠 별)
③ 广(엄 호)　　❹ 口(입 구)

4 容(얼굴 용) 宀부 7획
① 口(입 구)　　② 二(두 이)
❸ 宀(갓머리)　　④ 八(여덟 팔)

5 充(채울 충) 儿부 3획
① 充(채울 충)　　❷ 儿(걷는사람 인)
③ 一(한 일)　　④ 厶(마늘모)

6~10 제시된 한자의 획수 고르기

6 巨(클 거) 工(장인 공)부 2획, 총 5획
一 厂 F F 巨

7 落(떨어질 락) 艸[艹](풀 초)부 9획, 총 13획
丶 丷 艹 艹 艾 茨 莎 茨 茨 菠 落 落 落

8 歲(해 세) 止(그칠 지)부 9획, 총 13획
丨 丨 止 止 广 广 声 声 芹 岸 歲 歲 歲

9 弱(약할 약) 弓(활 궁)부 7획, 총 10획
フ ㄱ 弓 弓 弓 弜 弜 弱 弱 弱

10 雨(비 우) 雨(비 우)부 0획, 총 8획
一 冖 币 币 雨 雨 雨 雨

11~15 제시된 필순 유형에 맞는 한자 고르기

11 위에서 아래로 쓴다.
① 月(달 월) ノ 刀 刀 月
❷ 工(장인 공) 一 T 工
③ 田(밭 전) 丨 冂 冂 田 田
④ 例(법식 례) ノ 亻 亻 仔 仔 例 例 例

12 가로획과 세로획이 교차될 때에는 가로획을 먼저 쓴다.
  ❶ 土(흙 토) 一十土
  ② 中(가운데 중) 丨冂口中
  ③ 向(향할 향) 丿亻冂向向向
  ④ 血(피 혈) 丿亻白白血血

13 안과 바깥쪽이 있을 때 바깥쪽을 먼저 쓴다.
  ① 羊(양 양) 丶丷亅羊羊羊
  ❷ 曲(굽을 곡) 丨冂冂曲曲曲
  ③ 惠(은혜 혜) 一一一一一車車車惠惠惠
  ④ 火(불 화) 丶丷少火

14 오른쪽 위의 점은 제일 나중에 쓴다.
  ❶ 代(대신 대) 丿亻亻代代
  ② 米(쌀 미) 丶丷丷半米米
  ③ 身(몸 신) 丿亻亻勹勹月身身
  ④ 八(여덟 팔) 丿八

15 왼쪽과 오른쪽의 모양이 같을 때에는 가운데를 먼저 쓴다.
  ① 受(받을 수) 一丆丆爫爫爫爫受受
  ② 牛(소 우) 丿一二牛
  ❸ 水(물 수) 丨刂水水
  ④ 業(일 업) 丨丨丨丷丷丱丱丱丱丱業業業

16~20 제시된 한자의 짜임을 알고 같은 짜임의 한자 고르기

16 中(가운데 중) 상형
  ① 本(근본 본)   ② 多(많을 다)
  ❸ 川(내 천) 상형   ④ 好(좋을 호)

17 非(아닐 비) 상형
  ❶ 雨(비 우) 상형   ② 太(클 태)
  ③ 間(사이 간)   ④ 定(정할 정)

18 品(물건 품) 회의
  ① 功(공 공)   ② 想(생각 상)
  ③ 湖(호수 호)   ❹ 孝(효도 효) 회의

19 郡(고을 군) 형성
  ① 入(들 입)   ❷ 和(화할 화) 형성
  ③ 西(서녘 서)   ④ 己(몸 기)

20 五(다섯 오) 상형
  ① 三(석 삼)   ❷ 竹(대 죽) 상형
  ③ 村(마을 촌)   ④ 古(예 고)

21~31 제시된 한자의 음 고르기

21 客(손 객)   22 見(볼 견)
23 毛(터럭 모)   24 俗(풍속 속)

25 量(헤아릴 량)   26 昨(어제 작)
27 慈(사랑 자)   28 眠(잘 면)
29 範(법 범)   30 誓(맹세할 서)
31 厄(재앙 액)

32~39 제시된 음에 알맞은 한자 알기

32 숙 ① 絶(끊을 절)   ② 罪(허물 죄)
     ③ 忠(충성 충)   ❹ 宿(잘 숙)

33 위 ① 祝(빌 축)   ② 立(설 립)
     ❸ 位(자리 위)   ④ 恩(은혜 은)

34 종 ① 章(글 장)   ❷ 種(씨 종)
     ③ 重(무거울 중)   ④ 取(가질 취)

35 이 ❶ 已(이미 이)   ② 己(몸 기)
     ③ 巳(뱀 사)   ④ 署(관청 서)

36 자 ❶ 姉(손위누이 자)   ② 妹(누이 매)
     ③ 仰(우러를 앙)   ④ 浴(목욕할 욕)

37 고 ① 底(밑 저)   ② 階(섬돌 계)
     ❸ 稿(원고 고)   ④ 響(울릴 향)

38 오 ❶ 烏(까마귀 오)   ② 島(섬 도)
     ③ 鳥(새 조)   ④ 鳴(울 명)

39 잠 ① 慙(부끄러울 참)   ② 沈(잠길 침)
     ③ 浸(잠길 침)   ❹ 暫(잠깐 잠)

40~47 같은 음의 한자 고르기

40 輕(가벼울 경)
  ① 勤(부지런할 근)   ② 運(움직일 운)
  ❸ 經(지날 경)   ④ 河(물 하)

41 素(본디 소)
  ① 偉(위대할 위)   ❷ 笑(웃음 소)
  ③ 順(순할 순)   ④ 場(마당 장)

42 香(향기 향)
  ① 幸(다행 행)   ❷ 鄕(시골 향)
  ③ 勝(이길 승)   ④ 仕(벼슬 사)

43 丹(붉을 단)
  ① 暖(따뜻할 난)   ❷ 單(홑 단)
  ③ 酒(술 주)   ④ 革(가죽 혁)

44 坤(땅 곤)
  ① 吉(길할 길)   ② 申(펼 신)
  ❸ 困(곤할 곤)   ④ 壯(장할 장)

45 赴(다다를 부)
  ① 越(넘을 월)   ② 操(잡을 조)
  ③ 播(뿌릴 파)   ❹ 腐(썩을 부)

46 奏(아뢸 주)
　① 罰(벌할 벌)　　② 孤(외로울 고)
　❸ 洲(섬 주)　　④ 殊(다를 수)

47 漂(뜰 표)
　❶ 票(표 표)　　② 額(이마 액)
　③ 輪(바퀴 륜)　　④ 侯(제후 후)

48~58 제시된 한자의 뜻 고르기

48 去(갈 거)　　　49 期(기약할 기)
50 變(변할 변)　　51 姓(성 성)
52 字(글자 자)　　53 穀(곡식 곡)
54 唯(오직 유)　　55 硬(굳을 경)
56 孟(맏 맹)　　　57 屛(병풍 병)
58 獻(드릴 헌)

59~65 제시된 뜻에 맞는 한자 고르기

59 금하다
　❶ 禁(금할 금)　　② 金(쇠 금)
　③ 常(항상 상)　　④ 元(으뜸 원)

60 아이
　① 番(차례 번)　　❷ 兒(아이 아)
　③ 屋(집 옥)　　④ 調(고를 조)

61 헤아리다
　① 歌(노래 가)　　② 怒(성낼 노)
　❸ 料(헤아릴 료)　　④ 科(과목 과)

62 골
　① 骨(뼈 골)　　② 郎(사내 랑)
　③ 盛(성할 성)　　❹ 谷(골 곡)

63 잇다
　① 枝(가지 지)　　❷ 續(이을 속)
　③ 誤(그르칠 오)　　④ 除(덜 제)

64 지키다
　① 納(들일 납)　　② 委(맡길 위)
　❸ 衛(지킬 위)　　④ 該(해당할 해)

65 잡다
　❶ 捕(잡을 포)　　② 抱(안을 포)
　③ 演(펼 연)　　④ 酌(술부을 작)

66~70 제시된 한자와 비슷한 뜻의 한자 고르기

66 哭(울 곡)
　❶ 泣(울 읍)　　② 翼(날개 익)
　③ 托(맡길 탁)　　④ 軒(집 헌)

67 劇(심할 극)
　① 絡(이을 락)　　② 脈(줄기 맥)
　③ 付(부칠 부)　　❹ 甚(심할 심)

68 黨(무리 당)
　① 缺(이지러질 결)　　❷ 衆(무리 중)
　③ 趣(뜻 취)　　④ 荷(멜 하)

69 帝(임금 제)
　① 蘭(난초 란)　　② 那(어찌 나)
　❸ 君(임금 군)　　④ 被(입을 피)

70 許(허락 허)
　① 傾(기울 경)　　❷ 諾(허락할 낙)
　③ 掃(쓸 소)　　④ 庸(떳떳할 용)

제2영역　語彙

71~72 짜임이 같은 한자어 고르기

71 民主(백성 민, 주인 주) : 주권이 국민에게 있음 주술
　① 性情(성품 성, 뜻 정) : 성질과 심정, 또는 타고
　　난 본성
　❷ 人造(사람 인, 만들 조) : 사람이 만듦, 또는 그
　　물건 주술
　③ 參與(참여할 참, 더불 여) : 어떤 일에 끼어들어
　　관계함
　④ 意志(뜻 의, 뜻 지) : 목적이 뚜렷한 생각이나 뜻

72 夜深(밤 야, 깊을 심) : 밤이 깊음 주술
　① 出席(날 출, 자리 석) : 수업 등에 나감
　② 勉學(힘쓸 면, 배울 학) : 학문에 힘씀
　③ 授業(줄 수, 일 업) : 학업이나 기술을 가르쳐 줌
　❹ 歲暮(해 세, 저물 모) : 한 해가 끝날 무렵. 설을
　　앞둔 섣달 그믐께를 이름 주술

73~90 음이 같은 한자어(동음이의어) 고르기

73 市街(시장 시, 거리 가) : 인가나 상가가 많이 늘어
　서 번창한 곳
　① 同行(한가지 동, 다닐 행) : 두 사람 이상이 길을
　　같이 감
　② 私事(사사 사, 일 사) : 사사로운 일
　③ 商高(장사 상, 높을 고) : 상업 고등학교의 준말
　❹ 時價(때 시, 값 가) : 일정한 시기의 물건 값

74 典故(법 전, 연고 고) : 전거가 되는 옛일
  ❶ 前古(앞 전, 예 고) : 지나간 옛날
  ② 堅固(굳을 견, 굳을 고) : 굳고 튼튼함
  ③ 先考(먼저 선, 생각할 고) : 선친
  ④ 萬古(일만 만, 예 고) : 한없이 오랜 세월

75 救命(구원할 구, 목숨 명) : 사람의 목숨을 구함
  ① 口令(입 구, 하여금 령) : 여러 사람의 움직임을
    같이 하기 위하여 부르는 호령
  ❷ 究明(연구할 구, 밝을 명) : 사물의 본질, 원인
    따위를 깊이 연구하여 밝힘
  ③ 救國(구원할 구, 나라 국) : 위태로운 나라를 구함
  ④ 救助(구원할 구, 도울 조) : 위험한 상태에 있는
    사람을 도와서 구원함

76 同一(한가지 동, 한 일) : 어떤 것과 비교하여 똑같음
  ❶ 冬日(겨울 동, 날 일) : 겨울날
  ② 童心(아이 동, 마음 심) : 어린 아이의 마음
  ③ 動心(움직일 동, 마음 심) : 마음이 움직임
  ④ 洞里(골 동, 마을 리) : 마을. 지방 행정 구역인
    동과 리

77 消亡(사라질 소, 망할 망) : 사라져 없어져 버림
  ① 藥草(약 약, 풀 초) : 약이 되는 풀
  ❷ 所望(바 소, 바랄 망) : 바람. 바라는 바
  ③ 滿月(찰 만, 달 월) : 보름달
  ④ 萬一(일만 만, 한 일) : 혹시. 어쩌다가. 그러한
    경우에는

78 常衣(항상 상, 옷 의) : 보통 때 입는 옷
  ❶ 相議(서로 상, 의논할 의) : 서로 의논함
  ② 誠意(정성 성, 뜻 의) : 정성스러운 뜻
  ③ 成人(이룰 성, 사람 인) : 어른
  ④ 下衣(아래 하, 옷 의) : 몸의 아랫도리에 입는 옷

79 人和(사람 인, 화할 화) : 여러 사람이 서로 화합함
  ① 引下(끌 인, 아래 하) : 물건 따위를 끌어내림.
    가격 따위를 낮춤
  ② 人家(사람 인, 집 가) : 사람이 사는 집
  ③ 入會(들 입, 모일 회) : 어떤 회의 회원이 됨
  ❹ 引火(끌 인, 불 화) : 불이 옮아 붙음

80 兩手(두 량[양], 손 수) : 두 손
  ① 藥水(약 약, 물 수) : 먹어서 약이 된다는 샘물
  ② 約數(약속할 약, 셈 수) : 어떤 수나 식을 나머지
    없이 나눌 수 있는 수
  ❸ 陽數(볕 양, 셈 수) : 0보다 큰 수
  ④ 野手(들 야, 손 수) : 야구에서, 내야수와 외야수
    를 통틀어 이르는 말

81 醫師(의원 의, 스승 사) : 의술과 약으로 병을 치
  료 · 진찰하는 것을 직업으로 삼는 사람
  ① 衣服(옷 의, 옷 복) : 옷
  ❷ 義士(옳을 의, 선비 사) : 옳은 일을 위하여 뜻을
    굽히지 않는 꿋꿋한 사람
  ③ 議論(의논할 의, 논할 론[논]) : 어떤 일에 대하
    여 서로 의견을 주고받음
  ④ 應戰(응할 응, 싸움 전) : 상대편의 공격에 맞서
    서 싸움, 또는 상대편의 도전에 응하여 싸움

82 詩人(시 시, 사람 인) : 시를 짓는 사람
  ① 自家(스스로 자, 집 가) : 자기의 집. 자기
  ❷ 是認(옳을 시, 알 인) : 옳거나 그러하다고 인정함
  ③ 朝家(아침 조, 집 가) : 임금이 나라의 정치를 신
    하들과 의논하거나 집행하는 곳, 또는 그런 기구
  ④ 作家(지을 작, 집 가) : 문학 작품, 사진, 그림,
    조각 따위의 예술품을 창작하는 사람

83 主義(주인 주, 옳을 의) : 굳게 지키는 주장이나 방
  침. 체계화된 이론이나 학설
  ① 注目(물댈 주, 눈 목) : 어떤 일에 특별히 관심을
    가지고 봄
  ② 注力(물댈 주, 힘 력) : 힘을 있는 대로 다 들임
  ❸ 注意(물댈 주, 뜻 의) : 마음에 새겨 조심함, 잘
    알아듣도록 타이름
  ④ 注入(물댈 주, 들 입) : 흘러 들어가도록 부어 넣음

84 過去(지날 과, 갈 거) : 지나간 때
  ① 藝鄕(재주 예, 시골 향) : 예술을 즐기는 사람이
    많고 예술가를 많이 배출한 고을
  ② 寒害(찰 한, 해로울 해) : 추위로 입는 피해
  ❸ 科擧(과목 과, 들 거) : 고려와 조선 시대에 관리
    를 뽑기 위하여 실시하던 시험
  ④ 結婚(맺을 결, 혼인할 혼) : 남녀가 정식으로 부
    부 관계를 맺음

85 干支(방패 간, 지탱할 지) : 십간(十干)과 십이지(十
  二支), 또는 간(干)과 지(支)를 조합한 것
  ① 産地(낳을 산, 땅 지) : 생산되어 나오는 곳
  ❷ 間紙(사이 간, 종이 지) : 접어서 맨 책의 종이가
    얇아 힘이 없을 때, 그 접은 각 장의 속에 넣어
    받치는 종이
  ③ 散在(흩을 산, 있을 재) : 여기저기 흩어져 있음
  ④ 存在(있을 존, 있을 재) : 실제로 있음, 또는 있
    는 그것

96

86 佛性(부처 불, 성품 성) : 진리를 깨달은 부처의 본성
　① 不生(아닐 불, 날 생) : 불교에서 모든 현상은 진여(眞如) 그대로의 모양이며 늘 존재하는 것으로, 갑자기 생긴 것이 아님을 뜻하는 말
　② 部長(떼 부, 길 장) : 한 부서의 우두머리
　③ 否定(아닐 부, 정할 정) : 그렇지 아니하다고 단정하거나 옳지 아니하다고 반대함
　❹ 不成(아닐 불, 이룰 성) : 이루어지지 못함

87 拂出(떨칠 불, 날 출) : 돈이나 물품을 내어 줌
　① 投下(던질 투, 아래 하) : 던져 아래로 떨어뜨림
　❷ 不出(아닐 불, 날 출) : 나오지 않음
　③ 射出(쏠 사, 날 출) : 화살이나 탄알, 가스 따위를 쏘아서 내보냄
　④ 表出(겉 표, 날 출) : 겉으로 나타냄

88 光覺(빛 광, 깨달을 각) : 빛에 대한 감각
　① 光學(빛 광, 배울 학) : 빛의 성질과 현상을 연구하는 학문
　❷ 廣角(넓을 광, 뿔 각) : 넓은 각도. 특히 렌즈의 빛을 모으는 각도가 넓음
　③ 狂簡(미칠 광, 간략할 간) : 뜻하는 바는 크나 행동은 이에 미치지 못하고 소홀하며 거침
　④ 光景(빛 광, 볕 경) : 눈에 보이는 경치. 어떤 장면의 모습

89 叛徒(배반할 반, 무리 도) : 반란을 꾀하거나 그에 가담한 무리
　① 半天(반 반, 하늘 천) : 하늘의 반쪽
　② 反射(돌이킬 반, 쏠 사) : 일정한 방향으로 나아가던 파동이 다른 물체의 표면에 부딪쳐 나아가던 방향을 반대로 바꾸는 현상
　③ 反動(돌이킬 반, 움직일 동) : 어떤 작용에 대하여 그 반대로 작용함
　❹ 半島(반 반, 섬 도) : 세 면이 바다에 싸여 있고, 한 면은 육지와 이어진 땅

90 部別(떼 부, 나눌 별) : 많은 것을 몇 부문이나 종류로 나눔
　① 部隊(떼 부, 무리 대) : 일정한 규모로 편성된 군대 조직을 일반적으로 이르는 말
　② 夫婦(지아비 부, 지어미 부) : 남편과 아내
　❸ 賦別(구실 부, 나눌 별) : 나누어 배당함
　④ 浮雲(뜰 부, 구름 운) : 뜬구름

91~92 같은 한자가 다른 음으로 읽히는 한자어 고르기

91 ① 讀書(읽을 독, 글 서) : 책을 읽음
　❷ 吏讀(관리 리[이], 구절 두) : 한자의 음과 뜻을 빌려 우리말을 적은 표기법
　③ 速讀(빠를 속, 읽을 독) : 빠르게 읽음
　④ 一讀(한 일, 읽을 독) : 한번 읽음

92 ❶ 惡人(악할 악, 사람 인) : 나쁜 사람
　② 憎惡(미워할 증, 미워할 오) : 아주 사무치게 미워함
　③ 惡寒(미워할 오, 찰 한) : 몸이 오슬오슬 춥고 떨리는 증상
　④ 好惡(좋을 호, 미워할 오) : 좋아함과 싫어함

93~110 세 개 어휘에 공통되는 한자 고르기

93 談(말씀 담)□, 失(잃을 실)□, 冷(찰 랭[냉])□
　① 水(물 수)　　　　❷ 笑(웃음 소)
　③ 敗(패할 패)　　　④ 言(말씀 언)
　* 談笑(담소), 失笑(실소), 冷笑(냉소)

94 形(형상 형)□, □紙(종이 지), □益(더할 익)
　❶ 便(편할 편)　　　② 利(이로울 리)
　③ 用(쓸 용)　　　　④ 體(몸 체)
　* 形便(형편), 便紙(편지), 便益(편익)

95 □世(인간 세), □安(편안 안), 完(완전할 완)□
　① 全(온전할 전)　　❷ 治(다스릴 치)
　③ 結(맺을 결)　　　④ 平(평평할 평)
　* 治世(치세), 治安(치안), 完治(완치)

96 □度(법도 도), 上(윗 상)□, 有(있을 유)□
　① 溫(따뜻할 온)　　② 席(자리 석)
　③ 角(뿔 각)　　　　❹ 限(한계 한)
　* 限度(한도), 上限(상한), 有限(유한)

97 解(풀 해)□, 論(논할 론)□, □法(법 법)
　① 海(바다 해)　　　❷ 說(말씀 설)
　③ 强(강할 강)　　　④ 政(정사 정)
　* 解說(해설), 論說(논설), 說法(설법)

98 □造(지을 조), □藥(약 약), 手(손 수)□
　① 急(급할 급)　　　② 農(농사 농)
　③ 題(제목 제)　　　❹ 製(지을 제)
　* 製造(제조), 製藥(제약), 手製(수제)

99 □筆(붓 필), 先(먼저 선)□, □近(가까울 근)
　① 遠(멀 원)　　　　② 後(뒤 후)
　❸ 親(친할 친)　　　④ 文(글월 문)
　* 親筆(친필), 先親(선친), 親近(친근)

100 □舉(들 거), 競(다툴 경)□, 初(처음 초)□
　① 爭(다툴 쟁)　　② 快(쾌할 쾌)
　③ 等(무리 등)　　❹ 選(가릴 선)
　* 選舉(선거), 競選(경선), 初選(초선)

101 □達(통달할 달), □送(보낼 송), □統(거느릴 통)
　❶ 傳(전할 전)　　② 正(바를 정)
　③ 通(통할 통)　　④ 移(옮길 이)
　* 傳達(전달), 傳送(전송), 傳統(전통)

102 □波(물결 파), 貧(가난할 빈)□, □食(먹을 식)
　① 冬(겨울 동)　　❷ 寒(찰 한)
　③ 富(부자 부)　　④ 風(바람 풍)
　* 寒波(한파), 貧寒(빈한), 寒食(한식)

103 □起(일어날 기), □亡(망할 망), 中(가운데 중)□
　① 間(사이 간)　　② 存(있을 존)
　❸ 興(일 흥)　　　④ 成(이룰 성)
　* 興起(흥기), 興亡(흥망), 中興(중흥)

104 □設(베풀 설), 再(두 재)□, □物(물건 물)
　① 財(재물 재)　　❷ 建(세울 건)
　③ 新(새 신)　　　④ 考(생각할 고)
　* 建設(건설), 再建(재건), 建物(건물)

105 □聲(소리 성), □迎(맞을 영), 哀(슬플 애)□
　❶ 歡(기쁠 환)　　② 送(보낼 송)
　③ 愁(근심 수)　　④ 怨(원망할 원)
　* 歡聲(환성), 歡迎(환영), 哀歡(애환)

106 妙(묘할 묘)□, 吟(읊을 음)□, 興(일 흥)□
　❶ 味(맛 미)　　　② 案(책상 안)
　③ 技(재주 기)　　④ 遊(놀 유)
　* 妙味(묘미), 吟味(음미), 興味(흥미)

107 困(곤할 곤)□, 無(없을 무)□, □塞(막힐 색)
　① 亂(어지러울 란)　② 邊(가 변)
　❸ 窮(다할 궁)　　④ 閉(닫을 폐)
　* 困窮(곤궁), 無窮(무궁), 窮塞(궁색)

108 同(한가지 동)□, □主(주인 주), □約(맺을 약)
　① 志(뜻 지)　　　② 豫(미리 예)
　③ 密(빽빽할 밀)　❹ 盟(맹세 맹)
　* 同盟(동맹), 盟主(맹주), 盟約(맹약)

109 旅(나그네 려)□, 虛(빌 허)□, 雜(섞일 잡)□
　① 行(다닐 행)　　❷ 費(쓸 비)
　③ 漫(질펀할 만)　④ 菌(버섯 균)
　* 旅費(여비), 虛費(허비), 雜費(잡비)

110 □改(고칠 개), □恨(한할 한), 後(뒤 후)□
　① 回(돌아올 회)　② 會(모일 회)
　③ 懷(품을 회)　　❹ 悔(뉘우칠 회)
　* 悔改(회개), 悔恨(회한), 後悔(후회)

111~126 제시된 한자어와 상대되는 뜻의 한자어 고르기

111 愛國(사랑 애, 나라 국) : 나라를 사랑함
　① 愛族(사랑 애, 겨레 족) : 겨레를 사랑함
　❷ 賣國(팔 매, 나라 국) : 나라를 팔아 먹음
　③ 入國(들 입, 나라 국) : 나라로 들어옴
　④ 大國(큰 대, 나라 국) : 큰 나라

112 個體(낱 개, 몸 체) : 하나의 독립된 생물체
　❶ 全體(온전할 전, 몸 체) : 온통. 전부
　② 主體(주인 주, 몸 체) : 어떤 단체나 물건의 주가 되는 부분
　③ 光體(빛 광, 몸 체) : 제 스스로 빛을 내는 물체
　④ 物體(물건 물, 몸 체) : 구체적인 형태를 가지고 있는 것

113 古代(예 고, 대신 대) : 옛 시대
　❶ 現代(나타날 현, 대신 대) : 오늘날의 시대
　② 中世(가운데 중, 인간 세) : 역사의 시대 구분에서, 고대에 이어 근대에 선행(先行)하는 시기
　③ 古來(예 고, 올 래) : 예로부터 내려오면서
　④ 古今(예 고, 이제 금) : 예전과 지금을 아울러 이르는 말

114 高空(높을 고, 빌 공) : 높은 공중
　① 高低(높을 고, 낮을 저) : 높고 낮음
　② 太古(클 태, 예 고) : 아득한 옛날
　③ 復古(회복할 복, 예 고) : 과거의 모양, 정치, 사상, 제도, 풍습 따위로 돌아감
　❹ 低空(낮을 저, 빌 공) : 높지 않은 공중

115 問題(물을 문, 제목 제) : 풀어야 할 어려운 일, 대답을 요구하는 물음
　① 設問(베풀 설, 물을 문) : 조사를 하거나 통계 자료 따위를 얻기 위하여 어떤 주제에 대하여 문제를 내어 물음, 또는 그 문제
　② 問答(물을 문, 대답 답) : 물음과 대답
　❸ 解答(풀 해, 대답 답) : 문제를 풀어서 답함
　④ 不問(아닐 불, 물을 문) : 묻지 아니함

116 正門(바를 정, 문 문) : 건물 앞쪽 면에 있는 문
　① 城門(성 성, 문 문) : 성의 출입구에 만든 문
　② 人文(사람 인, 글월 문) : 인류의 문화. 인물과 문물을 아울러 이르는 말
　❸ 後門(뒤 후, 문 문) : 건물의 뒤쪽에 있는 문
　④ 門下(문 문, 아래 하) : 문객이 드나드는 권세가 있는 집. 가르침을 받는 스승의 아래

117 晝間(낮 주, 사이 간) : 먼동이 터서 해가 지기 전까지의 동안
　① 野望(들 야, 바랄 망) : 크게 무엇을 이루어 보겠다는 희망
　❷ 夜間(밤 야, 사이 간) : 해가 진 뒤부터 먼동이 트기 전까지의 동안
　③ 晝夜(낮 주, 밤 야) : 밤낮
　④ 夜行(밤 야, 다닐 행) : 밤에 길을 감

118 子正(아들 자, 바를 정) : 밤 열두 시
　❶ 正午(바를 정, 낮 오) : 낮 열두 시
　② 不正(아닐 불[부], 바를 정) : 바르지 않음
　③ 孝子(효도 효, 아들 자) : 효성스러운 아들
　④ 午後(낮 오, 뒤 후) : 낮 열두 시부터 밤 열두 시까지의 사이

119 過大(지날 과, 큰 대) : 지나치게 큼
　① 中間(가운데 중, 사이 간) : 두 사물의 사이
　② 街路(거리 가, 길 로) : 시가지의 넓은 도로
　③ 人道(사람 인, 길 도) : 사람이 다니는 길
　❹ 過小(지날 과, 작을 소) : 지나치게 작음

120 直接(곧을 직, 접할 접) : 중간에 다른 것을 거치지 않고 바로 접함
　① 直通(곧을 직, 통할 통) : 직접 통함
　② 正直(바를 정, 곧을 직) : 바르고 곧음
　❸ 間接(사이 간, 접할 접) : 사이에 든 것을 통하여 연결되는 관계
　④ 慶事(경사 경, 일 사) : 기쁜 일

121 實名(열매 실, 이름 명) : 실제의 이름
　① 失名(잃을 실, 이름 명) : 이름을 모름
　❷ 假名(거짓 가, 이름 명) : 가짜 이름
　③ 佳名(아름다울 가, 이름 명) : 아름다운 이름
　④ 失明(잃을 실, 밝을 명) : 시력을 잃어 앞을 못 보게 됨

122 淸潔(맑을 청, 깨끗할 결) : 맑고 깨끗함
　❶ 不潔(아닐 불, 깨끗할 결) : 어떤 사물이나 장소가 깨끗하지 아니하고 더러움
　② 淸明(맑을 청, 밝을 명) : 날씨가 맑고 깨끗함
　③ 快晴(쾌할 쾌, 갤 청) : 하늘이 맑게 갬
　④ 純潔(순수할 순, 깨끗할 결) : 잡된 것이 섞이지 아니하고 깨끗함

123 曲流(굽을 곡, 흐를 류) : 물이 굽이쳐 흘러감, 또는 그 흐름이나 물
　① 合流(합할 합, 흐를 류) : 둘 이상의 흐름이 한데 합하여 흐름, 또는 그렇게 합한 흐름
　② 主流(주인 주, 흐를 류) : 강물 따위의 원줄기가 되는 큰 흐름. 사상이나 학술 따위의 주된 경향이나 갈래
　③ 交流(사귈 교, 흐를 류) : 서로 섞여 오고가고 함
　❹ 直流(곧을 직, 흐를 류) : 곧은 흐름. 어떤 계통을 직접 계승하고 있는 유파

124 建設(세울 건, 베풀 설) : 새로 만들어 세움
　① 建物(세울 건, 물건 물) : 거주하거나 그 밖의 목적으로 지어 놓은 집
　② 破産(깨뜨릴 파, 낳을 산) : 재산을 모두 잃고 망함
　③ 建立(세울 건, 설 립) : 건물, 기념비, 동상, 탑 따위를 만들어 세움
　❹ 破壞(깨뜨릴 파, 무너질 괴) : 때려 부수거나 깨뜨려 헐어 버림

125 與黨(더불 여, 무리 당) : 정당 정치에서, 현재 정권을 잡은 정당
　❶ 野黨(들 야, 무리 당) : 정당 정치에서, 현재 정권을 잡고 있지 아니한 정당
　② 朋黨(벗 붕, 무리 당) : 조선 시대에, 이념과 이해에 따라 이루어진 사림의 집단을 이르던 말
　③ 新黨(새 신, 무리 당) : 새로 만든 정당
　④ 作黨(지을 작, 무리 당) : 떼를 지음, 또는 무리를 이룸

126 浪費(물결 랑[낭], 쓸 비) : 돈이나 물건 등을 써서 없앰
　① 費用(쓸 비, 쓸 용) : 무엇을 사거나 어떤 일을 하는 데 드는 돈
　❷ 貯蓄(쌓을 저, 모을 축) : 절약해 모아 둠
　③ 濫費(넘칠 람[남], 쓸 비) : 시간이나 재물 따위를 헛되이 헤프게 씀
　④ 貯水(쌓을 저, 물 수) : 물을 모아 둠

127~132 사자 성어 완성하기

127 不(아닐 불)可(옳을 가)思(생각 사)□
　① 義(옳을 의)　　　② 意(뜻 의)
　❸ 議(의논할 의)　　④ 利(이로울 리)
　* 不可思議(불가사의) : 사람의 생각으로는 미루어 헤아릴 수 없이 이상하고 야릇함

128 陰(그늘 음)□五(다섯 오)行(다닐 행)
　❶ 陽(볕 양)　　　　② 食(먹을 식)
　③ 洋(큰바다 양)　　④ 養(기를 양)
　* 陰陽五行(음양오행) : 음양과 오행을 아울러 이르는 말

129 此(이 차)日(날 일)□日(날 일)
① 皮(가죽 피)　　❷ 彼(저 피)
③ 此(이 차)　　　④ 終(마칠 종)
* 此日彼日(차일피일) : 이 날 저 날 미룸

130 □骨(뼈 골)難(어려울 난)忘(잊을 망)
① 死(죽을 사)　　❷ 刻(새길 각)
③ 各(각각 각)　　④ 肉(고기 육)
* 刻骨難忘(각골난망) : 은혜가 뼈에 새겨져 잊혀지지 않음

131 □想(생각 상)天(하늘 천)外(바깥 외)
❶ 奇(기이할 기)　　② 繁(번성할 번)
③ 昭(밝을 소)　　　④ 詐(속일 사)
* 奇想天外(기상천외) : 착상이나 생각 따위가 쉽게 짐작할 수 없을 정도로 기발하고 엉뚱함

132 中(가운데 중)原(언덕 원)□鹿(사슴 록)
① 蛇(뱀 사)　　　② 輩(무리 배)
③ 遂(드디어 수)　　❹ 逐(쫓을 축)
* 中原逐鹿(중원축록) : 군웅(群雄)이 제왕의 지위를 얻으려고 다투는 일. 서로 경쟁하여 어떤 지위를 얻고자 하는 일

133~136 제시된 사자 성어의 뜻 알기

133 東(동녘 동)問(물을 문)西(서녘 서)答(대답 답)
東問西答(동문서답) : 물음과는 전혀 상관없는 엉뚱한 대답

134 馬(말 마)耳(귀 이)東(동녘 동)風(바람 풍)
馬耳東風(마이동풍) : 남의 말을 지나쳐 흘려 버리다.

135 事(일 사)必(반드시 필)歸(돌아갈 귀)正(바를 정)
事必歸正(사필귀정) : 모든 일은 반드시 바른 데로 돌아간다.

136 天(하늘 천)高(높을 고)馬(말 마)肥(살찔 비)
天高馬肥(천고마비) : 하늘이 맑고 모든 것이 풍성하다.

137~140 뜻에 맞는 사자 성어 고르기

137 늙지 아니하고 오래 살다.
① 能(능할 능)小(작을 소)能(능할 능)大(큰 대)
能小能大(능소능대) : 모든 일에 두루 능함
② 靑(푸를 청)天(하늘 천)白(흰 백)日(날 일)
靑天白日(청천백일) : 하늘이 맑게 갠 대낮. 맑은 하늘에 뜬 해
③ 三(석 삼)十(열 십)六(여섯 륙)計(셀 계)
三十六計(삼십육계) : 서른 여섯 가지의 꾀. 많은 모계(謀計)를 이름
❹ 不(아닐 불)老(늙을 로)長(길 장)生(날 생)
不老長生(불로장생) : 늙지 아니하고 오래 삶

138 사람이 수없이 많이 모인 상태
① 結(맺을 결)草(풀 초)報(갚을 보)恩(은혜 은)
結草報恩(결초보은) : 죽어서도 은혜를 잊지 않고 갚음
❷ 人(사람 인)山(메 산)人(사람 인)海(바다 해)
人山人海(인산인해) : 사람이 산을 이루고 바다를 이루었다는 뜻으로, 사람이 수없이 많이 모인 상태
③ 以(써 이)熱(더울 열)治(다스릴 치)熱(더울 열)
以熱治熱(이열치열) : 열은 열로써 다스림. 곧 열이 날 때에 땀을 낸다든지, 더위를 뜨거운 차를 마셔서 이긴다든지, 힘은 힘으로 물리친다는 따위를 이를 때에 흔히 쓰는 말
④ 出(날 출)天(하늘 천)大(큰 대)孝(효도 효)
出天大孝(출천대효) : 하늘이 낸 효자라는 뜻으로, 지극한 효자나 효성을 이르는 말

139 도움을 줄 만한 아주 가까운 친척
① 無(없을 무)所(바 소)不(아닐 불)爲(할 위)
無所不爲(무소불위) : 하지 못하는 일이 없음
② 家(집 가)家(집 가)戶(집 호)戶(집 호)
家家戶戶(가가호호) : 한집 한집
❸ 强(강할 강)近(가까울 근)之(갈 지)親(친할 친)
强近之親(강근지친) : 도움을 줄 만한 아주 가까운 친척
④ 君(임금 군)子(아들 자)不(아닐 불)器(그릇 기)
君子不器(군자불기) : 군자는 그릇처럼 국한되지 않고 두루 능함

140 착한 일을 권장하고 악한 일을 징계하다.
❶ 勸(권할 권)善(착할 선)懲(징계할 징)惡(악할 악)
勸善懲惡(권선징악) : 착한 일을 권장하고 악한 일을 징계함
② 苦(쓸 고)肉(고기 육)之(갈 지)計(셀 계)
苦肉之計(고육지계) : 적을 속이기 위하여 자신의 괴로움을 무릅쓰고 꾸미는 꾀
③ 道(길 도)聽(들을 청)塗(길 도)說(말씀 설)
道聽塗說(도청도설) : 길거리에 떠돌아다니는 뜬 소문
④ 千(일천 천)差(어긋날 차)萬(일만 만)別(나눌 별)
千差萬別(천차만별) : 차이와 구별이 아주 많음

제3영역 讀 解

141~154 문장에 쓰인 한자어의 음 알기

141 교통 사고 現場(나타날 현, 마당 장)을 직접 보니 남의 일 같지 않았다.

142 어떤 사람은 훌륭한 사람이 되는가 하면 反對(돌이킬 반, 대할 대)로 어떤 사람은 쓸모없는 사람이 되기도 한다.

143 채팅 德分(큰 덕, 나눌 분)에 타자 실력이 늘었다.

144 우리는 땅의 모양과 도시의 위치를 알고 싶을 때 흔히 地圖(땅 지, 그림 도)를 찾아본다.

145 서울은 예로부터 우리 나라의 首都(머리 수, 도읍 도)로서 발전하여 왔다.

146 洞口(골 동, 입 구) 밖에 커다란 느티나무 한 그루가 있다.

147 '아낌없이 주는 나무'라는 제목의 책은 감동적인 童話(아이 동, 말씀 화)였다.

148 섬유질 자체는 별 영양가가 없지만, 창자의 活動(살 활, 움직일 동)을 활발하게 해 주는 구실을 한다.

149 사람은 태어나면서 누구나 한 가정의 家族(집 가, 겨레 족)이 되는 동시에 한 국가의 국민이 된다.

150 登山(오를 등, 메 산)이 취미인 아버지께서는 매주 일요일 아침에 나를 데리고 산에 가신다.

151 행복이란 먼 곳에 있는 것도 아니며, 먼 未來(아닐 미, 올 래)에 있는 것도 아니다.

152 신문 기사를 오리고 나서 오린 종이 뒤에는 兩面(두 량[양], 낯 면) 테이프를 붙였다.

153 의장 선거는 재적 인원 과반수의 출석과 출석 인원 과반수의 찬성으로 결정하며, 可否(옳을 가, 아닐 부) 동수인 때에는 부결된 것으로 한다.

154 국방부 장관은 "러시아는 아직도 可恐(옳을 가, 두려울 공)할 전략적 군사력을 가지고 있는 위협적 존재"라고 말했다.

155~159 문장에 쓰인 한자어의 뜻 알기

155 철새들은 이동할 때에 산줄기나 바닷가를 따라서 날아가는 것이 例事(법식 례[예], 일 사)이다.
  * 보통 있는 일

156 서로 사이좋게 지내려면 상대방의 의견을 尊重(높을 존, 무거울 중)해 주어야 한다.
  * 소중히 여기다.

157 이번에 박팀장이 作成(지을 작, 이룰 성)한 보고서가 사내에 큰 반향을 불러왔다.
  * 서류, 원고 등을 만들다.

158 과거 동양 사회에서 촌지는 배움에 대한 感謝(느낄 감, 사례할 사)의 뜻을 전하는 순수한 미풍 양속이었다.
  * 고맙게 여기다.

159 베를린 장벽이 무너져 동서독의 통일 운동이 급속히 진전되고, 남북 예멘까지 통일을 이루는 것을 보면서, 북극의 만년설처럼 차갑게 얼어붙은 한반도에 봄바람이 불기를 바라는 겨레의 소망은 더욱 懇切(간절할 간, 끊을 절)해졌다.
  * 정성스럽고 절실하다.

160~164 문장에 맞는 한자어 고르기

160 친구에게 거짓말을 한 민철이는 □□의 가책을 느꼈다.
  ① 養心(기를 양, 마음 심) : 심성(心性)을 수양함
  ② 兩心(두 량[양], 마음 심) : 두 마음. 겉 다르고 속 다른 마음
  ❸ 良心(어질 량, 마음 심) : 나쁜 짓을 하지 않고 바른 행동을 하려는 마음
  ④ 內心(안 내, 마음 심) : 속마음

161 산업이 발달하면 국민 생활이 향상되고, □□이 강해진다.
  ① 體力(몸 체, 힘 력) : 몸의 힘이나 작업 능력
  ❷ 國力(나라 국, 힘 력) : 나라의 힘. 나라의 경제력이나 군사력
  ③ 國民(나라 국, 백성 민) : 한 나라 안에서 살고 있는 모든 사람들
  ④ 國防(나라 국, 막을 방) : 외적으로부터 나라를 지킴

162 버스는 확 트인 □□ 위를 신나게 달렸다.
  ❶ 車道(수레 차, 길 도) : 차가 다니는 길
  ② 人道(사람 인, 길 도) : 사람이 다니는 길
  ③ 步道(걸음 보, 길 도) : 사람이 걸어 다니는 길
  ④ 車線(수레 차, 줄 선) : 자동차 도로에 주행 방향을 따라 일정한 간격으로 그어 놓은 선

163 우리 회사의 무궁한 발전을 위하여 □□!
① 建杯(세울 건, 잔 배) *한자어 아님
❷ 乾杯(마를 건, 잔 배) : 건강, 행복 따위를 빌면서 서로 술잔을 들어 마심
③ 建拜(세울 건, 절 배) *한자어 아님
④ 乾拜(마를 건, 절 배) *한자어 아님

164 통신은 우리의 문화 생활을 넓히고 □□를 좁혀 전 인류를 지구 가족으로 만들고 있다.
❶ 距離(떨어질 거, 떠날 리) : 두 개의 물건이나 장소 따위가 공간적으로 떨어진 길이
② 鐵路(쇠 철, 길 로) : 기차가 다닐 수 있도록 만든 철길
③ 港口(항구 항, 입 구) : 배가 안전하게 드나들도록 바닷가에 부두 따위를 설비한 곳
④ 假說(거짓 가, 말씀 설) : 어떤 것을 설명하기 위하여 설정한 가정

165~170 문장에 맞지 않는 한자어 고르기

165 우리 나라도 경제 ① 開發(열 개, 필 발)의 ② 初期(처음 초, 기약할 기)에는 ③ 外國(바깥 외, 나라 국)으로부터 자본과 기술의 협력을 받아 경제 ❹ 發前(필 발, 앞 전)을 이룩하였다.
* 發前 → 發展(필 발, 펼 전)

166 ① 家庭(집 가, 뜰 정)은 ② 社會(모일 사, 모일 회)를 이루는 ❸ 最少(가장 최, 적을 소) ④ 集合(모을 집, 합할 합)이기 때문에 사회가 건강하려면 가정이 건강해야 한다.
* 最少 → 最小(가장 최, 작을 소)

167 한 ① 民族(백성 민, 겨레 족)이 다른 민족의 간섭을 받지 않으려는 것은, ② 人類(사람 인, 무리 류)에 ❸ 公通(공변될 공, 통할 통)으로 나타나는 ④ 本性(근본 본, 성품 성)이다.
* 公通 → 共通(함께 공, 통할 통)

168 ① 南北(남녘 남, 북녘 북)이 버릇이 되다시피한 입씨름과 힘겨루기는 그만두고 ② 讓步(사양할 양, 걸음 보)에 양보를 거듭하는 자세로 ③ 非現實的(아닐 비, 나타날 현, 열매 실, 과녁 적)인 방안들을 ❹ 過感(지날 과, 느낄 감)히 포기해야만 회담이 마지막 고비를 넘을 수 있다.
* 過感 → 果敢(실과 과, 감히 감)

169 이 가운데 ① 一部(한 일, 때 부)는 외국에서 열린 '한국 미술 5천년 전'에도 ② 展示(펼 전, 보일 시)되는 등 우리 나라의 ❸ 文貨財(글월 문, 재물 화, 재물 재)를 세계에 널리 알리는 데에도 커다란 ④ 貢獻(바칠 공, 드릴 헌)을 하였다.
* 文貨財 → 文化財(글월 문, 될 화, 재물 재)

170 물 긷는 일은 ① 全的(온전할 전, 과녁 적)으로 아낙네들 몫이었다. 물동이를 이고도 동이를 손으로 잡는 법 없이 두 손을 ② 自由(스스로 자, 말미암을 유)롭게 놀리며, 고개도 이리저리 돌려 볼 것 다 보고 다닐 수 있어야 비로소 살림에 ❸ 慣祿(익숙할 관, 녹 록)이 붙은 ④ 主婦(주인 주, 며느리 부)였다.
* 慣祿 → 貫祿(꿸 관, 녹 록)

171~178 바르게 쓴 한자어 고르기

171 상쇠는 늘 농악대의 선두에 선다.
① 先首(먼저 선, 머리 수)
❷ 先頭(먼저 선, 머리 두)
③ 善頭(착할 선, 머리 두)
④ 船頭(배 선, 머리 두)

172 국민들은 선거에서 동등한 한 표를 행사한다.
① 平等(평평할 평, 같을 등)
② 平登(평평할 평, 오를 등)
❸ 同等(한가지 동, 같을 등)
④ 同登(한가지 동, 오를 등)

173 노인 인구의 비율이 점점 증가하고 있다.
① 加減(더할 가, 덜 감)
② 增益(더할 증, 더할 익)
③ 加增(더할 가, 더할 증)
❹ 增加(더할 증, 더할 가)

174 한글은 만든 방법이 아주 독창적이고, 구성 원리가 과학적이다.
① 原里(근원 원, 마을 리)
② 元理(으뜸 원, 다스릴 리)
③ 原理(근원 원, 다스릴 리)
❹ 元利(으뜸 원, 이로울 리)

175 국회는 나라를 다스리는데 필요한 원칙과 국민이 꼭 지켜야 할 일들을 법률로 제정한다.
① 法則(법 법, 법칙 칙)
❷ 法律(법 법, 법칙 률)
③ 法案(법 법, 책상 안)
④ 法文(법 법, 글월 문)

176 바다에는 일정한 방향으로 흐르는 해류가 있다.
① 海類(바다 해, 무리 류)
② 海水(바다 해, 물 수)
③ 害流(해할 해, 흐를 류)
❹ 海流(바다 해, 흐를 류)

102

177 잠실 운동장에서 외국팀 초청 경기라도 열리는 날에는 몇 시간 전부터 주변 교통이 <u>극심</u>한 혼잡을 이룬다.
① 極心(극진할 극, 마음 심)
❷ 極甚(극진할 극, 심할 심)
③ 極深(극진할 극, 깊을 심)
④ 苦心(쓸 고, 마음 심)

178 식장에 초대된 <u>귀빈</u>들은 아무도 그의 존재를 의심하거나 이상하게 여기지 않았다.
① 貴貧(귀할 귀, 가난할 빈)
② 歸賓(돌아갈 귀, 손 빈)
❸ 貴賓(귀할 귀, 손 빈)
④ 貴頻(귀할 귀, 자주 빈)

179~183 어구의 뜻과 비슷한 한자 · 한자어 고르기

179 영재가 전등을 켰다. 불빛이 <u>밝았다</u>.
① 法(법 법) ② 應(응할 응)
❸ 明(밝을 명) ④ 日(날 일)

180 글을 쓸 때에는 <u>읽는 사람</u>이 누구냐에 맞추어서 글을 써야 한다.
❶ 讀者(읽을 독, 놈 자)
② 對話(대할 대, 말씀 화)
③ 獨子(홀로 독, 아들 자)
④ 大化(큰 대, 될 화)

181 시장에서는 많은 사람들이 물건을 <u>사고 판다</u>.
① 出入(날 출, 들 입)
② 競賣(다툴 경, 팔 매)
③ 競買(다툴 경, 살 매)
❹ 賣買(팔 매, 살 매)

182 아버지는 장에서 돌아오실 때마다 <u>달걀</u> 한 꾸러미를 들고 오셨다.
① 鷄口(닭 계, 입 구)
❷ 鷄卵(닭 계, 알 란)
③ 卵子(알 란[난], 아들 자)
④ 土卵(흙 토, 알 란)

183 그는 어떤 어려움이 닥쳐도 마음먹은 것을 <u>그만둘</u> 줄을 모르는 사람이었다.
① 專念(오로지 전, 생각 념)
② 怨望(원망할 원, 바랄 망)
❸ 斷念(끊을 단, 생각 념)
④ 希望(바랄 희, 바랄 망)

184~188 글에 쓰인 한자어와 한자의 뜻 알기

184 ㉠<u>중국</u>의 한자 표기가 바른 것은?
① 英國(꽃부리 영, 나라 국)
② 小國(작을 소, 나라 국)
❸ 中國(가운데 중, 나라 국)
④ 美國(아름다울 미, 나라 국)

185 ㉡<u>넓은</u>의 뜻을 가진 것은?
① 平(평평할 평) ❷ 廣(넓을 광)
③ 成(이룰 성) ④ 約(맺을 약)

186 ㉢<u>북한</u>의 한자 표기가 바른 것은?
❶ 北韓(북녘 북, 한국 한)
② 北漢(북녘 북, 한수 한)
③ 北極(북녘 북, 극진할 극)
④ 南韓(남녘 남, 한국 한)

187 ㉣<u>서울</u>의 뜻을 가장 잘 나타낸 것은?
① 水道(물 수, 길 도)
② 漢陽(한수 한, 볕 양)
③ 都市(도읍 도, 시장 시)
❹ 首都(머리 수, 도읍 도)

188 ㉤<u>요즘</u>의 한자 표기가 바른 것은?
① 未來(아닐 미, 올 래)
② 道路(길 도, 길 로)
❸ 近來(가까울 근, 올 래)
④ 過去(지날 과, 갈 거)

189~193 글에 쓰인 한자어와 한자의 뜻 알기

189 ㉠<u>회의</u>의 한자 표기가 바른 것은?
① 議會(의논할 의, 모일 회)
② 回議(돌아올 회, 의논할 의)
❸ 會議(모일 회, 의논할 의)
④ 集會(모을 집, 모일 회)

190 ㉡<u>決定</u>(결단할 결, 정할 정)의 독음이 바른 것은?
❶ 결정 ② 선정
③ 당선 ④ 결선

191 ㉢<u>이른</u>의 한자 표기가 바른 것은?
① 夕(저녁 석) ❷ 早(이를 조)
③ 祖(할아비 조) ④ 藝(재주 예)

192 ㉣<u>등</u>의 한자 표기가 바른 것은?
① 登(오를 등) ❷ 等(무리 등)
③ 間(사이 간) ④ 實(열매 실)

193 ⓜ시작의 한자 표기가 바른 것은?
　① 女性(계집 녀[여], 성품 성)
　② 結末(맺을 결, 끝 말)
　③ 習作(익힐 습, 지을 작)
　❹ 始作(비로소 시, 지을 작)

194~197 글에 쓰인 한자어와 한자의 뜻 알기

194 ㉠保守~ⓑ既得權 중 한자 표기가 바르지 않은 것은?
　① ㉠保守(보전할 보, 지킬 수)
　② ㉡論爭(논할 론[논], 다툴 쟁)
　❸ ㉢集權(모을 집, 권세 권)
　④ ⓑ既得權(이미 기, 얻을 득, 권세 권)
　* 集權 → 執權(잡을 집, 권세 권)

195 ㉢명문대의 '문' 자의 한자 표기가 바른 것은?
　① 文(글월 문)　　❷ 門(문 문)
　③ 問(물을 문)　　④ 聞(들을 문)

196 ⓗ將來(장차 장, 올 래)의 독음이 바른 것은?
　① 장차　　② 장맥
　❸ 장래　　④ 장내

197 ㉠얼굴의 뜻을 가진 것은?
　❶ 面(낯 면)　　② 表(겉 표)
　③ 目(눈 목)　　④ 皮(가죽 피)

198~203 글에 쓰인 한자어와 한자의 뜻 알기

198 ㉠지중해의 한자 표기가 바른 것은?
　① 至重海(이를 지, 무거울 중, 바다 해)
　❷ 地中海(땅 지, 가운데 중, 바다 해)
　③ 持重海(가질 지, 무거울 중, 바다 해)
　④ 池中海(못 지, 가운데 중, 바다 해)

199 ㉡상상할 수 없었던의 뜻을 가장 잘 나타낸 것은?
　① 不可避(아닐 불, 옳을 가, 피할 피)
　❷ 不可能(아닐 불, 옳을 가, 능할 능)
　③ 不可不(아닐 불, 옳을 가, 아닐 불)
　④ 不可知(아닐 불, 옳을 가, 알 지)

200 ㉢최첨단~ⓑ실체의 한자 표기가 바르지 않은 것은?
　① ㉢最尖端(가장 최, 뾰족할 첨, 끝 단)
　② ㉣適用(맞을 적, 쓸 용)
　③ ⓜ寶物船(보배 보, 물건 물, 배 선)
　❹ ⓑ失體(잃을 실, 몸 체)
　* 失體 → 實體(열매 실, 몸 체)

201 ㉠바닥의 뜻을 가진 것은?
　① 著(나타날 저)　　❷ 底(밑 저)
　③ 貯(쌓을 저)　　④ 抵(막을 저)

202 ㉠亂破船~ⓔ更賣 중 한자 표기가 바른 것은?
　① ㉠亂破船(어지러울 란, 깨뜨릴 파, 배 선)
　❷ ㉢水葬(물 수, 장사지낼 장)
　③ ㉠承務員(이을 승, 힘쓸 무, 인원 원)
　④ ⓔ更賣(다시 경, 팔 매)

203 ㉶인양의 '인' 자와 같은 한자를 사용하는 것은?
　❶ 引用(끌 인, 쓸 용)　　② 因緣(인할 인, 인연 연)
　③ 認識(알 인, 알 식)　　④ 印朱(도장 인, 붉을 주)

204~210 글에 쓰인 한자어와 한자의 뜻 알기

204 ㉠熱風(더울 열, 바람 풍)의 독음이 바른 것은?
　① 돌풍　　② 선풍
　❸ 열풍　　④ 태풍

205 ㉡중동의 한자 표기가 바른 것은?
　❶ 中東(가운데 중, 동녘 동)
　② 仲東(버금 중, 동녘 동)
　③ 重東(무거울 중, 동녘 동)
　④ 衆東(무리 중, 동녘 동)

206 ㉢例外~ⓑ出稅 중 한자 표기가 바르지 않은 것은?
　① ㉢例外(법식 례[예], 바깥 외)
　② ㉣世界化(인간 세, 지경 계, 될 화)
　③ ⓜ國際(나라 국, 사이 제)
　❹ ⓑ出稅(날 출, 세금 세)
　* 出稅 → 出世(날 출, 인간 세)

207 ㉠자존심의 한자 표기가 바른 것은?
　① 自存心(스스로 자, 있을 존, 마음 심)
　❷ 自尊心(스스로 자, 높을 존, 마음 심)
　③ 自肯心(스스로 자, 즐길 긍, 마음 심)
　④ 自慢心(스스로 자, 거만할 만, 마음 심)

208 ㉤文化從屬~ⓔ意思疏通의 독음이 바른 것은?
　① ㉤文化從屬(글월 문, 될 화, 좋을 종, 붙일 속)
　② ㉡憂慮(근심 우, 생각할 려)
　③ ㉢現在(나타날 현, 있을 재)
　❹ ⓔ意思疏通(뜻 의, 생각 사, 성길 소, 통할 통)

209 ㉠공용어의 한자 표기가 바른 것은?
　① 工用語(장인 공, 쓸 용, 말씀 어)
　② 供用語(이바지할 공, 쓸 용, 말씀 어)
　③ 共用語(함께 공, 쓸 용, 말씀 어)
　❹ 公用語(공변될 공, 쓸 용, 말씀 어)

210 ㉤국제기구의 '기' 자의 한자 표기가 바른 것은?
　① 棄(버릴 기)　　❷ 機(틀 기)
　③ 企(꾀할 기)　　④ 器(그릇 기)

6 실전 모의고사(정답 및 해설)

1 ③	2 ④	3 ④	4 ③	5 ①
6 ②	7 ④	8 ①	9 ①	10 ③
11 ②	12 ③	13 ④	14 ①	15 ③
16 ④	17 ③	18 ①	19 ④	20 ③
21 ②	22 ③	23 ③	24 ④	25 ③
26 ①	27 ②	28 ③	29 ③	30 ④
31 ③	32 ③	33 ③	34 ④	35 ②
36 ①	37 ②	38 ③	39 ①	40 ②
41 ③	42 ④	43 ②	44 ③	45 ②
46 ④	47 ③	48 ④	49 ②	50 ④
51 ③	52 ③	53 ②	54 ①	55 ④
56 ③	57 ④	58 ③	59 ③	60 ①
61 ④	62 ②	63 ③	64 ①	65 ②
66 ④	67 ②	68 ②	69 ④	70 ①
71 ②	72 ④	73 ②	74 ②	75 ①
76 ②	77 ③	78 ②	79 ③	80 ②
81 ②	82 ③	83 ③	84 ②	85 ③
86 ③	87 ③	88 ②	89 ②	90 ③
91 ①	92 ②	93 ①	94 ④	95 ③
96 ②	97 ①	98 ②	99 ③	100 ④
101 ②	102 ③	103 ②	104 ①	105 ①
106 ②	107 ①	108 ④	109 ②	110 ①
111 ①	112 ②	113 ③	114 ③	115 ②
116 ④	117 ④	118 ④	119 ①	120 ③
121 ②	122 ③	123 ②	124 ④	125 ①
126 ④	127 ①	128 ②	129 ③	130 ②
131 ③	132 ③	133 ④	134 ①	135 ②
136 ①	137 ①	138 ③	139 ①	140 ②
141 ②	142 ③	143 ①	144 ③	145 ④
146 ②	147 ②	148 ③	149 ②	150 ④
151 ④	152 ③	153 ②	154 ④	155 ④
156 ③	157 ④	158 ②	159 ①	160 ③
161 ④	162 ②	163 ④	164 ③	165 ①
166 ④	167 ④	168 ②	169 ②	170 ②
171 ④	172 ①	173 ④	174 ④	175 ②
176 ③	177 ③	178 ②	179 ④	180 ①
181 ③	182 ②	183 ②	184 ③	185 ②
186 ②	187 ④	188 ②	189 ②	190 ④
191 ④	192 ②	193 ③	194 ①	195 ②
196 ②	197 ④	198 ②	199 ①	200 ④
201 ②	202 ③	203 ②	204 ③	205 ②
206 ②	207 ①	208 ①	209 ③	210 ④

제1영역 漢字

1~5 제시된 한자의 부수 고르기

1 衆(무리 중) 血부 6획
① 丶(점 주) 　② 皿(그릇 명)
❸ 血(피 혈) 　④ 亻(인변)

2 眞(참 진) 目부 5획
① 乙(새 을) 　② 匕(비수 비)
③ 八(여덟 팔) 　❹ 目(눈 목)

3 集(모을 집) 隹부 4획
① 亅(갈고리 궐) 　② 十(열 십)
③ 木(나무 목) 　❹ 隹(새 추)

4 着(붙을 착) 目부 7획
① 羊(양 양) 　② 丿(삐칠 별)
❸ 目(눈 목) 　④ 王(임금 왕)

5 察(살필 찰) 宀부 11획
❶ 宀(갓머리) 　② 月(달 월)
③ 肉(고기 육) 　④ 示(보일 시)

6~10 제시된 한자의 획수 고르기

6 參(참여할 참) 厶(마늘모)부 9획, 총 11획
亠 亠 夂 夂 夃 夃 夃 夆 参 参 參

7 請(청할 청) 言(말씀 언)부 8획, 총 15획
丶 亠 亠 亖 言 言 言 訁 訁 訁 請 請 請 請 請

8 最(가장 최) 日(가로되 왈)부 8획, 총 12획
丶 冂 冂 曱 曱 昜 昜 昜 昜 昜 最 最

9 祝(빌 축) 示(보일 시)부 5획, 총 10획
丶 亠 亍 示 示 和 和 祀 祝 祝

10 齒(이 치) 齒(이 치)부 0획, 총 15획
丄 丄 屮 屮 芷 芷 芷 菡 菡 菡 菡 菡 菡 齒 齒

11~15 제시된 필순 유형에 맞는 한자 고르기

11 왼쪽에서 오른쪽으로 쓴다.
① 可(옳을 가) 一 一 可 可 可
❷ 川(내 천) 丿 丿 川
③ 句(글귀 구) 丿 勹 勹 句 句
④ 君(임금 군) 丁 丑 尹 尹 君 君 君

12 좌우의 모양이 같을 때에는 가운데를 먼저 쓴다.
① 廣(넓을 광) `ᅳ ᅳ 广 广 广 广 庐 庐 庐 庐 庐 廣 廣 廣
② 故(연고 고) ᅳ 十 十 古 古 苫 苫 故 故
❸ 求(구할 구) ᅳ 十 寸 寸 求 求 求
④ 歌(노래 가) `ᅳ ᅳ ᅳ ᅟᅵ ᅟᅵᅟ 哥 哥 哥 哥 哥 哥 歌 歌 歌

13 가운데를 꿰뚫는 획은 나중에 쓴다.
① 能(능할 능) `ᅩ ᅩ 自 自 自 自 能 能 能
② 業(일 업) ` ` ᅟᅵᅟ ᅟᅵᅟ ᅟᅵᅟ 业 业 業 業 業 業 業 業
③ 多(많을 다) `ᅵ ᅟ ク ク 多 多
④ 車(수레 거·차) ᅳ ᅟᅵ ᅟᅵᅟ ᅟᅵᅟ 审 重 車

14 가로획과 세로획이 교차될 때에는 가로획을 먼저 쓴다.
❶ 士(선비 사) ᅳ 十 士
② 改(고칠 개) ᅵ ᅟ ᅵᅟ ᅟᅵ ᅟᅵᅟ 改 改
③ 落(떨어질 락) `ᅵ ᅳ ᅟᅵᅟ ᅟᅵᅟ ᅟᅵᅟ ᅟᅵᅟ 莎 莎 莈 莈 落 落
④ 報(알릴 보) ᅳ 十 ᅟᅵ 土 吉 幸 幸 幸 報 報 報

15 삐침을 먼저 쓰고 파임을 나중에 쓴다.
① 强(강할 강) ᅟᅵ ᅟᅵᅟ ᅟᅵᅟ 弘 弘 弘 弘 弘 强 强 强
② 得(얻을 득) `ᅵ ᅵᅟ ᅟᅵᅟ ᅟᅵᅟ 彳 彳 彳 得 得 得 得
❸ 交(사귈 교) `ᅵ ᅳ 六 方 交
④ 女(계집 녀) ㄴ ㄥ ㄥ 女

16~20 제시된 한자의 짜임을 알고 같은 짜임의 한자 고르기

16 九(아홉 구) 지사
① 街(거리 가)   ② 角(뿔 각)
③ 技(재주 기)   ❹ 下(아래 하) 지사

17 首(머리 수) 상형
① 悲(슬플 비)   ② 線(줄 선)
❸ 土(흙 토) 상형   ④ 仙(신선 선)

18 男(사내 남) 회의
❶ 安(편안 안) 회의   ② 勇(날랠 용)
③ 式(법 식)   ④ 新(새 신)

19 病(병 병) 형성
① 臣(신하 신)   ② 雨(비 우)
③ 牛(소 우)   ❹ 福(복 복) 형성

20 鳥(새 조) 상형
① 愛(사랑 애)   ② 改(고칠 개)
❸ 口(입 구) 상형   ④ 低(낮을 저)

21~31 제시된 한자의 음 고르기

21 竹(대 죽)   *22* 則(법칙 칙)
23 親(친할 친)   *24* 快(쾌할 쾌)
25 打(칠 타)   *26* 敗(패할 패)
27 猶(오히려 유)   *28* 乙(새 을)
29 憲(법 헌)   *30* 驗(시험할 험)
31 響(울릴 향)

32~39 제시된 음에 알맞은 한자 알기

32 풍 ① 好(좋을 호)   ② 幸(다행 행)
         ❸ 豊(풍성할 풍)   ④ 賢(어질 현)

33 협 ① 兄(형 형)   ❷ 協(합할 협)
         ③ 惠(은혜 혜)   ④ 湖(호수 호)

34 호 ① 和(화할 화)   ② 貨(재물 화)
         ③ 畵(그림 화)   ❹ 號(부를 호)

35 음 ① 吟(읊을 음)   ❷ 泣(울 읍)
         ③ 矣(어조사 의)   ④ 已(이미 이)

36 인 ❶ 印(도장 인)   ② 壬(북방 임)
         ③ 慈(사랑 자)   ④ 哉(어조사 재)

37 형 ① 享(누릴 향)   ❷ 亨(형통할 형)
         ③ 核(씨 핵)   ④ 該(해당할 해)

38 해 ① 港(항구 항)   ② 項(항목 항)
         ❸ 奚(어찌 해)   ④ 航(배 항)

39 할 ❶ 割(벨 할)   ② 陷(빠질 함)
         ③ 險(험할 험)   ④ 抗(겨룰 항)

40~47 같은 음의 한자 고르기

40 回(돌아올 회)
① 孝(효도 효)   ❷ 會(모일 회)
③ 訓(가르칠 훈)   ④ 興(일 흥)

41 喜(기쁠 희)
① 料(헤아릴 료)   ② 科(과목 과)
❸ 希(바랄 희)   ④ 起(일어날 기)

42 花(꽃 화)
① 都(도읍 도)   ② 談(말씀 담)
③ 吉(길할 길)   ❹ 火(불 화)

43 淨(깨끗할 정)
① 兆(억조 조)   ❷ 井(우물 정)
③ 帝(임금 제)   ④ 從(좇을 종)

44 朱(붉을 주)
① 只(다만 지)   ② 宇(집 우)
❸ 宙(집 주)   ④ 卽(곧 즉)

45 獻(드릴 헌)
　① 汗(땀 한)　　　　❷ 軒(집 헌)
　③ 旱(가물 한)　　　④ 鶴(학 학)

46 咸(다 함)
　① 荷(멜 하)　　　　② 畢(마칠 필)
　③ 避(피할 피)　　　❹ 含(머금을 함)

47 爆(불터질 폭)
　① 被(입을 피)　　　② 疲(피곤할 피)
　❸ 幅(폭 폭)　　　　④ 漂(뜰 표)

48~58 제시된 한자의 뜻 고르기

48 救(구원할 구)　　49 貴(귀할 귀)
50 根(뿌리 근)　　　51 今(이제 금)
52 極(극진할 극)　　53 持(가질 지)
54 且(또 차)　　　　55 飽(배부를 포)
56 浦(물가 포)　　　57 蔽(덮을 폐)
58 遍(두루 편)

59~65 제시된 뜻에 맞는 한자 고르기

59 적다
　① 怒(성낼 노)　　　② 念(생각 념)
　❸ 記(기록할 기)　　④ 金(쇠 금)

60 골짜기
　❶ 洞(골 동)　　　　② 冷(찰 랭)
　③ 良(좋을 량)　　　④ 德(큰 덕)

61 지나다
　① 禮(예도 례)　　　② 列(벌일 렬)
　③ 論(논할 론)　　　❹ 歷(지날 력)

62 나물
　① 採(캘 채)　　　　❷ 菜(나물 채)
　③ 册(책 책)　　　　④ 妻(아내 처)

63 샘
　① 丑(소 축)　　　　② 淺(얕을 천)
　❸ 泉(샘 천)　　　　④ 晴(갤 청)

64 뿌리다
　❶ 播(뿌릴 파)　　　② 頗(자못 파)
　③ 把(잡을 파)　　　④ 鬪(싸움 투)

65 통하다
　① 痛(아플 통)　　　❷ 透(통할 투)
　③ 討(칠 토)　　　　④ 吐(토할 토)

66~70 제시된 한자와 비슷한 뜻의 한자 고르기

66 完(완전할 완)
　① 實(열매 실)　　　② 俱(함께 구)
　③ 跳(뛸 도)　　　　❹ 全(온전할 전)

67 誰(누구 수)
　① 乎(어조사 호)　　❷ 孰(누구 숙)
　③ 兮(어조사 혜)　　④ 于(어조사 우)

68 沒(빠질 몰)
　① 濟(건널 제)　　　② 渡(건널 도)
　❸ 沈(잠길 침)　　　④ 涉(건널 섭)

69 擇(가릴 택)
　① 臨(임할 림)　　　② 廉(청렴할 렴)
　③ 竟(마침내 경)　　❹ 選(가릴 선)

70 磨(갈 마)
　❶ 硏(갈 연)　　　　② 粟(조 속)
　③ 暢(화창할 창)　　④ 罔(없을 망)

제2영역　語彙

71~72 짜임이 같은 한자어 고르기

71 植樹(심을 식, 나무 수) : 나무를 심음 술목
　① 禍福(재앙 화, 복 복) : 재화(災禍)와 복록(福祿)을 아울러 이르는 말
　❷ 比肩(견줄 비, 어깨 견) : 앞서거나 뒤서지 않고 어깨를 나란히 한다는 뜻으로, 낫고 못할 것이 없이 정도가 서로 비슷함을 이르는 말 술목
　③ 府君(곳집 부, 임금 군) : 죽은 아버지나 남자 조상을 높여 이르는 말
　④ 激憤(격할 격, 분할 분) : 몹시 흥분함

72 具備(갖출 구, 갖출 비) : 빠짐없이 갖춤 주술
　① 墓碑(무덤 묘, 비석 비) : 돌로 만든 비
　② 動詞(움직일 동, 말 사) : 사물의 동작이나 작용을 나타내는 품사
　③ 本然(근본 본, 그럴 연) : 인공을 가하지 아니한 본디 그대로의 자연. 본디 생긴 그대로의 타고난 상태 주술
　❹ 削除(깎을 삭, 덜 제) : 지워 버림

73~90 음이 같은 한자어(동음이의어) 고르기

73 冬至(겨울 동, 이를 지) : 24절기의 하나. 연중 밤이 가장 긴 날
 ① 感氣(느낄 감, 기운 기) : 추위로 인하여 코가 막히고 두통·열이 나는 병
 ❷ 同志(한가지 동, 뜻 지) : 뜻을 같이 하는 일, 또는 그런 사람
 ③ 減少(덜 감, 적을 소) : 덜어서 적게 함
 ④ 家出(집 가, 날 출) : 집을 나감

74 固守(굳을 고, 지킬 수) : 굳게 지킴
 ① 高所(높을 고, 바 소) : 높은 곳
 ❷ 高手(높을 고, 손 수) : 수가 높음, 또는 그 사람
 ③ 苦笑(쓸 고, 웃음 소) : 쓴 웃음
 ④ 郡守(고을 군, 지킬 수) : 군의 행정 사무를 맡아 보는 우두머리

75 郡民(고을 군, 백성 민) : 행정 구역의 하나인 군 안에 사는 사람
 ❶ 軍民(군사 군, 백성 민) : 군인과 민간인
 ② 官民(벼슬 관, 백성 민) : 공무원과 민간인
 ③ 國民(나라 국, 백성 민) : 한 나라 안에서 살고 있는 모든 사람들
 ④ 市民(시장 시, 백성 민) : 시에 살고 있는 사람

76 先頭(먼저 선, 머리 두) : 첫머리
 ① 年頭(해 년[연], 머리 두) : 해의 첫머리. 연초
 ❷ 船頭(배 선, 머리 두) : 배의 앞머리
 ③ 路頭(길 로[노], 머리 두) : 길거리
 ④ 到達(이를 도, 통달할 달) : 목적한 곳이나 수준에 다다름

77 每常(매양 매, 항상 상) : 평상시에 언제나
 ① 每月(매양 매, 달 월) : 달마다. 다달이
 ② 每場(매양 매, 마당 장) : 하나하나의 장날. 하나하나의 시장
 ❸ 賣上(팔 매, 윗 상) : 상품을 파는 일. 일정한 기간 동안 상품을 판 수량이나 대금의 총계
 ④ 賣名(팔 매, 이름 명) : 재물이나 권리를 얻으려고 자기의 이름이나 명예를 팖

78 星雲(별 성, 구름 운) : 구름 모양으로 퍼져 보이는 천체
 ① 洗眼(씻을 세, 눈 안) : 눈을 씻음
 ② 成案(이룰 성, 책상 안) : 안건을 만듦, 또는 그 안건
 ❸ 聖運(성인 성, 움직일 운) : 임금의 운수, 또는 임금이 될 운수
 ④ 聲音(소리 성, 소리 음) : 목소리

79 心算(마음 심, 셈할 산) : 속셈
 ① 心思(마음 심, 생각 사) : 마음
 ❷ 深山(깊을 심, 메 산) : 깊은 산
 ③ 暗算(어두울 암, 셈 산) : 머릿속으로 계산함
 ④ 陰山(그늘 음, 메 산) : 산이 나란히 두 개가 있을 때, 그 가운데 한쪽의 경사가 가파르지 않은 산

80 修業(닦을 수, 일 업) : 학업이나 기예를 닦음
 ① 作業(지을 작, 일 업) : 일터에서 연장이나 기계 등을 가지고 일을 함
 ② 大業(큰 대, 일 업) : 큰 사업
 ❸ 授業(줄 수, 일 업) : 학업·기술을 가르쳐 줌
 ④ 主業(주인 주, 일 업) : 주가 되는 직업

81 元老(으뜸 원, 늙을 로) : 관직이나 나이, 덕망 따위가 높고 나라에 공로가 많은 사람
 ① 園藝(동산 원, 재주 예) : 채소, 과일, 화초 따위를 심어서 가꾸는 일이나 기술
 ❷ 遠路(멀 원, 길 로) : 먼 길
 ③ 原始(근원 원, 비로소 시) : 사물의 처음. 자연 그대로 있어 아직 진보나 변화가 없는 것
 ④ 願望(원할 원, 바랄 망) : 원하고 바람

82 才力(재주 재, 힘 력) : 재주와 능력. 흔히 타고난 소질적 능력
 ① 自古(스스로 자, 예 고) : 예로부터 지금까지
 ② 在告(있을 재, 고할 고) : 벼슬아치가 말미를 받아 집에 있던 일
 ❸ 財力(재물 재, 힘 력) : 재물의 힘. 비용을 댈 수 있는 힘
 ④ 爭議(다툴 쟁, 의논할 의) : 서로 자기 의견을 주장하며 다툼

83 走筆(달릴 주, 붓 필) : 글씨를 흘려서 빨리 씀
 ① 玉筆(구슬 옥, 붓 필) : 매우 잘 쓴 글씨
 ❷ 主筆(주인 주, 붓 필) : 신문사나 잡지사 따위에서 행정이나 편집을 책임지는 사람, 또는 그 직위
 ③ 調節(고를 조, 마디 절) : 균형이 맞게 바로잡음, 또는 적당하게 맞추어 나감
 ④ 客觀(손 객, 볼 관) : 자기와의 관계에서 벗어나 제삼자의 입장에서 사물을 보거나 생각함

84 下限(아래 하, 한계 한) : 위아래로 일정한 범위를 이루고 있을 때, 아래쪽의 한계
 ① 不滿(아닐 불, 찰 만) : 마음에 차지 않거나 마땅하지 않음
 ❷ 河漢(물 하, 한수 한) : 은하수
 ③ 相面(서로 상, 낯 면) : 서로 만나서 얼굴을 마주 봄
 ④ 血肉(피 혈, 고기 육) : 피와 살, 자기 자식

85 降下(내릴 강, 아래 하) : 아래로 내림, 또는 내려감
　① 代入(대신 대, 들 입) : 대신 다른 것을 넣음
　② 投入(던질 투, 들 입) : 던져 넣음
　❸ 江河(강 강, 물 하) : 강과 하천
　④ 江村(강 강, 마을 촌) : 강가에 있는 마을

86 居士(거할 거, 선비 사) : 숨어 살며 벼슬을 하지 않는 선비
　① 居住(거할 거, 살 주) : 일정한 곳에 자리를 잡고 머물러 삶
　② 居處(거할 거, 곳 처) : 일정하게 자리를 잡고 사는 일, 또는 그 장소
　❸ 擧事(들 거, 일 사) : 큰 일을 일으킴
　④ 處刑(곳 처, 형벌 형) : 형벌에 처함

87 覺者(깨달을 각, 놈 자) : 부처의 다른 이름. 깨닫기 위한 수행을 마치고 자신의 깨달음으로 남을 깨닫게 하는 사람
　① 刻骨(새길 각, 뼈 골) : 고마움이나 원한 따위가 잊을 수 없을 만큼 마음속에 깊이 새겨짐
　② 閣僚(누각 각, 동료 료) : 한 나라의 내각을 구성하는 각 장관
　❸ 各自(각각 각, 스스로 자) : 각각의 자신
　④ 圓滿(둥글 원, 찰 만) : 성격이 급하거나 거칠지 않음

88 敎導(가르칠 교, 이끌 도) : 가르쳐서 이끎
　① 陶工(질그릇 도, 장인 공) : 옹기장이
　② 絶叫(끊을 절, 부르짖을 규) : 애타게 부르짖음
　❸ 敎徒(가르칠 교, 무리 도) : 종교를 믿는 사람이나 그 무리
　④ 敎壇(가르칠 교, 단 단) : 교실에서 교사가 강의할 때 올라서던 단

89 選拔(가릴 선, 뽑을 발) : 많은 가운데서 골라 뽑음
　① 電髮(번개 전, 터럭 발) : 전기로 머리를 지지는 일, 또는 지진 머리
　❷ 先發(먼저 선, 필 발) : 먼저 출발함
　③ 忌避(꺼릴 기, 피할 피) : 꺼려서 피함
　④ 奇拔(기이할 기, 뽑을 발) : 유달리 뛰어남

90 丈夫(어른 장, 지아비 부) : 다 자란 건장한 남자
　① 宗婦(으뜸 종, 며느리 부) : 종자(宗子)나 종손(宗孫)의 아내. 곧 종가(宗家)의 맏며느리
　② 師父(스승 사, 아비 부) : 스승
　❸ 帳簿(휘장 장, 문서 부) : 금품의 수입과 지출을 기록하는 일, 또는 그 책
　④ 聘丈(부를 빙, 어른 장) : 아내의 아버지

91~92 같은 한자가 다른 음으로 읽히는 한자어 고르기

91 ❶ 音樂(소리 음, 음악 악) : 소리의 가락으로 나타내는 예술
　② 食道樂(먹을 식, 길 도, 즐길 락) : 여러 가지 음식을 두루 맛보는 것을 즐거움으로 삼는 일
　③ 歡樂(기쁠 환, 즐길 락) : 아주 즐거운 것
　④ 樂園(즐길 락[낙], 동산 원) : 아무 근심 걱정 없는 즐겁고 살기 좋은 곳

92 ① 刺客(찌를 자, 손 객) : 사람을 몰래 암살하는 일을 전문으로 하는 사람
　❷ 刺殺(찌를 척, 죽일 살) : 칼 따위로 사람을 찔러 죽임
　③ 刺絲(찌를 자, 실 사) : 강장동물에 있는 실 모양의 독이 들어 있는 기관
　④ 刺字(찌를 자, 글자 자) : 얼굴이나 팔뚝의 살을 따고 홈을 내어 먹물로 죄명을 찍어 넣던 벌

93~110 세 개 어휘에 공통되는 한자 고르기

93 □堂(집 당), 禁(금할 금)□, 原(근원 원)□
　❶ 書(글 서)　　　　② 畵(그림 화)
　③ 止(그칠 지)　　　④ 晝(낮 주)
　* 書堂(서당), 禁書(금서), 原書(원서)

94 直(곧을 직)□, □步(걸음 보), 前(앞 전)□
　① 後(뒤 후)　　　　② 速(빠를 속)
　③ 方(모 방)　　　　❹ 進(나아갈 진)
　* 直進(직진), 進步(진보), 前進(전진)

95 接(접할 접)□, 引(끌 인)□, □容(얼굴 용)
　① 首(머리 수)　　　② 願(원할 원)
　❸ 受(받을 수)　　　④ 授(줄 수)
　* 接受(접수), 引受(인수), 受容(수용)

96 □氣(기운 기), □次(버금 차), 禮(예도 례)□
　① 時(때 시)　　　　❷ 節(마디 절)
　③ 法(법 법)　　　　④ 香(향기 향)
　* 節氣(절기), 節次(절차), 禮節(예절)

97 風(바람 풍)□, □長(길 장), 電(번개 전)□
　❶ 波(물결 파)　　　② 化(될 화)
　③ 單(홑 단)　　　　④ 退(물러날 퇴)
　* 風波(풍파), 波長(파장), 電波(전파)

98 □家(집 가), □案(책상 안), □木(나무 목)
　① 初(처음 초)　　　❷ 草(풀 초)
　③ 圖(그림 도)　　　④ 巨(클 거)
　* 草家(초가), 草案(초안), 草木(초목)

99 合(합할 합)□, 建(세울 건)□, 會(모일 회)□
　① 意(뜻 의)　　　　② 義(옳을 의)
　❸ 議(의논할 의)　　④ 元(으뜸 원)
　* 合議(합의), 建議(건의), 會議(회의)

100 洋(큰바다 양)□, □上(윗 상), 家(집 가)□
　① 族(겨레 족)　　　② 醫(의원 의)
　③ 平(평평할 평)　　❹ 屋(집 옥)
　* 洋屋(양옥), 屋上(옥상), 家屋(가옥)

101 常(항상 상)□, □見(볼 견), □別(나눌 별)
　① 特(특별할 특)　　❷ 識(알 식)
　③ 效(본받을 효)　　④ 究(연구할 구)
　* 常識(상식), 識見(식견), 識別(식별)

102 □京(서울 경), □夷(오랑캐 이), □海(바다 해)
　❶ 東(동녘 동)　　　② 西(서녘 서)
　③ 南(남녘 남)　　　④ 北(북녘 북)
　* 東京(동경), 東夷(동이), 東海(동해)

103 □選(가릴 선), 市(시장 시)□, □俗(풍속 속)
　① 風(바람 풍)　　　② 官(벼슬 관)
　❸ 民(백성 민)　　　④ 場(마당 장)
　* 民選(민선), 市民(시민), 民俗(민속)

104 期(기약할 기)□, 空(빌 공)□, 和(화할 화)□
　❶ 約(맺을 약)　　　② 夜(밤 야)
　③ 食(먹을 식)　　　④ 間(사이 간)
　* 期約(기약), 空約(공약), 和約(화약)

105 物(물건 물)□, 保(보전할 보)□, 認(알 인)□
　❶ 證(증거 증)　　　② 貞(곧을 정)
　③ 鐘(쇠북 종)　　　④ 價(값 가)
　* 物證(물증), 保證(보증), 認證(인증)

106 □業(일 업), □學(배울 학), 成(이룰 성)□
　① 巖(바위 암)　　　❷ 就(나아갈 취)
　③ 移(옮길 이)　　　④ 嚴(엄할 엄)
　* 就業(취업), 就學(취학), 成就(성취)

107 □推(밀 추), □似(같을 사), 種(씨 종)□
　❶ 類(무리 류)　　　② 凝(엉길 응)
　③ 寂(고요할 적)　　④ 履(밟을 리)
　* 類推(유추), 類似(유사), 種類(종류)

108 □迫(핍박할 박), 督(감독할 독)□, 販(팔 판)□
　① 栗(밤 률)　　　　② 切(끊을 절)
　③ 傲(거만할 오)　　❹ 促(재촉할 촉)
　* 促迫(촉박), 督促(독촉), 販促(판촉)

109 □擊(칠 격), □然(그럴 연), 衝(찌를 충)□
　① 譜(족보 보)　　　❷ 突(갑자기 돌)
　③ 徐(천천히 서)　　④ 芽(싹 아)
　* 突擊(돌격), 突然(돌연), 衝突(충돌)

110 □盤(소반 반), □礎(주춧돌 초), □因(인할 인)
　❶ 基(터 기)　　　　② 其(그 기)
　③ 卑(낮을 비)　　　④ 旋(돌 선)
　* 基盤(기반), 基礎(기초), 基因(기인)

111~126 제시된 한자어와 상대되는 뜻의 한자어 고르기

111 放學(놓을 방, 배울 학) : 학교에서 일정한 기간 동안 수업을 쉬는 일
　❶ 開學(열 개, 배울 학) : 방학 따위로 한동안 쉬었다가 수업을 다시 시작함
　② 開放(열 개, 놓을 방) : 열어 놓음. 제한 따위를 풀고 자유로이 드나들도록 열어 놓음
　③ 下學(아래 하, 배울 학) : 학교에서 그날의 수업을 마침
　④ 進學(나아갈 진, 배울 학) : 상급 학교에 감

112 白色(흰 백, 빛 색) : 흰 색
　① 色度(빛 색, 법도 도) : 명도의 차이를 무시한 광선 빛깔의 종류를 지정한 수치
　❷ 黑色(검을 흑, 빛 색) : 검은 색
　③ 黃色(누를 황, 빛 색) : 누런 색
　④ 新綠(새 신, 푸를 록) : 초여름에 새로 나온 잎들이 띤 연한 초록색

113 生食(날 생, 먹을 식) : 날로 먹음
　① 中食(가운데 중, 먹을 식) : 낮에 끼니로 먹는 음식
　② 朝食(아침 조, 먹을 식) : 아침 끼니로 먹는 밥
　❸ 火食(불 화, 먹을 식) : 불에 익혀 먹음
　④ 間食(사이 간, 먹을 식) : 군음식을 먹음, 또는 그 음식

114 公益(공변될 공, 더할 익) : 공공의 이익
　① 無益(없을 무, 더할 익) : 이로움이 없음
　② 利益(이로울 리[이], 더할 익) : 이롭고 도움되는 일
　❸ 私益(사사 사, 더할 익) : 개인의 이익
　④ 工人(장인 공, 사람 인) : 조선 시대에 악기를 연주하는 일을 맡아 하던 사람

115 利己的(이로울 리[이], 몸 기, 과녁 적) : 자기 자신의 이익만을 꾀함
　① 獨立的(홀로 독, 설 립, 과녁 적) : 다른 것에 예속하거나 의존하지 아니하는 상태로 됨
　❷ 利他的(이로울 리[이], 다를 타, 과녁 적) : 자기를 희생함으로써 타인의 행복과 복리의 증가를 행위의 목적으로 하는 것
　③ 活動的(살 활, 움직일 동, 과녁 적) : 몸을 움직여 행동함
　④ 決定的(결단할 결, 정할 정, 과녁 적) : 행동, 태도를 분명하게 정함, 또는 그렇게 정해진 내용

116 內面(안 내, 낯 면) : 안쪽, 사람의 속마음
　① 過勞(지날 과, 일할 로) : 지나치게 일함
　② 內助(안 내, 도울 조) : 아내가 남편을 도움
　③ 外向(바깥 외, 향할 향) : 바깥으로 드러남
　❹ 外面(바깥 외, 낯 면) : 겉면. 겉모양. 보기를 꺼려 얼굴을 돌려 버림

117 同質(한가지 동, 바탕 질) : 성질이 같음, 또는 같은 성질
　① 同姓(한가지 동, 성 성) : 성씨가 같음
　② 同化(한가지 동, 될 화) : 성질, 사상 따위가 다르던 것이 서로 같게 됨
　③ 異名(다를 이, 이름 명) : 본명 외에 달리 부르는 이름
　❹ 異質(다를 이, 바탕 질) : 성질이 다름

118 小兒(작을 소, 아이 아) : 어린 아이
　① 少年(적을 소, 해 년) : 아주 어리지도 않고 완전히 자라지도 않은 남자 아이
　② 中年(가운데 중, 해 년) : 마흔 살 안팎의 나이
　③ 老年(늙을 로[노], 해 년) : 나이가 들어 늙은 때, 또는 늙은 나이
　❹ 成人(이룰 성, 사람 인) : 이미 성년이 된 사람

119 登校(오를 등, 학교 교) : 학교에 감
　❶ 下校(아래 하, 학교 교) : 공부를 마치고 학교에서 돌아옴
　② 退校(물러날 퇴, 학교 교) : 학교를 그만둠
　③ 校長(학교 교, 길 장) : 학교의 사무를 관장하고 대외적으로 학교를 대표하는 사람
　④ 世界(인간 세, 지경 계) : 지구 위의 모든 지역. 모든 나라

120 便安(편할 편, 편안 안) : 몸이나 마음이 편하고 좋음
　① 便紙(편할 편, 종이 지) : 상대방에게 전하고 싶은 일 등을 적어 보내는 글
　② 苦樂(쓸 고, 즐길 락) : 괴로움과 즐거움
　❸ 苦生(쓸 고, 날 생) : 괴롭고 어려운 생활
　④ 小便(작을 소, 똥오줌 변) : 오줌

121 歡送(기쁠 환, 보낼 송) : 떠나는 사람을 기쁜 마음으로 보냄
　① 歡聲(기쁠 환, 소리 성) : 기쁘고 반가워서 지르는 소리
　❷ 歡迎(기쁠 환, 맞이할 영) : 오는 사람을 기쁜 마음으로 반갑게 맞음
　③ 尺度(자 척, 법도 도) : 무엇을 평가할 때의 기준
　④ 瓦解(기와 와, 풀 해) : 조직이나 기능 따위가 무너져 흩어짐

122 舊面(예 구, 낯 면) : 예전부터 알고 있는 처지, 또는 그런 사람
　① 假面(거짓 가, 낯 면) : 사람이나 짐승의 얼굴 모양을 본떠 만든 것
　② 面前(낯 면, 앞 전) : 보고 있는 앞
　❸ 初面(처음 초, 낯 면) : 처음으로 대하는 얼굴, 또는 처음 만나는 처지
　④ 當面(마땅할 당, 낯 면) : 일이 눈 앞에 닥침

123 上京(윗 상, 서울 경) : 서울로 올라옴
　① 歸京(돌아갈 귀, 서울 경) : 서울로 돌아옴
　❷ 歸鄕(돌아갈 귀, 시골 향) : 고향으로 내려감
　③ 餘力(남을 여, 힘 력) : 어떤 일을 하고 또 다른 일을 할 수 있는 힘
　④ 鄕村(시골 향, 마을 촌) : 시골의 마을

124 偶然(짝 우, 그럴 연) : 아무런 인과 관계가 없이 뜻하지 아니하게 일어난 일
　① 偶像(짝 우, 모양 상) : 나무, 돌, 쇠붙이, 흙 따위로 만든 신이나 사람의 형상, 신처럼 숭배의 대상이 되는 물건이나 사람
　② 冠帶(갓 관, 띠 대) : 옛날 벼슬아치들의 공복
　③ 拳鬪(주먹 권, 싸움 투) : 링 위에서 글로브를 끼고 승부를 겨루는 경기
　❹ 必然(반드시 필, 그럴 연) : 반드시 그렇게 되는 일

125 輕率(가벼울 경, 거느릴 솔) : 언행이 조심성이 없고 가벼움
　❶ 愼重(삼갈 신, 무거울 중) : 매우 조심스러움
　② 輕薄(가벼울 경, 엷을 박) : 언행이 경솔하고 신중하지 못함
　③ 虛構(빌 허, 얽을 구) : 사실에 없는 일을 사실처럼 꾸며 만듦
　④ 妄動(망령될 망, 움직일 동) : 아무 분별없이 망령되이 행동함, 또는 그 행동

126 供給(이바지할 공, 줄 급) : 요구나 필요에 따라 물품 따위를 제공함
　① 提供(끌 제, 이바지할 공) : 갖다 주어 이바지함
　② 必要(반드시 필, 요긴할 요) : 꼭 소용이 있음
　③ 婚需(혼인할 혼, 쓰일 수) : 혼인에 드는 물품
　❹ 需要(쓰일 수, 요긴할 요) : 어떤 재화나 용역을 일정한 가격으로 사려고 하는 욕구

127~132 사자 성어 완성하기

127 知(알 지)行(다닐 행)□一(한 일)
　❶ 合(합할 합)　　　② 律(법칙 률)
　③ 能(능할 능)　　　④ 告(고할 고)
　* 知行合一(지행합일) : 지식과 행동이 서로 맞음

128 □上(윗 상)命(목숨 명)令(하여금 령)
　① 紙(종이 지)　　　❷ 至(이를 지)
　③ 地(땅 지)　　　　④ 指(가리킬 지)
　* 至上命令(지상명령) : 행위의 결과에 구애됨이 없이 행위 자체가 선(善)이기 때문에 무조건 수행이 요구되는 도덕적 명령

129 斷(끊을 단)□之(갈 지)戒(경계할 계)
　① 棄(버릴 기)　　　② 幾(몇 기)
　③ 旣(이미 기)　　　❹ 機(틀 기)
　* 斷機之戒(단기지계) : 학문을 중도에서 그만두면 짜던 베를 끊는 것처럼 아무 쓸모 없음을 경계한 말

130 英(꽃부리 영)雄(수컷 웅)□傑(뛰어날 걸)
　① 呼(부를 호)　　　② 浩(넓을 호)
　❸ 豪(호걸 호)　　　④ 人(사람 인)
　* 英雄豪傑(영웅호걸) : 영웅과 호걸을 아울러 이르는 말

131 毛(털 모)遂(드디어 수)自(스스로 자)□
　① 天(하늘 천)　　　② 治(다스릴 치)
　❸ 薦(천거할 천)　　④ 致(이를 치)
　* 毛遂自薦(모수자천) : 자기가 자기를 추천하는 일

132 深(깊을 심)□遠(멀 원)慮(생각할 려)
　① 嘗(맛볼 상)　　　❷ 謀(꾀 모)
　③ 尋(찾을 심)　　　④ 深(깊을 심)
　* 深謀遠慮(심모원려) : 깊은 꾀와 먼 장래를 내다보는 생각

133~136 제시된 사자 성어의 뜻 알기

133 殺(죽일 살)身(몸 신)成(이룰 성)仁(어질 인)
　殺身成仁(살신성인) : 자기의 몸을 희생하여 인을 이루다.

134 自(스스로 자)手(손 수)成(이룰 성)家(집 가)
　自手成家(자수성가) : 자기 혼자 힘으로 집안을 일으키고 재산을 모으다.

135 養(기를 양)虎(범 호)爲(할 위)患(근심 환)
　養虎爲患(양호위환) : 호랑이를 길러서 근심을 가지다.

136 擧(들 거)案(책상 안)齊(가지런할 제)眉(눈썹 미)
　擧案齊眉(거안제미) : 남편을 깍듯이 공경하다.

137~140 뜻에 맞는 사자 성어 고르기

137 부부의 인연을 맺어주는 중매인
　❶ 月(달 월)下(아래 하)氷(얼음 빙)人(사람 인)
　　月下氷人(월하빙인) : 부부의 인연을 맺어준다는 전설상의 늙은이
　② 兵(병사 병)家(집 가)常(항상 상)事(일 사)
　　兵家常事(병가상사) : 전쟁에서 이기고 지는 일은 흔히 있는 일임. 실패하는 일은 흔히 있으므로 낙심할 것이 없다는 말

　③ 落(떨어질 락)花(꽃 화)流(흐를 류)水(물 수)
　　落花流水(낙화유수) : 떨어지는 꽃과 흐르는 물. 가는 봄의 경치
　④ 多(많을 다)情(뜻 정)多(많을 다)感(느낄 감)
　　多情多感(다정다감) : 정이 많고 감정이 풍부함

138 ① 四(넉 사)面(낯 면)春(봄 춘)風(바람 풍)
　　四面春風(사면춘풍) : 누구에게나 좋게 대함
　❷ 一(한 일)寸(마디 촌)光(빛 광)陰(그늘 음)
　　一寸光陰(일촌광음) : 매우 짧은 동안의 시간
　③ 四(넉 사)通(통할 통)八(여덟 팔)達(통달할 달)
　　四通八達(사통팔달) : 사방으로 모두 통함
　④ 大(큰 대)明(밝을 명)天(하늘 천)地(땅 지)
　　大明天地(대명천지) : 아주 환하게 밝은 세상

139 경솔하여 생각 없이 망령되게 행동하다.
　❶ 輕(가벼울 경)擧(들 거)妄(망녕될 망)動(움직일 동)
　　輕擧妄動(경거망동) : 경솔하여 생각 없이 망령되게 행동함. 또는 그런 행동
　② 生(날 생)面(낯 면)不(아닐 불[부])知(알 지)
　　生面不知(생면부지) : 서로 한 번도 만난 적이 없어서 전혀 알지 못하는 사람. 또는 그런 관계
　③ 目(눈 목)不(아닐 불)識(알 식)丁(장정 정)
　　目不識丁(목불식정) : 낫 놓고 'ㄱ'자도 모름. 아주 무식함
　④ 聲(소리 성)東(동녘 동)擊(칠 격)西(서녘 서)
　　聲東擊西(성동격서) : 동쪽에서 소리를 내고 서쪽에서 적을 친다. 적을 유인하여 이쪽을 공격하는 체하다가 그 반대쪽을 치는 전술

140 먹을 것은 적고 할 일은 많다.
　① 自(스스로 자)暴(모질 포)自(스스로 자)棄(버릴 기)
　　自暴自棄(자포자기) : 절망에 빠져 자신을 스스로 포기하고 돌아보지 아니함
　② 萬(일만 만)古(예 고)常(항상 상)靑(푸를 청)
　　萬古常靑(만고상청) : 오랜 세월을 두고 변함없이 늘 푸름
　③ 騎(탈 기)虎(범 호)之(갈 지)勢(형세 세)
　　騎虎之勢(기호지세) : 호랑이를 타고 달리는 형세. 이미 시작한 일을 중도에서 그만둘 수 없는 경우
　❹ 食(먹을 식)少(적을 소)事(일 사)煩(번거로울 번)
　　食少事煩(식소사번) : 먹을 것은 적고 할 일은 많음

제3영역 讀 解

141~154 문장에 쓰인 한자어의 음 알기

141 디딜방아는 지렛대의 원리를 <u>利用</u>(이로울 리, 쓸 용)한 것이다.

142 물질 <u>萬能</u>(일만 만, 능할 능)주의가 우리 사회를 지배하고 있다.

143 우리 나라는 임업과 수산업을 <u>發達</u>(필 발, 통달할 달)시키기에 좋은 조건을 갖추고 있다.

144 아버지께서 제철소의 규모를 <u>說明</u>(말씀 설, 밝을 명)해 주셨다.

145 풍년에는 농산물이 넉넉하여 <u>物價</u>(물건 물, 값 가)는 내린다.

146 식품의 낭비를 막기 위해서는 식품의 분량을 정확히 <u>計量</u>(셀 계, 헤아릴 량)해야 한다.

147 소음은 집중력 방해, 수면 방해, 소화 <u>不良</u>(아닐 불, 어질 량) 등 건강에 영향을 준다.

148 우리의 생활 주변에는 옷장, 책장, 책꽂이와 같이 <u>木材</u>(나무 목, 재목 재)를 이용하여 만든 물건들이 많이 있다.

149 글을 읽는 <u>目的</u>(눈 목, 과녁 적)을 명확히 하면, 글을 읽는 방법을 선택할 수 있다.

150 태권도는 몸과 마음을 닦는 <u>武藝</u>(군인 무, 재주 예)이자 운동이다.

151 <u>文章</u>(글월 문, 글 장)은 여러 부분들이 한데 모여서 이루어진다.

152 우리가 독서의 필요성, 책을 선택하는 요령, 읽는 방법 등을 잘 알고 책을 읽으면, 훨씬 <u>效果</u>(본받을 효, 실과 과)적인 독서를 할 수 있다.

153 둘은 서로 사귄 지 여섯 해 되던 지난 해에 마침내 <u>佳約</u>(아름다울 가, 맺을 약)을 맺었다.

154 봉황, 용, 해태 따위는 모두 <u>架空</u>(시렁 가, 빌 공)의 동물이다.

155~159 문장에 쓰인 한자어의 뜻 알기

155 전설 중에는 특정한 풍속의 <u>由來</u>(말미암을 유, 올 래)를 설명하는 것이 많다.
  * 내력

156 결혼한 여성에게 가정과 직장의 <u>兩立</u>(두 량[양], 설 립)은 무척 힘든 일이다.
  * 두 가지가 동시에 따로 존재한다.

157 그 학생은 이해력이 부족하므로 설명한 뒤 항상 <u>實例</u>(열매 실, 법식 례)를 들어주어야만 했다.
  * 실제의 본보기

158 페르시아만 사태로 인해 기름값 상승은 물론 현지 진출 국내 기업의 손해까지 합하면 20억 달러에 이르는 손실을 <u>甘受</u>(달 감, 받을 수)해야 한다.
  * 달게 받아들이다.

159 심한 운동 뒤에는 <u>渴症</u>(목마를 갈, 증세 증)을 느낀다.
  * 목이 마름

160~164 문장에 맞는 한자어 고르기

160 남극 ☐☐은 미지의 땅이다.
  ① 對陸(대할 대, 뭍 륙) * 한자어 아님
  ② 代陸(대신 대, 뭍 륙) * 한자어 아님
  ❸ 大陸(큰 대, 뭍 륙) : 지구상의 큰 육지
  ④ 大地(큰 대, 땅 지) : 대자연의 넓고 큰 땅

161 연날리기는 오래된 ☐☐ 놀이의 하나로서, 연의 모양은 민족과 나라에 따라 다르다.
  ① 民速(백성 민, 빠를 속) * 한자어 아님
  ❷ 民俗(백성 민, 풍속 속) : 일반 백성들의 풍속과 습관
  ③ 過去(지날 과, 갈 거) : 지나간 때
  ④ 國家(나라 국, 집 가) : 나라

162 풍력 발전은 바람의 에너지를 이용하여 풍차를 회전시켜서 전기를 ☐☐시키는 것이다.
  ① 變化(변할 변, 될 화) : 사물의 모양·성질·상태 등이 달라짐
  ❷ 發生(필 발, 날 생) : 어떤 현상이 일어남
  ③ 減少(덜 감, 적을 소) : 덜어서 적게 함
  ④ 增加(더할 증, 더할 가) : 수나 양이 많아짐

163 그 보험회사는 재무 구조가 ☐☐한 것으로 널리 알려져 있다.
  ① 見失(볼 견, 잃을 실) : 자기도 모르게 잃어버리거나 떠내려 보내 없어짐
  ② 見實(볼 견, 열매 실) * 한자어 아님
  ③ 堅失(굳을 견, 잃을 실) * 한자어 아님
  ❹ 堅實(굳을 견, 열매 실) : 튼튼하고 충실함

164 로빈슨 크루소는 안정되고 편안한 삶을 권유하는 아버지의 말을 ☐☐하고 두 번째 원양 항해에 나서지만 터키 해적선에 포로로 잡혀 노예가 된다.
  ① 拒否(막을 거, 아닐 부) : 요구나 제의 따위를 받아들이지 않고 물리침
  ② 抗拒(대항할 항, 막을 거) : 순종하지 않고 맞서 버팀
  ❸ 拒絕(막을 거, 끊을 절) : 상대편의 요구, 제안, 선물, 부탁 따위를 받아들이지 않고 물리침
  ④ 拒止(막을 거, 그칠 지) : 버티어 막음

165~170 문장에 맞지 않는 한자어 고르기

165 우리는 ❶ 先朝(먼저 선, 아침 조)들이 남긴 ② 文化財(글월 문, 될 화, 재물 재)를 통하여, 자랑스런 ③ 祖上(할아비 조, 윗 상)들의 숨결을 느낄 수 있고, 그 ④ 後孫(뒤 후, 손자 손)이 된 긍지와 자부심을 가질 수 있게 된다.
  * 先朝 → 先祖(먼저 선, 할아비 조)

166 ① 韓國(한국 한, 나라 국) 현대 문학은 ❷ 不行(아닐 불, 다닐 행)히도 일제 강점 아래서 ③ 形成(모양 형, 이룰 성)되어 ④ 展開(펼 전, 열 개)되었다.
  * 不行 → 不幸(아닐 불, 다행 행)

167 ① 自由(스스로 자, 말미암을 유)와 ② 平等(평평할 평, 무리 등)은 남녀, 지위, ③ 貧富(가난할 빈, 부자 부)의 차, ❹ 種敎(씨 종, 가르칠 교), 피부색 등에 관계없이 모든 사람이 고루 누려야 한다.
  * 種敎 → 宗敎(으뜸 종, 가르칠 교)

168 대목을 앞두고 ① 稅關(세금 세, 관계할 관)에서 ② 大量(큰 대, 헤아릴 량)의 밀수 ③ 農産物(농사 농, 낳을 산, 물건 물)을 적발하였다는 ❹ 步道(걸음 보, 길 도)가 있었다.
  * 步道 → 報道(알릴 보, 길 도)

169 미국 대통령 ① 選擧(가릴 선, 들 거)에서 손으로 재개표하는 ② 前代未聞(앞 전, 대신 대, 아닐 미, 들을 문)의 상황이 벌어지고 있는 것도 기계의 능력을 ③ 誇大評價(자랑할 과, 큰 대, 평할 평, 값 가)했던 데서 비롯된 ❹ 小動(작을 소, 움직일 동)이다.
  * 小動 → 騷動(떠들 소, 움직일 동)

170 ① 勞動界(일할 로, 움직일 동, 지경 계)는 주5일 근무제 ❷ 慣徹(익숙할 관, 통할 철)을 내세워 일부 ③ 罷業(마칠 파, 업 업)에 들어갔고, 사용자측은 생산 현장의 ④ 競爭力(다툴 경, 다툴 쟁, 힘 력)을 떨어뜨리는 노동 시간 단축을 받아들일 수 없다며 맞서고 있다.
  * 慣徹 → 貫徹(꿸 관, 통할 철)

171~178 바르게 쓴 한자어 고르기

171 북극이나 남극을 항해하는 배는 빙산과 충돌하지 않도록 조심해야 한다.
  ① 北漢(북녘 북, 한수 한)
  ❷ 北極(북녘 북, 극진할 극)
  ③ 比極(견줄 비, 극진할 극)
  ④ 北寒(북녘 북, 찰 한)

172 로마나 그리스는 반도였지만 위대한 인류 문화의 발상지였다.
  ❶ 半島(반 반, 섬 도)
  ② 反島(돌이킬 반, 섬 도)
  ③ 半圖(반 반, 그림 도)
  ④ 半道(반 반, 길 도)

173 돈은 집에 보관하는 것보다 은행에 예금하는 것이 유리하다.
  ❶ 有利(있을 유, 이로울 리)
  ② 不利(아닐 불, 이로울 리)
  ③ 利益(이로울 리[이], 더할 익)
  ④ 有理(있을 유, 다스릴 리)

174 외가에 가서 외할머니와 외삼촌 내외분께 문안 인사를 드렸다.
  ① 門安(문 문, 편안 안)
  ② 安否(편안 안, 아닐 부)
  ❸ 問安(물을 문, 편안 안)
  ④ 文案(글월 문, 책상 안)

175 사임당은 틈틈이 예술 활동에도 힘을 쏟아 불후의 명작들을 남겼다.
  ① 明作(밝을 명, 지을 작)
  ❷ 名作(이름 명, 지을 작)
  ③ 作品(지을 작, 물건 품)
  ④ 名品(이름 명, 물건 품)

176 결정적 증거의 발견으로 그가 범인인 것이 명백해졌다.
  ① 分名(나눌 분, 이름 명)
  ② 明百(밝을 명, 일백 백)
  ❸ 明白(밝을 명, 흰 백)
  ④ 分明(나눌 분, 밝을 명)

177 식수난이 가중되자 소방차가 긴급 동원돼 급수에 나섰다.
  ① 及水(미칠 급, 물 수)
  ② 急水(급할 급, 물 수)
  ❸ 給水(줄 급, 물 수)
  ④ 給收(줄 급, 거둘 수)

178 회사의 업무는 업무 <u>규정</u> 내에서 행해야 한다.
① 規正(법 규, 바를 정)
❷ 規定(법 규, 정할 정)
③ 規程(법 규, 길 정)
④ 糾正(꼴 규, 바를 정)

179~183 어구의 뜻과 비슷한 한자어 고르기

179 영철이는 <u>글짓기</u>에 뛰어난 재능을 가지고 있다.
① 作成(지을 작, 이룰 성)
❷ 作文(지을 작, 글월 문)
③ 文學(글월 문, 배울 학)
④ 文體(글월 문, 몸 체)

180 재숙이는 <u>다른 나라</u>로 이민을 갔다.
❶ 外國(바깥 외, 나라 국)
② 外交(바깥 외, 사귈 교)
③ 國內(나라 국, 안 내)
④ 海洋(바다 해, 큰바다 양)

181 옛날에 대부분의 토지는 양반들이 <u>가지고 있었다.</u>
① 財産(재물 재, 낳을 산)
② 富者(부자 부, 놈 자)
❸ 所有(바 소, 있을 유)
④ 月給(달 월, 줄 급)

182 요즘 우리 동네에 아주 <u>처치하기 어려운</u> 일이 하나 생겼다.
① 至難(이를 지, 어려울 난)
❷ 難處(어려울 난, 곳 처)
③ 甚難(심할 심, 어려울 난)
④ 時急(때 시, 급할 급)

183 시신이 발견된 그 장소가 범인의 윤곽에 결정적인 <u>실마리</u>를 제공해 준 셈이었다.
① 發端(필 발, 끝 단)
❷ 端緒(끝 단, 실마리 서)
③ 證據(증거 증, 근거 거)
④ 證言(증거 증, 말씀 언)

184~188 글에 쓰인 한자어와 한자의 뜻 알기

184 ㉠<u>그만두고</u>의 뜻을 가장 잘 나타낸 것은?
① 禁止(금할 금, 그칠 지)
❷ 中止(가운데 중, 그칠 지)
③ 出發(날 출, 필 발)
④ 計算(셀 계, 셈할 산)

185 ㉡<u>이르렀느냐</u>의 뜻을 가진 것은?
① 指(가리킬 지) ② 育(기를 육)
❸ 至(이를 지) ④ 知(알 지)

186 ㉢<u>대답</u>의 한자 표기가 바른 것은?
① 解答(풀 해, 대답 답)
❷ 對答(대할 대, 대답 답)
③ 正答(바를 정, 대답 답)
④ 對話(대할 대, 말씀 화)

187 ㉣學問(배울 학, 물을 문)의 독음이 바른 것은?
① 학생 ② 문답
③ 문학 ❹ 학문

188 ㉤<u>부지런하여</u>의 뜻을 가진 것은?
① 望(바랄 망) ② 休(쉴 휴)
❸ 勤(부지런할 근) ④ 慶(경사 경)

189~193 글에 쓰인 한자어와 한자의 뜻 알기

189 ㉠<u>여름</u>의 한자 표기가 바른 것은?
① 春(봄 춘) ❷ 夏(여름 하)
③ 秋(가을 추) ④ 冬(겨울 동)

190 ㉡<u>마음속</u>의 한자 표기가 바른 것은?
① 放心(놓을 방, 마음 심)
② 本性(근본 본, 성품 성)
③ 體統(몸 체, 거느릴 통)
❹ 心中(마음 심, 가운데 중)

191 ㉢<u>목석</u>의 한자 표기가 바른 것은?
① 樹木(나무 수, 나무 목)
② 勞苦(일할 로[노], 쓸 고)
❸ 木石(나무 목, 돌 석)
④ 力量(힘 력[역], 헤아릴 량)

192 ㉣光景(빛 광, 볕 경)의 독음이 바른 것은?
① 전경 ❷ 광경
③ 풍경 ④ 광채

193 ㉤<u>인물</u>의 한자 표기가 바른 것은?
❶ 人物(사람 인, 물건 물)
② 人才(사람 인, 재주 재)
③ 名人(이름 명, 사람 인)
④ 名物(이름 명, 물건 물)

194~197 글에 쓰인 한자어와 한자의 뜻 알기

194 ㉠<u>닫은</u>의 뜻을 가진 것은?
❶ 閉(닫을 폐) ② 開(열 개)
③ 止(그칠 지) ④ 定(정할 정)

195 ㉢列車~㉮形事 중 한자 표기가 바르지 않은 것은?
① ㉢列車(벌일 렬[열], 수레 차)
② ㉣通禁(통할 통, 금할 금)
③ ㉤實施(열매 실, 베풀 시)
❹ ㉮形事(모양 형, 일 사)
   * 形事 → 刑事(형벌 형, 일 사)

196 ㉯1,500여의 '여' 자의 한자 표기가 바른 것은?
① 如(같을 여)   ❷ 餘(남을 여)
③ 余(나 여)   ④ 與(더불 여)

197 ㉰住民(살 주, 백성 민)의 독음이 바른 것은?
① 국민   ② 시민
③ 양민   ❹ 주민

198~203 글에 쓰인 한자어와 한자의 뜻 알기

198 ㉠현대인의 한자 표기가 바른 것은?
① 古代人(예 고, 대신 대, 사람 인)
② 近代人(가까울 근, 대신 대, 사람 인)
③ 顯代人(나타날 현, 대신 대, 사람 인)
❹ 現代人(나타날 현, 대신 대, 사람 인)

199 ㉡分流~㉤經濟 중 한자 표기가 바르지 않은 것은?
❶ ㉡分流(나눌 분, 흐를 류)
② ㉢業務(일 업, 힘쓸 무)
③ ㉣餘暇(남을 여, 겨를 가)
④ ㉤經濟(지날 경, 건널 제)
   * 分流 → 分類(나눌 분, 무리 류)

200 ㉯사회주의~㉰정시 퇴근의 한자 표기가 바른 것은?
① ㉯司會主義(맡을 사, 모일 회, 주인 주, 옳을 의)
② ㉰自本主義(스스로 자, 근본 본, 주인 주, 옳을 의)
❸ ㉱天壤之差(하늘 천, 땅 양, 갈 지, 어긋날 차)
④ ㉲定時出勤(정할 정, 때 시, 날 출, 부지런할 근)

201 ㉳반면의 '반' 자와 같은 한자를 사용하는 것은?
① 叛亂(배반할 반, 어지러울 란)
❷ 反對(돌이킬 반, 대할 대)
③ 班常(나눌 반, 항상 상)
④ 返送(돌이킬 반, 보낼 송)

202 ㉠더운의 뜻을 가진 것은?
① 暖(따뜻할 난)
② 畿(경기 기)
❸ 熱(더울 열)
④ 乾(하늘 건)

203 ㉡낮잠의 뜻을 가장 잘 나타낸 것은?
① 點心(점 점, 마음 심)
❷ 午睡(낮 오, 졸음 수)
③ 永眠(길 영, 잠잘 면)
④ 露宿(이슬 로[노], 잘 숙)

204~210 글에 쓰인 한자어와 한자의 뜻 알기

204 ㉠타임스지의 '지' 자의 한자 표기가 바른 것은?
① 池(못 지)   ② 紙(종이 지)
❸ 誌(기록할 지)   ④ 遲(더딜 지)

205 ㉡辭典~㉮商標 중 한자 표기가 바르지 않은 것은?
① ㉡辭典(말씀 사, 법 전)
❷ ㉢手錄(손 수, 기록할 록)
③ ㉣元來(으뜸 원, 올 래)
④ ㉮商標(장사 상, 표할 표)
   * 手錄 → 收錄(거둘 수, 기록할 록)

206 ㉯상대방의 한자 표기가 바른 것은?
① 上大邦(윗 상, 큰 대, 나라 방)
❷ 相對方(서로 상, 대할 대, 모 방)
③ 上帶房(윗 상, 띠 대, 방 방)
④ 上代房(윗 상, 대신 대, 방 방)

207 ㉰관련의 한자 표기가 바른 것은?
❶ 關聯(관계할 관, 연이을 련)
② 貫連(꿸 관, 이을 련)
③ 慣練(익숙할 관, 익힐 련)
④ 冠聯(갓 관, 연이을 련)

208 ㉱표현의 한자 표기가 바른 것은?
❶ 表現(겉 표, 나타날 현)
② 標懸(표할 표, 달 현)
③ 票玄(표 표, 검을 현)
④ 表顯(겉 표, 나타날 현)

209 ㉲略語(간략할 략[약], 말씀 어)의 독음이 바른 것은?
① 비어   ② 속어
❸ 약어   ④ 은어

210 ㉳判讀~㉮工夫의 독음이 바른 것은?
① ㉳判讀(판단할 판, 읽을 독)
② ㉠文豪(글월 문, 호걸 호)
③ ㉢單語(홑 단, 말씀 어)
④ ㉮工夫(장인 공, 지아비 부)

7 실전 모의고사(정답 및 해설)

1 ④	2 ①	3 ④	4 ④	5 ③
6 ③	7 ②	8 ④	9 ③	10 ②
11 ③	12 ②	13 ④	14 ①	15 ②
16 ①	17 ③	18 ④	19 ②	20 ②
21 ③	22 ②	23 ③	24 ④	25 ②
26 ②	27 ③	28 ④	29 ③	30 ②
31 ④	32 ②	33 ④	34 ①	35 ③
36 ②	37 ①	38 ③	39 ④	40 ③
41 ①	42 ④	43 ②	44 ③	45 ④
46 ②	47 ①	48 ①	49 ③	50 ②
51 ③	52 ③	53 ③	54 ④	55 ①
56 ③	57 ④	58 ④	59 ①	60 ④
61 ②	62 ④	63 ③	64 ①	65 ②
66 ①	67 ③	68 ②	69 ④	70 ①
71 ③	72 ②	73 ③	74 ②	75 ④
76 ②	77 ②	78 ②	79 ②	80 ②
81 ④	82 ③	83 ②	84 ③	85 ②
86 ①	87 ②	88 ④	89 ③	90 ②
91 ①	92 ④	93 ②	94 ④	95 ①
96 ②	97 ②	98 ③	99 ④	100 ①
101 ①	102 ④	103 ②	104 ①	105 ①
106 ③	107 ①	108 ②	109 ③	110 ①
111 ①	112 ③	113 ④	114 ①	115 ①
116 ②	117 ②	118 ③	119 ①	120 ④
121 ④	122 ③	123 ②	124 ①	125 ②
126 ②	127 ①	128 ②	129 ②	130 ①
131 ②	132 ②	133 ③	134 ②	135 ①
136 ②	137 ①	138 ④	139 ①	140 ③
141 ①	142 ③	143 ②	144 ④	145 ③
146 ③	147 ②	148 ①	149 ③	150 ②
151 ②	152 ②	153 ②	154 ④	155 ②
156 ③	157 ④	158 ②	159 ①	160 ③
161 ①	162 ①	163 ③	164 ②	165 ③
166 ②	167 ④	168 ②	169 ④	170 ②
171 ②	172 ②	173 ④	174 ②	175 ①
176 ①	177 ②	178 ②	179 ①	180 ①
181 ③	182 ①	183 ③	184 ③	185 ②
186 ④	187 ①	188 ①	189 ③	190 ②
191 ②	192 ①	193 ④	194 ③	195 ③
196 ②	197 ②	198 ③	199 ④	200 ①
201 ①	202 ③	203 ④	204 ③	205 ②
206 ②	207 ①	208 ②	209 ①	210 ①

제1영역   漢字

1~5 제시된 한자의 부수 고르기

1 料(헤아릴 료) 斗부 6획
① 十(열 십)　　② 木(나무 목)
③ 米(쌀 미)　　④ 斗(말 두)

2 流(흐를 류) 水(氵)부 7획
❶ 氵(삼수변)　　② 亠(돼지해머리)
③ 厶(마늘모)　　④ 川(내 천)

3 陸(뭍 륙) 阜(阝)부 8획
① 士(선비 사)　　② 土(흙 토)
③ 儿(걷는사람 인)　　❹ 阝(언덕 부)

4 里(마을 리) 里부 0획
① 田(밭 전)　　② 土(흙 토)
③ 甲(갑옷 갑)　　❹ 里(마을 리)

5 務(힘쓸 무) 力부 9획
① 矛(나 여)　　② 攵(칠 복)
❸ 力(힘 력)　　④ 刀(칼 도)

6~10 제시된 한자의 획수 고르기

6 武(군인 무) 止(그칠 지)부 4획, 총 8획
一 二 亍 于 正 武 武

7 聞(들을 문) 耳(귀 이)부 8획, 총 14획
｜ ｜ 匚 ｢ ｢ 門 門 門 門 聞 聞 閘 聞 聞

8 美(아름다울 미) 羊(양 양)부 3획, 총 9획
丶 丷 半 半 半 兰 美 美 美

9 密(빽빽할 밀) 宀(갓머리)부 8획, 총 11획
丶 宀 宀 宁 宓 宓 宓 密 密 密 密

10 民(백성 민) 氏(성씨 씨)부 1획, 총 5획
フ フ ア ア 民

11~15 제시된 필순 유형에 맞는 한자 고르기

11 왼쪽에서 오른쪽으로 쓴다.
① 急(급할 급) ノ ク ク ⺈ 与 刍 刍 急 急
② 農(농사 농) 丶 一 ㄇ 曲 曲 曲 曲 芦 芦 農 農 農 農
❸ 修(닦을 수) ノ ィ ィ ㈠ 亻 ⺁ 攸 修 修 修
④ 官(벼슬 관) 丶 丶 宀 宀 宀 官 官 官

12 좌우의 모양이 같을 때에는 가운데를 먼저 쓴다.
   ① 古(예 고) 一十十古古
   ❷ 水(물 수) 」刁水水
   ③ 告(고할 고) ノ 一牛牛牛告告
   ④ 金(쇠 금) ノ人人人全全全金

13 가운데를 꿰뚫는 획은 나중에 쓴다.
   ① 達(통달할 달) 一十士古告告告查查查達達達
   ② 令(하여금 령) ノ人人今今令
   ③ 己(몸 기) フコ己
   ❹ 事(일 사) 一一一一口耳耳事事

14 가로획과 세로획이 교차될 때에는 가로획을 먼저 쓴다.
   ❶ 木(나무 목) 一十才木
   ② 冬(겨울 동) ノ クタ冬冬冬
   ③ 島(섬 도) ′ ′ ′ ′ 户 户 自 鳥 島 島 島
   ④ 禮(예도 례) 一 二 亍 亓 示 示 礻 礻 礻 禮 禮 禮 禮 禮 禮

15 삐침을 먼저 쓰고 파임을 나중에 쓴다.
   ① 加(더할 가) フ力加加加
   ❷ 合(합할 합) ノ人人合合合
   ③ 怒(성낼 노) 〈 女 女 如 奴 奴 怒 怒 怒
   ④ 獨(홀로 독) ′ ′ ′ ′ ′ ′ 犭 犭 犭 獨 獨 獨 獨 獨 獨 獨 獨

16~20 제시된 한자의 짜임을 알고 같은 짜임의 한자 고르기

16 巨(클 거) 회의
   ❶ 育(기를 육) 회의
   ③ 商(장사 상)
   ② 觀(볼 관)
   ④ 飛(날 비)

17 二(두 이) 지사
   ① 財(재물 재)
   ❸ 寸(마디 촌) 지사
   ② 的(과녁 적)
   ④ 接(접할 접)

18 外(바깥 외) 회의
   ① 靑(푸를 청)
   ③ 種(씨 종)
   ② 淸(맑을 청)
   ❹ 退(물러날 퇴) 회의

19 貧(가난할 빈) 회의
   ① 面(낮 면)
   ③ 馬(말 마)
   ❷ 公(공평할 공) 회의
   ④ 門(문 문)

20 因(인할 인) 상형
   ① 指(가리킬 지)
   ③ 村(마을 촌)
   ❷ 口(입 구) 상형
   ④ 波(물결 파)

21~31 제시된 한자의 음 고르기

21 發(필 발)
22 拜(절 배)
23 番(차례 번)
24 分(나눌 분)
25 復(회복할 복, 다시 부)
26 變(변할 변)
27 蟲(벌레 충)
28 就(나아갈 취)
29 澤(못 택)
30 殆(위태로울 태)
31 態(태도 태)

32~39 제시된 음에 알맞은 한자 알기

32 비
   ① 不(아닐 불)
   ③ 寺(절 사)
   ❷ 非(아닐 비)
   ④ 訪(찾을 방)

33 사
   ① 序(차례 서)
   ③ 殺(죽일 살)
   ② 鼻(코 비)
   ❹ 仕(벼슬 사)

34 산
   ❶ 算(셈할 산)
   ③ 想(생각 상)
   ② 師(스승 사)
   ④ 西(서녘 서)

35 침
   ① 脫(벗을 탈)
   ❸ 針(바늘 침)
   ② 探(찾을 탐)
   ④ 投(던질 투)

36 판
   ① 破(깨트릴 파)
   ③ 閉(닫을 폐)
   ❷ 判(판단할 판)
   ④ 貝(조개 패)

37 탕
   ❶ 湯(끓을 탕)
   ③ 疑(의심할 의)
   ② 塔(탑 탑)
   ④ 奪(빼앗을 탈)

38 타
   ① 稱(일컬을 칭)
   ❸ 妥(온당할 타)
   ② 卓(높을 탁)
   ④ 浸(잠길 침)

39 탄
   ① 濁(흐릴 탁)
   ③ 延(끌 연)
   ② 濯(씻을 탁)
   ❹ 誕(태어날 탄)

40~47 같은 음의 한자 고르기

40 仙(신선 선)
   ① 姓(성 성)
   ❸ 鮮(고울 선)
   ② 城(성 성)
   ④ 速(빠를 속)

41 誠(정성 성)
   ❶ 星(별 성)
   ③ 順(순할 순)
   ② 首(머리 수)
   ④ 習(익힐 습)

42 笑(웃음 소)
   ① 送(보낼 송)
   ③ 俗(풍속 속)
   ② 授(줄 수)
   ❹ 素(본디 소)

43 布(베, 베풀 포)
   ① 姉(손위누이 자)
   ③ 彼(저 피)
   ❷ 暴(사나울 포)
   ④ 匹(짝 필)

44 賀(하례할 하)
   ① 亥(돼지 해)
   ❸ 何(어찌 하)
   ② 閑(한가할 한)
   ④ 恒(항상 항)

45 炭(숯 탄)
① 含(머금을 함)
② 墮(떨어질 타)
③ 托(맡길 탁)
❹ 彈(탄알 탄)

46 枕(베개 침)
① 漆(옻 칠)
❷ 寢(잘 침)
③ 測(잴 측)
④ 叫(부르짖을 규)

47 恥(부끄러울 치)
❶ 値(값 치)
② 層(층 층)
③ 侵(침노할 침)
④ 醉(취할 취)

48~58 제시된 한자의 뜻 고르기

48 勝(이길, 나을 승)
49 是(옳을 시)
50 視(볼 시)
51 信(믿을, 소식 신)
52 示(보일 시)
53 虛(빌 허)
54 革(가죽, 바꿀 혁)
55 趣(뜻, 취미 취)
56 臭(냄새 취)
57 縮(줄일 축)
58 衝(부딪칠 충)

59~65 제시된 뜻에 맞는 한자 고르기

59 새롭다
❶ 新(새 신)
② 親(친할 친)
③ 深(깊을 심)
④ 案(책상 안)

60 약속하다
① 羊(양 양)
② 洋(큰바다 양)
③ 善(착할 선)
❹ 約(맺을 약)

61 낚다
① 魚(고기 어)
❷ 漁(고기잡을 어)
③ 億(억 억)
④ 逆(거스를 역)

62 부르다
① 或(혹 혹)
② 虎(범 호)
③ 乎(어조사 호)
❹ 呼(부를 호)

63 붉다
① 凶(흉할 흉)
② 皇(임금 황)
❸ 紅(붉을 홍)
④ 歡(기쁠 환)

64 못나다
❶ 醜(추할 추)
② 畜(짐승 축)
③ 抽(뽑을 추)
④ 催(재촉할 최)

65 총명하다
① 總(다 총)
❷ 聰(귀밝을 총)
③ 銃(총 총)
④ 燭(촛불 촉)

66~70 제시된 한자와 비슷한 뜻의 한자 고르기

66 增(더할 증)
❶ 加(더할 가)
② 減(덜 감)
③ 曾(일찍 증)
④ 咸(다 함)

67 價(값 가)
① 備(갖출 비)
② 似(같을 사)
❸ 値(값 치)
④ 償(갚을 상)

68 警(깨우칠 경)
① 驚(놀랄 경)
❷ 戒(경계할 계)
③ 恐(두려울 공)
④ 夢(꿈 몽)

69 傍(곁 방)
① 僚(동료 료)
② 傑(뛰어날 걸)
③ 停(머무를 정)
❹ 側(곁 측)

70 靜(고요할 정)
❶ 寂(고요할 적)
② 請(청할 청)
③ 晴(갤 청)
④ 精(정할 정)

제2영역 語彙

71~72 짜임이 같은 한자어 고르기

71 募兵(모을 모, 병사 병) : 병정을 모집함 술목
① 拾得(주울 습, 얻을 득) : 주워서 얻음
② 管理(주관할 관, 다스릴 리) : 시설이나 물건의 유지, 개량 따위의 일을 맡아함
❸ 冒險(무릅쓸 모, 험할 험) : 위험을 무릅쓰고 어떠한 일을 함, 또는 그 일 술목
④ 適格(갈 적, 격식 격) : 규정이나 조건에 알맞은 자격을 지님

72 扶助(도울 부, 도울 조) : 잔칫집이나 상가(喪家) 따위에 돈이나 물건을 보내어 도와줌, 또는 그 돈이나 물건 유사
① 發注(필 발, 물댈 주) : 제품이나 상품 따위를 주문함
❷ 病患(병 병, 근심 환) : 병의 높임말 유사
③ 閉業(닫을 폐, 일 업) : 문을 닫고 가게의 영업을 쉼
④ 略歷(간략할 략[약], 지날 력) : 간략하게 중요한 것만 적은 이력

73~90 음이 같은 한자어(동음이의어) 고르기

73 病死(병 병, 죽을 사) : 병으로 죽음
 ① 東史(동녘 동, 역사 사) : 중국에 대하여 우리 나라의 역사를 일컫는 말
 ② 名士(이름 명, 선비 사) : 사회에서 이름난 사람
 ❸ 兵士(병사 병, 선비 사) : 군사
 ④ 三四(석 삼, 넉 사) : 서넛

74 公私(공변될 공, 사사 사) : 공적인 일과 사사로운 일
 ① 共生(함께 공, 날 생) : 서로 같은 곳에서 생활함
 ❷ 工事(장인 공, 일 사) : 집을 짓거나 둑을 쌓는 일
 ③ 高貴(높을 고, 귀할 귀) : 인품이나 지위가 높고 귀함
 ④ 功勞(공 공, 일할 로) : 어떤 일에 이바지한 공적과 노력

75 貴中(귀할 귀, 가운데 중) : 편지나 물품 등을 보낼 때 받는 기관이나 단체 이름 뒤에 써서 상대편을 높이는 말
 ① 外勤(바깥 외, 부지런할 근) : 외부와 관계되는 일을 하기 위해 직장 밖에 나가서 근무함, 또는 그 일
 ② 遠近(멀 원, 가까울 근) : 멀고 가까움
 ③ 究極(연구할 구, 극진할 극) : 극도에 달함, 또는 막다른 고비
 ❹ 貴重(귀할 귀, 무거울 중) : 매우 소중함

76 大登(큰 대, 오를 등) : 큰 풍년이 듦
 ① 同等(한가지 동, 같을 등) : 처지나 등급 따위가 같음
 ❷ 對等(대할 대, 같을 등) : 양쪽이 비슷함
 ③ 上等(윗 상, 무리 등) : 높은 등급
 ④ 中等(가운데 중, 무리 등) : 가운데 등급

77 命名(목숨 명, 이름 명) : 사람이나 물건 따위에 이름을 지어 붙임
 ① 亡命(망할 망, 목숨 명) : 제 나라에 있지 못하고 남의 나라로 몸을 피하는 일
 ❷ 明命(밝을 명, 목숨 명) : 임금에게서 받은 명령
 ③ 病名(병 병, 이름 명) : 병의 이름
 ④ 勉學(힘쓸 면, 배울 학) : 학업에 힘씀

78 守勢(지킬 수, 형세 세) : 적을 맞아 지키는 태세, 또는 힘이 부쳐서 밀리는 형세
 ① 聲勢(소리 성, 형세 세) : 명성과 위세
 ❷ 水洗(물 수, 씻을 세) : 물로 씻음
 ③ 成勢(이룰 성, 형세 세) : 세력을 이룸, 또는 그 세력
 ④ 船稅(배 선, 세금 세) : 배에 부과하는 세금

79 情實(뜻 정, 열매 실) : 사사로운 의리나 인정에 끌리는 일, 또는 그러한 의리나 인정에 끌리어 공정성을 잃는 일
 ① 宗室(으뜸 종, 집 실) : 임금의 친족
 ❷ 正室(바를 정, 집 실) : 첩에 대하여 정식 혼인하여 맞은 아내
 ③ 從實(좇을 종, 열매 실) : 사실대로 좇음
 ④ 充實(채울 충, 열매 실) : 내용 따위가 잘 갖추어지고 알참

80 養子(기를 양, 아들 자) : 조카뻘 되는 이를 데려다가 삼은 아들
 ① 太陽(클 태, 볕 양) : 해
 ❷ 兩者(두 량[양], 놈 자) : 두 사람 또는 두 사물
 ③ 書藝(글 서, 재주 예) : 붓글씨를 조형 예술의 관점에서 이르는 말
 ④ 序言(차례 서, 말씀 언) : 머릿말

81 以外(써 이, 바깥 외) : 어떤 범위의 밖. 이 밖
 ① 偉大(위대할 위, 큰 대) : 크게 뛰어나고 훌륭함
 ② 英雄(꽃부리 영, 수컷 웅) : 재주나 용맹이 뛰어나 위대한 일을 해낸 사람
 ③ 未完(아닐 미, 완전할 완) : 아직 덜 됨
 ❹ 理外(다스릴 리[이], 바깥 외) : 이치 밖

82 赤手(붉을 적, 손 수) : 맨손
 ① 貯金(쌓을 저, 쇠 금) : 돈을 모아 둠, 또는 그 돈
 ② 敵國(대적할 적, 나라 국) : 적대 관계에 있는 나라
 ❸ 敵手(대적할 적, 손 수) : 자기와 힘·세력 등이 엇비슷한 사람
 ④ 高低(높을 고, 낮을 저) : 높고 낮음

83 全長(온전할 전, 길 장) : 전체의 길이
 ① 造作(지을 조, 지을 작) : 무슨 일을 지어내거나 꾸며 냄
 ❷ 戰場(싸움 전, 마당 장) : 싸움터
 ③ 鳥足(새 조, 발 족) : 새 발
 ④ 尊重(높을 존, 무거울 중) : 높여서 중하게 여김

84 打者(칠 타, 놈 자) : 야구에서 상대편 투수의 공을 치는 공격진의 선수
 ① 慶祝(경사 경, 빌 축) : 기쁘고 좋은 일을 축하함
 ② 快感(쾌할 쾌, 느낄 감) : 상쾌하고 즐거운 느낌
 ❸ 打字(칠 타, 글자 자) : 타자기로 종이 위에 글자를 찍음, 또는 그 일
 ④ 特別(특별할 특, 나눌 별) : 보통과 아주 다름

85 各色(각각 각, 빛 색) : 여러 가지 빛깔
　① 名色(이름 명, 빛 색) : 어떤 부류에 넣어 부르는 이름
　❷ 脚色(다리 각, 빛 색) : 서사시나 소설 따위의 문학 작품을 희곡이나 시나리오로 고쳐 쓰는 일
　③ 顏色(얼굴 안, 빛 색) : 얼굴빛. 낯빛
　④ 終末(마칠 종, 끝 말) : 계속되어 온 일이나 현상의 끝

86 自淨(스스로 자, 깨끗할 정) : 오염된 대기나 하천이 침전, 산화 작용 등으로 저절로 깨끗해짐
　❶ 子正(아들 자, 바를 정) : 밤 12시
　② 誤判(그르칠 오, 판단할 판) : 잘못 판단함, 또는 그릇된 판정
　③ 調定(고를 조, 정할 정) : 조사하여 확정함
　④ 眞情(참 진, 뜻 정) : 거짓이 없는 참된 정이나 애틋한 마음

87 花間(꽃 화, 사이 간) : 꽃 사이
　① 混亂(섞을 혼, 어지러울 란) : 뒤죽박죽이 되어 어지럽고 질서가 없음
　❷ 和姦(화할 화, 간사할 간) : 부부가 아닌 남녀가 육체적으로 관계함
　③ 畵幅(그림 화, 폭 폭) : 그림을 그리는 천이나 종이 따위를 두루 이르는 말
　④ 化身(될 화, 몸 신) : 추상적인 특질이 구체적인 것으로 바뀌는 일

88 弔旗(조상할 조, 기 기) : 조의를 표하기 위하여 깃봉에서 기의 한 폭만큼 내려서 다는 국기
　① 志氣(뜻 지, 기운 기) : 어떤 일을 이루려고 하는 뜻과 기개
　② 知機(알 지, 틀 기) : 미리 낌새를 알아차림
　③ 捕獲(잡을 포, 얻을 획) : 짐승이나 물고기를 잡음
　❹ 早起(이를 조, 일어날 기) : 아침에 일찍 일어남

89 芳志(꽃다울 방, 뜻 지) : 아름다운 마음
　① 傍助(곁 방, 도울 조) : 곁에서 도와줌
　② 防潮(막을 방, 조수 조) : 바닷물을 막음
　❸ 防止(막을 방, 그칠 지) : 막아서 그치게 함
　④ 放置(놓을 방, 둘 치) : 그대로 버려둠

90 仲父(버금 중, 아비 부) : 결혼을 한 아버지의 형제 가운데 둘째 되는 이
　① 增補(더할 증, 기울 보) : 책이나 글의 내용을 더 보태고 다듬어서 채움
　❷ 中部(가운데 중, 떼 부) : 어떤 지역의 가운데 부분
　③ 伯父(맏 백, 아비 부) : 아버지의 형제 가운데 아버지의 형을 이르는 말
　④ 重厚(무거울 중, 두터울 후) : 태도가 정중하고 독실함

91~92 같은 한자가 다른 음으로 읽히는 한자어 고르기

91 ❶ 省略(덜 생, 간략할 략) : 한 부분을 덜어서 간략히 함
　② 自省(스스로 자, 살필 성) : 스스로 반성함
　③ 省察(살필 성, 살필 찰) : 자신이 한 일을 돌이켜 보고 깊이 생각함
　④ 反省(돌이킬 반, 살필 성) : 자기 자신의 잘못을 스스로 돌이켜 살핌

92 ① 差別(다를 차, 나눌 별) : 차이가 있게 구별함
　② 差額(다를 차, 이마 액) : 어떤 액수에서 다른 어떤 액수를 제하고 남은 나머지 액수
　③ 隔差(막힐 격, 다를 차) : 수준이나 품질, 수량 따위의 차이
　❹ 參差(참여할 참, 들쑥날쑥할 치) : 참치부제. 길고 짧거나 들쭉날쭉하여 가지런하지 않음

93~110 세 개 어휘에 공통되는 한자 고르기

93 □日(날 일), □戰(싸움 전), □校(학교 교)
　① 學(배울 학)　　　❷ 休(쉴 휴)
　③ 交(사귈 교)　　　④ 來(올 래)
　* 休日(휴일), 休戰(휴전), 休校(휴교)

94 □心(마음 심), 兒(아이 아)□, □話(말씀 화)
　① 私(사사 사)　　　② 名(이름 명)
　③ 對(대할 대)　　　❹ 童(아이 동)
　* 童心(동심), 兒童(아동), 童話(동화)

95 經(지날 경)□, □代(대신 대), □史(역사 사)
　❶ 歷(지날 력)　　　② 野(들 야)
　③ 前(앞 전)　　　④ 後(뒤 후)
　* 經歷(경력), 歷代(역대), 歷史(역사)

96 先(먼저 선)□, 聖(성인 성)□, □母(어미 모)
　① 親(친할 친)　　　❷ 賢(어질 현)
　③ 人(사람 인)　　　④ 父(아비 부)
　* 先賢(선현), 聖賢(성현), 賢母(현모)

97 宿(잘 숙)□, □令(하여금 령), 絶(끊을 절)□
　① 名(이름 명)　　　❷ 命(목숨 명)
　③ 望(바랄 망)　　　④ 使(하여금 사)
　* 宿命(숙명), 命令(명령), 絶命(절명)

98 客(손 객)□, □地(땅 지), □活(살 활)
　① 生(날 생)　　　② 室(집 실)
　❸ 死(죽을 사)　　　④ 土(흙 토)
　* 客死(객사), 死地(사지), 死活(사활)

99 □極(극진할 극), □初(처음 초), □祖(할아비 조)
① 始(비로소 시) ② 無(없을 무)
③ 登(오를 등) ❹ 太(클 태)
* 太極(태극), 太初(태초), 太祖(태조)

100 街(거리 가)□, 王(임금 왕)□, 得(얻을 득)□
❶ 道(길 도) ② 都(도읍 도)
③ 權(권세 권) ④ 失(잃을 실)
* 街道(가도), 王道(왕도), 得道(득도)

101 記(기록할 기)□, □願(원할 원), 一(한 일)□
❶ 念(생각 념) ② 子(아들 자)
③ 者(놈 자) ④ 所(바 소)
* 記念(기념), 念願(염원), 一念(일념)

102 □文(글월 문), □理(다스릴 리), 言(말씀 언)□
① 語(말씀 어) ② 一(한 일)
③ 原(근원 원) ❹ 論(논할 론)
* 論文(논문), 論理(논리), 言論(언론)

103 奉(받들 봉)□, □育(기를 육), 入(들 입)□
① 仕(벼슬 사) ❷ 養(기를 양)
③ 出(날 출) ④ 命(목숨 명)
* 奉養(봉양), 養育(양육), 入養(입양)

104 □絶(끊을 절), □性(성품 성), □本(근본 본)
❶ 根(뿌리 근) ② 富(부자 부)
③ 德(큰 덕) ④ 義(옳을 의)
* 根絶(근절), 根性(근성), 根本(근본)

105 短(짧을 단)□, 玉(구슬 옥)□, 全(온전할 전)□
❶ 篇(책 편) ② 片(조각 편)
③ 長(길 장) ④ 便(편할 편)
* 短篇(단편), 玉篇(옥편), 全篇(전편)

106 □權(권세 권), 我(나 아)□, □着(붙을 착)
① 政(정사 정) ② 私(사사 사)
❸ 執(잡을 집) ④ 敗(패할 패)
* 執權(집권), 我執(아집), 執着(집착)

107 □懷(품을 회), 詳(자세할 상)□, 敍(펼 서)□
❶ 述(베풀 술) ② 細(가늘 세)
③ 毁(헐 훼) ④ 換(바꿀 환)
* 述懷(술회), 詳述(상술), 敍述(서술)

108 □食(먹을 식), □言(말씀 언), 決(결단할 결)□
① 檀(박달나무 단) ❷ 斷(끊을 단)
③ 節(마디 절) ④ 旦(아침 단)
* 斷食(단식), 斷言(단언), 決斷(결단)

109 關(관계할 관)□, □盟(맹세 맹), □絡(이을 락)
① 與(더불, 줄 여) ② 戀(그리워할 련)
❸ 聯(연이을 련) ④ 墳(무덤 분)
* 關聯(관련), 聯盟(연맹), 聯絡(연락)

110 吸(마실 흡)□, □氣(기운 기), □幕(장막 막)
❶ 煙(연기 연) ② 燃(탈 연)
③ 鉛(납 연) ④ 帳(휘장 장)
* 吸煙(흡연), 煙氣(연기), 煙幕(연막)

111~126 제시된 한자어와 상대되는 뜻의 한자어 고르기

111 多幸(많을 다, 다행 행) : 일이 뜻밖에 잘되어 좋음
❶ 不幸(아닐 불, 다행 행) : 행복하지 못함
② 幸運(다행 행, 움직일 운) : 좋은 운수
③ 屋上(집 옥, 윗 상) : 지붕 위. 지붕 부분을 평면
으로 만들어 놓은 곳
④ 料理(헤아릴 료[요], 다스릴 리) : 맛있는 음식
을 만드는 일

112 强勢(강할 강, 형세 세) : 세력이 강함
① 勢力(형세 세, 힘 력) : 남을 누르고 자기가 마
음대로 행동할 수 있는 힘
② 强力(강할 강, 힘 력) : 힘이 셈. 굳센 힘
❸ 弱勢(약할 약, 형세 세) : 세력이 약함
④ 陸地(뭍 륙[육], 땅 지) : 물에 잠기지 않은 땅덩이

113 少年(적을 소, 해 년) : 아주 어리지도 않고 완전히
자라지도 않은 남자 아이
① 年少(해 년[연], 적을 소) : 나이가 젊음, 또는
나이가 어림
② 靑年(푸를 청, 해 년) : 젊은 사람
③ 來年(올 래[내], 해 년) : 올해의 다음 해
❹ 老年(늙을 로[노], 해 년) : 늙은 나이

114 祖上(할아비 조, 윗 상) : 같은 혈통의 할아버지 이
상의 어른
❶ 後孫(뒤 후, 손자 손) : 여러 대가 지난 뒤의 자손
② 先祖(먼저 선, 할아비 조) : 먼 대의 조상
③ 後者(뒤 후, 놈 자) : 둘을 들어 말한 가운데서
뒤의 것이나 사람
④ 列擧(벌일 렬[열], 들 거) : 여러 가지를 하나씩
들어 말함

115 君主(임금 군, 주인 주) : 임금
❶ 臣下(신하 신, 아래 하) : 임금을 섬기어 벼슬하
는 사람
② 國王(나라 국, 임금 왕) : 나라의 임금
③ 君子(임금 군, 아들 자) : 학문과 덕행이 높은
사람
④ 神聖(귀신 신, 성인 성) : 신과 같이 성스러움

116 長身(길 장, 몸 신) : 키가 큰 몸, 또는 그런 몸을 가진 사람
① 身長(몸 신, 길 장) : 사람의 키
❷ 短身(짧을 단, 몸 신) : 키가 작은 몸
③ 體重(몸 체, 무거울 중) : 몸무게
④ 身體(몸 신, 몸 체) : 사람의 몸

117 多面(많을 다, 낯 면) : 면이 많음
① 住居(살 주, 거할 거) : 어떤 곳에 자리 잡고 삶
❷ 一面(한 일, 낯 면) : 물체의 한 면
③ 音聲(소리 음, 소리 성) : 목소리
④ 光陰(빛 광, 그늘 음) : 해와 달이라는 뜻으로 시간, 또는 세월

118 熱氣(더울 열, 기운 기) : 뜨거운 기운
① 寒熱(찰 한, 더울 열) : 한방에서 오한과 신열을 이르는 말
② 空中(빌 공, 가운데 중) : 하늘과 땅 사이의 빈 곳
❸ 寒氣(찰 한, 기운 기) : 추운 기운. 몸에 느껴지는 으스스한 기운
④ 收用(거둘 수, 쓸 용) : 거두어 들이어 씀

119 場內(마당 장, 안 내) : 어떤 장소의 안
❶ 場外(마당 장, 바깥 외) : 어떤 장소의 밖
② 入場(들 입, 마당 장) : 회장이나 식장 · 경기장 따위의 장내에 들어감
③ 內室(안 내, 집 실) : 부녀자가 거처하는 방
④ 廣場(넓을 광, 마당 장) : 넓은 장소

120 戰爭(싸움 전, 다툴 쟁) : 국가와 국가 사이의 무력에 의한 싸움
① 大戰(큰 대, 싸움 전) : 큰 전쟁
② 平地(평평할 평, 땅 지) : 평평한 땅
③ 建設(세울 건, 베풀 설) : 새로 만들어 세움
❹ 平和(평평할 평, 화할 화) : 평온하고 화목함

121 將軍(장수 장, 군사 군) : 군을 통솔, 지휘하는 무관
① 恒用(항상 항, 쓸 용) : 흔히, 늘
② 將士(장수 장, 선비 사) : 장수와 병졸
③ 追從(쫓을 추, 좇을 종) : 권력이나 권세를 가진 사람이나 자신이 동의하는 학설 따위를 별 판단 없이 믿고 따름
❹ 兵士(병사 병, 선비 사) : 군사

122 早期(이를 조, 기약할 기) : 이른 시기
① 婚期(혼인할 혼, 기약할 기) : 혼인하기에 적당한 나이
② 失期(잃을 실, 기약할 기) : 시기를 놓침

❸ 晩期(늦을 만, 기약할 기) : 정한 기간이 다 참
④ 早朝(이를 조, 아침 조) : 이른 아침

123 集合(모을 집, 합할 합) : 한 곳으로 모이거나 모음
① 海兵(바다 해, 병사 병) : 해병대의 병사
❷ 解散(풀 해, 흩을 산) : 모인 사람들이 헤어짐, 또는 헤어지게 함
③ 集會(모을 집, 모일 회) : 공동 목적을 위하여 많은 사람이 일정한 때에 일정한 자리에 모임, 또는 그 모임
④ 陰散(그늘 음, 흩을 산) : 날씨가 흐리고 으스스함

124 消費(사라질 소, 쓸 비) : 돈이나 물건 등을 써서 없앰
❶ 生産(날 생, 낳을 산) : 인간 생활에 필요한 물건을 만듦
② 浪費(물결 랑[낭], 쓸 비) : 헛되이 씀
③ 解産(풀 해, 낳을 산) : 아이를 낳음
④ 生氣(날 생, 기운 기) : 싱싱하고 힘찬 기운

125 靜肅(고요할 정, 엄숙할 숙) : 조용하고 엄숙함
① 貞淑(곧을 정, 맑을 숙) : 여자로서 행실이 곧고 마음씨가 맑고 고움
❷ 騷亂(떠들 소, 어지러울 란) : 시끄럽고 어수선함
③ 治亂(다스릴 치, 어지러울 란) : 치세와 난세를 아울러 이르는 말
④ 靜寂(고요할 정, 고요할 적) : 고요함

126 好況(좋을 호, 상황 황) : 경제 활동이 활발하여 돈이 잘 도는 일
① 常況(항상 상, 상황 황) : 평상시의 형편
❷ 不況(아닐 불, 상황 황) : 경기가 좋지 못한 일, 곧 경제 활동 전체가 침체되는 상태
③ 狀況(형상 상, 상황 황) : 일이 되어가는 과정이나 형편
④ 活況(살 활, 상황 황) : 활기가 띤 상황

127~132 사자 성어 완성하기

127 有(있을 유)□無(없을 무)患(근심 환)
❶ 備(갖출 비)　　② 悲(슬플 비)
③ 飛(날 비)　　④ 用(쓸 용)
* 有備無患(유비무환) : 미리 준비가 되어 있으면 걱정할 것이 없음

128 事(일 사)君(임금 군)以(써 이)□
① 孝(효도 효)　　② 親(친할 친)
③ 君(임금 군)　　❹ 忠(충성 충)
* 事君以忠(사군이충) : 임금은 충성으로서 섬겨야 함

129 家(집 가)家(집 가)□戶(집 호)
① 皮(가죽 피)　　❷ 戶(집 호)
③ 井(우물 정)　　④ 炎(불꽃 염)
* 家家戶戶(가가호호) : 집집. 한 집 한 집

130 □心(마음 심)暗(어두울 암)鬼(귀신 귀)
❶ 疑(의심할 의)　② 汚(더러울 오)
③ 暗(어두울 암)　④ 爵(벼슬 작)
* 疑心暗鬼(의심암귀) : 마음속에 의심이 생기면 갖가지 무서운 망상이 잇달아 일어나 불안해짐

131 牛(소 우)刀(칼 도)□鷄(닭 계)
① 半(반 반)　　② 折(꺾을 절)
❸ 割(벨 할)　　④ 竊(훔칠 절)
* 牛刀割鷄(우도할계) : 소 잡는 칼로 닭을 잡는다는 뜻으로 작은 일을 하는데 어울리지 않게 거창하게 벌이거나 큰 연장을 씀

132 □秀(빼어날 수)之(갈 지)歎(탄식할 탄)
① 誘(꾈 유)　　❷ 麥(보리 맥)
③ 脈(줄기 맥)　④ 恣(방자할 자)
* 麥秀之歎(맥수지탄) : 멸망한 고국에 대한 한탄

133~136 제시된 사자 성어의 뜻 알기

133 集(모을 집)思(생각 사)廣(넓을 광)益(더할 익)
集思廣益(집사광익) : 여러 사람의 뜻을 모아 문제를 해결하다.

134 樂(좋아할 요)山(메 산)樂(좋아할 요)水(물 수)
樂山樂水(요산요수) : 산수의 자연을 즐기고 좋아하다.

135 積(쌓을 적)小(작을 소)成(이룰 성)大(큰 대)
積小成大(적소성대) : 티끌 모아 태산

136 愚(어리석을 우)公(공변될 공)移(옮길 이)山(메 산)
愚公移山(우공이산) : 어떤 일이라도 끊임없이 노력하면 이루어진다.

137~140 뜻에 맞는 사자 성어 고르기

137 흑막이 걷히고 진상이 드러나다.
❶ 水(물 수)落(떨어질 락)石(돌 석)出(날 출)
水落石出(수락석출) : 물이 빠지고 돌이 드러난 물가의 겨울 경치. 일의 전모가 뒷날에 드러남
② 北(북녘 북)窓(창 창)三(석 삼)友(벗 우)
北窓三友(북창삼우) : 거문고, 술, 시
③ 仁(어질 인)義(옳을 의)禮(예도 례)智(슬기 지)
仁義禮智(인의예지) : 사람으로서 갖추어야 할 네 가지 마음가짐

④ 魚(고기 어)東(동녘 동)肉(고기 육)西(서녘 서)
魚東肉西(어동육서) : 생선 반찬은 동쪽에 고기 반찬은 서쪽에 놓음

138 모든 사람의 의견이 같다.
① 二(두 이)八(여덟 팔)靑(푸를 청)春(봄 춘)
二八靑春(이팔청춘) : 혈기 왕성한 젊은 시절
② 說(말씀 설)往(갈 왕)說(말씀 설)來(올 래)
說往說來(설왕설래) : 서로 변론을 주고받으며 옥신각신함, 또는 말이 오고 감
③ 去(갈 거)者(놈 자)必(반드시 필)反(돌이킬 반)
去者必反(거자필반) : 간 사람은 반드시 돌아옴
❹ 滿(찰 만)場(마당 장)一(한 일)致(이를 치)
滿場一致(만장일치) : 그 자리에 있는 모든 사람의 의견이 완전히 일치하는 일

139 아무리 높은 권세도 오래 가지 못한다.
❶ 權(권세 권)不(아닐 불)十(열 십)年(해 년)
權不十年(권불십년) : 권세는 십 년을 가지 못한다는 뜻으로, 아무리 높은 권세라도 오래가지 못함
② 獨(홀로 독)也(어조사 야)靑(푸를 청)靑(푸를 청)
獨也靑靑(독야청청) : 홀로 절개를 굳세게 지킴
③ 無(없을 무)爲(할 위)徒(무리 도)食(먹을 식)
無爲徒食(무위도식) : 하는 일 없이 놀고먹음
④ 旣(이미 기)往(갈 왕)之(갈 지)事(일 사)
旣往之事(기왕지사) : 이미 지나간 일

140 아무 보람이 없는 일을 한다.
① 鷄(닭 계)鳴(울 명)狗(개 구)盜(도둑 도)
鷄鳴狗盜(계명구도) : 비굴하게 남을 속이는 하찮은 재주, 또는 그런 재주를 가진 사람을 이르는 말
② 隔(막힐 격)世(인간 세)之(갈 지)感(느낄 감)
隔世之感(격세지감) : 오래지 않은 동안에 몰라보게 변하여 아주 다른 세상이 된 것 같은 느낌
❸ 錦(비단 금)衣(옷 의)夜(밤 야)行(다닐 행)
錦衣夜行(금의야행) : 비단옷을 입고 밤길을 다닌다, 자랑삼아 하지 않으면 생색이 나지 않음을 이르는 말. 아무 보람이 없는 일을 함
④ 錦(비단 금)衣(옷 의)還(돌아올 환)鄕(시골 향)
錦衣還鄕(금의환향) : 비단옷을 입고 고향에 돌아온다. 출세를 하여 고향에 돌아가거나 돌아옴

제3영역 讀解

141~154 문장에 쓰인 한자어의 음 알기

141 대부분의 가정은 결혼한 夫婦(지아비 부, 지어미 부)가 살림을 시작하는 데서부터 이룩된다.

142 요즈음 시골에서는 일손이 不足(아닐 불[부], 넉넉할 족)하다.

143 교통 사고 중에서 어린이가 당하는 사고는 높은 比重(견줄 비, 무거울 중)을 차지하고 있다고 한다.

144 남극이나 북극의 바다에는 산같이 큰 얼음덩이인 氷山(얼음 빙, 메 산)이 떠 있다.

145 석주명은 오직 나비 研究(갈 연, 연구할 구)에 몰두하였다.

146 미국에서 생산되는 곡물의 70% 以上(써 이, 윗 상)은 가축의 먹이다.

147 소설과 같이 말의 가락을 직접 느낄 수 없는 글을 散文(흩을 산, 글월 문)이라고 한다.

148 장기자랑에서 대상을 受賞(받을 수, 상줄 상)하였다.

149 느티나무 그늘 속은 너무 시원하여 마치 딴 世上(인간 세, 윗 상) 같았다.

150 대동여지도는 생명의 원천인 물줄기를 중심으로 地形(땅 지, 형상 형)을 나타내고 있다.

151 지금으로부터 100여 년 전에 서양 文物(글월 문, 물건 물)이 들어오면서 우편 제도가 도입되었다.

152 우리가 지금 긴요하게 쓰고 있는 石油(돌 석, 기름 유)나 석탄도 수십 년 후에는 바닥이 난다.

153 그는 방송사의 '언론머슴들'과 신문사의 '장학생들'의 도움으로 화려한 脚光(다리 각, 빛 광) 속에 선거 운동을 하고 있다.

154 민간인들의 왕래가 架橋(시렁 가, 다리 교)이(가) 되어 정식 외교 관계가 수립되었다.

155~159 문장에 쓰인 한자어의 뜻 알기

155 勞苦(일할 로[노], 쓸 고)를 치하하다.
  * 수고스럽게 애쓰다.

156 그는 每事(매양 매, 일 사)에 빈틈이 없다.
  * 모든 일

157 目前(눈 목, 앞 전)의 이익만을 생각하다.
  * 눈앞

158 비리로 중형을 받은 인사들마저 減刑(덜 감, 형벌 형)과 사면으로 감옥에서 나오고 있다.
  * 형벌을 줄여주다.

159 작은 친절에도 고마워하고 感激(느낄 감, 격할 격)까지 하니 기분이 묘하다.
  * 깊이 느끼어 마음이 움직이다.

160~164 문장에 맞는 한자어 고르기

160 우리 사회에는 나쁜 사람보다는 □□한 사람이 더 많다.
  ① 無道(없을 무, 길 도) : 인도에 어그러짐. 도리에 어긋남
  ② 極惡(극진할 극, 악할 악) : 더없이 악함
  ❸ 善良(착할 선, 어질 량) : 착하고 어짊
  ④ 選良(가릴 선, 어질 량) : 선출된 인재

161 타고르는 자기의 전 재산으로 '자연 속의 학교'를 □□하였다.
  ❶ 設立(베풀 설, 설 립) : 단체나 기관을 새로 세움
  ② 建設(세울 건, 말씀 설) * 한자어 아님
  ③ 開業(열 개, 일 업) : 영업을 처음 시작함
  ④ 開設(열 개, 베풀 설) : 어떤 시설을 새로 설치하여 업무를 시작함

162 명상은 철학적 □□와 연결되어 있다.
  ❶ 思考(생각 사, 생각할 고) : 생각하고 궁리함
  ② 行動(다닐 행, 움직일 동) : 몸을 움직여서 하는 동작
  ③ 行爲(다닐 행, 할 위) : 사람이 제 의지에 따라 하는 짓
  ④ 動作(움직일 동, 지을 작) : 무슨 일을 하려고 몸을 움직이는 일, 또는 그 몸놀림

163 형장의 이슬로 사라지는 마지막 순간에도 그는 □□을 주장하였다.
  ① 決白(결단할 결, 흰 백) * 한자어 아님
  ② 決百(결단할 결, 일백 백) * 한자어 아님
  ❸ 潔白(깨끗할 결, 흰 백) : 행동이나 마음씨가 깨끗하고 조촐하여 아무런 허물이 없음
  ④ 潔百(깨끗할 결, 일백 백) * 한자어 아님

164 □□한 남학생 몇이 팔을 걸고, 힘든 복구 작업을 하고 있는 이재민들에게 성큼성큼 다가갔다.
① 乾壯(하늘 건, 장할 장) * 한자어 아님
❷ 健壯(굳셀 건, 장할 장) : 몸이 크고 굳셈
③ 建壯(세울 건, 장할 장) * 한자어 아님
④ 健將(굳셀 건, 장차 장) * 한자어 아님

165~170 문장에 맞지 않는 한자어 고르기

165 ① 身體(몸 신, 몸 체)가 건강해야만 ② 自身(스스로 자, 몸 신)의 ❸ 能歷(능할 능, 지날 력)을 마음껏 발휘하여 ④ 社會(모일 사, 모일 회)와 나라를 위해 큰 일을 할 수 있는 것이다.
* 能歷 → 能力(능할 능, 힘 력)

166 ① 車道(수레 차, 길 도)와 ❷ 仁道(어질 인, 길 도)가 구분되지 않은 길은 매우 혼잡해서 ③ 事故(일 사, 연고 고)의 ④ 可能性(옳을 가, 능할 능, 성품 성)이 더욱 크다.
* 仁道 → 人道(사람 인, 길 도)

167 ① 禮法(예도 례[예], 법 법)은 ② 時代(때 시, 대신 대)와 ③ 場所(마당 장, 바 소), ❹ 上對(윗 상, 대할 대)에 따라 조금씩 달라질 수도 있다.
* 上對 → 相對(서로 상, 대할 대)

168 고래가 ① 中心(가운데 중, 마음 심)이 된 물짐승과 사슴을 중심으로 한 뭍짐승을 나타낸 평면 그림에는 성기를 내민 ❷ 男者(사내 남, 놈 자)와 세 마리의 거북, 돌을새김으로 된 새끼고래를 업고 있는 어미고래 등이 그려져 있다. 또 나중에 그린 것으로 보이는 선그림에는 ③ 交尾(사귈 교, 꼬리 미)하는 멧돼지와 투시 기법으로 내장까지 ④ 表現(겉 표, 나타날 현)된 짐승들이 생생하게 그려져 있다.
* 男者 → 男子(사내 남, 아들 자)

169 한반도에서 독일식의 ① 吸收統一(마실 흡, 거둘 수, 거느릴 통, 한 일)이 불가능하고, 그래서는 참된 통일이 이루어질 수 없다고 본다면, 이념과 체제의 벽을 ② 克服(이길 극, 옷 복)하고 민족적 ③ 同質性(한가지 동, 바탕 질, 성품 성)을 되찾는 ❹ 過度期(지날 과, 법도 도, 기약할 기)적 단계를 거치자는 생각을 할 수도 있을 것이다.
* 過度期 → 過渡期(지날 과, 건널 도, 기약할 기)

170 사나이는 시청 ① 玄關(검을 현, 관계할 관) 접수실로 들어가더니 15분쯤 뒤에 나왔다. 당시 프랑스에서는 ② 旅行症(나그네 려, 다닐 행, 증세 증)까지 갖고 다니면서 관계 기관의 ③ 檢問(검사할 검, 물을 문)을 받아야만 통행이 허가되었다. 그 사나이의 여행증은 ④ 矯導所(바로잡을 교, 인도할 도, 바 소)에서 나온 사람만이 가지는 황색 증명서였다.
* 旅行症 → 旅行證(나그네 려, 다닐 행, 증거 증)

171~178 바르게 쓴 한자어 고르기

171 성묘란 산소에 가서 조상께 인사를 드리는 것이다.
① 産所(낳을 산, 바 소) ❷ 山所(메 산, 바 소)
③ 散所(흩을 산, 바 소) ④ 山小(메 산, 작을 소)

172 눈으로 하얗게 덮여진 겨울 산의 설경은 무척이나 아름답다.
① 說經(말씀 설, 지날 경)
❷ 雪景(눈 설, 볕 경)
③ 雪京(눈 설, 서울 경)
④ 雪輕(눈 설, 가벼울 경)

173 반성을 하는 습관은 자기 발전에 많은 도움이 된다.
① 半聲(반 반, 소리 성)
② 發電(필 발, 전기 전)
③ 發田(필 발, 밭 전)
❹ 發展(필 발, 펼 전)

174 웃어른께는 반드시 높임말을 사용해야 한다.
① 利用(이로울 리[이], 쓸 용)
② 事用(일 사, 쓸 용)
❸ 使用(하여금 사, 쓸 용)
④ 史用(역사 사, 쓸 용)

175 학교 복도에 걸려 있는 옛날 도로의 사진을 보니, 모습이 지금과는 많이 달랐다.
❶ 道路(길 도, 길 로)
② 道老(길 도, 늙을 로)
③ 到路(이를 도, 길 로)
④ 圖路(그림 도, 길 로)

176 비명이 사방에서 들려 왔다.
❶ 四方(넉 사, 모 방)
② 事方(일 사, 모 방)
③ 四放(넉 사, 놓을 방)
④ 四防(넉 사, 막을 방)

126

177 그는 주위의 <u>기대</u>를 한 몸에 받고 고시에 응시하였다.
- ❶ 期待(기약할 기, 기다릴 대)
- ② 幾待(몇 기, 기다릴 대)
- ③ 起代(일어날 기, 대신 대)
- ④ 期對(기약할 기, 대할 대)

178 스탈린은 공포 정치의 <u>극단</u>을 보여 주었다.
- ① 劇團(심할 극, 둥글 단)
- ❷ 極端(극진할 극, 끝 단)
- ③ 劇斷(심할 극, 끊을 단)
- ④ 劇壇(심할 극, 단 단)

179~183 어구의 뜻과 비슷한 한자어 고르기

179 현식이는 많은 책을 읽어서 아는 것이 많다.
- ① 國語(나라 국, 말씀 어)
- ② 文章(글월 문, 글 장)
- ③ 圖畵(그림 도, 그림 화)
- ❹ 圖書(그림 도, 글 서)

180 신변잡기적인 내용만 죽 <u>늘어놓으면</u> 좋은 수필이 되기 어렵다.
- ❶ 列擧(벌일 렬[열], 들 거)
- ② 事例(일 사, 법식 례)
- ③ 用例(쓸 용, 법식 례)
- ④ 一例(한 일, 법식 례)

181 아버지께서 <u>뜰</u>에 꽃을 심고 계십니다.
- ① 動産(움직일 동, 낳을 산)
- ② 花草(꽃 화, 풀 초)
- ❸ 庭園(뜰 정, 동산 원)
- ④ 園藝(동산 원, 재주 예)

182 그가 출마하면 <u>뽑힐</u> 것이 확실하다.
- ❶ 當選(마땅할 당, 가릴 선)
- ② 落選(떨어질 락[낙], 가릴 선)
- ③ 選擧(가릴 선, 들 거)
- ④ 決選(결단할 결, 가릴 선)

183 아무리 의논을 거듭해도 <u>제자리걸음</u>을 치는 꼴 이상을 벗어나지 못했다.
- ① 答報(대답 답, 갚을 보)
- ② 畓步(논 답, 걸음 보)
- ❸ 踏步(밟을 답, 걸음 보)
- ④ 畓報(논 답, 갚을 보)

184~188 글에 쓰인 한자어와 한자의 뜻 알기

184 ㉠每日(매양 매, 날 일)의 독음이 바른 것은?
- ① 내일
- ② 모일
- ❸ 매일
- ④ 매월

185 ㉡<u>아침</u>의 뜻을 가진 것은?
- ① 早(이를 조)
- ❷ 朝(아침 조)
- ③ 夕(저녁 석)
- ④ 夜(밤 야)

186 ㉢<u>가서</u>의 한자 표기가 바른 것은?
- ① 永(길 영)
- ② 止(그칠 지)
- ③ 來(올 래)
- ❹ 去(갈 거)

187 ㉣<u>다음 날</u>의 뜻을 가장 잘 나타낸 것은?
- ❶ 明日(밝을 명, 날 일)
- ② 今日(이제 금, 날 일)
- ③ 近代(가까울 근, 대신 대)
- ④ 現在(나타날 현, 있을 재)

188 ㉤<u>위로 날며</u>의 한자 표기가 바른 것은?
- ❶ 飛上(날 비, 윗 상)
- ② 合同(합할 합, 한가지 동)
- ③ 上空(윗 상, 빌 공)
- ④ 起立(일어날 기, 설 립)

189~193 글에 쓰인 한자어와 한자의 뜻 알기

189 ㉠<u>집</u>의 한자 표기가 바른 것은?
- ① 親(친할 친)
- ② 庭(뜰 정)
- ❸ 家(집 가)
- ④ 族(겨레 족)

190 ㉡<u>고기</u>의 한자 표기가 바른 것은?
- ① 衣(옷 의)
- ② 住(살 주)
- ❸ 肉(고기 육)
- ④ 食(먹을 식)

191 ㉢色(빛 색)의 독음이 바른 것은?
- ① 파
- ❷ 색
- ③ 감
- ④ 사

192 ㉣<u>전부</u>의 한자 표기가 바른 것은?
- ❶ 全部(온전할 전, 떼 부)
- ② 大體(큰 대, 몸 체)
- ③ 全體(온전할 전, 몸 체)
- ④ 立志(설 립[입], 뜻 지)

193 ㉤理由(다스릴 리[이], 말미암을 유)의 독음이 바른 것은?
- ① 이해
- ② 사유
- ③ 원인
- ❹ 이유

194~197 글에 쓰인 한자어와 한자의 뜻 알기

194 ㉠술의 뜻을 가진 것은?
① 戊(천간 무) ② 戌(개 술)
❸ 酒(술 주) ④ 酉(닭 유)

195 ㉡藥用~㉥建國期 중 한자 표기가 바르지 않은 것은?
① ㉡藥用(약 약, 쓸 용)
② ㉢弱骨(약할 약, 뼈 골)
❸ ㉣待臣(기다릴 대, 신하 신)
④ ㉥建國期(세울 건, 나라 국, 기약할 기)
* 待臣 → 大臣(큰 대, 신하 신)

196 ㉤권했다의 '권' 자의 한자 표기가 바른 것은?
① 勤(부지런할 근) ❷ 勸(권할 권)
③ 權(권세 권) ④ 卷(책 권)

197 ㉦多量(많을 다, 헤아릴 량)의 독음이 바른 것은?
① 다수 ❷ 다량
③ 대거 ④ 대량

198~203 글에 쓰인 한자어와 한자의 뜻 알기

198 ㉠막론~㉤수시의 한자 표기가 바른 것은?
① ㉠漠論(사막 막, 논할 론)
❷ ㉡福券(복 복, 문서 권)
③ ㉣招待(부를 초, 기다릴 대)
④ ㉤須時(모름지기 수, 때 시)

199 ㉢팔았다의 뜻을 가진 것은?
① 市(시장 시) ② 易(바꿀 역)
③ 買(살 매) ❹ 賣(팔 매)

200 ㉥對中~㉪不和 중 한자 표기가 바르지 않은 것은?
❶ ㉥對中(대할 대, 가운데 중)
② ㉧卽席(곧 즉, 자리 석)
③ ㉨經費(지날 경, 쓸 비)
④ ㉪不和(아닐 불, 화할 화)
* 對中 → 大衆(큰 대, 무리 중)

201 ㉦현대식의 '식' 자와 같은 한자를 사용하는 것은?
❶ 格式(격식 격, 법 식)
② 修飾(닦을 수, 꾸밀 식)
③ 知識(알 지, 알 식)
④ 休息(쉴 휴, 쉴 식)

202 ㉧자리를 잡았다의 뜻을 가장 잘 나타낸 것은?
① 樹立(나무 수, 설 립)
② 押送(도장찍을 압, 보낼 송)
❸ 定着(정할 정, 붙을 착)
④ 盛業(성할 성, 일 업)

203 ㉩상당수의 한자 표기가 바른 것은?
① 極少數(극진할 극, 적을 소, 셈 수)
② 大多數(큰 대, 많을 다, 셈 수)
❸ 相當數(서로 상, 마땅할 당, 셈 수)
④ 未知數(아닐 미, 알 지, 셈 수)

204~210 글에 쓰인 한자어와 한자의 뜻 알기

204 ㉠依賴(의지할 의, 의뢰할 뢰)의 독음이 바른 것은?
① 위탁 ② 위임
❸ 의뢰 ④ 의탁

205 ㉡보안경의 한자 표기가 바른 것은?
① 保安境(보전할 보, 편안 안, 지경 경)
❷ 保眼鏡(보전할 보, 눈 안, 거울 경)
③ 寶眼境(보배 보, 눈 안, 지경 경)
④ 補安鏡(기울 보, 편안 안, 거울 경)

206 ㉢光線~㉥愛用 중 한자 표기가 바르지 않은 것은?
① ㉢光線(빛 광, 줄 선)
❷ ㉣代命詞(대신 대, 목숨 명, 말씀 사)
③ ㉤飛行士(날 비, 다닐 행, 선비 사)
④ ㉥愛用(사랑 애, 쓸 용)
* 代命詞 → 代名詞(대신 대, 이름 명, 말 사)

207 ㉦점유의 한자 표기가 바른 것은?
❶ 占有(점령할 점, 있을 유)
② 店乳(가게 점, 젖 유)
③ 點有(점 점, 있을 유)
④ 漸裕(점점 점, 넉넉할 유)

208 ㉧企業~㉩暴落의 독음이 바른 것은?
① ㉧企業(꾀할 기, 일 업)
❷ ㉨直前(곧을 직, 앞 전)
③ ㉩株式(그루 주, 법 식)
④ ㉩暴落(사나울 폭, 떨어질 락)

209 ㉪저가의 '저' 자의 한자 표기가 바른 것은?
❶ 低(낮을 저) ② 貯(쌓을 저)
③ 著(나타날 저) ④ 抵(막을 저)

210 ㉫주력의 한자 표기가 바른 것은?
❶ 主力(주인 주, 힘 력)
② 走力(달릴 주, 힘 력)
③ 注力(물댈 주, 힘 력)
④ 酒力(술 주, 힘 력)

⑧ 실전 모의고사(정답 및 해설)

| 정답 |

1 ④	2 ④	3 ④	4 ①	5 ②
6 ③	7 ④	8 ③	9 ②	10 ①
11 ④	12 ①	13 ③	14 ②	15 ④
16 ②	17 ③	18 ①	19 ③	20 ①
21 ③	22 ④	23 ②	24 ③	25 ①
26 ④	27 ④	28 ②	29 ③	30 ②
31 ④	32 ③	33 ④	34 ②	35 ④
36 ③	37 ③	38 ①	39 ③	40 ④
41 ①	42 ④	43 ④	44 ④	45 ①
46 ④	47 ③	48 ④	49 ③	50 ②
51 ③	52 ④	53 ①	54 ②	55 ③
56 ④	57 ③	58 ①	59 ③	60 ②
61 ②	62 ④	63 ②	64 ③	65 ①
66 ③	67 ④	68 ④	69 ①	70 ②
71 ①	72 ④	73 ④	74 ②	75 ②
76 ③	77 ②	78 ④	79 ④	80 ②
81 ②	82 ③	83 ③	84 ①	85 ②
86 ③	87 ①	88 ④	89 ①	90 ③
91 ①	92 ①	93 ②	94 ①	95 ①
96 ①	97 ③	98 ①	99 ①	100 ④
101 ①	102 ②	103 ④	104 ①	105 ②
106 ②	107 ④	108 ②	109 ③	110 ①
111 ③	112 ②	113 ①	114 ②	115 ④
116 ②	117 ②	118 ①	119 ③	120 ②
121 ④	122 ④	123 ④	124 ①	125 ②
126 ③	127 ①	128 ②	129 ③	130 ④
131 ②	132 ①	133 ②	134 ①	135 ④
136 ④	137 ②	138 ②	139 ①	140 ④
141 ②	142 ②	143 ②	144 ①	145 ②
146 ③	147 ②	148 ④	149 ③	150 ②
151 ③	152 ③	153 ④	154 ①	155 ③
156 ①	157 ③	158 ②	159 ③	160 ②
161 ②	162 ①	163 ②	164 ①	165 ②
166 ④	167 ④	168 ②	169 ④	170 ②
171 ③	172 ②	173 ④	174 ①	175 ②
176 ②	177 ③	178 ④	179 ②	180 ①
181 ④	182 ②	183 ②	184 ④	185 ①
186 ②	187 ④	188 ②	189 ③	190 ④
191 ②	192 ①	193 ②	194 ①	195 ③
196 ①	197 ②	198 ①	199 ②	200 ②
201 ④	202 ①	203 ②	204 ③	205 ④
206 ②	207 ①	208 ④	209 ③	210 ③

1~5 제시된 한자의 부수 고르기

1 熱(더울 열) 火(灬)부 11획
① 土(흙 토)　　　　② 儿(걷는사람 인)
③ 九(아홉 구)　　　❹ 灬(불화발)

2 榮(영화 영) 木부 10획
① 火(불 화)　　　　② 炎(불꽃 염)
③ 冖(민갓머리)　　　❹ 木(나무 목)

3 永(길 영) 水부 1획
① 丶(점 주)　　　　② 亅(갈고리 궐)
③ 小 (작을 소)　　　❹ 水(물 수)

4 藝(재주 예) 艸(艹)부 15획
❶ 艹(초두머리)　　② 乙(새 을)
③ 二(두 이)　　　　④ 云(말할 운)

5 屋(집 옥) 尸부 6획
① 士(선비 사)　　　❷ 尸(주검 시)
③ 戶(집 호)　　　　④ 至(이를 지)

6~10 제시된 한자의 획수 고르기

6 往(갈 왕) 彳(중인변)부 5획, 총 8획
丿 丿 彳 彳 彳 往 往 往

7 右(오른쪽 우) 口(입 구)부 2획, 총 5획
丿 ナ 才 右 右

8 遠(멀 원) 辶(책받침)부 10획, 총 14획
一 十 土 吉 吉 吉 吉 袁 袁 袁 遠 遠 遠 遠

9 願(원할 원) 頁(머리 혈)부 10획, 총 19획
厂 厂 厂 厂 厈 原 原 原 原 原 原 願 願 願 願 願 願 願 願

10 育(기를 육) 月(육달월)부 3획, 총 8획
丶 二 亠 云 育 育 育 育

11~15 제시된 필순 유형에 맞는 한자 고르기

11 왼쪽에서 오른쪽으로 쓴다.
① 今(이제 금) 丿 人 人 今
② 選(가릴 선) 丶 丶 巳 巳 巳 巴 吧 吧 哭 哭 巽 巽 巽 漢 漢 漢 選
③ 咭(길할 길) 一 十 土 吉 吉 吉
❹ 休(쉴 휴) 丿 亻 亻 什 休 休

12 좌우의 모양이 같을 때에는 가운데를 먼저 쓴다.
   ❶ 小(작을 소) 亅亅小
   ② 來(올 래) 一厂厂厂厂厂來來
   ③ 買(살 매) 丶冂冂冂罒罒胃胃胃買買
   ④ 賣(팔 매) 一十士产产产声声责责责责賣

13 가운데를 꿰뚫는 획은 나중에 쓴다.
   ① 感(느낄 감) 丿厂厂厂厈戌成成成感感感
   ② 歲(해 세) 一十止止产产产芦芦芹歲歲歲
   ❸ 手(손 수) 一二三手
   ④ 國(나라 국) 丨冂冂冂冂冂冂國國國

14 가로획과 세로획이 교차될 때에는 가로획을 먼저 쓴다.
   ① 引(끌 인) 一一弓引
   ❷ 末(끝 말) 一二丰末末
   ③ 葉(잎 엽) 丶丶丶丷丗丗芏芏茉莘莘葉葉
   ④ 邑(고을 읍) 丶冂冂吕吕吕邑邑

15 삐침을 먼저 쓰고 파임을 나중에 쓴다.
   ① 去(갈 거) 一十土去去
   ② 良(어질 량) 丶丶丨丨目目良良
   ③ 婦(며느리 부) 乚乚女女妤妤妤妤婦婦婦
   ❹ 父(아비 부) 丶丷父父

16~20 제시된 한자의 짜임을 알고 같은 짜임의 한자 고르기

16 方(모 방) 상형
   ① 私(사사 사)   ❷ 身(몸 신) 상형
   ③ 定(정할 정)   ④ 助(도울 조)

17 四(넉 사) 지사
   ① 地(땅 지)   ② 質(바탕 질)
   ❸ 上(윗 상) 지사   ④ 住(살 주)

18 衣(옷 의) 상형
   ❶ 石(돌 석) 상형   ② 致(이를 치)
   ③ 鄕(시골 향)   ④ 形(형상 형)

19 根(뿌리 근) 형성
   ① 六(여섯 륙)   ② 肉(고기 육)
   ③ 王(임금 왕)   ❹ 陰(그늘 음) 형성

20 近(가까울 근) 형성
   ❶ 在(있을 재) 형성   ② 首(머리 수)
   ③ 太(클 태)   ④ 民(백성 민)

21~31 제시된 한자의 음 고르기

21 油(기름 유)   *22* 應(응할 응)
23 醫(의원 의)   *24* 音(소리 음)
25 銀(은 은)   *26* 恩(은혜 은)

27 胸(가슴 흉)   *28* 渴(목마를 갈)
29 觸(닿을 촉)   *30* 促(재촉할 촉)
31 肖(닮을 초)

32~39 제시된 음에 알맞은 한자 알기

32 인 ① 敵(대적할 적) ② 貯(쌓을 저)
     ❸ 認(알 인)   ④ 第(차례 제)

33 제 ① 存(있을 존) ② 章(글 장)
     ③ 正(바를 정)   ❹ 弟(아우 제)

34 적 ① 戰(싸움 전) ❷ 赤(붉을 적)
     ③ 典(법 전)   ④ 政(정사 정)

35 감 ❶ 敢(감히 감) ② 甲(갑옷 갑)
     ③ 降(내릴 강)   ④ 皆(다 개)

36 갱 ① 居(거할 거) ② 犬(개 견)
     ❸ 更(다시 갱)   ④ 乾(하늘 건)

37 체 ① 抄(뽑을 초) ② 秒(초 초)
     ③ 礎(주춧돌 초) ❹ 遞(갈마들 체)

38 청 ❶ 廳(관청 청) ② 滯(막힐 체)
     ③ 超(뛰어넘을 초) ④ 逮(쫓을 체)

39 첨 ① 妾(첩 첩) ② 替(바꿀 체)
     ❸ 添(더할 첨) ④ 徹(통할 철)

40~47 같은 음의 한자 고르기

40 祖(할아비 조)
   ① 罪(허물 죄)   ② 竹(대 죽)
   ❸ 무(이를 조)   ④ 次(버금 차)

41 宗(으뜸 종)
   ❶ 種(씨 종)   ② 左(왼 좌)
   ③ 着(붙을 착)   ④ 責(꾸짖을 책)

42 晝(낮 주)
   ① 窓(창 창)   ❷ 注(물댈 주)
   ③ 指(가리킬 지)   ④ 察(살필 찰)

43 驚(놀랄 경)
   ① 鷄(닭 계)   ② 癸(북방, 천간 계)
   ③ 溪(시내 계)   ❹ 庚(별, 천간 경)

44 坤(땅 곤)
   ① 絲(실 사)   ② 關(관계할 관)
   ③ 穀(곡식 곡)   ❹ 困(곤할 곤)

45 遷(옮길 천)
   ❶ 踐(밟을 천)   ② 斥(물리칠 척)
   ③ 哲(밝을 철)   ④ 尖(뾰족할 첨)

46 戚(친척 척)
　① 策(꾀 책)　　　❷ 拓(넓힐 척)
　③ 彩(채색 채)　　④ 賤(천할 천)

47 暢(화창할 창)
　① 薦(천거할 천)　② 債(빚 채)
　❸ 蒼(푸를 창)　　④ 慙(부끄러울 참)

48~58 제시된 한자의 뜻 고르기

48 請(청할 청)　　　49 秋(가을 추)

50 忠(충성 충)　　　51 取(가질 취)

52 治(다스릴 치)　　53 弓(활 궁)

54 勸(권할 권)　　　55 創(비롯할 창)

56 慘(참혹할 참)　　57 懲(징계할 징)

58 疾(병 질)

59~65 제시된 뜻에 맞는 한자 고르기

59 크다
　① 七(일곱 칠)　　② 宅(집 택)
　❸ 太(클 태)　　　④ 八(여덟 팔)

60 오줌
　❶ 便(똥오줌 변)　② 品(물건 품)
　③ 夏(여름 하)　　④ 河(물 하)

61 풀다
　① 幸(다행 행)　　❷ 解(풀 해)
　③ 向(향할 향)　　④ 香(향기 향)

62 돌아가다
　① 均(고를 균)　　② 乃(이에 내)
　③ 及(미칠 급)　　❹ 歸(돌아갈 귀)

63 다만
　① 丹(붉을 단)　　❷ 但(다만 단)
　③ 端(끝 단)　　　④ 當(마땅할 당)

64 펴다
　① 震(진동할 진)　② 鎭(진압할 진)
　❸ 陳(베풀 진)　　④ 珍(보배 진)

65 벼슬
　❶ 職(직분 직)　　② 織(짤 직)
　③ 遲(늦을 지)　　④ 振(떨칠 진)

66~70 제시된 한자와 비슷한 뜻의 한자 고르기

66 洞(골 동)
　① 頂(정수리 정)　② 跡(발자취 적)
　❸ 谷(골 곡)　　　④ 積(쌓을 적)

67 敬(공경 경)
　① 愼(삼갈 신)　　❷ 恭(공손할 공)
　③ 謹(삼갈 근)　　④ 讚(기릴 찬)

68 惱(번뇌할 뇌)
　① 染(물들일 염)　② 忘(잊을 망)
　③ 忙(바쁠 망)　　❹ 煩(번거로울 번)

69 孔(구멍 공)
　❶ 穴(구멍 혈)　　② 塞(막힐 색)
　③ 障(막을 장)　　④ 閑(한가할 한)

70 潔(깨끗할 결)
　① 汚(더러울 오)　② 濁(흐릴 탁)
　❸ 淨(깨끗할 정)　④ 載(실을 재)

제2영역　語彙

71~72 짜임이 같은 한자어 고르기

71 學生(배울 학, 날 생) : 학교에서 공부하는 사람 수식
　❶ 閑談(한가할 한, 말씀 담) : 심심하거나 한가할 때 나누는 이야기, 또는 별로 중요하지 아니한 이야기 수식
　② 送舊(보낼 송, 예 구) : 묵은 해를 보냄
　③ 損失(덜 손, 잃을 실) : 축나서 없어짐
　④ 續開(이을 속, 열 개) : 잠시 중단되었던 회의 따위를 다시 계속하여 엶

72 讓位(사양할 양, 자리 위) : 임금의 자리를 물려줌 술목
　① 弱點(약할 약, 점 점) : 부족하거나 불완전한 점
　② 鎖骨(쇠사슬 쇄, 뼈 골) : 가슴 위쪽 좌우에 있는 한 쌍의 뼈
　❸ 養魚(기를 양, 고기 어) : 물고기를 기름 술목
　④ 屬國(붙일 속, 나라 국) : 정치적으로 다른 나라에 매여 있는 나라

73~90 음이 같은 한자어(동음이의어) 고르기

73 三性(석 삼, 성품 성) : 불교에서 말하는 사람의 세 가지 성품
　① 山城(메 산, 성 성) : 산 위에 쌓은 성
　② 三生(석 삼, 날 생) : 불교에서 전생과 금생, 후생을 이르는 말
　③ 參見(참여할 참, 볼 견) : 남의 일에 끼여들어 아는 체하거나 간섭함
　❹ 參星(석 삼, 별 성) : 이십팔수의 하나. 서쪽의 일곱째 별자리

131

74 空名(빌 공, 이름 명) : 실제와 들어맞지 않는 명성
① 工藝(장인 공, 재주 예) : 실용적인 물건에 조형미를 조화시키는 솜씨, 또는 그 작품
② 公算(공변될 공, 셈할 산) : 확실성의 정도
③ 空山(빌 공, 메 산) : 사람이 없는 산중
❹ 公明(공변될 공, 밝을 명) : 사사로움이나 편벽됨이 없이 공정하고 명백함

75 禁止(금할 금, 그칠 지) : 하지 못하게 함
① 今日(이제 금, 날 일) : 오늘
❷ 金紙(쇠 금, 종이 지) : 금색 종이
③ 給水(줄 급, 물 수) : 물을 공급함
④ 給食(줄 급, 먹을 식) : 학교 등에서 음식을 주는 일

76 得道(얻을 득, 길 도) : 도를 깨달음
① 古樂(예 고, 즐길 락) * 한자어 아님
② 高落(높을 고, 떨어질 락) * 한자어 아님
❸ 得度(얻을 득, 법도 도) : 불교를 믿어 부처의 계도를 얻음
④ 苦樂(쓸 고, 즐길 락) : 괴로움과 즐거움

77 失明(잃을 실, 밝을 명) : 눈이 어두워짐
① 人命(사람 인, 목숨 명) : 사람의 목숨
❷ 實名(열매 실, 이름 명) : 실제의 이름
③ 大望(큰 대, 바랄 망) : 큰 희망
④ 每番(매양 매, 차례 번) : 번번이

78 笑話(웃음 소, 말씀 화) : 우스운 이야기
① 造化(지을 조, 될 화) : 천지 자연의 이치
❷ 消化(사라질 소, 될 화) : 먹은 음식물을 흡수될 수 있는 상태로 변화시키는 작용
③ 送話(보낼 송, 말씀 화) : 전화 따위로 상대편에게 말을 함
④ 俗畫(풍속 속, 그림 화) : 예술성이 없는 속된 그림

79 詩草(시 시, 풀 초) : 시인이 처음 쓴 시의 원고
① 史草(역사 사, 풀 초) : 지난날, 사관이 기록하여 두던 사기의 초고
② 時調(때 시, 고를 조) : 고려말부터 발달한 우리나라 고유의 정형시
③ 水草(물 수, 풀 초) : 물풀
❹ 始初(비로소 시, 처음 초) : 맨 처음

80 大魚(큰 대, 고기 어) : 큰 물고기
① 大雨(큰 대, 비 우) : 큰 비
❷ 對語(대할 대, 말씀 어) : 직접 면대하여 하는 말
③ 對言(대할 대, 말씀 언) : 직접 대하여 말함
④ 大逆(큰 대, 거스를 역) : 왕권을 침해하거나 부모를 살해하는 큰 죄

81 武勇(군인 무, 날랠 용) : 무예와 용맹
① 文才(글월 문, 재주 재) : 글재주
❷ 無用(없을 무, 쓸 용) : 소용이 없음
③ 美容(아름다울 미, 얼굴 용) : 얼굴이나 머리 모양 등을 아름답게 꾸미는 기술
④ 運用(움직일 운, 쓸 용) : 움직여 씀

82 傳令(전할 전, 하여금 령) : 전하여 보내는 훈령이나 고시
① 口令(입 구, 하여금 령) : 여러 사람의 움직임을 같이 하기 위하여 부르는 호령
② 完全(완전할 완, 온전할 전) : 필요한 것이 모두 갖추어져 있음
❸ 電令(번개 전, 하여금 령) : 전보로 하는 명령
④ 目的(눈 목, 과녁 적) : 이루려고 마음먹은 일

83 兵卒(병사 병, 군사 졸) : 계급이 낮은 군인
① 士卒(선비 사, 마칠 졸) : 병사
② 中卒(가운데 중, 군사 졸) : 중학교를 졸업함
❸ 病卒(병 병, 군사 졸) : 병으로 죽음
④ 軍卒(군사 군, 군사 졸) : 군사

84 回議(돌아올 회, 의논할 의) : 주관자가 기안한 의안을 차례로 관계자들에게 돌려 의견을 묻거나 동의를 구하는 일
❶ 會意(모일 회, 뜻 의) : 육서의 하나
② 寒波(찰 한, 물결 파) : 겨울철에 한랭 전선이 몰아 닥쳐 기온이 급격히 떨어지는 현상
③ 寒流(찰 한, 흐를 류) : 해류의 한 가지. 대개 양극의 바다에서 나와 대륙을 따라 적도 쪽으로 흐르는 찬 해류
④ 法則(법 법, 법칙 칙) : 반드시 지켜야 할 규칙

85 散文(흩을 산, 글월 문) : 율격과 같은 외형적 규범에 얽매이지 않고 자유로운 문장으로 쓴 글
① 三門(석 삼, 문 문) : 대궐이나 관청 앞에 있는 세 개의 문
❷ 山門(메 산, 문 문) : 산의 어귀
③ 尙文(높일 상, 글월 문) : 문예를 숭상함
④ 詩文(시 시, 글월 문) : 시가와 산문

86 年久(해 년[연], 오랠 구) : 여러 해가 됨. 지난 세월이 꽤 오램
① 煙草(연기 연, 풀 초) : 담배
② 研考(갈 연, 생각할 고) : 연구하고 궁리함
❸ 研究(갈 연, 연구할 구) : 사물을 깊이 생각하거나 자세히 조사하거나 하여 어떤 이치나 사실을 밝혀 냄, 또는 그 내용
④ 悅樂(기쁠 열, 즐길 락) : 기뻐하고 즐거워 함

1

32

87 空輸(빌 공, 보낼 수) : 항공 수송의 준말
  ❶ 攻守(칠 공, 지킬 수) : 공격과 수비
  ② 公主(공변될 공, 주인 주) : 왕후가 낳은 임금의 딸
  ③ 共同(함께 공, 한가지 동) : 여러 사람이 다 함께 함
  ④ 工具(장인 공, 갖출 구) : 기계 따위를 조작하는 데 쓰이는 기구

88 分類(나눌 분, 무리 류) : 종류에 따라 나눔
  ① 紛糾(어지러울 분, 꼴 규) : 이해나 주장이 뒤얽혀 말썽 많고 시끄러움
  ② 分數(나눌 분, 셈 수) : 어떤 수를 다른 수로 나누는 것을 분자와 분모로 나타냄, 자기의 처지에 마땅한 한도
  ③ 封墳(봉할 봉, 무덤 분) : 흙을 둥글게 쌓아 올려서 무덤을 만듦, 또는 그 무덤
  ❹ 分流(나눌 분, 흐를 류) : 본류에서 갈라져 흐름, 또는 그 물줄기

89 狂奔(미칠 광, 달릴 분) : 목적을 이루려고 미친 듯이 날뜀
  ❶ 鑛分(쇳돌 광, 나눌 분) : 광물의 성분
  ② 光背(빛 광, 등 배) : 불상의 뒤에 세워 부처의 초인성을 나타내는 장식
  ③ 流配(흐를 류, 나눌 배) : 죄인을 지방이나 섬으로 보내 정해진 기간 동안 그 지역 내에서 감시를 받으며 생활하게 하던 일
  ④ 掛鐘(걸 괘, 쇠북 종) : 벽이나 기둥에 걸어 놓는 시계

90 奮起(떨칠 분, 일어날 기) : 분발하여 일어남
  ① 奔忙(달릴 분, 바쁠 망) : 매우 부산하여 바쁨
  ② 色彩(빛 색, 채색 채) : 빛깔
  ❸ 分期(나눌 분, 기약할 기) : 한 해를 석달씩 넷으로 나눈 기간
  ④ 粉筆(가루 분, 붓 필) : 칠판에 글씨를 쓰는 필기구

91~92 같은 한자가 다른 음으로 읽히는 한자어 고르기

91 ❶ 遊說(놀 유, 달랠 세) : 자기 의견 또는 자기 소속 정당의 주장을 선전하며 돌아다님
  ② 演說(펼 연, 말씀 설) : 여러 사람 앞에서 자기의 주의나 주장 또는 의견을 진술함
  ③ 假說(거짓 가, 말씀 설) : 어떤 사실을 설명하거나 어떤 이론 체계를 연역하기 위하여 설정한 가정
  ④ 異說(다를 이, 말씀 설) : 통용되는 것과는 다른 주장이나 의견

92 ❶ 布施(보시 보, 베풀 시) : 절이나 중 또는 가난한 이 등에게 돈이나 물품을 베풂, 또는 베푸는 그 돈이나 물품
  ② 布木(베 포, 나무 목) : 베와 무명
  ③ 公布(공변될 공, 베풀 포) : 여러 사람에게 널리 알림
  ④ 宣布(베풀 선, 베풀 포) : 세상에 널리 알림

93~110 세 개 어휘에 공통되는 한자 고르기

93 □工(장인 공), □快(쾌할 쾌), □備(갖출 비)
  ① 防(막을 방)   ❷ 完(완전할 완)
  ③ 木(나무 목)   ④ 有(있을 유)
  * 完工(완공), 完快(완쾌), 完備(완비)

94 □性(성품 성), □體(몸 체), □人(사람 인)
  ❶ 個(낱 개)   ② 合(합할 합)
  ③ 身(몸 신)   ④ 心(마음 심)
  * 個性(개성), 個體(개체), 個人(개인)

95 □聞(들을 문), □習(익힐 습), 高(높을 고)□
  ❶ 風(바람 풍)   ② 學(배울 학)
  ③ 豊(풍성할 풍)   ④ 低(낮을 저)
  * 風聞(풍문), 風習(풍습), 高風(고풍)

96 □園(동산 원), 家(집 가)□, 親(친할 친)□
  ① 族(겨레 족)   ② 田(밭 전)
  ❸ 庭(뜰 정)   ④ 訓(가르칠 훈)
  * 庭園(정원), 家庭(가정), 親庭(친정)

97 貧(가난할 빈)□, □書(글 서), 出(날 출)□
  ❶ 血(피 혈)   ② 古(예 고)
  ③ 弱(약할 약)   ④ 現(나타날 현)
  * 貧血(빈혈), 血書(혈서), 出血(출혈)

98 目(눈 목)□, 貴(귀할 귀)□, □位(자리 위)
  ① 上(윗 상)   ② 重(무거울 중)
  ❸ 下(아래 하)   ④ 人(사람 인)
  * 目下(목하), 貴下(귀하), 下位(하위)

99 例(법식 례)□, 主(주인 주)□, □目(눈 목)
  ❶ 題(제목 제)   ② 意(뜻 의)
  ③ 耳(귀 이)   ④ 文(글월 문)
  * 例題(예제), 主題(주제), 題目(제목)

100 □開(열 개), □示(보일 시), 發(필 발)□
  ① 退(물러날 퇴)   ② 暗(어두울 암)
  ③ 明(밝을 명)   ❹ 展(펼 전)
  * 展開(전개), 展示(전시), 發展(발전)

101 □減(덜 감), □視(볼 시), □重(무거울 중)
  ❶ 輕(가벼울 경)   ② 加(더할 가)
  ③ 貴(귀할 귀)   ④ 達(통달할 달)
  * 輕減(경감), 輕視(경시), 輕重(경중)

102 各(각각 각)□, □自(스스로 자), □界(지경 계)
  ① 世(인간 세)   **❷** 各(각각 각)
  ③ 獨(홀로 독)   ④ 鼻(코 비)
  * 各各(각각), 各自(각자), 各界(각계)

103 □期(기약할 기), □足(넉넉할 족), 豊(풍성할 풍)□
  ① 年(해 년)   ② 手(손 수)
  ❸ 滿(찰 만)   ④ 充(채울 충)
  * 滿期(만기), 滿足(만족), 豊滿(풍만)

104 □落(떨어질 락), □長(길 장), 農(농사 농)□
  ① 急(급할 급)   ② 夫(지아비 부)
  ③ 部(떼 부)   **❹** 村(마을 촌)
  * 村落(촌락), 村長(촌장), 農村(농촌)

105 壯(장할 장)□, 極(극진할 극)□, 强(강할 강)□
  ❶ 烈(매울 렬)   ② 列(벌일 렬)
  ③ 限(한할 한)   ④ 士(선비 사)
  * 壯烈(장렬), 極烈(극렬), 强烈(강렬)

106 飯(밥 반)□, 飮(마실 음)□, □量(헤아릴 량)
  ① 店(가게 점)   **❷** 酒(술 주)
  ③ 重(무거울 중)   ④ 辛(매울 신)
  * 飯酒(반주), 飮酒(음주), 酒量(주량)

107 □結(맺을 결), □死(죽을 사), □傷(상할 상)
  ① 秘(숨길 비)   ② 豚(돼지 돈)
  ③ 壓(누를 압)   **❹** 凍(얼 동)
  * 凍結(동결), 凍死(동사), 凍傷(동상)

108 □留(머무를 류), □揚(날릴 양), □制(지을 제)
  ① 體(몸 체)   **❷** 抑(누를 억)
  ③ 讚(기릴 찬)   ④ 規(법 규)
  * 抑留(억류), 抑揚(억양), 抑制(억제)

109 冬(겨울 동)□, 睡(졸음 수)□, 熟(익힐 숙)□
  ① 季(계절 계)   **❷** 眠(잘 면)
  ③ 懼(두려워할 구)   ④ 錦(비단 금)
  * 冬眠(동면), 睡眠(수면), 熟眠(숙면)

110 □仰(우러를 앙), 確(굳을 확)□, 背(등 배)□
  ❶ 信(믿을 신)   ② 固(굳을 고)
  ③ 推(밀 추)   ④ 綱(벼리 강)
  * 信仰(신앙), 確信(확신), 背信(배신)

111~126 제시된 한자어와 상대되는 뜻의 한자어 고르기

111 不法(아닐 불, 법 법) : 법에 어긋나 있음
  ① 立法(설 립[입], 법 법) : 법을 제정함, 또는 그 행위
  ② 說法(달랠 설, 법 법) : 불교의 이치를 가르침
  ❸ 合法(합할 합, 법 법) : 법령이나 규칙에 맞음
  ④ 文藝(글월 문, 재주 예) : 학문과 예술

112 生花(날 생, 꽃 화) : 살아 있는 초목에서 꺾은 꽃
  ① 生命(날 생, 목숨 명) : 목숨
  ❷ 造花(지을 조, 꽃 화) : 종이나 헝겊 따위로 만든 꽃
  ③ 生氣(날 생, 기운 기) : 싱싱하고 힘찬 기운
  ④ 和色(화할 화, 빛 색) : 온화한 얼굴 빛

113 暗示(어두울 암, 보일 시) : 넌지시 깨우쳐 줌
  ❶ 明示(밝을 명, 보일 시) : 똑똑히 드러내어 보임. 분명하게 가리킴
  ② 明暗(밝을 명, 어두울 암) : 밝음과 어두움
  ③ 暗黑(어두울 암, 검을 흑) : 어둡고 깜깜함
  ④ 思考(생각 사, 생각할 고) : 생각하고 궁리함

114 原因(근원 원, 인할 인) : 무슨 일이 일어난 까닭
  ① 事故(일 사, 연고 고) : 뜻밖에 일어난 사건
  ❷ 結果(맺을 결, 실과 과) : 어떤 까닭으로 말미암아 이루어진 결말
  ③ 因果(인할 인, 실과 과) : 원인과 결과
  ④ 季節(계절 계, 마디 절) : 한 해를 날씨에 따라 나눈 그 한 철

115 自動(스스로 자, 움직일 동) : 기계 따위가 제 힘으로 움직임
  ① 人工(사람 인, 장인 공) : 사람이 자연물에 손을 대어 만들어 놓은 일
  ② 自然(스스로 자, 그럴 연) : 저절로 그렇게 되어 있는 상태
  ③ 作動(지을 작, 움직일 동) : 몸을 움직여서 하는 동작
  ❹ 手動(손 수, 움직일 동) : 기계 따위를 동력을 쓰지 않고 손으로 움직임

116 前半(앞 전, 반 반) : 전체를 둘로 나누었을 때의 앞 부분이 되는 절반
  ① 長期(길 장, 기약할 기) : 오랜 기간
  ② 結氷(맺을 결, 얼음 빙) : 물이 얼어 얼음이 됨
  ❸ 後半(뒤 후, 반 반) : 반으로 가른 뒷부분
  ④ 決勝(결단할 결, 이길 승) : 마지막 승부를 결정함

117 他殺(다를 타, 죽일 살) : 남을 죽임, 또는 그 죽음
　① 殺人(죽일 살, 사람 인) : 사람을 죽임
　❷ 自殺(스스로 자, 죽일 살) : 스스로 자기의 목숨을 끊음
　③ 殺害(죽일 살, 해할 해) : 남을 죽임
　④ 殺到(빠를 쇄, 이를 도) : 세차게 몰려듦

118 前進(앞 전, 나아갈 진) : 앞으로 나아감
　❶ 後進(뒤 후, 나아갈 진) : 사회나 관계 따위에 뒤늦게 나아감. 뒤로 나아감
　② 先進(먼저 선, 나아갈 진) : 어떤 분야에서 나이나 지위·기량 등이 앞서 있는 일, 또는 그런 사람
　③ 移民(옮길 이, 백성 민) : 다른 나라의 땅으로 옮겨가서 사는 일, 또는 그 사람
　④ 進展(나아갈 진, 펼 전) : 진행되어 나아감

119 絶對(끊을 절, 대할 대) : 상대하여 비교할 만한 것이 없음
　❶ 相對(서로 상, 대할 대) : 서로 마주 대함
　② 絶望(끊을 절, 바랄 망) : 모든 희망이 끊어짐
　③ 密接(빽빽할 밀, 접할 접) : 사이가 아주 가까움
　④ 外傳(바깥 외, 전할 전) : 본전에 기록되지 아니한 전기나 일화 주석 등을 따로 모아 엮은 책

120 好材(좋을 호, 재목 재) : 증권 따위에서 시세를 상승시키는 원인이 되는 좋은 조건
　① 大才(큰 대, 재주 재) : 비범하고 출중한 큰 재주
　② 好感(좋을 호, 느낄 감) : 좋게 여기는 감정
　❸ 惡材(악할 악, 재목 재) : 증권 따위에서 시세를 하락시키는 원인이 되는 나쁜 조건
　④ 財貨(재물 재, 재물 화) : 재물

121 非凡(아닐 비, 무릇 범) : 보통이 아니고 매우 뛰어남
　① 凡人(무릇 범, 사람 인) : 특별한 재주나 능력이 없는 평범한 사람
　② 農夫(농사 농, 지아비 부) : 농업에 종사하는 사람
　③ 育英(기를 육, 꽃부리 영) : 영재를 기름
　❹ 平凡(평평할 평, 무릇 범) : 뛰어나거나 색다른 점이 없이 보통 임

122 伐木(칠 벌, 나무 목) : 숲의 나무를 벰
　① 誰何(누구 수, 어찌 하) : 누구. 어두워서 상대편의 정체를 식별하기 어려울 때 아군끼리 약속한 암호를 확인함
　② 渴望(목마를 갈, 바랄 망) : 간절히 바람
　③ 移植(옮길 이, 심을 식) : 옮겨 심음
　❹ 植木(심을 식, 나무 목) : 나무를 심음

123 害蟲(해할 해, 벌레 충) : 사람이나 농작물에 해가 되는 벌레를 통틀어 이르는 말
　① 病蟲(병 병, 벌레 충) : 농작물을 병들게 하는 벌레
　❷ 益蟲(더할 익, 벌레 충) : 사람에게 이익을 주는 벌레
　③ 寸蟲(마디 촌, 벌레 충) : 촌충류의 편형 동물
　④ 殺蟲(죽일 살, 벌레 충) : 벌레를 죽임

124 眞實(참 진, 열매 실) : 거짓이 없이 바르고 참됨
　❶ 虛僞(빌 허, 거짓 위) : 진실이 아닌 것을 진실인 것처럼 꾸민 것
　② 僞證(거짓 위, 증거 증) : 법률에 따라 선서한 증인이 허위 증언을 하는 일
　③ 記憶(기록할 기, 생각할 억) : 이전의 인상이나 경험을 의식 속에 간직하거나 도로 생각해 냄
　④ 大暑(큰 대, 더울 서) : 24절기의 하나

125 暴露(드러낼 폭, 이슬 로) : 알려지지 않았거나 감춰져 있던 사실을 드러냄. 흔히 나쁜 일이나 음모 따위를 사람들에게 알리는 일
　① 暴惡(모질 포, 악할 악) : 사납고 악함
　❷ 隱蔽(숨길 은, 덮을 폐) : 덮어 감추거나 가리어 숨김
　③ 階段(섬돌 계, 층계 단) : 층계
　④ 醜惡(추할 추, 악할 악) : 더럽고 좋지 않음

126 閑暇(한가할 한, 겨를 가) : 별로 할 일이 없이 틈이 있음
　① 細菌(가늘 세, 버섯 균) : 가장 하등한 단세포 생물체
　② 局面(판 국, 낯 면) : 어떤 일에 부딪힌 장면
　❸ 奔走(달릴 분, 달릴 주) : 몹시 바쁘게 뛰어다님
　④ 尋常(찾을 심, 항상 상) : 대수롭지 않고 예사로움

127~132 사자 성어 완성하기

127 □友(벗 우)以(써 이)信(믿을 신)
　❶ 交(사귈 교)　② 親(친할 친)
　③ 愛(사랑 애)　④ 眞(참 진)
　* 交友以信(교우이신) : 친구를 믿음으로써 사귐

128 □土(흙 토)不(아닐 불)二(두 이)
　① 神(귀신 신)　❷ 身(몸 신)
　③ 臣(신하 신)　④ 堂(집 당)
　* 身土不二(신토불이) : 사람과 땅은 하나. 사람은 자기가 사는 땅에서 나는 곡식을 먹고 살아야 함

129 言(말씀 언)中(가운데 중)有(있을 유)□
① 危(위태할 위)　　② 固(굳을 고)
❸ 骨(뼈 골)　　④ 忍(참을 인)
* 言中有骨(언중유골) : 말 속에 뼈가 있다는 뜻으로, 예사로운 말 속에 단단한 속뜻이 들어 있음을 이르는 말

130 口(입 구)□腹(배 복)劍(칼 검)
① 密(빽빽할 밀)　　② 甘(달 감)
③ 尙(높일 상)　　❹ 蜜(꿀 밀)
* 口蜜腹劍(구밀복검) : 입 속으로는 꿀을 담고 뱃속으로는 칼을 지녔다. 입으로는 친절하나 속으로는 해칠 생각을 품었음을 비유

131 明(밝을 명)鏡(거울 경)□水(물 수)
① 至(이를 지)　　❷ 止(그칠 지)
③ 只(다만 지)　　④ 藥(약 약)
* 明鏡止水(명경지수) : 맑은 거울과 고요한 물이라는 뜻으로 맑고 고요한 심경을 이르는 말

132 行(다닐 행)不(아닐 불)由(말미암을 유)□
❶ 徑(지름길 경)　　② 卿(벼슬 경)
③ 經(지날 경)　　④ 路(길 로)
* 行不由徑(행불유경) : 길을 갈 때는 지름길을 택하지 않음. 편법을 쓰지 않고 정도를 걸음

133~136 제시된 사자 성어의 뜻 알기

133 事(일 사)實(열매 실)無(없을 무)根(뿌리 근)
事實無根(사실무근) : 근거 없는 말

134 非(아닐 비)一(한 일)非(아닐 비)再(두 재)
非一非再(비일비재) : 같은 현상이 한두 번이 아니고 많다.

135 手(손 수)不(아닐 불)釋(풀 석)卷(책 권)
手不釋卷(수불석권) : 항상 글을 읽다.

136 口(입 구)尙(오히려 상)乳(젖 유)臭(냄새 취)
口尙乳臭(구상유취) : 말이나 하는 짓이 유치함

137~140 뜻에 맞는 사자 성어 고르기

137 커다란 전체 중 드러난 작은 부분
① 百(일백 백)日(날 일)天(하늘 천)下(아래 하)
百日天下(백일천하) : 짧은 기간 동안 정권을 장악했다가 물러남을 비유하는 말
❷ 氷(얼음 빙)山(메 산)一(한 일)角(뿔 각)
氷山一角(빙산일각) : 물에 잠긴 거대한 얼음 중 물 밖으로 보이는 일부분
③ 大(큰 대)義(옳을 의)名(이름 명)分(나눌 분)
大義名分(대의명분) : 사람으로서 마땅히 지키고 행하여야 할 도리나 본분
④ 怒(성낼 노)發(필 발)大(큰 대)發(필 발)

怒發大發(노발대발) : 몹시 노하여 펄펄 뛰며 성을 냄

138 잘잘못을 따져 묻지 않는다.
① 有(있을 유)名(이름 명)無(없을 무)實(열매 실)
有名無實(유명무실) : 이름만 그럴듯하고 실속은 없음
② 同(한가지 동)苦(쓸 고)同(한가지 동)樂(즐길 락)
同苦同樂(동고동락) : 괴로움도 즐거움도 함께 함
③ 男(사내 남)女(계집 녀)有(있을 유)別(나눌 별)
男女有別(남녀유별) : 유교 사상에서, 남자와 여자 사이에 분별이 있어야 함을 이르는 말
❹ 不(아닐 불)問(물을 문)曲(굽을 곡)直(곧을 직)
不問曲直(불문곡직) : 잘잘못을 묻지 않고 함부로 행함

139 나라가 잘 다스려져서 풍속이 아름답게 된다.
❶ 道(길 도)不(아닐 불)拾(주울 습)遺(남길 유)
道不拾遺(도불습유) : 길에 떨어진 것도 줍지 않는다. 생활에 여유가 생기고, 믿음이 차 있는 세상의 아름다운 풍속
② 厚(두터울 후)顔(얼굴 안)無(없을 무)恥(부끄러울 치)
厚顔無恥(후안무치) : 뻔뻔스러워 부끄러워할 줄 모름
③ 抑(누를 억)强(강할 강)扶(도울 부)弱(약할 약)
抑强扶弱(억강부약) : 강자를 누르고 약자를 돕는 것
④ 異(다를 이)口(입 구)同(한가지 동)聲(소리 성)
異口同聲(이구동성) : 입은 다르나 목소리는 같다는 뜻으로, 여러 사람의 말이 한결같음을 이르는 말

140 화가 바뀌어 오히려 복이 된다.
① 飽(배부를 포)食(먹을 식)暖(따뜻할 난)衣(옷 의)
飽食暖衣(포식난의) : 먹고 입는 것이 풍족함
② 單(홑 단)騎(말탈 기)匹(짝 필)馬(말 마)
單騎匹馬(단기필마) : 홀로 한 필의 말을 탐
❸ 轉(구를 전)禍(재앙 화)爲(할 위)福(복 복)
轉禍爲福(전화위복) : 화가 바뀌어 복이 됨
④ 同(한가지 동)病(병 병)相(서로 상)憐(불쌍히 여길 련)
同病相憐(동병상련) : 같은 병의 환자끼리 서로 가엾게 여김. 같은 처지의 사람끼리 서로 비슷한 아픔을 느낌

제3영역 **讀 解**

141~154 문장에 쓰인 한자어의 음 알기

141 우리 조상은 세계 어느 민족에도 뒤지지 않는 찬란한 文化(글월 문, 될 화)를 이룩하였다.

142 1997년 말, 우리 나라의 경제 사정이 急速(급할 급, 빠를 속)히 나빠졌다.

143 우리는 조상으로부터 뛰어난 슬기를 물려받은 後孫(뒤 후, 손자 손)이다.

144 내일 외국으로 떠나는 나를 위해 친구들이 送別(보낼 송, 나눌 별) 잔치를 해주었다.

145 사람은 살아가는 동안 권리와 義務(옳을 의, 힘쓸 무)의 주체가 된다.

146 오늘날의 논에는 水路(물 수, 길 로)가 잘 만들어져 있다.

147 동해의 여름철 水溫(물 수, 따뜻할 온)은 서해나 남해보다 낮다.

148 자전거는 걷는 것보다 빨라 작은 失手(잃을 실, 손 수)에도 크게 다칠 수 있다.

149 어머니는 할머니로부터 料理(헤아릴 료[요], 다스릴 리) 솜씨를 전수받았다.

150 농구는 공격과 수비의 전환이 빠르게 진행되는 競技(다툴 경, 재주 기)이다.

151 보다 성숙한 정치를 위해서는, 국민 모두가 對話(대할 대, 말씀 화)와 타협의 태도를 지녀야 한다.

152 이번 여행의 宿所(잘 숙, 바 소)는 지난번보다 깨끗했다.

153 그는 이것이 바로 脚本(다리 각, 근본 본) 없는 드라마라며 감탄사를 연발하였다.

154 그렇게 삼 년 동안 싸움터만 찾아다니며, 혹은 구경을 하고, 혹은 직접 加擔(더할 가, 멜 담)도 하였으나, 그 어느 것도 로마군에 의하여 진압되지 않는 것을 보지 못했다.

155~159 문장에 쓰인 한자어의 뜻 알기

155 勿論(말 물, 논할 론) 월급은 현금으로 지급될 것이다.
* 말할 것도 없이

156 그 문제는 未決(아닐 미, 결단할 결)로 남았다.
* 아직 해결되지 못하다.

157 우리는 조상의 美風(아름다울 미, 바람 풍)을 이어가야 한다.
* 아름다운 풍속

158 참사에 뒤이어 터키인들이 무장으로 자위책을 講究(욀 강, 연구할 구)하고 있다는 소식이 전해졌다.
* 궁리하여 찾아내다.

159 인권을 監視(볼 감, 볼 시)하고 인권 유린을 항의하기 위해 수많은 국제 기구들이 존재한다.
* 주의 깊게 살피다.

160~164 문장에 맞는 한자어 고르기

160 씨름은 두 사람이 상대방의 샅바를 잡고 □□를 겨루는 경기이다.
  ① 元氣(으뜸 원, 기운 기) : 타고난 기운
  ❷ 勝敗(이길 승, 패할 패) : 이김과 짐
  ③ 力量(힘 력[역], 헤아릴 량) : 일을 할 수 있는 능력
  ④ 武力(군인 무, 힘 력) : 군사상의 힘

161 공동체 의식이란, 모든 사람이 서로 도우며 한 □□처럼 아끼고 사랑하는 마음을 말한다.
  ① 佳族(아름다울 가, 겨레 족) * 한자어 아님
  ❷ 家族(집 가, 겨레 족) : 한 집의 구성원
  ③ 身體(몸 신, 몸 체) : 사람의 몸
  ④ 親友(친할 친, 벗 우) : 친한 벗

162 오늘은 하루 □□ 업무에 시달렸다.
  ❶ 終日(마칠 종, 날 일) : 아침부터 저녁까지
  ② 每日(매양 매, 날 일) : 하루하루. 날마다
  ③ 始終(비로소 시, 마칠 종) : 처음과 끝
  ④ 同案(한가지 동, 책상 안) * 한자어 아님

163 법조계와 시민 단체들로부터 '반민주악법'으로 지탄받아온 전시대의 법률을 고치거나 없애는 작업을 정치권이 언제부터 '개혁 입법'이라고 □□한 어휘로 바꿔치기해 놓았는지 분명치 않다.
  ① 就勞(나아갈 취, 일할 로) : 노동을 함
  ❷ 高尙(높을 고, 높일 상) : 학문·예술 등의 취미가 깊어 높고 저속하지 않음
  ③ 古尙(예 고, 높일 상) * 한자어 아님
  ④ 低俗(낮을 저, 풍속 속) : 품은 뜻이나 인격 따위가 낮고 속됨

164 상대편의 사정도 모르고 불쑥 찾아가는 것은 큰 □□가 아닐 수 없다.
  ① 結禮(맺을 결, 예도 례) * 한자어 아님
  ② 決禮(결단할 결, 예도 례) * 한자어 아님
  ❸ 缺禮(이지러질 결, 예도 례) : 예의 범절에서 벗어나는 짓을 함
  ④ 潔禮(깨끗할 결, 예도 례) * 한자어 아님

165~170 문장에 맞지 않는 한자어 고르기

165 독서는 즐거움, ① 教訓(가르칠 교, 가르칠 훈), ❷ 知食(알 지, 먹을 식)과 ③ 情報(뜻 정, 알릴 보)를 얻기 위하여 반드시 ④ 必要(반드시 필, 요긴할 요)하다.

* 知食 → 知識(알 지, 알 식)

166 주어진 ① 時間(때 시, 사이 간)을 어떻게 ② 活用(살 활, 쓸 용)하느냐에 따라 ③ 成功(이룰 성, 공 공)과 ❹ 實敗(열매 실, 패할 패)가 좌우된다.

*實敗 → 失敗(잃을 실, 패할 패)

167 ❶ 圖畵(그림 도, 낮 주) 목록을 ② 作成(지을 작, 이룰 성)해 두면 ③ 效果(본받을 효, 실과 과)적인 ④ 讀書(읽을 독, 글 서)를 할 수 있다.

* 圖畵 → 圖書(그림 도, 글 서)

168 콜럼버스가 아메리카 대륙을 ❶ 發堅(필 발, 굳을 견)하기 ② 以前(써 이, 앞 전)에 알려져 있던 유럽, 아시아, 아프리카의 세 대륙을 ③ 舊大陸(예 구, 큰 대, 뭍 륙), 남북아메리카 및 오스트레일리아를 신대륙이라고 부르는 것은 서구 중심적인 ④ 思考(생각 사, 생각할 고)이다.

* 發堅 → 發見(필 발, 볼 견)

169 ① 多數決(많을 다, 셈 수, 결단할 결)로 결정된 의견을 ② 尊重(높을 존, 무거울 중)한다. 비록 내 의견이 옳다고 생각하더라도 다수결로 ❸ 潔淨(깨끗할 결, 깨끗할 정)된 ④ 事項(일 사, 항목 항)은 따른다.

* 潔淨 → 決定(결단할 결, 정할 정)

170 중국과의 정치적 ① 交涉(사귈 교, 건널 섭)에 이어 경제적 교류가 개시될 ② 展望(펼 전, 바랄 망)이다. 체제나 이념의 ③ 差異(다를 차, 다를 이)를 넘어 우호와 ❹ 通常(통할 통, 항상 상)을 증진하려는 정부의 노력을 격려하면 격려했지 반대할 까닭은 조금도 없다.

* 通常 → 通商(통할 통, 장사 상)

171~178 바르게 쓴 한자어 고르기

171 상대방을 무시해서는 안 된다.
① 無始(없을 무, 비로소 시)
② 無時(없을 무, 때 시)
❸ 無視(없을 무, 볼 시)
④ 務時(힘쓸 무, 때 시)

172 나라마다 인사하는 법이 다르다.
① 人士(사람 인, 선비 사)
② 人師(사람 인, 스승 사)
③ 仁事(어질 인, 일 사)
❹ 人事(사람 인, 일 사)

173 동굴 입구에 들어서자 싸늘한 기운이 살갗에 느껴졌다.
① 人口(사람 인, 입 구)
❷ 入口(들 입, 입 구)
③ 入究(들 입, 연구할 구)
④ 入句(들 입, 글귀 구)

174 한자의 뜻과 소리를 빌려 우리말을 적어 낸 글자 표기를 '이두'라고 한다.
❶ 漢字(한수 한, 글자 자)
② 漢子(한수 한, 아들 자)
③ 韓字(한국 한, 글자 자)
④ 漢者(한수 한, 놈 자)

175 저는 공부하는 것이 좋기 때문에 커서도 계속해서 학문을 연구하는 학자가 되고 싶습니다.
① 學字(배울 학, 글자 자)
② 學自(배울 학, 스스로 자)
❸ 學者(배울 학, 놈 자)
④ 學子(배울 학, 아들 자)

176 농악은 농사를 지을 때 어려움을 덜고 작업의 능률을 올리기 위해서 생긴 것이다.
① 昨業(어제 작, 일 업)
❷ 作業(지을 작, 일 업)
③ 動作(움직일 동, 지을 작)
④ 行動(다닐 행, 움직일 동)

177 그가 편집국장 자리에 붙어 있을 수 있는 것은 일제 시대부터의 신문인이라는 관록에 의해서였는데, 그 기득권이 요즈음 위협을 받고 있다.
① 己得權(몸 기, 얻을 득, 권세 권)
② 已得權(이미 이, 얻을 득, 권세 권)
❸ 旣得權(이미 기, 얻을 득, 권세 권)
④ 期得權(기약할 기, 얻을 득, 권세 권)

178 이 사진 한 장은 나치가 저질렀던 역사적 죄악에 대한 참회 의지를 극명하게 보여주고 있다.
❶ 克明(이길 극, 밝을 명)
② 極明(극진할 극, 밝을 명)
③ 劇名(심할 극, 이름 명)
④ 極命(극진할 극, 목숨 명)

179~183 어구의 뜻과 비슷한 한자어 고르기

179 수영이는 얼굴이 <u>온통</u> 빨개졌다.
① 每事(매양 매, 일 사)
❷ 全體(온전할 전, 몸 체)
③ 每番(매양 매, 차례 번)
④ 常用(항상 상, 쓸 용)

180 나폴레옹은 <u>훌륭한</u> 장군이자 정치가로 이름이 높다.
❶ 偉大(위대할 위, 큰 대)
② 强弱(강할 강, 약할 약)
③ 獨特(홀로 독, 특별할 특)
④ 唱歌(부를 창, 노래 가)

181 내가 산 주식 값이 계속해서 <u>떨어졌다</u>.
① 敗北(패할 패, 달아날 배)
② 算出(셈할 산, 날 출)
③ 代打(대신 대, 칠 타)
❹ 下落(아래 하, 떨어질 락)

182 교통이 혼잡해서 <u>걸어서</u> 가는 사람도 있다.
① 停止(머무를 정, 그칠 지)
❷ 徒步(무리 도, 걸음 보)
③ 乘車(탈 승, 수레 차)
④ 乘馬(탈 승, 말 마)

183 아이들과 위험하게 <u>건넜던</u> 그 강변에서 우리는 어머니와 작별을 했다.
① 盜講(도둑 도, 욀 강)
❷ 渡江(건널 도, 강 강)
③ 都河(도읍 도, 물 하)
④ 渡海(건널 도, 바다 해)

184~188 글에 쓰인 한자어와 한자의 뜻 알기

184 ㉠生産(날 생, 낳을 산)의 독음이 바른 것은?
① 생생 ② 출산
❸ 생산 ④ 수산

185 ㉡청년의 한자 표기가 바른 것은?
❶ 靑年(푸를 청, 해 년)
② 淸年(맑을 청, 해 년)
③ 請年(청할 청, 해 년)
④ 少年(적을 소, 해 년)

186 ㉢수의 한자 표기가 바른 것은?
① 律(법칙 률) ❷ 數(셈 수)
③ 手(손 수) ④ 授(줄 수)

187 ㉣비중의 한자 표기가 바른 것은?
① 備中(갖출 비, 가운데 중)
② 飛中(날 비, 가운데 중)
③ 對中(대할 대, 가운데 중)
❹ 比重(견줄 비, 무거울 중)

188 ㉤매우 늘어나고의 뜻을 가장 잘 나타낸 것은?
① 急減(급할 급, 덜 감)
❷ 急增(급할 급, 더할 증)
③ 快速(쾌할 쾌, 빠를 속)
④ 加速(더할 가, 빠를 속)

189~193 글에 쓰인 한자어와 한자의 뜻 알기

189 ㉠最初(가장 최, 처음 초)의 독음이 바른 것은?
① 시작 ❷ 최초
③ 최후 ④ 시초

190 ㉡모여들었던의 뜻을 가장 잘 나타낸 것은?
① 萬人(일만 만, 사람 인)
② 大衆(큰 대, 무리 중)
③ 集合(모을 집, 합할 합)
❹ 雲集(구름 운, 모을 집)

191 ㉢문명의 한자 표기가 바른 것은?
① 文名(글월 문, 이름 명)
❷ 文明(글월 문, 밝을 명)
③ 問名(물을 문, 이름 명)
④ 朝夕(아침 조, 저녁 석)

192 ㉣지나친 말의 한자 표기가 바른 것은?
❶ 過言(지날 과, 말씀 언)
② 言語(말씀 언, 말씀 어)
③ 笑言(웃음 소, 말씀 언)
④ 意志(뜻 의, 뜻 지)

193 ㉤설비의 한자 표기가 바른 것은?
① 說客(달랠 세, 손 객)
② 防備(막을 방, 갖출 비)
③ 對備(대할 대, 갖출 비)
❹ 設備(베풀 설, 갖출 비)

194~197 글에 쓰인 한자어와 한자의 뜻 알기

194 ㉠몸무게의 뜻을 가진 것은?
① 身長(몸 신, 길 장)
② 體力(몸 체, 힘 력)
❸ 體重(몸 체, 무거울 중)
④ 骨相(뼈 골, 서로 상)

195 ⓛ不過~ⓜ指示 중 한자 표기가 바르지 않은 것은?
① ⓛ不過(아닐 불, 지날 과)
❷ ⓒ人看(사람 인, 볼 간)
③ ⓔ行動(다닐 행, 움직일 동)
④ ⓜ指示(가리킬 지, 보일 시)
　* 人看 → 人間(사람 인, 사이 간)

196 ⓗ意識不明(뜻 의, 알 식, 아닐 불, 밝을 명)의 독음이 바른 것은?
① 신원 불명　　❷ 의식 불명
③ 인사 불성　　④ 하사 불성

197 ⓢ후천적의 '천' 자의 한자 표기가 바른 것은?
① 千(일천 천)　　❷ 天(하늘 천)
③ 淺(얕을 천)　　④ 泉(샘 천)

198~203 글에 쓰인 한자어와 한자의 뜻 알기

198 ㉠사막~ⓜ결국의 한자 표기가 바른 것은?
① ㉠沙莫(모래 사, 없을 막)
② ⓛ道市(길 도, 시장 시)
③ ⓔ行雲(다닐 행, 구름 운)
❹ ⓜ結局(맺을 결, 판 국)

199 ⓒ불야성의 한자 표기가 바른 것은?
① 不夜成(아닐 불, 밤 야, 이룰 성)
❷ 不夜城(아닐 불, 밤 야, 성 성)
③ 佛夜成(부처 불, 밤 야, 이룰 성)
④ 佛也聖(부처 불, 어조사 야, 성인 성)

200 ⓗ마을의 뜻을 가진 것은?
① 寸(마디 촌)　　❷ 村(마을 촌)
③ 市(시장 시)　　④ 道(길 도)

201 ⓢ只今~ⓩ合法化 중 한자 표기가 바르지 않은 것은?
① ⓢ只今(다만 지, 이제 금)
② ⓞ面貌(낮 면, 모양 모)
③ ⓩ克服(이길 극, 옷 복)
❹ ⓩ無厲(없을 무, 힘쓸 려)
　* 無厲 → 無慮(없을 무, 생각할 려)

202 ㉠관광객의 '광' 자와 같은 한자를 사용하는 것은?
❶ 光景(빛 광, 볕 경)
② 狂人(미칠 광, 사람 인)
③ 鑛夫(쇳돌 광, 지아비 부)
④ 廣場(넓을 광, 마당 장)

203 ⓔ뿌리고의 뜻을 가장 잘 나타낸 것은?
① 普及(넓을 보, 미칠 급)
❷ 消費(사라질 소, 쓸 비)
③ 飢餓(주릴 기, 주릴 아)
④ 空襲(빌 공, 엄습할 습)

204~210 글에 쓰인 한자어와 한자의 뜻 알기

204 ㉠雨中令監(비 우, 가운데 중, 하여금 령[영], 볼 감)의 독음이 바른 것은?
① 노중 영감　　② 무중 영감
❸ 우중 영감　　④ 운중 영감

205 ⓛ서기의 한자 표기가 바른 것은?
① 書記(글 서, 기록할 기)
② 序記(차례 서, 기록할 기)
③ 庶幾(여러 서, 몇 기)
❹ 西紀(서녘 서, 벼리 기)

206 ⓒ名筆~ⓗ失敗 중 한자 표기가 바르지 않은 것은?
① ⓒ名筆(이름 명, 붓 필)
❷ ⓔ沿習(물따라갈 연, 익힐 습)
③ ⓜ盡力(다할 진, 힘 력)
④ ⓗ失敗(잃을 실, 패할 패)
　* 沿習 → 練習(익힐 련[연], 익힐 습)

207 ⓢ대오의 한자 표기가 바른 것은?
❶ 大悟(큰 대, 깨달을 오)
② 大烏(큰 대, 까마귀 오)
③ 代悟(대신 대, 깨달을 오)
④ 待烏(기다릴 대, 까마귀 오)

208 ⓞ教訓~㉠傳統의 독음이 바른 것은?
① ⓞ教訓(가르칠 교, 가르칠 훈)
② ⓩ精進(정할 정, 나아갈 진)
③ ⓩ一家(한 일, 집 가)
❹ ㉠傳統(전할 전, 거느릴 통)

209 ⓔ제조의 한자 표기가 바른 것은?
① 提調(끌 제, 고를 조)
② 制條(지을 제, 가지 조)
❸ 製造(지을 제, 지을 조)
④ 體操(몸 체, 잡을 조)

210 ⓟ분재의 '재' 자의 한자 표기가 바른 것은?
① 裁(마를 재)　　② 薦(천거할 천)
❸ 栽(심을 재)　　④ 遷(옮길 천)

⑨ 실전 모의고사(정답 및 해설)

1 ①	2 ④	3 ②	4 ④	5 ③
6 ③	7 ④	8 ②	9 ①	10 ③
11 ③	12 ②	13 ①	14 ④	15 ②
16 ①	17 ④	18 ②	19 ③	20 ④
21 ④	22 ①	23 ②	24 ②	25 ①
26 ②	27 ③	28 ②	29 ③	30 ③
31 ④	32 ②	33 ④	34 ③	35 ①
36 ②	37 ④	38 ②	39 ①	40 ②
41 ②	42 ①	43 ③	44 ②	45 ①
46 ③	47 ①	48 ③	49 ④	50 ②
51 ③	52 ②	53 ④	54 ④	55 ③
56 ②	57 ①	58 ④	59 ①	60 ③
61 ②	62 ④	63 ①	64 ③	65 ④
66 ③	67 ④	68 ③	69 ①	70 ②
71 ④	72 ③	73 ②	74 ④	75 ②
76 ①	77 ②	78 ②	79 ④	80 ②
81 ③	82 ①	83 ③	84 ②	85 ③
86 ②	87 ④	88 ④	89 ②	90 ①
91 ①	92 ③	93 ①	94 ①	95 ④
96 ②	97 ①	98 ①	99 ④	100 ①
101 ③	102 ④	103 ①	104 ①	105 ③
106 ②	107 ①	108 ③	109 ①	110 ②
111 ②	112 ①	113 ①	114 ④	115 ③
116 ①	117 ②	118 ①	119 ①	120 ③
121 ④	122 ①	123 ②	124 ①	125 ③
126 ④	127 ②	128 ③	129 ①	130 ②
131 ①	132 ④	133 ③	134 ①	135 ④
136 ①	137 ②	138 ③	139 ②	140 ④
141 ②	142 ①	143 ③	144 ②	145 ②
146 ①	147 ①	148 ④	149 ②	150 ②
151 ①	152 ②	153 ②	154 ①	155 ④
156 ③	157 ①	158 ④	159 ④	160 ④
161 ③	162 ①	163 ①	164 ①	165 ②
166 ③	167 ④	168 ③	169 ②	170 ①
171 ②	172 ①	173 ②	174 ②	175 ④
176 ①	177 ②	178 ③	179 ③	180 ④
181 ②	182 ④	183 ②	184 ①	185 ①
186 ②	187 ①	188 ④	189 ①	190 ②
191 ②	192 ③	193 ②	194 ①	195 ①
196 ③	197 ③	198 ③	199 ②	200 ②
201 ②	202 ③	203 ②	204 ④	205 ③
206 ④	207 ④	208 ④	209 ③	210 ②

제1영역 漢字

1~5 제시된 한자의 부수 고르기

1 現(나타날 현) 王부 7획
- ❶ 玉(구슬 옥)
- ② 目(눈 목)
- ③ 儿(걷는사람 인)
- ④ 見(볼 견)

2 號(부를 호) 虍부 7획
- ① 口(입 구)
- ② 儿(걷는사람 인)
- ③ 几(안석 궤)
- ❹ 虍(범호엄)

3 畵(그림 화) 田부 8획
- ① 聿(오직 율)
- ❷ 田(밭 전)
- ③ 一(한 일)
- ④ 十(열 십)

4 黃(누를 황) 黃부 0획
- ① ++(초두머리)
- ② 八(여덟 팔)
- ③ 田(밭 전)
- ❹ 黃(누를 황)

5 孝(효도 효) 子부 4획
- ① 丿(삐칠 별)
- ② 土(흙 토)
- ❸ 子(아들 자)
- ④ 老(늙을 로)

6~10 제시된 한자의 획수 고르기

6 香(향기 향) 香(향기 향)부 0획, 총 9획
　丿一二千千禾禾香香香

7 賢(어질 현) 貝(조개 패)부 8획, 총 15획
　丨丨丨丨丨臣臥臥臥臥腎腎腎賢賢

8 血(피 혈) 血(피 혈)부 0획, 총 6획
　丿丿白白血血

9 協(합할 협) 十(열 십)부 6획, 총 8획
　一十古协协协協協

10 惠(은혜 혜) 心(마음 심)부 8획, 총 12획
　一一一一一一車車車東惠惠惠

11~15 제시된 필순 유형에 맞는 한자 고르기

11 왼쪽에서 오른쪽으로 쓴다.
- ① 夫(지아비 부) 一二夫夫
- ② 勞(일할 로) 丶丶丷丷丷炒炒炒炒勞勞
- ❸ 湖(호수 호) 丶丶氵氵汁汁沽沽洲洲湖湖湖
- ④ 造(지을 조) 丿丿牛牛牛牛告告告造造造

12 좌우의 모양이 같을 때에는 가운데를 먼저 쓴다.
① 巨(클 거) ᄀ 尸 尸 巨 巨
❷ 樂(즐길 락, 음악 악) ᐟ ᐟ ᐟ ᐟ ᐟ ᄼ ᄼ ᄼ ᄼ ᄽ ᄽ 幾 幾 樂 樂
③ 救(구원할 구) ᐟ ᐟ ᐟ ᐟ ᐟ ᐟ ᐟ ᐟ 求 求 救
④ 極(극진할 극) ᐟ ᐟ ᐟ ᐟ ᐟ ᐟ ᐟ ᐟ 柯 柯 極 極

13 가운데를 꿰뚫는 획은 나중에 쓴다.
❶ 半(반 반) ᐟ ᐟ ᐟ ᐟ 半
② 景(볕 경) ᐟ ᐟ ᐟ ᐟ 므 므 므 昌 昌 景 景 景
③ 空(빌 공) ᐟ ᐟ ᐟ ᐟ 空 空 空 空
④ 今(이제 금) ᐟ ᐟ ᐟ 今

14 가로획과 세로획이 교차될 때에는 가로획을 먼저 쓴다.
① 草(풀 초) ᐟ ᐟ ᐟ ᐟ ᐟ ᐟ ᄷ ᄷ 草 草
② 經(지날 경) ᐟ ᐟ ᐟ ᐟ ᐟ ᐟ 糸 糸 紀 紹 經 經 經
③ 敬(공경 경) ᐟ ᐟ ᐟ ᐟ ᐟ ᄼ ᄼ ᄷ 苛 苟 敬 敬
❹ 古(예 고) ᐟ ᐟ ᐟ 古 古

15 삐침을 먼저 쓰고 파임을 나중에 쓴다.
① 郡(고을 군) ᐟ ᐟ ᐟ ᄏ 尹 尹 君 君 郡 郡
❷ 人(사람 인) ᐟ 人
③ 宅(집 택) ᐟ ᐟ ᐟ 宀 宅 宅
④ 紙(종이 지) ᐟ ᐟ ᐟ ᐟ 糸 糸 糸 紙 紙

16~20 제시된 한자의 짜임을 알고 같은 짜임의 한자 고르기

16 竹(대 죽) 상형
❶ 己(몸 기) 상형   ② 年(해 년)
③ 移(옮길 이)   ④ 節(마디 절)

17 入(들 입) 상형
① 住(살 주)   ② 三(석 삼)
③ 里(마을 리)   ❹ 人(사람 인) 상형

18 告(고할 고) 회의
① 八(여덟 팔)   ❷ 見(볼 견) 회의
③ 飛(날 비)   ④ 五(다섯 오)

19 硏(갈 연) 형성
① 大(큰 대)   ② 夫(지아비 부)
❸ 夜(밤 야) 형성   ④ 出(날 출)

20 韓(한국 한) 형성
① 玉(구슬 옥)   ② 用(쓸 용)
③ 黑(검을 흑)   ❹ 漢(한수 한) 형성

21~31 제시된 한자의 음 고르기

21 訓(가르칠 훈)   *22* 喜(기쁠 희)
23 價(값 가)   *24* 慶(경사 경)

25 各(각각 각)   *26* 街(거리 가)
27 刀(칼 도)   *28* 豆(콩 두)
29 贈(줄 증)   *30* 鑄(부어만들 주)
31 拙(옹졸할 졸)

32~39 제시된 음에 알맞은 한자 알기

32 경 ① 界(지경 계)   ❷ 競(다툴 경)
    ③ 歌(노래 가)   ④ 希(바랄 희)

33 구 ① 校(학교 교)   ② 橋(다리 교)
    ③ 觀(볼 관)   ❹ 究(연구할 구)

34 계 ① 輕(가벼울 경)   ② 課(공부할 과)
    ❸ 季(계절 계)   ④ 共(함께 공)

35 두 ❶ 斗(말 두)   ② 燈(등불 등)
    ③ 卵(알 란)   ④ 徒(무리 도)

36 련 ① 旅(나그네 려)   ❷ 練(익힐 련)
    ③ 浪(물결 랑)   ④ 郞(사내 랑)

37 제 ① 燥(마를 조)   ② 潮(조수 조)
    ③ 條(가지 조)   ❹ 齊(가지런할 제)

38 점 ① 弔(조상할 조)   ❷ 漸(점점 점)
    ③ 程(길 정)   ④ 際(사이 제)

39 정 ❶ 整(가지런할 정)   ② 蝶(나비 접)
    ③ 提(끌 제)   ④ 濟(건널 제)

40~47 같은 음의 한자 고르기

40 禁(금할 금)
① 內(안 내)   ❷ 金(쇠 금)
③ 急(급할 급)   ④ 基(터 기)

41 南(남녘 남)
① 東(동녘 동)   ② 圖(그림 도)
③ 怒(성낼 노)   ❹ 男(사내 남)

42 單(홑 단)
❶ 短(짧을 단)   ② 堂(집 당)
③ 德(큰 덕)   ④ 冬(겨울 동)

43 忘(잊을 망)
① 晩(늦을 만)   ② 免(면할 면)
❸ 忙(바쁠 망)   ④ 麥(보리 맥)

44 妙(묘할 묘)
① 鳴(울 명)   ❷ 卯(토끼 묘)
③ 戊(천간 무)   ④ 茂(무성할 무)

45 蒸(찔 증)
- ❶ 憎(미워할 증)
- ② 仲(버금 중)
- ③ 遵(따를 준)
- ④ 準(준할 준)

46 組(짤 조)
- ① 占(점칠 점)
- ② 竊(도둑 절)
- ❸ 照(비칠 조)
- ④ 折(꺾을 절)

47 跡(발자취 적)
- ❶ 籍(문서 적)
- ② 轉(구를 전)
- ③ 專(오로지 전)
- ④ 亦(또 역)

48~58 제시된 한자의 뜻 고르기

48 童(아이 동) *49* 頭(머리 두)

50 登(오를 등) *51* 冷(찰 랭)

52 例(법식 례) *53* 領(거느릴 령)

54 露(이슬, 드러낼 로) *55* 滴(물방울 적)

56 抵(막을 저) *57* 載(실을 재)

58 張(베풀 장)

59~65 제시된 뜻에 맞는 한자 고르기

59 흐르다
- ❶ 流(흐를 류)
- ② 留(머무를 류)
- ③ 望(바랄 망)
- ④ 每(매양 매)

60 쌀
- ① 番(차례 번)
- ② 拜(절 배)
- ❸ 米(쌀 미)
- ④ 密(빽빽할 밀)

61 옷
- ① 備(갖출 비)
- ❷ 服(옷 복)
- ③ 奉(받들 봉)
- ④ 部(떼 부)

62 춤
- ① 墨(먹 묵)
- ② 尾(꼬리 미)
- ③ 勿(말 물)
- ❹ 舞(춤출 무)

63 밥
- ❶ 飯(밥 반)
- ② 朴(성 박)
- ③ 房(방 방)
- ④ 杯(잔 배)

64 섞다
- ① 暫(잠깐 잠)
- ② 殘(남을 잔)
- ❸ 雜(섞일 잡)
- ④ 潛(잠길 잠)

65 윤달
- ① 淫(음란할 음)
- ② 紫(자줏빛 자)
- ③ 酌(술부을 작)
- ❹ 閏(윤달 윤)

66~70 제시된 한자와 비슷한 뜻의 한자 고르기

66 美(아름다울 미)
- ① 醜(추할 추)
- ❷ 佳(아름다울 가)
- ③ 凡(무릇 범)
- ④ 純(순할 순)

67 斷(끊을 단)
- ① 繼(이을 계)
- ② 續(이을 속)
- ③ 微(작을 미)
- ❹ 切(끊을 절)

68 篤(도타울 독)
- ❶ 敦(도타울 돈)
- ② 忽(갑자기 홀)
- ③ 輕(가벼울 경)
- ④ 疎(성길 소)

69 暖(따뜻할 난)
- ① 卑(낮을 비)
- ② 邦(나라 방)
- ❸ 溫(따뜻할 온)
- ④ 凉(서늘할 량)

70 躍(뛸 약)
- ① 跡(발자취 적)
- ❷ 跳(뛸 도)
- ③ 踏(밟을 답)
- ④ 踐(밟을 천)

제2영역 語彙

71~72 짜임이 같은 한자어 고르기

71 關稅(관계할 관, 세금 세) : 세관을 통과하는 화물에 대하여 부과되는 조세 수식
- ① 辭任(사양할 사, 맡길 임) : 맡아보던 일자리를 스스로 그만두고 물러남
- ② 取捨(취할 취, 버릴 사) : 취하고 버림
- ③ 透析(통할 투, 쪼갤 석) : 반투막(半透膜)을 써서 콜로이드나 고분자 용액을 정제하는 일
- ❹ 慣例(익숙할 관, 법식 례) : 습관이 된 전례 수식

72 忍耐(참을 인, 견딜 내) : 괴로움이나 어려움을 참고 견딤 유사
- ① 豆乳(콩 두, 젖 유) : 물에 불린 콩을 간 다음, 물을 붓고 끓여 걸러서 만든 우유 같은 액체
- ② 陸軍(뭍 륙[육], 군사 군) : 땅에서 전투 및 방어를 맡은 군대
- ❸ 敦篤(도타울 돈, 도타울 독) : 인정이 두터움 유사
- ④ 妙藥(묘할 묘, 약 약) : 신통하게 잘 듣는 약

73~90 음이 같은 한자어(동음이의어) 고르기

73 開城(열 개, 성 성) : 성문을 엶
 ① 改善(고칠 개, 착할 선) : 잘못된 점을 고치어 잘
  되게 함
 ❷ 個性(낱 개, 성품 성) : 사람마다 지닌 남과 다른
  특성
 ③ 改定(고칠 개, 정할 정) : 다시 고치어 정함
 ④ 客主(손 객, 주인 주) : 옛날 상인의 물품을 맡아
  팔기도 하고 매매를 거간하기도 하며, 상인들을
  치기도 하던 영업, 또는 그 영업을 하는 사람

74 科第(과목 과, 차례 제) : 옛날의 과거 시험
 ① 結實(맺을 결, 열매 실) : 열매를 맺음
 ② 事實(일 사, 열매 실) : 실제로 있거나 실제로 있
  었던 일
 ❸ 課題(공부할 과, 제목 제) : 주어진 문제나 임무
 ④ 消失(사라질 소, 잃을 실) : 사라져 없어져 버림,
  또는 사라져 잃어버림

75 手技(손 수, 재주 기) : 편물이나 마사지 같이 손으
 로 하는 기술
 ① 主氣(주인 주, 기운 기) : 주되는 정기
 ❷ 手記(손 수, 기록할 기) : 자기의 체험을 자신이
  적은 글
 ③ 再起(두 재, 일어날 기) : 다시 일어남
 ④ 吉運(길할 길, 움직일 운) : 좋은 운수

76 良心(좋을 량[양], 마음 심) : 나쁜 짓을 하지 않고
 바른 행동을 하려는 마음
 ❶ 兩心(두 량, 마음 심) : 두 마음
 ② 冷心(찰 랭, 마음 심) * 한자어 아님
 ③ 來日(올 래[내], 날 일) : 오늘의 바로 다음 날
 ④ 多量(많을 다, 헤아릴 량) : 분량이 매우 많음

77 養母(기를 양, 어미 모) : 양가의 어머니
 ① 先親(먼저 선, 친할 친) : 돌아가신 아버지
 ❷ 羊毛(양 양, 털 모) : 양의 털
 ③ 代母(대신 대, 어미 모) : 카톨릭에서 성세 선사
  나 견진 성사를 받는 여자의 신앙 생활을 돕는
  여자 후견인을 이르는 말
 ④ 國母(나라 국, 어미 모) : 임금의 아내

78 水上(물 수, 윗 상) : 물 위
 ① 速達(빠를 속, 통달할 달) : 속히 배달함
 ❷ 受賞(받을 수, 상줄 상) : 상을 받음
 ③ 主上(주인 주, 윗 상) : 임금
 ④ 首相(머리 수, 서로 상) : 내각의 우두머리

79 正式(바를 정, 법 식) : 규정대로의 바른 방식. 정당
 한 방식
 ① 正直(바를 정, 곧을 직) : 마음이 바르고 곧음
 ② 習俗(익힐 습, 풍속 속) : 어떤 사회나 지역의 예
  로부터 내려오는 습관들이 생활화된 풍속
 ③ 宿食(잘 숙, 먹을 식) : 자고 먹음
 ❹ 定食(정할 정, 먹을 식) : 식당이나 음식점 따위
  에서, 일정한 식단에 따라 차리는 음식

80 漁船(고기잡을 어, 배 선) : 고기잡이 배
 ① 生鮮(날 생, 고울 선) : 말리거나 절이지 않은 잡
  은 그대로의 신선한 물고기
 ❷ 魚鮮(고기 어, 고울 선) : 물고기
 ③ 設令(베풀 설, 하여금 령) : 그렇다 하더라도
 ④ 俗語(풍속 속, 말씀 어) : 민간에서 통속적으로
  쓰이는 속된 말

81 雨期(비 우, 기약할 기) : 일 년 중에 비가 많이 오
 는 시기
 ① 雨衣(비 우, 옷 의) : 비옷
 ② 雨雪(비 우, 눈 설) : 비와 눈
 ❸ 右記(오른쪽 우, 기록할 기) : 세로 쓰기로 쓴 글
  에서, 그 글의 오른쪽에 쓴 글을 가리키는 말
 ④ 地位(땅 지, 자리 위) : 개인의 사회적인 신분에
  따르는 어떠한 자리나 계급

82 全一(온전할 전, 한 일) : 완전한 모양
 ① 電報(번개 전, 알릴 보) : 전류나 전파를 이용해
  단시간에 보내는 통신
 ❷ 前日(앞 전, 날 일) : 전날
 ③ 典故(법 전, 연고 고) : 전례와 고사. 전거가 되
  는 옛일
 ④ 進步(나아갈 진, 걸음 보) : 차츰차츰 나아지거
  나 나아가는 일

83 消中(사라질 소, 가운데 중) : 한방에서의 소갈증의
 한 가지
 ① 道中(길 도, 가운데 중) : 길 가운데
 ② 大衆(큰 대, 무리 중) : 신분의 구별이 없이 한
  사회의 대다수를 이루는 사람
 ❸ 所重(바 소, 무거울 중) : 매우 귀중함
 ④ 增減(더할 증, 덜 감) : 늚과 줌

84 禁火(금할 금, 불 화) : 화재를 막기 위하여 불의 사
 용을 제한함
 ① 神話(귀신 신, 말씀 화) : 전설로서 신을 중심으
  로 한 이야기
 ❷ 金貨(쇠 금, 재물 화) : 금으로 만든 돈
 ③ 休戰(쉴 휴, 전쟁 전) : 하던 전쟁을 얼마 동안 쉼
 ④ 興國(일 흥, 나라 국) : 나라를 흥하게 함

85 講和(욀 강, 화할 화) : 서로 전쟁 상태에 있던 나라가 전투를 중지하고 평화로운 상태로 돌아가는 것
① 決定(결단할 결, 정할 정) : 어떻게 하겠다고 정함
② 鷄卵(닭 계, 알 란) : 닭의 알
❸ 强化(강할 강, 될 화) : 모자라는 것을 보완하여 더 튼튼하게 함, 또는 튼튼하여짐
④ 但書(다만 단, 글 서) : 문서에서 조건이나 예의를 나타낸 글

86 遠遊(멀 원, 놀 유) : 멀리 가서 놂
① 原因(근원 원, 인할 인) : 무슨 일이 일어난 까닭
❷ 原油(근원 원, 기름 유) : 땅속에서 나는 정제하지 않은 그대로의 석유
③ 溪谷(시내 계, 골 곡) : 물이 흐르는 골짜기
④ 歸家(돌아갈 귀, 집 가) : 집으로 돌아감

87 傾向(기울 경, 향할 향) : 현상이나 사상, 행동 따위가 어떤 방향으로 기울어짐
① 加勢(더할 가, 형세 세) : 힘을 보탬
② 長考(길 장, 생각할 고) : 오랫동안 깊이 생각함
③ 惡手(악할 악, 손 수) : 장기나 바둑에서 잘못 놓은 나쁜 수
❹ 京鄕(서울 경, 시골 향) : 서울과 시골

88 亞麻(버금 아, 삼 마) : 아마과의 한해살이 풀
① 御馬(거느릴 어, 말 마) * 한자어 아님
② 野馬(들 야, 말 마) : 아지랑이. 야생의 말
③ 龍馬(용 룡, 말 마) : 매우 잘 달리는 훌륭한 말
❹ 兒馬(아이 아, 말 마) : 아직 길들이지 아니한 어린 말

89 水伯(물 수, 맏 백) : 물귀신. 수귀(水鬼)
① 太半(클 태, 반 반) : 절반은 훨씬 넘김
❷ 數百(셈 수, 일백 백) : 백의 두서너 배
③ 道伯(길 도, 맏 백) : 도지사를 예스럽게 부르는 말
④ 辯論(말씀 변, 논할 론) : 소송 당사자나 변호인이 법정에서 주장하거나 진술함, 또는 그 진술

90 頻度(자주 빈, 법도 도) : 같은 현상이나 일이 반복되는 도수
❶ 貧道(가난할 빈, 길 도) : 중이 자기를 겸손하게 일컫는 말
② 賓客(손 빈, 손 객) : 귀한 손님
③ 頻煩(자주 빈, 번거로울 번) : 일이 매우 잦음
④ 凝固(엉길 응, 굳을 고) : 액체 따위가 엉겨서 딱딱하게 굳어짐

91~92 같은 한자가 다른 음으로 읽히는 한자어 고르기

91 ① 暴力(사나울 폭, 힘 력) : 남을 거칠고 사납게 제압할 때에 쓰는, 주먹이나 발 또는 몽둥이 따위의 수단이나 힘
② 亂暴(어지러울 란[난], 사나울 폭) : 행동이 몹시 거칠고 사나움
❸ 暴惡(모질 포, 악할 악) : 사납고 악함
④ 暴雨(사나울 폭, 비 우) : 갑자기 많이 쏟아지는 비

92 ① 規則(법 규, 법칙 칙) : 여러 사람이 다 같이 지키기로 작정한 법칙
② 罰則(벌할 벌, 법칙 칙) : 법규를 어긴 행위에 대한 처벌을 정하여 놓은 규칙
❸ 然則(그럴 연, 곧 즉) : 그러하니, 그러면의 뜻을 나타내는 접속 부사
④ 原則(근원 원, 법칙 칙) : 근본이 되는 법칙

93~110 세 개 어휘에 공통되는 한자 고르기

93 □達(통달할 달), □來(올 래), □着(붙을 착)
① 近(가까울 근)　　② 先(먼저 선)
❸ 到(이를 도)　　④ 傳(전할 전)
* 到達(도달), 到來(도래), 到着(도착)

94 □油(기름 유), 發(필 발)□, 月(달 월)□
❶ 給(줄 급)　　② 末(끝 말)
③ 歲(해 세)　　④ 石(돌 석)
* 給油(급유), 發給(발급), 月給(월급)

95 □實(열매 실), 熱(더울 열)□, □意(뜻 의)
① 成(이룰 성)　　② 眞(참 진)
③ 心(마음 심)　　❹ 誠(정성 성)
* 誠實(성실), 熱誠(열성), 誠意(성의)

96 □川(내 천), 氷(얼음 빙)□, 運(움직일 운)□
① 水(물 수)　　❷ 河(물 하)
③ 山(메 산)　　④ 行(다닐 행)
* 河川(하천), 氷河(빙하), 運河(운하)

97 結(맺을 결)□, 雲(구름 운)□, □計(셀 계)
① 合(합할 합)　　② 海(바다 해)
③ 末(끝 말)　　❹ 集(모을 집)
* 結集(결집), 雲集(운집), 集計(집계)

98 多(많을 다)□, 不(아닐 불)□, □運(움직일 운)
❶ 幸(다행 행)　　② 小(작을 소)
③ 武(군인 무)　　④ 安(편안 안)
* 多幸(다행), 不幸(불행), 幸運(행운)

99 婚(혼인할 혼)□, 能(능할 능)□, □典(법 전)
① 姻(혼인할 인)　　　② 動(움직일 동)
③ 法(법 법)　　　　④ 事(일 사)
* 婚事(혼사), 能事(능사), 事典(사전)

100 早(이를 조)□, □場(마당 장), 勇(날랠 용)□
❶ 退(물러날 퇴)　　　② 期(기약할 기)
③ 感(느낄 감)　　　④ 進(나아갈 진)
* 早退(조퇴), 退場(퇴장), 勇退(용퇴)

101 □言(말씀 언), 內(안 내)□, 一(한 일)□
① 失(잃을 실)　　　② 容(얼굴 용)
❸ 助(도울 조)　　　④ 無(없을 무)
* 助言(조언), 內助(내조), 一助(일조)

102 □目(눈 목), □落(떨어질 락), □擧(들 거)
① 下(아래 하)　　　② 列(벌일 렬)
③ 名(이름 명)　　　❹ 科(과목 과)
* 科目(과목), 科落(과락), 科擧(과거)

103 材(재목 재)□, 原(근원 원)□, 史(역사 사)□
❶ 料(헤아릴 료)　　　② 才(재주 재)
③ 記(기록할 기)　　　④ 書(글 서)
* 材料(재료), 原料(원료), 史料(사료)

104 方(모 방)□, 公(공변될 공)□, 形(모양 형)□
❶ 式(법 식)　　　② 試(시험 시)
③ 鄉(시골 향)　　　④ 質(바탕 질)
* 方式(방식), 公式(공식), 形式(형식)

105 假(거짓 가)□, 回(돌아올 회)□, 思(생각 사)□
① 相(서로 상)　　　② 上(윗 상)
❸ 想(생각 상)　　　④ 霜(서리 상)
* 假想(가상), 回想(회상), 思想(사상)

106 開(열 개)□, 終(마칠 종)□, 難(어려울 난)□
① 國(나라 국)　　　❷ 局(판 국)
③ 店(가게 점)　　　④ 聘(부를 빙)
* 開局(개국), 終局(종국), 難局(난국)

107 □宮(집 궁), □惑(미혹할 혹), 昏(어두울 혼)□
❶ 迷(미혹할 미)　　　② 疑(의심할 의)
③ 睡(잘 수)　　　④ 龍(용 룡)
* 迷宮(미궁), 迷惑(미혹), 昏迷(혼미)

108 吉(길할 길)□, 惡(악할 악)□, 解(풀 해)□
① 凶(흉할 흉)　　　② 毒(독 독)
❸ 夢(꿈 몽)　　　④ 脫(벗을 탈)
* 吉夢(길몽), 惡夢(악몽), 解夢(해몽)

109 採(캘 채)□, 收(거둘 수)□, 抄(뽑을 초)□
❶ 錄(기록할 록)　　　② 祿(복록 록)
③ 綠(푸를 록)　　　④ 緣(인연 연)
* 採錄(채록), 收錄(수록), 抄錄(초록)

110 □體(몸 체), □會(모일 회), □則(법칙 칙)
① 議(의논할 의)　　　❷ 總(다 총)
③ 法(법 법)　　　④ 拓(넓힐 척)
* 總體(총체), 總會(총회), 總則(총칙)

111~126 제시된 한자어와 상대되는 뜻의 한자어 고르기

111 進化(나아갈 진, 될 화) : 진보하여 차차 더 나은 것이 됨
① 進展(나아갈 진, 펼 전) : 진행되어 나아감
❷ 退化(물러날 퇴, 될 화) : 진보하던 것이 진보 이전의 상태로 되돌아감
③ 相反(서로 상, 돌이킬 반) : 서로 반대되거나 어긋남
④ 修習(닦을 수, 익힐 습) : 실무를 맡기 전에 배워 익힘, 또는 그런 일

112 勝戰(이길 승, 싸움 전) : 싸움에 이김
❶ 敗戰(패할 패, 싸움 전) : 전쟁에 짐
② 文章(글월 문, 글 장) : 어떤 생각이나 느낌을 줄거리를 세워 글자로써 적어 나타낸 것
③ 復習(회복할 복, 익힐 습) : 배운 것을 되풀이하여 익힘
④ 敗退(패할 패, 물러날 퇴) : 전쟁에 지고 물러남

113 質問(바탕 질, 물을 문) : 모르는 것이나 알고 싶은 것 따위를 물음
❶ 對答(대할 대, 대답 답) : 묻는 말에 자기의 뜻을 나타냄, 또는 그 말
② 對話(대할 대, 말씀 화) : 서로 마주 대하여 이야기함, 또는 그 이야기
③ 永遠(길 영, 멀 원) : 언제까지고 계속하여 끝이 없음, 또는 끝없는 세월
④ 問罪(물을 문, 허물 죄) : 죄를 캐어 물음

114 敵對(대적할 적, 대할 대) : 적으로 맞서 버팀
① 賣買(팔 매, 살 매) : 물건을 팔고 삼
②④ 患難(근심 환, 어려울 난) : 근심과 재난
③ 使者(하여금 사, 놈 자) : 심부름을 하는 사람
❹ 友好(벗 우, 좋을 호) : 서로 친함

115 直線(곧을 직, 줄 선) : 곧은 선
① 線路(줄 선, 길 로) : 기차나 전차의 궤도
② 光線(빛 광, 줄 선) : 빛의 줄기
❸ 曲線(굽을 곡, 줄 선) : 부드럽게 굽은 선
④ 線上(줄 선, 윗 상) : 선의 위. 사물의 분기점이 되는 일정한 상태

116 先學(먼저 선, 배울 학) : 그 사람보다 먼저 학문을 연구한 사람. 학문상의 선배
① 進學(나아갈 진, 배울 학) : 학문의 길에 나아가 배움
② 學生(배울 학, 날 생) : 학교에서 공부하는 사람
❸ 後學(뒤 후, 배울 학) : 후진의 학자
④ 新進(새 신, 나아갈 진) : 어떤 분야에 새로 나아감

117 死後(죽을 사, 뒤 후) : 죽은 뒤
① 使命(하여금 사, 목숨 명) : 맡겨진 임무. 사신으로서 받은 사명
❷ 生前(날 생, 앞 전) : 살아있는 동안
③ 人事(사람 인, 일 사) : 안부를 묻거나 공경하는 뜻을 나타낼 때 하는 예의
④ 落島(떨어질 락[낙], 섬 도) : 외따로 멀리 떨어져 있는 섬

118 父母(아비 부, 어미 모) : 아버지와 어머니
❶ 子女(아들 자, 계집 녀) : 아들과 딸
② 祖父(할아비 조, 아비 부) : 할아버지
③ 女子(계집 녀[여], 아들 자) : 여성인 사람
④ 貴族(귀할 귀, 겨레 족) : 지난날, 가문이나 지위가 높아 특권을 가졌던 사람들

119 地下(땅 지, 아래 하) : 땅 속
❶ 地上(땅 지, 윗 상) : 땅 위
② 廣魚(넓을 광, 고기 어) : 넙치
③ 建軍(세울 건, 군사 군) : 군대를 창설함
④ 安樂(편안 안, 즐길 락) : 근심 걱정이 없이 편안하고 즐거움

120 名筆(이름 명, 붓 필) : 썩 잘 쓴 글씨, 또는 글씨를 썩 잘 쓰는 사람
① 惡性(악할 악, 성품 성) : 보통의 치료로는 고치기 어려운 병의 성질
② 名聲(이름 명, 소리 성) : 세상에 널리 퍼져 평판이 높은 이름
❸ 惡筆(악할 악, 붓 필) : 잘 쓰지 못한 글씨
④ 大名(큰 대, 이름 명) : 널리 알려진 훌륭한 이름

121 歡待(기쁠 환, 기다릴 대) : 반갑게 맞아 정성껏 후하게 대접함
① 歡聲(기쁠 환, 소리 성) : 기뻐서 크게 지르는 소리
② 冷溫(찰 랭[냉], 따뜻할 온) : 차가움과 따뜻함
③ 威嚴(위엄 위, 엄할 엄) : 존경할 만한 위세가 있어 점잖고 엄숙함
❹ 冷待(찰 랭[냉], 기다릴 대) : 쌀쌀하게 대접함

122 投手(던질 투, 손 수) : 야구에서, 내야의 중앙에 위치한 마운드에서 상대편의 타자가 칠 공을 포수를 향하여 던지는 선수
① 走者(달릴 주, 놈 자) : 달리는 사람
❷ 打者(칠 타, 놈 자) : 야구에서 상대편 투수의 공을 치는 공격진의 선수
③ 天弓(하늘 천, 활 궁) : 무지개
④ 敗者(패할 패, 놈 자) : 싸움이나 경기에서 진 사람

123 否認(아닐 부, 알 인) : 어떤 내용이나 사실을 옳거나 그러하다고 인정하지 아니함
① 倫理(인륜 륜[윤], 다스릴 리) : 사람으로서 마땅히 행하거나 지켜야 할 도리
② 溪川(시내 계, 내 천) : 골짜기에 흐르는 시내
❸ 是認(옳을 시, 알 인) : 옳다고, 또는 그르다고 인정함
④ 甚大(심할 심, 큰 대) : 매우 큼

124 壓勝(누를 압, 이길 승) : 압도적으로 이김
❶ 慘敗(참혹할 참, 패할 패) : 싸움이나 경기 따위에서 참혹할 만큼 크게 패배하거나 실패함, 또는 그런 패배나 실패
② 壓倒(누를 압, 넘어질 도) : 더 뛰어난 힘이나 재주로 남을 눌러 꼼짝 못하게 함, 또는 눌러서 넘어뜨림
③ 惜敗(아낄 석, 패할 패) : 경기나 경쟁에서 약간의 점수 차이로 아깝게 짐
④ 敗因(패할 패, 인할 인) : 싸움이나 경기에 진 원인

125 未納(아닐 미, 들일 납) : 내야 할 것을 아직 내지 않았거나 내지 못함
① 納稅(들일 납, 세금 세) : 세금을 냄
② 納期(들일 납, 기약할 기) : 세금이나 공과금 따위를 내는 시기나 기한
❸ 完納(완전할 완, 들일 납) : 모두 납부함
④ 代納(대신 대, 들일 납) : 남을 대신하여 받침

126 薄待(엷을 박, 기다릴 대) : 정성을 들이지 않고 아무렇게나 하는 대접
① 源泉(근원 원, 샘 천) : 사물이 나거나 생기는 근원
② 寒帶(찰 한, 띠 대) : 지구의 기후대의 한 가지. 가장 기온이 높은 달의 평균 기온이 섭씨 10도 이하인 지대
③ 熱帶(더울 열, 띠 대) : 적도를 중심으로 남북 회귀선 사이에 있는 지대
❹ 厚待(두터울 후, 기다릴 대) : 아주 잘 대접함

127~132 사자 성어 완성하기

127 安(편안 안)分(나눌 분)□足(넉넉할 족)
① 止(그칠 지)　　　② 知(알 지)
③ 志(뜻 지)　　　④ 己(몸 기)

* 安分知足(안분지족) : 편안한 마음으로 제 분수를 지키며 만족할 줄을 앎

128 弱(약할 약)肉(고기 육)□食(먹을 식)
① 江(강 강)　　　② 給(줄 급)
❸ 强(강할 강)　　　④ 生(날 생)

* 弱肉强食(약육강식) : 약한 자가 강한 자에게 먹힌다는 뜻으로, 강한 자가 약한 자를 희생시켜서 번영하거나, 약한 자가 강한 자에게 끝내는 멸망됨을 이르는 말

129 身(몸 신)言(말씀 언)書(글 서)□
❶ 判(판단할 판)　　　② 且(또 차)
③ 我(나 아)　　　④ 除(덜 제)

* 身言書判(신언서판) : 사람됨을 판단하는 네 가지 기준, 즉 몸, 말, 글, 판단력

130 金(쇠 금)□之(갈 지)交(사귈 교)
① 亂(어지러울 란)　　　❷ 蘭(난초 란)
③ 銀(은 은)　　　④ 管(대롱 관)

* 金蘭之交(금란지교) : 쇠를 자를 수 있을 만큼 단단하고 난초처럼 향기나는 친구 사이

131 高(높을 고)□安(편안 안)眠(잠잘 면)
❶ 枕(베개 침)　　　② 掌(손바닥 장)
③ 丈(어른 장)　　　④ 腸(창자 장)

* 高枕安眠(고침안면) : 베개를 높이 하여 편히 잠. 근심 없이 편안히 잘 지냄

132 □亡(망할 망)齒(이 치)寒(찰 한)
① 旬(열흘 순)　　　② 辰(별 진, 때 신)
③ 晨(새벽 신)　　　❹ 脣(입술 순)

* 脣亡齒寒(순망치한) : 입술이 없으면 이가 시리다는 뜻으로, 서로 이해관계가 밀접한 사이에 어느 한쪽이 망하면 다른 한쪽도 그 영향을 받아 온전하기 어려움을 이르는 말

133~136 제시된 사자 성어의 뜻 알기

133 眼(눈 안)下(아래 하)無(없을 무)人(사람 인)
眼下無人(안하무인) : 방자하고 교만하다.

134 一(한 일)心(마음 심)同(한가지 동)體(몸 체)
一心同體(일심동체) : 서로 굳게 결합하다.

135 何(어찌 하)必(반드시 필)日(가로되 왈)利(이로울 리)
何必曰利(하필왈리) : 이익만을 추구하다.

136 金(쇠 금)城(성 성)湯(끓을 탕)池(못 지)
金城湯池(금성탕지) : 방어 시설이 잘 되어 있는 성

137~140 뜻에 맞는 사자 성어 고르기

137 어진 사람은 적이 없다.
① 角(뿔 각)者(놈 자)無(없을 무)齒(이 치)
角者無齒(각자무치) : 뿔 있는 짐승은 이가 없다. 한 사람이 모든 것을 가질 수는 없음
❷ 仁(어질 인)者(놈 자)無(없을 무)敵(대적할 적)
仁者無敵(인자무적) : 어진 사람에게는 적이 없음
③ 天(하늘 천)下(아래 하)無(없을 무)敵(대적할 적)
天下無敵(천하무적) : 세상에 대적할 만한 상대가 없음을 이르는 말
④ 兵(병사 병)農(농사 농)一(한 일)致(이를 치)
兵農一致(병농일치) : 평화시는 농부가 되고, 전쟁 때는 군사가 됨

138 옛 것을 익혀서 새로운 것을 알다.
❶ 溫(따뜻할 온)故(연고 고)知(알 지)新(새 신)
溫故知新(온고지신) : 옛 것을 익혀서 그것으로 미루어 새 것을 깨달음
② 一(한 일)葉(잎 엽)知(알 지)秋(가을 추)
一葉知秋(일엽지추) : 잎이 떨어짐을 보고 가을이 왔다는 것을 앎
③ 自(스스로 자)初(처음 초)至(이를 지)終(마칠 종)
自初至終(자초지종) : 처음부터 끝까지의 과정
④ 電(번개 전)光(빛 광)石(돌 석)火(불 화)
電光石火(전광석화) : 번갯불이나 부싯돌의 불이 번쩍거리는 것과 같이 매우 짧은 순간

139 재주는 같지만 솜씨가 다르다.
① 舊(예 구)態(태도 태)依(의지할 의)然(그럴 연)
舊態依然(구태의연) : 변하거나 진보·발전한 데가 없이, 옛 모습 그대로임
❷ 同(한가지 동)工(장인 공)異(다를 이)曲(굽을 곡)
同工異曲(동공이곡) : 솜씨는 같으나 표현된 형식이나 맛은 서로 다름
③ 鷄(닭 계)卵(알 란)有(있을 유)骨(뼈 골)
鷄卵有骨(계란유골) : 달걀에도 뼈가 있다. 운수가 나쁜 사람은 기회를 만나도 일이 잘 안 됨
④ 初(처음 초)志(뜻 지)一(한 일)貫(꿸 관)
初志一貫(초지일관) : 처음에 세운 뜻을 끝까지 밀고 나감

140 매우 크고 좋은 집
① 朝(아침 조)變(변할 변)夕(저녁 석)改(고칠 개)
　朝變夕改(조변석개) : 아침 저녁으로 뜯어 고침
② 切(끊을 절)齒(이 치)腐(썩을 부)心(마음 심)
　切齒腐心(절치부심) : 몹시 분하여 이를 갈면서
　속을 썩임
③ 左(왼 좌)衝(찌를 충)右(오른쪽 우)突(갑자기 돌)
　左衝右突(좌충우돌) : 닥치는 대로 마구 치고
　받고 함
❹ 高(높을 고)臺(대 대)廣(넓을 광)室(집 실)
　高臺廣室(고대광실) : 매우 크고 좋은 집

제3영역　讀 解

141~154 문장에 쓰인 한자어의 음 알기

141 作文(지을 작, 글월 문)을 잘 하기 위해서는 무엇보다도 많이 읽고, 많이 쓰고, 많이 생각해야 한다.

142 우리 나라의 長官(길 장, 벼슬 관)은 자주 바뀐다.

143 야유회 場所(마당 장, 바 소)가 월드컵 공원으로 정해졌다.

144 정부는 장애인의 사회적 再活(거듭 재, 살 활)에 조금 더 투자를 해야 한다.

145 문종은 在位(있을 재, 자리 위) 2년만에 세상을 떠났다.

146 동물들은 여러 가지 材料(재목 재, 헤아릴 료)를 써서 집을 짓는다.

147 取材(가질 취, 재목 재)가 끝난 기자는 기사문을 작성한다.

148 제 1, 2차 세계 대전은 엄청난 생명과 財産(재물 재, 낳을 산)의 피해를 가져왔다.

149 戰爭(싸움 전, 다툴 쟁)이 끝나자, 가시 철망이 겹겹이 쳐진 휴전선이 생겼다.

150 올해는 수출의 부진으로 赤字(붉을 적, 글자 자)가 발생했다.

151 電話(번개 전, 말씀 화)나 라디오, 텔레비전을 통해서 세계 곳곳에서 일어나는 일들을 알 수 있다.

152 연날리기는 오랜 옛날부터 정초에 全國(온전할 전, 나라 국)에서 행해지는 놀이이다.

153 기계로 하는 작업이 능률적이긴 하지만 인간의 판단 능력까지 대신해 주지 않는다는 사실을 看過(볼 간, 지날 과)해서는 안 된다.

154 그는 평생을 바친 刻苦(새길 각, 쓸 고)의 연구 끝에 불치병의 치료약을 개발했다.

155~159 문장에 쓰인 한자어의 뜻 알기

155 잃어버린 아이를 찾으려고 百方(일백 백, 모 방)으로 수소문하고 다녔다.
　* 여러 가지 방법

156 곧 그의 非行(아닐 비, 다닐 행)이 모두 밝혀질 것이다.
　* 잘못된 행위

157 초등학교까지 번진 과소비의 盛行(성할 성, 다닐 행)은 우리에게 경각심을 불러 일으킨다.
　* 매우 성하게 유행하다.

158 그는 한 달 동안 영창 신세를 지고 나와 두 계급 降等(내릴 강, 무리 등)을 당하고 말았다.
　* 계급이나 등급을 낮추다.

159 후보 가운데 많은 사람들은 안정의 槪念(대개 개, 생각 념)도 제대로 설명하지 못하면서 선거 때만 되면 안정을 주장하고 나서는 것이다.
　* 어떤 현상에 대한 일반적인 지식

160~164 문장에 맞는 한자어 고르기

160 복도에 ☐☐되어 있는 사진들이 우리의 눈길을 끌었다.
① 販賣(팔 판, 팔 매) : 상품을 파는 일
② 展開(펼 전, 열 개) : 펴 벌임
③ 前示(앞 전, 보일 시) * 한자어 아님
❹ 展示(펼 전, 보일 시) : 물품 따위를 늘어 놓고 보임

161 우리는 그 의견에 ☐☐적으로 반대하였다.
① 同意(한가지 동, 뜻 의) : 같은 의견 의견을 같이함
② 兩面(두 량[양], 낯 면) : 앞면과 뒷면. 두 방면
❸ 絶對(끊을 절, 대할 대) : 상대하여 비교할 만한 것이 없음
④ 對等(대할 대, 같을 등) : 양쪽이 비슷함

162 막이 열리면 무대 ☐☐에 나무가 보인다.
① 建設(세울 건, 베풀 설) : 새로 만들어 세움
❷ 正面(바를 정, 낯 면) : 바로 마주 보이는 쪽
③ 以前(써 이, 앞 전) : 기준이 되는 일정한 때의 앞
④ 平面(평평할 평, 낯 면) : 평평한 표면

163 청자 제조 기술은 아직도 베일에 싸여있다. 특히 흙과 불의 조화 속에 모습을 드러내는 은은하면서도 맑은 비취색은 엄밀한 □□과 현대 과학 기술을 동원해도 100% 재현이 힘들다.
❶ 考證(생각할 고, 증거 증) : 예전에 있던 사물들의 시대, 가치, 내용 따위를 옛 문헌이나 물건에 기초하여 증거를 세워 이론적으로 밝힘
② 考增(생각할 고, 더할 증) * 한자어 아님
③ 高增(높을 고, 더할 증) * 한자어 아님
④ 高證(높을 고, 증거 증) * 한자어 아님

164 우리는 지나친 국방비 지출이 국민의 부담을 가중시키고 경제의 □□한 성장에 장애가 되는 것을 염려한다.
❶ 健全(굳셀 건, 온전할 전) : 사상이나 사물 따위의 상태가 한쪽으로 치우치지 않고 정상적이며 위태롭지 않음
② 建全(세울 건, 온전할 전) * 한자어 아님
③ 乾田(하늘 건, 밭 전) * 한자어 아님
④ 建田(세울 건, 밭 전) * 한자어 아님

165~170 문장에 맞지 않는 한자어 고르기

165 우리 ① 歷史(지날 력[역], 역사 사)는 빛나는 ② 傳統(전할 전, 거느릴 통)과 ③ 獨特(홀로 독, 특별할 특)한 문화를 ❹ 創調(비롯할 창, 고를 조)해 온 과정이다.
* 創調 → 創造(비롯할 창, 지을 조)

166 ① 祖上(할아비 조, 윗 상)이 남긴 거룩한 문화재를 ② 保存(보전할 보, 있을 존), 보호하고 그것을 바탕으로 더욱 새로운 우리의 전통 문화를 창조해 나가는 일이야말로 우리의 책임인 ❸ 同視(한가지 동, 볼 시)에 ④ 義務(옳을 의, 힘쓸 무)이다.
* 同視 → 同時(한가지 동, 때 시)

167 선비 정신은 물질보다는 ① 精神(정할 정, 귀신 신), ② 利得(이로울 리[이], 얻을 득)보다는 ❸ 命分(목숨 명, 나눌 분)을 ④ 重視(무거울 중, 볼 시)하는 깨끗하고 맑은 정신이다.
* 命分 → 名分(이름 명, 나눌 분)

168 ① 敎育熱(가르칠 교, 기를 육, 더울 열)이 세계적인 우리 나라의 학부모는 자녀가 부당하거나 ② 不平等(아닐 불, 평평할 평, 무리 등)한 대우를 받는 것을 용납하지 않는다. 헌법 제31조에서는 '모든 국민은 능력에 따라 균등하게 교육을 받을 ③ 權利(권세 권, 이로울 리)를 가진다.'고 '교육의 평등권'을 ❹ 明視(밝을 명, 볼 시)하고 있다.
* 明視 → 明示(밝을 명, 보일 시)

169 감당하기 어려울 정도로 ① 盛大(성할 성, 큰 대)한 잔치를 베푼다. 그리고 손님들이 돌아갈 때는 호피 등 값비싼 선물을 한 아름씩 안겨주곤 한다는 것이다. 자신들의 ❷ 偶越性(짝 우, 넘을 월, 성품 성)을 ③ 誇示(자랑할 과, 보일 시)하는 ④ 過消費(지날 과, 사라질 소, 쓸 비) 경쟁인 셈이다.
* 偶越性 → 優越性(뛰어날 우, 넘을 월, 성품 성)

170 사당패, 창극패를 ❶ 賤時(천할 천, 때 시)하던 ② 舊習(예 구, 익힐 습)이 뿌리 깊게 남아서 ③ 新派(새 신, 갈래 파)나 경음악을 딴따라라 하며 시답잖게 보는 ④ 形便(모양 형, 편할 편)이니….
* 賤時 → 賤視(천할 천, 볼 시)

171~178 바르게 쓴 한자어 고르기

171 우리 집은 정원이 넓다.
① 定原(정할 정, 언덕 원)
❷ 庭園(뜰 정, 동산 원)
③ 正園(바를 정, 동산 원)
④ 情園(뜻 정, 동산 원)

172 말은 기쁨, 슬픔, 노여움 같은 감정도 전달해 준다.
❶ 感情(느낄 감, 뜻 정)
② 減定(덜 감, 정할 정)
③ 感精(느낄 감, 정할 정)
④ 感動(느낄 감, 움직일 동)

173 우리가 조금만 노력하면 합성 세제를 쓰지 않아도 만족스럽게 생활할 수 있다.
① 不足(아닐 불, 넉넉할 족)
❷ 滿足(찰 만, 넉넉할 족)
③ 萬足(일만 만, 넉넉할 족)
④ 滿族(찰 만, 겨레 족)

174 광고의 주요 기능은 전달과 설득이다.
① 重要(무거울 중, 요긴할 요)
② 住要(살 주, 요긴할 요)
❸ 主要(주인 주, 요긴할 요)
④ 注要(물댈 주, 요긴할 요)

175 일을 하다가 힘이 든다고 중간에 그만둔다면 어떤 일도 제대로 이룰 수가 없다.
① 重間(무거울 중, 사이 간)
② 道中(길 도, 가운데 중)
③ 中道(가운데 중, 길 도)
❹ 中間(가운데 중, 사이 간)

176 정부는 수도권의 고른 발전과 환경 오염 <u>방지</u>를 위해 많은 노력을 기울이고 있다.
 ❶ 防止(막을 방, 그칠 지)
 ② 方志(모 방, 뜻 지)
 ③ 防志(막을 방, 뜻 지)
 ④ 防地(막을 방, 땅 지)

177 공장 지역의 공해가 <u>기타</u> 지역보다 훨씬 심한 것으로 나타났다.
 ❶ 其他(그 기, 다를 타)
 ② 技打(재주 기, 칠 타)
 ③ 己他(몸 기, 다를 타)
 ④ 氣打(기운 기, 칠 타)

178 일본이 4세기 중엽부터 6세기 중엽까지 임나일본부라는 기관을 두어 한반도 남쪽을 통치했다는 학설은, 일본 왕조를 미화하는 설화적인 서술로 채워진 '일본 서기'를 <u>근거</u>로 했으니 조작에 날조를 덧칠한 셈이다.
 ① 根去(뿌리 근, 갈 거)
 ② 根擧(뿌리 근, 들 거)
 ❸ 根據(뿌리 근, 근거 거)
 ④ 近距(가까울 근, 떨어질 거)

179~183 어구의 뜻과 비슷한 한자·한자어 고르기

179 진만이는 희재와 싸우고 난 후에 <u>교제를 끊어 버렸다</u>.
 ① 修交(닦을 수, 사귈 교)
 ② 外交(바깥 외, 사귈 교)
 ❸ 絶交(끊을 절, 사귈 교)
 ④ 親善(친할 친, 착할 선)

180 집 뒤편 앵두나무에 <u>열매</u>가 주렁주렁 달렸다.
 ① 落(떨어질 락)　　② 金(쇠 금)
 ③ 化(될 화)　　❹ 實(열매 실)

181 영철이가 <u>호수</u>에 돌을 던지자 파문이 일었다.
 ① 川(내 천)　　② 水(물 수)
 ❸ 湖(호수 호)　　④ 冷(찰 랭)

182 친구와 오랫동안 <u>함께 살다</u>보니 싸움도 잦아졌다.
 ① 哀惜(슬플 애, 아낄 석)
 ② 同樂(한가지 동, 즐길 락)
 ③ 同苦(한가지 동, 쓸 고)
 ❹ 同居(한가지 동, 거할 거)

183 기업이 줄줄이 <u>무너지면서</u> 대량 실업을 유발했다.
 ① 逃亡(도망할 도, 망할 망)
 ❷ 倒産(넘어질 도, 낳을 산)

 ③ 播遷(뿌릴 파, 옮길 천)
 ④ 偏頗(치우칠 편, 자못 파)

184~188 글에 쓰인 한자어와 한자의 뜻 알기

184 ㉠<u>요소</u>의 한자 표기가 바른 것은?
 ① 要所(요긴할 요, 바 소)
 ② 元素(으뜸 원, 본디 소)
 ❸ 要素(요긴할 요, 본디 소)
 ④ 要因(요긴할 요, 인할 인)

185 ㉡<u>정해진다</u>의 뜻을 가장 잘 나타낸 것은?
 ❶ 定(정할 정)　　② 正(바를 정)
 ③ 固(굳을 고)　　④ 結(맺을 결)

186 ㉢<u>성품</u>의 한자 표기가 바른 것은?
 ① 姓名(성 성, 이름 명)
 ❷ 性品(성품 성, 물건 품)
 ③ 性質(성품 성, 바탕 질)
 ④ 性別(성품 성, 다를 별)

187 ㉣擧論(들 거, 논할 론)의 독음이 바른 것은?
 ❶ 거론　　② 거동
 ③ 거지　　④ 거명

188 ㉤<u>방법</u>의 한자 표기가 바른 것은?
 ① 方案(모 방, 책상 안)
 ② 方道(모 방, 길 도)
 ③ 代案(대신 대, 책상 안)
 ❹ 方法(모 방, 법 법)

189~193 글에 쓰인 한자어와 한자의 뜻 알기

189 ㉠文武(글월 문, 군인 무)의 독음이 바른 것은?
 ❶ 문무　　② 문예
 ③ 무반　　④ 문필

190 ㉡<u>치</u>의 뜻을 가장 잘 나타낸 것은?
 ① 齒(이 치)　　② 致(이를 치)
 ❸ 寸(마디 촌)　　④ 本(근본 본)

191 ㉢<u>공을 이루어</u>의 한자 표기가 바른 것은?
 ① 大功(큰 대, 공 공)
 ❷ 成功(이룰 성, 공 공)
 ③ 失敗(잃을 실, 패할 패)
 ④ 立地(설 립[입], 땅 지)

192 ㉣<u>별명</u>의 한자 표기가 바른 것은?
 ① 別命(다를 별, 목숨 명)
 ❷ 別名(다를 별, 이름 명)
 ③ 別食(다를 별, 먹을 식)
 ④ 別種(다를 별, 씨 종)

193 ⑩특히의 '특' 자의 한자 표기가 바른 것은?
① 對(대할 대)   ❷ 特(특별할 특)
③ 期(기약할 기) ④ 勉(힘쓸 면)

194~197 글에 쓰인 한자어와 한자의 뜻 알기

194 ㉠政體~⑩事實 중 한자 표기가 바르지 않은 것은?
❶ ㉠政體(정사 정, 몸 체)
② ㉡交戰(사귈 교, 싸움 전)
③ ㉢自動(스스로 자, 움직일 동)
④ ⑩事實(일 사, 열매 실)
 * 政體 → 正體(바를 정, 몸 체)

195 ㉣또의 뜻을 가진 것은?
❶ 又(또 우)   ② 于(어조사 우)
③ 也(어조사 야) ④ 乎(어조사 호)

196 ㉺대통령의 '령' 자의 한자 표기가 바른 것은?
① 悅(기쁠 열)   ❷ 領(거느릴 영)
③ 支(지탱할 지) ④ 凉(서늘할 량)

197 ㉻報復(갚을 보, 회복할 복)의 독음이 바른 것은?
① 예방   ② 선제
❸ 보복   ④ 위장

198~203 글에 쓰인 한자어와 한자의 뜻 알기

198 ㉠정상 회담의 한자 표기가 바른 것은?
① 政商會談(정사 정, 장사 상, 모일 회, 말씀 담)
② 精詳會談(정할 정, 자세할 상, 모일 회, 말씀 담)
❸ 頂上會談(정수리 정, 윗 상, 모일 회, 말씀 담)
④ 頂相會談(정수리 정, 서로 상, 모일 회, 말씀 담)

199 ㉡유도~㉺대련의 한자 표기가 바른 것은?
① ㉡有道(있을 유, 길 도)
❷ ㉢發祥地(필 발, 상서로울 상, 땅 지)
③ ㉣古段者(예 고, 층계 단, 놈 자)
④ ㉺對聯(대할 대, 연이을 련)

200 ㉻전파의 '파' 자와 같은 한자를 사용하는 것은?
① 罷場(마칠 파, 마당 장)
❷ 播種(뿌릴 파, 씨 종)
③ 波及(물결 파, 미칠 급)
④ 破格(깨뜨릴 파, 격식 격)

201 ㉠主宰~㉻懇請 중 한자 표기가 바르지 않은 것은?
① ㉠主宰(주인 주, 재상 재)
❷ ㉡務官(힘쓸 무, 벼슬 관)
③ ㉢選手(가릴 선, 손 수)
④ ㉣懇請(간절할 간, 청할 청)
 * 務官 → 武官(군인 무, 벼슬 관)

202 ㉠가난한의 뜻을 가진 것은?
① 貴(귀할 귀)   ② 賤(천할 천)
❸ 貧(가난할 빈) ④ 富(부자 부)

203 ㉻예를 숭상하는의 뜻을 가장 잘 나타낸 것은?
① 尙武(높일 상, 군인 무)
❷ 崇禮(높일 숭, 예도 례)
③ 常禮(항상 상, 예도 례)
④ 缺禮(이지러질 결, 예도 례)

204~210 글에 쓰인 한자어와 한자의 뜻 알기

204 ㉠觸發(닿을 촉, 필 발)의 독음이 바른 것은?
① 돌발   ② 만발
③ 적발   ❹ 촉발

205 ㉡무장 군인의 한자 표기가 바른 것은?
① 武將軍人(군인 무, 장수 장, 군사 군, 사람 인)
② 武壯軍人(군인 무, 장할 장, 군사 군, 사람 인)
❸ 武裝軍人(군인 무, 꾸밀 장, 군사 군, 사람 인)
④ 武長軍人(군인 무, 길 장, 군사 군, 사람 인)

206 ㉢無差別~㉺解制 중 한자 표기가 바르지 않은 것은?
① ㉢無差別(없을 무, 어긋날 차, 다를 별)
② ㉣連行(이을 련[연], 다닐 행)
③ ⑩休業令(쉴 휴, 일 업, 하여금 령)
❹ ㉺解制(풀 해, 지을 제)
 * 解制 → 解除(풀 해, 덜 제)

207 ㉻유신 체제의 한자 표기가 바른 것은?
① 儒臣體制(선비 유, 신하 신, 몸 체, 지을 제)
② 唯新體制(오직 유, 새 신, 몸 체, 지을 제)
③ 惟新體制(생각할 유, 새 신, 몸 체, 지을 제)
❹ 維新體制(벼리 유, 새 신, 몸 체, 지을 제)

208 ㉠宣布~㉠消盡의 독음이 바른 것은?
① ㉠宣布(베풀 선, 베풀 포)
② ㉻狀況(형상 상, 상황 황)
③ ㉺荒凉(거칠 황, 서늘할 량)
❹ ㉠消盡(사라질 소, 다할 진)

209 ㉻시위의 한자 표기가 바른 것은?
① 施威(베풀 시, 위엄 위)
② 施爲(베풀 시, 할 위)
❸ 示威(보일 시, 위엄 위)
④ 侍衛(모실 시, 지킬 위)

210 ㉺시국의 '국' 자의 한자 표기가 바른 것은?
① 國(나라 국)   ❷ 局(판 국)
③ 菊(국화 국)   ④ 圍(에워쌀 위)

| 정답 |

1	②	2	②	3	③	4	④	5	④
6	②	7	③	8	②	9	④	10	②
11	②	12	④	13	③	14	①	15	②
16	③	17	③	18	①	19	④	20	②
21	③	22	④	23	①	24	②	25	②
26	④	27	④	28	②	29	③	30	①
31	④	32	④	33	①	34	②	35	②
36	④	37	②	38	②	39	③	40	②
41	③	42	④	43	①	44	④	45	③
46	④	47	②	48	①	49	②	50	②
51	①	52	②	53	②	54	②	55	②
56	③	57	②	58	①	59	③	60	④
61	③	62	③	63	①	64	②	65	④
66	②	67	①	68	③	69	④	70	②
71	①	72	④	73	②	74	②	75	①
76	②	77	②	78	④	79	②	80	②
81	①	82	③	83	①	84	④	85	②
86	②	87	②	88	②	89	②	90	④
91	③	92	④	93	④	94	③	95	②
96	①	97	①	98	①	99	②	100	③
101	①	102	④	103	③	104	②	105	①
106	②	107	②	108	②	109	④	110	②
111	①	112	④	113	②	114	②	115	③
116	①	117	①	118	②	119	③	120	④
121	①	122	④	123	②	124	②	125	③
126	④	127	②	128	②	129	④	130	③
131	②	132	①	133	④	134	②	135	②
136	①	137	④	138	①	139	②	140	②
141	②	142	③	143	④	144	③	145	①
146	②	147	④	148	②	149	③	150	③
151	③	152	③	153	①	154	②	155	①
156	③	157	②	158	①	159	③	160	④
161	①	162	②	163	②	164	①	165	④
166	①	167	③	168	④	169	②	170	②
171	②	172	①	173	②	174	②	175	②
176	③	177	②	178	③	179	④	180	①
181	③	182	③	183	④	184	①	185	③
186	③	187	②	188	④	189	①	190	④
191	④	192	②	193	③	194	③	195	①
196	②	197	①	198	②	199	②	200	①
201	②	202	④	203	①	204	②	205	③
206	②	207	④	208	②	209	②	210	③

제1영역　漢字

1~5 제시된 한자의 부수 고르기

1 京(서울 경) 亠부 6획
　① 丿(삐칠 별)　　　❷ 亠(돼지해머리)
　③ 亅(갈고리 궐)　　④ 口(입 구)

2 曲(굽을 곡) 曰부 2획
　① 田(밭 전)　　　　❷ 曰(가로되 왈)
　③ 二(두 이)　　　　④ 囗(큰입구)

3 登(오를 등) 癶부 7획
　① 豆(콩 두)　　　　② 一(한 일)
　❸ 癶(필발머리)　　④ 口(입 구)

4 室(집 실) 宀부 6획
　① 亠(돼지해머리)　② 厶(마늘모)
　③ 丶(점 주)　　　　❹ 宀(갓머리)

5 才(재주 재) 手(扌)부 0획
　① 一(한 일)　　　　② 丿(삐칠 별)
　③ 亅(갈고리 궐)　　❹ 手(손 수)

6~10 제시된 한자의 획수 고르기

6 近(가까울 근) 辶(책받침)부 4획, 총 8획
　　丿 厂 斤 斤 沂 沂 近 近

7 樂(즐길 락, 음악 악) 木(나무 목)부 11획, 총 15획
　　丿 自 自 白 泊 泊 始 鈝 鈝 鈝 鈝 鈝 樂 樂 樂

8 量(헤아릴 량) 里(마을 리)부 5획, 총12획
　　丶 丨 冂 曰 曰 昌 昌 昌 昌 量 量 量

9 聲(소리 성) 耳(귀 이)부 11획, 총 17획
　　一 十 士 吉 吉 声 声 殸 殸 殸 殸 殸 殸 殸 殸 聲 聲

10 增(더할 증) 土(흙 토)부 12획, 총 15획
　　一 十 土 圹 圹 圹 圷 圷 圷 圷 增 增 增 增 增

11~15 제시된 필순 유형에 맞는 한자 고르기

11 위에서 아래로 쓴다.
　① 指(가리킬 지) - 一 扌 扌 扩 指 指 指 指
　❷ 定(정할 정) 丶 丶 宀 宀 宀 宇 定 定
　③ 祝(빌 축) 丶 二 亍 市 市 和 和 祝 祝
　④ 八(여덟 팔) 丿 八

12 바깥쪽을 안쪽보다 먼저 쓴다.
① 九(아홉 구) ノ 九
② 口(입 구) 丨 冂 口
③ 毛(털 모) ノ 二 三 毛
❹ 田(밭 전) 丨 冂 冂 田 田

13 받침을 나중에 쓴다.
① 深(깊을 심) ﹅ ﹅ ﹅ 氵 氵 氵 深 深 深 深 深
② 漁(고기잡을 어) ﹅ ﹅ 氵 氵 汘 渔 渔 渔 渔 渔 渔 漁 漁
❸ 進(나아갈 진) ノ 亻 亻 亻 亻 隹 隹 隹 淮 淮 進
④ 勇(날랠 용) ﹅ 丆 丆 丙 丙 甬 勇

14 왼쪽에서 오른쪽으로 쓴다.
❶ 知(알 지) ノ ト ㅏ 矢 矢 知 知 知
② 參(참가할 참) ﹅ ﹅ ﹅ ﹅ ﹅ ム ム 厽 夅 夅 參
③ 察(살필 찰) ﹅ ﹅ 宀 宀 宀 宀 宏 宏 察 察 察 察 察
④ 兄(형 형) 丨 口 口 尸 兄

15 삐침은 나중에 쓴다.
① 頭(머리 두) ﹅ ﹅ ﹅ 亘 亘 亘 豆 豆 頭 頭 頭 頭 頭 頭 頭 頭
❷ 身(몸 신) ノ 亻 刀 月 身 身 身
③ 方(모 방) ﹅ 亠 方 方
④ 鼻(코 비) ノ 亻 冂 冂 白 白 白 畠 畠 畠 鼻 鼻 鼻 鼻

16~20 제시된 한자의 짜임을 알고 같은 짜임의 한자 고르기

16 兩(두 량) 회의
① 寸(마디 촌)
② 着(붙을 착)
❸ 仁(어질 인) 회의
④ 漢(한수 한)

17 好(좋을 호) 회의
① 角(뿔 각)
② 街(거리 가)
❸ 孝(효도 효) 회의
④ 母(어미 모)

18 固(굳을 고) 형성
❶ 功(공 공) 형성
② 品(물건 품)
③ 下(아래 하)
④ 士(선비 사)

19 多(많을 다) 회의
① 基(터 기)
② 究(연구할 구)
③ 私(사사 사)
❹ 間(사이 간) 회의

20 林(수풀 림) 회의
① 課(공부할 과)
❷ 男(사내 남) 회의
③ 詩(시 시)
④ 馬(말 마)

21~31 제시된 한자의 음 고르기

21 競(다툴 경)
22 廣(넓을 광)
23 每(매양 매)
24 備(갖출 비)
25 勢(형세 세)
26 藥(약 약)
27 愁(근심 수)
28 朱(붉을 주)
29 暇(겨를 가)
30 絡(이을 락)
31 盟(맹세 맹)

32~39 제시된 음에 알맞은 한자 알기

32 경
① 功(공 공)
② 內(안 내)
③ 福(복 복)
❹ 慶(경사 경)

33 무
❶ 武(군인 무)
② 半(반 반)
③ 稅(세금 세)
④ 愛(사랑 애)

34 서
① 章(글 장)
❷ 序(차례 서)
③ 里(마을 리)
④ 早(이를 조)

35 벌
① 代(대신 대)
② 法(법 법)
③ 省(살필 성)
❹ 伐(칠 벌)

36 양
① 農(농사 농)
② 麥(보리 맥)
③ 巖(바위 암)
❹ 讓(사양할 양)

37 고
① 恭(공손할 공)
❷ 姑(시어미 고)
③ 奈(어찌 내)
④ 腦(뇌 뇌)

38 매
① 欺(속일 기)
② 裏(속 리)
❸ 埋(묻을 매)
④ 濯(씻을 탁)

39 타
❶ 墮(떨어질 타)
② 抽(뽑을 추)
③ 隊(무리 대)
④ 遂(드디어 수)

40~47 같은 음의 한자 고르기

40 住(살 주)
① 景(볕 경)
❷ 注(물댈 주)
③ 收(거둘 수)
④ 往(갈 왕)

41 朝(아침 조)
① 罪(허물 죄)
② 充(채울 충)
❸ 祖(할아비 조)
④ 明(밝을 명)

42 冬(겨울 동)
① 信(믿을 신)
② 洋(큰바다 양)
③ 最(가장 최)
❹ 童(아이 동)

43 只(다만 지)
❶ 之(갈 지)
② 乙(새 을)
③ 慈(사랑 자)
④ 他(다를 타)

44 皮(가죽 피)
① 佳(아름다울 가)
② 及(미칠 급)
❸ 彼(저 피)
④ 辛(매울 신)

45 唐(당나라 당)
① 黑(검을 흑)
② 墨(먹 묵)
❸ 黨(무리 당)
④ 兮(어조사 혜)

46 鑄(부어만들 주)
　① 演(펼 연)　　　　② 泳(헤엄칠 영)
　③ 遙(멀 요)　　　　❹ 奏(아뢸 주)

47 臭(냄새 취)
　① 淑(맑을 숙)　　　❷ 醉(취할 취)
　③ 厚(두터울 후)　　④ 稀(드물 희)

48~58 제시된 한자의 뜻 고르기

48 角(뿔 각)　　　　　49 吉(길할 길)

50 買(살 매)　　　　　51 孫(손자 손)

52 走(달릴 주)　　　　53 祭(제사 제)

54 鐵(쇠 철)　　　　　55 繫(맬 계)

56 突(갑자기 돌)　　　57 飜(번역할 번)

58 央(가운데 앙)

59~65 제시된 뜻에 맞는 한자 고르기

59 구원하다
　❶ 救(구원할 구)　　② 句(글귀 구)
　③ 勉(힘쓸 면)　　　④ 報(알릴 보)

60 절
　❶ 拜(절 배)　　　　② 米(쌀 미)
　③ 食(먹을 식)　　　④ 兒(아이 아)

61 헤아리다
　① 歌(노래 가)　　　② 怒(성낼 노)
　❸ 料(헤아릴 료)　　④ 科(과목 과)

62 억
　① 晝(낮 주)　　　　② 志(뜻 지)
　❸ 億(억 억)　　　　④ 幸(다행 행)

63 판단하다
　❶ 判(판단할 판)　　② 快(쾌할 쾌)
　③ 怨(원망할 원)　　④ 卽(곧 즉)

64 거문고
　① 鑛(쇳돌 광)　　　② 蜂(벌 봉)
　❸ 琴(거문고 금)　　④ 鎖(쇠사슬 쇄)

65 누르다
　① 飾(꾸밀 식)　　　② 錢(돈 전)
　③ 蟲(벌레 충)　　　❹ 壓(누를 압)

66~70 제시된 한자와 비슷한 뜻의 한자 고르기

66 鑑(거울 감)
　① 庚(별, 천간 경)　　❷ 鏡(거울 경)
　③ 斤(도끼 근)　　　④ 肅(엄숙할 숙)

67 尋(찾을 심)
　❶ 訪(찾을 방)　　　② 妨(방해할 방)
　③ 敍(펼 서)　　　　④ 涯(물가 애)

68 殃(재앙 앙)
　① 缺(이지러질 결)　　② 繼(이을 계)
　❸ 災(재앙 재)　　　④ 螢(반딧불 형)

69 弄(희롱할 롱)
　① 鼓(북 고)　　　　② 肯(즐길 긍)
　③ 宰(재상 재)　　　❹ 戲(희롱할 희)

70 添(더할 첨)
　① 渴(목마를 갈)　　❷ 加(더할 가)
　③ 枯(마를 고)　　　④ 殉(따라죽을 순)

제2영역　　語彙

71~72 짜임이 같은 한자어 고르기

71 雲集(구름 운, 모일 집) : 구름처럼 많이 모임 수식
　❶ 至高(이를 지, 높을 고) : 더할 수 없이 높음 수식
　② 衛生(지킬 위, 날 생) : 건강에 유익하도록 조건을 세우거나 대책을 세움
　③ 修身(닦을 수, 몸 신) : 마음과 행실을 바르게 하도록 마음과 몸을 닦음
　④ 有備(있을 유, 갖출 비) : 방비나 준비가 되어 있음

72 恒常(항상 항, 항상 상) : 늘 유사
　① 敬畏(공경 경, 두려워할 외) : 공경하면서 두려워함
　❷ 巖石(바위 암, 돌 석) : 지각을 구성하고 있는 단단한 물질 유사
　③ 激憤(격할 격, 분할 분) : 몹시 분개함
　④ 必勝(반드시 필, 이길 승) : 반드시 이김

73~90 음이 같은 한자어(동음이의어) 고르기

73 巨人(클 거, 사람 인) : 아주 몸이 큰 사람. 위대한 사람
　① 加入(더할 가, 들 입) : 단체나 조직 따위에 들어감
　❷ 擧人(들 거, 사람 인) : 중국에서 관리 등용 시험에 응시하던 사람, 또는 그 합격자
　③ 工人(장인 공, 사람 인) : 조선 때의 악생과 악공
　④ 巨物(클 거, 물건 물) : 거창한 물건. 사회적으로 큰 영향을 가진 인물

74 科目(과목 과, 눈 목) : 교과를 가른 구분. 학문의 구분
  ① 過日(지날 과, 날 일) : 지난날
  ❷ 果木(실과 과, 나무 목) : 과일이 열리는 나무
  ③ 課稅(공부할 과, 세금 세) : 세금을 부과함
  ④ 過客(지날 과, 손 객) : 지나가는 나그네

75 男性(사내 남, 성품 성) : 남자인 어른
  ❶ 南星(남녘 남, 별 성) : 별이름
  ② 南極(남녘 남, 극진할 극) : 지구의 남쪽 끝
  ③ 國難(나라 국, 어려울 난) : 나라의 위태로움과 어려움
  ④ 南下(남녘 남, 아래 하) : 남쪽으로 내려옴

76 力戰(힘 력[역], 싸움 전) : 힘을 다해 싸움
  ① 力道(힘 력[역], 길 도) : 역기를 들어올리는 경기
  ❷ 歷傳(지날 력[역], 전할 전) : 대대로 전해 내려옴
  ③ 力說(힘 력[역], 말씀 설) : 힘주어 말함
  ④ 力作(힘 력[역], 지을 작) : 힘들여 지음, 또는 그 작품

77 使臣(하여금 사, 신하 신) : 임금의 명을 받아 외국에 심부름을 가는 신하
  ① 士林(선비 사, 수풀 림) : 유림
  ❷ 四神(넉 사, 귀신 신) : 네 방위를 맡은 신
  ③ 史官(역사 사, 벼슬 관) : 예전에 역사를 기록하던 관리
  ④ 史觀(역사 사, 볼 관) : 역사적 현상을 파악하여 이것을 해석하는 입장

78 先手(먼저 선, 손 수) : 상대보다 먼저 일에 착수함
  ① 死守(죽을 사, 지킬 수) : 죽음으로써 지킴
  ② 改惡(고칠 개, 악할 악) : 고쳐서 도리어 나빠지게 함
  ③ 聖水(성인 성, 물 수) : 성례에 쓰기 위하여 축수한 물
  ❹ 選手(가릴 선, 손 수) : 경기에 출전하기 위하여 대표로 뽑힌 사람

79 樹植(나무 수, 심을 식) : 나무를 심어 뿌리를 내리게 함
  ① 主食(주인 주, 먹을 식) : 식생활에서 주로 먹는 음식물
  ❷ 數式(셈 수, 법 식) : 수나 양을 나타내는 숫자나 문자를 계산 기호로 연결한 식
  ③ 晝食(낮 주, 먹을 식) : 점심 밥
  ④ 良好(좋을 량[양], 좋을 호) : 매우 좋음

80 數目(셈 수, 눈 목) : 낱낱의 수
  ① 大木(큰 대, 나무 목) : 큰 건축물을 잘 짓는 목수
  ❷ 樹木(나무 수, 나무 목) : 살아 있는 나무
  ③ 草木(풀 초, 나무 목) : 풀과 나무
  ④ 注目(물댈 주, 눈 목) : 눈길을 한 곳에 모아서 봄

81 肉聲(고기 육, 소리 성) : 사람의 입에서 직접 나오는 소리
  ❶ 育成(기를 육, 이룰 성) : 길러서 자라게 함
  ② 感化(느낄 감, 될 화) : 좋은 영향을 받아 착한 마음으로 바뀜
  ③ 六花(여섯 륙[육], 꽃 화) : 눈의 다른 이름
  ④ 百花(일백 백, 꽃 화) : 온갖 꽃

82 展望(펼 전, 바랄 망) : 경치를 멀리 바라봄. 앞날에 있어서의 일의 형세
  ① 觀望(볼 관, 바랄 망) : 형편이나 분위기 따위를 가만히 살펴봄
  ② 官望(벼슬 관, 바랄 망) * 한자어 아님
  ❸ 戰亡(싸움 전, 망할 망) : 싸움터에서 죽음
  ④ 昨日(어제 작, 날 일) : 어제

83 志士(뜻 지, 선비 사) : 크고 높은 뜻을 가진 사람
  ❶ 知事(알 지, 일 사) : 도지사의 준말
  ② 直進(곧을 직, 나아갈 진) : 곧게 나아감
  ③ 特集(특별할 특, 모을 집) : 특정 문제를 특별히 다루어 편집함, 또는 그 편집물
  ④ 物質(물건 물, 바탕 질) : 물체를 이루는 실질

84 天高(하늘 천, 높을 고) : 하늘이 높음
  ① 希望(바랄 희, 바랄 망) : 기대하여 바람
  ② 年號(해 년[연], 이름 호) : 군주 시대에 임금이 즉위한 해에 붙이던 칭호
  ③ 靑春(푸를 청, 봄 춘) : '스무 살 안팎의 젊은 나이'를 비유하여 이르는 말
  ❹ 千古(일천 천, 예 고) : 썩 먼 옛적

85 旣決(이미 기, 결단할 결) : 이미 결정함
  ① 旣往(이미 기, 갈 왕) : 이미 지나간 이전
  ② 手決(손 수, 결단할 결) : 지난날, 도장 대신 이름이나 직함 아래 자필로 쓰던 일정한 자형
  ③ 旣婚(이미 기, 혼인할 혼) : 이미 결혼함
  ❹ 起結(일어날 기, 맺을 결) : 시작과 결과

86 應待(응할 응, 기다릴 대) : 손님을 맞이하여 접대함
  ① 應試(응할 응, 시험 시) : 시험에 응함
  ❷ 應對(응할 응, 대할 대) : 부름이나 물음 또는 요구 따위에 대하여 상대함
  ③ 應用(응할 응, 쓸 용) : 원리를 실제 이용함
  ④ 應答(응할 응, 대답 답) : 물음에 응하여 대답함

87 世系(인간 세, 맬 계) : 조상으로부터 대대로 내려
오는 계통
① 世事(인간 세, 일 사) : 세상 일
❷ 世界(인간 세, 지경 계) : 지구 위의 모든 지역.
모든 나라
③ 洗手(씻을 세, 손 수) : 손을 씻음
④ 四季(넉 사, 계절 계) : 봄·여름·가을·겨울.
네 계절

88 地師(땅 지, 스승 사) : 집터나 묏자리를 가려 잡는
사람
❶ 指事(가리킬 지, 일 사) : 육서의 하나
② 滿潮(찰 만, 조수 조) : 밀물이 가장 높은 해면까
지 꽉 차게 들어오는 현상, 또는 그런 때
③ 滿員(찰 만, 인원 원) : 정한 인원이 다 참
④ 漫步(질펀할 만, 걸음 보) : 한가롭게 거님, 또는
그러한 걸음걸이

89 支煩(지탱할 지, 번거로울 번) : 지루하고 번거로움
① 非番(아닐 비, 차례 번) : 당번이 아님
❷ 地番(땅 지, 차례 번) : 토지의 번호
③ 當番(마땅할 당, 차례 번) : 어떤 일을 차례로 돌
아가면서 맡음, 또는 그 사람
④ 缺番(이지러질 결, 차례 번) : 당번을 거름, 또는
그 거른 번

90 招聘(부를 초, 부를 빙) : 예를 갖추어 불러 맞아들임
① 來訪(올 래[내], 찾을 방) : 외국의 사신 등이 예
물을 가지고 찾아옴
② 氷板(얼음 빙, 널 판) : 얼음판
③ 聘禮(부를 빙, 예도 례) : 부부 관계를 맺는 서약
을 하는 의식
❹ 初氷(처음 초, 얼음 빙) : 첫 얼음

91~92 같은 한자가 다른 음으로 읽히는 한자어 고르기

91 ① 龜鑑(거북 귀, 볼 감) : 본받을 만한 모범
② 龜船(거북 귀, 배 선) : 거북선
❸ 龜裂(거북 균, 찢어질 렬[열]) : 거북의 등에 있
는 무늬처럼 갈라져 터짐
④ 龜甲(거북 귀, 갑옷 갑) : 거북의 등딱지

92 ① 宅配(집 택, 나눌 배) : 짐이나 서류 따위를 요구
하는 지점까지 배달함
② 宅地(집 택, 땅 지) : 집을 지을 땅
③ 住宅(살 주, 집 택) : 사람이 살 수 있게 지은 집
❹ 貴宅(귀할 귀, 집 댁) : 상대편 집안의 높임말

93~110 세 개 어휘에 공통되는 한자 고르기

93 □手(손 수), □話(말씀 화), □示(보일 시)
① 歌(노래 가)   ② 洗(씻을 세)
③ 談(말씀 담)   ❹ 訓(가르칠 훈)
* 訓手(훈수), 訓話(훈화), 訓示(훈시)

94 生(날 생)□, 朝(아침 조)□, □明(밝을 명)
① 食(먹을 식)   ② 善(착할 선)
❸ 鮮(고울 선)   ④ 老(늙을 로)
* 生鮮(생선), 朝鮮(조선), 鮮明(선명)

95 □念(생각 념), □學(배울 학), □保(보전할 보)
① 想(생각 상)   ❷ 留(머무를 류)
③ 安(편안 안)   ④ 數(셈 수)
* 留念(유념), 留學(유학), 留保(유보)

96 必(반드시 필)□, 全(온전할 전)□, 樂(즐길 락)□
❶ 勝(이길 승)   ② 的(과녁 적)
③ 敗(패할 패)   ④ 然(그럴 연)
* 必勝(필승), 全勝(전승), 樂勝(낙승)

97 加(더할 가)□, 減(덜 감)□, 光(빛 광)□
❶ 速(빠를 속)   ② 明(밝을 명)
③ 重(무거울 중)   ④ 少(적을 소)
* 加速(가속), 減速(감속), 光速(광속)

98 水(물 수)□, □貨(재물 화), □賞(상줄 상)
❶ 銀(은 은)   ② 金(쇠 금)
③ 受(받을 수)   ④ 材(재목 재)
* 水銀(수은), 銀貨(은화), 銀賞(은상)

99 城(성 성)□, 正(바를 정)□, 家(집 가)□
① 問(물을 문)   ❷ 門(문 문)
③ 文(글월 문)   ④ 聞(들을 문)
* 城門(성문), 正門(정문), 家門(가문)

100 □動(움직일 동), □作(지을 작), □初(처음 초)
① 造(지을 조)   ② 新(새 신)
❸ 始(비로소 시)   ④ 最(가장 최)
* 始動(시동), 始作(시작), 始初(시초)

101 □主(주인 주), □子(아들 자), □臣(신하 신)
❶ 君(임금 군)   ② 父(아비 부)
③ 忠(충성 충)   ④ 聖(성인 성)
* 君主(군주), 君子(군자), 君臣(군신)

102 □能(능할 능), 發(필 발)□, 有(있을 유)□
① 無(없을 무)   ② 達(통달할 달)
③ 實(열매 실)   ❹ 效(본받을 효)
* 效能(효능), 發效(발효), 有效(유효)

103 □急(급할 급), □田(밭 전), □星(별 성)
① 大(큰 대)　　　　② 水(물 수)
❸ 火(불 화)　　　　④ 金(쇠 금)
* 火急(화급), 火田(화전), 火星(화성)

104 急(급할 급)□, 可(옳을 가)□, □節(마디 절)
❶ 變(변할 변)　　　② 守(지킬 수)
③ 能(능할 능)　　　④ 賣(팔 매)
* 急變(급변), 可變(가변), 變節(변절)

105 □軍(군사 군), 老(늙을 로)□, □兵(병사 병)
❶ 將(장수 장)　　　② 壯(장할 장)
③ 師(스승 사)　　　④ 卒(마칠 졸)
* 將軍(장군), 老將(노장), 將兵(장병)

106 □待(기다릴 대), □德(큰 덕), 重(무거울 중)□
① 接(접할 접)　　　❷ 厚(두터울 후)
③ 上(윗 상)　　　　④ 恩(은혜 은)
* 厚待(후대), 厚德(후덕), 重厚(중후)

107 模(본뜰 모)□, □眞(참 진), 透(통할 투)□
① 映(비출 영)　　　❷ 寫(베낄 사)
③ 賜(줄 사)　　　　④ 伸(펼 신)
* 模寫(모사), 寫眞(사진), 透寫(투사)

108 □債(빚 채), □員(인원 원), 創(비롯할 창)□
❶ 社(모일 사)　　　② 任(맡길 임)
③ 負(질 부)　　　　④ 院(집 원)
* 社債(사채), 社員(사원), 創社(창사)

109 □銳(날카로울 예), □兵(병사 병), □端(끝 단)
① 募(뽑을 모)　　　② 精(정할 정)
③ 弊(해질 폐)　　　❹ 尖(뾰족할 첨)
* 尖銳(첨예), 尖兵(첨병), 尖端(첨단)

110 □彈(탄알 탄), □破(깨뜨릴 파), □笑(웃음 소)
① 銃(총 총)　　　　② 悠(멀 유)
③ 暴(사나울 포)　　❹ 爆(터질 폭)
* 爆彈(폭탄), 爆破(폭파), 爆笑(폭소)

111~126 제시된 한자어와 상대되는 뜻의 한자어 고르기

111 强大(강할 강, 큰 대) : 굳세고 큼
❶ 弱小(약할 약, 작을 소) : 약하고 작음
② 强弱(강할 강, 약할 약) : 강함과 약함
③ 弱化(약할 약, 될 화) : 힘이나 세력 따위가 약
해짐, 또는 약하게 함
④ 弱體(약할 약, 몸 체) : 약한 몸

112 高價(높을 고, 값 가) : 값이 비쌈
① 禁約(금할 금, 맺을 약) : 하지 못하게 단속함
② 各個(각각 각, 낱 개) : 하나하나. 낱낱
③ 給料(줄 급, 헤아릴 료) : 일한 데에 대한 보수
❹ 低價(낮을 저, 값 가) : 낮은 값

113 加速(더할 가, 빠를 속) : 속도가 빨라짐, 또는 빨
라진 그 속도
① 低速(낮을 저, 빠를 속) : 느린 속도
❷ 減速(덜 감, 빠를 속) : 속도가 줆
③ 急速(급할 급, 빠를 속) : 몹시 급함. 몹시 빠름
④ 理致(다스릴 리[이], 이를 치) : 사물의 정당한
조리. 도리에 맞는 근본 뜻

114 放火(놓을 방, 불 화) : 일부러 불을 놓음
① 齒科(이 치, 과목 과) : 이를 전문으로 치료하고
연구하는 의학의 한 분과
❷ 消火(사라질 소, 불 화) : 불을 끔
③ 能動(능할 능, 움직일 동) : 스스로 움직이거나
작용하는 것
④ 善防(착할 선, 막을 방) : 잘 막음

115 年上(해 년[연], 윗 상) : 서로 비교하여 나이가 많
음, 또는 많은 사람
① 素服(흴 소, 옷 복) : 흰 옷
② 年度(해 년[연], 법도 도) : 사무 또는 회계의 결
산 따위의 편의에 따라 구분한 1년의 기간
❸ 年下(해 년[연], 아래 하) : 서로 비교하여 나이
가 적음, 또는 적은 사람
④ 部下(떼 부, 아래 하) : 어떤 사람 아래 딸리어
그 지시에 따라야 하는 사람

116 江南(강 강, 남녘 남) : 강의 남쪽
❶ 江北(강 강, 북녘 북) : 강의 북쪽
② 中部(가운데 중, 떼 부) : 어떤 지역의 가운데
부분
③ 江西(강 강, 서녘 서) : 강의 서쪽
④ 江東(강 강, 동녘 동) : 강의 동쪽

117 固定(굳을 고, 정할 정) : 일정한 곳이나 상태에서
변하지 아니함
❶ 流動(흐를 류, 움직일 동) : 액체 따위가 흘러
움직임
② 銀行(은 은, 다닐 행) : 여러 사람의 저금을 맡
거나 필요한 사람에게 빌려 주거나 하는 곳
③ 存在(있을 존, 있을 재) : 실제로 있음, 또는 있
는 그것
④ 野心(들 야, 마음 심) : 패기가 넘치고 큰 야망
을 이루려는 마음

118 引上(끌 인, 윗 상) : 끌어 올림
  ① 學究(배울 학, 연구할 구) : 학문을 깊이 연구하는 일
  ❷ 引下(끌 인, 아래 하) : 끌어내림
  ③ 滿期(찰 만, 기약할 기) : 정한 기간이 다 참
  ④ 引受(끌 인, 받을 수) : 물건·권리를 넘겨 받음

119 滿足(찰 만, 넉넉할 족) : 부족함이 없이 흐뭇함
  ① 滿場(찰 만, 마당 장) : 모인 사람들로 가득찬 회장, 또는 회장에 모인 사람들
  ② 萬石(일만 만, 돌 석) : 벼 일만 석
  ❸ 不滿(아닐 불, 찰 만) : 마음에 차지 않거나 마땅하지 않음
  ④ 效果(본받을 효, 실과 과) : 보람 있는 결과

120 逆行(거스를 역, 다닐 행) : 거슬러 나아감
  ① 逆戰(거스를 역, 싸움 전) : 적으로부터 공격을 받다가 역습하여 싸움
  ② 大逆(큰 대, 거스를 역) : 왕권을 침해하거나 부모를 살해하는 큰 죄
  ③ 順逆(순할 순, 거스를 역) : 순종과 거역
  ❹ 順行(순할 순, 다닐 행) : 차례대로 진행됨

121 約婚(맺을 약, 혼인할 혼) : 결혼하기로 약속함, 또는 그 약속
  ❶ 破婚(깨뜨릴 파, 혼인할 혼) : 약혼을 깨뜨림
  ② 結婚(맺을 결, 혼인할 혼) : 남녀가 정식으로 부부 관계를 맺음
  ③ 再婚(두 재, 혼인할 혼) : 두 번째 혼인함, 또는 그 혼인
  ④ 成婚(이룰 성, 혼인할 혼) : 혼인이 이루어짐

122 奇異(기이할 기, 다를 이) : 유별나고 이상함
  ① 野菜(들 야, 나물 채) : 들에서 나는 나물
  ② 平民(평평할 평, 백성 민) : 보통 사람
  ③ 異人(다를 이, 사람 인) : 보통 사람과는 달리 재주가 신통하고 뛰어난 사람
  ❹ 平凡(평평할 평, 무릇 범) : 뛰어나거나 색다른 점이 없이 보통임

123 未決(아닐 미, 결단할 결) : 아직 결정하거나 해결하지 아니함
  ① 決算(결단할 결, 셈할 산) : 계산을 마감함
  ❷ 解決(풀 해, 결단할 결) : 사건이나 문제 따위를 잘 처리함
  ③ 完全(완전할 완, 온전할 전) : 필요한 것이 모두 갖추어져 있음
  ④ 茂盛(무성할 무, 성할 성) : 초목이 많이 나서 우거짐

124 承諾(이을 승, 허락할 낙) : 청하는 바를 들어줌
  ① 承認(이을 승, 알 인) : 어떤 사실을 마땅하다고 받아들임
  ❷ 拒絕(막을 거, 끊을 절) : 상대편의 요구, 제안, 선물, 부탁 따위를 받아들이지 않고 물리침
  ③ 攻破(칠 공, 깨뜨릴 파) : 무력을 써서 쳐부숨
  ④ 否認(아닐 부, 알 인) : 어떤 내용이나 사실을 옳거나 그러하다고 인정하지 아니함

125 平等(평평할 평, 같을 등) : 모두가 다 고르고 한결같음
  ① 條約(가지 조, 맺을 약) : 국가 간의 권리와 의무를 국가 간의 합의에 따라 법적 구속을 받도록 규정하는 행위, 또는 그런 조문
  ② 牽制(끌 견, 지을 제) : 상대편이 지나치게 세력을 펴거나 자유롭게 행동하지 못하게 억누름
  ❸ 差別(다를 차, 다를 별) : 차이가 있게 구별함
  ④ 怪奇(괴이할 괴, 기이할 기) : 이상야릇함

126 債權(빚 채, 권세 권) : 국가, 지방 자치 단체, 은행, 회사 따위가 사업에 필요한 자금을 차입하기 위하여 발행하는 유가 증권
  ① 篤實(도타울 독, 열매 실) : 열성있고 성실함
  ② 權限(권세 권, 한계 한) : 공적으로 행사할 수 있는 직권의 범위
  ③ 雁書(기러기 안, 글 서) : 먼 곳에서 소식을 전하는 편지
  ❹ 債務(빚 채, 힘쓸 무) : 재산상의 처리에 관련하여 일정한 당사자의 요구에 응하여 급부를 해야 하는 의무

127~132 사자 성어 완성하기

127 □者(놈 자)三(석 삼)友(벗 우)
  ① 名(이름 명)　　❷ 益(더할 익)
  ③ 人(사람 인)　　④ 德(큰 덕)
  * 益者三友(익자삼우) : 사귀어서 자기에게 유익한 세 벗. 심성이 곧은 사람과 믿음직한 사람, 견문이 많은 사람을 이름

128 忠(충성 충)言(말씀 언)□耳(귀 이)
  ① 過(지날 과)　　❷ 逆(거스를 역)
  ③ 直(곧을 직)　　④ 到(이를 도)
  * 忠言逆耳(충언역이) : 충고하는 말은 귀에 거슬림

129 前(앞 전)代(대신 대)□聞(들을 문)
  ① 後(뒤 후)　　② 城(성 성)
  ③ 風(바람 풍)　　❹ 未(아닐 미)
  * 前代未聞(전대미문) : 이제까지 들어 본 적이 없는 일

130 □上(윗 상)空(빌 공)論(논할 론)
① 紙(종이 지)   ② 天(하늘 천)
❸ 卓(높을 탁)   ④ 談(말씀 담)
* 卓上空論(탁상공론) : 현실성이 없는 허황한 이론이나 논의

131 三(석 삼)□五(다섯 오)倫(인륜 륜)
① 康(편안할 강)   ❷ 綱(벼리 강)
③ 剛(굳셀 강)   ④ 鋼(강철 강)
* 三綱五倫(삼강오륜) : 유교의 도덕에서 기본이 되는 세 가지의 강령과 지켜야 할 다섯 가지의 도리

132 小(작을 소)□大(큰 대)失(잃을 실)
❶ 貪(탐낼 탐)   ② 貧(가난할 빈)
③ 徵(부를 징)   ④ 望(바랄 망)
* 小貪大失(소탐대실) : 작은 것을 탐하다가 큰 것을 잃음

133~136 제시된 사자 성어의 뜻 알기

133 敗(패할 패)家(집 가)亡(망할 망)身(몸 신)
敗家亡身(패가망신) : 재산을 다 없애고 몸을 망치다.

134 死(죽을 사)生(날 생)有(있을 유)命(목숨 명)
死生有命(사생유명) : 사람이 죽고 사는 것은 운명에 달려 있다.

135 種(씨 종)豆(콩 두)得(얻을 득)豆(콩 두)
種豆得豆(종두득두) : 콩 심은 데 콩 나고 팥 심은 데 팥 난다.

136 泥(진흙 니)田(밭 전)鬪(싸움 투)狗(개 구)
泥田鬪狗(이전투구) : 사납게 서로 다투거나 싸우는 모양

137~140 뜻에 맞는 사자 성어 고르기

137 태도나 수단이 떳떳하고 정당하다.
① 敬(공경 경)天(하늘 천)愛(사랑 애)人(사람 인)
敬天愛人(경천애인) : 하늘을 숭배하고 인간을 사랑함
② 生(날 생)死(죽을 사)苦(쓸 고)樂(즐길 락)
生死苦樂(생사고락) : 삶과 죽음, 괴로움과 즐거움
③ 南(남녘 남)男(사내 남)北(북녘 북)女(계집 녀)
南男北女(남남북녀) : 우리 나라에서, 남자는 남쪽 지방 사람이 잘나고, 여자는 북쪽 지방 사람이 고움을 이르는 말
❹ 正(바를 정)正(바를 정)堂(당당할 당)堂(당당할 당)
正正堂堂(정정당당) : 태도나 처지나 수단 따위가 꿀림이 없이 바르고 떳떳함

138 죽은 사람의 이름이 길이 남다.
❶ 人(사람 인)死(죽을 사)留(머무를 류)名(이름 명)
人死留名(인사유명) : 사람은 죽어서 이름을 남긴다는 뜻으로, 사람의 삶이 헛되지 아니하면 그 이름이 길이 남음을 이르는 말
② 山(메 산)高(높을 고)水(물 수)長(길 장)
山高水長(산고수장) : 산은 언제까지나 높고 물은 영원히 흐른다는 뜻으로 인자나 군자의 덕이 오래도록 전해짐을 비유
③ 耳(귀 이)目(눈 목)口(입 구)鼻(코 비)
耳目口鼻(이목구비) : 귀·눈·입·코를 중심으로로한 얼굴의 생김새
④ 良(좋을 량)藥(약 약)苦(쓸 고)口(입 구)
良藥苦口(양약고구) : 좋은 약은 입에 씀

139 간단한 말로 남을 감동시키거나 폐부를 찌르다.
① 骨(뼈 골)肉(고기 육)相(서로 상)爭(다툴 쟁)
骨肉相爭(골육상쟁) : 가까운 혈족끼리 서로 싸움
❷ 寸(마디 촌)鐵(쇠 철)殺(죽일 살)人(사람 인)
寸鐵殺人(촌철살인) : 간단한 말로 핵심을 찔러 감동시킴
③ 泰(클 태)然(그럴 연)自(스스로 자)若(같을 약)
泰然自若(태연자약) : 마음에 충동을 받아도 동요하지 않고 천연스러움
④ 晝(낮 주)耕(밭갈 경)夜(밤 야)讀(읽을 독)
晝耕夜讀(주경야독) : 낮에는 밭을 갈고 밤에는 책을 읽음

140 좋지 않은 근본 요소를 완전히 제거하다.
① 同(한가지 동)價(값 가)紅(붉을 홍)裳(치마 상)
同價紅裳(동가홍상) : 같은 값이면 다홍치마(좋은 것)를 택함
❷ 拔(뽑을 발)本(근본 본)塞(막을 색)源(근원 원)
拔本塞源(발본색원) : 나쁜 것의 뿌리를 뽑음
③ 氣(기운 기)高(높을 고)萬(일만 만)丈(어른 장)
氣高萬丈(기고만장) : 펄펄 뛸 만큼 대단히 성이 남. 일이 뜻대로 잘될 때, 우쭐하여 뽐내는 기세가 대단함
④ 金(쇠 금)科(과목 과)玉(구슬 옥)條(가지 조)
金科玉條(금과옥조) : 금이나 옥처럼 귀중히 여겨 꼭 지켜야 할 법칙이나 규정

제3영역 讀解

141~154 문장에 쓰인 한자어의 음 알기

141 일이 계획대로 <u>進行</u>(나아갈 진, 다닐 행)되고 있다.

142 육지는 산지와 고원, 사막, <u>草原</u>(풀 초, 언덕 원), 평야 등으로 이루어져 있다.

143 집을 <u>出發</u>(날 출, 필 발)한 지 한 시간만에 학교에 도착했다.

144 진정한 친구라면 <u>忠告</u>(충성 충, 고할 고)를 아끼지 말아야 한다.

145 숲은 생태계의 질서를 <u>正常</u>(바를 정, 항상 상)적으로 유지하는 역할을 한다.

146 날씨가 너무 더워서 <u>窓門</u>(창 창, 문 문)을 열어젖혔다.

147 무절제한 사냥 때문에 희귀 동물의 숫자가 <u>減少</u>(덜 감, 적을 소)하고 있다.

148 갑자기 내린 비로 인하여 등산 약속이 <u>取消</u>(가질 취, 사라질 소)되었다.

149 옐로 카드란 축구 경기 등에서, 고의로 <u>反則</u>(돌이킬 반, 법칙 칙)을 한 선수에게 경고의 뜻으로 내보이는 노란 종이 쪽지를 말한다.

150 풀은 약이 되기도 하고, <u>食品</u>(먹을 식, 물건 품)이 되기도 한다.

151 심청이는 아버지의 눈을 뜨게 하기 위해서는 어떤 고통도 <u>甘受</u>(달 감, 받을 수)할 수 있다고 생각했다.

152 비만을 예방하려면 음식을 <u>調節</u>(고를 조, 마디 절) 하고 운동을 꾸준히 해야 한다.

153 자식들의 효성스러운 <u>看病</u>(볼 간, 병 병)으로(로) 아버지의 병세가 차츰 좋아졌다.

154 회의에는 총리를 비롯한 주요 <u>閣僚</u>(누각 각, 동료 료)와(과) 고위 당직자들이 참석하였다.

155~159 문장에 쓰인 한자어의 뜻 알기

155 어떤 잘못을 했을 때 남들이 모르게 그것을 감추는 것보다는 잘못된 점을 <u>是正</u>(옳을 시, 바를 정) 해서 다시는 그러지 않도록 하는 것이 더 좋다.
  * 잘못을 바로 잡다.

156 병의 <u>始發</u>(비로소 시, 필 발)은 그때부터였다.
  * 처음으로 시작되다.

157 평생동안 <u>心血</u>(마음 심, 피 혈)을 바친 사업이 실패로 돌아갔다.
  * 온갖 힘

158 김 과장은 입사 이래로 6년째 계속 <u>皆勤</u>(모두 개, 부지런할 근)이다.
  * 빠짐없이 출근하다.

159 기본적인 학문·사상·표현의 자유가 정부 당국의 <u>介入</u>(낄 개, 들 입)과 탄압으로 침해되어서는 안 된다.
  * 끼어들다.

160~164 문장에 맞는 한자어 고르기

160 개나리와 진달래는 우리 □□ 어디서나 볼 수 있다.
  ① 指名(가리킬 지, 이름 명) : 누구의 이름을 가리킴
  ② 現實(나타날 현, 열매 실) : 지금 눈앞에 사실로서 나타나 있는 상태
  ③ 實在(열매 실, 있을 재) : 실제로 존재함
  ❹ 江山(강 강, 메 산) : 강과 산. 국토

161 요즈음에는 옛날의 한복을 활동하기에 보다 편리하게 고친 □□ 한복을 입는 사람도 있다.
  ❶ 改良(고칠 개, 좋을 량) : 고치어 좋게 함
  ② 在來(있을 재, 올 래) : 전부터 있어 내려온 것
  ③ 改造(고칠 개, 지을 조) : 고쳐 다시 만듦
  ④ 不便(아닐 불, 편할 편) : 편리하지 못하고 거북스러움

162 경제 성장으로 국민들의 생활이 □□에 비해 넉넉해졌다.
  ① 現在(나타날 현, 있을 재) : 이제. 지금
  ❷ 過去(지날 과, 갈 거) : 지나간 때
  ③ 來世(올 래[내], 인간 세) : 죽은 뒤에 영혼이 다시 태어나 산다는 미래의 세상
  ④ 現金(나타날 현, 쇠 금) : 지금 가지고 있는 돈

163 누구나 자기 생각만 옳다고 □□하면 실수를 할 수 있다.
  ① 悲鳴(슬플 비, 울 명) : 일이 매우 위급할 때 지르는 외마디
  ❷ 固執(굳을 고, 잡을 집) : 제 의견을 바꾸지 않고 굳게 내세움
  ③ 考集(생각할 고, 모을 집) * 한자어 아님
  ④ 故執(연고 고, 잡을 집) * 한자어 아님

164 그 곳에서 □□은(는), 동냥조차 나갈 수 없는 병든 동료들에게 자신이 얻어 온 밥을 나누어 먹이고 있었다.
   ❶ 乞人(빌 걸, 사람 인) : 남에게 빌어먹고 사는 사람. 거지
   ② 傑人(뛰어날 걸, 사람 인) : 걸출한 사람
   ③ 貴人(귀할 귀, 사람 인) : 신분이나 지위가 높은 사람
   ④ 宜當(마땅 의, 마땅할 당) : 사물의 이치에 따라 마땅히

165~170 문장에 맞지 않는 한자어 고르기

165 운전하는 사람이나 걸어다니는 사람 모두가 ① 生命(날 생, 목숨 명)의 ② 所重(바 소, 무거울 중)함을 깨닫고 ③ 交通(사귈 교, 통할 통) 질서를 잘 지킨다면 교통 ❹ 事古(일 사, 예 고)로 목숨을 잃는 일은 거의 없을 것이다.
   * 事古 → 事故(일 사, 연고 고)

166 커다란 ❶ 共場(함께 공, 마당 장)에서 여러 사람의 손을 거쳐 자동차가 ② 次例(버금 차, 법식 례)로 ③ 完成(완전할 완, 이룰 성)되어 가는 ④ 光景(빛 광, 별 경)은 인상적이다.
   * 共場 → 工場(장인 공, 마당 장)

167 ① 歷史(지날 력[역], 역사 사)적 ② 人物(사람 인, 물건 물)과 사건을 ❸ 年對(해 년[연], 대할 대)에 따라 알아보려면 연대표를 이용하는 것이 ④ 便利(편할 편, 이로울 리)하다.
   * 年對 → 年代(해 년[연], 대신 대)

168 그는 주위의 ① 勸告(권할 권, 고할 고)를 ② 無視(없을 무, 볼 시)하고 ③ 事業(일 사, 일 업)을 늘리다 ❹ 波産(물결 파, 낳을 산)하고 말았다.
   * 波産 → 破産(깨뜨릴 파, 낳을 산)

169 ① 百中(일백 백, 가운데 중)은 석가모니의 제자 중 신통제일인 목련이 자신의 친어머니가 ❷ 轉生(구를 전, 날 생)에 지은 온갖 업으로 지옥에서 ③ 苦痛(쓸 고, 아플 통)받고 있는 것을 보고 그 고통을 덜어준 날이라고 해서 불교에서는 5대 명절 중 하나다. 그만큼 효심과 ④ 關係(관계할 관, 맬 계)가 깊은 날이다.
   * 轉生 → 前生(앞 전, 날 생)

170 순식간에 벌어진 ① 總理(다 총, 다스릴 리)에 대한 밀가루·달걀 ② 洗禮(씻을 세, 예도 례)는 하룻밤 사이에 ③ 局面(판 국, 낯 면)을 ❹ 反戰(돌이킬 반, 싸움 전)시켰다.
   * 反戰 → 反轉(돌이킬 반, 구를 전)

171~178 바르게 쓴 한자어 고르기

171 가정은 개인의 귀중한 보금자리이다.
   ① 告貴(고할 고, 귀할 귀)
   ❷ 貴重(귀할 귀, 무거울 중)
   ③ 高貴(높을 고, 귀할 귀)
   ④ 古貴(예 고, 귀할 귀)

172 저 멀리 고속 도로가 보인다.
   ❶ 高速(높을 고, 빠를 속)
   ② 古俗(예 고, 풍속 속)
   ③ 考速(생각할 고, 빠를 속)
   ④ 高俗(높을 고, 풍속 속)

173 장애인을 위한 운동 경기는 고대 그리스의 히포크라테스 시대부터 의료의 목적으로 실시되었다.
   ① 活動(살 활, 움직일 동)
   ❷ 運動(움직일 운, 움직일 동)
   ③ 運同(움직일 운, 한가지 동)
   ④ 行動(다닐 행, 움직일 동)

174 기업이 다른 기업들과 공정한 경쟁을 할 때, 기업과 나라의 경제가 함께 발전하게 된다.
   ① 公定(공변될 공, 정할 정)
   ② 公庭(공변될 공, 뜰 정)
   ③ 共正(함께 공, 바를 정)
   ❹ 公正(공변될 공, 바를 정)

175 얼룩말이 빙 둘러서서 먹이를 먹는 것은 공동의 힘으로 적을 물리치기 위해서이다.
   ① 公同(공변될 공, 한가지 동)
   ② 共動(함께 공, 움직일 동)
   ❸ 共同(함께 공, 한가지 동)
   ④ 空洞(빌 공, 골 동)

176 우리 겨레의 가장 큰 과업은 통일된 국가를 이룩하는 일이다.
   ① 果業(실과 과, 일 업)
   ② 科業(과목 과, 일 업)
   ❸ 課業(공부할 과, 일 업)
   ④ 過業(지날 과, 일 업)

177 어떠한 고난과 어떠한 난관이 닥치더라도 학업을 포기해서는 안 된다.
   ① 難觀(어려울 난, 볼 관)
   ❷ 難關(어려울 난, 관계할 관)
   ③ 卵官(알 란, 벼슬 관)
   ④ 暖關(따뜻할 난, 관계할 관)

178 지난 달 은밀한 탈출 <u>기도</u>가 있었으나 사전에 발각되었다.
① 氣道(기운 기, 길 도)
② 氣度(기운 기, 법도 도)
❸ 企圖(꾀할 기, 그림 도)
④ 企道(꾀할 기, 길 도)

179~183 어구의 뜻과 비슷한 한자·한자어 고르기

179 태양의 흑점은 <u>맨눈</u>으로는 볼 수 없다.
① 肉體(고기 육, 몸 체)
② 目次(눈 목, 버금 차)
③ 目禮(눈 목, 예도 례)
❹ 肉眼(고기 육, 눈 안)

180 박과장은 다른 은행으로 <u>돈을 부쳤다.</u>
❶ 送金(보낼 송, 쇠 금)
② 代金(대신 대, 쇠 금)
③ 出金(날 출, 쇠 금)
④ 利子(이로울 리[이], 아들 자)

181 타자는 투수가 던진 공을 기다렸다는 듯이 <u>쳐냈다.</u>
① 極(극진할 극)
② 授(줄 수)
❸ 打(칠 타)
④ 技(재주 기)

182 나이가 삼십이 넘었는데도 아직 <u>앳되어</u> 이십 대 초반으로 보인다.
① 露骨(이슬 로, 뼈 골)
② 純白(순수할 순, 흰 백)
❸ 童顔(아이 동, 얼굴 안)
④ 美容(아름다울 미, 얼굴 용)

183 개발도상국에서 선진국으로 <u>발돋움하는</u> 것은 그리 쉬운 일이 아니다.
① 更新(다시 갱, 새 신)
② 路程(길 로[노], 길 정)
③ 開放(열 개, 놓을 방)
❹ 跳躍(뛸 도, 뛸 약)

184~188 글에 쓰인 한자어와 한자의 뜻 알기

184 ㉠<u>문답</u>의 한자 표기가 바른 것은?
❶ 問答(물을 문, 대답 답)
② 文答(글월 문, 대답 답)
③ 對答(대할 대, 대답 답)
④ 正答(바를 정, 대답 답)

185 ㉡<u>죽이는</u>의 뜻을 가장 잘 나타낸 것은?
① 死(죽을 사)
② 令(하여금 령)
❸ 殺(죽일 살)
④ 害(해할 해)

186 ㉢政治(정사 정, 다스릴 치)의 독음이 바른 것은?
① 정도
② 경제
❸ 정치
④ 정객

187 ㉣<u>말</u>의 뜻을 가장 잘 나타낸 것은?
① 言(말씀 언)
❷ 馬(말 마)
③ 語(말씀 어)
④ 牛(소 우)

188 ㉤<u>백성</u>의 한자 표기가 바른 것은?
① 自手(스스로 자, 손 수)
② 百名(일백 백, 이름 명)
③ 白手(흰 백, 손 수)
❹ 百姓(일백 백, 성 성)

189~193 글에 쓰인 한자어와 한자의 뜻 알기

189 ㉠結婚(맺을 결, 혼인할 혼)의 독음이 바른 것은?
❶ 결혼
② 약혼
③ 혼인
④ 혼약

190 ㉡<u>이유</u>의 한자 표기가 바른 것은?
① 利有(이로울 리[이], 있을 유)
② 移由(옮길 이, 말미암을 유)
③ 理有(다스릴 리[이], 있을 유)
❹ 理由(다스릴 리[이], 말미암을 유)

191 ㉢<u>이후</u>의 한자 표기가 바른 것은?
① 今後(이제 금, 뒤 후)
② 以來(써 이, 올 래)
③ 由來(말미암을 유, 올 래)
❹ 以後(써 이, 뒤 후)

192 ㉣<u>어려움</u>의 뜻을 가장 잘 나타낸 것은?
① 遠(멀 원)
❷ 難(어려울 난)
③ 高(높을 고)
④ 鮮(고울 선)

193 ㉤<u>부부</u>의 한자 표기가 바른 것은?
① 父子(아비 부, 아들 자)
② 婦女(지어미 부, 계집 녀)
❸ 夫婦(지아비 부, 지어미 부)
④ 人夫(사람 인, 지아비 부)

194~197 글에 쓰인 한자어와 한자의 뜻 알기

194 ㉢<u>奉養</u>(받들 봉, 기를 양)의 독음이 바른 것은?
① 공양
② 보양
❸ 봉양
④ 영양

195 ㉤<u>밥</u>의 뜻을 가진 것은?
❶ 飯(밥 반)
② 絲(실 사)
③ 舌(혀 설)
④ 昌(창성할 창)

196 ㉠三國史記~㉥自初至終 중 한자 표기가 바르지 않은 것은?
① ㉠三國史記(석 삼, 나라 국, 역사 사, 기록할 기)
❷ ㉡三國遺史(석 삼, 나라 국, 남길 유, 역사 사)
③ ㉣孝女(효도 효, 계집 녀)
④ ㉥自初至終(스스로 자, 처음 초, 이를 지, 마칠 종)
*三國遺史 → 三國遺事(석 삼, 나라 국, 남길 유, 일 사)

197 ㉧고전 소설의 '소' 자의 한자 표기가 바른 것은?
❶ 小(작을 소)   ② 少(적을 소)
③ 笑(웃음 소)   ④ 素(본디 소)

198~203 글에 쓰인 한자어와 한자의 뜻 알기

198 ㉠노란의 뜻을 가진 것은?
① 綠(푸를 록)   ② 赤(붉을 적)
③ 紅(붉을 홍)   ❹ 黃(누를 황)

199 ㉡계절~㉤도심의 한자 표기가 바르지 않은 것은?
① ㉡季節(계절 계, 마디 절)
② ㉢防蟲(막을 방, 벌레 충)
③ ㉣公害(공변될 공, 해할 해)
❹ ㉤道心(길 도, 마음 심)
* 道心 → 都心(도읍 도, 마음 심)

200 ㉥본초강목의 '강' 자와 같은 한자를 사용하는 것은?
❶ 三綱(석 삼, 벼리 강)
② 剛斷(굳셀 강, 끊을 단)
③ 講論(욀 강, 논할 론)
④ 健康(굳셀 건, 편안할 강)

201 ㉦원산지의 한자 표기가 바른 것은?
① 元産地(으뜸 원, 낳을 산, 땅 지)
❷ 原産地(근원 원, 낳을 산, 땅 지)
③ 源産地(근원 원, 낳을 산, 땅 지)
④ 遠産地(멀 원, 낳을 산, 땅 지)

202 ㉧우리 나라의 뜻을 가장 잘 나타낸 것은?
① 强國(강할 강, 나라 국)
② 大國(큰 대, 나라 국)
③ 聯邦(연이을 련[연], 나라 방)
❹ 我邦(나 아, 나라 방)

203 ㉨順換~㉤推定 중 한자 표기가 바르지 않은 것은?
❶ ㉨順換(순할 순, 바꿀 환)
② ㉩古生代(예 고, 날 생, 대신 대)
③ ㉠高麗(높을 고, 고울 려)
④ ㉤推定(밀 추, 정할 정)
* 順換 → 循環(돌 순, 고리 환)

204~210 글에 쓰인 한자어와 한자의 뜻 알기

204 ㉢전국 체전의 한자 표기가 바른 것은?
① 全局體戰(온전할 전, 판 국, 몸 체, 싸움 전)
❷ 全國體典(온전할 전, 나라 국, 몸 체, 법 전)
③ 全局體典(온전할 전, 판 국, 몸 체, 법 전)
④ 全國體戰(온전할 전, 나라 국, 몸 체, 싸움 전)

205 ㉠慘禍~㉤祭天 중 한자 표기가 바르지 않은 것은?
① ㉠慘禍(참혹할 참, 재앙 화)
② ㉡復舊(회복할 복, 예 구)
❸ ㉣盛火(성할 성, 불 화)
④ ㉤祭天(제사 제, 하늘 천)
* 盛火 → 聖火(성인 성, 불 화)

206 ㉥重修~㉦意圖의 독음이 바른 것은?
① ㉥重修(무거울 중, 닦을 수)
❷ ㉧精誠(정할 정, 정성 성)
③ ㉨象徵(코끼리 상, 부를 징)
④ ㉩意圖(뜻 의, 그림 도)

207 ㉨毀損(헐 훼, 덜 손)의 독음이 바른 것은?
① 말살   ② 파괴
③ 축소   ❹ 훼손

208 ㉠기독교도의 한자 표기가 바른 것은?
① 基督教道(터 기, 감독할 독, 가르칠 교, 길 도)
❷ 基督教徒(터 기, 감독할 독, 가르칠 교, 무리 도)
③ 基督教導(터 기, 감독할 독, 가르칠 교, 이끌 도)
④ 基督矯導(터 기, 감독할 독, 바로잡을 교, 이끌 도)

209 ㉢보수의 한자 표기가 바른 것은?
① 保守(보전할 보, 지킬 수)
❷ 補修(기울 보, 닦을 수)
③ 保手(보전할 보, 손 수)
④ 族譜(겨레 족, 족보 보)

210 ㉣찬송의 '송' 자의 한자 표기가 바른 것은?
① 訟(송사할 송)   ② 誦(욀 송)
❸ 頌(칭송할 송)   ④ 送(보낼 송)

| 정답 |

1 ②	2 ①	3 ④	4 ③	5 ②
6 ④	7 ③	8 ③	9 ②	10 ③
11 ④	12 ①	13 ③	14 ①	15 ①
16 ③	17 ①	18 ③	19 ②	20 ④
21 ③	22 ④	23 ④	24 ③	25 ②
26 ①	27 ③	28 ③	29 ④	30 ②
31 ①	32 ③	33 ④	34 ③	35 ①
36 ②	37 ③	38 ④	39 ②	40 ③
41 ①	42 ②	43 ④	44 ①	45 ④
46 ②	47 ③	48 ②	49 ③	50 ②
51 ④	52 ②	53 ④	54 ④	55 ②
56 ②	57 ④	58 ①	59 ②	60 ③
61 ④	62 ①	63 ②	64 ③	65 ①
66 ④	67 ②	68 ①	69 ②	70 ②
71 ③	72 ①	73 ③	74 ②	75 ②
76 ③	77 ①	78 ④	79 ③	80 ②
81 ①	82 ②	83 ①	84 ②	85 ②
86 ③	87 ④	88 ①	89 ④	90 ②
91 ④	92 ②	93 ②	94 ②	95 ④
96 ③	97 ②	98 ①	99 ④	100 ②
101 ①	102 ④	103 ③	104 ①	105 ②
106 ②	107 ①	108 ③	109 ④	110 ①
111 ③	112 ②	113 ①	114 ③	115 ④
116 ④	117 ②	118 ②	119 ①	120 ③
121 ③	122 ②	123 ②	124 ④	125 ①
126 ①	127 ②	128 ②	129 ③	130 ②
131 ①	132 ③	133 ①	134 ②	135 ②
136 ④	137 ③	138 ③	139 ③	140 ④
141 ②	142 ①	143 ②	144 ④	145 ③
146 ①	147 ③	148 ③	149 ①	150 ②
151 ②	152 ②	153 ④	154 ②	155 ④
156 ①	157 ②	158 ②	159 ①	160 ③
161 ①	162 ①	163 ③	164 ②	165 ①
166 ③	167 ②	168 ②	169 ②	170 ②
171 ①	172 ④	173 ①	174 ②	175 ②
176 ②	177 ④	178 ②	179 ②	180 ①
181 ④	182 ②	183 ②	184 ②	185 ②
186 ①	187 ④	188 ③	189 ④	190 ①
191 ②	192 ①	193 ②	194 ②	195 ④
196 ②	197 ②	198 ④	199 ①	200 ②
201 ①	202 ③	203 ①	204 ①	205 ③
206 ②	207 ②	208 ②	209 ②	210 ②

제1영역   漢字

1~5 제시된 한자의 부수 고르기

1 考(생각할 고) 老부 2획
  ① ノ(삐칠 별)   ❷ 老(늙을 로)
  ③ 土(흙 토)   ④ 人(사람 인)

2 比(견줄 비) 比부 0획
  ❶ 比(견줄 비)   ② 匕(비수 비)
  ③ 宀(돼지해머리)   ④ 一(한 일)

3 送(보낼 송) 辶부 6획
  ① 八(여덟 팔)   ② 大(큰 대)
  ③ 二(두 이)   ❹ 辶(책받침)

4 聖(성인 성) 耳부 7획
  ① 口(입 구)   ② 王(임금 왕)
  ❸ 耳(귀 이)   ④ 一(한 일)

5 野(들 야) 里부 4획
  ① 土(흙 토)   ❷ 里(마을 리)
  ③ 田(밭 전)   ④ 用(쓸 용)

6~10 제시된 한자의 획수 고르기

6 街(거리 가) 行(다닐 행)부 6획, 총 12획
  ノ ノ 彳 彳 彳 社 律 律 徍 徍 街 街

7 圖(그림 도) 囗(큰입구)부 11획, 총 14획
  丨 冂 冂 冃 冃 冐 冐 冐 圖 圖 圖 圖 圖 圖

8 禮(예도 례) 示(보일 시)부 13획, 총 18획
  ヽ ニ テ 亓 示 示 示 社 神 禮 禮 禮 禮 禮 禮 禮 禮 禮

9 調(고를 조) 言(말씀 언)부 8획, 총 15획
  ヽ ニ 亠 亖 言 言 言 訂 訶 訶 調 調 調 調 調

10 黃(누를 황) 黃(누를 황)부 0획, 총 12획
  一 十 世 世 世 芒 芒 苗 苗 黃 黃 黃

11~15 제시된 필순 유형에 맞는 한자 고르기

11 바깥쪽을 안쪽보다 먼저 쓴다.
  ① 止(그칠 지) 丨 卜 止 止
  ② 春(봄 춘) 一 二 三 夫 未 夹 春 春 春
  ③ 忠(충성 충) 丶 口 口 中 中 忠 忠 忠
  ❹ 因(인할 인) 丨 冂 冂 戶 因 因

12 가운데를 꿰뚫는 획은 나중에 쓴다.
❶ 手(손 수) 一 二 三 手
② 世(인간 세) 一 十 廾 廿 世
③ 室(집 실) 丶 宀 宀 宀 宀 宝 室 室 室
④ 十(열 십) 一 十

13 삐침을 먼저 쓰고 파임을 나중에 쓴다.
① 良(어질 량) 丶 ㄱ ㅋ ㅋ 自 良 良
② 言(말씀 언) 丶 亠 亠 亠 言 言 言
❸ 合(합할 합) ノ 人 亼 仐 合 合
④ 移(옮길 이) 一 二 千 禾 禾 秒 秒 秒 移 移

14 허리를 끊는 획은 나중에 쓴다.
❶ 母(어미 모) ㄴ 毋 毋 母 母
② 知(알 지) ノ ㅏ 느 チ 矢 知 知 知
③ 充(채울 충) 丶 亠 亠 去 充 充
④ 幸(다행 행) 一 + 土 土 去 去 查 幸

15 오른쪽 위의 점은 제일 나중에 쓴다.
❶ 成(이룰 성) ノ 厂 厂 万 成 成 成
② 香(향기 향) 一 二 千 禾 禾 禾 香 香 香
③ 興(일 흥) 丶 亻 亻 亻 亻 𦥑 𦥑 𦥑 𦥑 𦥑 𦥑 𦥑 𦥑 興 興 興
④ 血(피 혈) ノ ㇒ 白 白 血 血

16~20 제시된 한자의 짜임을 알고 같은 짜임의 한자 고르기

16 東(동녘 동) 상형
① 姓(성 성)　② 時(때 시)
❸ 立(설 립) 상형　④ 藥(약 약)

17 馬(말 마) 상형
❶ 鳥(새 조) 상형　② 取(가질 취)
③ 語(말씀 어)　④ 節(마디 절)

18 河(물 하) 형성
① 目(눈 목)　② 白(흰 백)
❸ 勉(힘쓸 면) 형성　④ 牛(소 우)

19 右(오른쪽 우) 회의
① 果(실과 과)　❷ 左(왼 좌) 회의
③ 唱(부를 창)　④ 海(바다 해)

20 川(내 천) 상형
① 休(쉴 휴)　② 效(본받을 효)
③ 男(사내 남)　❹ 面(낯 면) 상형

21~31 제시된 한자의 음 고르기

21 歌(노래 가)　22 課(공부할 과)
23 洞(골 동)　24 病(병 병)
25 樹(나무 수)　26 育(기를 육)
27 圓(둥글 원)　28 丑(소 축)
29 敦(도타울 돈)　30 拍(칠 박)
31 誘(꾈 유)

32~39 제시된 음에 알맞은 한자 알기

32 방 ① 例(법식 례)　② 願(원할 원)
❸ 防(막을 방)　④ 請(청할 청)

33 성 ① 研(갈 연)　② 價(값 가)
③ 位(자리 위)　❹ 誠(정성 성)

34 웅 ① 番(차례 번)　② 億(억 억)
❸ 雄(수컷 웅)　④ 章(글 장)

35 부 ❶ 浮(뜰 부)　② 浴(목욕할 욕)
③ 壬(북방 임)　④ 蟲(벌레 충)

36 우 ① 純(순수할 순)　❷ 尤(더욱 우)
③ 卯(토끼 묘)　④ 否(아닐 부)

37 겸 ① 遣(보낼 견)　② 緊(긴할 긴)
❸ 謙(겸손할 겸)　④ 抑(누를 억)

38 둔 ① 俊(준걸 준)　② 徹(통할 철)
③ 核(씨 핵)　❹ 屯(모일 둔)

39 칭 ① 幣(화폐 폐)　❷ 稱(일컬을 칭)
③ 享(누릴 향)　④ 穫(거둘 확)

40~47 같은 음의 한자 고르기

40 固(굳을 고)
① 快(쾌할 쾌)　② 鄕(시골 향)
❸ 故(연고 고)　④ 勝(이길 승)

41 島(섬 도)
❶ 到(이를 도)　② 各(각각 각)
③ 苦(쓸 고)　④ 富(부자 부)

42 務(힘쓸 무)
① 毛(털 모)　❷ 武(군인 무)
③ 藝(재주 예)　④ 園(동산 원)

43 謝(사례할 사)
① 朴(성 박)　② 扶(도울 부)
③ 於(어조사 어)　❹ 巳(뱀 사)

44 辛(매울 신)
❶ 申(펼 신)　② 甲(갑옷 갑)
③ 篇(책 편)　④ 幸(다행 행)

45 睦(화목할 목)
① 陸(뭍 륙)　② 刺(찌를 자)
③ 頗(자못 파)　❹ 牧(칠 목)

46 祀(제사 사)
　① 介(낄 개)　　　　❷ 蛇(뱀 사)
　③ 掛(걸 괘)　　　　④ 爵(벼슬 작)

47 銳(날카로울 예)
　① 詐(속일 사)　　　② 鉛(납 연)
　❸ 豫(미리 예)　　　④ 誕(태어날 탄)

48~58 제시된 한자의 뜻 고르기

48 景(볕, 경치 경)　　　49 根(뿌리 근)

50 冷(찰 랭)　　　　　51 貧(가난할 빈)

52 增(더할 증)　　　　53 遇(만날 우)

54 皮(가죽 피)　　　　55 啓(열 계)

56 錦(비단 금)　　　　57 妥(온당할 타)

58 環(고리 환)

59~65 제시된 뜻에 맞는 한자 고르기

59 벼슬　① 波(물결 파)　　❷ 官(벼슬 관)
　　　　③ 臣(신하 신)　　④ 洋(큰바다 양)

60 머리　① 打(칠 타)　　　② 守(지킬 수)
　　　　❸ 頭(머리 두)　　④ 熱(더울 열)

61 어제　① 作(지을 작)　　② 衆(무리 중)
　　　　③ 窓(창 창)　　　❹ 昨(어제 작)

62 무릇　❶ 凡(무릇 범)　　② 飯(밥 반)
　　　　③ 署(관청 서)　　④ 哀(슬플 애)

63 가지다　① 皆(다 개)　　❷ 持(가질 지)
　　　　　③ 谷(골 곡)　　④ 又(또 우)

64 구리　① 泥(진흙 니)　　② 株(그루 주)
　　　　❸ 銅(구리 동)　　④ 把(잡을 파)

65 낫다　❶ 愈(나을 유)　　② 御(거느릴 어)
　　　　③ 販(팔 판)　　　④ 奚(어찌 해)

66~70 제시된 한자와 비슷한 뜻의 한자 고르기

66 狗(개 구)
　① 豚(돼지 돈)　　　② 猛(사나울 맹)
　③ 突(갑자기 돌)　　❹ 犬(개 견)

67 賓(손 빈)
　① 頻(자주 빈)　　　❷ 客(손 객)
　③ 誓(맹세할 서)　　④ 巡(돌 순)

68 帥(장수 수)
　❶ 將(장차, 장수 장)　② 師(스승 사)
　③ 削(깎을 삭)　　　④ 慾(욕심 욕)

69 病(병 병)
　① 繁(번성할 번)　　② 簿(문서 부)
　❸ 疾(병 질)　　　④ 衰(쇠할 쇠)

70 遙(멀 요)
　① 幽(그윽할 유)　　❷ 遠(멀 원)
　③ 雜(섞일 잡)　　　④ 遵(좇을 준)

제2영역　語彙

71~72 짜임이 같은 한자어 고르기

71 日新(해 일, 새 신) : 날마다 새로워짐, 또는 날마다 새롭게 함 수식
　① 出血(날 출, 피 혈) : 피가 혈관 밖으로 나옴
　② 揚名(날릴 양, 이름 명) : 이름을 드날림
　❸ 家風(집 가, 바람 풍) : 한 집안이 전하여 내려오는 풍습 수식
　④ 伸張(펼 신, 베풀 장) : 세력이나 권력 따위가 늘어남

72 多少(많을 다, 적을 소) : 많음과 적음 대립
　❶ 深淺(깊을 심, 얕을 천) : 깊음과 얕음 대립
　② 存在(있을 존, 있을 재) : 실제로 있음, 또는 있는 그것
　③ 類似(무리 류, 같을 사) : 서로가 비슷함
　④ 認識(알 인, 알 식) : 어떤 일에 대하여 확실히 앎

73~90 음이 같은 한자어(동음이의어) 고르기

73 上京(윗 상, 서울 경) : 지방에서 서울로 올라옴
　① 所用(바 소, 쓸 용) : 쓸 곳, 또는 쓰이는 바
　② 商人(장사 상, 사람 인) : 장사를 업으로 하는 사람
　❸ 常經(항상 상, 지날 경) : 사람이 마땅히 지켜야 할 올바른 도리
　④ 上向(윗 상, 향할 향) : 위쪽을 향함, 또는 그 쪽

74 實例(열매 실, 법식 례) : 실제의 본보기
　① 過度(지날 과, 법도 도) : 정도에 지나침
　❷ 失禮(잃을 실, 예도 례) : 언행이 예의에 벗어남, 또는 그런 언행
　③ 實力(열매 실, 힘 력) : 실제로 일을 해낼 수 있는 능력
　④ 實務(열매 실, 힘쓸 무) : 실제의 업무

75 內助(안 내, 도울 조) : 아내가 남편을 도움
　① 年初(해 년[연], 처음 초) : 새해의 첫머리
　❷ 來朝(올 래[내], 아침 조) : 외국의 사신(使臣)이 찾아옴
　③ 子女(아들 자, 계집 녀) : 아들과 딸을 통틀어 이르는 말
　④ 急造(급할 급, 지을 조) : 급히 만듦

76 歷史(지날 력[역], 역사 사) : 인류 사회의 변천과 흥망의 과정, 또는 그 기록
　① 列舉(벌일 렬[열], 들 거) : 여러 가지 예나 사실을 낱낱이 죽 늘어놓음
　② 命令(목숨 명, 하여금 령) : 윗사람이나 상위 조직이 아랫사람에게나 하위 조직에 무엇을 하게 함, 또는 그런 내용
　❸ 力士(힘 력[역], 선비 사) : 뛰어나게 힘이 센 사람
　④ 年老(해 년[연], 늙을 로) : 나이가 들어서 늙음

77 戰死(싸움 전, 죽을 사) : 전쟁에서 죽음
　① 前者(앞 전, 놈 자) : 지난 번
　❷ 前史(앞 전, 역사 사) : 역사(歷史) 이전
　③ 精算(정할 정, 셈할 산) : 정밀하게 계산함, 또는 그런 계산
　④ 電子(번개 전, 아들 자) : 음전하를 가지고 원자핵의 주위를 도는 소립자의 하나

78 新鮮(새 신, 고울 선) : 새롭고 산뜻함
　① 新設(새 신, 베풀 설) : 새로 설치하거나 설비함
　② 性善(성품 성, 착할 선) : 사람의 본성은 선천적으로 착함
　③ 責善(꾸짖을 책, 착할 선) : 벗 사이에 착하고 좋은 일을 하도록 서로 권함
　❹ 神仙(귀신 신, 신선 선) : 도(道)를 닦아서 현실의 인간 세계를 떠나 자연과 벗하며 산다는 상상의 사람

79 入神(들 입, 귀신 신) : 기술이나 기예 따위가 매우 뛰어나 신과 같은 정도의 영묘한 경지에 이름
　① 一新(한 일, 새 신) : 아주 새로워짐, 또는 아주 새롭게 함
　❷ 立身(설 립[입], 몸 신) : 세상에서 떳떳한 자리를 차지하고 지위를 확고하게 세움
　③ 失神(잃을 실, 귀신 신) : 병이나 충격 따위로 정신을 잃음
　④ 自信(스스로 자, 믿을 신) : 어떤 일을 해낼 수 있다거나 어떤 일이 꼭 그렇게 되리라는 데 대하여 스스로 굳게 믿음, 또는 그런 믿음

80 認定(알 인, 정할 정) : 확실히 그렇다고 여김
　① 友情(벗 우, 뜻 정) : 친구 사이의 정
　❷ 人情(사람 인, 뜻 정) : 사람이 본래 가지고 있는 감정이나 심정
　③ 愛情(사랑 애, 뜻 정) : 사랑하는 마음
　④ 修正(닦을 수, 바를 정) : 바로잡아 고침

81 利害(이로울 리[이], 해할 해) : 이익과 손해
　❶ 理解(다스릴 리[이], 풀 해) : 사리를 분별하게 앎
　② 飮福(마실 음, 복 복) : 제사를 마치고 제사에 쓴 술이나 음식을 나누어 먹는 일
　③ 仁政(어질 인, 정사 정) : 어진 정치
　④ 陰害(그늘 음, 해할 해) : 음흉한 방법으로 남을 넌지시 해함

82 發電(필 발, 번개 전) : 전기를 일으킴
　① 發達(필 발, 통달할 달) : 신체, 정서, 지능 따위가 성장하거나 성숙함
　❷ 發展(필 발, 펼 전) : 더 낫고 좋은 상태나 더 높은 단계로 나아감
　③ 發明(필 발, 밝을 명) : 아직까지 없던 기술이나 물건을 새로 생각하여 만들어 냄
　④ 發見(필 발, 볼 견) : 찾아내지 못하였거나 아직 알려지지 아니한 사물이나 현상 따위를 찾아냄

83 千字(일천 천, 글자 자) : 천자문(千字文)
　❶ 天子(하늘 천, 아들 자) : 하늘의 뜻을 받아 하늘을 대신하여 천하를 다스리는 사람
　② 密着(빽빽할 밀, 붙을 착) : 빈틈없이 단단히 붙음
　③ 參加(참여할 참, 더할 가) : 모임이나 단체 또는 일에 관계하여 들어감
　④ 接着(접할 접, 붙을 착) : 끈기 있게 붙음

84 今上(이제 금, 윗 상) : 왕위에 있음, 또는 그런 임금
　① 患者(근심 환, 놈 자) : 병들거나 다쳐서 치료를 받아야 할 사람
　② 黑心(검을 흑, 마음 심) : 음흉하고 부정한 욕심이 많은 마음
　❸ 金賞(쇠 금, 상줄 상) : 등급을 금, 은, 동으로 나누었을 때 일등에 해당하는 상
　④ 孝女(효도 효, 계집 녀) : 부모를 잘 섬기는 딸

85 輕動(가벼울 경, 움직일 동) : 가볍게 행동함
  ① 運動(움직일 운, 움직일 동) : 사람이 몸을 단련
  하거나 건강을 위하여 몸을 움직이는 일
  ❷ 驚動(놀랄 경, 움직일 동) : 놀라서 움직임
  ③ 泰東(클 태, 동녘 동) : '동양(東洋)'을 예스럽게
  이르는 말
  ④ 鳴動(울 명, 움직일 동) : 크게 울리어 흔들림

86 利錢(이로울 리[이], 돈 전) : 이익이 남는 돈. 이자(利子)
  ① 口傳(입 구, 전할 전) : 말로 전함, 또는 말로 전
  하여 내려옴
  ② 口錢(입 구, 돈 전) : 흥정을 붙여 주고 그 보수
  로 받는 돈. 구문(口文)
  ❸ 以前(써 이, 앞 전) : 이제보다 전
  ④ 原典(근원 원, 법 전) : 기준이 되는 본디의 고전

87 戒世(경계할 계, 인간 세) : 세상 사람들을 경계함
  ① 追擊(쫓을 추, 칠 격) : 뒤쫓아 가며 공격함
  ② 末世(끝 말, 인간 세) : 정치, 도덕, 풍속 따위가
  아주 쇠퇴하여 끝판이 다 된 세상
  ③ 家勢(집 가, 형세 세) : 집안의 운수나 살림살이
  따위의 형세
  ❹ 季世(계절 계, 인간 세) : 말세(末世)

88 梅信(매화 매, 믿을 신) : 매화꽃이 피었다는 소식
으로, 봄소식을 이르는 말
  ❶ 賣身(팔 매, 몸 신) : 몸값을 받고 남의 종이 됨.
  여자가 돈을 받고 아무 남자에게나 몸을 팖
  ② 賣盡(팔 매, 다할 진) : 하나도 남지 아니하고 모
  두 다 팔려 동이남
  ③ 買收(살 매, 거둘 수) : 물건을 사들임
  ④ 賣笑(팔 매, 웃음 소) : 술자리에서 몸과 웃음을 팖

89 寶庫(보배 보, 곳집 고) : 귀중한 물건을 두는 창고
  ① 步道(걸음 보, 길 도) : 보행자의 통행에 사용하
  도록 된 도로
  ❷ 報告(알릴 보, 고할 고) : 일에 관한 내용이나 결
  과를 말이나 글로 알림
  ③ 報果(갚을 보, 실과 과) : 어떤 일의 보답으로 돌
  아오는 결과나 보람
  ④ 補缺(기울 보, 이지러질 결) : 결원이 생겼을 때
  에 그 빈자리를 채움

90 封事(봉할 봉, 일 사) : 임금에게 글을 올리던 일,
또는 그 글
  ① 封印(봉할 봉, 도장 인) : 밀봉(密封)한 자리에
  도장을 찍음, 또는 그렇게 찍힌 도장
  ❷ 奉事(받들 봉, 일 사) : 소경
  ③ 封書(봉할 봉, 글 서) : 겉봉을 봉한 편지
  ④ 封紙(봉할 봉, 종이 지) : 종이나 비닐 따위로 봉
  투처럼 만든 주머니

91~92 같은 한자가 다른 음으로 읽히는 한자어 고르기

91 ① 沈沒(잠길 침, 빠질 몰) : 물속에 가라앉음
  ② 沈默(잠길 침, 잠잠할 묵) : 아무 말도 없이 잠잠
  히 있음, 또는 그런 상태
  ③ 沈潛(잠길 침, 잠길 잠) : 겉으로 드러나지 아니
  하게 물속 깊숙이 가라앉거나 숨음
  ❹ 沈氏(성 심, 성씨 씨) : 성씨의 하나

92 ① 行軍(다닐 행, 군사 군) : 여러 사람이 줄을 지어
  먼 거리를 이동하는 일. 군대가 대열을 지어 먼
  거리를 이동하는 일
  ❷ 行列(항렬 항, 줄 렬) : 같은 혈족의 직계에서 갈
  라져 나간 계통 사이의 대수 관계
  ③ 行路(다닐 행, 길 로) : 사람이나 차가 많이 다니
  는 넓은 길
  ④ 行星(다닐 행, 별 성) : 중심 별의 강한 인력의
  영향으로 타원 궤도를 그리며 중심 별의 주위를
  도는 천체

93~110 세 개 어휘에 공통되는 한자 고르기

93 □南(남녘 남), □水(물 수), 江(강 강)□
  ① 門(문 문)   ❷ 湖(호수 호)
  ③ 北(북녘 북)   ④ 入(들 입)
  * 湖南(호남), 湖水(호수), 江湖(강호)

94 惡(악할 악)□, 親(친할 친)□, □答(대답 답)
  ① 問(물을 문)   ❷ 筆(붓 필)
  ③ 人(사람 인)   ④ 對(대할 대)
  * 惡筆(악필), 親筆(친필), 筆答(필답)

95 □城(성 성), □地(땅 지), □俗(풍속 속)
  ① 大(큰 대)   ② 都(도읍 도)
  ③ 風(바람 풍)   ❹ 土(흙 토)
  * 土城(토성), 土地(토지), 土俗(토속)

96 活(살 활)□, 通(통할 통)□, □上(윗 상)
  ① 達(통달할 달)   ② 行(다닐 행)
  ❸ 路(길 로)   ④ 道(길 도)
  * 活路(활로), 通路(통로), 路上(노상)

97 家(집 가)□, □地(땅 지), 住(살 주)□
① 庭(뜰 정)　　❷ 宅(집 택)
③ 族(겨레 족)　　④ 土(흙 토)
* 家宅(가택), 宅地(택지), 住宅(주택)

98 □目(눈 목), 作(지을 작)□, 名(이름 명)□
❶ 曲(굽을 곡)　　② 德(큰 덕)
③ 成(이룰 성)　　④ 家(집 가)
* 曲目(곡목), 作曲(작곡), 曲名(곡명)

99 □客(손 객), 美(아름다울 미)□, □望(바랄 망)
① 希(바랄 희)　　② 絕(끊을 절)
③ 色(빛 색)　　❹ 觀(볼 관)
* 觀客(관객), 美觀(미관), 觀望(관망)

100 □雪(눈 설), □夜(밤 야), 空(빌 공)□
① 晝(낮 주)　　❷ 白(흰 백)
③ 百(일백 백)　　④ 同(한가지 동)
* 白雪(백설), 白夜(백야), 空白(공백)

101 □行(다닐 행), □力(힘 력), 競(다툴 경)□
❶ 走(달릴 주)　　② 爭(다툴 쟁)
③ 流(흐를 류)　　④ 步(걸음 보)
* 走行(주행), 走力(주력), 競走(경주)

102 □示(보일 시), □紙(종이 지), 年(해 년)□
① 色(빛 색)　　② 間(사이 간)
③ 別(다를 별)　　❹ 表(겉 표)
* 表示(표시), 表紙(표지), 年表(연표)

103 師(스승 사)□, 兄(형 형)□, □子(아들 자)
① 父(아비 부)　　② 第(차례 제)
❸ 弟(아우 제)　　④ 母(어미 모)
* 師弟(사제), 兄弟(형제), 弟子(제자)

104 □觀(볼 관), 喜(기쁠 희)□, □報(알릴 보)
❶ 悲(슬플 비)　　② 可(옳을 가)
③ 樂(즐길 락)　　④ 怒(성낼 노)
* 悲觀(비관), 喜悲(희비), 悲報(비보)

105 □文(글월 문), □物(물건 물), 祝(빌 축)□
① 憂(근심 우)　　❷ 祭(제사 제)
③ 散(흩을 산)　　④ 帝(임금 제)
* 祭文(제문), 祭物(제물), 祝祭(축제)

106 淸(맑을 청)□, 洗(씻을 세)□, 自(스스로 자)□
① 潔(깨끗할 결)　　❷ 淨(깨끗할 정)
③ 靜(고요할 정)　　④ 顔(얼굴 안)
* 淸淨(청정), 洗淨(세정), 自淨(자정)

107 跳(뛸 도)□, 飛(날 비)□, □進(나아갈 진)
❶ 躍(뛸 약)　　② 行(다닐 행)
③ 前(앞 전)　　④ 退(물러날 퇴)
* 跳躍(도약), 飛躍(비약), 躍進(약진)

108 □民(백성 민), □子(아들 자), □出(날 출)
① 序(차례 서)　　② 國(나라 국)
❸ 庶(여러 서)　　④ 徐(천천히 서)
* 庶民(서민), 庶子(서자), 庶出(서출)

109 □念(생각 념), □要(요긴할 요), 大(큰 대)□
① 慨(슬퍼할 개)　　② 略(간략할 략)
③ 伸(펼 신)　　❹ 槪(대개 개)
* 槪念(개념), 槪要(개요), 大槪(대개)

110 □書(글 서), 所(바 소)□, 貯(쌓을 저)□
❶ 藏(감출 장)　　② 墻(담 장)
③ 蓄(쌓을 축)　　④ 錯(섞일 착)
* 藏書(장서), 所藏(소장), 貯藏(저장)

111~126 제시된 한자어와 상대되는 뜻의 한자어 고르기

111 空想(빌 공, 생각 상) : 이루어질 수 없는 헛된 생각
① 夢想(꿈 몽, 생각 상) : 꿈속의 생각. 실현성이 없는 헛된 생각을 함, 또는 그 생각
② 公空(공변될 공, 빌 공) : 어느 나라의 영공에도 속하지 않는 공간
❸ 現實(나타날 현, 열매 실) : 지금 눈앞에 사실로 서 나타나 있는 상태
④ 現代(나타날 현, 대신 대) : 오늘날의 시대

112 上行(윗 상, 다닐 행) : 위쪽으로 올라감. 지방에서 서울로 올라감, 또는 그런 교통 수단
① 逆流(거스를 역, 흐를 류) : 물이 거슬러 흐름
❷ 下行(아래 하, 다닐 행) : 아래쪽으로 내려감. 서울에서 지방으로 내려감, 또는 그런 교통 수단
③ 同生(한가지 동, 날 생) : 아우와 손아랫누이를 이르는 말
④ 順行(순할 순, 다닐 행) : 차례대로 나아감. 거스르지 아니하고 행함

113 年末(해 년[연], 끝 말) : 한 해의 마지막 때
❶ 年始(해 년[연], 비로소 시) : 새해의 첫날을 명절로 이르는 말. 새해의 처음
② 年中(해 년[연], 가운데 중) : 한 해 동안
③ 月初(달 월, 처음 초) : 그달의 처음 무렵
④ 月末(달 월, 끝 말) : 그달의 끝 무렵

114 能動(능할 능, 움직일 동) : 스스로 내켜서 움직이거나 작용함
① 結論(맺을 결, 논할 론) : 말이나 글의 맺는 부분
② 能力(능할 능, 힘 력) : 일을 해 내는 힘
❸ 受動(받을 수, 움직일 동) : 스스로 움직이지 않고 다른 것의 작용을 받아 움직임
④ 作動(지을 작, 움직일 동) : 기계 따위가 작용을 받아 움직임, 또는 기계 따위를 움직이게 함

115 同感(한가지 동, 느낄 감) : 같게 생각하거나 느낌
 ① 同質(한가지 동, 바탕 질) : 성질이 같음, 또는 같은 성질
 ② 反正(돌이킬 반, 바를 정) : 옳지 못한 임금을 폐위하고 새 임금을 세워 나라를 바로잡음, 또는 그런 일
 ③ 反省(돌이킬 반, 살필 성) : 자기 자신의 잘못을 스스로 돌이켜 살핌
 ❹ 反感(돌이킬 반, 느낄 감) : 반대하거나 반항하는 감정

116 共同(함께 공, 한가지 동) : 여러 사람이 다 함께 함
 ① 共用(함께 공, 쓸 용) : 공동으로 사용함
 ② 獨善(홀로 독, 착할 선) : 자기 혼자만이 옳다고 믿고 행동하는 일
 ③ 公同(공변될 공, 한가지 동) : 공중(公衆)이 함께 하거나 서로 관계됨
 ❹ 單獨(홀 단, 홀로 독) : 단 한 사람. 단 하나

117 車道(수레 차, 길 도) : 차가 다니는 길
 ① 車路(수레 차, 길 로) : 사람이 다니는 길 따위와 구분하여 자동차만 다니게 한 길
 ❷ 人道(사람 인, 길 도) : 사람이 다니는 길
 ③ 風車(바람 풍, 수레 차) : 바람을 이용하여 동력을 얻는 기계
 ④ 車線(수레 차, 줄 선) : 자동차 도로에 주행 방향을 따라 일정한 간격으로 그어 놓은 선

118 放心(놓을 방, 마음 심) : 마음을 놓음
 ① 安心(편안 안, 마음 심) : 근심 걱정이 없이 마음이 편안함
 ❷ 注意(물댈 주, 뜻 의) : 마음에 새겨 조심함, 잘 알아듣도록 타이름
 ③ 主意(주인 주, 뜻 의) : 주된 의미
 ④ 主義(주인 주, 옳을 의) : 굳게 지키는 주장이나 방침. 체계화된 이론이나 학설

119 不義(아닐 불, 옳을 의) : 의리·도의·정의 따위에 어긋남
 ❶ 正義(바를 정, 옳을 의) : 사람으로서 지켜야 할 바른 도리
 ② 實用(열매 실, 쓸 용) : 실제로 씀
 ③ 定義(정할 정, 옳을 의) : 어떤 말이나 사물의 뜻을 명백히 밝혀 규정함, 또는 그 뜻
 ④ 定議(정할 정, 의논할 의) : 개념이나 뜻을 명확히 한정함

120 生存(날 생, 있을 존) : 살아 있음, 또는 살아남음
 ① 生死(날 생, 죽을 사) : 삶과 죽음
 ② 生前(날 생, 앞 전) : 살아 있는 동안
 ❸ 死亡(죽을 사, 망할 망) : 사람이 죽음
 ④ 一生(한 일, 날 생) : 살아 있는 동안

121 低俗(낮을 저, 풍속 속) : 품위가 낮고 속됨
 ① 低溫(낮을 저, 따뜻할 온) : 낮은 온도
 ② 古俗(예 고, 풍속 속) : 오래된 옛 풍속
 ❸ 高尙(높을 고, 높일 상) : 품위나 몸가짐이 속되지 아니하고 훌륭함
 ④ 和尙(화할 화, 높일 상) : 수행을 많이 한 중, '중'을 높여 이르는 말

122 舊式(예 구, 법 식) : 예전의 방식이나 형식
 ① 公式(공변될 공, 법 식) : 계산의 법칙 따위를 문자와 기호로 나타낸 식
 ❷ 新式(새 신, 법 식) : 새로운 방식이나 형식
 ③ 典式(법 전, 법 식) : 법도(法度)와 양식(樣式)
 ④ 方式(모 방, 법 식) : 일정한 형식이나 방법

123 自立(스스로 자, 설 립) : 남에게 의지하지 않고 자기의 힘으로 해나감
 ① 獨立(홀로 독, 설 립) : 다른 것에 예속하거나 의존하지 아니하는 상태로 됨
 ② 獨存(홀로 독, 있을 존) : 홀로 존재함
 ❸ 依他(의지할 의, 다를 타) : 남에게 의지함
 ④ 依然(의지할 의, 그럴 연) : 전과 다름이 없음

124 詳述(자세할 상, 지을 술) : 자세하게 설명하여 말함
 ① 著述(나타날 저, 지을 술) : 글이나 책 따위를 씀, 또는 그 글이나 책
 ② 詳細(자세할 상, 가늘 세) : 속속들이 자세함
 ③ 略式(간략할 략[약], 법 식) : 정식으로 절차를 갖추지 아니하고 간추린 의식이나 양식
 ❹ 略述(간략할 략[약], 지을 술) : 간략하게 논술함, 또는 그런 논술

125 聰明(귀밝을 총, 밝을 명) : 보거나 들은 것을 오래 기억하는 힘이 있음. 썩 영리하고 재주가 있음
 ❶ 愚鈍(어리석을 우, 둔할 둔) : 어리석고 둔함
 ② 愚民(어리석을 우, 백성 민) : 어리석은 백성
 ③ 聰敏(귀밝을 총, 민첩할 민) : 총명하고 민첩함
 ④ 總名(다 총, 이름 명) : 전부를 한데 모아 두루 일컬음, 또는 그런 이름

126 入黨(들 입, 무리 당) : 어떤 당에 가입함
  ❶ 脫黨(벗을 탈, 무리 당) : 당원이 자기가 속하여 있던 당을 떠남
  ② 入堂(들 입, 집 당) : 승당(僧堂)이나 법당에 들어가는 일
  ③ 朋黨(벗 붕, 무리 당) : 조선 시대에 이념과 이해에 따라 이루어진 사람의 집단
  ④ 脫出(벗을 탈, 날 출) : 어떤 상황이나 구속 따위에서 빠져나옴

127~132 사자 성어 완성하기

127 子(아들 자)孫(손자 손)□代(대신 대)
  ① 滿(찰 만)　　　　② 萬(일만 만)
  ③ 百(일백 백)　　　　④ 白(흰 백)
  * 子孫萬代(자손만대) : 자식과 손자가 거듭된 여러 대

128 自(스스로 자)□自(스스로 자)足(넉넉할 족)
  ① 急(급할 급)　　　　② 由(말미암을 유)
  ③ 己(몸 기)　　　　④ 給(줄 급)
  * 自給自足(자급자족) : 자기에게 필요한 것은 자기가 생산하여 충당함

129 文(글월 문)□四(넉 사)友(벗 우)
  ① 具(갖출 구)　　　　② 方(모 방)
  ❸ 房(방 방)　　　　④ 進(나아갈 진)
  * 文房四友(문방사우) : 종이, 붓, 먹, 벼루의 네 가지 문방구

130 命(목숨 명)在(있을 재)□刻(새길 각)
  ① 傾(기울 경)　　　　❷ 頃(이랑, 잠깐 경)
  ③ 更(다시 경)　　　　④ 境(지경 경)
  * 命在頃刻(명재경각) : 거의 죽게 되어 숨이 끊어질 지경에 이름

131 氣(기운 기)盡(다할 진)□盡(다할 진)
  ❶ 脈(맥 맥)　　　　② 多(많을 다)
  ③ 消(사라질 소)　　　　④ 身(몸 신)
  * 氣盡脈盡(기진맥진) : 기운과 의지력이 다하여 스스로 가누지 못할 지경이 됨

132 登(오를 등)高(높을 고)自(스스로 자)□
  ① 鼻(코 비)　　　　② 秘(숨길 비)
  ③ 費(쓸 비)　　　　❹ 卑(낮을 비)
  * 登高自卑(등고자비) : 높은 곳에 오르려면 낮은 곳에서부터 오른다는 뜻으로, 일을 순서대로 하여야 함을 이르는 말

133~136 제시된 사자 성어의 뜻 알기

133 好(좋을 호)衣(옷 의)好(좋을 호)食(먹을 식)
  好衣好食(호의호식) : 좋은 옷을 입고 좋은 음식을 먹는다.

134 公(공변될 공)明(밝을 명)正(바를 정)大(큰 대)
  公明正大(공명정대) : 하는 일이나 태도가 아주 정당하고 떳떳하다.

135 我(나 아)田(밭 전)引(끌 인)水(물 수)
  我田引水(아전인수) : 내 논에 물대기. 자기에게만 이롭게 하다.

136 首(머리 수)丘(언덕 구)初(처음 초)心(마음 심)
  首丘初心(수구초심) : 고향을 그리워하는 마음

137~140 뜻에 맞는 사자 성어 고르기

137 여러 방면에 능통한 사람
  ① 東(동녘 동)西(서녘 서)古(예 고)今(이제 금)
    東西古今(동서고금) : 동양과 서양, 옛날과 지금을 통틀어 이르는 말
  ② 決(결단할 결)死(죽을 사)反(돌이킬 반)對(대할 대)
    決死反對(결사반대) : 죽기를 각오하고 있는 힘을 다해 반대함
  ❸ 八(여덟 팔)方(모 방)美(아름다울 미)人(사람 인)
    八方美人(팔방미인) : 여러 방면에 능통한 사람
  ④ 風(바람 풍)林(수풀 림)火(불 화)山(메 산)
    風林火山(풍림화산) : 빠르기는 바람과 같고, 고요히 자리하고 있기는 숲과 같고, 공격할 때는 불과 같고, 숨어 있을 때는 산과 같음

138 임자 없는 빈 산
  ① 公(공변될 공)平(평평할 평)無(없을 무)私(사사 사)
    公平無私(공평무사) : 공평하여 사사로움이 없음
  ② 空(빌 공)山(메 산)明(밝을 명)月(달 월)
    空山明月(공산명월) : 사람 없는 빈산에 외로이 비치는 밝은 달
  ❸ 無(없을 무)主(주인 주)空(빌 공)山(메 산)
    無主空山(무주공산) : 임자 없는 빈산. 인가도 인기척도 전혀 없는 쓸쓸한 산
  ④ 山(메 산)川(내 천)草(풀 초)木(나무 목)
    山川草木(산천초목) : 자연

139 계란으로 바위치기
  ① 虛(빌 허)張(베풀 장)聲(소리 성)勢(형세 세)
    虛張聲勢(허장성세) : 실속은 없으면서 큰소리치거나 허세를 부림
  ② 國(나라 국)泰(클 태)民(백성 민)安(편안 안)
    國泰民安(국태민안) : 나라가 태평하고 백성이 편안함
  ❸ 以(써 이)卵(알 란)投(던질 투)石(돌 석)
    以卵投石(이란투석) : 계란으로 바위치기
  ④ 燈(등잔 등)火(불 화)可(옳을 가)親(친할 친)
    燈火可親(등화가친) : 등불을 가까이할 만하다. 서늘한 가을 밤은 등불을 가까이하여 글 읽기에 좋음

140 친구 따라 강남 간다.
① 完(완전할 완)全(온전할 전)無(없을 무)缺(이지러질 결)
完全無缺(완전무결) : 충분히 갖추어져 있어 아무런 결점이 없음
② 四(넉 사)顧(돌아볼 고)無(없을 무)親(친할 친)
四顧無親(사고무친) : 의지할만한 사람이 아무도 없음
③ 天(하늘 천)壤(흙 양)之(갈 지)差(다를 차)
天壤之差(천양지차) : 하늘과 땅 사이와 같이 엄청난 차이
❹ 近(가까울 근)墨(먹 묵)者(놈 자)黑(검을 흑)
近墨者黑(근묵자흑) : 먹을 가까이하는 사람은 검어진다. 나쁜 사람과 가까이 지내면 나쁜 버릇에 물들기 쉬움

제3영역 讀解

141~154 문장에 쓰인 한자어의 음 알기

141 비정규직 증가는 최근 고용 市場(시장 시, 마당 장)의 일반적인 추세이다.

142 학벌 사회의 폐해는 부, 명예, 권력을 一部(한 일, 떼 부)가(이) 독점하는 문제 정도에서 끝나는 게 아니다.

143 동북 아시아는 새롭게 끓어 넘치기 直前(곧을 직, 앞 전)의 단계에 와 있다.

144 스포츠에서는 종종 의외의 結果(맺을 결, 실과 과)가(이) 나오기도 한다.

145 大氣(큰 대, 기운 기) 오염이 날로 심각해지고 있다.

146 지난 140년간 지구 地面(땅 지, 낯 면) 온도는 계속 상승했다.

147 언어적 表現(겉 표, 나타날 현)에는 절대적인 참이 있는 것이 아니다.

148 1957년 10월 세계 最初(가장 최, 처음 초)의 인공위성인 스푸트니크 1호가 발사되었다.

149 출산 및 육아에 대한 정부 지원이 대폭 强化(강할 강, 될 화)될 전망이다.

150 여성들의 사회 진출은 결혼관에 큰 變化(변할 변, 될 화)를 가져왔다.

151 그는 모든 것을 宿命(잘 숙, 목숨 명)에 맡기고 노력하지 않았다.

152 그는 주위의 人物(사람 인, 물건 물)을 경계하는 버릇이 있다.

153 일부 교회에서는 단군상 철거 대회를 열고 목사와 장로가 단군상 파괴를 干證(방패 간, 증거 증)하는 일까지 빚어졌다.

154 그는 늙어 죽는 날까지 무슨 짓을 해서라도 손녀 하나 있는 것 자기 손으로 거두기로 이미 覺悟(깨달을 각, 깨달을 오)이(가) 되어 있었다.

155~159 문장에 쓰인 한자어의 뜻 알기

155 어머니를 至極(이를 지, 극진할 극)히 모시던 사임당은 어머니 생각에 잠을 이루지 못하는 날이 많았다.
  * 극진하다.

156 모든 일에는 長短(길 장, 짧을 단)이 있기 마련이다.
  * 장점과 단점

157 그는 永永(길 영, 길 영) 돌아오지 않았다.
  * 영원히

158 그것이 현재의 왜곡된 교육 현실을 改革(고칠 개, 가죽 혁) 하는 출발점이기도 하다.
  * 새롭게 뜯어고치다.

159 서부 開拓(열 개, 넓힐 척) 시대를 배경으로 한 영화는 은행강도가 단골로 등장한다.
  * 땅을 일궈 쓸모 있게 하다.

160~164 문장에 맞는 한자어 고르기

160 인간의 본성에는 싸움을 불러 일으키는 세 가지의 □□가 있다.
① 要求(요긴할 요, 구할 구) : 달라고 청함
② 必要(반드시 필, 요긴할 요) : 꼭 소용이 있음
❸ 要素(요긴할 요, 본디 소) : 어떤 사물의 성립이나 효력 따위에 없어서는 안 될 근본적인 조건
④ 成分(이룰 성, 나눌 분) : 전체를 구성하고 있는 성분

161 15세기 후반 조선에서는 사회 경제적 변화에 조응하여 새로운 정치 세력이 대두되기 □□하였다.
❶ 始作(비로소 시, 지을 작) : 어떤 일이나 행동의 처음 단계를 이룸, 또는 그 단계
② 出發(날 출, 필 발) : 목적지를 향하여 나아감
③ 開始(열 개, 비로소 시) : 행동이나 일 따위를 시작함
④ 完成(완전할 완, 이룰 성) : 완전히 다 이룸

162 조선 후기에 도시 시장과 농촌 장시가 성장하고, 포구 상업이 새로운 □□으로 발전하였다.
❶ 次元(버금 차, 으뜸 원) : 사물을 보거나 생각하는 처지, 또는 사상이나 학식의 수준

② 結果(맺을 결, 실과 과) : 어떤 원인으로 결말이 생김, 또는 그런 결말의 상태

③ 經過(지날 경, 지날 과) : 시간이 지나감

④ 變德(변할 변, 큰 덕) : 이랫다저랫다 하여 변하기를 잘 하는 일

163 이 책은 여러 명이 쓴 □□이다.

① 著名(나타날 저, 이름 명) : 세상에 이름이 드러나 있음

② 公著(공변될 공, 나타날 저) * 한자어 아님

❸ 共著(함께 공, 나타날 저) : 책을 둘 이상의 사람이 함께 지음, 또는 그렇게 지은 책

④ 功著(공 공, 나타날 저) * 한자어 아님

164 민주화를 표방하는 총통으로서도 정권의 안정에 조금도 도움이 되지 않으리라는 점을 알고 □□을(를) 내렸을 것이다.

① 結團(맺을 결, 둥글 단) : 단체를 결성함

❷ 決斷(결단할 결, 끊을 단) : 결정적인 판단을 하거나 단정을 내림, 또는 그런 판단이나 단정

③ 留保(머무를 류[유], 보전할 보) : 어떤 일을 나중으로 미루어 둠

④ 廢止(폐할 폐, 그칠 지) : 실시하여 오던 제도나 법규, 일 따위를 그만두거나 없앰

165~170 문장에 맞지 않는 한자어 고르기

165 ❶ 東羊(동녘 동, 양 양)에서는 언제나 ② 人間(사람 인, 사이 간)이 ③ 中心(가운데 중, 마음 심)이 되어 본위가 되며 ④ 主體(주인 주, 몸 체)가 된다.

* 東羊 → 東洋(동녘 동, 큰바다 양)

166 ① 競爭心(다툴 경, 다툴 쟁, 마음 심)은 인간으로 하여금 ② 利得(이로울 리[이], 얻을 득)을 보기 위해, ❸ 少心(적을 소, 마음 심)함은 ④ 安全(편안 안, 온전할 전)을 보장받기 위해, 명예욕은 좋은 평판을 듣기 위해 남을 해치도록 유도한다.

* 少心 → 小心(작을 소, 마음 심)

167 귀납과 연역의 ① 質的(바탕 질, 과녁 적) 차이가 확률치의 ② 量的(헤아릴 량[양], 과녁 적) 차이로 ❸ 解所(풀 해, 바 소)되어 버릴 수 있는가는 의문스러운 ④ 問題(물을 문, 제목 제)이다.

* 解所 → 解消(풀 해, 사라질 소)

168 베트남전 ① 反對示威(돌이킬 반, 대할 대, 보일 시, 위엄 위)가 한창이던 당시 젊은이들은 ❷ 權偉(권세 권, 위대할 위)와 질서에 도전하는 주인공들의 무한질주에 열광했지만, 은행갱을 ③ 美化(아름다울 미, 될 화)했다는 ④ 非難(아닐 비, 어려울 난)은 피할 수 없었다.

* 權偉 → 權威(권세 권, 위엄 위)

169 프랑스는 담배에 관한 한 비교적 ① 寬大(너그러울 관, 큰 대)한 나라였다. ❷ 成因(이룰 성, 인할 인) 남자의 42%, 성인 여자의 27%가 '골초'인데다 해마다 6만 여 명이 담배로 인한 질병으로 죽어가는 데도 ③ 吸煙(마실 흡, 연기 연)의 ④ 深刻性(깊을 심, 새길 각, 성품 성)에 대해 요란하게 떠들지 않는 나라가 프랑스였다.

* 成因 → 成人(이룰 성, 사람 인)

170 선진국에선 오래 전부터 국제 회의를 ① 産業(낳을 산, 일 업)으로 간주하고 있다. 국제 회의는 국력 과시의 ❷ 幾會(몇 기, 모일 회)가 아니라 대표단이 쓰는 ③ 外貨(바깥 외, 재물 화)를 겨냥한 비즈니스라는 것이다. 그런데도 우리는 아직도 국제 회의를 ④ 國威(나라 국, 위엄 위) 선양의 기회로 알고 있다.

* 幾會 → 機會(틀 기, 모일 회)

171~178 바르게 쓴 한자어 고르기

171 우리 민족의 사업은 세계를 무력으로 정복하거나 경제력으로 지배하려는 것이 아니다.

① 相業(서로 상, 일 업)

② 商業(장사 상, 일 업)

❸ 事業(일 사, 일 업)

④ 思業(생각 사, 일 업)

172 오늘의 한국 민주주의가 제자리걸음을 하고 있는 가장 큰 원인은 무엇인가?

① 原人(근원 원, 사람 인)

② 遠人(멀 원, 사람 인)

③ 遠因(멀 원, 인할 인)

❹ 原因(근원 원, 인할 인)

173 유럽 대륙이 유럽(Europe)이라는 이름을 가지게 된 연유는 그리스의 신화에 등장하는 에우로페(Europe)라는 여자 이야기로부터 시작된다.

❶ 神話(귀신 신, 말씀 화)

② 信和(믿을 신, 화할 화)

③ 神和(귀신 신, 화할 화)

④ 神貨(귀신 신, 재물 화)

174 경영자가 해야 할 대표적인 활동은 대개 다음의 단계를 거친다.

① 大表(큰 대, 겉 표)

② 對表(대할 대, 겉 표)

❸ 代表(대신 대, 겉 표)

④ 代理(대신 대, 다스릴 리)

175 데이터마이닝이란 대량의 데이터로부터 쉽게 드러
나지 않는 유용한 정보들을 추출하는 과정을 말한다.
① 流用(흐를 류[유], 쓸 용)
❷ 有用(있을 유, 쓸 용)
③ 有勇(있을 유, 날랠 용)
④ 有容(있을 유, 얼굴 용)

176 유체는 기체와 액체의 총칭이다.
① 己體(자기 기, 몸 체) ❷ 氣體(기운 기, 몸 체)
③ 技體(재주 기, 몸 체) ④ 期體(기약할 기, 몸 체)

177 한반도는 동해에서 난류와 한류가 교차하여 좋은
어장을 이룬다.
① 暖留(따뜻할 난, 머무를 류)
② 難留(어려울 난, 머무를 류)
❸ 暖流(따뜻할 난, 흐를 류)
④ 難流(어려울 난, 흐를 류)

178 소년은 일을 하는 틈틈이 혼자서 공부를 했다. 가
게 주인은 그런 소년을 매우 기특하게 생각했다.
① 豈特(어찌 기, 특별할 특)
② 棄特(버릴 기, 특별할 특)
❸ 奇特(기이할 기, 특별할 특)
④ 騎特(말탈 기, 특별할 특)

179~183 어구의 뜻과 비슷한 한자 · 한자어 고르기

179 재영이가 탄 차가 화물차와 충돌했지만 다행히 가
벼운 찰과상만 입었다.
① 理(다스릴 리)   ❷ 輕(가벼울 경)
③ 重(무거울 중)   ④ 豊(풍성할 풍)

180 영철이가 사는 곳은 어촌이라 항상 바다 바람이
심하게 불어온다.
❶ 海風(바다 해, 바람 풍)
② 陸風(뭍 륙[육], 바람 풍)
③ 大風(큰 대, 바람 풍)
④ 長風(길 장, 바람 풍)

181 민선이는 아침 일찍 영화를 보러 극장에 갔다.
① 朝朝(아침 조, 아침 조)
② 朝夕(아침 조, 저녁 석)
③ 早期(이를 조, 기약할 기)
❹ 早朝(이를 조, 아침 조)

182 이번만큼은 그냥 보아 넘길 문제가 아니다.
① 白眼視(흰 백, 눈 안, 볼 시)
❷ 等閑視(무리 등, 한가할 한, 볼 시)
③ 重大視(무거울 중, 큰 대, 볼 시)
④ 敵對視(대적할 적, 대할 대, 볼 시)

183 그 분의 노련한 다그침이 훈련에 큰 도움이 되었다.
① 彈壓(탄알 탄, 누를 압)
❷ 督勵(감독할 독, 힘쓸 려)
③ 應援(응할 응, 도울 원)
④ 入營(들 입, 경영할 영)

184~188 글에 쓰인 한자어와 한자의 뜻 알기

184 ㉠임금의 뜻을 가진 것은?
① 公(공변될 공)   ❷ 王(임금 왕)
③ 兄(형 형)   ④ 祖(할아비 조)

185 ㉡有名(있을 유, 이름 명)의 독음이 바른 것은?
① 무명   ❷ 유명
③ 평판   ④ 명성

186 ㉢사신의 한자 표기가 바른 것은?
❶ 使臣(하여금 사, 신하 신)
② 私信(사사 사, 믿을 신)
③ 使命(하여금 사, 목숨 명)
④ 身命(몸 신, 목숨 명)

187 ㉣그림의 뜻을 가장 잘 나타낸 것은?
① 用(쓸 용)   ② 晝(낮 주)
③ 書(글 서)   ❹ 畵(그림 화)

188 ㉤믿지 않았다의 뜻을 가장 잘 나타낸 것은?
① 信用(믿을 신, 쓸 용)   ② 不滿(아닐 불, 찰 만)
❸ 不信(아닐 불, 믿을 신) ④ 滿足(찰 만, 넉넉할 족)

189~193 글에 쓰인 한자어와 한자의 뜻 알기

189 ㉠말기의 한자 표기가 바른 것은?
① 期末(기약할 기, 끝 말)
② 末技(끝 말, 재주 기)
③ 初期(처음 초, 기약할 기)
❹ 末期(끝 말, 기약할 기)

190 ㉡한의학자의 한자 표기가 바른 것은?
❶ 韓醫學者(한국 한, 의원 의, 배울 학, 놈 자)
② 中醫學者(가운데 중, 의원 의, 배울 학, 놈 자)
③ 法醫學者(법 법, 의원 의, 배울 학, 놈 자)
④ 英文學者(꽃부리 영, 글월 문, 배울 학, 놈 자)

191 ㉢經典(지날 경, 법 전)의 독음이 바른 것은?
① 경서   ❷ 경전
③ 경질   ④ 사전

192 ㉣환히 통달했으며의 뜻을 가장 잘 나타낸 것은?
❶ 能通(능할 능, 통할 통) ② 不通(아닐 불, 통할 통)
③ 法統(법 법, 거느릴 통) ④ 大通(큰 대, 통할 통)

193 ㉤제자의 한자 표기가 바른 것은?
① 題字(제목 제, 글자 자)
② 第子(차례 제, 아들 자)
❸ 弟子(아우 제, 아들 자)
④ 一字(한 일, 글자 자)

194~197 글에 쓰인 한자어와 한자의 뜻 알기

194 ㉡이름의 뜻을 가진 것은?
① 命(목숨 명)　　　❷ 名(이름 명)
③ 字(글자 자)　　　④ 號(이름 호)

195 ㉠後身~㉤問意 중 한자 표기가 바르지 않은 것은?
① ㉠後身(뒤 후, 몸 신)
② ㉡誤解(그르칠 오, 풀 해)
③ ㉣混同(섞을 혼, 한가지 동)
④ ㉤問意(물을 문, 뜻 의)
* 問意 → 問議(물을 문, 의논할 의)

196 ㉥상업적의 '적' 자의 한자 표기가 바른 것은?
① 赤(붉을 적)　　　❷ 的(과녁 적)
③ 敵(대적할 적)　　④ 適(갈 적)

197 ㉆解除(풀 해, 덜 제)의 독음이 바른 것은?
① 해금　　　② 해리
❸ 해제　　　④ 해체

198~203 글에 쓰인 한자어와 한자의 뜻 알기

198 ㉠貴族~㉣測近 중 한자 표기가 바르지 않은 것은?
① ㉠貴族(귀할 귀, 겨레 족)
② ㉡領主(거느릴 령[영], 주인 주)
③ ㉢奉仕(받들 봉, 벼슬 사)
❹ ㉣測近(헤아릴 측, 가까울 근)
* 測近 → 側近(곁 측, 가까울 근)

199 ㉤농민봉기의 한자 표기가 바른 것은?
❶ 農民蜂起(농사 농, 백성 민, 벌 봉, 일어날 기)
② 農民鳳起(농사 농, 백성 민, 새 봉, 일어날 기)
③ 農民峯起(농사 농, 백성 민, 봉우리 봉, 일어날 기)
④ 農民逢起(농사 농, 백성 민, 만날 봉, 일어날 기)

200 ㉥사이의 뜻을 가진 것은?
① 問(물을 문)　　　❷ 間(사이 간)
③ 聞(들을 문)　　　④ 鬪(싸움 투)

201 ㉆잔인~㉨궁지의 한자 표기가 바른 것은?
❶ ㉆殘忍(남을 잔, 참을 인)
② ㉗肥壯(살찔 비, 장할 장)
③ ㉘權閑(권세 권, 한가할 한)
④ ㉨宮地(집 궁, 땅 지)

202 ㉠배를 갈라의 뜻을 가장 잘 나타낸 것은?
① 斷指(끊을 단, 가리킬 지) ② 刻舟(새길 각, 배 주)
❸ 割腹(나눌 할, 배 복)　　④ 破船(깨뜨릴 파, 배 선)

203 ㉡주위의 '위' 자와 같은 한자를 사용하는 것은?
❶ 包圍(쌀 포, 에워쌀 위)
② 卽位(곧 즉, 자리 위)
③ 偉大(위대할 위, 큰 대)
④ 慰勞(위로할 위, 일할 로)

204~210 글에 쓰인 한자어와 한자의 뜻 알기

204 ㉠人流~㉤本格 중 한자 표기가 바르지 않은 것은?
❶ ㉠人流(사람 인, 흐를 류)
② ㉡戰爭(싸움 전, 다툴 쟁)
③ ㉢地雷(땅 지, 우레 뢰)
④ ㉤本格(근본 본, 격식 격)
* 人流 → 人類(사람 인, 무리 류)

205 ㉣주장의 '장' 자의 한자 표기가 바른 것은?
① 丈(어른 장)　　　② 將(장수 장)
❸ 張(베풀 장)　　　④ 掌(손바닥 장)

206 ㉥殺傷武器(죽일 살, 상할 상, 군인 무, 그릇 기)의 독음이 바른 것은?
① 살육 무기　　　❷ 살상 무기
③ 살생 무기　　　④ 살인 무기

207 ㉆통계의 한자 표기가 바른 것은?
① 統係(거느릴 통, 맬 계)
❷ 統計(거느릴 통, 셀 계)
③ 通戒(통할 통, 경계할 계)
④ 通計(통할 통, 셀 계)

208 ㉗침략 위협의 한자 표기가 바른 것은?
① 浸掠威脅(잠길 침, 노략질할 략, 위엄 위, 위협할 협)
❷ 侵略威脅(침노할 침, 간략할 략, 위엄 위, 위협할 협)
③ 浸掠危脅(잠길 침, 노략질할 략, 위태할 위, 위협할 협)
④ 侵略危脅(침노할 침, 간략할 략, 위태할 위, 위협할 협)

209 ㉘接近~㉢條約의 독음이 바른 것은?
① ㉘接近(접할 접, 가까운 근)
❷ ㉙保有(보전할 보, 있을 유)
③ ㉠推算(밀 추, 셈할 산)
④ ㉢條約(가지 조, 맺을 약)

210 ㉣피해의 한자 표기가 바른 것은?
① 彼害(저 피, 해할 해)　　❷ 被害(입을 피, 해할 해)
③ 疲害(피곤할 피, 해할 해) ④ 避害(피할 피, 해할 해)

12 실전 모의고사(정답 및 해설)

| 정답 |

1 ①	2 ①	3 ③	4 ②	5 ④
6 ②	7 ④	8 ④	9 ①	10 ③
11 ①	12 ④	13 ③	14 ②	15 ①
16 ①	17 ②	18 ③	19 ④	20 ②
21 ③	22 ②	23 ④	24 ②	25 ②
26 ③	27 ①	28 ③	29 ②	30 ③
31 ①	32 ③	33 ①	34 ③	35 ①
36 ①	37 ③	38 ③	39 ①	40 ②
41 ③	42 ②	43 ③	44 ①	45 ②
46 ②	47 ③	48 ③	49 ①	50 ④
51 ④	52 ③	53 ①	54 ②	55 ①
56 ④	57 ②	58 ④	59 ②	60 ①
61 ①	62 ④	63 ②	64 ③	65 ①
66 ①	67 ②	68 ③	69 ④	70 ①
71 ②	72 ①	73 ①	74 ②	75 ②
76 ②	77 ③	78 ②	79 ③	80 ②
81 ①	82 ④	83 ①	84 ①	85 ③
86 ②	87 ④	88 ②	89 ①	90 ②
91 ③	92 ②	93 ①	94 ②	95 ③
96 ④	97 ②	98 ④	99 ④	100 ②
101 ①	102 ①	103 ④	104 ②	105 ④
106 ①	107 ①	108 ②	109 ②	110 ①
111 ③	112 ③	113 ①	114 ④	115 ②
116 ②	117 ②	118 ①	119 ③	120 ④
121 ②	122 ③	123 ②	124 ②	125 ③
126 ①	127 ①	128 ②	129 ③	130 ④
131 ②	132 ④	133 ②	134 ④	135 ③
136 ④	137 ①	138 ②	139 ②	140 ④
141 ①	142 ②	143 ①	144 ④	145 ②
146 ③	147 ②	148 ①	149 ①	150 ①
151 ②	152 ③	153 ②	154 ①	155 ④
156 ④	157 ①	158 ①	159 ③	160 ③
161 ②	162 ①	163 ②	164 ②	165 ①
166 ③	167 ③	168 ②	169 ②	170 ③
171 ①	172 ①	173 ①	174 ②	175 ②
176 ④	177 ②	178 ②	179 ③	180 ①
181 ②	182 ③	183 ②	184 ①	185 ③
186 ②	187 ④	188 ①	189 ①	190 ①
191 ②	192 ①	193 ④	194 ②	195 ②
196 ①	197 ②	198 ④	199 ④	200 ①
201 ④	202 ①	203 ④	204 ②	205 ③
206 ②	207 ④	208 ①	209 ③	210 ②

제1영역 　漢字

1~5 제시된 한자의 부수 고르기

1 充(채울 충) 儿부 4획
　❶ 儿(걷는사람 인)　　② 厶(마늘모)
　③ 亠(돼지해머리)　　④ 充(채울 충)

2 唱(부를 창) 口부 8획
　❶ 口(입 구)　　② 日(날 일)
　③ 曰(가로되 왈)　　④ 唱(부를 창)

3 眞(참 진) 目부 5획
　① 匕(비수 비)　　② 儿(걷는사람 인)
　❸ 目(눈 목)　　④ 眞(참 진)

4 則(법칙 칙) 刀(刂)부 7획
　① 貝(조개 패)　　❷ 刀(칼 도)
　③ 水(물 수)　　④ 則(법칙 칙)

5 太(클 태) 大부 1획
　① 丶(점 주)　　② 太(클 태)
　③ 人(사람 인)　　❹ 大(큰 대)

6~10 제시된 한자의 획수 고르기

6 限(한계 한) 阜(阝)(언덕 부)부 6획, 총 9획
　ˊ ﾞ 阝 阝 阝 阳 严 限 限

7 東(동녘 동) 木(나무 목)부 4획, 총 8획
　一 ﾞ 戶 百 申 東 東 東

8 希(바랄 희) 巾(수건 건)부 4획, 총 7획
　ˊ ˇ 乂 产 产 希 希

9 南(남녘 남) 十(열 십)부 7획, 총 9획
　一 十 十 丙 丙 丙 丙 南 南

10 民(백성 민) 氏(성씨 씨)부 1획, 총 5획
　ﾞ ﾟ 尸 民 民

11~15 제시된 필순 유형에 맞는 한자 고르기

11 가로획과 세로획이 교차할 때에는 가로획을 먼저 쓴다.
　❶ 七(일곱 칠) 一 七
　② 獨(홀로 독) ˊ ˇ ˇ ˇ ˇ 犭 犭 狎 狎 猥 猥 獨 獨 獨
　③ 防(막을 방) ˊ ﾞ 阝 阝 阡 防 防
　④ 北(북녘 북) 一 ﾞ ﾞ ˋ 北

12 왼쪽에서 오른쪽으로 쓴다.

① 首(머리 수) ﾉ ﾉ ﾂ ﾂ 产 首 首 首

② 番(차례 번) ﾉ ﾉ ﾉ 厂 平 来 来 番 番 番

③ 奉(받들 봉) ﾟ ﾟ 三 丰 夫 表 表 奉

❹ 昨(어제 작) ﾉ 冂 日 日 昨 昨 昨 昨

13 왼쪽과 오른쪽의 모양이 같을 때에는 가운데를 먼저 쓴다.

① 線(줄 선) ﾉ ﾉ ﾉ 幺 糸 糸 糸 糸 約 納 納 綿 綿 線 線

② 孫(손자 손) ﾉ ﾟ 孑 孑 子 矛 孫 孫 孫 孫

❸ 永(길 영) ﾟ ﾟ 氵 永 永

④ 藥(약 약) ﾟ ﾟ 十 十 卝 卝 芍 芍 芍 芍 筰 缏 缏 藜
　　　 華 華 藥

14 오른쪽 위의 점은 나중에 찍는다.

① 兩(두 량) ﾟ ﾟ ｢ 币 币 币 兩 兩

❷ 武(군인 무) ﾟ ﾟ 一 千 千 丘 武 武 武

③ 漁(고기잡을 어) ﾟ ﾟ 氵 氵 汁 汄 渔 渔 渔 渔 渔 漁 漁

④ 列(벌일 렬) ﾟ 歹 歹 歹 列 列

15 위에서 아래로 쓴다.

❶ 案(책상 안) ﾟ ﾟ 宀 宀 宀 安 安 安 案 案 案

② 朝(아침 조) ﾟ 十 十 古 吉 直 卓 朝 朝 朝 朝

③ 相(서로 상) 一 十 十 才 机 机 相 相 相

④ 料(헤아릴 료) ﾟ ﾟ ﾟ 十 半 半 料 料 料 料

16~20 제시된 한자의 짜임을 알고 같은 짜임의 한자 고르기

16 子(아들 자) 상형

❶ 門(문 문) 상형　　② 律(법칙 률)

③ 益(더할 익)　　④ 陸(뭍 륙)

17 四(넉 사) 지사

① 月(달 월)　　❷ 十(열 십) 지사

③ 位(자리 위)　　④ 恩(은혜 은)

18 決(결단할 결) 회의

① 由(말미암을 유)　　② 校(학교 교)

❸ 弟(아우 제) 회의　　④ 界(지경 계)

19 全(온전할 전) 상형

① 根(뿌리 근)　　② 財(재물 재)

③ 草(풀 초)　　❹ 부(이를 조) 상형

20 飛(날 비) 상형

① 窓(창 창)　　❷ 耳(귀 이) 상형

③ 協(합할 협)　　④ 波(물결 파)

21~31 제시된 한자의 음 고르기

21 號(이름 호)　　*22* 患(근심 환)

23 婚(혼인할 혼)　　*24* 建(세울 건)

25 廣(넓을 광)　　*26* 急(급할 급)

27 卵(알 란)　　*28* 乃(이에 내)

29 巧(공교할 교)　　*30* 眠(눈 안)

31 塗(바를 도)

32~39 제시된 음에 알맞은 한자 알기

32 매　① 木(나무 목)　　② 末(끝 말)
　　　③ 童(아이 동)　　❹ 每(매양 매)

33 빈　❶ 貧(가난할 빈)　　② 仕(벼슬 사)
　　　③ 素(본디 소)　　④ 城(성 성)

34 수　① 良(좋을 량)　　② 始(비로소 시)
　　　❸ 樹(나무 수)　　④ 式(법 식)

35 술　❶ 戌(개 술)　　② 愁(근심 수)
　　　③ 叔(아재비 숙)　　④ 旅(나그네 려)

36 연　① 與(더불 여)　　❷ 煙(연기 연)
　　　③ 尤(더욱 우)　　④ 瓦(기와 와)

37 역　① 擁(안을 옹)　　② 傲(거만할 오)
　　　❸ 疫(전염병 역)　　④ 憐(불쌍히여길 련)

38 기　① 寬(너그러울 관)　　② 壞(무너질 괴)
　　　③ 狗(개 구)　　❹ 祈(빌 기)

39 나　❶ 那(어찌 나)　　② 琴(거문고 금)
　　　③ 屈(굽을 굴)　　④ 糾(꼴 규)

40~47 같은 음의 한자 고르기

40 陽(볕 양)
　① 光(빛 광)　　❷ 養(기를 양)
　③ 橋(다리 교)　　④ 起(일어날 기)

41 元(으뜸 원)
　① 究(연구할 구)　　② 買(살 매)
　❸ 遠(멀 원)　　④ 毛(털 모)

42 種(씨 종)
　① 聞(들을 문)　　❷ 終(마칠 종)
　③ 反(돌이킬 반)　　④ 拜(절 배)

43 朱(붉을 주)
　① 茂(무성할 무)　　② 妙(묘할 묘)
　③ 尾(꼬리 미)　　❹ 宙(집 주)

44 泉(샘 천)
　❶ 淺(얕을 천)　　② 飯(밥 반)
　③ 散(흩을 산)　　④ 細(가늘 세)

45 替(바꿀 체)
　① 肥(살찔 비)　　② 邪(간사할 사)
　❸ 逮(쫓을 체)　　④ 誓(맹세할 서)

46 趣(뜻 취)
　① 床(상 상)　　　　　❷ 醉(취할 취)
　③ 沙(모래 사)　　　　④ 祥(상서로울 상)

47 瞬(눈깜짝할 순)
　① 雙(쌍 쌍)　　　　　❷ 脣(입술 순)
　③ 額(이마 액)　　　　④ 獻(드릴 헌)

48~58 제시된 한자의 뜻 고르기

48 悲(슬플 비)　　　　　49 聲(소리 성)

50 實(열매 실)　　　　　51 硏(갈 연)

52 飮(마실 음)　　　　　53 坤(땅 곤)

54 絲(실 사)　　　　　　55 囚(가둘 수)

56 焉(어찌 언)　　　　　57 夷(오랑캐 이)

58 籍(문서 적)

59~65 제시된 뜻에 맞는 한자 고르기

59 낱　① 京(서울 경)　　❷ 個(낱 개)
　　　③ 計(셀 계)　　　　④ 官(벼슬 관)

60 주다　① 基(터 기)　　② 郡(고을 군)
　　　　❸ 給(줄 급)　　　④ 救(구원할 구)

61 도읍　❶ 都(도읍 도)　② 勢(형세 세)
　　　　③ 鮮(고울 선)　　④ 鼻(코 비)

62 높다　① 純(순수할 순)　② 甚(심할 심)
　　　　③ 拾(주울 습)　　❹ 崇(높을 숭)

63 얼굴　① 悟(깨달을 오)　❷ 顔(얼굴 안)
　　　　③ 於(어조사 어)　④ 仰(우러를 앙)

64 남다　① 云(말할 운)　　② 練(익힐 련)
　　　　❸ 餘(남을 여)　　④ 慾(욕심 욕)

65 진흙　❶ 泥(진흙 니)　　② 衛(지킬 위)
　　　　③ 墻(담 장)　　　④ 葬(장사지낼 장)

66~70 제시된 한자와 비슷한 뜻의 한자 고르기

66 副(버금 부)
　❶ 亞(버금 아)　　　　② 遂(드디어 수)
　③ 餓(주릴 아)　　　　④ 耶(어조사 야)

67 伏(엎드릴, 숨을 복)
　① 巖(바위 암)　　　　❷ 隱(숨을 은)
　③ 讓(사양할 양)　　　④ 輿(수레 여)

68 詐(속일 사)
　① 燕(제비 연)　　　　② 演(펼 연)
　❸ 欺(속일 기)　　　　④ 臥(누울 와)

69 除(덜 제)
　① 嶺(고개 령)　　　　② 域(지경 역)
　③ 靈(신령 령)　　　　❹ 損(덜 손)

70 禽(날짐승 금)
　❶ 獸(짐승 수)　　　　② 裕(넉넉할 유)
　③ 梨(배 리)　　　　　④ 淫(음란할 음)

제2영역　語彙

71~72 짜임이 같은 한자어 고르기

71 貢納(바칠 공, 들일 납) : 백성이 그 지방에서 나는 특산물을 조정에 바치던 일 대등
　① 窮地(궁구할 궁, 땅 지) : 매우 곤란하고 어려운 일을 당한 처지
　② 騎兵(말탈 기, 병사 병) : 말을 타고 싸우는 병사
　❸ 鼓動(두드릴 고, 움직일 동) : 피의 순환을 위하여 뛰는 심장의 운동 대등
　④ 紅樓(붉을 홍, 다락 루) : 창기(娼妓)를 두고 영업하는 집

72 奇遇(기이할 기, 만날 우) : 기이한 인연으로 만남 수식
　① 渡江(건널 도, 강 강) : 강을 건넘
　❷ 誇張(자랑할 과, 베풀 장) : 사실보다 지나치게 불려서 나타냄 수식
　③ 莫逆(없을 막, 거스를 역) : 허물없이 아주 친함
　④ 憤怒(성낼 분, 성낼 노) : 분개하여 몹시 성을 냄, 또는 그렇게 내는 성

73~90 음이 같은 한자어(동음이의어) 고르기

73 慶事(경사 경, 일 사) : 매우 기쁘고 즐거운 일
　❶ 經史(지날 경, 역사 사) : 경서와 사기
　② 輕笑(가벼울 경, 웃음 소) : 남을 업신여겨 웃음
　③ 敬順(공경 경, 순할 순) : 삼가 순종함
　④ 景福(볕 경, 복 복) : 크나큰 복

74 課題(공부할 과, 제목 제) : 주어진 문제나 임무
　① 果然(실과 과, 그럴 연) : 알고 보니 참으로. 빈말이 아니라 정말로
　② 課外(공부할 과, 바깥 외) : 정해 놓은 학과 외에 따로 하는 공부나 과업
　③ 過熱(지날 과, 더울 열) : 지나치게 뜨겁게 하거나 뜨거워짐, 또는 그 열
　❹ 科題(과목 과, 제목 제) : 과거를 볼 때 내주던 글의 제목

75 單身(홑 단, 몸 신) : 혼자의 몸
   ① 多才(많을 다, 재주 재) : 재주가 많음
   ❷ 短信(짧을 단, 믿을 신) : 짧은 소식
   ③ 勤農(부지런할 근, 농사 농) : 농사에 힘씀, 또는 그런 농가
   ④ 技能(재주 기, 능할 능) : 기술상의 재주와 능력

76 事例(일 사, 법식 례) : 일의 전례나 실례
   ① 勞力(힘쓸 로[노], 힘 력) : 어떤 일을 하는데 드는 힘
   ❷ 四禮(넉 사, 예도 례) : 관혼상제의 네 가지 예
   ③ 綠陰(푸를 록[녹], 그늘 음) : 푸른 잎이 우거진 나무의 그늘
   ④ 論難(논할 론[논], 어려울 난) : 남의 잘못이나 부정을 논하여 비난함

77 算數(셈할 산, 셈 수) : 수량이나 도형의 기초적인 원리 등을 가르치는 초보적인 수학
   ① 山寺(메 산, 절 사) : 산속에 있는 절
   ② 三省(석 삼, 살필 성) : 하루에 세 번씩 자신의 한 일에 대해서 반성함
   ❸ 山水(메 산, 물 수) : 산과 물. 경치
   ④ 筆順(붓 필, 순할 순) : 글씨를 쓸 때 붓을 움직이는 차례

78 加設(더할 가, 베풀 설) : 전깃줄이나 전화선, 교량 따위를 공중에 건너질러 설치함
   ① 加熱(더할 가, 더울 열) : 어떤 물체에 열을 가함
   ❷ 街說(거리 가, 말씀 설) : 사회에 떠도는 소문
   ③ 歌手(노래 가, 손 수) : 노래를 부르는 일을 직업으로 삼는 사람
   ④ 授受(줄 수, 받을 수) : 주고 받음

79 入國(들 입, 나라 국) : 자기 나라나 남의 나라에 들어감
   ① 賣國(팔 매, 나라 국) : 남의 나라의 앞잡이가 되어서 자기 나라에 해를 끼치는 일
   ② 愛國(사랑 애, 나라 국) : 자기 나라를 사랑함
   ③ 市國(시장 시, 나라 국) * 한자어 아님
   ❹ 立國(설 립[입], 나라 국) : 나라를 세움

80 是認(옳을 시, 알 인) : 옳다고 또는 그러하다고 인정함
   ① 試食(시험 시, 먹을 식) : 맛이나 요리 솜씨를 보기 위하여 시험적으로 먹어 봄
   ❷ 時人(때 시, 사람 인) : 당시의 사람
   ③ 學習(배울 학, 익힐 습) : 배워서 익힘
   ④ 風習(바람 풍, 익힐 습) : 풍속과 습관

81 引用(끌 인, 쓸 용) : 남의 글이나 말 가운데서 필요한 부분만을 끌어다 쓴 구절
   ❶ 認容(알 인, 얼굴 용) : 인정하여 받아들임
   ② 因習(인할 인, 익힐 습) : 이전부터 전해 내려와 몸에 익은 관습
   ③ 認可(알 인, 옳을 가) : 어떤 일을 인정하여 허락함
   ④ 人間(사람 인, 사이 간) : 사람

82 節氣(마디 절, 기운 기) : 24절기
   ① 存亡(있을 존, 망할 망) : 존속과 멸망
   ② 絶望(끊을 절, 바랄 망) : 모든 희망이 끊어짐
   ③ 交接(사귈 교, 접할 접) : 서로 닿아 접촉함
   ❹ 絶技(끊을 절, 재주 기) : 아주 뛰어난 기예

83 人指(사람 인, 가리킬 지) : 집게 손가락
   ① 合致(합할 합, 이를 치) : 일정한 조건을 갖추어 어떠한 자격이나 지위 따위를 얻음
   ❷ 認知(알 인, 알 지) : 어떤 사실을 인정하여 앎
   ③ 法治(법 법, 다스릴 치) : 법률에 따라 다스리는 일
   ④ 出衆(날 출, 무리 중) : 뭇사람 가운데서 뛰어남

84 敎訓(가르칠 교, 가르칠 훈) : 가르치고 깨우침, 또는 그 가르침
   ① 通過(통할 통, 지날 과) : 통하여 지나감. 결정이 됨
   ② 豊年(풍성할 풍, 해 년) : 농사가 잘 된 해
   ❸ 校訓(학교 교, 가르칠 훈) : 그 학교의 교육 이념을 간단하게 표현한 말
   ④ 體感(몸 체, 느낄 감) : 몸에 느끼는 감각

85 射手(쏠 사, 손 수) : 총포나 활 따위를 쏘는 사람
   ① 小數(작을 소, 셈 수) : 적은 수효
   ② 湖水(호수 호, 물 수) : 육지의 내부에 위치하여 못이나 늪보다 넓고 깊게 물이 괴어 있는 곳
   ❸ 死守(죽을 사, 지킬 수) : 목숨을 걸고 지킴
   ④ 車主(수레 차, 주인 주) : 차의 주인

86 敢戰(감히 감, 싸움 전) : 과감히 싸움
   ① 角錢(뿔 각, 돈 전) : 지난날에 큰 돈이 아닌 일전 따위의 작은 돈
   ❷ 感電(느낄 감, 번개 전) : 전기가 몸에 통하여 충격을 받음
   ③ 强電(강할 강, 번개 전) : 발전기, 전동기 등 비교적 강한 전류를 다루는 전기 부문
   ④ 敢行(감히 감, 다닐 행) : 과감하게 실행함

87 孤高(외로울 고, 높을 고) : 혼자 세속에 초연하여 고상함
　① 古老(예 고, 늙을 로) : 많은 경험을 쌓아 옛일을 잘 아는 노인
　② 不告(아닐 불, 고할 고) : 알리지 않음
　③ 産苦(낳을 산, 쓸 고) : 아이를 낳는 고통
　❹ 考古(생각할 고, 예 고) : 유물·유적에 의하여 옛일을 연구함

88 辭免(사양할 사, 면할 면) : 맡아보던 일자리를 그만 두고 물러남
　① 洗面(씻을 세, 낯 면) : 얼굴을 닦음
　❷ 四面(넉 사, 낯 면) : 전후좌우의 모든 방면
　③ 小滿(작을 소, 찰 만) : 24절기 중의 하나
　④ 紙面(종이 지, 낯 면) : 종이의 겉면, 신문의 기사가 실린 종이의 면

89 補修(기울 보, 닦을 수) : 상했거나 부서진 부분을 손질하여 고침
　❶ 保守(보전할 보, 지킬 수) : 오랜 습관, 제도, 방법 등을 소중히 여겨 그대로 지킴
　② 補助(기울 보, 도울 조) : 모자라거나 넉넉지 못한 것을 보태어 돕는 일, 또는 도움 되는 그것
　③ 報施(갚을 보, 베풀 시) : 보답하여 시여함
　④ 譜所(족보 보, 바 소) : 족보를 만들기 위하여 임시로 설치한 사무소

90 寺院(절 사, 집 원) : 절, 사찰
　① 師表(스승 사, 겉 표) : 학식이나 인격이 높아 세상 사람의 모범이 되는 일, 또는 그런 사람
　❷ 社員(모일 사, 인원 원) : 회사에서 근무하는 사람
　③ 思想(생각 사, 생각 상) : 생각
　④ 想像(생각 상, 모양 상) : 머리로 그려서 생각함

91~92 같은 한자가 다른 음으로 읽히는 한자어 고르기

91 ① 糖分(엿 당, 나눌 분) : 당류의 성분
　② 製糖(지을 제, 엿 당) : 설탕을 만듦
　❸ 雪糖(눈 설, 엿 당[탕]) : 흰 가루 사탕
　④ 乳糖(젖 유, 엿 당) : 젖당. 포유류의 젖 속에 들어 있는 이당류

92 ① 北極(북녘 북, 극진할 극) : 지구의 북쪽 끝
　② 北進(북녘 북, 나아갈 진) : 북쪽으로 나아감
　❸ 敗北(패할 패, 달아날 배) : 전쟁이나 겨루기에서 짐. 전쟁에 겨서 달아남
　④ 北伐(북녘 북, 칠 벌) : 북방의 지역을 정벌함

93~110 세 개 어휘에 공통되는 한자 고르기

93 同(한가지 동)□, □土(흙 토), □校(학교 교)
　❶ 鄕(시골 향)　② 農(농사 농)
　③ 等(무리 등)　④ 末(끝 말)
　* 同鄕(동향), 鄕土(향토), 鄕校(향교)

94 □去(갈 거), 罪(허물 죄)□, □失(잃을 실)
　① 名(이름 명)　❷ 過(지날 과)
　③ 退(물러날 퇴)　④ 手(손 수)
　* 過去(과거), 罪過(죄과), 過失(과실)

95 □家(집 가), □敎(가르칠 교), □親(친할 친)
　① 近(가까울 근)　② 下(아래 하)
　❸ 宗(으뜸 종)　④ 善(착할 선)
　* 宗家(종가), 宗敎(종교), 宗親(종친)

96 □量(헤아릴 량), 速(빠를 속)□, 進(나아갈 진)□
　① 多(많을 다)　② 道(길 도)
　③ 力(힘 력)　❹ 度(법도 도)
　* 度量(도량), 速度(속도), 進度(진도)

97 □强(강할 강), □貴(귀할 귀), 巨(클 거)□
　❶ 富(부자 부)　② 尊(높을 존)
　③ 商(장사 상)　④ 最(가장 최)
　* 富强(부강), 富貴(부귀), 巨富(거부)

98 □命(목숨 명), 苦(쓸 고)□, □死(죽을 사)
　① 運(움직일 운)　❷ 生(날 생)
　③ 病(병 병)　④ 天(하늘 천)
　* 生命(생명), 苦生(고생), 生死(생사)

99 □圖(그림 도), 應(응할 응)□, 入(들 입)□
　① 詩(시 시)　② 急(급할 급)
　③ 對(대할 대)　❹ 試(시험 시)
　* 試圖(시도), 應試(응시), 入試(입시)

100 □道(길 도), □字(글자 자), □色(빛 색)
　① 人(사람 인)　❷ 赤(붉을 적)
　③ 文(글월 문)　④ 才(재주 재)
　* 赤道(적도), 赤字(적자), 赤色(적색)

101 冷(찰 랭)□, 母(어미 모)□, 性(성품 성)□
　① 質(바탕 질)　② 戰(싸움 전)
　③ 子(아들 자)　❹ 情(뜻 정)
　* 冷情(냉정), 母情(모정), 性情(성정)

102 □加(더할 가), □減(덜 감), □大(큰 대)
　❶ 增(더할 증)　② 巨(클 거)
　③ 重(무거울 중)　④ 打(칠 타)
　* 增加(증가), 增減(증감), 增大(증대)

103 單(홀 단)□, 時(때 시)□, 定(정할 정)□
  ❶ 價(값 가)   ② 代(대신 대)
  ③ 一(한 일)   ④ 義(옳을 의)
  * 單價(단가), 時價(시가), 定價(정가)

104 □例(법식 례), □重(무거울 중), □等(무리 등)
  ① 同(한가지 동)   ② 北(북녘 북)
  ❸ 比(견줄 비)   ④ 輕(가벼울 경)
  * 比例(비례), 比重(비중), 比等(비등)

105 □心(마음 심), 初(처음 초)□, □服(옷 복)
  ① 衣(옷 의)   ② 霜(서리 상)
  ③ 傷(상할 상)   ❹ 喪(잃을 상)
  * 喪心(상심), 初喪(초상), 喪服(상복)

106 □馬(말 마), □車(수레 차), 合(합할 합)□
  ❶ 乘(탈 승)   ② 停(머무를 정)
  ③ 落(떨어질 락)   ④ 胸(가슴 흉)
  * 乘馬(승마), 乘車(승차), 合乘(합승)

107 □聘(부를 빙), □待(기다릴 대), □請(청할 청)
  ❶ 招(부를 초)   ② 召(부를 소)
  ③ 覆(뒤집을 복)   ④ 付(부칠 부)
  * 招聘(초빙), 招待(초대), 招請(초청)

108 濫(넘칠 람)□, □得(얻을 득), 捕(잡을 포)□
  ① 劃(그을 획)   ② 發(필 발)
  ❸ 獲(얻을 획)   ④ 捉(잡을 착)
  * 濫獲(남획), 獲得(획득), 捕獲(포획)

109 □病(병 병), □風(바람 풍), 怪(괴이할 괴)□
  ① 異(다를 이)   ❷ 疾(병 질)
  ③ 秩(차례 질)   ④ 狀(형상 상)
  * 疾病(질병), 疾風(질풍), 怪疾(괴질)

110 印(도장 인)□, 抽(밀 추)□, 形(형상 형)□
  ❶ 象(코끼리 상)   ② 像(모양 상)
  ③ 僞(거짓 위)   ④ 態(태도 태)
  * 印象(인상), 抽象(추상), 形象(형상)

111~126 제시된 한자어와 상대되는 뜻의 한자어 고르기

111 自然(스스로 자, 그럴 연) : 저절로 그렇게 되어 있는 상태
  ① 自爲(스스로 자, 할 위) : 스스로 함
  ② 油然(기름 유, 그럴 연) : 생각 따위가 저절로 일어나는 형세가 왕성함
  ❸ 人爲(사람 인, 할 위) : 자연의 힘이 아닌 사람의 힘으로 이루어지는 일
  ④ 事理(일 사, 다스릴 리) : 일의 이치

112 送信(보낼 송, 소식 신) : 통신을 보냄
  ① 修身(닦을 수, 몸 신) : 마음과 행실을 바르게 하도록 마음과 몸을 닦음

② 送神(보낼 송, 귀신 신) : 제사가 끝난 뒤에 신을 보내는 일
❸ 受信(받을 수, 소식 신) : 우편·전화 따위의 통신을 받음
④ 接受(접할 접, 받을 수) : 문서 따위를 처리하기 위해 받아들임

113 到着(이를 도, 붙을 착) : 목적지에 다다름
  ❶ 出發(날 출, 필 발) : 길을 떠남
  ② 到達(이를 도, 통달할 달) : 자기가 목적한 바에 이름
  ③ 出席(날 출, 자리 석) : 수업 등에 나감
  ④ 交着(사귈 교, 붙을 착) : 서로 붙음

114 前者(앞 전, 놈 자) : 두 가지의 사물이나 사람을 들어 말할 때, 먼저 든 사물이나 사람
  ① 先人(먼저 선, 사람 인) : 전대(前代)의 사람
  ② 作者(지을 작, 놈 자) : 지은이
  ③ 長者(길 장, 놈 자) : 나이나 지위·항렬 따위가 자기보다 위인 사람. 어른
  ❹ 後者(뒤 후, 놈 자) : 두 가지 사물이나 사람을 들어서 말할 때, 뒤에 든 사물이나 사람

115 學生(배울 학, 날 생) : 학교에서 공부하는 사람
  ❶ 學校(배울 학, 학교 교) : 공부를 가르치고 또한 배우는 곳
  ❷ 教師(가르칠 교, 스승 사) : 학교 등에서 학생을 가르치고 지도하는 사람
  ③ 教習(가르칠 교, 익힐 습) : 학문이나 기예 따위를 가르쳐 익히게 함
  ④ 學習(배울 학, 익힐 습) : 배워서 익힘

116 事前(일 사, 앞 전) : 일이 일어나기 전, 또는 일을 시작하기 전
  ① 史傳(역사 사, 전할 전) : 역사와 전기(傳記)를 아울러 이르는 말. 역사에 전해진 기록
  ② 事後(일 사, 뒤 후) : 일이 끝난 뒤, 또는 일을 끝낸 뒤
  ③ 死後(죽을 사, 뒤 후) : 죽은 뒤
  ④ 事典(일 사, 법 전) : 여러 가지 사항을 모아 일정한 순서로 배열하고 해설을 붙인 책

117 重視(무거울 중, 볼 시) : 중요하게 보거나 여김
  ① 重要(무거울 중, 요긴할 요) : 소중하고 요긴함
  ② 輕重(가벼울 경, 무거울 중) : 가벼움과 무거움, 또는 그 정도
  ❸ 無視(없을 무, 볼 시) : 업신여기고 상대하지 않음
  ④ 無時(없을 무, 때 시) : 일정한 때가 없음

118 室內(집 실, 안 내) : 방안. 집 안
  ❶ 野外(들 야, 바깥 외) : 시가지에서 조금 멀리 떨어져 있는 들판. 집 밖이나 노천(露天)
  ② 家內(집 가, 안 내) : 집 안
  ③ 校內(학교 교, 안 내) : 학교 안
  ④ 在野(있을 재, 들 야) : 초야에 파묻혀 있다. 공직에 나아가지 아니하고 민간에 있음

119 出勤(날 출, 부지런할 근) : 일을 하러 일터로 나감
  ❶ 退勤(물러날 퇴, 부지런할 근) : 직장에서 근무를 마치고 나옴
  ② 出戰(날 출, 싸움 전) : 싸우러 나감
  ③ 勤勉(부지런할 근, 힘쓸 면) : 부지런히 힘씀
  ④ 開校(열 개, 학교 교) : 학교를 세워 수업을 시작함

120 新入(새 신, 들 입) : 어떤 모임이나 단체에 새로 들어옴
  ① 進入(나아갈 진, 들 입) : 향하여 내처 들어감
  ② 經力(지날 경, 힘 력) : 경문(經文)이 지니고 있는 공덕의 힘
  ③ 來歷(올 래[내], 지날 력) : 지금까지 지내온 경로나 경력
  ❹ 經歷(지날 경, 지날 력) : 여러 가지 일을 겪어 지내옴

121 開業(열 개, 일 업) : 영업을 처음 시작함
  ① 事業(일 사, 일 업) : 일정한 목적과 계획을 가지고 하는 일
  ❷ 閉業(닫을 폐, 일 업) : 영업을 하지 않음
  ③ 成業(이룰 성, 일 업) : 학업이나 사업 따위를 이룸
  ④ 興業(일 흥, 일 업) : 새로 산업이나 사업을 일으킴

122 正當(바를 정, 마땅할 당) : 이치에 맞아 올바름
  ① 堂堂(당당할 당, 당당할 당) : 남 앞에서 내세울 만큼 떳떳한 모습이나 태도
  ② 當然(마땅할 당, 그럴 연) : 이치로 보아 마땅히 그럴 것임
  ❸ 不當(아닐 불[부], 마땅할 당) : 사리에 맞지 아니함
  ④ 適當(갈 적, 마땅할 당) : 어떤 사실·상태·요구 따위에 딱 알맞음

123 異端(다를 이, 끝 단) : 전통이나 권위에 반항하는 주장이나 이론
  ① 頂端(정수리 정, 끝 단) : 맨 꼭대기
  ② 適正(갈 적, 바를 정) : 알맞고 바른 정도
  ③ 精通(정할 정, 통할 통) : 어떤 사물에 대하여 깊고 자세히 통하여 앎
  ❹ 正統(바를 정, 거느릴 통) : 바른 계통

124 快樂(쾌할 쾌, 즐길 락) : 기분이 좋고 즐거움
  ① 歡樂(기쁠 환, 즐길 락) : 아주 즐거운 것
  ② 快然(쾌할 쾌, 그럴 연) : 성격이나 행동 따위가 씩씩하고 시원스러움
  ❸ 苦痛(쓸 고, 아플 통) : 몸이나 마음의 괴로움과 아픔
  ④ 苦樂(쓸 고, 즐길 락) : 괴로움과 즐거움

125 貸邊(빌릴 대, 가 변) : 부기에서 계정 계좌의 오른쪽 부분. 자산의 감소, 부채나 자본의 증가, 이익의 발생 따위를 기입
  ① 對邊(대할 대, 가 변) : 다각형에서 한 변이나 한 각과 마주 대하고 있는 변
  ② 此邊(이 차, 가 변) : 이쪽 편
  ❸ 借邊(빌릴 차, 가 변) : 부기에서 계정 계좌의 왼쪽. 자산의 증가, 부채 또는 자본의 감소, 손실의 발생 따위를 기입
  ④ 大便(큰 대, 똥오줌 변) : '똥'을 점잖게 이르는 말

126 經度(지날 경, 법도 도) : 위도와 함께 지구상의 위치를 나타내는 좌표의 하나
  ❶ 緯度(씨줄 위, 법도 도) : 지구 위의 위치를 나타내는 좌표축 중에서 가로로 된 것. 적도를 중심으로 하여 남북으로 평행하게 그은 선
  ② 輕度(가벼울 경, 법도 도) : 가벼운 정도
  ③ 危道(위태할 위, 길 도) : 위험한 길
  ④ 經緯(지날 경, 씨줄 위) : 직물의 날과 씨를 아울러 이르는 말. 일이 진행되어 온 과정

127~132 사자 성어 완성하기

127 難(어려울 난)攻(칠 공)□落(떨어질 락)
  ❶ 不(아닐 불)   ② 百(일백 백)
  ③ 明(밝을 명)   ④ 德(큰 덕)
  * 難攻不落(난공불락) : 공격하기 어려워 쉽게 함락되지 않음

128 同(한가지 동)時(때 시)多(많을 다)□
  ① 人(사람 인)   ② 者(놈 자)
  ③ 神(귀신 신)   ❹ 發(필 발)
  * 同時多發(동시다발) : 같은 때나 시기에 많이 발생함

129 勇(날랠 용)氣(기운 기)百(일백 백)□
  ❶ 倍(곱 배)   ② 背(등 배)
  ③ 泣(울 읍)   ④ 切(끊을 절)
  * 勇氣百倍(용기백배) : 격려나 응원 따위에 자극을 받아 힘이나 용기를 더 냄

130 榮(영화 영)枯(마를 고)盛(성할 성)□
- ① 涯(물가 애)
- ② 排(물리칠 배)
- ❸ 衰(쇠할 쇠)
- ④ 赴(다다를 부)

* 榮枯盛衰(영고성쇠) : 인생이나 사물의 번성함과 쇠락함이 서로 바뀜

131 □柔(부드러울 유)不(아닐 불)斷(끊을 단)
- ① 憂(근심 우)
- ❷ 優(넉넉할 우)
- ③ 牛(소 우)
- ④ 柔(부드러울 유)

* 優柔不斷(우유부단) : 망설이기만 하고 결단성이 없음

132 如(같을 여)□薄(엷을 박)氷(얼음 빙)
- ① 李(오얏 리)
- ② 吏(관리 리)
- ③ 離(떠날 리)
- ④ 履(밟을 리)

* 如履薄氷(여리박빙) : 얇은 얼음을 밟는 것 같다는 뜻으로, 몹시 위험하여 조심함을 이르는 말

133~136 제시된 사자 성어의 뜻 알기

133 空(빌 공)前(앞 전)絕(끊을 절)後(뒤 후)
空前絕後(공전절후) : 이전에도 없었고 앞으로도 없다.

134 是(옳을 시)非(아닐 비)曲(굽을 곡)直(곧을 직)
是非曲直(시비곡직) : 옳고 그르고 굽고 곧다.

135 呼(부를 호)父(아비 부)呼(부를 호)兄(형 형)
呼父呼兄(호부호형) : 부형을 부형답게 모시다.

136 昏(어두울 혼)定(정할 정)晨(새벽 신)省(살필 성)
昏定晨省(혼정신성) : 부모를 잘 섬기고 효성을 다하다.

137~140 뜻에 맞는 사자 성어 고르기

137 아름다운 산과 큰 내
- ❶ 名(이름 명)山(메 산)大(큰 대)川(내 천)
  名山大川(명산대천) : 이름난 산과 큰 내
- ② 君(임금 군)臣(신하 신)有(있을 유)義(옳을 의)
  君臣有義(군신유의) : 오륜(五倫)의 하나. 임금과 신하 사이의 도리는 의리에 있음
- ③ 人(사람 인)事(일 사)不(아닐 불)省(살필 성)
  人事不省(인사불성) : 제 몸에 일어나는 일을 모를 만큼 정신을 잃음
- ④ 見(볼 견)利(이로울 리)思(생각 사)義(옳을 의)
  見利思義(견리사의) : 이익보다 의를 먼저 생각함

138 공을 논하여 그에 알맞은 상을 주다.
- ① 行(다닐 행)方(모 방)不(아닐 불)明(밝을 명)
  行方不明(행방불명) : 곳이나 방향을 모름
- ② 一(한 일)言(말씀 언)半(반 반)句(글귀 구)
  一言半句(일언반구) : 아주 짧은 말
- ③ 運(움직일 운)數(셈 수)大(큰 대)通(통할 통)
  運數大通(운수대통) : 인간의 힘으로는 어쩔 수 없는 천운과 기수가 크게 트임
- ④ 論(논할 론)功(공 공)行(다닐 행)賞(상줄 상)
  論功行賞(논공행상) : 공적의 크고 작음 따위를 논의하여 그에 알맞은 상을 줌

139 여러 사람을 당해낼 만한 용기
- ① 信(믿을 신)賞(상줄 상)必(반드시 필)罰(벌할 벌)
  信賞必罰(신상필벌) : 공이 있는 자에게는 반드시 상을 주고, 죄가 있는 사람에게는 반드시 벌을 준다. 상과 벌을 공정하고 엄중하게 하는 일을 이르는 말
- ❷ 兼(겸할 겸)人(사람 인)之(갈 지)勇(날랠 용)
  兼人之勇(겸인지용) : 몇 사람을 당할 정도로 용맹함
- ③ 一(한 일)片(조각 편)丹(붉을 단)心(마음 심)
  一片丹心(일편단심) : 한 조각의 붉은 마음. 진심에서 우러나오는 변치 아니하는 마음
- ④ 才(재주 재)勝(이길 승)德(큰 덕)薄(엷을 박)
  才勝德薄(재승덕박) : 재주는 뛰어나지만 덕이 적음

140 몹시 위급한 상태
- ① 羽(깃 우)化(될 화)登(오를 등)仙(신선 선)
  羽化登仙(우화등선) : 날개가 돋아 신선이 되어 날아감
- ② 縱(세로 종)橫(가로 횡)無(없을 무)盡(다할 진)
  縱橫無盡(종횡무진) : 자유자재로 행동하여 거침이 없는 상태
- ③ 流(흐를 유)芳(꽃다울 방)百(일백 백)世(인간 세)
  流芳百世(유방백세) : 꽃다운 이름이 후세에 널리 전해짐
- ❹ 一(한 일)觸(닿을 촉)卽(곧 즉)發(필 발)
  一觸卽發(일촉즉발) : 조금만 닿아도 곧 폭발할 것 같은 모양. 막 일이 일어날 듯하여 위험한 지경

184

제3영역 讀解

141~154 문장에 쓰인 한자어의 음 알기

141 인간이 자연을 지배하게 되면서부터 환경 문제는 심각하게 進行(나아갈 진, 다닐 행)되기 시작했다.

142 유기적이라는 말은 구성 요소가 잘 조직되어 있어서 하나 더하기 하나가 둘이 아니라 둘 이상이 되었을 때 使用(하여금 사, 쓸 용)하는 말이다.

143 환경 특성에 대한 정확한 평가 기준이 과학적으로 設定(베풀 설, 정할 정)되어야 한다.

144 敎育(가르칠 교, 기를 육)은 공간적으로 가정과 학교 그리고 사회에서 동시다발적으로 일어나는 것이다.

145 배드민턴은 자신의 능력과 체력에 맞게 운동량을 調節(고를 조, 마디 절)할 수 있어 재미와 즐거움을 더할 수 있다.

146 현대 스포츠에서는 승자만이 話題(말씀 화, 제목 제)의 중심이 되고 역사 속에 기록된다.

147 일반적으로 스포츠에 영향을 주는 날씨 요소는 크게 溫度(따뜻할 온, 법도 도), 습도, 바람, 기압 등이 꼽힌다.

148 현재 지구상에는 약 4,500~5,000개 정도의 言語(말씀 언, 말씀 어)가 있다고 알려져 있다.

149 지난 해부터 카페와 結合(맺을 결, 합할 합)한 형태의 PC방들이 우후죽순 생겨나고 있다.

150 제품의 설계 단계에서부터 환경 친화적 技法(재주 기, 법 법)을 적용하였다.

151 그 가수는 일년 간의 空白(빌 공, 흰 백)을 깨고 마침내 다시 무대에 섰다.

152 나의 행동은 故意(연고 고, 뜻 의)라기보다는 작은 실수였다.

153 꽃송이 하나를 입 안에 넣고 잘근잘근 씹으니, 희미한 甘味(달 감, 맛 미)가 혀를 자극했다.

154 일부러 따라 배우려 들지 않아도 '화이트 크리스마스'나 '징글벨', '루돌프 사슴코' 등의 簡單(간략할 간, 홀 단)한 가락 정도는 저절로 흥얼거릴 수 있다.

155~159 문장에 쓰인 한자어의 뜻 알기

155 피해자와 그 가족, 그리고 가해자와 수사 경찰의 인권은 사건의 輕重(가벼울 경, 무거울 중)을 떠나 반드시 제일 먼저 존중되어야 할 가치이다.
   * 중요함과 중요하지 않음

156 범죄자는 지위 高下(높을 고, 아래 하)를 막론하고 처벌받아야 한다.
   * 신분의 높고 낮음

157 이야기 하는 내용의 중요 骨子(뼈 골, 아들 자)를 파악해야 한다.
   * 중심이 되는 줄기

158 고르지 않은 날씨로 기록 更新(고칠 갱, 새 신)에 실패하였다.
   * 고쳐 새롭게 하다.

159 민생과 치안에 못지않게 중요한 것은 악법 改廢(고칠 개, 폐할 폐)와 개혁 입법에 관한 문제이다.
   * 고치거나 없애다.

160~164 문장에 맞는 한자어 고르기

160 그는 음악가가 되어 언제 들어도 심금을 울리는 ☐☐을 남기고 싶어했다.
   ① 明曲(밝을 명, 굽을 곡) : 중국 원나라 말기에 항저우(杭州)를 중심으로 발달한 희곡
   ② 樂曲(음악 악, 굽을 곡) : 음악의 곡조. 곧 성악곡, 기악곡, 관현악곡 따위
   ❸ 名曲(이름 명, 굽을 곡) : 유명한 악곡. 뛰어난 악곡
   ④ 名畵(이름 명, 그림 화) : 썩 잘된 그림이나 영화

161 그는 새삼스레 인간의 행복이 ☐☐에만 있지 않다는 것을 깨달았다.
   ① 家庭(집 가, 뜰 정) : 가족들과 함께 살고 있는 집안
   ❷ 富貴(부자 부, 귀할 귀) : 재산이 많고 지위가 높음
   ③ 世上(인간 세, 윗 상) : 모든 사람이 사는 곳
   ④ 幸運(다행 행, 움직일 운) : 좋은 운수

162 ☐☐에 우리 사회에는 범죄가 부쩍 늘고 있다.
   ① 最後(가장 최, 뒤 후) : 맨 끝, 맨 마지막
   ② 過去(지날 과, 갈 거) : 지나간 때
   ③ 未來(아닐 미, 올 래) : 아직 다가오지 않은 때
   ❹ 最近(가장 최, 가까울 근) : 지나간 지 얼마 안 되는 날

163 재판부가 엄정하게 ☐☐를(을) 진행한 뒤 공정한 판결을 한다면 아무도 항의하지 않을 것이다.
   ① 工判(장인 공, 판단할 판) : '공조 판서'를 줄여 이르는 말

❷ 公判(공변될 공, 판단할 판) : 기소된 형사 사건을 법원이 심리하는 일, 또는 그런 절차

③ 公務(공변될 공, 힘쓸 무) : 여러 사람에 관련된 일. 국가나 공공 단체의 일

④ 工作(장인 공, 지을 작) : 어떤 목적을 위해 미리 일을 꾸밈. 물건을 만듦

164 이 일은 참으로 쉽지 않으니, 지혜와 용맹을 ☐☐한 사람이라야만 할 수 있을 것이다.

① 謙卑(겸손할 겸, 낮을 비) : 겸손하게 자기를 낮춤

② 謙備(겸손할 겸, 갖출 비) * 한자어 아님

③ 兼卑(겸할 겸, 낮을 비) * 한자어 아님

❹ 兼備(겸할 겸, 갖출 비) : 두 가지 이상을 아울러 갖춤

165~170 문장에 맞지 않는 한자어 고르기

165 지조란 것은 순일한 ① 精神(정할 정, 귀신 신)을 지키기 위한 불타는 ② 信念(믿을 신, 생각 념)이요, 눈물겨운 ❸ 情誠(뜻 정, 정성 성)이며, 냉철한 확집이요, ④ 高貴(높을 고, 귀할 귀)한 투쟁이기까지 하다.

* 情誠 → 精誠(정할 정, 정성 성)

166 우리들 대부분에게 ① 家族(집 가, 겨레 족)은 항상 ② 便安(편할 편, 편안 안)한 안식처이고, 사랑의 공동체이며, 가족 구성원 간의 기쁨과 즐거움을 추구하는 ❸ 共間(함께 공, 사이 간)으로 ④ 認識(알 인, 알 식)된다.

* 共間 → 空間(빌 공, 사이 간)

167 스무 살이 되던 해, 윤봉길은 ① 書堂(글 서, 집 당)에서는 더 ② 以上(써 이, 윗 상) 배울 것이 없다고 생각되어, ❸ 讀學(읽을 독, 배울 학)으로 ④ 新學問(새 신, 배울 학, 물을 문)을 공부하기로 하였다.

* 讀學 → 獨學(홀로 독, 배울 학)

168 대부분 70, 80대로 나이가 많은 이들은 ① 歸鄕(돌아갈 귀, 시골 향)의 ② 代價(대신 대, 값 가)로 치른 가족과의 생이별, 오랜 타향살이로 얻은 ③ 持病(가질 지, 병 병), 빠듯한 살림살이와 낯선 환경에 대한 ❹ 敵應(대적할 적, 응할 응) 문제 등 3중, 4중의 고통을 겪고 있었다.

* 敵應 → 適應(맞을 적, 응할 응)

169 ① 當時(마땅할 당, 때 시) 우리 학생들이 교사의 ② 引率(끌 인, 거느릴 솔) 아래 영화를 ❸ 單體(홀 단, 몸 체) 관람한 데에는 중요한 ④ 背景(등 배, 볕 경)이 따로 있었다.

* 單體 → 團體(둥글 단, 몸 체)

170 논문은 대단히 높게 ① 評價(평할 평, 값 가)를 받은 듯 모든 ② 著名(나타날 저, 이름 명)한 학자의 글을 누르고 ❸ 雜紙(섞일 잡, 종이 지) ④ 卷頭(책 권, 머리 두)에 실려 있었다.

* 雜紙 → 雜誌(섞일 잡, 기록할 지)

171~178 바르게 쓴 한자어 고르기

171 메이저리그 각 구단의 오프시즌은 거물 에이전트 스캇 보라스의 정규 시즌이다.

① 車物(수레 거, 물건 물) ❷ 巨物(클 거, 물건 물)

③ 擧物(들 거, 물건 물) ④ 大物(큰 대, 물건 물)

172 거리에서 경쾌한 크리스마스 음악이 흘러 나온다.

① 敬快(공경 경, 쾌할 쾌)

② 競快(다툴 경, 쾌할 쾌)

③ 景快(볕 경, 쾌할 쾌)

❹ 輕快(가벼울 경, 쾌할 쾌)

173 저가부터 고가까지 다양한 휴대폰이 출시되고 있다.

① 低價(낮을 저, 값 가)

❷ 高價(높을 고, 값 가)

③ 高家(높을 고, 집 가)

④ 高加(높을 고, 더할 가)

174 두 국가가 공존을 꾀하였다.

❶ 共存(함께 공, 있을 존)

② 共尊(함께 공, 높을 존)

③ 公存(공변될 공, 있을 존)

④ 工存(장인 공, 있을 존)

175 맹진사는 급히 뜰로 내려가 과객을 맞이 했다.

❶ 過客(지날 과, 손 객)

② 科客(과목 과, 손 객)

③ 果客(실과 과, 손 객)

④ 課客(공부할 과, 손 객)

176 물체는 보통 고체·액체·기체의 세 가지로 분류된다.

① 分流(나눌 분, 흐를 류)

② 分留(나눌 분, 머무를 류)

③ 分有(나눌 분, 있을 유)

❹ 分類(나눌 분, 무리 류)

177 그는 단신이지만 장신 선수들을 제치고 올해의 최우수 선수로 뽑혔다.

① 短信(짧을 단, 소식 신)

❷ 短身(짧을 단, 몸 신)

③ 單身(홀 단, 몸 신)

④ 端信(끝 단, 믿을 신)

178 도둑들은 <u>금고</u>를 부수고 현금과 수표를 모두 털어 달아났다.
① 今古(이제 금, 예 고)
❷ 金庫(쇠 금, 곳집 고)
③ 禁庫(금할 금, 곳집 고)
④ 金固(쇠 금, 굳을 고)

179~183 어구의 뜻과 비슷한 한자어 고르기

179 장사는 서로 간에 믿고 거래할 수 있어야 한다.
① 回信(돌아올 회, 믿을 신)
② 書信(글 서, 믿을 신)
❸ 信用(믿을 신, 쓸 용)
④ 信者(믿을 신, 놈 자)

180 수영이는 책을 <u>빨리 읽는 것</u>에 능하다.
❶ 速讀(빠를 속, 읽을 독)
② 代讀(대신 대, 읽을 독)
③ 一讀(한 일, 읽을 독)
④ 暗記(어두울 암, 기록할 기)

181 할아버지의 마지막 <u>바람</u>은 통일이 되어 북의 고향에 가시는 것이다.
① 宿願(잘 숙, 원할 원)
❷ 所願(바 소, 원할 원)
③ 宿命(잘 숙, 목숨 명)
④ 運命(움직일 운, 목숨 명)

182 지난밤에 아버지께서 <u>발을 헛딛으시는 바람에</u> 옷이 흙투성이가 되어 돌아오셨다.
① 落傷(떨어질 락[낙], 상할 상)
② 失手(잃을 실, 손 수)
❸ 失足(잃을 실, 발 족)
④ 失敗(잃을 실, 패할 패)

183 아무런 준비 없이 당한 일이라서 아직 <u>어안이 벙벙</u>하고 할 말이 생각나지 않는다.
① 突擊(갑자기 돌, 칠 격)
❷ 突發(갑자기 돌, 필 발)
③ 突變(갑자기 돌, 변할 변)
④ 突入(갑자기 돌, 들 입)

184~188 글에 쓰인 한자어와 한자의 뜻 알기

184 ㉠이외의 한자 표기가 바른 것은?
① 理外(다스리 리[이], 바깥 외)
② 以上(써 이, 윗 상)
③ 以內(써 이, 안 내)
❹ 以外(써 이, 바깥 외)

185 ㉡설문의 한자 표기가 바른 것은?
① 說問(말씀 설, 물을 문)
② 說文(말씀 설, 글월 문)
❸ 設問(베풀 설, 물을 문)
④ 設定(베풀 설, 정할 정)

186 ㉢發表(필 발, 겉 표)의 독음이 바른 것은?
① 공표 ❷ 발표
③ 수표 ④ 표절

187 ㉣宗敎(으뜸 종, 가르칠 교)의 독음이 바른 것은?
① 수교 ② 외교
③ 친교 ❹ 종교

188 ㉤바람의 뜻을 가장 잘 나타낸 것은?
❶ 熱風(더울 열, 바람 풍)
② 大風(큰 대, 바람 풍)
③ 風速(바람 풍, 빠를 속)
④ 風致(바람 풍, 이를 치)

189~193 글에 쓰인 한자어와 한자의 뜻 알기

189 ㉠고대의 한자 표기가 바른 것은?
① 高大(높을 고, 큰 대)
② 中古(가운데 중, 예 고)
❸ 古代(예 고, 대신 대)
④ 現代(나타날 현, 대신 대)

190 ㉡갚기의 뜻을 가장 잘 나타낸 것은?
❶ 報復(갚을 보, 회복할 복)
② 回收(돌아올 회, 거둘 수)
③ 修習(닦을 수, 익힐 습)
④ 報道(알릴 보, 길 도)

191 ㉢크게 이겼다의 뜻을 가장 잘 나타낸 것은?
① 完敗(완전할 완, 패할 패)
❷ 大勝(큰 대, 이길 승)
③ 勝敗(이길 승, 패할 패)
④ 勝利(이길 승, 이로울 리)

192 ㉣展開(펼 전, 열 개)의 독음이 바른 것은?
① 개전 ② 속개
③ 전계 ❹ 전개

193 ㉤반도의 한자 표기가 바른 것은?
① 反島(돌이킬 반, 섬 도)
❷ 半島(반 반, 섬 도)
③ 半半(반 반, 반 반)
④ 圖書(그림 도, 글 서)

194~197 글에 쓰인 한자어와 한자의 뜻 알기

194 ㉠德目(큰 덕, 눈 목)의 독음이 바른 것은?
① 과목　　　　　❷ 덕목
③ 두목　　　　　④ 안목

195 ㉺콩의 뜻을 가진 것은?
① 果(실과 과)　　❷ 豆(콩 두)
③ 來(올 래)　　　④ 米(쌀 미)

196 ㉡厚待~㉘口文 중 한자 표기가 바르지 않은 것은?
❶ ㉡厚待(두터울 후, 기다릴 대)
② ㉢生活(날 생, 살 활)
③ ㉣代表(대신 대, 겉 표)
④ ㉘口文(입 구, 글월 문)
 * 厚待 → 後代(뒤 후, 대신 대)

197 ㉥이용의 '이' 자의 한자 표기가 바른 것은?
① 以(써 이)　　　❷ 利(이로울 리)
③ 理(다스릴 리)　④ 異(다를 이)

198~203 글에 쓰인 한자어와 한자의 뜻 알기

198 ㉠물망의 한자 표기가 바른 것은?
① 勿忘(말 물, 잊을 망)
② 勿望(말 물, 바랄 망)
③ 物忘(물건 물, 잊을 망)
❹ 物望(물건 물, 바랄 망)

199 ㉡남의 뜻을 가진 것은?
① 自(스스로 자)　❷ 他(다를 타)
③ 吾(나 오)　　　④ 我(나 아)

200 ㉢죄목~㉥보도의 한자 표기가 바른 것은?
❶ ㉢罪目(허물 죄, 눈 목)
② ㉣雜凡(섞일 잡, 무릇 범)
③ ㉤茶禮(차 다, 예도 례)
④ ㉥步道(걸음 보, 길 도)

201 ㉦이른바의 뜻을 가장 잘 나타낸 것은?
① 所爲(바 소, 할 위)
❷ 所謂(바 소, 이를 위)
③ 所有(바 소, 있을 유)
④ 所見(바 소, 볼 견)

202 ㉧만인의 '만' 자와 같은 한자를 사용하는 것은?
① 滿員(찰 만, 인원 원)
❷ 萬歲(일만 만, 해 세)
③ 晩秋(늦을 만, 가을 추)
④ 怠慢(게으를 태, 거만할 만)

203 ㉨衝擊~㉣美談 중 한자 표기가 바르지 않은 것은?
① ㉨衝擊(찌를 충, 칠 격)
❷ ㉣議事黨(의논할 의, 일 사, 무리 당)
③ ㉤事故(일 사, 연고 고)
④ ㉣美談(아름다울 미, 말씀 담)
 * 議事黨 → 議事堂(의논할 의, 일 사, 집 당)

204~210 글에 쓰인 한자어와 한자의 뜻 알기

204 ㉠菜蔬~㉣記錄 중 한자 표기가 바르지 않은 것은?
① ㉠菜蔬(나물 채, 나물 소)
❷ ㉡造船(지을 조, 배 선)
③ ㉢半熟(반 반, 익힐 숙)
④ ㉣記錄(기록할 기, 기록할 록)
 * 造船 → 朝鮮(아침 조, 고울 선)

205 ㉺生六臣(날 생, 여섯 륙, 신하 신)의 독음이 바른 것은?
① 사륙신　　　　② 사육신
❸ 생육신　　　　④ 생륙신

206 ㉥송화 향기의 한자 표기가 바른 것은?
① 松火香氣(소나무 송, 불 화, 향기 향, 기운 기)
❷ 松花香氣(소나무 송, 꽃 화, 향기 향, 기운 기)
③ 頌花香氣(칭송할 송, 꽃 화, 향기 향, 기운 기)
④ 誦花香氣(욀 송, 꽃 화, 향기 향, 기운 기)

207 ㉗정력 강화의 한자 표기가 바른 것은?
① 定力强化(정할 정, 힘 력, 강할 강, 될 화)
② 精力剛化(정할 정, 힘 력, 군셀 강, 될 화)
③ 定力剛化(정할 정, 힘 력, 군셀 강, 될 화)
❹ 精力强化(정할 정, 힘 력, 강할 강, 될 화)

208 ㉦脚氣病~㉠特産品의 독음이 바른 것은?
❶ ㉦脚氣病(다리 각, 기운 기, 병 병)
② ㉣效能(본받을 효, 능할 능)
③ ㉤寄生(부칠 기, 날 생)
④ ㉠特産品(특별할 특, 낳을 산, 물건 품)

209 ㉣항목의 '항' 자의 한자 표기가 바른 것은?
① 巷(거리 항)　　② 恒(항상 항)
❸ 項(항목 항)　　④ 抗(겨룰 항)

210 ㉤숙주의 한자 표기가 바른 것은?
① 宿酒(잘 숙, 술 주)
❷ 宿主(잘 숙, 주인 주)
③ 宿住(잘 숙, 살 주)
④ 熟酒(익힐 숙, 술 주)

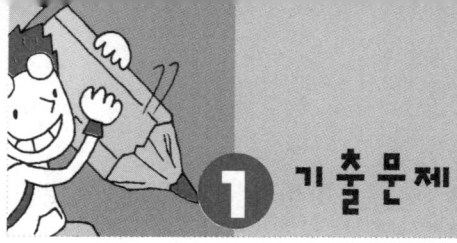
정답									
1	①	2	④	3	④	4	①	5	②
6	②	7	③	8	④	9	①	10	②
11	④	12	①	13	③	14	②	15	①
16	③	17	④	18	①	19	②	20	④
21	②	22	①	23	④	24	①	25	③
26	②	27	②	28	④	29	④	30	①
31	②	32	②	33	④	34	①	35	③
36	④	37	①	38	①	39	②	40	③
41	①	42	②	43	④	44	③	45	②
46	①	47	④	48	②	49	④	50	①
51	③	52	①	53	④	54	②	55	①
56	④	57	④	58	①	59	②	60	④
61	①	62	③	63	④	64	①	65	②
66	③	67	④	68	①	69	③	70	②
71	②	72	③	73	④	74	②	75	③
76	①	77	④	78	②	79	①	80	③
81	①	82	④	83	②	84	③	85	①
86	②	87	②	88	④	89	③	90	①
91	①	92	③	93	③	94	④	95	②
96	①	97	④	98	③	99	①	100	③
101	②	102	①	103	④	104	③	105	②
106	①	107	④	108	③	109	①	110	②
111	②	112	①	113	②	114	④	115	③
116	②	117	③	118	④	119	③	120	①
121	③	122	①	123	④	124	②	125	②
126	①	127	②	128	②	129	①	130	③
131	②	132	①	133	③	134	①	135	②
136	④	137	①	138	③	139	②	140	④
141	②	142	④	143	①	144	③	145	②
146	①	147	②	148	③	149	④	150	②
151	②	152	①	153	④	154	②	155	②
156	①	157	③	158	④	159	②	160	④
161	②	162	②	163	①	164	④	165	④
166	①	167	①	168	②	169	④	170	④
171	④	172	①	173	④	174	②	175	③
176	②	177	④	178	③	179	③	180	①
181	②	182	①	183	③	184	②	185	①
186	③	187	④	188	①	189	③	190	①
191	②	192	②	193	①	194	②	195	②
196	④	197	③	198	③	199	①	200	②
201	③	202	④	203	①	204	③	205	①
206	③	207	④	208	④	209	②	210	②

제1영역　漢 字

1~5 제시된 한자의 부수 고르기

1 校(학교 교) 木부 6획
- ❶ 木(나무 목)
- ② 交(사귈 교)
- ③ 六(여섯 륙)
- ④ 八(여덟 팔)

2 動(움직일 동) 力부 9획
- ① 重(무거울 중)
- ② 千(일천 천)
- ③ 里(마을 리)
- ❹ 力(힘 력)

3 魚(고기 어) 魚부 0획
- ① 丶(점 주)
- ② 灬(불화발)
- ③ 田(밭 전)
- ❹ 魚(고기 어)

4 兵(병사 병) 八부 5획
- ❶ 八(여덟 팔)
- ② 斤(도끼 근)
- ③ 丘(언덕 구)
- ④ 一(한 일)

5 到(이를 도) 刀[刂]부 6획
- ① 至(이를 지)
- ❷ 刂(칼도 방)
- ③ 一(한 일)
- ④ 土(흙 토)

6~10 제시된 한자의 획수 고르기

6 四(넉 사) 口(큰입구)부 2획, 총 5획
丨 冂 冂 四 四

7 可(옳을 가) 口(입 구)부 2획, 총 5획
一 丁 丁 可 可

8 首(머리 수) 首(머리 수)부 0획, 총 9획
丷 丷 丷 艹 产 产 首 首 首

9 臣(신하 신) 臣(신하 신)부 0획, 총 6획
一 丆 Ｆ 臣 臣 臣

10 黑(검을 흑) 黑(검을 흑)부 0획, 총 12획
丨 冂 冂 四 甲 里 里 里 黑 黑 黑 黑

11~15 제시된 필순 유형에 맞는 한자 고르기

11 왼쪽에서 오른쪽으로 쓴다.
- ① 力(힘 력) 丆 力
- ② 言(말씀 언) 丶 亠 亠 言 言 言 言
- ③ 完(완전할 완) 丶 宀 宀 宁 宇 完 完
- ❹ 川(내 천) 丿 刂 川

12 좌우의 모양이 같을 때에는 가운데를 먼저 쓴다.
❶ 水(물 수) 亅 才 水 水
② 木(나무 목) 一 十 才 木
③ 大(큰 대) 一 ナ 大
④ 女(계집 녀) ㇛ 女 女

13 가운데를 꿰뚫는 획은 나중에 쓴다.
① 米(쌀 미) 丶 丷 䒑 半 米 米
② 不(아닐 불) 一 ア 不 不
❸ 中(가운데 중) 丨 口 口 中
④ 士(선비 사) 一 十 士

14 가로획과 세로획이 교차될 때에는 가로획을 먼저 쓴다.
① 百(일백 백) 一 丆 了 丙 百 百
❷ 古(예 고) 一 十 十 古 古
③ 子(아들 자) ㇇ 了 子
④ 耳(귀 이) 一 丅 F F E 耳

15 삐침을 먼저 쓰고 파임을 나중에 쓴다.
❶ 父(아비 부) ノ 八 ク 父
② 正(바를 정) 一 丅 下 正 正
③ 土(흙 토) 一 十 土
④ 己(몸 기) ㇆ コ 己

16~20 제시된 한자의 짜임을 알고 같은 짜임의 한자 고르기

16 車(수레 거 · 차) 상형
① 夕(저녁 석) ② 大(큰 대)
❸ 耳(귀 이) 상형 ④ 獨(홀로 독)

17 上(윗 상) 지사
① 角(뿔 각) ② 客(손 객)
③ 目(눈 목) ❹ 本(근본 본) 지사

18 休(쉴 휴) 회의
❶ 林(수풀 림) 회의 ② 人(사람 인)
③ 木(나무 목) ④ 郡(고을 군)

19 固(굳을 고) 형성
① 果(실과 과) ❷ 神(귀신 신) 형성
③ 男(사내 남) ④ 門(문 문)

20 鳥(새 조) 상형
① 相(서로 상) ② 右(오른쪽 우)
③ 天(하늘 천) ❹ 牛(소 우) 상형

21~31 제시된 한자의 음 고르기

21 京(서울 경) *22* 備(갖출 비)
23 始(비로소 시) *24* 充(채울 충)
25 訓(가르칠 훈) *26* 黃(누를 황)
27 甘(달 감) *28* 斗(말 두)
29 毒(독 독) *30* 付(부칠 부)
31 肺(허파 폐)

32~39 제시된 음에 알맞은 한자 알기

32 한 ① 太(클 태) ❷ 漢(한수 한)
③ 湖(호수 호) ④ 研(갈 연)

33 억 ① 業(일 업) ② 邑(고을 읍)
③ 漁(고기잡을 어) ❹ 億(억 억)

34 암 ❶ 暗(어두울 암) ② 音(소리 음)
③ 案(책상 안) ④ 偉(위대할 위)

35 주 ① 由(말미암을 유) ② 猶(오히려 유)
❸ 宙(집 주) ④ 油(기름 유)

36 관 ① 連(이을 련) ② 吹(불 취)
③ 淺(얕을 천) ❹ 關(관계할 관)

37 접 ❶ 蝶(나비 접) ② 攝(당길 섭)
③ 鉛(납 연) ④ 豫(미리 예)

38 탄 ❶ 炭(숯 탄) ② 壇(단 단)
③ 丸(둥글 환) ④ 塊(흙덩이 괴)

39 돈 ① 挑(돋울 도) ❷ 豚(돼지 돈)
③ 逐(쫓을 축) ④ 屯(모일 둔)

40~47 같은 음의 한자 고르기

40 仕(벼슬 사)
① 示(보일 시) ② 浴(목욕할 욕)
❸ 寺(절 사) ④ 是(옳을 시)

41 會(모일 회)
❶ 回(돌아올 회) ② 增(더할 증)
③ 展(펼 전) ④ 的(과녁 적)

42 早(이를 조)
① 市(시장 시) ❷ 祖(할아비 조)
③ 限(한계 한) ④ 次(버금 차)

43 忍(참을 인)
① 煙(연기 연) ② 凶(흉할 흉)
③ 舌(혀 설) ❹ 寅(범, 지지 인)

44 臥(누울 와)
① 酉(닭 유) ② 委(맡길 위)
❸ 瓦(기와 와) ④ 臣(신하 신)

45 騷(시끄러울 소)
  ① 疫(전염병 역)　　❷ 蔬(나물 소)
  ③ 脣(입술 순)　　④ 弔(조상할 조)

46 契(맺을 계)
  ❶ 桂(계수나무 계)　　② 菌(버섯 균)
  ③ 煩(번거로울 번)　　④ 苗(싹 묘)

47 確(굳을 확)
  ① 鑛(쇳돌 광)　　② 掠(노략질할 략)
  ③ 鶴(학 학)　　❹ 擴(넓힐 확)

48~58 제시된 한자의 뜻 고르기

48 慶(경사 경)　　　49 最(가장 최)

50 屋(집 옥)　　　51 考(생각할 고)

52 陽(볕 양)　　　53 晴(갤 청)

54 味(맛 미)　　　55 芽(싹 아)

56 顧(돌아볼 고)　　57 怠(게으를 태)

58 幣(화폐 폐)

59~65 제시된 뜻에 맞는 한자 고르기

59 이　：① 致(이를 치)　　❷ 齒(이 치)
　　　③ 恥(부끄러울 치)　④ 元(으뜸 원)

60 어제：① 夕(저녁 석)　　② 古(예 고)
　　　③ 送(보낼 송)　　❹ 昨(어제 작)

61 낮　：❶ 午(낮 오)　　② 南(남녘 남)
　　　③ 景(볕 경)　　④ 光(빛 광)

62 캐다：① 菜(나물 채)　　② 抱(안을 포)
　　　❸ 採(캘 채)　　④ 豆(콩 두)

63 벗　：① 癸(북방, 천간 계)　② 丹(붉을 단)
　　　③ 又(또 우)　　❹ 朋(벗 붕)

64 관청：❶ 署(관청 서)　　② 暑(더울 서)
　　　③ 央(가운데 앙)　④ 聽(들을 청)

65 고개：① 岳(큰산 악)　　❷ 嶺(고개 령)
　　　③ 標(표할 표)　　④ 荒(거칠 황)

66~70 제시된 한자와 비슷한 뜻의 한자 고르기

66 了(마칠 료)
  ① 懸(나타날 현)　　② 作(지을 작)
  ❸ 終(마칠 종)　　④ 忌(꺼릴 기)

67 訪(찾을 방)
  ① 問(물을 문)　　② 來(올 래)
  ③ 巡(돌 순)　　❹ 尋(찾을 심)

68 助(도울 조)
  ❶ 扶(도울 부)　　② 演(펼 연)
  ③ 長(길 장)　　④ 條(가지 조)

69 牽(끌 견)
  ① 肩(어깨 견)　　② 順(순할 순)
  ❸ 延(끌 연)　　④ 滯(막힐 체)

70 努(힘쓸 노)
  ① 壯(장할 장)　　❷ 勵(힘쓸 려)
  ③ 隷(종 례)　　④ 奴(종 노)

제2영역　語彙

71~72 짜임이 같은 한자어 고르기

71 妄動(망녕될 망, 움직일 동) : 망녕되게 움직임. 妄이 動을 꾸밈 수식
  ① 非凡(아닐 비, 무릇 범) : 평범하지 않음. 非가 凡을 한정
  ❷ 肯定(즐길 긍, 정할 정) : 어떤 사실이나 생각 따위를 그렇다고 인정함. 肯이 定을 꾸밈 수식
  ③ 報恩(갚을 보, 은혜 은) : 은혜를 갚음. 恩이 報의 목적이 됨
  ④ 改過(고칠 개, 허물 과) : 잘못을 고침. 過가 改의 목적이 됨

72 登程(오를 등, 길 정) : 길에 오름. 程이 登의 뜻을 완전하게 함 술보
  ① 狀況(형상 상, 상황 황) : 어떤 일의 그때의 모습이나 형편. 狀과 況의 뜻이 유사함
  ② 程度(길 정, 법도 도) : 맞은 한도. 程과 度의 뜻이 유사함
  ❸ 入閣(들 입, 누각 각) : 내각 조직의 한 사람이 됨. 閣이 入의 뜻을 완전하게 함 술보
  ④ 折半(꺾을 절, 반 반) : 반을 꺾음. 半은 折의 목적이 됨

73~90 음이 같은 한자어(동음이의어) 고르기

73 冬至(동지) : 冬(겨울 동), 至(이를 지)
  ① 藥指(약지) : 藥(약 약), 指(가리킬 지)
  ② 間紙(간지) : 間(사이 간), 紙(종이 지)
  ③ 米質(미질) : 米(쌀 미), 質(바탕 질)
  ❹ 同志(동지) : 同(한가지 동), 志(뜻 지)

74 力士(역사) : 力(힘 력), 士(선비 사)
① 力作(역작) : 力(힘 력), 作(지을 작)
❷ 歷史(역사) : 歷(지날 력), 史(역사 사)
③ 恩師(은사) : 恩(은혜 은), 師(스승 사)
④ 進士(진사) : 進(나아갈 진), 士(선비 사)

75 病死(병사) : 病(병 병), 死(죽을 사)
① 道士(도사) : 道(길 도), 士(선비 사)
② 自殺(자살) : 自(스스로 자), 殺(죽일 살)
❸ 兵事(병사) : 兵(병사 병), 事(일 사)
④ 無事(무사) : 無(없을 무), 事(일 사)

76 樹石(수석) : 樹(나무 수), 石(돌 석)
❶ 首席(수석) : 首(머리 수), 席(자리 석)
② 朝夕(조석) : 朝(아침 조), 夕(저녁 석)
③ 水路(수로) : 水(물 수), 路(길 로)
④ 受注(수주) : 受(받을 수), 注(물댈 주)

77 星火(성화) : 星(별 성), 火(불 화)
① 生花(생화) : 生(날 생), 花(꽃 화)
② 生産(생산) : 生(날 생), 産(낳을 산)
③ 變化(변화) : 變(변할 변), 化(될 화)
❹ 聖畵(성화) : 聖(성인 성), 畵(그림 화)

78 世情(세정) : 世(인간 세), 情(뜻 정)
① 勢道(세도) : 勢(형세 세), 道(길 도)
❷ 稅政(세정) : 稅(세금 세), 政(정사 정)
③ 性情(성정) : 性(성품 성), 情(뜻 정)
④ 洗手(세수) : 洗(씻을 세), 手(손 수)

79 消化(소화) : 消(사라질 소), 化(될 화)
❶ 笑話(소화) : 笑(웃음 소), 話(말씀 화)
② 敎化(교화) : 敎(가르칠 교), 化(될 화)
③ 草花(초화) : 草(풀 초), 花(꽃 화)
④ 美化(미화) : 美(아름다울 미), 化(될 화)

80 速記(속기) : 速(빠를 속), 記(기록할 기)
① 婚期(혼기) : 婚(혼인할 혼), 期(기약할 기)
② 傳記(전기) : 傳(전할 전), 記(기록할 기)
❸ 俗氣(속기) : 俗(풍속 속), 氣(기운 기)
④ 興起(흥기) : 興(일 흥), 起(일어날 기)

81 受賞(수상) : 受(받을 수), 賞(상줄 상)
❶ 手相(수상) : 手(손 수), 相(서로 상)
② 水原(수원) : 水(물 수), 原(근원 원)
③ 右相(우상) : 右(오른쪽 우), 相(서로 상)
④ 日常(일상) : 日(날 일), 常(항상 상)

82 詩人(시인) : 詩(시 시), 人(사람 인)
① 起因(기인) : 起(일어날 기), 因(인할 인)
② 衆人(중인) : 衆(무리 중), 人(사람 인)
③ 知人(지인) : 知(알 지), 人(사람 인)
❹ 是認(시인) : 是(옳을 시), 認(알 인)

83 商議(상의) : 商(장사 상), 議(의논할 의)
① 堂直(당직) : 堂(집 당), 直(곧을 직)
❷ 上衣(상의) : 上(윗 상), 衣(옷 의)
③ 常習(상습) : 常(항상 상), 習(익힐 습)
④ 表紙(표지) : 表(겉 표), 紙(종이 지)

84 造花(조화) : 造(지을 조), 花(꽃 화)
① 風化(풍화) : 風(바람 풍), 化(될 화)
② 香火(향화) : 香(향기 향), 火(불 화)
❸ 調和(조화) : 調(고를 조), 和(화할 화)
④ 通話(통화) : 通(통할 통), 話(말씀 화)

85 妻兄(처형) : 妻(아내 처), 兄(형 형)
❶ 處刑(처형) : 處(곳 처), 刑(형벌 형)
② 舊形(구형) : 舊(예 구), 形(모양 형)
③ 求刑(구형) : 求(구할 구), 刑(형벌 형)
④ 姊兄(자형) : 姊(손윗누이 자), 兄(형 형)

86 道路(도로) : 道(길 도), 路(길 로)
① 暴露(폭로) : 暴(사나울 폭), 露(드러낼 로)
❷ 徒勞(도로) : 徒(헛될 도), 勞(일할 로)
③ 初老(초로) : 初(처음 초), 老(늙을 로)
④ 印朱(인주) : 印(도장 인), 朱(붉을 주)

87 監司(감사) : 監(볼 감), 司(맡을 사)
① 劍士(검사) : 劍(칼 검), 士(선비 사)
❷ 感謝(감사) : 感(느낄 감), 謝(사례할 사)
③ 弔辭(조사) : 弔(조상할 조), 辭(말씀 사)
④ 照射(조사) : 照(비칠 조), 射(쏠 사)

88 强要(강요) : 强(강할 강), 要(요긴할 요)
① 細腰(세요) : 細(가늘 세), 腰(허리 요)
② 需要(수요) : 需(구할 수), 要(요긴할 요)
③ 緊要(긴요) : 緊(긴할 긴), 要(요긴할 요)
❹ 綱要(강요) : 綱(벼리 강), 要(요긴할 요)

89 拒否(거부) : 拒(막을 거), 否(아닐 부)
① 距離(거리) : 距(떨어질 거), 離(떠날 리)
② 支拂(지불) : 支(지탱할 지), 拂(떨칠 불)
❸ 巨富(거부) : 巨(클 거), 富(부자 부)
④ 雜費(잡비) : 雜(섞일 잡), 費(쓸 비)

90 依據(의거) : 依(의지할 의), 據(의거할 거)
  ❶ 義擧(의거) : 義(옳을 의), 擧(들 거)
  ② 疑處(의처) : 疑(의심할 의), 處(곳 처)
  ③ 悲劇(비극) : 悲(슬플 비), 劇(심할 극)
  ④ 徹底(철저) : 徹(통할 철), 底(밑 저)

91~92 같은 한자가 다른 음으로 읽히는 한자어 고르기

91 **❶** 能(능할 능), 率(비율 률)
  ② 引(끌 인), 率(거느릴 솔)
  ③ 率(거느릴 솔), 直(곧을 직)
  ④ 率(거느릴 솔), 先(먼저 선)

92 ① 開(열 개), 拓(넓힐 척)
  ② 干(방패 간), 拓(넓힐 척)
  ❸ 拓(박을 탁), 本(근본 본)
  ④ 拓(넓힐 척), 植(심을 식)

93~110 세 개 어휘에 공통되는 한자 고르기

93 男(사내 남)□, □利(이로울 리)□, 安(편안 안)
  ① 女(계집 녀)   ② 有(있을 유)
  ❸ 便(편할 편)   ④ 平(평평할 평)
  * 男便(남편), 便利(편리), 便安(편안)

94 同(한가지 동)□, □情(뜻 정), 好(좋을 호)□
  ① 席(자리 석)   ② 族(겨레 족)
  ③ 列(벌일 렬)   **❹** 感(느낄 감)
  * 同感(동감), 感情(감정), 好感(호감)

95 再(거듭 재)□, □造(지을 조), □物(물건 물)
  ① 木(나무 목)   **❷** 建(세울 건)
  ③ 魚(고기 어)   ④ 修(닦을 수)
  * 再建(재건), 建造(건조), 建物(건물)

96 □助(도울 조), □出(날 출), □命(목숨 명)
  ❶ 救(구원할 구)   ② 相(서로 상)
  ③ 運(움직일 운)   ④ 家(집 가)
  * 救助(구조), 救出(구출), 救命(구명)

97 尊(높을 존)□, 品(물건 품)□, □重(무거울 중)
  ① 對(대할 대)   ② 性(성품 성)
  ③ 質(바탕 질)   **❹** 貴(귀할 귀)
  * 尊貴(존귀), 品貴(품귀), 貴重(귀중)

98 才(재주 재)□, □力(힘 력), 萬(일만 만)□
  ① 天(하늘 천)   ② 英(꽃부리 영)
  ❸ 能(능할 능)   ④ 一(한 일)
  * 才能(재능), 能力(능력), 萬能(만능)

99 回(돌아올 회)□, □禮(예도 례), 正(바를 정)□
  ❶ 答(대답 답)   ② 信(믿을 신)
  ③ 敬(공경 경)   ④ 視(볼 시)
  * 回答(회답), 答禮(답례), 正答(정답)

100 □用(쓸 용), □打(칠 타), 年(해 년)□
  ① 登(오를 등)   ② 使(하여금 사)
  ❸ 代(대신 대)   ④ 次(버금 차)
  * 代用(대용), 代打(대타), 年代(연대)

101 □角(뿔 각), □目(눈 목), 先(먼저 선)□
  ① 三(석 삼)   **❷** 頭(머리 두)
  ③ 題(제목 제)   ④ 種(씨 종)
  * 頭角(두각), 頭目(두목), 先頭(선두)

102 定(정할 정)□, □手(손 수), 接(접할 접)□
  ❶ 着(붙을 착)   ② 立(설 립)
  ③ 歌(노래 가)   ④ 車(수레 거·차)
  * 定着(정착), 着手(착수), 接着(접착)

103 音(소리 음)□, □問(물을 문), 人(사람 인)□
  ① 樂(즐길 락)   ② 訪(찾을 방)
  ③ 道(길 도)   **❹** 質(바탕 질)
  * 音質(음질), 質問(질문), 人質(인질)

104 □價(값 가), 韓(한국 한)□, 用(쓸 용)□
  ① 高(높을 고)   ② 國(나라 국)
  ❸ 紙(종이 지)   ④ 法(법 법)
  * 紙價(지가), 韓紙(한지), 用紙(용지)

105 哀(슬플 애)□, □待(기다릴 대), □聲(소리 성)
  ① 願(원할 원)   **❷** 歡(기쁠 환)
  ③ 期(기약할 기)   ④ 肉(고기 육)
  * 哀歡(애환), 歡待(환대), 歡聲(환성)

106 看(볼 간)□, □産(낳을 산), □片(조각 편)
  ❶ 破(깨뜨릴 파)   ② 過(지날 과)
  ③ 國(나라 국)   ④ 一(한 일)
  * 看破(간파), 破散(파산), 破片(파편)

107 □入(들 입), 仲(버금 중)□, □意(뜻 의)
  ① 加(더할 가)   ② 媒(중매 매)
  ③ 好(좋을 호)   **❹** 介(낄 개)
  * 介入(개입), 仲介(중개), 介意(개의)

108 □空(빌 공), 書(글 서)□, □橋(다리 교)
  ① 虛(빌 허)   ② 冊(책 책)
  ❸ 架(시렁 가)   ④ 鐵(쇠 철)
  * 架空(가공), 書架(서가), 架橋(가교)

109 提(끌 제)□, □帶(띠 대), □持(가질 지)
   ❶ 携(끌 휴)　　　② 起(일어날 기)
   ③ 地(땅 지)　　　④ 堅(굳을 견)
   * 提携(제휴), 携帶(휴대), 携持(휴지)

110 同(한가지 동)□, 細(가늘 세)□, □子(아들 자)
   ① 乘(탈 승)　　　❷ 胞(태 포)
   ③ 技(재주 기)　　　④ 獨(홀로 독)
   * 同胞(동포), 細胞(세포), 胞子(포자)

111~126 제시된 한자어와 상대되는 뜻의 한자어 고르기

111 內容(내용) : 그릇이나 포장 따위의 속에 들어 있
   는 것
   ① 內面(내면) : 안쪽. 안쪽을 향한 면
   ❷ 形式(형식) : 겉 모양. 외형
   ③ 美容(미용) : 얼굴이나 머리 등을 곱게 매만짐
   ④ 形體(형체) : 사물의 모양과 바탕

112 可決(가결) : 의안이 옳다고 결정함
   ❶ 否決(부결) : 회의에서 의안을 승인하지 않기로
   결정함
   ② 解決(해결) : 사건이나 문제 따위를 잘 처리함
   ③ 終決(종결) : 결정이 내려짐
   ④ 先決(선결) : 다른 일보다 먼저 해결함

113 希望(희망) : 어떤 일을 이루거나 얻고자 기대하고
   바람
   ① 責望(책망) : 잘못을 들어 꾸짖음, 또는 그 일
   ❷ 絕望(절망) : 모든 희망이 끊어짐. 모든 희망을
   다 버림
   ③ 志望(지망) : 뜻하여 바람, 또는 그 뜻
   ④ 野望(야망) : 그 사람의 처지나 야망으로 봐서
   는 좀처럼 이룰 수 없는 큰 욕망

114 保守(보수) : 오랜 습관·제도·방법 등을 소중히
   여겨 그대로 지킴
   ① 留保(유보) : 뒷날로 미룸. 보류
   ② 固守(고수) : 굳게 지킴. 단단히 지킴
   ③ 退步(퇴보) : 뒤로 물러섬. 뒷걸음
   ❹ 進步(진보) : 사물의 내용이나 정도가 차츰 나
   아지거나 나아가는 일

115 自律(자율) : 스스로의 의지로 자신의 행동을 규
   제함
   ① 自主(자주) : 남의 도움이나 간섭을 받지 아니
   하고 자신의 일을 스스로 처리함
   ② 自由(자유) : 남에게 얽매이거나 구속받거나 하
   지 않고 자기 마음대로 행동하는 일
   ❸ 他律(타율) : 자기의 의지로써가 아니라 남의
   명령이나 구속에 따라 행동하는 일
   ④ 他力(타력) : 다른 힘

116 常例(상례) : 보통 있는 예. 흔히 있는 예
   ① 定例(정례) : 일정하게 정하여 놓은 규례, 또는
   사례
   ❷ 特例(특례) : 특수한 예
   ③ 比例(비례) : 어떤 수나 양이 두 곱, 세 곱 따위로
   변화함에 따라 다른 수나 양도 그렇게 되는 일
   ④ 先例(선례) : 이전의 사례

117 口語(구어) : 보통 입으로 하는 말
   ① 用語(용어) : 사용하는 말. 특히 어떤 분야에서
   주로 많이 사용하는 말
   ② 造語(조어) : 말을 새로 만듦, 또는 이미 있
   는 말을 말을 가지고 새로운 뜻을 지닌 말을
   만듦
   ❸ 文語(문어) : 일상 언어에는 쓰이지 않고 문자
   에만 쓰이는 말
   ④ 失語(실어) : 잘못 말을 함. 말을 잊어버리거나
   바르게 하지 못함

118 直流(직류) : 곧게 흐르는 줄기
   ① 合流(합류) : 둘 이상의 흐름이 한데 합하여
   흐름
   ② 下流(하류) : 강물 따위가 흘러 내리는 아래쪽,
   또는 그 지역
   ③ 主流(주류) : 강의 원줄기가 되는 큰 흐름
   ❹ 交流(교류) : 일정한 시간마다 번갈아 반대로
   흐르는 전류

119 君子(군자) : 학문이나 덕이 높고 행실이 바르며
   품위를 갖춘 사람
   ❶ 小人(소인) : 윗사람에 대하여 자기를 낮추어
   일컫는 말. 간사하고 도량이 좁은 사람
   ② 君父(군부) : 임금과 아버지
   ③ 臣下(신하) : 임금을 섬기어 벼슬하는 사람
   ④ 人君(인군) : 임금

120 遠心力(원심력) : 물체가 원운동을 할 때 원의 중심에서 멀어지려는 방향으로 작용하는 힘
　❶ 求心力(구심력) : 물체가 원운동을 할 때 중심으로 쏠리려는 힘
　② 無重力(무중력) : 중력이 없음
　③ 原動力(원동력) : 사물의 운동을 일으키는 근원이 되는 힘
　④ 親和力(친화력) : 화학에서 원소가 결합할 때 특히 어떤 원소와 선택적으로 결합하는 경향이나 힘

121 寒流(한류) : 찬 해류
　① 海流(해류) : 바닷물의 흐름
　② 氣流(기류) : 공기의 흐름
　❸ 暖流(난류) : 따뜻한 해류
　④ 急流(급류) : 물이 급하게 흐름, 또는 그렇게 흐르는 흐름

122 當番(당번) : 번드는 차례에 당함, 또는 그 사람
　❶ 非番(비번) : 당번이 아님, 또는 그런 사람
　② 順番(순번) : 차례로 돌아오는 번, 또는 그 순서
　③ 每番(매번) : 번번이. 매회
　④ 宿直(숙직) : 직장에서, 밤에 숙박하며 건물이나 시설 따위를 지키는 일, 또는 그 사람

123 革新(혁신) : 제도나 방법, 조직이나 풍습 따위를 고치거나 버리고 새롭게 함
　① 改革(개혁) : 정치 체제나 사회 제도 등을 합법적·점진적으로 새롭게 고쳐 나감
　② 變革(변혁) : 사회나 제도 등이 근본적으로 바뀜, 또는 바꿈
　③ 死守(사수) : 목숨을 걸고 지킴
　❹ 守舊(수구) : 묵은 관습이나 제도를 그대로 지키고 따름

124 濕性(습성) : 공기중에서 잘 마르지 않는 축축한 성질
　① 油性(유성) : 기름과 같은 성질, 또는 기름의 성질
　② 彈性(탄성) : 외부로부터 힘을 받아 모양이 달라진 물체가, 그 힘이 없어지면 다시 본디의 모양으로 되돌아가려는 성질
　③ 硬性(경성) : 단단한 성질
　❹ 乾性(건성) : 건조한 성질

125 滿潮(만조) : 밀물로 해면이 가장 높아진 상태
　① 退潮(퇴조) : 썰물
　❷ 干潮(간조) : 조수가 빠져 바다의 수면이 가장 낮게 된 상태
　③ 高潮(고조) : 밀물이 들어와서 해면의 높이가 가장 높아지는 상태
　④ 順潮(순조) : 배가 조수의 흐름을 따라서 나아가는 일

126 却下(각하) : 국가 기관에 대한 행정상 또는 사법상의 신청을 물리치는 처분
　❶ 接受(접수) : 공문서 따위의 서류나, 신청한 사실들을 처리하기 위하여 받아들임
　② 賣却(매각) : 팔아 버림
　③ 退却(퇴각) : 전투 따위에 져서 뒤로 물러남
　④ 棄却(기각) : 소송을 수리한 법원이 그 내용을 심리하여 이유가 없는 것으로, 또는 부적법한 것으로 판단하여 배척하는 판결, 또는 결정

127~132 사자 성어 완성하기

127 先公後私(선공후사) : 사사로운 일이나 이익보다 공사나 공익을 앞세움을 이르는 말
　① 正(바를 정)　　　② 事(일 사)
　③ 政(정사 정)　　　❹ 私(사사 사)

128 溫故知新(온고지신) : 옛 것을 연구하여 거기서 새로운 지식이나 도리를 찾아내는 일
　① 用(쓸 용)　　　　❷ 溫(따뜻할 온)
　③ 容(얼굴 용)　　　④ 論(의논할 론)

129 燈火可親(등화가친) : 등불을 가까이 함. 글 읽기 좋음
　❶ 燈(등불 등)　　　② 母(어미 모)
　③ 旦(아침 단)　　　④ 食(먹을 식)

130 手不釋卷(수불석권) : 손에서 책을 놓지 않는다는 뜻으로 늘 글을 읽음을 이르는 말
　① 策(꾀 책)　　　　② 拳(주먹 권)
　❸ 卷(책 권)　　　　④ 券(문서 권)

131 外柔內剛(외유내강) : 겉으로는 부드럽고 순하게 보이나 마음속은 단단하고 굳셈
　① 儒(선비 유)　　　❷ 柔(부드러울 유)
　③ 幼(어릴 유)　　　④ 遊(놀 유)

132 東奔西走(동분서주) : 여기저기 분주하게 다님
　❶ 奔(달릴 분)　　　② 分(나눌 분)
　③ 奮(떨칠 분)　　　④ 赴(다다를 부)

133~136 제시된 사자 성어의 뜻 알기

133 聞一知十(문일지십) : 하나를 들으면 열을 미루어 앎

* 聞(들을 문), 一(한 일), 知(알 지), 十(열 십)

134 門前成市(문전성시) : 대문 앞이 시장을 이룬다는 뜻으로 찾아오는 사람이 많음을 이르는 말

* 門(문 문), 前(앞 전), 成(이룰 성), 市(시장 시)

135 雪上加霜(설상가상) : 눈 위에 이슬이 더한다는 뜻으로, 어려운 일이 연거푸 일어남을 비유하여 이르는 말

* 雪(눈 설), 上(윗 상), 加(더할 가), 霜(서리 상)

136 發憤忘食(발분망식) : 무슨 일을 이루려고 발분하여 끼니마저 잊고 힘씀

* 發(필 발), 憤(분할 분), 忘(잊을 망), 食(먹을 식)

137~140 뜻에 맞는 사자 성어 고르기

137 ❶ 山戰水戰(산전수전) : 산에서의 싸움, 물에서의 싸움이라는 뜻으로 세상 일의 온갖 고난을 겪은 경험을 비유
② 富貴在天(부귀재천) : 부귀를 누리는 일은 하늘에 달려 있어 사람의 힘으로는 어찌할 수 없음을 이르는 말
③ 坐不安席(좌불안석) : 불안하거나 걱정스러워 한군데에 오래 앉아 있지 못함
④ 多多益善(다다익선) : 많으면 많을수록 더욱 좋음

138 ① 九牛一毛(구우일모) : 썩 많은 가운데 섞인 아주 적은 것을 비유하여 이르는 말
② 難兄難弟(난형난제) : 누구를 형이라 하고 누구를 아우라 해야 할지 분간하기 어렵다는 뜻으로 누가 더 낫다고 할 수 없을 정도로 둘이 비슷함
❸ 電光石火(전광석화) : 번갯불이나 부싯돌의 불이 번쩍이는 것처럼 몹시 짧은 시간을 비유하여 이르는 말
④ 一擧兩得(일거양득) : 한 가지 일로써 두 가지 이득을 얻음

139 ① 右往左往(우왕좌왕) : 이리저리 오락가락함
❷ 左之右之(좌지우지) : 제 마음대로 다루거나 휘두름
③ 寸鐵殺人(촌철살인) : 짧은 경구로 사람의 마음을 찔러 감동시키는 것을 비유
④ 三人成虎(삼인성호) : 여러 사람이 거리에 범이 나왔다고 하면, 거짓말이라도 참말로 곧이듣게 된다는 뜻으로 근거 없는 말도 여러 사람이 하면 이를 믿게 됨

140 ① 水魚之交(수어지교) : 물과 고기의 사귐 매우 친밀하게 사귀어 떨어질 수 없는 사이를 비유하여 이르는 말
② 類類相從(유유상종) : 같은 동아리끼리 서로 오가며 사귐.
③ 螢窓雪案(형창설안) : 반딧불과 눈빛으로 공부했다는 차윤과 손강의 고사에서 고생하면서도 꾸준히 학문을 닦음을 이르는 말
❹ 松茂栢悅(송무백열) : 소나무가 무성함을 잣나무가 기뻐한다는 뜻으로 벗이 잘됨을 기뻐함

제3영역　　**讀 解**

141~154 문장에 쓰인 한자어의 음 알기

141 增加(증가) : 增(더할 증), 加(더할 가)

142 競技(경기) : 競(다툴 경), 技(재주 기)

143 曲線(곡선) : 曲(굽을 곡), 線(줄 선)

144 陸地(육지) : 陸(뭍 륙), 地(땅 지)

145 勤勉(근면) : 勤(부지런할 근), 勉(힘쓸 면)

146 園藝(원예) : 園(뜰 원), 藝(재주 예)

147 料理(요리) : 料(헤아릴 료), 理(다스릴 리)

148 藥效(약효) : 藥(약 약), 效(본받을 효)

149 婚禮(혼례) : 婚(혼인할 혼), 禮(예도 례)

150 英雄(영웅) : 英(꽃부리 영), 雄(수컷 웅)

151 義務(의무) : 義(옳을 의), 務(힘쓸 무)

152 街路樹(가로수) : 街(거리 가), 路(길 로), 樹(나무 수)

153 立脚(입각) : 立(설 립), 脚(다리 각)

154 汚染(오염) : 汚(더러울 오), 染(물들일 염)

155~159 문장에 쓰인 한자어의 뜻 알기

155 多少(다소) : 多(많을 다), 少(적을 소)

156 木石(목석) : 木(나무 목), 石(돌 석)

157 靑雲(청운) : 靑(푸를 청), 雲(구름 운)

158 莫逆(막역) : 莫(없을 막), 逆(거스를 역)

157 秋毫(추호) : 秋(가을 추), 毫(털 호)

160~164 문장에 맞는 한자어 고르기

160 ① 收集(수집) : 여러 가지 것을 거두어 모음
② 合力(합력) : 흩어진 힘을 한데 모음, 또는 그 힘
③ 同居(동거) : 한 집에서 같이 삶
❹ 集合(집합) : 한군데로 모임, 또는 한군데로 모음

161 ① 平和(평화) : 평온하고 화목함
❷ 幸福(행복) : 흐뭇하도록 만족하여 부족이나 불만이 없음, 또는 그러한 상태
③ 快樂(쾌락) : 기분이 좋고 즐거움
④ 希望(희망) : 어떤 일을 이루거나 얻고자 기대하고 바람

162 ① 道德(도덕) : 사람으로서 마땅히 지켜야 할 도리 및 그것을 자각하여 실천하는 행위의 총체
② 家庭(가정) : 한 가족이 살림하고 있는 집안
❸ 政治(정치) : 국가에 있어서 권력을 획득·유지 및 행사를 위한 투쟁이나 조정들의 여러 현상
④ 法庭(법정) * 한자어 아님

163 ❶ 探究(탐구) : 진리나 법칙 따위를 더듬어 깊이 연구함
② 言語(언어) : 생각이나 느낌을 음성으로 전달하는 수단과 체계
③ 關心(관심) : 어떤 일에 마음이 끌리어 주의를 기울이는 일
④ 視聽(시청) : 눈으로 보고 귀로 들음

164 ① 遲刻(지각) : 정해진 시각보다 늦음
② 缺陷(결함) : 부족하거나 완전하지 못하여 흠이 되는 점
③ 奮鬪(분투) : 있는 힘을 다하여 적과 싸움
❹ 負傷(부상) : 몸에 상처를 입음

165~170 문장에 맞지 않는 한자어 고르기

165 ① 民族(민족) : 같은 지역에서 오랫동안 공동 생활을 함으로써 언어나 풍습 따위 문화 내용을 함께 하는 인간 집단의 최고 단위
② 大衆(대중) : 신분의 구별없이 한 사회의 대다수를 이루는 사람
③ 所重(소중) : 매우 귀중함
❹ 文花 → 文化(문화) : 인지가 깨어 세상이 열리고 생활이 보다 편리하게 되는 일

166 ❶ 陰食 → 飮食(음식) : 사람이 먹고 마시는 것
② 食品(식품) : 음식의 재료가 되는 물품
③ 熱量(열량) : 열을 에너지의 양으로 나타낸 것
④ 過食(과식) : 지나치게 많이 먹음.

167 ❶ 物利學 → 物理學(물리학) : 물질의 운동이나 구조 따위에 대하여 연구하는 학문
② 分野(분야) : 사물을 어떤 기준에 따라 구분한 각각의 영역, 또는 범위
③ 世界的(세계적) : 세계 전체를 대상 범위로 하는 것
④ 人物(인물) : 뛰어난 사람. 인재

168 ① 工夫(공부) : 학문이나 기술을 배우거나 닦음
❷ 赤是 → 亦是(역시) : 예상대로
③ 授業(수업) : 학교 같은 데서 학업이나 기술을 가르쳐 줌
④ 活用(활용) : 그것이 지닌 능력이나 기능을 잘 살려 씀

169 ① 二層(이층) : 단층 위에 한 층 더 올려 지은 것
❷ 階端 → 階段(계단) : 층층대
③ 食堂(식당) : 식사하기에 편리하도록 설비하여 놓은 방
④ 複道(복도) : 건물 안의 방과 방, 또는 건물과 건물을 잇는 지붕이 있는 좁고 긴 통로

170 ① 大腦(대뇌) : 척추 동물의 뇌의 대부분을 차지하여 좌우 한 쌍을 이룬 반구상의 덩어리
② 半球(반구) : 구를 그 중심을 지나는 평면으로 2등분한 것
③ 支配(지배) : 거느려 부림. 다스림
❹ 宴奏 → 演奏(연주) : 남 앞에서 악기를 다루어 음악을 들려주는 일

171~178 바르게 쓴 한자어 고르기

171 ① 課題(과제) : 주어진 문제나 임무
② 話題(화제) : 이야깃거리
③ 題材(제재) : 예술 작품이나 학술・연구 따위의 주제의 재료
④ 宿題(숙제) : 학생에게 내어주는 과제

172 ❶ 所聞(소문) : 여러 사람의 입에 오르내리면서 전하여 오는 말

173 ❷ 童話(동화) : 어린이를 상대로 들려주거나 읽히기 위하여 만들어진 이야기

174 ④ 空間(공간) : 아무것도 없이 비어 있는 곳

175 ❸ 新鮮(신선) : 새롭고 산뜻함
④ 神仙(신선) : 선도를 닦아 신통력을 얻은 사람

176 ❷ 患者(환자) : 병을 앓는 사람
③ 亡者(망자) : 죽은 사람
④ 病者(병자) : 아픈 사람

177 ④ 姉妹(자매) : 여자끼리의 동기

178 ❸ 放漫(방만) : 하는 일이나 생각이 야무지지 못하고 엉성함.

179~183 어구의 뜻과 비슷한 한자어 고르기

179 ① 生長(생장) : 태어나서 자람
② 生成(생성) : 사물이 생겨남
❸ 出生(출생) : 태아가 모체에서 태어남
④ 出産(출산) : 아기를 낳음

180 ❶ 到達(도달) : 정한 곳이나 어떤 수준에 이르러 다다름
② 下達(하달) : 윗사람의 뜻이나 명령 따위가 아랫사람에게 미침, 또는 미치도록 알림
③ 到來(도래) : 닥침. 닥쳐옴
④ 以來(이래) : 지나간 일정한 때로부터 지금까지

181 ① 愛用(애용) : 어떤 물건을 즐겨 늘 사용함
❷ 節約(절약) : 아끼어 씀
③ 要約(요약) : 말이나 글에서 중요한 것만 추려 냄
④ 有用(유용) : 쓸모가 있음. 이용할 데가 있음

182 ❶ 追從(추종) : 남의 뒤를 따라 쫓음
② 服從(복종) : 남의 명령・요구・의지 등에 그대로 따름
③ 從來(종래) : 지금까지 내려온 그대로
④ 從事(종사) : 어떤 일을 일삼아서 함

183 ① 訟事(송사) : 소송하는 일
② 訴訟(소송) : 법원에 재판을 청구하는 일, 또는 그 절차
❸ 被訴(피소) : 제소를 당함
④ 提訴(제소) : 소송을 일으킴

184~188 글에 쓰인 한자어와 한자의 뜻 알기

184 ❷ 四季節(사계절) : 봄・여름・가을・겨울. 네 계절. 四(넉 사), 季(계절 계), 節(마디 절)

185 ❶ 分明(분명) : 흐리지 않고 또렷함. 分(나눌 분), 明(밝을 명)
② 分化(분화) : 하나의 것이 진보・발달하여 복잡해짐에 따라 여러 이질적인 부분으로 갈라지는 일. 分(나눌 분), 化(될 화)
③ 淸明(청명) : 날씨가 맑고 깨끗함. 淸(맑을 청), 明(밝을 명)
④ 生動(생동) : 살아서 생기 있게 움직임. 生(날 생), 動(움직일 동)

186 ① 冬(겨울 동)　　② 秋(가을 추)
❸ 夏(여름 하)　　④ 春(봄 춘)

187 ① 景(볕 경)　　② 淸(맑을 청)
③ 黑(검을 흑)　　❹ 綠(푸를 록)

188 ❶ 白雪(백설) : 흰 눈. 白(흰 백), 雪(눈 설)
② 白雲(백운) : 흰구름. 白(흰 백), 雲(구름 운)
③ 白眼(백안) : 눈의 흰자위. 白(흰 백), 眼(눈 안)
④ 白雨(백우) : 소나기. 白(흰 백), 雨(비 우)

189~193 글에 쓰인 한자어와 한자의 뜻 알기

189 ① 八(여덟 팔)　　② 稅(세금 세)
❸ 賣(팔 매)　　④ 買(살 매)

190 場(마당 장)

191 ① 自身(스스로 자, 몸 신) : 제 몸. 자기
❷ 自己(스스로 자, 몸 기) : 그 사람 자신
③ 自信(스스로 자, 믿을 신) : 자기의 값어치나 능력을 믿음, 또는 그런 마음

192 ① 認定(알 인, 정할 정) : 옳다고 믿고 정함
❹ 人情(사람 인, 뜻 정) : 사람이 본디 지니고 있는 온갖 감정

193 農夫(농부) : 農(농사 농), 夫(지아비 부)

194~197 글에 쓰인 한자어와 한자의 뜻 알기

194 ① 眼(눈 안)　　❷ 鼻(코 비)
③ 尺(자 척)　　④ 官(벼슬 관)

195 比例(견줄 비, 법식 례): 어떤 수나 양이 두 곱, 세 곱 따위로 변화함에 따라 다른 수나 양도 그렇게 되는 일

196 ① ㉢ 主觀(주인 주, 볼 관) : 여러 현상을 의식하며 사물을 생각하는 마음의 움직임. 자기만의 생각
② ㉣ 變形(변할 변, 모양 형) : 모양이 달라지거나 달라지게 함, 또는 달라진 그 모양
③ ㉤ 細部(가늘 세, 떼 부) : 자세한 부분
❹ ㉥ 表精 → 表情(겉 표, 뜻 정) : 마음속의 감정이나 상태로 말미암아 얼굴에 나타나 보이는 표적

197 個性的(낱 개, 성품 성, 과녁 적) : 개성이 두드러진 것
① 開(열 개)　　② 改(고칠 개)
❸ 個(낱 개)　　④ 皆(모두 개)

198~203 글에 쓰인 한자어와 한자의 뜻 알기

198 ❷ 熱帶林(더울 열, 띠 대, 수풀 림) : 열대에 발달해 있는 삼림대

199 ❶ 葉(잎 엽)　　② 枝(가지 지)
③ 芳(꽃다울 방)　　④ 材(재목 재)

200 ① 寸蟲(마디 촌, 벌레 충) : 척추 동물의 창자에 기생하는 기생충
❷ 幼蟲(어릴 유, 벌레 충) : 새끼 벌레. 애벌레
③ 成蟲(이룰 성, 벌레 충) : 애벌레가 자라서 생식 능력을 지니게 된 곤충

201 ① ㉣ 動院 → 動員(움직일 동, 인원 원) : 전쟁과 같은 비상 사태 때 국가가 나라 안의 모든 자원을 통제·운용하는 일
② ㉤ 組職 → 組織(짤 조, 짤 직) : 어떤 목적을 달성하기 위하여 일정한 지위와 역할을 지닌 사람이나 물건이 모여서 질서 있는 하나의 집합체를 이룸
❸ ㉥ 維持(벼리 유, 가질 지) : 어떤 상태를 그대로 지니어 감
④ ㉦ 和學 → 化學(될 화, 배울 학) : 물질의 조성과 구조 따위를 연구하는 자연 과학의 한 부문

202 境界(지경 경, 지경 계) : 지역이 갈라지는 한계
① 景槪(볕 경, 대개 개) : 경치. 산이나 강 따위 자연의 아름다운 모습
② 經過(지날 경, 지날 과) : 시간이 지나감. 어떤 곳이나 단계를 거침
③ 傾度(기울 경, 법도 도) : 경사의 정도
❹ 境遇(지경 경, 만날 우) : 놓이게 되는 조건이나 때

203 ❶ ㉜ 浸入者 → 侵入者(침노할 침, 들 입, 놈 자) : 침입하여 들어가는 사람
② ㉛ 適切(갈 적, 끊을 절) : 꼭 알맞음
③ ㉠ 複雜(겹칠 복, 섞일 잡) : 여러 가지 사물이나 사정 등이 겹치고 뒤섞여 어수선함
④ ㉢ 專有物(오로지 전, 있을 유, 물건 물) : 독차지한 물건

204~210 글에 쓰인 한자어와 한자의 뜻 알기

204 壓縮(누를 압, 줄일 축) : 압력을 주어 부피를 작게 함.

205 ❶ 混合氣(섞을 혼, 합할 합, 기운 기) : 혼합된 기체

206 ① ㉢ 點火(점 점, 불 화) : 불을 붙임, 또는 불을 켬
② ㉣ 燃燒(사를 연, 사를 소) : 불이 붙어서 탐
❸ ㉤ 張置 → 裝置(꾸밀 장, 둘 치) : 기계나 설비 따위를 설치함, 또는 그 설치한 물건
④ ㉥ 機關(기관) : 화력·수력·전력 등의 에너지를 기계적 에너지로 바꾸는 기계 장치

207 ❹ 蓄電池(쌓을 축, 번개 전, 못 지) : 전기 에너지를 화학 에너지로 바꾸어서 모아 두고, 필요할 때 전기 에너지로 쓰는 장치

208 ① ㉦ 低速(낮을 저, 빠를 속) : 느린 속도
② ㉧ 回轉時(돌아올 회, 구를 전, 때 시) : 빙빙 돌 때
③ ㉨ 確實(굳을 확, 열매 실) : 틀림이 없음
❹ ㉠ 驅動(몰 구, 움직일 동) : 기계의 바퀴나 축에 동력을 가하여 움직이게 함

209 ① 團束(둥글 단, 묶을 속) : 주의를 기울여 단단히 다잡거나 보살핌
❷ 斷續(끊을 단, 이을 속) : 끊어졌다 이어졌다 함

210 配電機(짝 배, 번개 전, 틀 기) : 전력이나 전류를 필요할 때 공급하는 기계
① 倍(곱 배)　　❷ 配(짝 배)
③ 排(물리칠 배)　　④ 背(등 배)

사전이 필요없는
상공회의소 한자시험
중급기본서(3 · 4 · 5급 포함)

강유경 | (주)멘토르출판사 | 4×6배판 | 390쪽
값 16,000원

| 책 소개

상공회의소 한자 급수 시험에 맞게 구성한 이 책은 각 급별로 한자를 분류한 것은 물론, 각 급의 문제 유형에 걸맞은 학습 요소를 집중적으로 학습하도록 되어 있다. 출제 비중이 높은 영역을 유형별로 정리했으며, 각 페이지마다 배운 한자를 복습하고 24자 학습 후에는 해당 한자를 총복습할 수 있는 연습문제를 배치하여 시험에 많이 나오는 한자를 완벽하게 마스터할 수 있도록 돕는다.

무엇보다 이 책의 가장 큰 강점은 각 한자의 훈 · 음은 물론 한자어를 이룬 다른 한자의 훈 · 음까지 보여주어 자전이 필요하지 않다는 것이다. 또한 상공회의소 시험에서 중점으로 두고 있는 한자어 학습을 위하여 각 페이지의 하단에 한자어가 포함된 문장을 익히며 학습 내용을 확인할 수 있도록 꾸몄기 때문에 학습 효과를 극대화할 수 있다.

| 본문 1

| 본문 2

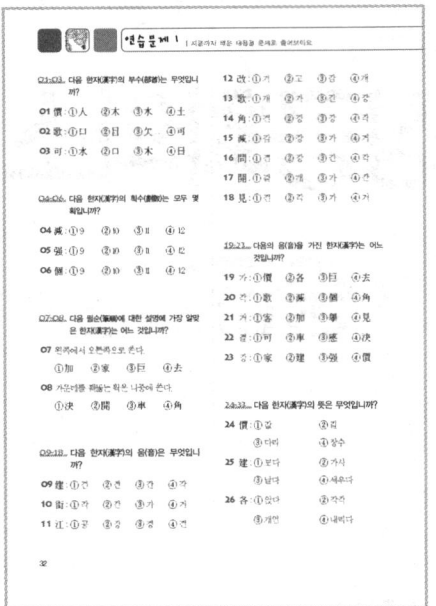

| 차례

Chapter 1 | 기초 이론 학습
· 부수란 무엇인가?
· 한자의 짜임
· 한자어의 짜임
· 필순의 기본원칙

Chapter 2 | 5급 한자 600
Chapter 3 | 4급 한자 300
Chapter 4 | 3급 한자 900

Chapter 5 | 기타 출제 유형별 정리
· 반대자 / 유의자
· 반의어 / 상대어
· 동음이의어
· 일자다음자
· 사자성어

Chapter 6 | 제1회 기출문제
Chapter 7 | 색인 및 정답

사전이 필요없는 **상공회의소 한자시험** 중급기본서(3 · 4 · 5급 포함)

이 책의 사용 방법

이 책은 문제지와 해설서가 따로 묶여져 있어, 실전 연습과 시험 대비 학습에 매우 효율적이다.

모의고사는 상공회의소의 문제 형식과 영역을 충실하게 적용하였다. 문제에 따른 급 배분도 동일하여 실제 급수 문제 형식과 같다.

먼저 실제 급수 시험을 푸는 것처럼 일정한 시간에 모의고사를 풀어서 자신이 알고 있는 것과 모르는 것에 대한 솔직한 점검을 한다. 문제를 푼 뒤에는 답을 맞추고 해설서를 참고하여 오답을 확인하면, 시험 대비 학습도 가능하다.

해설서의 앞부분에는 상공회의소 문제를 풀기 위한 기본적인 이론 내용을 수록하였다. 이 부분은 기존의 한자 능력 시험에는 없는 부분이므로 반드시 한번 학습할 것을 권하는 바이다.

이론 부분에는 부수와 필순, 한자의 짜임, 한자어의 짜임, 상대어, 유의어, 고사성어, 동음이의어 등의 내용이 실려 있다. 많은 내용을 상세히 설명하기보다는 시험에 필요한 부분만 추려서 효율적인 학습이 되도록 하였다.

해설서에는 문제에 대한 상세하고 자세한 설명을 실었다. 아울러 문제지 형식을 그대로 넣어서 해설서만으로도 문제 풀이에 대한 적응 능력을 기를 수 있다. 문제 유형에 대한 자세한 설명과 함께, 자전이 없이도 학습이 가능하도록 낱자 하나하나까지도 친절하게 설명을 붙였다. 답이 아닌 부분에도 자세한 설명을 달아서 학습에 도움이 되도록 하였다. 한자의 뜻은 대표훈을 기본으로 하고, 상황에 따라 적절한 훈을 넣었다.

한자 영역의 경우 부수와 획수, 필순, 한자의 짜임에 대한 자세한 설명을 넣었다. 답의 확인뿐만 아니라, 답이 아닌 한자의 학습에도 도움이 되도록 하였다.

어휘 영역의 경우, 한자어의 뜻과 성어의 뜻도 모두 알 수 있으며, 오답에 대한 적절한 설명도 넣어, 실전 문제를 풀면서 동시에 시험에 대비한 학습도 가능하다.

기출 문제는 1회 문제와 그에 따른 해설을 수록하였다. 모의고사를 모두 풀고 마무리하는 마음으로 기출문제와 해설을 학습하면 시험 준비에 유익할 것이다.

맨 뒤에는 중급 대상 1800자의 일람표를 넣었다. 알고 있는 한자는 다시 확인하고, 모르는 한자의 뜻과 음은 잘 익히도록 한다.

상공회의소는 모두 객관식으로 읽는 능력에 대한 중점적인 평가를 하지만, 학습을 할 때는 정확한 지식을 위하여 한자를 쓰면서 외우는 것도 필요하다. 그러나 무리하게 쓰면서 외우기보다는 한자의 자형을 정확하게 알고 그에 맞는 뜻과 음을 아는데 중점을 두기를 바란다.

한자는 그동안 전통의 계승과 이해를 위해서만 필요한 것으로 생각되어왔다. 그런 이유로 한자 교육의 혜택이 많은 사람들에게 골고루 돌아가지 않았다. 그 결과, 정규 학교 과정을 마치고도 수월하게 한자를 읽고 쓰는 경우가 쉽지 않게 되었다.

그렇게 되자 일상 생활에서도 풍부하고 다양한 우리말의 쓰임이 제한되게 되었다. 우리말의 70%는 한자어로 되어 있다. 한자에 대한 기본적인 상식이 없을 경우 우리말의 올바른 사용에 애로가 있을 수 있다. 특히 공식, 전문 용어의 경우 대부분이 한자어로 되어 있어, 한자에 대한 인식이 부족할 경우, 기업의 업무 수행에 많은 차질이 있을 수 있다.

그런 가운데 중국의 성장으로 많은 기업체에서 중국과의 관계가 발전됨에 따라 그 기본 능력인 한자 습득 능력이 필요하게 되었다. 중국어와 우리말의 한자어의 연관성은 매우 높아서 한자어에 대한 적절한 지식으로도 충분한 의사소통이 가능하다.

그동안 국내에서 여러 한자 검정 시험이 등장하여 한자 학습에 많은 열기를 띠게 된 것은 매우 고무적인 일이다. 그러나 기존의 한자 검정 시험이 전통적인 한자 학습에 충실하여 비즈니스 현장에서 실무적으로 한자를 필요로 하는 사람들에게는 다소 부담이 된 것이 사실이다.

그 와중에 한자 읽기 능력에 집중하는 상공회의소의 한자 검정 시험이 등장한 것은 매우 다행한 일이라고 할 수 있다. 실제 업무에서 필요한 것은 한자의 뜻과 음을 정확하게 알고 읽는 것이 대부분이라고 볼 수 있다. 상공회의소의 검정 시험은 100% 객관식으로 한자 읽기 능력을 중심으로 평가한다. 그러므로 기존 한자 능력 평가 시험보다 학습량이 적으면서도 학습의 효과는 매우 극대화할 수 있다.

이는 단지 자격증을 위한 공부에 머무르지 않고, 실제 생활에 많은 도움이 될 것으로 예상된다.

이 책은 새롭게 등장한 상공회의소 한자 검정 시험의 문제 유형을 그대로 적용하여, 실전 연습이 가능하도록 하였다. 아울러 자세하고 상세한 해설로 별도의 자료가 없이도 시험 대비가 가능하도록 되어 있어 학습 효과를 최대한 높였다.

성공적인 자격증 획득으로 취업과 업무에 큰 도움이 되기를 바란다.

저자 씀.

CONTENTS

이 책의 사용 방법 ·· 2

머리말 & 차례 ·· 3

상공회의소 한자 시험 검정 기준 ································ 4

실전 모의고사 1회 ··· 7

실전 모의고사 2회 ··· 15

실전 모의고사 3회 ··· 23

실전 모의고사 4회 ··· 31

실전 모의고사 5회 ··· 39

실전 모의고사 6회 ··· 47

실전 모의고사 7회 ··· 55

실전 모의고사 8회 ··· 63

실전 모의고사 9회 ··· 71

실전 모의고사 10회 ·· 79

실전 모의고사 11회 ·· 87

실전 모의고사 12회 ·· 95

기출문제 1회 ··· 103

중급한자 1800자 ··· 111

"상공회의소 한자" 시험 검정 기준

01 개요

■ 시험의 검정 기준

"상공회의소 한자" 시험의 검정 영역은 '한자', '어휘', '독해' 의 세 영역으로 구성된다.
각 영역마다 등급별 대상 한자의 수와 수준의 정도에 따라 1, 2, 3, 4, 5급으로 구분한다. 그리고 각 영역의 평가는 객관식 4지 택일형으로 이루어진다.

■ 검정 과목

구분	점수/급수	검정 기준	시험 과목	문항수	전체 문항수	제한 시간	출제 방법
고급	900~1,000점 (1급)	인명용 한자 모음 5,000자	한자 어휘 독해	100 100 100	300	120분	객관식 4지 택일형
	720~899점 (2급)	국가 표준 KSX1001 4,888자					
중급	560~700점 (3급)	중·고등학교 교육용 1,800자	한자 어휘 독해	70 70 70	210	90분	객관식 4지 택일형
	400~559점 (4급)	중학교 교육용 900자					
	320~399점 (5급)	초등학교 교육용 600자					

* 고급 720점 미만, 중급 320점 미만은 급수 사정에서 제외함

02 중급 영역별 검정 방안

1. 한자 영역

■ 평가 방향

한자 영역의 평가는 한자의 부수, 획수, 필순과 한자의 짜임 등 한자에 대한 기초적인 이해로부터 각 급수별 배정 한자를 바르게 읽고 쓰며 사용할 수 있는가에 중점을 둔다.

■ 한자 영역의 출제 범위

출제 범위	세부 내용	등급별 출제 문항수				
		1급	2급	3급	4급	5급
漢字의 部首, 劃數, 筆順	漢字의 部首					5
	漢字의 劃數					5
	漢字의 筆順					5
漢字의 짜임	漢字의 짜임					5
漢字의 음과 뜻	漢字의 음	3	6	3	2	6
	음에 맞는 漢字	1	1	3	2	3
	음이 같은 漢字	1	1	3	2	3
	漢字의 뜻	3	6	4	2	5
	뜻에 맞는 漢字	1	2	2	2	3
	뜻이 비슷한 漢字	1	4	5		
합 계		10	20	20	10	40

2. 어휘 영역

■ 평가 방향

어휘 영역의 평가는 각 급수별 배정 한자를 기준으로 한자어의 짜임, 한자어의 음과 뜻, 성어 등을 이해하여 바르게 읽고 쓰며 사용할 수 있는가에 중점을 둔다.

■ 어휘 영역의 출제 범위

출제 범위	세부 내용	등급별 출제 문항수				
		1급	2급	3급	4급	5급
漢字語의 짜임	漢字語의 짜임	1	2	2		
漢字語의 음과 뜻	音이 같은 漢字語	3	4	4	2	12
	여러 개의 音을 가진 漢字	1	2	2		
	세 개 語彙에 共通되는 漢字	3	4	4	2	12
	反義語 · 相對語	2	2	3	3	10
成語	成語의 빠진 글자 채워 넣기		4	3	1	2
	成語의 뜻		1	1	1	2
	뜻에 맞는 成語		1	1	1	2
합 계		10	20	20	10	40

3. 독해 영역

■ 평가 방향

독해 영역의 평가는 각 급수별 배정한자를 기준으로 짧은 문장에 사용된 한자어의 음과 뜻을 이해하여 바르게 읽고 쓰며 사용할 수 있는가, 그리고 여러 개의 문장 또는 문단으로 이루어진 글을 한자, 어휘, 독해의 영역 및 세부 내용과 관련 종합적으로 이해할 수 있는가에 중점을 둔다.

■ 독해 영역의 출제 범위

출제 범위	세부 내용	등급별 출제 문항수				
		1급	2급	3급	4급	5급
文章에 使用된 漢字語의 음과 뜻	文章 속 漢字語의 音		1	1	1	12
	文章 속 漢字語의 뜻			1	1	3
	文章 속 漢字語 채워 넣기			1	1	3
	文章 속 틀린 漢字語 고르기		4	2	1	3
	文章 속 單語의 漢字 表記		2	1	1	6
	文章 속 語句의 漢字 表記			1	1	3
綜合問題	綜合問題	10	13	13	4	10
합 계		10	20	20	10	40

고전 명詩에 담긴 노래다리

春夜喜雨

두보 杜甫

아자~ 아자~

Good Luck!

※ 다음 문제를 읽고 알맞은 것을 고르시오.

| 제1영역 | 漢 字 |

1-5 다음 한자(漢字)의 부수(部首)는 무엇입니까?

1 多 : ① 又   ② 夕   ③ ノ   ④ 多

2 寺 : ① 寸   ② ⺾   ③ 土   ④ 亅

3 速 : ① 辶   ② 束   ③ 木   ④ 口

4 益 : ① 八   ② 両   ③ 皿   ④ 一

5 種 : ① 十   ② 丨   ③ 重   ④ 禾

6-10 다음 한자(漢字)의 획수(劃數)는 모두 몇 획입니까?

6 求 : ① 7획   ② 8획   ③ 6획   ④ 5획

7 方 : ① 3획   ② 4획   ③ 6획   ④ 5획

8 竹 : ① 4획   ② 5획   ③ 6획   ④ 7획

9 每 : ① 9획   ② 7획   ③ 11획   ④ 12획

10 夏 : ① 7획   ② 8획   ③ 9획   ④ 10획

11-15 다음 필순(筆順)에 대한 설명에 가장 알맞은 한자는 어느 것입니까?

11 위에서 아래로 쓴다.

① 一   ② 言   ③ 以   ④ 川

12 가로획과 세로획이 교차할 때는 가로획을 먼저 쓴다.

① 二   ② 心   ③ 十   ④ 江

13 안과 바깥쪽이 있을 때에는 바깥쪽을 먼저 쓴다.

① 臣   ② 亡   ③ 太   ④ 日

14 가운데를 꿰뚫는 획은 나중에 쓴다.

① 五   ② 中   ③ 非   ④ 來

15 좌우의 모양이 같을 때에는 가운데를 먼저 쓴다.

① 山   ② 牛   ③ 大   ④ 年

16-20 다음 한자(漢字)와 그 조자(造字)의 방식이 같은 한자는 어느 것입니까?

예 한자 '日'은 그 조자(造字)의 방식이 구체적인 사물의 모습을 본떠서 만든 상형자(象形字)이다. 이와 비슷한 한자로는 '山'이 있다.

16 上 : ① 下   ② 平   ③ 品   ④ 休

17 火 : ① 橋   ② 月   ③ 性   ④ 美

18 魚 : ① 七   ② 漁   ③ 反   ④ 馬

19 洋 : ① 生   ② 始   ③ 工   ④ 木

20 林 : ① 目   ② 詩   ③ 基   ④ 男

21-31 다음 한자(漢字)의 음(音)은 무엇입니까?

21 虎 : ① 취   ② 강   ③ 서   ④ 호

22 請 : ① 청   ② 창   ③ 충   ④ 총

23 勤 : ① 구   ② 규   ③ 근   ④ 고

24 聞 : ① 문   ② 만   ③ 이   ④ 각

25 觀 : ① 환   ② 후   ③ 권   ④ 관

26 患 : ① 후   ② 환   ③ 형   ④ 새

27 鷄 : ① 닭   ② 조   ③ 계   ④ 후

28 耕 : ① 정   ② 경   ③ 중   ④ 강

29 督 : ① 도   ② 동   ③ 독   ④ 돌

30 斯 : ① 서   ② 수   ③ 사   ④ 근

31 橫 : ① 황   ② 횡   ③ 흥   ④ 흥

32-39 다음의 음(音)을 가진 한자는 어느 것입니까?

32 대 : ① 交　② 曲　③ 科　④ 代

33 한 : ① 寒　② 解　③ 千　④ 次

34 집 : ① 集　② 宅　③ 賢　④ 會

35 갈 : ① 渴　② 困　③ 關　④ 舊

36 급 : ① 弓　② 其　③ 及　④ 均

37 도 : ① 禽　② 唐　③ 糾　④ 稻

38 사 : ① 邪　② 賦　③ 磨　④ 床

39 시 : ① 崩　② 拔　③ 雁　④ 矢

40-47 다음 한자(漢字)와 음(音)이 같은 한자는 어느 것입니까?

40 單 : ① 短　② 德　③ 半　④ 本

41 毛 : ① 究　② 母　③ 非　④ 可

42 傳 : ① 銀　② 所　③ 赤　④ 典

43 權 : ① 幾　② 但　③ 拾　④ 勸

44 讓 : ① 盛　② 揚　③ 舌　④ 將

45 較 : ① 巧　② 壇　③ 獵　④ 肥

46 薄 : ① 碑　② 迫　③ 肅　④ 漫

47 墻 : ① 宰　② 汚　③ 葬　④ 遲

48-58 다음 한자(漢字)의 뜻은 무엇입니까?

48 强 : ① 쏘다　② 쓰다　③ 강하다　④ 넓히다

49 加 : ① 입　② 힘　③ 말하다　④ 더하다

50 童 : ① 울다　② 아이　③ 동산　④ 무겁다

51 害 : ① 겨울　② 얼음　③ 해치다　④ 살피다

52 列 : ① 글　② 인생　③ 미치다　④ 벌이다

53 佳 : ① 아침　② 하늘　③ 이르다　④ 아름답다

54 泣 : ① 울다　② 서다　③ 살다　④ 흐르다

55 障 : ① 문장　② 언덕　③ 막다　④ 터지다

56 遵 : ① 술잔　② 좇다　③ 가다　④ 높이다

57 郭 : ① 길　② 들　③ 성곽　④ 높다

58 譽 : ① 말씀　② 경사　③ 기리다　④ 말하다

59-65 다음의 뜻을 가진 한자(漢字)는 어느 것입니까?

59 터 : ① 吉　② 基　③ 官　④ 百

60 세다 : ① 元　② 友　③ 計　④ 才

61 무리 : ① 衆　② 姓　③ 笑　④ 船

62 벗 : ① 露　② 申　③ 而　④ 朋

63 집 : ① 宙　② 昌　③ 針　④ 亦

64 길 : ① 員　② 程　③ 子　④ 舟

65 줄기 : ① 郊　② 鈍　③ 幹　④ 召

66-70 다음 한자(漢字)와 뜻이 비슷한 한자는 어느 것입니까?

66 硬 : ① 架　② 確　③ 狗　④ 陶

67 繼 : ① 涉　② 削　③ 絡　④ 岸

68 慮 : ① 拙　② 債　③ 刺　④ 憶

69 審 : ① 察　② 蝶　③ 越　④ 錯

70 援 : ① 庸　② 佐　③ 慘　④ 況

제2영역 語彙

71-72 다음 한자어(漢字語)와 그 새김의 방식이 같은 한자어는 어느 것입니까?

> 예 한자어 '年少'는 그 새김의 방식이 주어와 서술어의 관계이다. 이와 비슷한 한자어로는 '日出'이 있다.

71 壓卷 : ① 責任　② 自己　③ 多樣　④ 讀書

72 愛國 : ① 天地　② 禁止　③ 授業　④ 階段

73-90 다음 한자어(漢字語)와 발음(發音)이 같은 한자어는 어느 것입니까?

73 改名 : ① 開明　② 歌手　③ 商街　④ 各個

74 決意 : ① 頭角　② 結義　③ 時間　④ 慶祝

75 經路 : ① 救急　② 奉仕　③ 永遠　④ 敬老

76 景氣 : ① 變化　② 訪問　③ 競技　④ 深海

77 古家 : ① 高價　② 眼藥　③ 試食　④ 孫子

78 共同 : ① 勝戰　② 展示　③ 固定　④ 空洞

79 公理 : ① 敎育　② 功利　③ 野望　④ 送信

80 果實 : ① 發見　② 米飮　③ 過失　④ 萬歲

81 水道 : ① 首都　② 正直　③ 波動　④ 落葉

82 入神 : ① 新鮮　② 英雄　③ 應答　④ 立身

83 武士 : ① 存在　② 無事　③ 庭園　④ 貴族

84 兵力 : ① 滿足　② 章句　③ 病歷　④ 貯金

85 放免 : ① 方面　② 印朱　③ 哀惜　④ 細密

86 不知 : ① 崇尙　② 歡迎　③ 甘味　④ 扶持

87 專門 : ① 抗拒　② 件數　③ 全文　④ 健壯

88 乾燥 : ① 追擊　② 建造　③ 格調　④ 敦篤

89 監修 : ① 甘受　② 橋梁　③ 牽引　④ 缺點

90 奇人 : ① 謙辭　② 寶庫　③ 攻略　④ 起因

91-92 다음 한자어(漢字語)들 중 괄호 안의 한자(漢字)의 발음(發音)이 다른 한자어는 어느 것입니까?

91 ① (易)姓　② 周(易)　③ 交(易)　④ 平(易)

92 ① 自(省)　② (省)略　③ 反(省)　④ (省)墓

93-110 다음 단어들의 '□'에 공통으로 들어갈 알맞은 한자(漢字)는 어느 것입니까?

93 給□, 材□, 香□ : ① 率　② 料　③ 令　④ 良

94 暗□, 表□, □者 : ① 敗　② 有　③ 便　④ 記

95 □白, □別, 報□ : ① 告　② 陸　③ 仁　④ 法

96 □難, □樂, □行 : ① 勞　② 考　③ 苦　④ 步

97 分□, 內□, 外□ : ① 冷　② 勉　③ 科　④ 務

98 夜□, □復, □體 : ① 留　② 光　③ 談　④ 鼻

99 □民, □守, 市□ : ① 背　② 綠　③ 列　④ 郡

100 女□, 敵□, 靑□ : ① 軍　② 怒　③ 農　④ 島

101 □度, □致, 至□ : ① 京　② 界　③ 極　④ 兩

102 □用, 感□, 禮□ : ① 藝　② 服　③ 早　④ 製

103 □室, □和, □順 : ① 耳　② 尊　③ 溫　④ 認

104 □相, 部□, 王□ : ① 右　② 浴　③ 昨　④ 位

105 □婚, □然, □達 : ① 未　② 麥　③ 忙　④ 卯

106 □絶, 厚□, □罪 : ① 謝　② 浮　③ 也　④ 甚

107 敍□, 著□, 陳□ : ① 賓　② 班　③ 吏　④ 述

108 規□, □寫, □範 : ① 羽　② 殘　③ 模　④ 紫

109 □性, 從□, 尊□ : ① 潛　② 屬　③ 幽　④ 偶

110 連□, 閉□, □骨 : ① 鎖　② 洲　③ 妾　④ 肖

111-126 다음 한자어(漢字語)와 뜻이 반대(反對)이거나 상대(相對)되는 한자어는 어느 것입니까?

111 入學 : ① 卒業　② 視線　③ 故鄉　④ 音聲

112 出生 : ① 財産　② 助長　③ 死亡　④ 電熱

113 後退 : ① 雨期　② 前進　③ 血肉　④ 植樹

114 上席 : ① 恩惠　② 偉人　③ 議論　④ 末席

115 仙界 : ① 養魚　② 俗世　③ 弱小　④ 先祖

116 兒童 : ① 政治　② 取得　③ 成人　④ 話題

117 原因 : ① 結果　② 風向　③ 念頭　④ 獨唱

118 陽地 : ① 筆順　② 石油　③ 逆流　④ 陰地

119 洋藥 : ① 近接　② 韓藥　③ 聖君　④ 忠誠

120 善行 : ① 黑色　② 安住　③ 惡行　④ 休紙

121 靑松 : ① 寒流　② 老松　③ 客愁　④ 天壽

122 尊待 : ① 賢淑　② 純眞　③ 乘馬　④ 下待

123 兄弟 : ① 施設　② 姊妹　③ 我執　④ 推仰

124 完熟 : ① 掠奪　② 糧穀　③ 未熟　④ 制御

125 上昇 : ① 下降　② 區域　③ 誤譯　④ 劣勢

126 肯定 : ① 透映　② 脫營　③ 根源　④ 否定

127-132 다음 성어(成語)에서 '□'에 들어갈 알맞은 한자(漢字)는 어느 것입니까?

127 安貧樂□ : ① 道　② 到　③ 圖　④ 島

128 敎學相□ : ① 場　② 章　③ 長　④ 再

129 風前□火 : ① 端　② 燈　③ 郎　④ 柳

130 自强不□ : ① 節　② 伸　③ 愼　④ 息

131 □言壯談 : ① 豪　② 浩　③ 互　④ 毫

132 □園結義 : ① 途　② 渡　③ 桃　④ 逃

133-136 다음 성어(成語)의 뜻풀이로 적절한 것은 어느 것입니까?

133 花朝月夕
　① 경치가 좋은 때
　② 새 우는 아침과 달 뜨는 저녁
　③ 아침에 핀 꽃이 저녁에 진다.
　④ 아침에는 꽃이 피고 저녁에는 달이 뜬다.

134 語不成說
　① 말은 말이 될 수 없다.
　② 말이 매우 어렵다.
　③ 말이 조금도 사리에 맞지 않는다.
　④ 말을 잘 알아듣지 못한다.

135 雪上加霜
　① 눈은 서리를 불러온다.
　② 몹시 춥다.
　③ 겨울의 정경을 나타낸다.
　④ 어려운 일이 연거푸 일어난다.

136 漸入佳境
　① 점점 가로 다가간다.
　② 갈수록 더욱 좋거나 재미있는 경지로 들어간다.
　③ 형편이 점점 어려워진다.
　④ 일의 형세가 갈수록 꼬인다.

137-140 다음의 뜻을 가장 잘 나타낸 성어(成語)는 어느 것입니까?

137 이리저리 오락가락하다.
　① 晝夜長川　　　② 一字無識
　③ 右往左往　　　④ 百害無益

138 마음에서 마음으로 전하다.
　① 父子有親　　　② 以心傳心
　③ 喜喜樂樂　　　④ 有口無言

139 불을 보듯이 명백하다.
　① 落落長松　　　② 北斗七星
　③ 明若觀火　　　④ 背恩忘德

140 부질없이 덧보태어 하는 일
　① 屋上架屋　　　② 乘勝長驅
　③ 奇奇妙妙　　　④ 始終一貫

제3영역   讀 解

141-154 다음 문장에서 밑줄 친 한자어(漢字語)의 음(音)은 무엇입니까?

141 책을 읽으면 우리가 살고 있는 시대뿐만 아니라 過去나 미래에 대해서도 새로운 사실을 알 수 있다.

① 과거   ② 현재   ③ 역사   ④ 장래

142 민주주의의 특징은 나라의 일을 맡아볼 대표자를 選擧를(을) 통해 뽑는 일이다.

① 선정   ② 선출   ③ 투표   ④ 선거

143 廣告를(을) 들을 때에는 그 정보가 정확한지, 허위와 과장은 없는지 판단하며 들어야 한다.

① 방송   ② 광고   ③ 소리   ④ 대화

144 수현이는 課外로 피아노를 배우고 있다.

① 별도   ② 예외   ③ 과외   ④ 부차

145 모든 사람은 平等하다.

① 평등   ② 동등   ③ 공평   ④ 차등

146 연날리기는 사람들의 마음을 드높게 해 주는 오래 된 民俗 놀이의 하나이다.

① 전통   ② 전래   ③ 풍속   ④ 민속

147 음성 언어는 소리의 속성 때문에 말하는 이와 듣는 이가 對面한 상태에서 사용된다.

① 상면   ② 대면   ③ 마주   ④ 대적

148 강화도는 한강 어귀에 있어 교통과 國防(으)로도 중요한 구실을 한다.

① 통로   ② 방어   ③ 국방   ④ 지리

149 고종 황제는 네덜란드 헤이그에서 열린 만국 평화 회의에 特使를(을) 파견하여 일제의 침략을 세계에 알리고자 했다.

① 사신   ② 밀사   ③ 대사   ④ 특사

150 幸福과 불행을 느끼는 것은 우리가 살아 있는 생명체로서 감정을 가지고 있기 때문이다.

① 좌절   ② 행복   ③ 슬픔   ④ 기쁨

151 낱말은 우리가 사용하는 낱낱의 말로서, 문장을 이루는 기본적인 要素이다.

① 조건   ② 요건   ③ 요소   ④ 조항

152 같은 인종이라도 언어·宗教·역사 등 문화적인 특징에 따라 여러 민족으로 나눌 수 있다.

① 종교   ② 전통   ③ 습속   ④ 정치

153 비록 지금 죽는다고 한들 어찌 조금이라도 餘恨이(가) 있겠사옵니까?

① 원한   ② 여부   ③ 여한   ④ 여원

154 우리 나라는 세계 태권도 聯盟의 회원국에 수천여 명의 사범을 파견한다.

① 협회   ② 연맹   ③ 동맹   ④ 본부

155-159 다음 문장에서 밑줄 친 한자어(漢字語)의 뜻풀이로 적절한 것은 어느 것입니까?

155 남의 말에 意見을 같이하여 찬성하는 말을 할 때에 '맞장구치다' 라는 말을 쓴다.

① 어떤 일에 대한 생각   ② 의로운 행동을 한 사람
③ 실제와 비슷하다.   ④ 안건을 토의하다.

156 피로를 回復하기 위해서는 적당한 휴식과 충분한 영양 섭취, 수면, 목욕 등이 필요하다.

① 이전 상태로 돌리다.   ② 뭉친 것을 풀다.
③ 단단하게 하다.   ④ 풀어서 없애다.

157 낙동강 河口의 을숙도는 많은 철새들이 찾아오는 것으로 유명하다.

① 물의 근원   ② 강의 통로
③ 강의 어귀   ④ 강바다

158 다람쥐는 우리 나라 곳곳에 사는데, 주로 溪谷 부근의 숲에 가장 많이 산다.

① 물이 흐르는 골짜기   ② 깊은 산 속
③ 첩첩산중   ④ 산과 들

159 행정 자치부는 지방 자치 단체를 監督하고 국가의 치안을 담당한다.

① 몰래 감시하다.   ② 사사건건 간섭하다.
③ 신경쓰지 않다.   ④ 지도하고 단속하다.

160-164 다음 문장에서 빈칸에 들어갈 가장 적절한 한자어(漢字語)는 어느 것입니까?

160 친절한 사람은 이웃에게 □□과 용기를 불어넣어 준다.
　① 希望　　② 充滿　　③ 充望　　④ 希亡

161 전시회를 관람하기 전에 □□ 책자의 서문을 읽으면, 작품에 대한 정보를 알 수 있다.
　① 安內　　② 案內　　③ 眼內　　④ 安來

162 박씨를 심자 얼마 후 싹이 나고, 박 넝쿨이 흥부네 □□ 지붕을 덮었다.
　① 草可　　② 初加　　③ 草加　　④ 草家

163 우리는 조개 껍데기 하나에도 큰 기쁨을 누렸고, 단풍잎 하나에도 □□을 느꼈다.
　① 喜望　　② 唯悅　　③ 喜悅　　④ 于悅

164 산대놀이에는 북, 장구, 두 개의 피리, 젓대, 해금 등 여섯 □□를 사용한다.
　① 祈求　　② 機具　　③ 樂器　　④ 器具

165-170 다음 문장에서 밑줄 친 한자어(漢字語)의 한자 표기(漢字表記)가 바르지 않은 것은 어느 것입니까?

165 ① 通信 상황에서는 자신과 ② 相對의 모습이 드러나지 않기 때문에 바람직하지 못한 ③ 億語가 마구 ④ 使用되기도 한다.

166 직지심경은 2001년 9월 4일, '유네스코 세계 기록 유산' 으로 ① 善定되어 ② 現存하는 금속 ③ 活字本 가운데 ④ 世界에서 가장 오래된 것임을 인정받았다.

167 자신의 ① 貴重함을 알고, 자신이 하는 일에 보람을 느끼며, 자신의 ② 能力과 ③ 素質에 따라 맡겨진 일을 ④ 姓實히 해야 한다.

168 ① 佛敎는 지혜와 ② 慈悲心으로 자신을 다스리고 착한 생활을 할 것을 가르치고 있으며, 많은 ③ 文化 ④ 有産을 남겼다.

169 남북 ① 頂上 회담은 ② 分斷 이후 처음으로 남북의 정상이 직접 만나, 7천만 겨레 앞에 ③ 關系 개선을 ④ 約束하였다는 점에서 중요한 의미가 있다.

170 남북한 정상이 합의한 공동 ① 宣言은 화해와 통일, ② 緊張 ③ 緩和와 평화 정착, 이산 가족 상봉, 경제·사회·문화 교류 등 ④ 實淺 과제를 담고 있다.

171-178 다음 문장에서 밑줄 친 단어(單語)를 한자(漢字)로 바르게 쓴 것은 어느 것입니까?

171 시원하게 뚫린 도로 옆으로 파란 이파리를 흔드는 가로수들이 한결 싱그러워 보였다.
　① 價路樹　　　② 街路樹
　③ 街勞樹　　　④ 街路收

172 농구에서는 수비를 피해 자기편 선수에게 공을 연결해 주는 것이 중요하다.
　① 守備　　② 水飛　　③ 首比　　④ 修比

173 말하기와 듣기는 언어 생활에서 큰 비중을 차지하고 있다.
　① 比重　　② 比中　　③ 比衆　　④ 悲重

174 북한에서는 원칙적으로 개인이 사유 재산을 가지지 못하게 되어 있다.
　① 死有　　② 四有　　③ 私有　　④ 事由

175 가계 소득이 줄면 국가에 내는 세금도 적어지므로 정부의 경제 활동도 활발하게 이루어지지 못한다.
　① 世金　　② 稅金　　③ 稅今　　④ 稅禁

176 오늘날에는 우리들의 일상 생활에 필요한 물건의 매매가 거의 시장을 통해서 이루어지고 있다.
　① 市長　　② 市場　　③ 試場　　④ 詩章

177 우리가 생활 자원을 낭비하면 다음 세대는 쾌적하고 건강한 삶을 누릴 수 없게 될 것이다.
　① 快哉　　② 快栽　　③ 快錢　　④ 快適

178 허락 없이 사진이나 이름을 사용하는 것은 중대한 사생활 침해이다.
　① 許落　　② 虛落　　③ 虛諾　　④ 許諾

179-183 다음 문장에서 밑줄 친 단어(單語)나 어구(語句)의 뜻을 가장 잘 나타낸 한자(漢字) 또는 한자어(漢字語)는 어느 것입니까?

179 보통 때 텔레비전을 보시지 않던 할머니께서 북한의 이산 가족 방문단이 온 날부터는 매일 텔레비전을 보신다.
　① 平生　　② 特別　　③ 平素　　④ 平少

180 소녀가 다가가자 놀란 암탉은 병아리들을 몰고 달아나기 시작하였다.
　① 接線　　② 接近　　③ 接木　　④ 接對

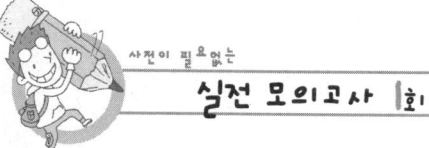
181 사람들은 멋있고 아름다운 우표를 <u>만들기</u> 위하여 노력한다.

① 製作　　② 題作　　③ 第作　　④ 弟作

182 늘 아들 하나만 있었으면 좋겠다던 당신 소원이 <u>이루어져서</u> 기쁘지요?

① 成取　　② 成就　　③ 成吹　　④ 誠就

183 '미주알' 은 '항문을 <u>이루는</u> 창자의 끝 부분' 을 가리키는 말이다.

① 構姓　　② 久成　　③ 九星　　④ 構成

184-188 다음 글을 읽고 물음에 답하시오.

도서관의 ㉠<u>가장</u> 중요한 역할은 정보가 필요한 사람에게 그 정보를 제공하는 일이라고 할 수 있다. 도서관에서는 매일 쏟아져 나오는 수많은 정보를 수집하고 정리, 보관하며 필요한 사람에게 제공하는 일을 한다. 그러므로 도서관에 가면 읽고 싶은 책을 빌릴 수 있을 뿐만 아니라, 몇 달 ㉡<u>前</u> 신문에 실린 기사나 ㉢<u>발표</u>에 ㉣<u>필요</u>한 자료를 찾을 수도 있다. 이 밖에도 도서관에는 열람실이 마련되어 있어서, 책을 읽거나 공부를 하고 싶은 사람들이 이용할 수 있다. 또 어떤 도서관은 주말에 영화를 상영하기도 하고, ㉤<u>音樂</u> 감상실을 만들어서 운영하기도 한다.

184 ㉠의 뜻을 가진 것은?

① 淸　　② 最　　③ 第　　④ 移

185 ㉡의 음이 바른 것은?

① 후　　② 상　　③ 전　　④ 간

186 ㉢의 한자 표기가 바른 것은?

① 發表　　② 發便　　③ 發見　　④ 發明

187 ㉣의 한자 표기가 바른 것은?

① 受要　　② 主要　　③ 重要　　④ 必要

188 ㉤의 독음이 바른 것은?

① 안락　　② 음악　　③ 편안　　④ 음향

189-193 다음 글을 읽고 물음에 답하시오.

조선 시대 왕들은 ㉠<u>해마다</u> 봄이 되면 동대문 밖 선농단에서 제사를 ㉡<u>지냈다</u>. 그 해 농사가 잘 되기를 바라는 의미에서 왕이 친히 선농단까지 나갔던 것이다. 왕이 직접 제사를 지내니 백성들도 ㉢<u>구름같이</u> 몰려들었다. 궁궐에서만 사는 왕을 먼발치에서라도 볼 수 있고, 또 한 해 농사가 풍년이 들기를 바라는 마음에서였다. 흉년이 든 다음 해는 백성들이 더 ㉣<u>많았는데</u>, 그 까닭은 그 곳에 가면 국물을 얻어먹을 수 있었기 때문이다. 선농단의 국물에는 은혜와 감사, 또는 마음속 깊은 기원이나 ㉤<u>따뜻한 사랑</u>이 담겨 있었다고 해야 할 것이다.

189 ㉠의 한자 표기가 바른 것은?

① 往年　　② 昨年　　③ 每年　　④ 來年

190 ㉡의 뜻을 가장 잘 나타낸 것은?

① 行事　　② 擧事　　③ 進行　　④ 擧行

191 ㉢의 뜻을 나타낸 것은?

① 雲　　② 運　　③ 雨　　④ 風

192 ㉣의 뜻을 가장 잘 나타낸 것은?

① 硏　　② 量　　③ 兩　　④ 多

193 ㉤의 뜻을 가장 잘 나타낸 것은?

① 愛情　　② 溫情　　③ 溫度　　④ 溫水

194-197 다음 글을 읽고 물음에 답하시오.

어른들은 ㉠<u>數字</u>를 좋아한다. 새로 사귄 ㉡<u>親久</u> 이야기를 할 때면 그들은 가장 중요한 것은 물어 보는 법이 없다. 어른들은 "그 애 목소리는 어떻지? 그 애가 좋아하는 놀이는 무엇이지? 그 애는 나비를 ㉢<u>收集</u>하니?"라는 말은 절대로 물어 보지 않는다. ㉣<u>代身</u> "나이가 몇이지? 형제는 몇이고? ㉤<u>體重</u>은 얼마지? 아버지 수입은 얼마야?"라고 묻는다. 그제야 그 친구가 ㉥<u>어떤</u> 사람인지 알게 된 줄로 생각하는 것이다. 만약 어른들에게 "분홍빛의 벽돌집을 보았어요."라고 말하면, 그들은 그 집이 어떤 집인지 상㉦<u>상</u>하지 못한다. "십만 프랑짜리 집을 보았어요."라고 말해야만 한다. 그러면 어른들은 "아, 참 좋은 집이구나!" 하고 소리친다.

194 ㉠의 독음이 바른 것은?

① 수자 　② 숫자 　③ 정자 　④ 활자

195 ㉡~㉭ 중 한자 표기가 바르지 않은 것은?

① ㉡親久 　　② ㉤收集

③ ㉣代身 　　④ ㉭體重

196 ㉫의 뜻을 가진 것은?

① 誰 　② 雖 　③ 須 　④ 壽

197 ㉺의 한자 표기가 바른 것은?

① 常 　② 傷 　③ 像 　④ 喪

198-203 다음 글을 읽고 물음에 답하시오.

일제는 1930년대 이후 중국 대륙을 ㉠侵略하고, 1941년에는 미국의 진주만을 ㉡기습 공격하여 태평양 ㉢전쟁을 일으켰다. ㉣일제의 침략 전쟁은 우리 民族에게 많은 ㉭고통과 희생을 ㉫강요하였다.
침략 전쟁을 일으킨 일제는 우리 나라를 ㉺군수 ㉧物資를 ㉦生産하는 ㉨基地로 만들어 나갔으며, 지하 자원과 ㉩食糧을 ㉪약탈하였다.

198 ㉠의 독음이 바른 것은?

① 침입 　② 침탈 　③ 침략 　④ 침투

199 ㉡의 한자 표기가 바른 것은?

① 寄習 　　　② 奇襲

③ 奇習 　　　④ 氣習

200 ㉢~㉫의 한자 표기가 바르지 않은 것은?

① ㉢戰爭 　　② ㉣日帝

③ ㉭姑痛 　　④ ㉫强要

201 ㉺의 한자 표기가 바른 것은?

① 軍需 　　　② 郡守

③ 軍輸 　　　④ 軍隨

202 ㉧~㉩의 독음이 바른 것은?

① ㉧물주 　　② ㉦생장

③ ㉨진지 　　④ ㉩식량

203 ㉪의 한자 표기가 바른 것은?

① 略奪 　　　② 掠奪

③ 略脫 　　　④ 掠脫

204-210 다음 글을 읽고 물음에 답하시오.

마라톤 코스의 ㉠거리는 반드시 42.195킬로미터여야 하지만, ㉡어느 정도의 ㉢오차는 인정된다. 그 오차는 전체 거리의 1천분의 1, 즉 42미터이다. 그런데 이 오차는 42.195킬로미터보다 짧아서는 안 된다. 즉, 1천분의 1의 오차는 ㉣허용되지만, ㉭규정 거리보다 긴 경우에만 인정된다. 42.195킬로미터보다 단 10센티미터라도 짧으면 공식적인 마라톤 코스로 認定받지 못한다. 또, 이런 코스를 달린 ㉫기록이 아무리 좋다고 하더라도 그 기록은 認定받지 못한다.
그러면 거리는 어떻게 측정할까? 42.195킬로미터 거리를 측정할 때에는 鋼鐵로 만든 줄자로 하는 것이 원칙이나, 요즈음은 간편한 ㉺기계를 사용하기도 한다. 거리를 測定할 때에는 도로변에서 차도쪽으로 30센티미터 지점을 기준으로 삼는다.
마라톤 코스는 길의 ㉧폭이나 ㉦굴곡, ㉨경사 등에 제한이 없다. 가파른 언덕이 있을 수 있고, 급하게 도는 길도 있을 수 있다. 선수들이 달리는 데에 ㉩방해가 되거나 장애가 되는 것은 피하되, 정해진 거리에만 맞으면 어떤 ㉪형태이든 상관이 없다.
마라톤 코스는 거리에 따라 나누어지는데, 42.195킬로미터를 뛰는 풀 코스 마라톤과 21.0975킬로미터, 10킬로미터, 5킬로미터 등을 뛰는 ㉮단축 마라톤, 풀 코스보다 더 긴 거리를 뛰는 울트라 마라톤 등이 있다.

204 ㉠의 한자 표기가 바른 것은?

① 距利 　② 巨利 　③ 距離 　④ 巨離

205 ㉡의 뜻을 가장 잘 나타낸 것은?

① 多少 　② 誰何 　③ 大小 　④ 大略

206 ㉢~㉫의 한자 표기가 바른 것은?

① ㉢誤借 　② ㉣許庸 　③ ㉭糾正 　④ ㉫記錄

207 ㉺의 '기' 자와 같은 한자를 사용하는 것은?

① 基準 　② 機關 　③ 寄居 　④ 放棄

208 ㉧의 뜻을 가진 것은?

① 賴 　② 嶺 　③ 幅 　④ 盜

209 ㉦~㉪의 한자 표기가 바르지 않은 것은?

① ㉦屈曲 　② ㉨傾斜 　③ ㉩倣害 　④ ㉪形態

210 ㉮의 '축' 자의 한자 표기가 바른 것은?

① 縮 　② 逐 　③ 畜 　④ 築

※ 다음 문제를 읽고 알맞은 것을 고르시오.

제1영역	漢 字

1-5 다음 한자(漢字)의 부수(部首)는 무엇입니까?

1 開 : ① 門　　② 才　　③ 牙　　④ 日

2 決 : ① 火　　② 木　　③ 水　　④ 土

3 慶 : ① 广　　② 心　　③ 攵　　④ 慶

4 考 : ① 戈　　② 土　　③ 匕　　④ 老

5 軍 : ① 冖　　② 車　　③ 丿　　④ 一

6-10 다음 한자(漢字)의 획수(劃數)는 모두 몇 획입니까?

6 郡 : ① 8획　② 9획　③ 10획　④ 11획

7 極 : ① 13획　② 12획　③ 11획　④ 10획

8 勉 : ① 8획　② 9획　③ 10획　④ 11획

9 保 : ① 12획　② 11획　③ 10획　④ 9획

10 先 : ① 6획　② 7획　③ 8획　④ 9획

11-15 다음 필순(筆順)에 대한 설명에 가장 알맞은 한자는 어느 것입니까?

11 위에서 아래로 쓴다.
　　① 植　　② 勝　　③ 案　　④ 短

12 오른쪽 위의 점은 나중에 찍는다.
　　① 堂　　② 式　　③ 拜　　④ 番

13 가로획과 세로획이 교차할 때에는 가로획을 먼저 쓴다.
　　① 服　　② 仙　　③ 七　　④ 貧

14 왼쪽에서 오른쪽으로 쓴다.
　　① 川　　② 書　　③ 雪　　④ 習

15 좌우의 모양이 같을 때에는 가운데를 먼저 쓴다.
　　① 示　　② 夜　　③ 運　　④ 永

16-20 다음 한자(漢字)와 그 조자(造字)의 방식이 같은 한자는 어느 것입니까?

📝 한자 '日'은 그 조자(造字)의 방식이 구체적인 사물의 모습을 본떠서 만든 상형자(象形字)이다. 이와 비슷한 한자로는 '山'이 있다.

16 魚 : ① 順　　② 雨　　③ 列　　④ 逆

17 鳥 : ① 昨　　② 偉　　③ 足　　④ 移

18 夫 : ① 充　　② 育　　③ 七　　④ 洋

19 寸 : ① 末　　② 飲　　③ 女　　④ 林

20 神 : ① 早　　② 本　　③ 約　　④ 六

21-31 다음 한자(漢字)의 음(音)은 무엇입니까?

21 察 : ① 목　　② 찰　　③ 아　　④ 윤

22 唱 : ① 앙　　② 가　　③ 지　　④ 창

23 統 : ① 통　　② 흉　　③ 충　　④ 사

24 血 : ① 간　　② 혈　　③ 명　　④ 온

25 效 : ① 목　　② 교　　③ 효　　④ 수

26 希 : ① 화　　② 희　　③ 포　　④ 흉

27 庚 : ① 강　　② 공　　③ 경　　④ 궁

28 凉 : ① 량　　② 양　　③ 령　　④ 영

29 顧 : ① 혈　　② 악　　③ 안　　④ 고

30 倣 : ① 보　　② 복　　③ 방　　④ 반

31 蔬 : ① 삭　　② 소　　③ 수　　④ 순

32-39 다음의 음(音)을 가진 한자는 어느 것입니까?

32 구 : ① 究　　② 近　　③ 廣　　④ 怒

33 두 : ① 半　　② 頭　　③ 分　　④ 奉

34 빙 : ① 色　　② 稅　　③ 氷　　④ 孫

35 맥 : ① 莫　　② 晩　　③ 露　　④ 麥

36 복 : ① 卯　　② 伏　　③ 妙　　④ 戊

37 대 : ① 帶   ② 惱   ③ 盲   ④ 貌

38 목 : ① 苗   ② 睦   ③ 髮   ④ 腐

39 보 : ① 默   ② 副   ③ 補   ④ 腹

40-47 다음 한자(漢字)와 음(音)이 같은 한자는 어느 것입니까?

40 島 : ① 亡   ② 勞   ③ 路   ④ 度

41 使 : ① 滿   ② 師   ③ 西   ④ 守

42 歲 : ① 受   ② 始   ③ 洗   ④ 惡

43 舞 : ① 茂   ② 也   ③ 秀   ④ 淑

44 舍 : ① 危   ② 倫   ③ 謝   ④ 寅

45 糖 : ① 簿   ② 黨   ③ 譜   ④ 崩

46 冥 : ① 朔   ② 聘   ③ 燒   ④ 銘

47 屛 : ① 僧   ② 餓   ③ 竝   ④ 軟

48-58 다음 한자(漢字)의 뜻은 무엇입니까?

48 增 : ① 가다   ② 덜다   ③ 가리다   ④ 더하다

49 竹 : ① 바람   ② 구름   ③ 국화   ④ 대나무

50 直 : ① 굽다   ② 곧다   ③ 돌다   ④ 앉다

51 秋 : ① 봄   ② 여름   ③ 가을   ④ 겨울

52 取 : ① 듣다   ② 오다   ③ 합하다   ④ 가지다

53 招 : ① 가다   ② 손짓   ③ 부르다   ④ 답하다

54 革 : ① 털   ② 가죽   ③ 막대   ④ 지팡이

55 鶴 : ① 학   ② 새   ③ 제비   ④ 까마귀

56 畢 : ① 먹다   ② 날다   ③ 마치다   ④ 생기다

57 肯 : ① 살다   ② 죽다   ③ 싫다   ④ 즐기다

58 陵 : ① 강   ② 숲   ③ 언덕   ④ 초원

59-65 다음의 뜻을 가진 한자(漢字)는 어느 것입니까?

59 마치다 : ① 黃   ② 卒   ③ 患   ④ 限

60 접하다 : ① 表   ② 快   ③ 接   ④ 豊

61 빌다 : ① 低   ② 祝   ③ 赤   ④ 助

62 하늘 : ① 雖   ② 辛   ③ 我   ④ 乾

63 미치다 : ① 及   ② 松   ③ 散   ④ 霜

64 빠지다 : ① 妨   ② 壁   ③ 沒   ④ 蜂

65 꿀 : ① 窮   ② 蜜   ③ 納   ④ 忌

66-70 다음 한자(漢字)와 뜻이 비슷한 한자는 어느 것입니까?

66 觀 : ① 覽   ② 塔   ③ 剛   ④ 規

67 屢 : ① 塗   ② 埋   ③ 募   ④ 庶

68 漠 : ① 薄   ② 赴   ③ 浩   ④ 拂

69 貸 : ① 析   ② 借   ③ 掃   ④ 束

70 空 : ① 遂   ② 牙   ③ 壤   ④ 虛

제 2 영역   語彙

71-72 다음 한자어(漢字語)와 그 새김의 방식이 같은 한자어는 어느 것입니까?

例 한자어 '年少'는 그 새김의 방식이 주어와 서술어의 관계이다. 이와 비슷한 한자어로는 '日出'이 있다.

71 幼兒 : ① 靑雲   ② 巡警   ③ 敍述   ④ 崇仰

72 樹木 : ① 申告   ② 伸縮   ③ 群衆   ④ 暗記

73-90 다음 한자어(漢字語)와 발음(發音)이 같은 한자어는 어느 것입니까?

73 代價 : ① 大家   ② 代金   ③ 道家   ④ 單價

74 海山 : ① 江山   ② 競爭   ③ 計算   ④ 解産

75 景觀 : ① 京官   ② 修養   ③ 建立   ④ 科學

76 代身：① 對答　② 大臣　③ 達成　④ 對談

77 力士：① 法律　② 陸地　③ 歷史　④ 料理

78 禮意：① 木馬　② 名馬　③ 禮義　④ 禮節

79 武士：① 無死　② 無子　③ 務實　④ 務望

80 訪問：① 所聞　② 自問　③ 私門　④ 方文

81 本姓：① 本論　② 本文　③ 本性　④ 美白

82 富者：① 步調　② 父子　③ 部曲　④ 不誠

83 非行：① 鼻祖　② 飛行　③ 悲感　④ 無比

84 對備：① 是非　② 大悲　③ 無備　④ 喜悲

85 喪家：① 聲價　② 尙古　③ 史家　④ 商街

86 遺命：① 遺民　② 有名　③ 有無　④ 遺産

87 加擊：① 歌曲　② 價格　③ 攻擊　④ 可恐

88 高架：① 古家　② 高下　③ 苟且　④ 大蓋

89 白眉：① 伯母　② 白米　③ 白面　④ 白綿

90 邊境：① 變亂　② 變更　③ 辯難　④ 犯法

91-92 다음 한자어(漢字語)들 중 괄호 안의 한자(漢字)의 발음(發音)이 다른 한자어는 어느 것입니까?

91 ① (車)費　② 人力(車)　③ 馬(車)　④ 下(車)

92 ① 回(復)　② (復)活　③ (復)職　④ (復)舊

93-110 다음 단어들의 '□'에 공통으로 들어갈 알맞은 한자(漢字)는 어느 것입니까?

93 □門, □族, 作□：① 早　② 家　③ 晝　④ 後

94 □感, 共□, □行：① 同　② 注　③ 動　④ 孝

95 防□, □品, 對□：① 令　② 備　③ 賞　④ 志

96 □食, 朝□, 協□：① 夕　② 力　③ 禁　④ 會

97 □能, 天□, □致：① 宗　② 材　③ 才　④ 走

98 □由, □律, □主：① 他　② 自　③ 船　④ 序

99 調□, □合, □解：① 和　② 讀　③ 理　④ 貯

100 □日, □年, □事：① 賣　② 買　③ 終　④ 每

101 □力, 外□, 氣□：① 至　② 黑　③ 勢　④ 羊

102 □國, □人, 友□：① 愛　② 韓　③ 情　④ 婦

103 □藥, 最□, □聞：① 新　② 尊　③ 少　④ 明

104 反□, □答, □用：① 洋　② 淸　③ 應　④ 惡

105 棄□, □利, 職□：① 權　② 停　③ 位　④ 業

106 □婚, □産, 打□：① 鍾　② 破　③ 生　④ 席

107 □罪, 侵□, 初□：① 第　② 入　③ 犯　④ 級

108 適□, □務, 責□：① 逝　② 任　③ 望　④ 當

109 □候, 追□, 特□：① 放　② 別　③ 需　④ 徵

110 □達, □知, 親□：① 熟　② 榮　③ 熱　④ 認

111-126 다음 한자어(漢字語)와 뜻이 반대(反對)이거나 상대(相對)되는 한자어는 어느 것입니까?

111 理性：① 性品　② 合理　③ 感性　④ 知性

112 成功：① 出世　② 失敗　③ 立身　④ 成果

113 溫水：① 惡手　② 高手　③ 重水　④ 冷水

114 輕減：① 角木　② 流失　③ 加重　④ 減少

115 多元：① 一元　② 二元　③ 深遠　④ 次元

116 無能：① 賢命　② 有能　③ 多能　④ 藝能

117 對話：① 談話　② 無言　③ 論爭　④ 獨白

118 客體：① 人體　② 固體　③ 主體　④ 聖體

119 國內：① 國外　② 外國　③ 內國　④ 國手

120 母音：① 音聲　② 子音　③ 聲音　④ 父音

121 權利：① 利益　② 義務　③ 官吏　④ 利權

122 過去：① 未來　② 現在　③ 經過　④ 到來

123 別居：① 居住　② 作別　③ 朝會　④ 同居

124 傑作 : ① 大作　② 作品　③ 拙作　④ 名作

125 急行 : ① 速行　② 行人　③ 緩行　④ 步行

126 普遍 : ① 特殊　② 正道　③ 妥當　④ 普通

127-132 다음 성어(成語)에서 '□'에 들어갈 알맞은 한자(漢字)는 어느 것입니까?

127 □前成市 : ① 門　② 治　③ 交　④ 死

128 一口□言 : ① 一　② 二　③ 三　④ 再

129 □山北斗 : ① 南　② 泰　③ 刀　④ 杯

130 五里□中 : ① 貿　② 拍　③ 霧　④ 眼

131 指□爲馬 : ① 石　② 綠　③ 呼　④ 鹿

132 □田碧海 : ① 像　② 桑　③ 床　④ 李

133-136 다음 성어(成語)의 뜻풀이로 적절한 것은 어느 것입니까?

133 一擧兩得
① 마음이 음흉하고 불량하여 겉과 속이 다르다.
② 고생 끝에 즐거움이 온다.
③ 한 가지 일을 하여 두 가지 이익을 얻는다.
④ 글씨를 한 번에 죽 내리 쓴다.

134 難兄難弟
① 형제 간에 사이가 좋다.
② 형제 간에 사이가 나쁘다.
③ 두 사물이 비슷하여 낫고 못함을 정하기 어렵다.
④ 죽고 삶을 돌보지 않고 끝장을 내려고 한다.

135 背水之陣
① 지세가 뒤로는 산을 등지고 앞으로는 물을 면한다.
② 술잔 속에 있는 뱀 그림자
③ 춥지 않아도 벌벌 떤다.
④ 어떤 일을 성취하기 위하여 더 이상 물러설 수 없다.

136 一以貫之
① 모든 것을 하나의 원리로 꿰뚫어 이야기한다.
② 한 가지 일을 하여 두 가지 이익을 얻는다.
③ 모든 것이 헛수고로 돌아간다.
④ 큰 목적을 위하여 자기가 아끼는 사람을 버린다.

137-140 다음의 뜻을 가장 잘 나타낸 성어(成語)는 어느 것입니까?

137 매우 많은 것 가운데 극히 적은 수
① 世上萬事　　② 立春大吉
③ 九牛一毛　　④ 不立文字

138 쉬운 지식을 배워 어려운 이치를 깨닫는다.
① 九死一生　　② 下學上達
③ 今時初聞　　④ 三日天下

139 손짓하여 부를 만큼 가까운 거리이다.
① 三人成虎　　② 不遠千里
③ 指呼之間　　④ 朝三暮四

140 이미 성숙해지다.
① 羽翼已成　　② 日就月將
③ 塞翁之馬　　④ 老當益壯

제 3 영역　讀　解

141-154 다음 문장에서 밑줄 친 한자어(漢字語)의 음(音)은 무엇입니까?

141 국민 의례로 국기에 대한 경례와 愛國歌 제창을 하였다.
① 애국가　② 기념가　③ 우국가　④ 축제가

142 즉석 음식이나 加工 식품을 즐겨 먹다 보면 편리한 것만 찾게 되고, 성격이 조급해지기 쉽다.
① 인공　② 가공　③ 수공　④ 구공

143 복지 사회는 국민들 스스로 그런 사회를 만들고자 하는 의욕을 가질 때 可能할 수 있다.
① 제작　② 완성　③ 가능　④ 시작

144 독도에는 갈매기들이 섬 전체가 하얗도록 알을 낳고, 各種 새들이 둥지를 틀고 새끼를 기른다.
① 온갖　② 각종　③ 각각　④ 수류

145 동해안은 여름철의 수온이 황해나 남해보다 낮아 해수욕을 즐길 수 있는 期間이 짧다.
① 기일　② 동안　③ 시간　④ 기간

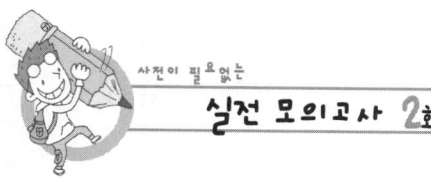
146 상대에 따라 적절한 말을 쓰지 않으면 예의에 어긋날 뿐만 아니라, 듣는 사람의 <u>感情</u>을 상하게 할 수도 있다.

① 감정　② 기분　③ 심정　④ 마음

147 권투 선수들은 경기에 앞서서 체중 조절을 하는데, 한계 체중보다 무거운 경우에는 체중을 <u>減量</u>해야 한다.

① 감면　② 감소　③ 감량　④ 감수

148 신지식인 농업인은 새로운 생각으로 농사짓는 법을 <u>改善</u>하여 농촌이 발전하도록 힘쓰는 농업인이다.

① 개량　② 개선　③ 수공　④ 수선

149 크고 작은 <u>自動車</u>들이 줄지어 달린다.

① 자전거　② 전동차　③ 자동차　④ 자력차

150 '아니 땐 굴뚝에 연기 날까' 라는 속담은 원인이 있어야 <u>結果</u>(이)가 생긴다는 뜻이다.

① 결판　② 결말　③ 결론　④ 결과

151 씨름은 먼 옛날부터 행하여 오던 우리의 <u>固有</u>한 민속 경기의 하나이다.

① 고유　② 전유　③ 고래　④ 전래

152 모든 사람은 다 <u>高貴</u>한 존엄성을 지니고 있으므로 사람을 차별하거나 괴롭히면 안 된다.

① 고유　② 존귀　③ 고귀　④ 존엄

153 비슷한 평수의 아파트라면 어느 집이나 다를 것 없는 그런 <u>居室</u>이었다.

① 거실　② 주방　③ 안방　④ 거옥

154 남극은 특유한 자연 환경과 지구 전체에 끼치는 영향 때문에 연구할 <u>價値</u>가 높은 땅이다.

① 이유　② 원인　③ 필요　④ 가치

155-159 다음 문장에서 밑줄 친 한자어(漢字語)의 뜻풀이로 적절한 것은 어느 것입니까?

155 시간을 잘 활용하는 사람만이 <u>成功</u>할 수 있다.

① 기록을 세우다.
② 뜻을 이루다.
③ 거룩한 공적
④ 성스러운 공적

156 능력을 최대로 발휘할 수 있는 기회를 <u>公平</u>하게 주는 것이 평등이다.

① 치우침이 없는 올바른 비평
② 모두에게 떳떳하다.
③ 한쪽에 치우치지 않고 공정하다.
④ 모두에게 널리 알린다.

157 보다 크고 좋은 집을 가지고 싶어하는 것이 사람들의 <u>共通</u>된 마음이다.

① 여러 사람의 의견
② 전체에 관계된 마음
③ 모두에게 영향을 미치다.
④ 여럿 사이에 두루 통용되거나 관계되다.

158 양재천은 낮에는 개구쟁이들의 놀이터로, 저녁에는 가족들의 피서지로 <u>脚光</u>받고 있다.

① 무대 앞 아래에서 배우를 비추는 조명. 사회적 관심
② 남들보다 매우 뛰어나다.
③ 무리 중에 매우 두드러지다.
④ 여러 사람에게 손꼽히다.

159 민수는 꾸중들을 <u>覺悟</u>를 하고 고개를 푹 숙였다.

① 앞으로 일어날 일에 대한 대비
② 능히 맡아서 당해내다.
③ 앞으로 해야 할 일이나 겪을 일에 대한 마음의 준비
④ 일어날 일을 먼저 상상하여 생각하다.

160-164 다음 문장에서 빈칸에 들어갈 가장 적절한 한자어(漢字語)는 어느 것입니까?

160 우리 겨레의 가장 큰 □□은 통일된 국가를 이룩하는 일이다.

① 科業　② 課業　③ 過業　④ 官業

161 책을 읽으면 즐거움이나 □□, 지식, 정보 등을 얻을 수 있으므로, 독서는 매우 중요하다.

① 交訓　② 橋訓　③ 校訓　④ 敎訓

162 국민의 □□가 받아들여지는 것이 민주 정치의 특징이다.

① 要求　② 要九　③ 要句　④ 要救

163 나는 어느 누구의 □□이나 방해를 받지 않고 내 마음대로 하고 싶다.

① 敢涉　② 看涉　③ 相關　④ 干涉

164 감사원은 행정부의 회계 감사와 공무원의 부정·부패를 □□하는 일을 한다.

① 鑑視　　② 監試　　③ 監視　　④ 甘視

165-170 다음 문장에서 밑줄 친 한자어(漢字語)의 한자 표기(漢字表記)가 바르지 않은 것은 어느 것입니까?

165 ① 安全 보장 ② 里事會는 ③ 世界의 ④ 平和와 안전을 지키기 위한 일을 한다.

166 청나라는 명나라를 무너뜨리기 위하여 ① 祖鮮에 많은 ② 兵士와 공물을 요청하였고, 청나라와 조선의 관계를 ③ 兄弟의 관계에서 ④ 君臣의 관계로 바꿀 것을 요구하였다.

167 ① 共算주의 사회에서는 ② 個人이 ③ 財産을 가지는 것이 ④ 禁止되어 있다.

168 ① 猶傳 ② 工學을 이용하면 여러 가지 유전병을 ③ 根本的으로 치료할 수 있고 사람의 ④ 壽命을 연장할 수도 있다.

169 인체에 ① 吸收된 유산균은 창자 속에 있는 해로운 균을 ② 消毒하고 ③ 疾病을 ④ 豫訪하여 우리의 건강을 지켜 준다.

170 인디언들은 사람이나 ① 事物의 이름을 그 사람의 ② 姓格이나 그 사물의 ③ 特徵 등을 ④ 强調하여 짓는다.

171-178 다음 문장에서 밑줄 친 단어(單語)를 한자(漢字)로 바르게 쓴 것은 어느 것입니까?

171 급속히 변화하는 사회에 슬기롭게 대응하는 길은 창조와 개척 정신을 기르는 것이다.

① 給速　　② 急速　　③ 給俗　　④ 急俗

172 연주가 끝나자 수많은 청중들이 기립하여 박수 갈채를 보냈다.

① 氣立　　② 技立　　③ 起立　　④ 己立

173 농악은 모내기, 김매기 등의 고된 일을 할 때에, 그리고 단오, 추석 같은 명절에도 행해진다.

① 農樂　　② 農藥　　③ 農惡　　④ 農落

174 친구 사이에 나누는 명랑한 인사는 다정한 마음의 표현이다.

① 多精　　② 多正　　③ 多政　　④ 多情

175 현대 사회는 우리가 상상할 수 없을 정도로 그 발전 속도가 빨라지고 있다.

① 現大　　② 現對　　③ 現代　　④ 賢代

176 충효는 오랫동안 우리 조상들의 도덕의 기준이었고, 행동 강령이었다.

① 道德　　② 都德　　③ 到德　　④ 圖德

177 같은 글을 읽어도 단순히 글자만 읽고 지나갈 때와 내용을 이해하려고 애쓰며 읽을 때, 그 결과는 같지 않다.

① 丹叔　　② 但純　　③ 單純　　④ 單叔

178 기온이 낮은 북쪽 지방은 김치가 빨리 시어질 염려가 없어, 간을 싱겁게 하고 양념은 담백하게 한다.

① 念麗　　② 念慮　　③ 念勵　　④ 念那

179-183 다음 문장에서 밑줄 친 단어(單語)나 어구(語句)의 뜻을 가장 잘 나타낸 한자(漢字) 또는 한자어(漢字語)는 어느 것입니까?

179 겨울철을 알이나 애벌레로 보낸 곤충들은 보통 늦은 봄이나 여름이 되면 성충이 되어 활동한다.

① 冬季　　② 立冬　　③ 冬至　　④ 三冬

180 장승은 마을 어귀에 세워 두었는데, 마을로 들어오는 잡귀 등을 몰아내기 위해서이다.

① 童口　　② 同口　　③ 東口　　④ 洞口

181 악어가 먹이를 잡을 때는 물에서 바위처럼 위장하고 있다가 먹이가 나타나면 번개처럼 낚아챈다.

① 登章　　② 登長　　③ 登場　　④ 等場

182 흥부가 박을 타자 금은보화가 쏟아져 나왔다. 흥부는 큰 부자가 되었다.

① 甲扶　　② 甲富　　③ 甲否　　④ 甲浮

183 윤관은 별무반을 편성하여 여진족을 물리쳤다.

① 擊退　　② 激退　　③ 隔退　　④ 格退

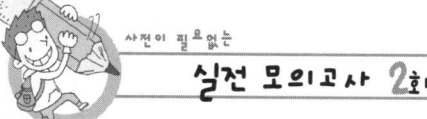
184-188 다음 글을 읽고 물음에 답하시오.

ⓐ웃음은 인간이 기쁘거나 즐거울 때, 혹은 특별한 감정이 들 때에 얼굴 근육을 움직여 일정한 표정을 짓는 반응을 일컫는 말이다. 웃음의 기능은 '긴장으로부터의 ⓑ해방'이다. 웃음으로 감정을 표현하는 동물은 인간밖에 없다고 한다. 그래서 아리스토텔레스는 인간을 '웃는 동물'이라고 하였다.

웃는 동물인 인간이 웃음을 통해 얻게 되는 ⓒ福은 참으로 많다. 웃음은 질병을 치료하고, 얼굴에 아름다운 기운을 불어 넣으며, 인간 관계를 ⓓ친밀하게 하고, 학습과 일의 능률을 올리며, 감정을 정화하는 등 많은 가치를 가지고 있다. 그 가운데에서 특히 관심을 끄는 것은 웃음의 ⓔ의학적 가치이다. 현대 의학은 과학적인 분석을 바탕으로 하여 웃음의 의학적인 가치를 구체적으로 알리고, 병을 고치는 치료제로 웃음을 이용하고 있다.

184 ⓐ의 뜻을 가진 것은?

① 少　　② 素　　③ 笑　　④ 小

185 ⓑ의 한자 표기가 바른 것은?

① 海方　　② 海防　　③ 解防　　④ 解放

186 ⓒ의 음이 바른 것은?

① 북　　② 복　　③ 박　　④ 부

187 ⓓ의 한자 표기가 바른 것은?

① 齒密　　② 則密　　③ 親密　　④ 致密

188 ⓔ의 '의' 자의 한자 표기가 바른 것은?

① 醫　　② 議　　③ 意　　④ 衣

189-193 다음 글을 읽고 물음에 답하시오.

사람들이 모여서 마을을 이루고 사는 것처럼 ⓐ별들도 모여서 ⓑ은하를 이루고 있다. 태양이 속해 있는 우리 은하에는 약 천억 개의 별이 ⓒ모여 있다. 태양은 우리 은하에 있는 천억 개 별 중의 하나일 뿐이다.

불과 수백 년 전만 해도 사람들은 지구가 우주의 중심이라고 ⓓ생각하였다. 그러나 천문학자들은 지구가 태양을 중심으로 도는 행성임을 ⓔ알아 냈다. 그리고 이제는 태양조차도 우리 은하의 변두리에서 은하의 중심을 축으로 하여 돌고 있으며 우리 은하 같은 은하가 우주에 아주 많이 있다는 것도 알게 되었다.

189 ⓐ의 뜻을 나타낸 것은?

① 星　　② 城　　③ 聖　　④ 省

190 ⓑ의 한자 표기가 바른 것은?

① 恩河　　② 銀河　　③ 恩夏　　④ 銀夏

191 ⓒ의 뜻을 가진 것은?

① 眞　　② 進　　③ 質　　④ 集

192 ⓓ의 뜻을 가장 잘 나타낸 것은?

① 說　　② 寺　　③ 想　　④ 常

193 ⓔ의 뜻을 가장 잘 나타낸 것은?

① 發現　　② 發明　　③ 發熱　　④ 發見

194-197 다음 글을 읽고 물음에 답하시오.

첨성대는 모두 27단의 석단을 원통형으로 쌓아올리고, 그 위에 긴 돌을 우물 모양으로 얹어 하늘을 살필 수 있는 ⓐ施設(를)을 설치한 것으로 추정된다. 윗부분에 열고 ⓑ닫을 수 있는 판을 걸쳐 놓고 국가의 ⓒ吉凶을 점치는 천문 관측을 했을 것으로 ⓓ判段되고 있다. 높이는 9.17m이고, 사용된 360여 개의 돌은 1년 365일을 ⓔ意味한다. 바깥에서 중앙에 뚫린 입구까지 사다리를 놓고 올라가서 안으로 들어가고, 거기서 다시 2개의 사다리를 놓고 우물 모양의 꼭대기에 올라갔다. 첨성대의 아름다운 모습과 ⓕ堅固한 축조 ⓖ기술은 우리 조상들의 멋과 슬기를 잘 보여 주고 있다.

194 ⓐ의 독음이 바른 것은?

① 장치　　② 시설　　③ 적실　　④ 장소

195 ⓑ의 뜻을 가진 것은?

① 閉　　② 恒　　③ 閑　　④ 篇

196 ⓒ~ⓕ 중 한자 표기가 바르지 않은 것은?

① ⓒ吉凶　　　　② ⓓ判段
③ ⓔ意味　　　　④ ⓕ堅固

197 ⓖ의 '기' 자의 한자 표기가 바른 것은?

① 旣　　② 其　　③ 技　　④ 幾

198-203 다음 글을 읽고 물음에 답하시오.

공룡은 현존하는 동물 못지않게 우리의 의식 깊숙이 들어와 있는 동물이다. 중생대의 트라이아스기에 나타나 쥐라기와 백악기에 크게 ㉠繁盛하다가, 백악기 말에 지구에서 사라진 파충류의 한 무리. 이것이 과학자들이 지금까지의 연구를 바탕으로 내린 ㉡공룡의 ㉢定義이다. 공룡이라는 이름은 ㉣英國의 고생물학자인 오언이 1842년에 처음 사용하였다. 공룡은 '공포의 도마뱀' 이라는 뜻으로 뱀이나 거북, 도마뱀처럼 비늘 ㉤模樣이나 가죽 모양의 피부를 가졌고, 딱딱한 알에서 태어난다.

공룡에는 초식 공룡과 육식 공룡이 있었는데, 육식 공룡들은 초식 공룡까지 ㉥貢擊하여 먹이로 삼았다. 육식 공룡과 맞설 수 있는 것은 같은 육식 공룡뿐이었다.

최근에 발견된 공룡 중에서 가장 ㉦인상적인 공룡은 세이스모사우루스이다. 1986년 미국에서 발견된 이 공룡은 길이가 50미터, 몸무게는 100톤이 넘었을 것으로 추정되는데, 지금까지 발견된 공룡 중에서 가장 거대한 공룡이다. '㉧지진을 일으키는 용' 이라는 별명이 붙었는데, ㉨실제로 이 공룡이 지나다닐 때에는 땅이 크게 울렸을 것이다.

공룡의 ㉩종류는 우리가 ㉪상상하는 것보다 훨씬 많다. 현재까지 전세계에서 발견된 공룡의 화석은 600여 종이나 된다. 공룡의 화석은 ㉫계속 발견되고 있기 때문에 그 종류는 더욱 많아질 것이다.

198 ㉠의 독음이 바른 것은?

① 창성　② 흥성　③ 형성　④ 번성

199 ㉡의 한자 표기가 바른 것은?

① 恭龍　② 恐龍　③ 供龍　④ 孔龍

200 ㉢~㉥ 중 한자 표기가 바르지 않은 것은?

① ㉢定義　② ㉣英國　③ ㉤模樣　④ ㉥貢擊

201 ㉦의 한자 표기가 바른 것은?

① 印象　② 印像　③ 引像　④ 引象

202 ㉧의 '진' 자의 한자 표기가 바른 것은?

① 珍　② 鎭　③ 震　④ 振

203 ㉨~㉫의 한자 표기가 바르지 않은 것은?

① ㉨實際　② ㉩種類　③ ㉪想象　④ ㉫繼續

204-210 다음 글을 읽고 물음에 답하시오.

닥나무를 원료로 한 우리 고유의 ㉠한지는 조선 후기까지 중국으로 보내는 주요 ㉡수출품 가운데 하나였다. 뿐만 아니라, ㉢관청의 주요 물품으로 ㉣수요가 늘자, 나라에서는 특산품으로 한지 생산을 ㉤장려하기도 하였다.

몇십 년 전만 하더라도 한지는 한옥 ㉥온돌방의 도배나 ㉦제사 때에 지방 쓰는 종이로, 또는 ㉧창호지나 붓글씨용 종이로 생활 ㉨주변에서 쉽게 볼 수 있었다. 하지만 양지 제조 기술이 전래되면서 번거로운 ㉩제조 ㉪과정을 거쳐야 하는 한지는 설 자리를 잃고 말았고, 전통 한지의 맥을 ㉫잇고 있는 장인을 찾아보기도 어렵게 되었다. 그러다가 요즈음 와서는 한지의 ㉬우수성이 알려지면서 한지를 이용하여 공예 작품이나 생활용품을 만들기도 한다.

204 ㉠의 한자 표기가 바른 것은?

① 旱紙　② 韓紙　③ 汗紙　④ 含紙

205 ㉡~㉤의 한자 표기가 바르지 않은 것은?

① ㉡輸出品　② ㉢官廳　③ ㉣需要　④ ㉤獎諒

206 ㉥의 '돌' 자와 같은 한자를 사용하는 것은?

① 突破　② 挑發　③ 豚肉　④ 敦厚

207 ㉦의 뜻을 가진 것은?

① 提　② 堤　③ 祭　④ 濟

208 ㉧~㉪의 한자 표기가 바르지 않은 것은?

① ㉧窓戶紙　② ㉨珠邊　③ ㉩製造　④ ㉪過程

209 ㉫의 뜻을 가장 잘 나타낸 것은?

① 裕持　② 誘持　③ 惟持　④ 維持

210 ㉬의 '우' 자의 한자 표기가 바른 것은?

① 偶　② 優　③ 愚　④ 郵

※ 다음 문제를 읽고 알맞은 것을 고르시오.

제1영역 漢字

1-5 다음 한자(漢字)의 부수(部首)는 무엇입니까?

1 吉 : ① 吉   ② 口   ③ 士   ④ 一

2 貴 : ① 貝   ② 中   ③ 丨   ④ 口

3 路 : ① 各   ② 夂   ③ 足   ④ 路

4 每 : ① 母   ② 一   ③ 厂   ④ 毋

5 勉 : ① 力   ② 免   ③ 八   ④ 儿

6-10 다음 한자(漢字)의 획수(劃數)는 모두 몇 획입니까?

6 拜 : ① 7획   ② 8획   ③ 9획   ④ 10획

7 北 : ① 5획   ② 6획   ③ 7획   ④ 8획

8 氷 : ① 4획   ② 5획   ③ 6획   ④ 7획

9 移 : ① 9획   ② 10획   ③ 11획   ④ 12획

10 律 : ① 12획   ② 11획   ③ 10획   ④ 9획

11-15 다음 필순(筆順)에 대한 설명에 가장 알맞은 한자는 어느 것입니까?

11 삐침과 파임이 만날 때에는 삐침을 먼저 쓴다.
   ① 千   ② 次   ③ 人   ④ 才

12 안과 바깥쪽이 있을 때에는 바깥쪽을 먼저 쓴다.
   ① 責   ② 內   ③ 太   ④ 宅

13 가로획과 세로획이 교차할 때에는 가로획을 먼저 쓴다.
   ① 土   ② 波   ③ 訓   ④ 惠

14 꿰뚫는 획은 나중에 쓴다.
   ① 婚   ② 邑   ③ 羊   ④ 敗

15 위에서 아래로 쓴다.
   ① 快   ② 協   ③ 億   ④ 兄

16-20 다음 한자(漢字)와 그 조자(造字)의 방식이 같은 한자는 어느 것입니까?

> **예** 한자 '日'은 그 조자(造字)의 방식이 구체적인 사물의 모습을 본떠서 만든 상형자(象形字)이다. 이와 비슷한 한자로는 '山'이 있다.

16 石 : ① 牛   ② 位   ③ 如   ④ 意

17 休 : ① 感   ② 二   ③ 孝   ④ 鳥

18 功 : ① 左   ② 救   ③ 耳   ④ 竹

19 下 : ① 親   ② 增   ③ 逆   ④ 本

20 英 : ① 七   ② 寸   ③ 往   ④ 要

21-31 다음 한자(漢字)의 음(音)은 무엇입니까?

21 鄕 : ① 향   ② 홍   ③ 항   ④ 흉

22 寒 : ① 하   ② 한   ③ 학   ④ 혹

23 季 : ① 각   ② 리   ③ 간   ④ 계

24 減 : ① 갈   ② 갑   ③ 감   ④ 강

25 郡 : ① 군   ② 곡   ③ 공   ④ 궁

26 勤 : ① 단   ② 근   ③ 산   ④ 잔

27 卷 : ① 옹   ② 전   ③ 난   ④ 권

28 倒 : ① 다   ② 두   ③ 도   ④ 치

29 脈 : ① 막   ② 맥   ③ 목   ④ 문

30 團 : ① 단   ② 도   ③ 둔   ④ 독

31 冒 : ① 막   ② 만   ③ 모   ④ 멱

32-39 다음의 음(音)을 가진 한자는 어느 것입니까?

32 능 : ① 洞   ② 毛   ③ 多   ④ 能

33 보 : ① 復   ② 保   ③ 問   ④ 民

34 석 : ① 席   ② 鼻   ③ 使   ④ 賞

35 서 : ① 霜   ② 暑   ③ 巳   ④ 舌

36 수 : ① 乘   ② 顔   ③ 愁   ④ 甚

37 쇄 : ① 岳　② 額　③ 瞬　④ 刷

38 역 : ① 驛　② 沿　③ 搖　④ 泳

39 윤 : ① 姿　② 潤　③ 儀　④ 酌

40-47 다음 한자(漢字)와 음(音)이 같은 한자는 어느 것입니까?

40 慶 : ① 戰　② 競　③ 致　④ 養

41 科 : ① 植　② 貯　③ 課　④ 草

42 俗 : ① 速　② 則　③ 着　④ 安

43 揚 : ① 拾　② 絲　③ 昔　④ 讓

44 與 : ① 脫　② 餘　③ 抱　④ 閑

45 僑 : ① 罷　② 享　③ 慰　④ 嫌

46 玆 : ① 紫　② 忽　③ 還　④ 戲

47 株 : ① 徑　② 厥　③ 稻　④ 鑄

48-58 다음 한자(漢字)의 뜻은 무엇입니까?

48 調 : ① 오다　② 짓다　③ 고르다　④ 감하다

49 傳 : ① 받다　② 이르다　③ 전하다　④ 구르다

50 參 : ① 주다　② 가하다　③ 오래다　④ 참여하다

51 向 : ① 계절　② 불다　③ 돌다　④ 향하다

52 喜 : ① 울다　② 슬프다　③ 애닳다　④ 기쁘다

53 華 : ① 향기　② 수풀　③ 빛나다　④ 울리다

54 溪 : ① 산　② 시내　③ 구름　④ 바람

55 稿 : ① 밭　② 논　③ 벼　④ 원고

56 却 : ① 앉다　② 날다　③ 받치다　④ 물리치다

57 欄 : ① 집　② 난간　③ 층계　④ 다락

58 漏 : ① 새다　② 지다　③ 눕다　④ 던지다

59-65 다음의 뜻을 가진 한자(漢字)는 어느 것입니까?

59 말씀 : ① 堂　② 頭　③ 談　④ 綠

60 겨울 : ① 母　② 冬　③ 木　④ 萬

61 세다 : ① 殺　② 夕　③ 世　④ 算

62 쏘다 : ① 似　② 舍　③ 射　④ 傷

63 누구 : ① 誰　② 秀　③ 雛　④ 須

64 열흘 : ① 循　② 旬　③ 殉　④ 尋

65 뛰다 : ① 睡　② 搜　③ 獸　④ 躍

66-70 다음 한자(漢字)와 뜻이 비슷한 한자는 어느 것입니까?

66 繼 : ① 鳳　② 夢　③ 續　④ 奔

67 討 : ① 伐　② 秘　③ 蛇　④ 旋

68 碧 : ① 昭　② 攝　③ 蒼　④ 誦

69 辯 : ① 閱　② 辭　③ 詠　④ 蓮

70 迷 : ① 凝　② 臟　③ 滴　④ 惑

제 2 영 역　語　彙

71-72 다음 한자어(漢字語)와 그 새김의 방식이 같은 한자어는 어느 것입니까?

> 예 한자어 '年少' 는 그 새김의 방식이 주어와 서술어의 관계이다. 이와 비슷한 한자어로는 '日出' 이 있다.

71 溫柔 : ① 交友　② 有恨　③ 老翁　④ 亦是

72 禁煙 : ① 宇宙　② 轉業　③ 球技　④ 配匹

73-90 다음 한자어(漢字語)와 발음(發音)이 같은 한자어는 어느 것입니까?

73 市價 : ① 私家　② 詩歌　③ 大擧　④ 小金

74 重苦 : ① 登高　② 等高　③ 上古　④ 中古

75 大橋 : ① 大故　② 對校　③ 對句　④ 大口

76 精到 : ① 地圖　② 定都　③ 落島　④ 獨立

77 利己 : ① 里長　② 理氣　③ 利用　④ 山林

78 上下 : ① 三夏　② 常夏　③ 山河　④ 市街

79 止水 : ① 指數　② 自首　③ 字數　④ 基數

80 時急 : ① 時給　② 收給　③ 至急　④ 性急

81 君臣 : ① 軍務　② 武人　③ 軍神　④ 新聞

82 原因 : ① 遠因　② 元祖　③ 原子　④ 遠洋

83 固定 : ① 高卒　② 高重　③ 加重　④ 故情

84 先唱 : ① 初春　② 船窓　③ 電線　④ 合唱

85 假名 : ① 可望　② 佳名　③ 記名　④ 假家

86 勿論 : ① 物色　② 物論　③ 物價　④ 勿施

87 病暇 : ① 平和　② 評價　③ 兵家　④ 兵丁

88 穀類 : ① 谷水　② 曲流　③ 哭聲　④ 毒種

89 陳米 : ① 陳設　② 陳述　③ 眞味　④ 陳情

90 康福 : ① 强暴　② 傾覆　③ 降福　④ 飮福

91-92 다음 한자어(漢字語)들 중 괄호 안의 한자(漢字)의 발음(發音)이 다른 한자어는 어느 것입니까?

91 ① (降)伏　② (降)雨　③ 下(降)　④ 昇(降)機

92 ① 星(宿)　② 投(宿)　③ (宿)泊　④ (宿)願

93-110 다음 단어들의 '□'에 공통으로 들어갈 알맞은 한자(漢字)는 어느 것입니까?

93 □色, 苦□, □解 : ① 心　② 血　③ 難　④ 讀

94 □校, □極, □記 : ① 學　② 登　③ 至　④ 退

95 □者, 開□, □界 : ① 業　② 行　③ 水　④ 流

96 □代, 發□, 出□ : ① 現　② 時　③ 産　④ 給

97 各□, 別□, 一□ : ① 種　② 自　③ 方　④ 念

98 日□, 暗□, □事 : ① 記　② 起　③ 示　④ 時

99 □日, 解□, 取□ : ① 得　② 說　③ 來　④ 消

100 非□, □號, 順□ : ① 序　② 番　③ 口　④ 常

101 早□, □約, 短□ : ① 身　② 密　③ 期　④ 朝

102 □人, □火, 神□ : ① 聖　② 成　③ 星　④ 城

103 陰□, 加□, □惡 : ① 陽　② 害　③ 熱　④ 善

104 □老, □語, 尊□ : ① 少　② 重　③ 言　④ 敬

105 □禮, □客, 祝□ : ① 願　② 原　③ 賀　④ 福

106 □書, □者, 共□ : ① 作　② 著　③ 麥　④ 壽

107 □冠, □點, 薄□ : ① 弱　② 命　③ 缺　④ 據

108 □求, □望, 枯□ : ① 希　② 渴　③ 死　④ 絕

109 □導, □接, 牽□ : ① 道　② 制　③ 引　④ 姻

110 □雅, □純, 肅□ : ① 高　② 優　③ 清　④ 靑

111-126 다음 한자어(漢字語)와 뜻이 반대(反對)이거나 상대(相對)되는 한자어는 어느 것입니까?

111 個別 : ① 個體　② 全體　③ 主體　④ 別個

112 巨富 : ① 貧富　② 極貧　③ 貧血　④ 巨商

113 內容 : ① 內實　② 內室　③ 形便　④ 形式

114 樂觀 : ① 悲觀　② 客室　③ 走者　④ 觀光

115 無形 : ① 有形　② 人形　③ 形體　④ 人間

116 物質 : ① 肉體　② 物我　③ 精神　④ 巨物

117 光明 : ① 榮光　② 暗黑　③ 明暗　④ 後光

118 客觀 : ① 大觀　② 觀客　③ 主觀　④ 主體

119 來生 : ① 人生　② 前生　③ 所生　④ 生年

120 登場 : ① 登山　② 退去　③ 後退　④ 退場

121 未備 : ① 未完　② 完成　③ 完備　④ 對備

122 密集 : ① 散在　② 密度　③ 集會　④ 密約

123 空虛 : ① 空城　② 充實　③ 忠告　④ 忠實

124 飢餓 : ① 飽食　② 棄兒　③ 小食　④ 飽滿

125 具體 : ① 體統　② 體面　③ 抽象　④ 抽出

126 獨創 : ① 毒性　② 獨特　③ 高踏　④ 模倣

127-132 다음 성어(成語)에서 '□'에 들어갈 알맞은 한자(漢字)는 어느 것입니까?

127 百年□淸 : ① 下　② 河　③ 豊　④ 請

128 見□生心 : ① 得　② 人　③ 利　④ 物

129 走馬□山 : ① 看　② 名　③ 刀　④ 皮

130 □强附會 : ① 牽　② 拍　③ 弱　④ 堅

131 衆□不敵 : ① 過　② 寡　③ 果　④ 者

132 表□不同 : ① 裏　② 里　③ 變　④ 白

133-136 다음 성어(成語)의 뜻풀이로 적절한 것은 어느 것입니까?

133 白面書生
① 어떤 일이 이루어지기 어렵다.
② 얼굴이 잘 생긴 남자
③ 지위가 높고 훌륭한 벼슬에 있는 사람
④ 한갓 글만 읽고 세상 일에는 전혀 경험이 없는 사람

134 朝名市利
① 간사한 꾀로 남을 속여 희롱하다.
② 어떤 일에 몰두하다.
③ 무슨 일이든 적당한 장소에서 해야 한다.
④ 일을 끝내기가 어렵다.

135 佳人薄命
① 아름다운 여자는 수명이 짧다.
② 아름다운 여자는 재앙을 많이 만난다.
③ 조건이 좋은 사람이 성공하기 쉽다.
④ 자기 꾀에 자기가 넘어간다.

136 國士無雙
① 뛰어난 사람에게는 시기와 질투가 많다.
② 일이 이루어기를 기다리다.
③ 여러 사람이 모여 있다.
④ 나라에서 견줄 사람이 없을 정도로 빼어나다.

137-140 다음의 뜻을 가장 잘 나타낸 성어(成語)는 어느 것입니까?

137 착하고 어진 사람들
① 善男善女　② 不求聞達
③ 大道無門　④ 全心全力

138 거의 죽을 뻔하다가 도로 살아나다.
① 作心三日　② 大公無私
③ 秋風落葉　④ 起死回生

139 아주 친밀하여 떨어질 수 없는 사이
① 水魚之交　② 見利忘義
③ 一長一短　④ 創業守成

140 도둑
① 君子三樂　② 梁上君子
③ 天長地久　④ 仙風道骨

제3영역　讀解

141-154 다음 문장에서 밑줄 친 한자어(漢字語)의 음(音)은 무엇입니까?

141 안중근 의사는 스물 여덟 살 되던 해에 블라디보스토크로 <u>亡命</u>(를)을 하였다.
① 도망　② 도피　③ 망명　④ 추방

142 진실되지 않은 광고는 결국 소비자에게 <u>外面</u>당하게 된다.
① 외면　② 소외　③ 도외　④ 외연

143 수입하는 자원이 많아지면 애써 벌어들인 <u>外貨</u>가 그만큼 외국으로 나가게 된다.
① 은화　② 외화　③ 금화　④ 화폐

144 추석은 우리 나라 <u>名節</u> 중의 하나인데, 예로부터 가위라고 불러 왔다.
① 가배　② 세시　③ 휴일　④ 명절

145 <u>新式</u> 학교가 생기기 전에는 여자들은 학교에 다닐 수 없었다.
① 신예　② 신식　③ 정식　④ 예식

146 국토 <u>開發</u>의 목적은 지역 특성에 맞추어 전 국토를 고르게 발전시키는 데 있다.
① 발전　② 계발　③ 개발　④ 난발

147 옛날에 공부하는 방법은 대개 <u>文章</u>(를)을 외우고 뜻을
풀이하며 글씨를 쓰는 것이었다.
① 문맥   ② 문형   ③ 문어   ④ 문장

148 몸이 아파 <u>米飮</u>을 끓여 먹고 있는 동안에 나는 평소에
먹던 음식들이 먹고 싶어졌다.
① 미음   ② 미죽   ③ 미음   ④ 미곡

149 열대 기후 지역은 일년 내내 기온이 높고 비가 많이
내려 <u>密林</u>을 이루고 있다.
① 송림   ② 밀림   ③ 산림   ④ 삼림

150 어떤 사전을 사용하든지 먼저 일러두기를 잘 보아서
그 사전의 사용 <u>方法</u>을 알아두어야 한다.
① 방법   ② 방식   ③ 방향   ④ 목록

151 <u>報道</u> 기관으로는 방송국과 신문사 등이 있다.
① 방송   ② 언론   ③ 보도   ④ 도보

152 <u>衣服</u>(는)은 원료인 섬유를 이용해서 뽑은 실로 옷감을
짜서 바느질하여 만든다.
① 의장   ② 의상   ③ 의류   ④ 의복

153 우리는 사람을 더욱 귀중하게 여기는 사회로 만들어
나갈 <u>莫重</u>한 책임을 지닌 일꾼들이다.
① 막대   ② 막중   ③ 귀중   ④ 소중

154 대관령 <u>牧場</u>은 깨끗한 풀로 건강한 젖소만을 키워 사
람들에게 좋은 우유를 대 주고 있다.
① 목장   ② 농원   ③ 초원   ④ 목동

155-159 다음 문장에서 밑줄 친 한자어(漢字語)의 뜻풀이로 적절
한 것은 어느 것입니까?

155 우즈베키스탄에서는 몇 해 전부터 한국인 의사들이
<u>奉仕</u> 활동을 하고 있다.
① 어른을 받들어 섬기다.
② 조상의 제사를 받들어 지내다.
③ 맡겨진 일을 최선을 다해 완수하다.
④ 자신의 이해를 돌보지 않고 몸과 마음을 다하여 일
  하다.

156 문단은 여러 개의 문장이 모여서 하나의 중심 내용을
나타내는 글의 한 <u>部分</u>이다.
① 나누어 배당하다.
② 공정하게 두루 나누다.
③ 전체를 몇으로 나눈 것 중의 하나
④ 전체를 여러 차례 나누다.

157 국가는 국민이 나라를 잃는 <u>不幸</u>을 겪지 않도록 외적
의 침입으로부터 국민을 보호한다.
① 서로 화합하지 못하다.
② 행복하지 않다.
③ 쉬지 아니하다.
④ 허락하지 아니하다.

158 잡초가 <u>茂盛</u>한 밭에는 곡식이나 채소가 잘 자랄 수
없다.
① 초목이 우거지다.
② 물이나 물기가 없다.
③ 성의가 없다.
④ 없는 것을 거짓으로 꾸미다.

159 우리 민족은 애국 <u>啓蒙</u> 운동을 통해 일제의 침략에 대
항하였다.
① 사람들에게 지식을 가르치다.
② 억지로 가르쳐 알게 하다.
③ 어린 아이나 무식한 사람을 깨우쳐 주다.
④ 불을 밝혀 환하게 하다.

160-164 다음 문장에서 빈칸에 들어갈 가장 적절한 한자어(漢字
語)는 어느 것입니까?

160 씨름에서는 상대의 공격 기술이나 움직임을 예측하여
적절한 □□ 자세를 갖추어야 한다.
① 守悲   ② 修悲   ③ 修備   ④ 守備

161 나의 어릴 적 희망은 □□□가 되는 것이었다.
① 比行士   ② 飛行士   ③ 比行師   ④ 飛行師

162 문화재의 발굴로 새로운 역사적 □□을 알 수 있다.
① 史室   ② 史實   ③ 事室   ④ 私室

163 육식 □□인 악어는 사람을 해치는 것은 물론이고 짐
승이나 물고기도 닥치는 대로 먹어치운다.
① 動物   ② 同物   ③ 洞物   ④ 童物

164 찬 음식을 먹는다는 데서 이름이 붙여진 한식은 조상
의 산소를 찾아 □□하는 날이다.
① 成墓   ② 省廟   ③ 省墓   ④ 成廟

165-170 다음 문장에서 밑줄 친 한자어(漢字語)의 한자 표기(漢字表記)가 바르지 않은 것은 어느 것입니까?

165 유교는 ① 人間의 ② 度理를 밝히고 도덕과 윤리를 바로잡아 ③ 平和로운 사회를 이룩하고자 하는 ④ 思想이다.

166 ① 人技 있는 만화의 ② 主人公은 ③ 廣告에도 나오고 여러 가지 ④ 商品에서도 볼 수 있다.

167 오늘날은 ① 交通 수단이 발달하여, 전국 ② 角地에서 생산된 ③ 農水産物이 그 날로 소비자에게 보내져, 소비자는 늘 ④ 新鮮한 농수산물을 구할 수 있다.

168 ① 原始 ② 信仰은 자연의 힘에 대해 두려움과 존경심을 가지고 자연을 ③ 崇杯하는 신앙으로, 바위와 돌 등 ④ 自然物을 섬기는 것, 산이나 바다, 땅의 신을 섬기는 것 등이 있다.

169 장보고는 청해진을 중심으로 중국-신라-일본을 연결하는 ① 國際 ② 貿易을 ③ 主導하여 신라인의 진취적 ④ 氣象을 떨쳤다.

170 ① 打字機에 대해 전혀 아는 것이 없었던 안과 의사 공병우 ② 薄士가 한글 타자기를 만든 것은, 바로 끈질긴 ③ 探究와 ④ 勞力의 결과였다.

171-178 다음 문장에서 밑줄 친 단어(單語)를 한자(漢字)로 바르게 쓴 것은 어느 것입니까?

171 금강산은 예로부터 봄에는 금강산, 여름에는 봉래산, 가을에는 풍악산, 겨울에는 백설이 쌓여 개골산이라고 불렀다.
① 百雪　② 白雪　③ 白說　④ 百說

172 김구 선생은 동포들을 걱정하여 '홍커우 폭탄 사건의 책임자는 나 김구다.' 라는 성명서를 발표했다.
① 聲明書　② 聖明書
③ 聖名書　④ 聲名書

173 앞으로 다가올지도 모르는 물 부족 현상을 막기 위해서는 평소에 물을 아껴 써야 한다.
① 平笑　② 平消　③ 平素　④ 平所

174 우리는 후손에게 물려줄 새로운 에너지를 개발하여 이용해야 한다.
① 後勢　② 後孫　③ 後歲　④ 後洗

175 1895년, 마르코니는 전파로 송신할 수 있는 무선 전화를 발명하였다.
① 送身　② 送臣　③ 送神　④ 送信

176 서동은 신라 진평왕의 딸 선화공주가 아름답다는 소문을 듣고, 신라의 수도인 서라벌로 갔다.
① 修道　② 水道　③ 首都　④ 收都

177 냉방이 된 실내와 외부의 온도차에 몸이 적응하지 못하는 것이 냉방병의 주원인이다.
① 冷房　② 冷飯　③ 冷朴　④ 冷凡

178 진로 계획을 올바르게 세우기 위해서는 먼저 나 자신을 이해하고 탐색하는 일이 중요하다.
① 探塞　② 探索　③ 探絿　④ 探緒

179-183 다음 문장에서 밑줄 친 단어(單語)나 어구(語句)의 뜻을 가장 잘 나타낸 한자(漢字) 또는 한자어(漢字語)는 어느 것입니까?

179 광양 제철소는 큰 배가 닿을 수 있게 수심도 깊어 제철소를 만들기에 적합한 조건을 갖추고 있다.
① 建設　② 造船　③ 建設　④ 造製

180 "나는 네 마음을 잘 안다."
① 心政　② 心定　③ 心正　④ 心情

181 많은 아이들이 놀이터에서 놀고 있다.
① 兒童　② 兒同　③ 我東　④ 我童

182 할아버지의 소원은 북에 두고 온 가족을 만나는 것이다.
① 相丙　② 相扶　③ 相逢　④ 喪夫

183 아이들은 손뼉을 쳤다.
① 博受　② 拍手　③ 薄收　④ 泊手

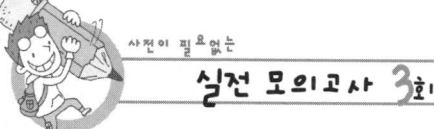
184-188 다음 글을 읽고 물음에 답하시오.

> 휴대 전화를 가지고 있으면 언제 어디서나 상대방과 ㉠통화를 할 수 있다. 그 밖에도 여러 가지 편리한 점이 있다. 관공서나 은행 업무를 볼 수 있으며, 열차표를 구입한다든지, 백화점 ㉡等에서 필요한 물건을 주문하기도 하고, 고속도로의 교통 상황을 알아볼 수도 있다. 또, ㉢밖에서 집안의 여러 기구들을 조종할 수도 있다.
> 그러나 휴대 전화를 이용하는 사람들이 늘어나면서, 통화 ㉣예절을 지키지 않는 사람도 늘어나고 있다. 공연장이나 회의실, 병원 등 휴대 전화를 쓰면 안 되는 곳에서 큰 소리로 통화하는 경우도 빈번하다. 그래서 지하철과 버스 안에서는 되도록이면 휴대 전화를 사용하지 말아 달라는 ㉤案內 방송을 하기도 한다. '금연' 표지처럼, 휴대 전화를 사용할 수 없는 곳임을 알리는 표지가 붙어 있는 곳도 있다.

184 ㉠의 한자 표기가 바른 것은?

① 通貨　② 通話　③ 統話　④ 統貨

185 ㉡의 음이 바른 것은?

① 외　② 내　③ 들　④ 등

186 ㉢의 뜻을 가진 것은?

① 元　② 用　③ 外　④ 浴

187 ㉣의 한자 표기가 바른 것은?

① 禮節　② 例節　③ 列節　④ 令節

188 ㉤의 독음이 바른 것은?

① 설명　② 안내　③ 경고　④ 주의

189-193 다음 글을 읽고 물음에 답하시오.

> 전국에서 하룻동안 버려지는 ㉠음식물 쓰레기의 양은 약 1만 2912톤이고, 이를 돈으로 환산하면 약 10조 원이나 된다. 만약, 우리가 꼭 필요한 만큼만 음식을 만들고, 만든 음식은 다 먹으려고 노력한다면, 음식물 쓰레기로 인한 환경 오염도 ㉡막을 수 있을 뿐 아니라, 이를 처리하는 데 드는 비용도 많이 ㉢줄일 수 있다.
> 철저한 분리 수거를 통해 쓰레기를 재활용하는 것도 좋은 방법이다. 실제로 우리 나라는 1992년부터 쓰레기 분리 수거를 하여 쓰레기의 ㉣50퍼센트 정도를 줄일 수 있었다. 분리 ㉤수거를 통한 재활용 방법은 환경 오염을 ㉥감소시키고 에너지를 절약함으로써 경제적 ㉦이익을 가져오는 일석이조의 ㉧효과를 낳는다.

189 ㉠의 한자 표기가 바른 것은?

① 音食物　② 飲食物
③ 飮式物　④ 音式物

190 ㉡의 뜻을 가진 것은?

① 方　② 訪　③ 防　④ 放

191 ㉢의 뜻을 나타낸 것은?

① 節電　② 節水　③ 絕半　④ 節約

192 ㉣의 뜻을 가장 잘 나타낸 것은?

① 半　② 反　③ 米　④ 美

193 ㉤~㉧의 한자 표기가 바르지 않은 것은?

① ㉤收去　② ㉥感少
③ ㉦利益　④ ㉧效果

194-197 다음 글을 읽고 물음에 답하시오.

> 유엔은 선거가 가능한 지역만이라도 총선거를 ㉠實施하여 정부를 ㉡세울 것을 결의하였다. 이에 따라 1948년 5월 10일에 남한만의 총선거를 통해 국회 의원이 선출되었고, 그 해 7월 17일에 헌법이 ㉢公布되었다. 또, 8월 15일에는 이승만을 초대 대통령으로 하는 대한 민국 정부가 세워졌다. 한편, 북한에는 김일성이 이끄는 공산주의 ㉣正權이 들어섰다.
> 남한의 대한 민국 정부는 유엔으로부터 ㉤承認을 받고 민주주의 국가로의 발전을 꾀하였다. 그러나 북한은 남한과 다른 ㉥理念을 가지고 있었기 때문에 서로 갈등과 반목이 깊어 갔다. 그러던 중에 북한은 남한을 ㉦무력으로 공산화하기 위해 6·25 전쟁을 일으켰다.

194 ㉠의 독음이 바른 것은?

① 시설　② 시행　③ 실시　④ 실천

195 ㉡의 뜻을 가진 것은?

① 建　② 乾　③ 擧　④ 脚

196 ㉢~㉥ 중 한자 표기가 바르지 않은 것은?

① ㉢公布　② ㉣正權
③ ㉤承認　④ ㉥理念

197 ㉦의 '무' 자의 한자 표기가 바른 것은?

① 無　② 務　③ 武　④ 舞

198-203 다음 글을 읽고 물음에 답하시오.

을사조약 이후 일본은 고종 ㉠皇帝(을)를 ㉡강제로 물러나게 하고 군대를 ㉢해산시켰다. 이후 일본은 조선 ㉣총독부를 두고 ㉤헌병 ㉥경찰을 ㉦동원하여 우리 민족을 ㉧탄압했으며, 농민들이 조상 대대로 물려받은 토지를 제때에 신고하지 않았다는 이유로 빼앗았다. 또, 우리 국민에게 일본을 우러러보고 섬기게 하는 식민지 교육을 하였다.

이런 상황에서도 우리 겨레는 나라 잃은 슬픔과 분노를 삭이면서 독립 운동을 펴 나갔다. 또, 일본에 대항하는 비밀 ㉨單體를 ㉩組織하여 국내에서 독립 운동의 ㉪基盤을 마련하거나, 만주와 연해주 지역에서 독립군 단체를 조직하여 무장 투쟁을 벌였다.

제1차 세계 대전 후 민족 자결주의의 ㉫影響을 받아, 일본에 유학생들이 독립을 요구하는 선언서를 발표하였다. 국내 독립 운동가들의 움직임도 활발해져, 1919년 3월 1일에는 온 겨레가 참여한 독립 만세 운동이 일어났다.

198 ㉠의 독음이 바른 것은?

① 천황 ② 대왕
③ 임금 ④ 황제

199 ㉡의 한자 표기가 바른 것은?

① 講製 ② 強制
③ 鋼製 ④ 強製

200 ㉢~㉥의 한자 표기가 바르지 않은 것은?

① ㉢解散 ② ㉣總督府
③ ㉤憲兵 ④ ㉥驚察

201 ㉦의 한자 표기가 바른 것은?

① 動員 ② 動源
③ 動院 ④ 動援

202 ㉧의 '압' 자의 한자 표기가 바른 것은?

① 甲 ② 申
③ 壓 ④ 押

203 ㉨~㉫ 중 한자 표기가 바르지 않은 것은?

① ㉨單體 ② ㉩組織
③ ㉪基盤 ④ ㉫影響

204-210 다음 글을 읽고 물음에 답하시오.

조선 후기에 서양 문물의 전래로 실학자들은 새로운 세상에 눈을 뜨게 되었다. 실학자들은 당시의 학문이 백성들의 삶에서 멀어진 것을 ㉠염려하고 ㉡批判하면서, ㉢實際로 백성들이 잘 살도록 하고, 또 나라의 힘을 기르기 위해 가장 필요한 것이 무엇인지에 대해 생각하였다. 실학자들은, 학문은 나라를 부강하게 하고 백성들의 생활을 풍족하게 하는 데에 도움을 주어야 한다고 ㉣主粧하였다.

박제가는 나라의 발전을 위해 상공업을 발달시키고 중국의 새로운 기술과 문물을 받아들일 것을 주장하였다. 홍대용은 지동설을 주장하는 등 서양의 근대적인 천문학에 ㉤關心을 가졌다. 한편, 김정호는 직접 ㉥해안을 걸어다니고 높은 산에 오르며 우리 나라 지도를 완성하였는데, 이 지도는 과학적인 ㉦측량 방법을 이용하여 만든 오늘날의 지도와 ㉧비교해도 큰 차이가 없을 만큼 ㉨정확하고, ㉩산맥, 하천, 도로망이 자세히 표시되어 있다. 정약용은 과학 기술이 백성들을 보다 잘 살게 하는 데에 이용되어야 한다고 생각하였다. 그리고 백성을 다스리는 ㉪관리의 잘못된 점을 짚어 내면서 관리들은 백성을 위해 바른 정치를 해야 한다고 주장하였다.

이처럼 실학은 ㉫나라를 다스리는 데에만 관심을 기울이지 않고, 생활에 필요한 것을 연구하여 실용적인 학문으로서 자리를 잡아 갔다. 그러나 권력을 잡고 있는 세력의 반대로 정치 개혁안은 국가 정책에 ㉬적극적으로 반영되지 못했다.

204 ㉠의 한자 표기가 바른 것은?

① 廉慮 ② 念慮 ③ 染慮 ④ 鹽慮

205 ㉡~㉤ 중 한자 표기가 바르지 않은 것은?

① ㉡批判 ② ㉢實際 ③ ㉣主粧 ④ ㉤關心

206 ㉥~㉨의 한자 표기가 바르게 된 것은?

① ㉥海岸 ② ㉦側量 ③ ㉧悲較 ④ ㉨精確

207 ㉩의 '맥' 과 같은 한자를 사용하는 것은?

① 妄發 ② 妹夫 ③ 大麥 ④ 動脈

208 ㉪의 뜻을 가진 것은?

① 離 ② 裏 ③ 吏 ④ 履

209 ㉫의 뜻을 가장 잘 나타낸 것은?

① 修身 ② 治國 ③ 齊家 ④ 平天下

210 ㉬의 '적' 자의 한자 표기가 바른 것은?

① 積 ② 績 ③ 跡 ④ 適

※ 다음 문제를 읽고 알맞은 것을 고르시오.

제1영역 漢字

1-5 다음 한자(漢字)의 부수(部首)는 무엇입니까?

1 價 : ① 亻   ② 襾   ③ 目   ④ 八

2 結 : ① 士   ② 土   ③ 口   ④ 糸

3 輕 : ① 一   ② 巛   ③ 工   ④ 車

4 課 : ① 木   ② 日   ③ 田   ④ 言

5 橋 : ① 丿   ② 口   ③ 冂   ④ 木

6-10 다음 한자(漢字)의 획수(劃數)는 모두 몇 획입니까?

6 勤 : ① 11획   ② 12획   ③ 13획   ④ 14획

7 禁 : ① 12획   ② 13획   ③ 14획   ④ 15획

8 給 : ① 10획   ② 11획   ③ 12획   ④ 13획

9 念 : ① 6획   ② 7획   ③ 8획   ④ 9획

10 答 : ① 9획   ② 10획   ③ 11획   ④ 12획

11-15 다음 필순(筆順)에 대한 설명에 가장 알맞은 한자는 어느 것입니까?

11 왼쪽에서 오른쪽으로 쓴다.
    ① 外   ② 客   ③ 究   ④ 量

12 좌우의 모양이 같을 때에는 가운데를 먼저 쓴다.
    ① 月   ② 競   ③ 界   ④ 出

13 가운데를 꿰뚫는 획은 나중에 쓴다.
    ① 個   ② 書   ③ 開   ④ 固

14 가로획과 세로획이 교차될 때에는 가로획을 먼저 쓴다.
    ① 季   ② 教   ③ 共   ④ 根

15 삐침을 먼저 쓰고 파임을 나중에 쓴다.
    ① 文   ② 舉   ③ 京   ④ 里

16-20 다음 한자(漢字)와 그 조자(造字)의 방식이 같은 한자는 어느 것입니까?

예 한자 '日'은 그 조자(造字)의 방식이 구체적인 사물의 모습을 본떠서 만든 상형자(象形字)이다. 이와 비슷한 한자로는 '山'이 있다.

16 老 : ① 鼻   ② 萬   ③ 賞   ④ 原

17 序 : ① 音   ② 本   ③ 素   ④ 俗

18 盆 : ① 思   ② 收   ③ 始   ④ 案

19 半 : ① 母   ② 毛   ③ 江   ④ 家

20 米 : ① 視   ② 果   ③ 神   ④ 室

21-31 다음 한자(漢字)의 음(音)은 무엇입니까?

21 德 : ① 도   ② 덕   ③ 득   ④ 직

22 到 : ① 도   ② 실   ③ 지   ④ 치

23 東 : ① 과   ② 속   ③ 동   ④ 중

24 等 : ① 등   ② 사   ③ 시   ④ 죽

25 列 : ① 렬   ② 얼   ③ 일   ④ 알

26 留 : ① 누   ② 루   ③ 류   ④ 우

27 脚 : ① 각   ② 겁   ③ 극   ④ 급

28 丹 : ① 석   ② 월   ③ 단   ④ 주

29 默 : ① 먹   ② 묵   ③ 목   ④ 흑

30 稀 : ① 기   ② 시   ③ 포   ④ 희

31 吸 : ① 급   ② 읍   ③ 흡   ④ 즙

32-39 다음의 음(音)을 가진 한자는 어느 것입니까?

32 률 : ① 報   ② 律   ③ 林   ④ 末

33 면 : ① 婦   ② 夫   ③ 勉   ④ 首

34 방 : ① 臣   ② 歲   ③ 飛   ④ 防

35 대 : ① 旅   ② 待   ③ 徒   ④ 烈

36 앙 : ① 甚   ② 氏   ③ 顏   ④ 仰

37 휴 : ① 携　　② 毀　　③ 候　　④ 曉

38 횡 : ① 劃　　② 獲　　③ 橫　　④ 懷

39 확 : ① 穫　　② 環　　③ 悔　　④ 還

40-47 다음 한자(漢字)와 음(音)이 같은 한자는 어느 것입니까?

40 漁 : ① 葉　　② 語　　③ 億　　④ 如

41 榮 : ① 英　　② 藝　　③ 五　　④ 玉

42 容 : ① 六　　② 牛　　③ 用　　④ 肉

43 讓 : ① 於　　② 嚴　　③ 憶　　④ 揚

44 余 : ① 瓦　　② 亦　　③ 汝　　④ 炎

45 揮 : ① 軍　　② 輝　　③ 確　　④ 禾

46 況 : ① 鴻　　② 弘　　③ 荒　　④ 禍

47 換 : ① 忽　　② 昏　　③ 魂　　④ 丸

48-58 다음 한자(漢字)의 뜻은 무엇입니까?

48 恩 : ① 은혜　② 바치다　③ 인하다　④ 생각하다

49 飮 : ① 하품　② 쉬다　③ 마시다　④ 모자라다

50 昨 : ① 잠깐　② 오늘　③ 어제　④ 만들다

51 材 : ① 못　② 재목　③ 세월　④ 나이

52 貯 : ① 조개　② 흘다　③ 쌓다　④ 멈추다

53 臥 : ① 굽다　② 눕다　③ 줍다　④ 춤다

54 又 : ① 또　② 있다　③ 가다　④ 다시

55 惑 : ① 혹은　② 어떤　③ 독하다　④ 미혹하다

56 豪 : ① 범　② 호걸　③ 터럭　④ 물가

57 慧 : ① 신　② 슬기　③ 사랑　④ 지름길

58 衡 : ① 묶다　② 풀다　③ 저울대　④ 만족하다

59-65 다음의 뜻을 가진 한자(漢字)는 어느 것입니까?

59 대적하다 : ① 全　　② 製　　③ 敵　　④ 祖

60 일찍 : ① 早　　② 造　　③ 足　　④ 卒

61 왼쪽 : ① 走　　② 左　　③ 右　　④ 注

62 근심 : ① 尤　　② 遇　　③ 憂　　④ 云

63 하다 : ① 怨　　② 唯　　③ 柔　　④ 爲

64 위협하다 : ① 螢　　② 脅　　③ 亨　　④ 嫌

65 드러나다 : ① 顯　　② 縣　　③ 絃　　④ 穴

66-70 다음 한자(漢字)와 뜻이 비슷한 한자는 어느 것입니까?

66 暇 : ① 却　　② 餘　　③ 渴　　④ 康

67 添 : ① 勸　　② 勢　　③ 加　　④ 鍊

68 減 : ① 損　　② 照　　③ 募　　④ 僅

69 紅 : ① 細　　② 綠　　③ 赤　　④ 廊

70 姦 : ① 殿　　② 倉　　③ 鮮　　④ 邪

제 2 영 역　語　彙

71-72 다음 한자어(漢字語)와 그 새김의 방식이 같은 한자어는 어느 것입니까?

> 예 한자어 '年少'는 그 새김의 방식이 주어와 서술어의 관계이다. 이와 비슷한 한자어로는 '日出'이 있다.

71 屈曲 : ① 靑龍　　② 訴訟　　③ 顔面　　④ 號角

72 秀麗 : ① 貌樣　　② 首尾　　③ 黃龍　　④ 環境

73-90 다음 한자어(漢字語)와 발음(發音)이 같은 한자는 어느 것입니까?

73 算出 : ① 入出　　② 山村　　③ 日出　　④ 産出

74 他山 : ① 野山　　② 打算　　③ 物産　　④ 順産

75 口頭 : ① 口實　　② 句讀　　③ 口論　　④ 賣買

76 正道：① 獨島　② 定都　③ 讀圖　④ 別堂

77 代立：① 存立　② 成立　③ 建立　④ 對立

78 上士：① 相思　② 相生　③ 死生　④ 三聖

79 雪花：① 仙化　② 手話　③ 說話　④ 船貨

80 時調：① 試所　② 始祖　③ 式典　④ 曲調

81 姓名：① 說明　② 聲明　③ 解明　④ 題目

82 市場：① 詩章　② 因子　③ 詩想　④ 是正

83 種子：① 從者　② 宗主　③ 入住　④ 晝夜

84 期必：① 太平　② 寸陰　③ 退村　④ 起筆

85 佳景：① 觀光　② 家慶　③ 古經　④ 尊敬

86 逢迎：① 奉養　② 奉迎　③ 奉別　④ 逢別

87 刻印：① 覺悟　② 記銘　③ 各人　④ 角度

88 主管：① 主權　② 主觀　③ 主導　④ 主張

89 蜜酒：① 密奏　② 密輸　③ 蜜水　④ 蜜蜂

90 空腹：① 鼓腹　② 功服　③ 洪福　④ 承服

91-92 다음 한자어(漢字語)들 중 괄호 안의 한자(漢字)의 발음(發音)이 다른 한자어는 어느 것입니까?

91 ① 私(見)　② 後(見)人　③ 謁(見)　④ (見)聞

92 ① (數)學　② (數)年　③ 頻(數)　④ 奇(數)

93-110 다음 단어들의 '□'에 공통으로 들어갈 알맞은 한자(漢字)는 어느 것입니까?

93 □要, □化, 富□：① 强　② 重　③ 深　④ 感

94 □良, □善, □定：① 獨　② 安　③ 改　④ 次

95 不□, 考□, 省□：① 察　② 義　③ 試　④ 法

96 □住, □植, □動：① 入　② 移　③ 運　④ 雄

97 樂□, 公□, 花□：① 草　② 圖　③ 元　④ 園

98 □滿, □分, □實：① 事　② 未　③ 過　④ 充

99 □談, 直□, 兩□：① 面　② 立　③ 私　④ 接

100 □反, 色□, 位□：① 感　② 相　③ 患　④ 則

101 □一, □合, □計：① 統　② 都　③ 集　④ 有

102 □氣, 快□, □動：① 運　② 活　③ 生　④ 樂

103 調□, 自□, □法：① 律　② 他　③ 化　④ 方

104 校□, 不□, □務：① 歌　② 稅　③ 長　④ 服

105 □究, □問, □訪：① 研　② 深　③ 探　④ 禮

106 □例, 驚□, □質：① 異　② 同　③ 里　④ 才

107 □大, □張, □散：① 巨　② 擴　③ 分　④ 伸

108 □助, □佐, □職：① 補　② 保　③ 協　④ 賤

109 □像, 放□, 終□：① 影　② 偶　③ 講　④ 映

110 □反, □背, □憲：① 違　② 贊　③ 改　④ 犯

111-126 다음 한자어(漢字語)와 뜻이 반대(反對)이거나 상대(相對)되는 한자어는 어느 것입니까?

111 公的：① 公子　② 史的　③ 不死　④ 私的

112 君子：① 大人　② 聖人　③ 美人　④ 小人

113 減少：① 加減　② 增減　③ 增加　④ 所得

114 高調：① 低調　② 快調　③ 調節　④ 調養

115 入學：① 休學　② 修學　③ 無學　④ 退學

116 同意：① 同調　② 異意　③ 意圖　④ 意向

117 希望：① 絕望　② 大望　③ 所望　④ 展望

118 都市：① 都邑　② 都城　③ 鄉村　④ 故鄉

119 保守：① 中道　② 事大　③ 進步　④ 獨立

120 不實：① 充實　② 不忠　③ 忠誠　④ 忠情

121 吉兆：① 凶兆　② 吉凶　③ 吉鳥　④ 凶年

122 暖流：① 急流　② 寒流　③ 亂流　④ 氣流

123 落第：① 落點　② 王弟　③ 科落　④ 及第

124 單純 : ① 多數　② 複雜　③ 複數　④ 單數

125 短縮 : ① 短期　② 年長　③ 延長　④ 壽命

126 傾斜 : ① 貸與　② 水平　③ 貸借　④ 賃貸

127-132 다음 성어(成語)에서 '□'에 들어갈 알맞은 한자(漢字)는 어느 것입니까?

127 竹馬□友 : ① 古　② 名　③ 親　④ 故

128 □一知十 : ① 門　② 問　③ 聞　④ 文

129 日暮□遠 : ① 途　② 刀　③ 月　④ 大

130 □木求魚 : ① 燕　② 緣　③ 綠　④ 敏

131 遠交近□ : ① 掛　② 戰　③ 攻　④ 睦

132 □然之氣 : ① 胡　② 浩　③ 央　④ 粉

133-136 다음 성어(成語)의 뜻풀이로 적절한 것은 어느 것입니까?

133 多多益善
① 엎친 데 덮친 격
② 객지에서 겪는 많은 고생
③ 좋은 일이 겹쳐서 생기다.
④ 많으면 많을수록 좋다.

134 各人各色
① 큰 차이 없이 거의 비슷하다.
② 사람의 견문이 매우 좁다.
③ 사람마다 각기 다르다.
④ 한 사람이 여러 재주나 복을 다 가질 수 없다.

135 三尺童子
① 뛰어난 재주를 가진 어린 아이
② 철 없는 어린 아이
③ 크게 될 사람은 늦게 이루어진다.
④ 손짓하여 부를 만큼 가까운 거리

136 過恭非禮
① 지나친 공손은 예의가 아니다.
② 지나친 것은 미치지 못한 것과 같다.
③ 적은 수효로 많은 수효를 대적하지 못하다.
④ 한번 실패한 사람이 세력을 회복하여 재기하다.

137-140 다음의 뜻을 가장 잘 나타낸 성어(成語)는 어느 것입니까?

137 총이나 활을 쏠 때마다 겨눈 곳에 다 맞다.
① 百發百中　② 一石二鳥
③ 自業自得　④ 士農工商

138 여러 가지 일도 많고 어려움도 많다.
① 多才多能　② 多事多難
③ 父傳子傳　④ 山戰水戰

139 외물과 자아가 어울려 하나가 되다.
① 獨不將軍　② 大同小異
③ 克己復禮　④ 物我一體

140 몹시 가난하다.
① 破竹之勢　② 三旬九食
③ 傾國之色　④ 奇貨可居

제3영역　**讀 解**

141-154 다음 문장에서 밑줄 친 한자어(漢字語)의 음(音)은 무엇입니까?

141 학생 모두가 일어서서 校歌를 제창하였다.
① 축가　② 답가　③ 교가　④ 가요

142 국민은 투표로써, 자신의 意見을 표시한다.
① 의사　② 견해　③ 의견　④ 사상

143 매만 맞고 돌아온 흥부는 스스로의 힘으로 살아가기로 決心하고 열심히 일을 하였다.
① 계획　② 결심　③ 각오　④ 결단

144 신문에는 수많은 廣告가 실린다.
① 광고　② 황고　③ 공고　④ 선전

145 나는 모아 둔 일기장을 챙기면서 옛날에 쓴 日記들을 살펴보았다.
① 일지　② 일기　③ 편지　④ 수기

146 합격자 명단이 붙어 있는 게시판 앞의 학생들의 얼굴에 喜悲가 엇갈렸다.
① 명암　② 희노　③ 애환　④ 희비

147 人類는 모두 평화를 원하지만, 지금도 전쟁을 계속하고 있는 곳이 있다.
① 인간　② 인생　③ 국민　④ 인류

148 시조는 우리 민족만이 짓고 부르던 고유한 形式의 노래이다.
① 형태　② 방식　③ 형식　④ 모습

149 일단 합의를 통해 결정된 일에는 모두가 믿고 따르며 協力해야 한다.
① 합력　② 협동　③ 합심　④ 협력

150 자원의 개발과 산업의 발전은 우리 생활을 向上시켜 주지만, 한편으로는 여러 문제점이 생기고 있다.
① 항상　② 발전　③ 향상　④ 상승

151 탐스럽고 화려한 꽃으로 모란이나 장미가 있고, 香氣가 좋은 꽃으로는 백합과 라일락이 있다.
① 향수　② 향기　③ 색기　④ 향취

152 필요 없는 전등 하나를 끄면, 그만큼 돈도 節約할 수 있다.
① 절약　② 절검　③ 근검　④ 저축

153 假令 다음과 같은 문장을 놓고 고찰해 보기로 하겠다.
① 만일　② 가령　③ 설령　④ 소위

154 아내는 꼼꼼한 성격이어서 빠뜨리지 않고 家計簿을(를) 적는다.
① 가게부　② 가계부　③ 가개부　④ 가사집

155-159 다음 문장에서 밑줄 친 한자어(漢字語)의 뜻풀이로 적절한 것은 어느 것입니까?

155 할아버지의 春秋가 어떻게 되느냐는 질문에 '일흔이십니다' 라고 대답하였다.
① 세월　② 나이　③ 일년　④ 봄과 가을

156 그의 長技는 뭐니 해도 명창에 비길만한 소리이다.
① 평범한 재주　② 오래 할 수 있는 놀이
③ 가장 잘하는 재주　④ 시간이 오래 걸리는 기술

157 막동은 내색하지 않으려고 무던히 애를 쓰고 있었지만 內心 공포에 가까운 불안에 떨고 있었다.
① 몰래　② 드러나는
③ 이성적으로　④ 마음속으로

158 그녀는 그의 처지며 그의 주위에서 생기고 있는 일이 무엇인지 대뜸 看破를 한 것 같았다.
① 보는 족족 부수다.　② 속내를 알아차리다.
③ 서슴없이 묻다.　④ 꼼꼼히 살피다.

159 고종 황제는 새로운 내각을 조직함에 있어서도 왜국 공사관의 심한 干涉을 배제할 수가 없었다.
① 남의 일을 도와주다.　② 남의 일에 참견하다.
③ 남의 일을 반대하다.　④ 남의 일을 방해하다.

160-164 다음 문장에서 빈칸에 들어갈 가장 적절한 한자어(漢字語)는 어느 것입니까?

160 요즈음 어린이들은 겉으로 보기에는 건강한 것 같아도 온실의 □□처럼 몸이 허약하다.
① 花園　② 化草　③ 花初　④ 花草

161 우리 □□의 대부분은 산으로 되어 있다.
① 國民　② 國土　③ 農土　④ 國地

162 그는 □□가 공인하는 미남이다.
① 子他　② 者他　③ 自他　④ 字他

163 그 선수는 자신이 은퇴를 할 것인지 아닌지에 대하여 아직 □□를 분명히 밝히지 않았다.
① 去來　② 去取　③ 去就　④ 過去

164 교육부 □□에서 교수들의 논문 표절이 무더기로 적발돼 물의를 빚었다.
① 感謝　② 監査　③ 甘辭　④ 敢死

165-170 다음 문장에서 밑줄 친 한자어(漢字語)의 한자 표기(漢字表記)가 바르지 않은 것은 어느 것입니까?

165 모든 ① 生物이 그렇듯이, ② 人間도 적절한 ③ 校育을 받음으로써 사회화되고 ④ 自我의 폭을 넓히게 되는 것이다.

166 ① 問學 ② 作品이 인간의 ③ 生活 모습을 담아낸다면, 문학 작품 속에도 갈등이 ④ 存在할 것이다.

167 태풍이 ① 南海안을 ② 强打하여 많은 ③ 財産 피해와 ④ 人名 피해를 냈다.

168 김씨는 ① 所聞난 ② 空妻家였으나, 그래도 ③ 自身은 결코 공처가가 아니라 ④ 愛妻家일 뿐이라고 말하였다.

169 정부는 ① 經齊 발전에 꼭 필요한 ② 道路, 항만, ③ 空港 등을 ④ 建設하는 데에 힘썼다.

170 유엔의 '여성에 대한 모든 형태의 차별 철폐 협약'이 ① 發效한 지도 20년째, ② 先進國 소리를 들으려면 여성 차별 관련 ③ 制度와 ④ 官行도 부지런히 고쳐나가야 한다.

171-178 다음 문장에서 밑줄 친 단어(單語)를 한자(漢字)로 바르게 쓴 것은 어느 것입니까?

171 어린이들은 일반적으로 영양이 많은 생선을 충분히 먹지 않는다.

① 育分　　② 養育　　③ 充分　　④ 忠分

172 정치를 하는 사람 중에서는 자기의 이익만을 추구하는 사람이 있다.

① 正治　　② 正致　　③ 政致　　④ 政治

173 한식은 설, 단오, 추석과 함께 4대 명절 가운데 하나이다.

① 韓食　　② 寒食　　③ 韓式　　④ 寒式

174 어느덧 소년은 자라 청년이 되었다.

① 請年　　② 情年　　③ 靑年　　④ 淸年

175 인구가 한 곳으로 집중하지 않도록 전국을 고르게 살기 좋은 곳으로 만들어야 한다.

① 集重　　② 集衆　　③ 集中　　④ 集合

176 민주주의 정치는 국민이 직접 정치가가 되거나 대표를 뽑아 나라를 다스리는 정치이다.

① 直接　　② 間接　　③ 直線　　④ 直選

177 시골이 고향인 그는 서울 생활을 청산하고 부인과 귀농 생활을 하기 위해 고향으로 내려왔다.

① 歸農　　② 貴農　　③ 歸國　　④ 貴國

178 그 한마디가 엄마와 나 사이의 구제할 수 없는 진흙탕 같은 분위기를 빠르게 건조시키고 균열마저 가게 하는 것 같았다.

① 均熱　　② 均裂　　③ 龜裂　　④ 菌裂

179-183 다음 문장에서 밑줄 친 단어(單語)나 어구(語句)의 뜻을 가장 잘 나타낸 한자(漢字) 또는 한자어(漢字語)는 어느 것입니까?

179 임진왜란이 일어나자, 전국에서 나라를 지키기 위해 의병이 일어섰다.

① 國歌　　② 國家　　③ 族長　　④ 學習

180 진희는 집에서 맏딸이다.

① 長男　　② 長女　　③ 次男　　④ 次女

181 재호네 집은 매우 가난하다.

① 富貴　　② 有識　　③ 極貧　　④ 極樂

182 우리 나라의 명절 가운데에서 설, 수리, 한가위가 큰 명절이다.

① 秋夕　　② 下午　　③ 端午　　④ 正午

183 그 나라는 우방과의 외교 관계가 끊어지면서 경제적인 손실이 많았다.

① 絶交　　② 斷交　　③ 通交　　④ 交涉

184-188 다음 글을 읽고 물음에 답하시오.

계백은 ㉠죽음을 각오한 병사 오천 명을 가려 ㉡뽑아서, ㉢출전하였다. 계백은 출전하기에 앞서 자기 처와 어린 자녀들을 모두 죽여버렸다. 사람들이 크게 놀라 까닭을 물으니 계백이 다음과 같이 답했다. "이제 신라와 당의 ㉣많은 병사들을 맞아 싸우게 되니 국가의 존망을 나로서도 예측할 수 없소. 싸움에 패했을 때 처자가 적에게 욕을 당하느니 차라리 내 손에 죽는 것이 낫다고 생각했소." 이 사실을 안 오천의 결사대는 비장한 각오로 전의를 불태우며 황산벌에 도착했다. 계백이 이끄는 결사대는 네 번 싸워 네 번 모두 승리를 거두었다. 그러나 반굴과 관창의 전사로 분기탱천한 신라군이 노도와 같이 다섯 번째 공격을 감행하여, 마침내 계백과 결사대는 그 힘을 다하고 ㉤싸움에 지고 말았다.

184 ㉠의 뜻을 가진 것은?

① 短　　② 死　　③ 病　　④ 復

185 ㉡의 뜻을 가진 것은?

① 買　　② 賣　　③ 選　　④ 殺

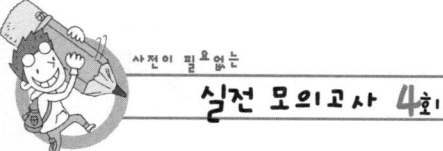

186 ⓒ의 한자 표기가 바른 것은?

　① 快勝　　② 史官　　③ 登山　　④ 出戰

187 ⓔ의 뜻을 가장 잘 나타낸 것은?

　① 大君　　② 大軍　　③ 對戰　　④ 移動

188 ⓜ의 한자 표기가 바른 것은?

　① 滿期　　② 速步　　③ 風波　　④ 敗戰

189-193 다음 글을 읽고 물음에 답하시오.

김시습은 ㉠罪 없고 ㉡명리를 모르는 순진한 사람들과 놀기를 즐겨했다. 하루는 ㉢거리에서 애들과 놀고 있는데 영의정 정창손이 그 앞을 지나갔다. 그러자 김시습이 정창손에게 말했다. "여봐라! 창손아!" 당대의 세도가인 정창손의 이름을 함부로 불러대는 사람이 어디 있던가? 임금도 영의정이나 대감 칭호를 받는 사람들에게는 하대를 못하는 법이었다. 오로지 김시습만이 할 수 있는 ㉣行動과 ㉤언행이었다. 정창손이 발을 멈추었다. 이 광경을 보던 사람들도 가슴을 떨며 귀추를 지켜보고 있었다. 그는 다시 한 번 큰 소리로 욕을 해대었다. "창손아! 네놈이 영의정 자리에 올라섰구나. 그래, 그 자리가 그렇게 좋으냐? 권불십년이라는 말도 있으니 지금이라도 늦지는 않다. 죄를 뉘우치고 깨끗이 물러서라! 어떠하냐? 내 말이…" 미친 사람의 말이라 간주한 정창손은 탓하지도 않고 바로 자리를 피하고 말았다.

189 ㉠의 독음이 바른 것은?

　① 죄　　② 비　　③ 시　　④ 인

190 ㉡의 한자 표기가 바른 것은?

　① 命理　　② 代理　　③ 名利　　④ 合理

191 ㉢의 한자 표기가 바른 것은?

　① 家　　② 街　　③ 回　　④ 出

192 ㉣의 독음이 바른 것은?

　① 필승　　② 황색　　③ 교육　　④ 행동

193 ㉤의 한자 표기가 바른 것은?

　① 言行　　② 香水　　③ 自然　　④ 南行

194-197 다음 글을 읽고 물음에 답하시오.

고려청자의 뛰어난 예술적 가치는 오늘날의 첨단 과학으로도 재현해 낼 수 없는 신비의 비취색과 유약을 입히는 ㉠洗練된 ㉡技術, 그릇 표면에 무늬를 파고 그 속에 백토나 ㉢黑土를 메워 넣는 화려한 상감 기법 개발 등 고려인만의 독창성에서 비롯된 것이다. 청자 문화를 주도했던 중국에서조차 천하의 ㉣名品으로 중국 북부 지방의 정요 백자를 꼽으면서도 유독 청자만은 고려의 것을 ㉤으뜸으로 쳤을 정도다. 이런저런 ㉥耕路로 각국에 숨겨져 있다가 소더비나 크리스티나 등 세계적 경매장에 ㉦등장하는 고려청자가 한 점에 수천만 원을 호가하는 것도 뛰어난 예술성과 희귀성 때문이다.

194 ㉠의 독음이 바른 것은?

　① 단련　　② 선련　　③ 세련　　④ 수련

195 ㉤의 뜻을 가진 것은?

　① 貴　　② 均　　③ 元　　④ 華

196 ㉡~㉥ 중 한자 표기가 바르지 않은 것은?

　① ㉡技術　　② ㉢黑土　　③ ㉣名品　　④ ㉥耕路

197 ㉦의 '장' 자의 한자 표기가 바른 것은?

　① 長　　② 壯　　③ 章　　④ 場

198-203 다음 글을 읽고 물음에 답하시오.

전투원의 숫자와 무기·성능 등이 군사력을 결정짓지만 전투와 ㉠전쟁의 ㉡승패는 ㉢기후와 지형 등 ㉣자연을 어떻게 이용하느냐에 따라 얼마든지 ㉤뒤바뀔 수 있다. ㉥역사적으로 바람을 이용한 ㉦화공, 물의 엄청난 위력을 동원한 ㉧수공 등이 대첩을 이끌어낸 예는 흔하다.
고려 현종 10년(1019년) 거란의 3차 침입 때, 흥화진에서 10만 거란 대군을 전멸시킨 귀주대첩은 수공이 적중한 전투였다. 강감찬 장군은 정예기병 1만 2천 명을 산기슭에 매복시킨 뒤 큰 동아줄로 쇠가죽을 꿰어 냇물을 막아두었다가 ㉩때를 맞추어 물을 일시에 내려 보내 대승을 거두었다. 삼국지에 가장 유명한 전투 ㉪場面으로 등장하는 ㉫赤壁大戰에서 오나라 손권과 촉나라 유비의 ㉬聯合軍이 위나라 조조의 대군을 섬멸한 것은 ㉭童男風을 이용한 화공이었다.

198 ㉠~㉣의 한자 표기가 바른 것은?

① ㉠戰鬪　② ㉡勝負　③ ㉢氣候　④ ㉣自宴

199 ㉤의 뜻을 가장 잘 나타낸 것은?

① 休戰　② 逆轉　③ 更新　④ 改革

200 ㉥의 '역' 자와 같은 한자를 사용하는 것은?

① 負役　② 交易　③ 陽曆　④ 遍歷

201 ㉦, ㉧의 한자 표기가 바른 것은?

① 火工, 水工　② 火功, 手功
③ 火攻, 水攻　④ 化工, 手工

202 ㉨의 뜻을 가진 것은?

① 空　② 時　③ 慙　④ 禾

203 ㉩~㉭ 중 한자 표기가 바르지 않은 것은?

① ㉩場面　② ㉪赤壁大戰
③ ㉫聯合軍　④ ㉬童男風

204-210 다음 글을 읽고 물음에 답하시오.

성탄절 무렵에 널리 불리는 캐럴이 바로 '고요한 밤, 거룩한 밤'이다. 오스트리아 오번도르프 마을의 성 니콜라우스 교회 ㉠성가대원들에 의해 1818년 처음 선보인 이래 무려 300개 이상의 언어로 번역되어 애창되고 있다. 제1차 세계대전 당시 대치중이던 영국과 독일군 ㉡兵師들이 참호에서 이 노래를 부르느라 ㉢暫時 휴전했다는 ㉣逸話는 ㉤유명하다. 더욱이 성탄절이면 노래의 탄생지를 찾아 이 시골에 관광객들이 모이니 그 ㉥威力을 보여 주는 셈이다.
이 노래가 아니더라도 ㉦성탄절을 앞두고는 ㉧百貨店이나 쇼핑몰이 ㉨密集한 대도시 ㉩中心街마다 흥겹고 ㉪輕快한 각종 캐럴이 울려 퍼지게 마련이다. 굳이 예수 탄생이 ㉫含蓄하는 종교적인 의미를 떠나서도 일반인들은 캐럴과 ㉬구세군의 종소리를 들으며 또다시 세밑이 다가왔음을 느끼게 된다.

204 ㉠의 한자 표기가 바른 것은?

① 聲歌臺員　② 聖歌臺員
③ 聲歌隊員　④ 聖歌隊員

205 ㉡~㉥ 중 한자 표기가 바르지 않은 것은?

① ㉡兵師　② ㉢暫時
③ ㉣逸話　④ ㉥威力

206 ㉤의 한자 표기가 바른 것은?

① 幽冥　② 幽明
③ 有名　④ 遺命

207 ㉦의 한자 표기가 바른 것은?

① 四旬節　② 聖誕節
③ 釋誕節　④ 復活節

208 ㉧~㉪의 독음이 바른 것은?

① ㉧백화점　② ㉨산재
③ ㉩중심로　④ ㉪중후

209 ㉫의 독음이 바른 것은?

① 내포　② 함유　③ 함축　④ 상징

210 ㉬의 '구' 자의 한자 표기가 바른 것은?

① 救　② 求　③ 拘　④ 究

※ 다음 문제를 읽고 알맞은 것을 고르시오.

제1영역　**漢 字**

1-5 다음 한자(漢字)의 부수(部首)는 무엇입니까?

1 經 : ① 工　　② 糸　　③ 川　　④ 一

2 男 : ① 田　　② 力　　③ 刀　　④ ｜

3 命 : ① 儿　　② 丿　　③ 广　　④ 口

4 容 : ① 口　　② 二　　③ 宀　　④ 八

5 充 : ① 充　　② 儿　　③ 一　　④ 厶

6-10 다음 한자(漢字)의 획수(劃數)는 모두 몇 획입니까?

6 巨 : ① 3획　　② 4획　　③ 5획　　④ 6획

7 落 : ① 10획　　② 11획　　③ 12획　　④ 13획

8 歲 : ① 11획　　② 12획　　③ 13획　　④ 14획

9 弱 : ① 8획　　② 9획　　③ 10획　　④ 11획

10 雨 : ① 7획　　② 8획　　③ 9획　　④ 10획

11-15 다음 필순(筆順)에 대한 설명에 가장 알맞은 한자는 어느 것입니까?

11 위에서 아래로 쓴다.

　　① 月　　② 工　　③ 田　　④ 例

12 가로획과 세로획이 교차될 때에는 가로획을 먼저 쓴다.

　　① 土　　② 中　　③ 向　　④ 血

13 안과 바깥쪽이 있을 때 바깥쪽을 먼저 쓴다.

　　① 羊　　② 曲　　③ 惠　　④ 火

14 오른쪽 위의 점은 제일 나중에 쓴다.

　　① 代　　② 米　　③ 身　　④ 八

15 왼쪽과 오른쪽의 모양이 같을 때에는 가운데를 먼저 쓴다.

　　① 受　　② 牛　　③ 水　　④ 業

16-20 다음 한자(漢字)와 그 조자(造字)의 방식이 같은 한자는 어느 것입니까?

> **예** 한자 '日'은 그 조자(造字)의 방식이 구체적인 사물의 모습을 본떠서 만든 상형자(象形字)이다. 이와 비슷한 한자로는 '山'이 있다.

16 中 : ① 本　　② 多　　③ 川　　④ 好

17 非 : ① 雨　　② 太　　③ 間　　④ 定

18 品 : ① 功　　② 想　　③ 湖　　④ 孝

19 郡 : ① 入　　② 和　　③ 西　　④ 己

20 五 : ① 三　　② 竹　　③ 村　　④ 古

21-31 다음 한자(漢字)의 음(音)은 무엇입니까?

21 客 : ① 명　　② 석　　③ 객　　④ 각

22 見 : ① 패　　② 목　　③ 일　　④ 견

23 毛 : ① 필　　② 수　　③ 발　　④ 모

24 俗 : ① 곡　　② 숙　　③ 속　　④ 욕

25 量 : ① 리　　② 량　　③ 용　　④ 탁

26 昨 : ① 작　　② 사　　③ 상　　④ 일

27 慈 : ① 차　　② 비　　③ 자　　④ 인

28 眠 : ① 민　　② 면　　③ 안　　④ 휴

29 範 : ① 의　　② 범　　③ 례　　④ 직

30 誓 : ① 세　　② 언　　③ 맹　　④ 서

31 厄 : ① 액　　② 위　　③ 곤　　④ 험

32-39 다음의 음(音)을 가진 한자는 어느 것입니까?

32 숙 : ① 絕　　② 罪　　③ 忠　　④ 宿

33 위 : ① 祝　　② 立　　③ 位　　④ 恩

34 종 : ① 章　　② 種　　③ 重　　④ 取

35 이 : ① 已　　② 己　　③ 巳　　④ 署

36 자 : ① 姉　　② 妹　　③ 仰　　④ 浴

37 고 : ① 底　　② 階　　③ 稿　　④ 響

38 오 : ① 烏　　② 島　　③ 鳥　　④ 鳴

39 잠 : ① 慙　　② 沈　　③ 浸　　④ 暫

40-47 다음 한자(漢字)와 음(音)이 같은 한자는 어느 것입니까?

40 輕 : ① 勤　　② 運　　③ 經　　④ 河

41 素 : ① 偉　　② 笑　　③ 順　　④ 場

42 香 : ① 幸　　② 鄕　　③ 勝　　④ 仕

43 丹 : ① 暖　　② 單　　③ 酒　　④ 革

44 坤 : ① 吉　　② 申　　③ 困　　④ 壯

45 赴 : ① 越　　② 操　　③ 播　　④ 腐

46 奏 : ① 罰　　② 孤　　③ 洲　　④ 殊

47 漂 : ① 票　　② 額　　③ 輪　　④ 侯

48-58 다음 한자(漢字)의 뜻은 무엇입니까?

48 去 : ① 가다　　② 오다　　③ 먹다　　④ 사다

49 期 : ① 그　　② 타다　　③ 기약　　④ 말하다

50 變 : ① 불　　② 자다　　③ 식다　　④ 변하다

51 姓 : ① 성　　② 성품　　③ 재주　　④ 참다

52 字 : ① 글자　　② 아들　　③ 계집　　④ 낮다

53 穀 : ① 밥　　② 곡식　　③ 물건　　④ 계곡

54 唯 : ① 새　　② 돼지　　③ 오직　　④ 말하다

55 硬 : ① 돌　　② 입다　　③ 굳다　　④ 무르다

56 孟 : ① 맏　　② 끝　　③ 밝다　　④ 사납다

57 屛 : ① 서다　　② 병풍　　③ 잡다　　④ 아우르다

58 獻 : ① 집　　② 살다　　③ 드리다　　④ 나타나다

59-65 다음의 뜻을 가진 한자(漢字)는 어느 것입니까?

59 금하다　 : ① 禁　　② 金　　③ 常　　④ 元

60 아이　　 : ① 番　　② 兒　　③ 屋　　④ 調

61 헤아리다 : ① 歌　　② 怒　　③ 料　　④ 科

62 골　　　 : ① 骨　　② 郞　　③ 盛　　④ 谷

63 잇다　　 : ① 枝　　② 續　　③ 誤　　④ 除

64 지키다　 : ① 納　　② 委　　③ 衛　　④ 該

65 잡다　　 : ① 捕　　② 抱　　③ 演　　④ 酌

66-70 다음 한자(漢字)와 뜻이 비슷한 한자는 어느 것입니까?

66 哭 : ① 泣　　② 翼　　③ 托　　④ 軒

67 劇 : ① 絡　　② 脈　　③ 付　　④ 甚

68 黨 : ① 缺　　② 衆　　③ 趣　　④ 荷

69 帝 : ① 蘭　　② 那　　③ 君　　④ 被

70 許 : ① 傾　　② 諾　　③ 掃　　④ 庸

제 2 영역　語 彙

71-72 다음 한자어(漢字語)와 그 새김의 방식이 같은 한자어는 어느 것입니까?

> 예 한자어 '年少'는 그 새김의 방식이 주어와 서술어의 관계이다. 이와 비슷한 한자어로는 '日出'이 있다.

71 民主 : ① 性情　　② 人造　　③ 參與　　④ 意志

72 夜深 : ① 出席　　② 勉學　　③ 授業　　④ 歲暮

73-90 다음 한자어(漢字語)와 발음(發音)이 같은 한자어는 어느 것입니까?

73 市街 : ① 同行　　② 私事　　③ 商高　　④ 時價

74 典故 : ① 前古　　② 堅固　　③ 先考　　④ 萬古

75 救命：① 口令　② 究明　③ 救國　④ 救助

76 同一：① 冬日　② 童心　③ 動心　④ 洞里

77 消亡：① 藥草　② 所望　③ 滿月　④ 萬一

78 常衣：① 相議　② 誠意　③ 成人　④ 下衣

79 人和：① 引下　② 人家　③ 入會　④ 引火

80 兩手：① 藥水　② 約數　③ 陽數　④ 野手

81 醫師：① 衣服　② 義士　③ 議論　④ 應戰

82 詩人：① 自家　② 是認　③ 朝家　④ 作家

83 主義：① 注目　② 注力　③ 注意　④ 注入

84 過去：① 藝鄕　② 寒害　③ 科擧　④ 結婚

85 干支：① 産地　② 間紙　③ 散在　④ 存在

86 佛性：① 不生　② 部長　③ 否定　④ 不成

87 拂出：① 投下　② 不出　③ 射出　④ 表出

88 光覺：① 光學　② 廣角　③ 狂簡　④ 光景

89 叛徒：① 半天　② 反射　③ 反動　④ 半島

90 部別：① 部隊　② 夫婦　③ 賦別　④ 浮雲

91-92 다음 한자어(漢字語)들 중 괄호 안의 한자(漢字)의 발음(發音)이 다른 한자어는 어느 것입니까?

91 ① (讀)書　② 吏(讀)　③ 速(讀)　④ 一(讀)

92 ① (惡)人　② 憎(惡)　③ (惡)寒　④ 好(惡)

93-110 다음 단어들의 '□'에 공통으로 들어갈 알맞은 한자(漢字)는 어느 것입니까?

93 談□, 失□, 冷□：① 水　② 笑　③ 敗　④ 言

94 形□, □紙, □益：① 便　② 利　③ 用　④ 體

95 □世, □安, 完□：① 全　② 治　③ 結　④ 平

96 □度, 上□, 有□：① 溫　② 席　③ 角　④ 限

97 解□, 論□, □法：① 海　② 說　③ 强　④ 政

98 □造, □藥, 手□：① 急　② 農　③ 題　④ 製

99 □筆, 先□, □近：① 遠　② 後　③ 親　④ 文

100 □擧, 競□, 初□：① 爭　② 快　③ 等　④ 選

101 □達, □送, □統：① 傳　② 正　③ 通　④ 移

102 □波, 貧□, □食：① 冬　② 寒　③ 富　④ 風

103 □起, □亡, 中□：① 間　② 存　③ 興　④ 成

104 □設, 再□, □物：① 財　② 建　③ 新　④ 考

105 □聲, □迎, 哀□：① 歡　② 送　③ 愁　④ 怨

106 妙□, 吟□, 興□：① 味　② 案　③ 技　④ 遊

107 困□, 無□, □塞：① 亂　② 邊　③ 窮　④ 閉

108 同□, □主, □約：① 志　② 豫　③ 密　④ 盟

109 旅□, 虛□, 雜□：① 行　② 費　③ 漫　④ 菌

110 □改, □恨, 後□：① 回　② 會　③ 懷　④ 悔

111-126 다음 한자어(漢字語)와 뜻이 반대(反對)이거나 상대(相對)되는 한자어는 어느 것입니까?

111 愛國：① 愛族　② 賣國　③ 入國　④ 大國

112 個體：① 全體　② 主體　③ 光體　④ 物體

113 古代：① 現代　② 中世　③ 古來　④ 古今

114 高空：① 高低　② 太古　③ 復古　④ 低空

115 問題：① 設問　② 問答　③ 解答　④ 不問

116 正門：① 城門　② 人文　③ 後門　④ 門下

117 晝間：① 野望　② 夜間　③ 晝夜　④ 夜行

118 子正：① 正午　② 不正　③ 孝子　④ 午後

119 過大：① 中間　② 街路　③ 人道　④ 過小

120 直接：① 直通　② 正直　③ 間接　④ 慶事

121 實名：① 失名　② 假名　③ 佳名　④ 失明

122 淸潔：① 不潔　② 淸明　③ 快晴　④ 純潔

123 曲流 : ① 合流　② 主流　③ 交流　④ 直流

124 建設 : ① 建物　② 破産　③ 建立　④ 破壞

125 與黨 : ① 野黨　② 朋黨　③ 新黨　④ 作黨

126 浪費 : ① 費用　② 貯蓄　③ 濫費　④ 貯水

127-132 다음 성어(成語)에서 '□'에 들어갈 알맞은 한자(漢字)는 어느 것입니까?

127 不可思□ : ① 義　② 意　③ 議　④ 利

128 陰□五行 : ① 陽　② 食　③ 洋　④ 養

129 此日□日 : ① 皮　② 彼　③ 此　④ 終

130 □骨難忘 : ① 死　② 刻　③ 各　④ 肉

131 □想天外 : ① 奇　② 繁　③ 昭　④ 詐

132 中原□鹿 : ① 蛇　② 輩　③ 遂　④ 逐

133-136 다음 성어(成語)의 뜻풀이로 적절한 것은 어느 것입니까?

133 東問西答
　① 물음과는 전혀 상관없는 엉뚱한 대답
　② 움직임을 쉽게 알 수 없다.
　③ 간사한 꾀로 남을 속이다.
　④ 여기저기 떠돌아다니다.

134 馬耳東風
　① 큰 차이 없이 거의 비슷하다.
　② 소 귀에 경 읽기
　③ 남의 말을 지나쳐 흘려 버리다.
　④ 두 사물이 낫고 못함을 정하기 어렵다.

135 事必歸正
　① 쉬운 일부터 시작하다.
　② 시작이 반이다.
　③ 치우침이 없는 공정한 자세
　④ 모든 일은 반드시 바른 데로 돌아간다.

136 天高馬肥
　① 하늘이 맑고 모든 것이 풍성하다.
　② 하찮은 존재
　③ 천리 길도 한 걸음부터
　④ 백지장도 맞들면 낫다.

137-140 다음의 뜻을 가장 잘 나타낸 성어(成語)는 어느 것입니까?

137 늙지 아니하고 오래 살다.
　① 能小能大　　② 青天白日
　③ 三十六計　　④ 不老長生

138 사람이 수없이 많이 모인 상태
　① 結草報恩　　② 人山人海
　③ 以熱治熱　　④ 出天大孝

139 도움을 줄 만한 아주 가까운 친척
　① 無所不爲　　② 家家戶戶
　③ 强近之親　　④ 君子不器

140 착한 일을 권장하고 악한 일을 징계하다.
　① 勸善懲惡　　② 苦肉之計
　③ 道聽塗說　　④ 千差萬別

제 3 영역　讀　解

141-154 다음 문장에서 밑줄 친 한자어(漢字語)의 음(音)은 무엇입니까?

141 교통 사고 現場을 직접 보니 남의 일 같지 않았다.
　① 현재　② 현실　③ 현장　④ 시대

142 어떤 사람은 훌륭한 사람이 되는가 하면 反對로 어떤 사람은 쓸모없는 사람이 되기도 한다.
　① 절대　② 상대　③ 반대　④ 반사

143 채팅 德分에 타자 실력이 늘었다.
　① 예의　② 덕분　③ 부분　④ 도리

144 우리는 땅의 모양과 도시의 위치를 알고 싶을 때 흔히 地圖를 찾아본다.
　① 지리　② 지세　③ 사전　④ 지도

145 서울은 예로부터 우리 나라의 首都로서 발전하여 왔다.
　① 도읍　② 수도　③ 도시　④ 읍지

146 洞口 밖에 커다란 느티나무 한 그루가 있다.
　① 동구　② 입구　③ 통구　④ 출구

147 '아낌없이 주는 나무' 라는 제목의 책은 감동적인 童話였다.

① 종화　　② 동화　　③ 소설　　④ 동심

148 섬유질 자체는 별 영양가가 없지만, 창자의 活動을 활발하게 해 주는 구실을 한다.

① 활동　　② 운동　　③ 동작　　④ 활력

149 사람은 태어나면서 누구나 한 가정의 家族이 되는 동시에 한 국가의 국민이 된다.

① 인간　　② 구성　　③ 자식　　④ 가족

150 登山이 취미인 아버지께서는 매주 일요일 아침에 나를 데리고 산에 가신다.

① 산책　　② 등산　　③ 등교　　④ 등정

151 행복이란 먼 곳에 있는 것도 아니며, 먼 未來에 있는 것도 아니다.

① 현재　　② 과거　　③ 미래　　④ 말래

152 신문 기사를 오리고 나서 오린 종이 뒤에는 兩面 테이프를 붙였다.

① 양측　　② 한면　　③ 두면　　④ 양면

153 의장 선거는 재적 인원 과반수의 출석과 출석 인원 과반수의 찬성으로 결정하며, 可否 동수인 때에는 부결된 것으로 한다.

① 가반　　② 가부　　③ 가불　　④ 가무

154 국방부 장관은 "러시아는 아직도 可恐할 전략적 군사력을 가지고 있는 위협적 존재"라고 말했다.

① 가공　　② 가능　　③ 가용　　④ 가장

155-159 다음 문장에서 밑줄 친 한자어(漢字語)의 뜻풀이로 적절한 것은 어느 것입니까?

155 철새들은 이동할 때에 산줄기나 바닷가를 따라서 날아가는 것이 例事이다.

① 보통 있는 일　　　　② 예외적인 일
③ 뜻밖의 일　　　　　④ 갑작스러운 일

156 서로 사이좋게 지내려면 상대방의 의견을 尊重해 주어야 한다.

① 별로 중요하지 않다.　　② 별로 무겁지 않다.
③ 소중히 여기다.　　　　④ 매우 무겁다.

157 이번에 박팀장이 作成한 보고서가 사내에 큰 반향을 불러왔다.

① 성과를 이루다.　　　　② 서류, 원고 등을 만들다.
③ 성인을 불러내다.　　　④ 작품을 완성하다.

158 과거 동양 사회에서 촌지는 배움에 대한 感謝의 뜻을 전하는 순수한 미풍 양속이었다.

① 대가를 주다.　　　　② 고맙게 여기다.
③ 잘 살피다.　　　　　④ 달콤한 말

159 베를린 장벽이 무너져 동서독의 통일 운동이 급속히 진전되고, 남북 예멘까지 통일을 이루는 것을 보면서, 북극의 만년설처럼 차갑게 얼어붙은 한반도에 봄바람이 불기를 바라는 겨레의 소망은 더욱 懇切해졌다.

① 세차고 맹렬하다.　　　② 마음이 몹시 상하다.
③ 정성스럽고 절실하다.　④ 기이하고 오묘하다.

160-164 다음 문장에서 빈칸에 들어갈 가장 적절한 한자어(漢字語)는 어느 것입니까?

160 친구에게 거짓말을 한 민철이는 □□의 가책을 느꼈다.

① 養心　　② 兩心　　③ 良心　　④ 內心

161 산업이 발달하면 국민 생활이 향상되고, □□이 강해진다.

① 體力　　② 國力　　③ 國民　　④ 國防

162 버스는 확 트인 □□ 위를 신나게 달렸다.

① 車道　　② 人道　　③ 步道　　④ 車線

163 우리 회사의 무궁한 발전을 위하여 □□!

① 建杯　　② 乾杯　　③ 建拜　　④ 乾拜

164 통신은 우리의 문화 생활을 넓히고 □□를 좁혀 전 인류를 지구 가족으로 만들고 있다.

① 距離　　② 鐵路　　③ 港口　　④ 假說

165-170 다음 문장에서 밑줄 친 한자어(漢字語)의 한자 표기(漢字表記)가 바르지 않은 것은 어느 것입니까?

165 우리 나라도 경제 ① 開發의 ② 初期에는 ③ 外國으로부터 자본과 기술의 협력을 받아 경제 ④ 發前을 이룩하였다.

166 ① 家庭은 ② 社會를 이루는 ③ 最少 ④ 集合이기 때문에 사회가 건강하려면 가정이 건강해야 한다.

167 한 ① 民族이 다른 민족의 간섭을 받지 않으려는 것은, ② 人類에 ③ 公通으로 나타나는 ④ 本性이다.

168 ① 南北이 버릇이 되다시피한 입씨름과 힘겨루기는 그만두고 ② 讓步에 양보를 거듭하는 자세로 ③ 非現實的인 방안들을 ④ 過感히 포기해야만 회담이 마지막 고비를 넘을 수 있다.

169 이 가운데 ① 一部는 외국에서 열린 '한국 미술 5천년전'에도 ② 展示되는 등 우리 나라의 ③ 文貨財를 세계에 널리 알리는 데에도 커다란 ④ 貢獻을 하였다.

170 물 긷는 일은 ① 全的으로 아낙네들 몫이었다. 물동이를 이고도 동이를 손으로 잡는 법 없이 두 손을 ② 自由롭게 놀리며, 고개도 이리저리 돌려 볼 것 다 보고 다닐 수 있어야 비로소 살림에 ③ 慣祿이 붙은 ④ 主婦였다.

171-178 다음 문장에서 밑줄 친 단어(單語)를 한자(漢字)로 바르게 쓴 것은 어느 것입니까?

171 상쇠는 늘 농악대의 선두에 선다.
　① 先首　　② 先頭　　③ 善頭　　④ 船頭

172 국민들은 선거에서 동등한 한 표를 행사한다.
　① 平等　　② 平登　　③ 同等　　④ 同登

173 노인 인구의 비율이 점점 증가하고 있다.
　① 加減　　② 增益　　③ 加增　　④ 增加

174 한글은 만든 방법이 아주 독창적이고, 구성 원리가 과학적이다.
　① 原里　　② 元理　　③ 原理　　④ 元利

175 국회는 나라를 다스리는데 필요한 원칙과 국민이 꼭 지켜야 할 일들을 법률로 제정한다.
　① 法則　　② 法律　　③ 法案　　④ 法文

176 바다에는 일정한 방향으로 흐르는 해류가 있다.
　① 海類　　② 海水　　③ 害流　　④ 海流

177 잠실 운동장에서 외국팀 초청 경기라도 열리는 날에는 몇 시간 전부터 주변 교통이 극심한 혼잡을 이룬다.
　① 極心　　② 極甚　　③ 極深　　④ 苦心

178 식장에 초대된 귀빈들은 아무도 그의 존재를 의심하거나 이상하게 여기지 않았다.
　① 貴貧　　② 歸賓　　③ 貴賓　　④ 貴頻

179-183 다음 문장에서 밑줄 친 단어(單語)나 어구(語句)의 뜻을 가장 잘 나타낸 한자(漢字) 또는 한자어(漢字語)는 어느 것입니까?

179 영재가 전등을 켰다. 불빛이 밝았다.
　① 法　　② 應　　③ 明　　④ 日

180 글을 쓸 때에는 읽는 사람이 누구냐에 맞추어서 글을 써야 한다.
　① 讀者　　② 對話　　③ 獨子　　④ 大化

181 시장에서는 많은 사람들이 물건을 사고 판다.
　① 出入　　② 競賣　　③ 競買　　④ 賣買

182 아버지는 장에서 돌아오실 때마다 달걀 한 꾸러미를 들고 오셨다.
　① 鷄口　　② 鷄卵　　③ 卵子　　④ 土卵

183 그는 어떤 어려움이 닥쳐도 마음먹은 것을 그만둘 줄을 모르는 사람이었다.
　① 專念　　② 怨望　　③ 斷念　　④ 希望

184-188 다음 글을 읽고 물음에 답하시오.

ㄱ중국은 아시아 대륙의 중앙부에서 동쪽으로 태평양의 서쪽 끝에 이르는 ㄴ넓은 국토를 가진 국가이다. 정식 국가 명칭은 중화인민공화국이지만, 흔히 중국이라고 부른다. 중국의 국토 면적은 약 960만㎢로 세계 3위이며, 인구는 약 13억 명으로 세계 1위이다. 동쪽으로 ㄷ북한, 북쪽으로 몽골·러시아·카자흐스탄·키르기스탄·타지키스탄, 서쪽으로 아프가니스탄·파키스탄·인도·네팔·부탄, 남쪽으로 미얀마·라오스·베트남 등과 국경을 접하고 있다. 중국의 ㄹ서울은 베이징이며, 오랜 역사를 자랑하는 도시이다. ㅁ요즘 들어서는 상하이가 경제의 중심지로 급부상하고 있다.

184 ㄱ의 한자 표기가 바른 것은?
　① 英國　　② 小國　　③ 中國　　④ 美國

185 ㄴ의 뜻을 가진 것은?
　① 平　　② 廣　　③ 成　　④ 約

186 ㄷ의 한자 표기가 바른 것은?
　① 北韓　　② 北漢　　③ 北極　　④ 南韓

187 ㄹ의 뜻을 가장 잘 나타낸 것은?
　① 水道　　② 漢陽　　③ 都市　　④ 首都

188 ㅁ의 한자 표기가 바른 것은?

① 未來   ② 道路   ③ 近來   ④ 過去

189-193 다음 글을 읽고 물음에 답하시오.

어떤 집단이나 ㄱ회의 등에서 의사를 ㄴ決定할 때 구성원의 다수가 찬성한 결정을 전체의 의사로 인정하는 방식을 다수결의 원칙이라고 한다. 다수결의 원칙은 ㄷ이른 시기부터 의회 중심의 민주주의가 발달하기 시작한 영국에서 유래하였다. 중세 영국에서는 대헌장이 탄생한 이래 민주주의의 싹이 트기 시작하였다. 그리고 대헌장에 국왕이 서명한 뒤에는 성직자, 귀족, 시민 ㄹ등의 대표들로 의회가 구성되었다. 이것이 바로 영국 의회의 기원이다. 의회가 구성된 후 의사를 결정할 경우에는 여러 의견이 대립할 때가 많아, 결정을 내리기가 쉽지 않았다. 그래서 이러한 문제점을 해소하기 위하여 다수결의 원칙을 의회에서 의사 결정에 적용하기 ㅁ시작하였던 것이다.

189 ㄱ의 한자 표기가 바른 것은?

① 議會   ② 回議   ③ 會議   ④ 集會

190 ㄴ의 독음이 바른 것은?

① 결정   ② 선정   ③ 당선   ④ 결선

191 ㄷ의 한자 표기가 바른 것은?

① 夕   ② 早   ③ 祖   ④ 藝

192 ㄹ의 한자 표기가 바른 것은?

① 登   ② 等   ③ 間   ④ 實

193 ㅁ의 한자 표기가 바른 것은?

① 女性   ② 結末   ③ 習作   ④ 始作

194-197 다음 글을 읽고 물음에 답하시오.

지난 봄 영국 노동당과 ㄱ보수당의 '엘리트 ㄴ논쟁'은 학맥 사회의 단면을 드러냈다. 공방은 우수한 공립 고교 여학생이 옥스퍼드대 입시에서 낙방하자 영국의 ㄷ명문대를 포기하고 미국 하버드대에 뛰어난 성적으로 합격한 데서 비롯됐다. ㄹ집권 노동당은 사회 각 분야의 주요 자리를 독점하면서 명문 사립고를 우대하는 옥스퍼드 출신들의 엘리트주의가 우수한 학생을 외국으로 내몰았다며 엘리트 집단의 폐쇄성을 공격했다. 보수당과 옥스퍼드대는 노동당이 '무분별한 계급전쟁'을 선포한다며 맞섰다. 자녀의 교육을 통해 ㅁ기득권을 지키려는 상류층과 'ㅂ將來가 보장되는 학교'로 2세를 보내 신분 상승을 해보려는 서민의 욕망, 엘리트주의와 평등주의라는 두 ㅅ얼굴을 엿볼 수 있는 사건이었다.

194 ㄱ~ㅁ 중 한자 표기가 바르지 않은 것은?

① ㄱ保守   ② ㄴ論爭   ③ ㄹ集權   ④ ㅁ旣得權

195 ㄷ의 '문' 자의 한자 표기가 바른 것은?

① 文   ② 門   ③ 問   ④ 聞

196 ㅂ의 독음이 바른 것은?

① 장차   ② 장맥   ③ 장래   ④ 장내

197 ㅅ의 뜻을 가진 것은?

① 面   ② 表   ③ 目   ④ 皮

198-203 다음 글을 읽고 물음에 답하시오.

몇 해 전 미국의 탐사팀이 ㄱ지중해 760m 심해에서 기원전 로마 시대의 무역선과 유물을 발굴해 낸 일이 있었다. 타이타닉호와 독일 전함 비스마르크호를 탐사한 경험에다 미 해군의 장비들을 활용함으로써 10년 전에는 ㄴ상상할 수 없었던 심해탐사에 성공한 것이다. 앞으로는 해저 6,000m까지 살펴볼 수 있는 ㄷ최첨단 기술이 ㄹ적용된다니 전설의 해저 ㅁ보물선이 하나둘 ㅂ실체를 드러내게 됐다. 미국 워싱턴 인근 체서피크만과 맬로만의 ㅅ바닥에는 수백 대의 ㅇ亂破船이 ㅈ水葬돼 있다고 한다. 18세기 초 플로리다의 근해에서 허리케인을 만나 침몰한 12척의 스페인 선단에서는 7년 전 수백만 페소의 보물이 ㅊ인양됐다. 17세기 중엽에 난파된 스페인 범선 '기적의 마리아' 호는 금과 에메랄드가 30~40t 정도 실린 것으로 추정되는데 탐사선 ㅋ承務員이 한 ㅌ更賣에 내다판 보물만 1백50만 달러에 이른다.

198 ㄱ의 한자 표기가 바른 것은?

① 至重海   ② 地中海   ③ 持重海   ④ 池中海

199 ㄴ의 뜻을 가장 잘 나타낸 것은?

① 不可避   ② 不可能   ③ 不可不   ④ 不可知

200 ㄷ~ㅂ의 한자 표기가 바르지 않은 것은?

① ㄷ最尖端   ② ㄹ適用   ③ ㅁ寶物船   ④ ㅂ失體

201 ㅅ의 뜻을 가진 것은?

① 著   ② 底   ③ 貯   ④ 抵

202 ㅇ~ㅌ 중 한자 표기가 바른 것은?

① ㅇ亂破船   ② ㅈ水葬   ③ ㅋ承務員   ④ ㅌ更賣

203 ㅊ의 '인' 자와 같은 한자를 사용하는 것은?

① 引用   ② 因緣   ③ 認識   ④ 印朱

204~210 다음 글을 읽고 물음에 답하시오.

한 해 수조 원씩 든다는 우리의 영어 교육열은 세계적으로 유명하다. 하지만 영어 학습 ㉠熱風은 아시아, ㉡중동, 아프리카, 유럽 등 대다수의 비영어권 국가도 마찬가지다. 중국, 북한 등 사회주의 국가들도 ㉢例外가 아니다. 영어를 쓰레기 언어 취급해온 프랑스마저도 ㉣世界化 바람 속에 ㉤國際 공용어로 자리 잡은 영어를 더 이상 외면하지 못하고 있다. 영어만 잘 하면 남들보다 ㉥出稅나 돈 벌 가능성이 크다는 계산이 민족적 ㉦자존심이나 ㉧文化從屬에 대한 ㉨憂慮를 뒷전으로 밀어내고 있는 것이다. 영어는 ㉩現在 75개국에서 7억 5천만 명이 국어 또는 ㉪공용어로 사용하고 있다. 여기에 영어를 외국어로 배우는 7억 5천만 명을 합하면 세계 인구의 4분의 1이 영어로 ㉫意思疏通이 가능한 셈이다. 유엔의 공식 언어는 영어·프랑스어·스페인어·중국어·러시아어 등 5개이지만 ㉬국제기구의 85%가 영어를 업무용 언어로 사용하고 있다.

204 ㉠의 독음이 바른 것은?

① 돌풍   ② 선풍
③ 열풍   ④ 태풍

205 ㉡의 한자 표기가 바른 것은?

① 中東   ② 仲東
③ 重東   ④ 衆東

206 ㉢~㉥ 중 한자 표기가 바르지 않은 것은?

① ㉢例外   ② ㉣世界化
③ ㉤國際   ④ ㉥出稅

207 ㉦의 한자 표기가 바른 것은?

① 自存心   ② 自尊心
③ 自肯心   ④ 自慢心

208 ㉧~㉫의 독음이 바른 것은?

① ㉧문화예속   ② ㉨우환
③ ㉩현대   ④ ㉫의사소통

209 ㉪의 한자 표기가 바른 것은?

① 工用語   ② 供用語
③ 共用語   ④ 公用語

210 ㉬의 '기' 자의 한자 표기가 바른 것은?

① 棄   ② 機
③ 企   ④ 器

※ 다음 문제를 읽고 알맞은 것을 고르시오.

제1영역 漢字

1-5 다음 한자(漢字)의 부수(部首)는 무엇입니까?

1 衆: ① 丶   ② 皿   ③ 血   ④ 亻

2 眞: ① 乙   ② 匕   ③ 八   ④ 目

3 集: ① 亅   ② 十   ③ 木   ④ 隹

4 着: ① 羊   ② 丿   ③ 目   ④ 王

5 察: ① 宀   ② 月   ③ 肉   ④ 示

6-10 다음 한자(漢字)의 획수(劃數)는 모두 몇 획입니까?

6 參: ① 10획   ② 11획   ③ 12획   ④ 13획

7 請: ① 12획   ② 13획   ③ 14획   ④ 15획

8 最: ① 12획   ② 13획   ③ 14획   ④ 15획

9 祝: ① 10획   ② 11획   ③ 12획   ④ 13획

10 齒: ① 13획   ② 14획   ③ 15획   ④ 16획

11-15 다음 필순(筆順)에 대한 설명에 가장 알맞은 한자는 어느 것입니까?

11 왼쪽에서 오른쪽으로 쓴다.
　　① 可   ② 川   ③ 句   ④ 君

12 좌우의 모양이 같을 때에는 가운데를 먼저 쓴다.
　　① 廣   ② 故   ③ 求   ④ 歌

13 가운데를 꿰뚫는 획은 나중에 쓴다.
　　① 能   ② 業   ③ 多   ④ 車

14 가로획과 세로획이 교차될 때에는 가로획을 먼저 쓴다.
　　① 士   ② 改   ③ 落   ④ 報

15 삐침을 먼저 쓰고 파임을 나중에 쓴다.
　　① 强   ② 得   ③ 交   ④ 女

16-20 다음 한자(漢字)와 그 조자(造字)의 방식이 같은 한자는 어느 것입니까?

예 한자 '日'은 그 조자(造字)의 방식이 구체적인 사물의 모습을 본떠서 만든 상형자(象形字)이다. 이와 비슷한 한자로는 '山'이 있다.

16 九: ① 街   ② 角   ③ 技   ④ 下

17 首: ① 悲   ② 線   ③ 土   ④ 仙

18 男: ① 安   ② 勇   ③ 式   ④ 新

19 病: ① 臣   ② 雨   ③ 牛   ④ 福

20 鳥: ① 愛   ② 改   ③ 口   ④ 低

21-31 다음 한자(漢字)의 음(音)은 무엇입니까?

21 竹: ① 숙   ② 죽   ③ 축   ④ 측

22 則: ① 직   ② 즉   ③ 칙   ④ 축

23 親: ① 신   ② 진   ③ 친   ④ 찬

24 快: ① 결   ② 쾌   ③ 상   ④ 쾌

25 打: ① 다   ② 정   ③ 타   ④ 성

26 敗: ① 패   ② 부   ③ 복   ④ 포

27 猶: ① 우   ② 유   ③ 주   ④ 추

28 乙: ① 알   ② 올   ③ 울   ④ 을

29 憲: ① 민   ② 상   ③ 헌   ④ 형

30 驗: ① 검   ② 섬   ③ 첨   ④ 험

31 響: ① 성   ② 음   ③ 향   ④ 흥

32-39 다음의 음(音)을 가진 한자는 어느 것입니까?

32 풍: ① 好   ② 幸   ③ 豊   ④ 賢

33 협: ① 兄   ② 協   ③ 惠   ④ 湖

34 호: ① 和   ② 貨   ③ 畵   ④ 號

35 읍: ① 吟   ② 泣   ③ 矣   ④ 已

36 인: ① 印   ② 壬   ③ 慈   ④ 哉

37 형 : ① 享　②亨　③核　④該

38 해 : ① 港　②項　③奚　④航

39 할 : ① 割　②陷　③險　④抗

40-47 다음 한자(漢字)와 음(音)이 같은 한자는 어느 것입니까?

40 回 : ① 孝　②會　③訓　④興

41 喜 : ① 料　②科　③希　④起

42 花 : ① 都　②談　③吉　④火

43 淨 : ① 兆　②井　③帝　④從

44 朱 : ① 只　②宇　③宙　④卽

45 獻 : ① 汗　②軒　③旱　④鶴

46 咸 : ① 荷　②畢　③避　④含

47 爆 : ① 被　②疲　③幅　④漂

48-58 다음 한자(漢字)의 뜻은 무엇입니까?

48 救 : ① 아홉　② 청하다　③ 다하다　④ 구원하다

49 貴 : ① 다니다　② 귀하다　③ 비싸다　④ 가난하다

50 根 : ① 잎　② 꽃　③ 줄기　④ 뿌리

51 今 : ① 그제　② 어제　③ 이제　④ 아직

52 極 : ① 빈틈　② 다하다　③ 모자라다　④ 갈라지다

53 持 : ① 절　② 때　③ 모시다　④ 가지다

54 且 : ① 또　② 돕다　③ 선비　④ 할아버지

55 飽 : ① 싸다　② 펴다　③ 종기　④ 배부르다

56 浦 : ① 가게　② 잡다　③ 물가　④ 기다

57 蔽 : ① 돈　② 덮다　③ 사랑하다　④ 그만두다

58 遍 : ① 엮다　② 조각　③ 두루　④ 채찍

59-65 다음의 뜻을 가진 한자(漢字)는 어느 것입니까?

59 적다 : ① 怒　②念　③記　④金

60 골짜기 : ① 洞　②冷　③良　④德

61 지나다 : ① 禮　②列　③論　④歷

62 나물 : ① 採　②菜　③冊　④妻

63 샘 : ① 丑　②淺　③泉　④晴

64 뿌리다 : ① 播　②頗　③把　④鬪

65 통하다 : ① 痛　②透　③討　④吐

66-70 다음 한자(漢字)와 뜻이 비슷한 한자는 어느 것입니까?

66 完 : ① 實　②俱　③跳　④全

67 誰 : ① 乎　②孰　③兮　④于

68 沒 : ① 濟　②渡　③沈　④涉

69 擇 : ① 臨　②廉　③竟　④選

70 磨 : ① 硏　②粟　③暢　④岡

| 제2영역 | 語　彙 |

71-72 다음 한자어(漢字語)와 그 새김의 방식이 같은 한자어는 어느 것입니까?

예 한자어 '年少'는 그 새김의 방식이 주어와 서술어의 관계이다. 이와 비슷한 한자어로는 '日出'이 있다.

71 植樹 : ① 禍福　②比肩　③府君　④激憤

72 具備 : ① 墓碑　②動詞　③本然　④削除

73-90 다음 한자어(漢字語)와 발음(發音)이 같은 한자어는 어느 것입니까?

73 冬至 : ① 感氣　②同志　③減少　④家出

74 固守 : ① 高所　②高手　③苦笑　④郡守

75 郡民 : ① 軍民　②官民　③國民　④市民

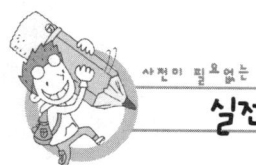

76	先頭 : ① 年頭	② 船頭	③ 路頭	④ 到達

77	每常 : ① 每月	② 每場	③ 賣上	④ 賣名

78	星雲 : ① 洗眼	② 成案	③ 聖運	④ 聲音

79	心算 : ① 心思	② 深山	③ 暗算	④ 陰山

80	修業 : ① 作業	② 大業	③ 授業	④ 主業

81	元老 : ① 園藝	② 遠路	③ 原始	④ 願望

82	才力 : ① 自古	② 在告	③ 財力	④ 爭議

83	走筆 : ① 玉筆	② 主筆	③ 調節	④ 客觀

84	下限 : ① 不滿	② 河漢	③ 相面	④ 血肉

85	降下 : ① 代入	② 投入	③ 江河	④ 江村

86	居士 : ① 居住	② 居處	③ 擧事	④ 處刑

87	覺者 : ① 刻骨	② 閣僚	③ 各自	④ 圓滿

88	教導 : ① 陶工	② 絶叫	③ 教徒	④ 教壇

89	選拔 : ① 電髮	② 先發	③ 忌避	④ 奇拔

90	丈夫 : ① 宗婦	② 師父	③ 帳簿	④ 聘丈

91-92 다음 한자어(漢字語)들 중 괄호 안의 한자(漢字)의 발음(發音)이 다른 한자어는 어느 것입니까?

91	① 音(樂)	② 食道(樂)	③ 歡(樂)	④ (樂)園

92	① (刺)客	② (刺)殺	③ (刺)絲	④ (刺)字

93-110 다음 단어들의 '□'에 공통으로 들어갈 알맞은 한자(漢字)는 어느 것입니까?

93	□堂, 禁□, 原□ : ① 書	② 畵	③ 止	④ 畫

94	直□, □步, 前□ : ① 後	② 速	③ 方	④ 進

95	接□, 引□, □容 : ① 首	② 願	③ 受	④ 授

96	□氣, □次, 禮□ : ① 時	② 節	③ 法	④ 香

97	風□, □長, 電□ : ① 波	② 化	③ 單	④ 退

98	□家, □案, □木 : ① 初	② 草	③ 圖	④ 巨

99	合□, 建□, 會□ : ① 意	② 義	③ 議	④ 元

100	洋□, □上, 家□ : ① 族	② 醫	③ 平	④ 屋

101	常□, □見, □別 : ① 特	② 識	③ 效	④ 究

102	□京, □夷, □海 : ① 東	② 西	③ 南	④ 北

103	□選, 市□, □俗 : ① 風	② 官	③ 民	④ 場

104	期□, 空□, 和□ : ① 約	② 夜	③ 食	④ 間

105	物□, 保□, 認□ : ① 證	② 貞	③ 鐘	④ 價

106	□業, □學, 成□ : ① 巖	② 就	③ 移	④ 嚴

107	□推, □似, 種□ : ① 類	② 凝	③ 寂	④ 履

108	□迫, 督□, 販□ : ① 栗	② 切	③ 傲	④ 促

109	□擊, □然, 衝□ : ① 譜	② 突	③ 徐	④ 芽

110	□盤, □礎, □因 : ① 基	② 其	③ 卑	④ 旋

111-126 다음 한자어(漢字語)와 뜻이 반대(反對)이거나 상대(相對)되는 한자어는 어느 것입니까?

111	放學 : ① 開學	② 開放	③ 下學	④ 進學

112	白色 : ① 色度	② 黑色	③ 黃色	④ 新綠

113	生食 : ① 中食	② 朝食	③ 火食	④ 間食

114	公益 : ① 無益	② 利益	③ 私益	④ 工人

115	利己的 : ① 獨立的	② 利他的	③ 活動的	④ 決定的

116	內面 : ① 過勞	② 內助	③ 外向	④ 外面

117	同質 : ① 同姓	② 同化	③ 異名	④ 異質

118	小兒 : ① 少年	② 中年	③ 老年	④ 成人

119	登校 : ① 下校	② 退校	③ 校長	④ 世界

120	便安 : ① 便紙	② 苦樂	③ 苦生	④ 小便

121	歡送 : ① 歡聲	② 歡迎	③ 尺度	④ 瓦解

122	舊面 : ① 假面	② 面前	③ 初面	④ 當面

123	上京 : ① 歸京	② 歸鄕	③ 餘力	④ 鄕村

124 偶然 : ① 偶像　② 冠帶　③ 拳鬪○　④ 必然

125 輕率 : ① 愼重　② 輕薄　③ 虛構　④ 妄動

126 供給 : ① 提供　② 必要　③ 婚需　④ 需要

127-132 다음 성어(成語)에서 '□'에 들어갈 알맞은 한자(漢字)는 어느 것입니까?

127 知行□一 : ① 合　② 律　③ 能　④ 告

128 □上命令 : ① 紙　② 至　③ 地　④ 指

129 斷□之戒 : ① 棄　② 幾　③ 旣　④ 機

130 英雄□傑 : ① 呼　② 浩　③ 豪　④ 人

131 毛遂自□ : ① 天　② 治　③ 薦　④ 致

132 深□遠慮 : ① 嘗　② 謀　③ 尋　④ 深

133-136 다음 성어(成語)의 뜻풀이로 적절한 것은 어느 것입니까?

133 殺身成仁
① 자기의 욕심을 누르고 예의 범절을 따르다.
② 끝까지 최선을 다하다.
③ 괴로움도 즐거움도 함께 하다.
④ 자기의 몸을 희생하여 인을 이루다.

134 自手成家
① 의지할 곳 없는 외로운 홀몸
② 가족끼리 화목하게 지내다.
③ 자기 혼자 힘으로 집안을 일으키고 재산을 모으다.
④ 혼자의 힘으로 어떤 일을 이루기 어렵다.

135 養虎爲患
① 하룻강아지 범 무서운 줄 모른다.
② 호랑이를 길러서 근심을 가지다.
③ 말로는 친한 듯하면서 속으로 해치려 한다.
④ 아첨하는 말과 알랑거리는 태도

136 擧案齊眉
① 남편을 깍듯이 공경하다.
② 부부 간에 금슬이 좋다.
③ 두 사물이 비슷하여 낫고 못함을 정하기 어렵다.
④ 뛰어나게 아름다운 미인

137-140 다음의 뜻을 가장 잘 나타낸 성어(成語)는 어느 것입니까?

137 부부의 인연을 맺어주는 중매인
① 月下氷人　② 兵家常事
③ 落花流水　④ 多情多感

138 아주 짧은 시간
① 四面春風　② 一寸光陰
③ 四通八達　④ 大明天地

139 경솔하여 생각 없이 망령되게 행동하다.
① 輕擧妄動　② 生面不知
③ 目不識丁　④ 聲東擊西

140 먹을 것은 적고 할 일은 많다.
① 自暴自棄　② 萬古常靑
③ 騎虎之勢　④ 食少事煩

제 3 영역　讀 解

141-154 다음 문장에서 밑줄 친 한자어(漢字語)의 음(音)은 무엇입니까?

141 디딜방아는 지렛대의 원리를 利用한 것이다.
① 응용　② 이용　③ 사용　④ 활용

142 물질 萬能주의가 우리 사회를 지배하고 있다.
① 전능　② 만족　③ 만능　④ 만족

143 우리 나라는 임업과 수산업을 發達시키기에 좋은 조건을 갖추고 있다.
① 발달　② 발전　③ 향상　④ 성장

144 아버지께서 제철소의 규모를 說明해 주셨다.
① 해설　② 해명　③ 설명　④ 설득

145 풍년에는 농산물이 넉넉하여 物價는 내린다.
① 매수　② 물리　③ 판매　④ 물가

146 식품의 낭비를 막기 위해서는 식품의 분량을 정확히 計量해야 한다.
① 개량　② 계량　③ 개선　④ 경시

147 소음은 집중력 방해, 수면 방해, 소화 不良 등 건강에 영향을 준다.

① 휴일 ② 불량 ③ 불능 ④ 불퇴

148 우리의 생활 주변에는 옷장, 책장, 책꽂이와 같이 木材를 이용하여 만든 물건들이 많이 있다.

① 목재 ② 재질 ③ 소재 ④ 제재

149 글을 읽는 目的을 명확히 하면, 글을 읽는 방법을 선택할 수 있다.

① 의도 ② 발전 ③ 목적 ④ 목표

150 태권도는 몸과 마음을 닦는 武藝이자 운동이다.

① 원예 ② 도예 ③ 곡예 ④ 무예

151 文章은 여러 부분들이 한데 모여서 이루어진다.

① 문단 ② 명문 ③ 문구 ④ 문장

152 우리가 독서의 필요성, 책을 선택하는 요령, 읽는 방법 등을 잘 알고 책을 읽으면, 훨씬 效果적인 독서를 할 수 있다.

① 효능 ② 효험 ③ 효과 ④ 효력

153 둘은 서로 사귄 지 여섯 해 되던 지난 해에 마침내 佳約을 맺었다.

① 가약 ② 계약 ③ 규약 ④ 기약

154 봉황, 용, 해태 따위는 모두 架空의 동물이다.

① 시공 ② 상상 ③ 공상 ④ 가공

155-159 다음 문장에서 밑줄 친 한자어(漢字語)의 뜻풀이로 적절한 것은 어느 것입니까?

155 전설 중에는 특정한 풍속의 由來를 설명하는 것이 많다.

① 결과 ② 시기 ③ 내력 ④ 미래

156 결혼한 여성에게 가정과 직장의 兩立은 무척 힘든 일이다.

① 두 가지를 포기하다.
② 둘 중에 하나만 존재한다.
③ 둘 중에 우선 순위를 정한다.
④ 두 가지가 동시에 따로 존재한다.

157 그 학생은 이해력이 부족하므로 설명한 뒤 항상 實例를 들어주어야만 했다.

① 보충 설명   ② 가상의 예시
③ 질문   ④ 실제의 본보기

158 페르시아만 사태로 인해 기름값 상승은 물론 현지 진출 국내 기업의 손해까지 합하면 20억 달러에 이르는 손실을 甘受해야 한다.

① 거는 것이 줄다. ② 달게 받아들이다.
③ 수효를 줄이다. ④ 지도하고 감독하다.

159 심한 운동 뒤에는 渴症을 느낀다.

① 목이 마름
② 느긋한 마음
③ 목이 따끔따끔한 느낌
④ 서로 불화를 일으키는 상태

160-164 다음 문장에서 빈칸에 들어갈 가장 적절한 한자어(漢字語)는 어느 것입니까?

160 남극 □□은 미지의 땅이다.

① 對陸 ② 代陸 ③ 大陸 ④ 大地

161 연날리기는 오래된 □□ 놀이의 하나로서, 연의 모양은 민족과 나라에 따라 다르다.

① 民速 ② 民俗 ③ 過去 ④ 國家

162 풍력 발전은 바람의 에너지를 이용하여 풍차를 회전시켜서 전기를 □□시키는 것이다.

① 變化 ② 發生 ③ 減少 ④ 增加

163 그 보험회사는 재무 구조가 □□한 것으로 널리 알려져 있다.

① 見失 ② 見實 ③ 堅失 ④ 堅實

164 로빈슨 크루소는 안정되고 편안한 삶을 권유하는 아버지의 말을 □□하고 두 번째 원양 항해에 나서지만 터키 해적선에 포로로 잡혀 노예가 된다.

① 拒否 ② 抗拒 ③ 拒絕 ④ 拒止

165-170 다음 문장에서 밑줄 친 한자어(漢字語)의 한자 표기(漢字表記)가 바르지 않은 것은 어느 것입니까?

165 우리는 ① 先朝들이 남긴 ② 文化財를 통하여, 자랑스런 ③ 祖上들의 숨결을 느낄 수 있고, 그 ④ 後孫이 된 긍지와 자부심을 가질 수 있게 된다.

166 ① 韓國 현대 문학은 ② 不行히도 일제 강점 아래서 ③ 形成되어 ④ 展開되었다.

167 ① 自由와 ② 平等은 남녀, 지위, ③ 貧富의 차, ④ 種敎, 피부색 등에 관계없이 모든 사람이 고루 누려야 한다.

168 대목을 앞두고 ① 稅關에서 ② 大量의 밀수 ③ 農産物을 적발하였다는 ④ 步道가 있었다.

169 미국 대통령 ① 選擧에서 손으로 재개표하는 ② 前代未聞의 상황이 벌어지고 있는 것도 기계의 능력을 ③ 誇大評價했던 데서 비롯된 ④ 小動이다.

170 ① 勞動界는 주5일 근무제 ② 慣徹을 내세워 일부 ③ 罷業에 들어갔고, 사용자측은 생산 현장의 ④ 競爭力을 떨어뜨리는 노동 시간 단축을 받아들일 수 없다며 맞서고 있다.

171-178 다음 문장에서 밑줄 친 단어(單語)를 한자(漢字)로 바르게 쓴 것은 어느 것입니까?

171 북극이나 남극을 항해하는 배는 빙산과 충돌하지 않도록 조심해야 한다.
① 北漢　② 北極　③ 比極　④ 北寒

172 로마나 그리스는 반도였지만 위대한 인류 문화의 발상지였다.
① 半島　② 反島　③ 半圖　④ 半道

173 돈은 집에 보관하는 것보다 은행에 예금하는 것이 유리하다.
① 有利　② 不利　③ 利益　④ 有理

174 외가에 가서 외할머니와 외삼촌 내외분께 문안 인사를 드렸다.
① 門安　② 安否　③ 問安　④ 文案

175 사임당은 틈틈이 예술 활동에도 힘을 쏟아 불후의 명작들을 남겼다.
① 明作　② 名作　③ 作品　④ 名品

176 결정적 증거의 발견으로 그가 범인인 것이 명백해졌다.
① 分名　② 明百　③ 明白　④ 分明

177 식수난이 가중되자 소방차가 긴급 동원돼 급수에 나섰다.
① 及水　② 急水　③ 給水　④ 給收

178 회사의 업무는 업무 규정 내에서 행해야 한다.
① 規正　② 規定　③ 規程　④ 糾正

179-183 다음 문장에서 밑줄 친 단어(單語)나 어구(語句)의 뜻을 가장 잘 나타낸 한자(漢字) 또는 한자어(漢字語)는 어느 것입니까?

179 영철이는 글짓기에 뛰어난 재능을 가지고 있다.
① 作成　② 作文　③ 文學　④ 文體

180 재숙이는 다른 나라로 이민을 갔다.
① 外國　② 外交　③ 國內　④ 海洋

181 옛날에 대부분의 토지는 양반들이 가지고 있었다.
① 財産　② 富者　③ 所有　④ 月給

182 요즘 우리 동네에 아주 처치하기 어려운 일이 하나 생겼다.
① 至難　② 難處　③ 甚難　④ 時急

183 시신이 발견된 그 장소가 범인의 윤곽에 결정적인 실마리를 제공해 준 셈이었다.
① 發端　② 端緒　③ 證據　④ 證言

184-188 다음 글을 읽고 물음에 답하시오.

맹자가 어렸을 때 배우기를 ㉠그만두고 집에 돌아왔다. 맹자의 어머니가 마침 베를 짜고 있다가 묻기를 "배움이 어느 정도에 ㉡이르렀느냐?" 하니, 맹자가 ㉢대답하기를 "전과 같습니다."라고 했다.
그러자 맹자의 어머니가 칼로 짜던 베를 잘라버렸다. 맹자가 두려워하면서 그 까닭을 물으니, 맹자의 어머니가 "네가 ㉣學問을 그만둔 것은 내가 짜던 베를 자르는 것과 같다."고 하였다. 맹자가 두려워하여 아침부터 저녁까지 배우기를 ㉤부지런하여 쉬지 않았고, 마침내 이름난 선비가 되었다.

184 ㉠의 뜻을 가장 잘 나타낸 것은?
① 禁止　② 中止　③ 出發　④ 計算

185 ㉡의 뜻을 가진 것은?
① 指　② 育　③ 至　④ 知

186 ㉢의 한자 표기가 바른 것은?
① 解答　② 對答　③ 正答　④ 對話

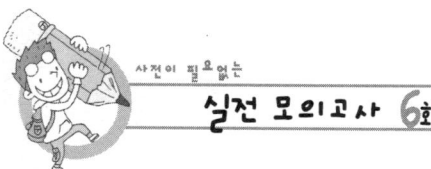

187 ②의 독음이 바른 것은?

① 학생 ② 문답 ③ 문학 ④ 학문

188 ⑩의 뜻을 가진 것은?

① 望 ② 休 ③ 勤 ④ 慶

189-193 다음 글을 읽고 물음에 답하시오.

홍언필이 ③여름에 낮잠을 자고 있는데 뱀이 그의 배 위로 올라왔다. 홍언필은 ⑥마음속으로는 그것을 쫓고 싶으나 뱀이 놀라서 사람을 다치게 할까 두려워하여 ⑥목석처럼 감히 움직이지 못하였다. 아들인 퇴지가 막 여섯 살이었는데 아버지가 계신 곳에 갔다가 그 ②光景을 보았다. 그리고는 연못에 가서 서너 마리의 개구리를 잡아와서 던졌다. 뱀이 사람을 버리고 개구리를 쫓아가자 공이 몸을 일으킬 수 있었다. 퇴지가 어렸을 때부터 기지가 이와 같더니 커서는 훌륭한 ⑩인물이 되었다.

189 ③의 한자 표기가 바른 것은?

① 春 ② 夏 ③ 秋 ④ 冬

190 ⑥의 한자 표기가 바른 것은?

① 放心 ② 本性 ③ 體統 ④ 心中

191 ⑥의 한자 표기가 바른 것은?

① 樹木 ② 勞苦 ③ 木石 ④ 力量

192 ②의 독음이 바른 것은?

① 전경 ② 광경 ③ 풍경 ④ 광채

193 ⑩의 한자 표기가 바른 것은?

① 人物 ② 人才 ③ 名人 ④ 名物

194-197 다음 글을 읽고 물음에 답하시오.

터키 정부는 전국민을 집 밖으로 못나오게 하는 '가택연금령' 을 내렸다. 가게와 영화관이 문을 ③달은 것은 물론 ⑥列車와 버스 등 모든 교통 수단도 ⑥通禁과 함께 운행이 금지됐다. 통금이 ②實施된 14시간 동안 터키 전역은 그야말로 '유령의 나라' 로 변했다. 정확한 인구 조사를 위해서였다. 그럼에도 전국적으로 ⑩1,500여 명이 통금을 위반, '당국 명령 거역죄' 로 ⑪形事 처벌을 받았다. ④住民들의 반발이 거세자 정부는 곧 컴퓨터 시스템을 도입하겠다고 다짐했지만 지난 1997년에도 똑같은 약속을 한 적이 있어 국민들은 믿지 않고 있다.

194 ③의 뜻을 가진 것은?

① 閉 ② 開 ③ 止 ④ 定

195 ⑥~⑪ 중 한자 표기가 바르지 않은 것은?

① ⑥列車 ② ⑥通禁 ③ ②實施 ④ ⑪形事

196 ⑩의 '여' 자의 한자 표기가 바른 것은?

① 如 ② 餘 ③ 余 ④ 與

197 ④의 독음이 바른 것은?

① 국민 ② 시민 ③ 양민 ④ 주민

198-203 다음 글을 읽고 물음에 답하시오.

③현대인의 하루 생활을 ⑥分流해 보면 대략 ⑥業務, 휴식, ②餘暇, 식사, 수면 시간 등으로 나눌 수 있다. 하지만 선진국이냐 후진국이냐, 정치·⑩經濟·사회·문화적 배경이 어떠냐, 평일이냐 휴일이냐, 혹은 남녀 노소나 소득 정도 등에 따라 하루 24시간 내 이들 항목에 배정되는 시간이나 내용들은 크게 달라진다.

가령 '하루 8시간 노동' 은 ⑪사회주의 국가나 ④자본주의 국가 사이에 큰 차이가 없지만 노동 강도는 ⑥천양지차로 알려져 있다. 서양 사람들은 일단 출근하면 오전, 오후 한두 차례의 커피브레이크 외엔 열심히 일에 매달리다가 ②정시 퇴근한다. ②반면 북한과 같은 사회주의 국가에선 생산성보다는 외형적 근무 시간에 치중하기 십상이다. 날씨가 ⑤더운 중동이나 아프리카, 동남아 등지에서는 업무 개시나 종료 시간이 우리와 다르고 중간에 ⑥낮잠자는 시간(시에스터)을 주기도 한다. 쉬는 시간이나 개인 시간의 양과 사용 행태는 나라별, 개인별로 더욱 차이가 난다.

198 ③의 한자 표기가 바른 것은?

① 古代人 ② 近代人
③ 顯代人 ④ 現代人

199 ⑥~⑩ 중 한자 표기가 바르지 않은 것은?

① ⑥分流 ② ⑥業務
③ ②餘暇 ④ ⑩經濟

200 ⑪~④의 한자 표기가 바른 것은?

① ⑪司會主義 ② ④自本主義
③ ⑥天壤之差 ④ ②定時出勤

201 ②의 '반' 자와 같은 한자를 사용하는 것은?

① 叛亂 ② 反對 ③ 班常 ④ 返送

202 ㉿의 뜻을 가진 것은?

① 暖   ② 畿

③ 熱   ④ 乾

203 ㉤의 뜻을 가장 잘 나타낸 것은?

① 點心   ② 午睡

③ 永眠   ④ 露宿

201-210 다음 글을 읽고 물음에 답하시오.

영국의 더 ㉠타임스지는 최근에 펴낸 '타임스 영어 ㉡辭典'에 몇몇 인터넷 용어를 새로 ㉢手錄했다. 인터넷상의 에티켓을 뜻하는 네티켓을 비롯하여 ㉣元來는 돼지고기 통조림 ㉤商標지만 인터넷에서 ㉥상대방이 원하지 않는데도 e메일을 마구 보내는 뜻으로 쓰이는 스팸(spam) 등이 그 것이다. 그러다보니 지난 1990년부터 10년 동안 영어사전에 새로 오른 컴퓨터 ㉦관련 용어와 ㉧표현만 해도 500개가 넘는다고 한다.

게다가 네티즌들이 인터넷에서 쓰는 ㉨略語는 로제타석의 고대문자를 ㉩判讀하는 것만큼이나 어렵다. 'gr8'을 'great'로 알아보고 'OIC'를 'Oh, I see'로 금방 알아들을 사람이 얼마나 되겠는가. 그러니 셰익스피어가 되살아난다 해도 세계적인 ㉪文豪가 되기는커녕 영어 ㉫單語부터 새로 ㉬工夫해야 될 것이라는 얘기가 나오게 되는 것이다.

204 ㉠의 '지' 자의 한자 표기가 바른 것은?

① 池   ② 紙

③ 誌   ④ 遲

205 ㉡~㉤ 중 한자 표기가 바르지 않은 것은?

① ㉡辭典   ② ㉢手錄

③ ㉣元來   ④ ㉤商標

206 ㉥의 한자 표기가 바른 것은?

① 上大邦   ② 相對方

③ 上帶房   ④ 上代房

207 ㉦의 한자 표기가 바른 것은?

① 關聯   ② 貫連

③ 慣練   ④ 冠聯

208 ㉧의 한자 표기가 바른 것은?

① 表現   ② 標懸

③ 票玄   ④ 表顯

209 ㉨의 독음이 바른 것은?

① 비어   ② 속어

③ 약어   ④ 은어

210 ㉩~㉬의 독음이 바른 것은?

① ㉩판두   ② ㉪문고

③ ㉫숙어   ④ ㉬공부

사전이 필요없는 실전 모의고사 7회

※ 다음 문제를 읽고 알맞은 것을 고르시오.

제1영역 漢 字

1-5 다음 한자(漢字)의 부수(部首)는 무엇입니까?

1 料 : ① 十　　② 木　　③ 米　　④ 斗

2 流 : ① 氵　　② 亠　　③ 厶　　④ 川

3 陸 : ① 士　　② 土　　③ 儿　　④ 阝

4 里 : ① 田　　② 土　　③ 甲　　④ 里

5 務 : ① 矛　　② 夂　　③ 力　　④ 刀

6-10 다음 한자(漢字)의 획수(劃數)는 모두 몇 획입니까?

6 武 : ① 10획　② 9획　③ 8획　④ 7획

7 聞 : ① 15획　② 14획　③ 13획　④ 12획

8 美 : ① 12획　② 11획　③ 10획　④ 9획

9 密 : ① 13획　② 12획　③ 11획　④ 10획

10 民 : ① 6획　② 5획　③ 4획　④ 3획

11-15 다음 필순(筆順)에 대한 설명에 가장 알맞은 한자는 어느 것입니까?

11 왼쪽에서 오른쪽으로 쓴다.
　　① 急　　② 農　　③ 修　　④ 官

12 좌우의 모양이 같을 때에는 가운데를 먼저 쓴다.
　　① 古　　② 水　　③ 告　　④ 金

13 가운데를 꿰뚫는 획은 나중에 쓴다.
　　① 達　　② 令　　③ 己　　④ 事

14 가로획과 세로획이 교차될 때에는 가로획을 먼저 쓴다.
　　① 木　　② 冬　　③ 島　　④ 禮

15 삐침을 먼저 쓰고 파임을 나중에 쓴다.
　　① 加　　② 合　　③ 怒　　④ 獨

16-20 다음 한자(漢字)와 그 조자(造字)의 방식이 같은 한자는 어느 것입니까?

例 한자 '日'은 그 조자(造字)의 방식이 구체적인 사물의 모습을 본떠서 만든 상형자(象形字)이다. 이와 비슷한 한자로는 '山'이 있다.

16 巨 : ① 育　　② 觀　　③ 商　　④ 飛

17 二 : ① 財　　② 的　　③ 寸　　④ 接

18 外 : ① 靑　　② 淸　　③ 種　　④ 退

19 貧 : ① 面　　② 公　　③ 馬　　④ 門

20 因 : ① 指　　② 口　　③ 村　　④ 波

21-31 다음 한자(漢字)의 음(音)은 무엇입니까?

21 發 : ① 갈　　② 달　　③ 발　　④ 팔

22 拜 : ① 미　　② 배　　③ 상　　④ 수

23 番 : ① 반　　② 빈　　③ 번　　④ 분

24 分 : ① 리　　② 할　　③ 반　　④ 분

25 復 : ① 보　　② 복　　③ 포　　④ 표

26 變 : ① 번　　② 변　　③ 본　　④ 회

27 蟲 : ① 사　　② 삼　　③ 충　　④ 훼

28 就 : ① 경　　② 우　　③ 장　　④ 취

29 澤 : ① 역　　② 석　　③ 택　　④ 탁

30 殆 : ① 대　　② 태　　③ 위　　④ 이

31 態 : ① 능　　② 웅　　③ 타　　④ 태

32-39 다음의 음(音)을 가진 한자는 어느 것입니까?

32 비 : ① 不　　② 非　　③ 寺　　④ 訪

33 사 : ① 序　　② 鼻　　③ 殺　　④ 仕

34 산 : ① 算　　② 師　　③ 想　　④ 西

35 침 : ① 脫　　② 探　　③ 針　　④ 投

36 판 : ① 破　　② 判　　③ 閉　　④ 貝

37 탕 : ① 湯　② 塔　③ 疑　④ 奪

38 타 : ① 稱　② 卓　③ 妥　④ 浸

39 탄 : ① 濁　② 濯　③ 延　④ 誕

40-47 다음 한자(漢字)와 음(音)이 같은 한자는 어느 것입니까?

40 仙 : ① 姓　② 城　③ 鮮　④ 速

41 誠 : ① 星　② 首　③ 順　④ 習

42 笑 : ① 送　② 授　③ 俗　④ 素

43 布 : ① 姉　② 暴　③ 彼　④ 匹

44 賀 : ① 亥　② 閑　③ 何　④ 恒

45 炭 : ① 含　② 墮　③ 托　④ 彈

46 枕 : ① 漆　② 寢　③ 測　④ 叫

47 恥 : ① 値　② 層　③ 侵　④ 醉

48-58 다음 한자(漢字)의 뜻은 무엇입니까?

48 勝 : ① 낫다　② 낮다　③ 낳다　④ 넣다

49 是 : ① 저것　② 그르다　③ 바르다　④ 만들다

50 視 : ① 듣다　② 보다　③ 적다　④ 만지다

51 信 : ① 상　② 말씀　③ 소식　④ 따르다

52 示 : ① 넘다　② 들리다　③ 보이다　④ 훔치다

53 虛 : ① 불다　② 언덕　③ 비다　④ 허락하다

54 革 : ① 뼈　② 고기　③ 바꾸다　④ 지키다

55 趣 : ① 취미　② 취하다　③ 모이다　④ 장가들다

56 臭 : ① 개　② 나　③ 냄새　④ 하늘

57 縮 : ① 쫓다　② 쌓다　③ 짓다　④ 줄다

58 衝 : ① 차다　② 진심　③ 비다　④ 부딪치다

59-65 다음의 뜻을 가진 한자(漢字)는 어느 것입니까?

59 새롭다 : ① 新　② 親　③ 深　④ 案

60 약속하다 : ① 羊　② 洋　③ 善　④ 約

61 낚다 : ① 魚　② 漁　③ 億　④ 逆

62 부르다 : ① 或　② 虎　③ 乎　④ 呼

63 붉다 : ① 凶　② 皇　③ 紅　④ 歡

64 못나다 : ① 醜　② 畜　③ 抽　④ 催

65 총명하다 : ① 總　② 聰　③ 銃　④ 燭

66-70 다음 한자(漢字)와 뜻이 비슷한 한자는 어느 것입니까?

66 增 : ① 加　② 減　③ 曾　④ 咸

67 價 : ① 備　② 似　③ 値　④ 償

68 警 : ① 驚　② 戒　③ 恐　④ 夢

69 傍 : ① 僚　② 傑　③ 停　④ 側

70 靜 : ① 寂　② 請　③ 晴　④ 精

제 2 영 역　**語 彙**

71-72 다음 한자어(漢字語)와 그 새김의 방식이 같은 한자어는 어느 것입니까?

> 예 한자어 '年少'는 그 새김의 방식이 주어와 서술어의 관계이다. 이와 비슷한 한자어로는 '日出'이 있다.

71 募兵 : ① 拾得　② 管理　③ 冒險　④ 適格

72 扶助 : ① 發注　② 病患　③ 閉業　④ 略歷

73-90 다음 한자어(漢字語)와 발음(發音)이 같은 한자어는 어느 것입니까?

73 病死 : ① 東史　② 名士　③ 兵士　④ 三四

74 公私 : ① 共生　② 工事　③ 高貴　④ 功勞

75 貴中：① 外勤　② 遠近　③ 究極　④ 貴重

76 大登：① 同等　② 對等　③ 上等　④ 中等

77 命名：① 亡命　② 明命　③ 病名　④ 勉學

78 守勢：① 聲勢　② 水洗　③ 成勢　④ 船稅

79 情實：① 宗室　② 正室　③ 從實　④ 充實

80 養子：① 太陽　② 兩者　③ 書藝　④ 序言

81 以外：① 偉大　② 英雄　③ 未完　④ 理外

82 赤手：① 貯金　② 敵國　③ 敵手　④ 高低

83 全長：① 造作　② 戰場　③ 鳥足　④ 尊重

84 打者：① 慶祝　② 快感　③ 打字　④ 特別

85 各色：① 名色　② 脚色　③ 顏色　④ 終末

86 自淨：① 子正　② 誤判　③ 調定　④ 眞情

87 花間：① 混亂　② 和姦　③ 畵幅　④ 化身

88 弔旗：① 志氣　② 知機　③ 捕獲　④ 早起

89 芳志：① 傍助　② 防潮　③ 防止　④ 放置

90 仲父：① 增補　② 中部　③ 伯父　④ 重厚

91-92 다음 한자어(漢字語)들 중 괄호 안의 한자(漢字)의 발음(發音)이 다른 한자어는 어느 것입니까?

91 ① (省)略　② 自(省)　③ (省)察　④ 反(省)

92 ① (差)別　② (差)額　③ 隔(差)　④ 參(差)

93-110 다음 단어들의 '□'에 공통으로 들어갈 알맞은 한자(漢字)는 어느 것입니까?

93 □日, □戰, □校：① 學　② 休　③ 交　④ 來

94 □心, 兒□, □話：① 私　② 名　③ 對　④ 童

95 經□, □代, □史：① 歷　② 野　③ 前　④ 後

96 先□, 聖□, □母：① 親　② 賢　③ 人　④ 父

97 宿□, □令, 絕□：① 名　② 命　③ 望　④ 使

98 客□, □地, □活：① 生　② 室　③ 死　④ 土

99 □極, □初, □祖：① 始　② 無　③ 登　④ 太

100 街□, 王□, 得□：① 道　② 都　③ 權　④ 失

101 記□, □願, 一□：① 念　② 子　③ 者　④ 所

102 □文, □理, 言□：① 語　② 一　③ 原　④ 論

103 奉□, □育, 入□：① 仕　② 養　③ 出　④ 命

104 □絕, □性, □本：① 根　② 富　③ 德　④ 義

105 短□, 玉□, 全□：① 篇　② 片　③ 長　④ 便

106 □權, 我□, □着：① 政　② 私　③ 執　④ 敗

107 □懷, 詳□, 敍□：① 述　② 細　③ 毀　④ 換

108 □食, □言, 決□：① 檀　② 斷　③ 節　④ 旦

109 關□, □盟, □絡：① 與　② 戀　③ 聯　④ 墳

110 吸□, □氣, □幕：① 煙　② 燃　③ 鉛　④ 帳

111-126 다음 한자어(漢字語)와 뜻이 반대(反對)이거나 상대(相對)되는 한자어는 어느 것입니까?

111 多幸：① 不幸　② 幸運　③ 屋上　④ 料理

112 强勢：① 勢力　② 强力　③ 弱勢　④ 陸地

113 少年：① 年少　② 靑年　③ 來年　④ 老年

114 祖上：① 後孫　② 先祖　③ 後者　④ 列擧

115 君主：① 臣下　② 國王　③ 君子　④ 神聖

116 長身：① 身長　② 短身　③ 體重　④ 身體

117 多面：① 住居　② 一面　③ 音聲　④ 光陰

118 熱氣：① 寒熱　② 空中　③ 寒氣　④ 收用

119 場內：① 場外　② 入場　③ 內室　④ 廣場

120 戰爭：① 大戰　② 平地　③ 建設　④ 平和

121 將軍：① 恒用　② 將士　③ 追從　④ 兵士

122 早期：① 婚期　② 失期　③ 晩期　④ 早朝

123 集合 : ① 海兵　② 解散　③ 集會　④ 陰散

124 消費 : ① 生産　② 浪費　③ 解産　④ 生氣

125 靜肅 : ① 貞淑　② 騷亂　③ 治亂　④ 靜寂

126 好況 : ① 常況　② 不況　③ 狀況　④ 活況

127-132 다음 성어(成語)에서 '□'에 들어갈 알맞은 한자(漢字)는 어느 것입니까?

127 有□無患 : ① 備　② 悲　③ 飛　④ 用

128 事君以□ : ① 孝　② 親　③ 君　④ 忠

129 家家□戶 : ① 皮　② 戶　③ 井　④ 炎

130 □心暗鬼 : ① 疑　② 汚　③ 暗　④ 爵

131 牛刀□鷄 : ① 半　② 折　③ 割　④ 竊

132 □秀之歎 : ① 誘　② 麥　③ 脈　④ 恋

133-136 다음 성어(成語)의 뜻풀이로 적절한 것은 어느 것입니까?

133 集思廣益
　① 많으면 많을수록 더욱 좋다.
　② 어떤 일을 생각만 하고 시작하지 아니하다.
　③ 여러 일에 모두 능하다.
　④ 여러 사람의 뜻을 모아 문제를 해결하다.

134 樂山樂水
　① 들어갈수록 점점 재미가 있다.
　② 산수의 자연을 즐기고 좋아하다.
　③ 어진 자의 덕행이 높다.
　④ 음악을 매우 좋아하다.

135 積小成大
　① 티끌 모아 태산
　② 공든 탑이 무너지랴
　③ 매우 하찮고 보잘 것 없는 것
　④ 엄청난 차이가 나다.

136 愚公移山
　① 쓸데없는 헛수고
　② 어떤 일이라도 끊임없이 노력하면 이루어진다.
　③ 매우 멍청한 사람
　④ 지나친 것은 미치지 못한 것과 같다.

137-140 다음의 뜻을 가장 잘 나타낸 성어(成語)는 어느 것입니까?

137 흑막이 걷히고 진상이 드러나다.
　① 水落石出　② 北窓三友
　③ 仁義禮智　④ 魚東肉西

138 모든 사람의 의견이 같다.
　① 二八靑春　② 說往說來
　③ 去者必反　④ 滿場一致

139 아무리 높은 권세도 오래 가지 못한다.
　① 權不十年　② 獨也靑靑
　③ 無爲徒食　④ 旣往之事

140 아무 보람이 없는 일을 한다.
　① 鷄鳴狗盜　② 隔世之感
　③ 錦衣夜行　④ 錦衣還鄕

제3영역　讀　解

141-154 다음 문장에서 밑줄 친 한자어(漢字語)의 음(音)은 무엇입니까?

141 대부분의 가정은 결혼한 夫婦가 살림을 시작하는 데서부터 이룩된다.
　① 부부　② 부인　③ 신혼　④ 부모

142 요즈음 시골에서는 일손이 不足하다.
　① 만족　② 충만　③ 부족　④ 충분

143 교통 사고 중에서 어린이가 당하는 사고는 높은 比重을 차지하고 있다고 한다.
　① 비율　② 비중　③ 비례　④ 부분

144 남극이나 북극의 바다에는 산같이 큰 얼음덩이인 氷山이 떠 있다.
　① 빙석　② 빙수　③ 빙암　④ 빙산

145 석주명은 오직 나비 研究에 몰두하였다.
　① 의지　② 연마　③ 연구　④ 탐구

146 미국에서 생산되는 곡물의 70% 以上은 가축의 먹이다.
　① 이하　② 이제　③ 이상　④ 이후

147 소설과 같이 말의 가락을 직접 느낄 수 없는 글을 <u>散文</u>이라고 한다.
① 문장　　② 산문　　③ 운문　　④ 수필

148 장기자랑에서 대상을 <u>受賞</u>하였다.
① 수상　　② 수여　　③ 수수　　④ 증정

149 느티나무 그늘 속은 너무 시원하여 마치 딴 <u>世上</u> 같았다.
① 세계　　② 천하　　③ 우주　　④ 세상

150 대동여지도는 생명의 원천인 물줄기를 중심으로 <u>地形</u>을 나타내고 있다.
① 지리　　② 지형　　③ 지상　　④ 지도

151 지금으로부터 100여 년 전에 서양 <u>文物</u>이 들어오면서 우편 제도가 도입되었다.
① 문화　　② 문호　　③ 문물　　④ 문명

152 우리가 지금 긴요하게 쓰고 있는 <u>石油</u>나 석탄도 수십 년 후에는 바닥이 난다.
① 석회　　② 유전　　③ 등유　　④ 석유

153 그는 방송사의 '언론머슴들'과 신문사의 '장학생들'의 도움으로 화려한 <u>脚光</u> 속에 선거 운동을 하고 있다.
① 조명　　② 각광　　③ 광명　　④ 후광

154 민간인들의 왕래가 <u>架橋</u>이(가) 되어 정식 외교 관계가 수립되었다.
① 촉매　　② 발단　　③ 동인　　④ 가교

155-159 다음 문장에서 밑줄 친 한자어(漢字語)의 뜻풀이로 적절한 것은 어느 것입니까?

155 <u>勞苦</u>를 치하하다.
① 심각하게 고민하다.
② 수고스럽게 애쓰다.
③ 편안히 일을 하다.
④ 참기가 괴롭다.

156 그는 <u>每事</u>에 빈틈이 없다.
① 가끔　　② 몇몇 일　　③ 모든 일　　④ 전혀

157 <u>目前</u>의 이익만을 생각하다.
① 미래　　② 과거　　③ 직전　　④ 눈앞

158 비리로 중형을 받은 인사들마저 <u>減刑</u>과 사면으로 감옥에서 나오고 있다.
① 죄를 달게 받다.
② 형벌을 줄여주다.
③ 형벌을 견뎌내다.
④ 죄수를 살피다.

159 작은 친절에도 고마워하고 <u>感激</u>까지 하니 기분이 묘하다.
① 깊이 느끼어 마음이 움직이다.
② 좋아서 날뛰다.
③ 충동을 일으키다.
④ 와락 달려들다.

160-164 다음 문장에서 빈칸에 들어갈 가장 적절한 한자어(漢字語)는 어느 것입니까?

160 우리 사회에는 나쁜 사람보다는 □□한 사람이 더 많다.
① 無道　　② 極惡　　③ 善良　　④ 選良

161 타고르는 자기의 전 재산으로 '자연 속의 학교'를 □□하였다.
① 設立　　② 建設　　③ 開業　　④ 開設

162 명상은 철학적 □□와 연결되어 있다.
① 思考　　② 行動　　③ 行爲　　④ 動作

163 형장의 이슬로 사라지는 마지막 순간에도 그는 □□을 주장하였다.
① 決白　　② 決百　　③ 潔白　　④ 潔百

164 □□한 남학생 몇이 팔을 걷고, 힘든 복구 작업을 하고 있는 이재민들에게 성큼성큼 다가갔다.
① 乾壯　　② 健壯　　③ 建壯　　④ 健將

165-170 다음 문장에서 밑줄 친 한자어(漢字語)의 한자 표기(漢字表記)가 바르지 않은 것은 어느 것입니까?

165 ① <u>身體</u>가 건강해야만 ② <u>自身</u>의 ③ <u>能歷</u>을 마음껏 발휘하여 ④ <u>社會</u>와 나라를 위해 큰 일을 할 수 있는 것이다.

166 ① <u>車道</u>와 ② <u>仁道</u>가 구분되지 않은 길은 매우 혼잡해서 ③ <u>事故</u>의 ④ <u>可能性</u>이 더욱 크다.

167 ① <u>禮法</u>은 ② <u>時代</u>와 ③ <u>場所</u>, ④ <u>上對</u>에 따라 조금씩 달라질 수도 있다.

168 고래가 ① 中心이 된 물짐승과 사슴을 중심으로 한 뭍짐승을 나타낸 평면 그림에는 성기를 내민 ② 男者와 세 마리의 거북, 돋을새김으로 된 새끼고래를 업고 있는 어미고래 등이 그려져 있다. 또 나중에 그린 것으로 보이는 선그림에는 ③ 交尾하는 멧돼지와 투시 기법으로 내장까지 ④ 表現된 짐승들이 생생하게 그려져 있다.

169 한반도에서 독일식의 ① 吸收統一이 불가능하고, 그래서는 참된 통일이 이루어질 수 없다고 본다면, 이념과 체제의 벽을 ② 克服하고 민족적 ③ 同質性을 되찾는 ④ 過度期적 단계를 거치자는 생각을 할 수도 있을 것이다.

170 사나이는 시청 ① 玄關 접수실로 들어가더니 15분쯤 뒤에 나왔다. 당시 프랑스에서는 ② 旅行症까지 갖고 다니면서 관계 기관의 ③ 檢問을 받아야만 통행이 허가되었다. 그 사나이의 여행증은 ④ 矯導所에서 나온 사람만이 가지는 황색 증명서였다.

171-178 다음 문장에서 밑줄 친 단어(單語)를 한자(漢字)로 바르게 쓴 것은 어느 것입니까?

171 성묘란 산소에 가서 조상께 인사를 드리는 것이다.
① 産所　　② 山所　　③ 散所　　④ 山小

172 눈으로 하얗게 덮여진 겨울 산의 설경은 무척이나 아름답다.
① 說經　　② 雪景　　③ 雪京　　④ 雪輕

173 반성을 하는 습관은 자기 발전에 많은 도움이 된다.
① 半聲　　② 發電　　③ 發田　　④ 發展

174 웃어른께는 반드시 높임말을 사용해야 한다.
① 利用　　② 事用　　③ 使用　　④ 史用

175 학교 복도에 걸려 있는 옛날 도로의 사진을 보니, 모습이 지금과는 많이 달랐다.
① 道路　　② 道老　　③ 到路　　④ 圖路

176 비명이 사방에서 들려 왔다.
① 四方　　② 事方　　③ 四放　　④ 四防

177 그는 주위의 기대를 한 몸에 받고 고시에 응시하였다.
① 期待　　② 幾待　　③ 起代　　④ 期對

178 스탈린은 공포 정치의 극단을 보여 주었다.
① 劇團　　② 極端　　③ 劇斷　　④ 劇壇

179-183 다음 문장에서 밑줄 친 단어(單語)나 어구(語句)의 뜻을 가장 잘 나타낸 한자(漢字) 또는 한자어(漢字語)는 어느 것입니까?

179 현식이는 많은 책을 읽어서 아는 것이 많다.
① 國語　　② 文章　　③ 圖畵　　④ 圖書

180 신변잡기적인 내용만 죽 늘어놓으면 좋은 수필이 되기 어렵다.
① 列擧　　② 事例　　③ 用例　　④ 一例

181 아버지께서 뜰에 꽃을 심고 계십니다.
① 動産　　② 花草　　③ 庭園　　④ 園藝

182 그가 출마하면 뽑힐 것이 확실하다.
① 當選　　② 落選　　③ 選擧　　④ 決選

183 아무리 의논을 거듭해도 제자리걸음을 치는 꼴 이상을 벗어나지 못했다.
① 答報　　② 畓步　　③ 踏步　　④ 畓報

184-188 다음 글을 읽고 물음에 답하시오.

바닷가에 사는 사람 중에 갈매기를 좋아하는 사람이 있었다. ㉠每日 ㉡아침 바닷가에 ㉢가서 갈매기를 따라 놀면, 갈매기들이 모두 그에게 모여 들었다. 그 아버지가 말하기를 "내가 들으니 갈매기들이 모두 너를 따라 논다고 하니, 네가 잡아오너라. 내가 그것을 가지고 놀리라." 하였다. ㉣다음 날 바닷가에 가니, 갈매기들이 하늘 ㉤위로 날며 춤추면서도 내려오지는 않았다.

184 ㉠의 독음이 바른 것은?
① 내일　　② 모일　　③ 매일　　④ 매월

185 ㉡의 뜻을 가진 것은?
① 早　　② 朝　　③ 夕　　④ 夜

186 ㉢의 한자 표기가 바른 것은?
① 永　　② 止　　③ 來　　④ 去

187 ㉣의 뜻을 가장 잘 나타낸 것은?
① 明日　　② 今日　　③ 近代　　④ 現在

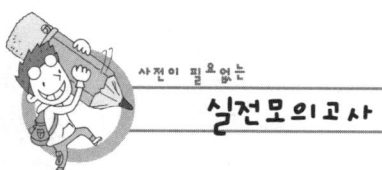

188 ⓜ의 한자 표기가 바른 것은?

① 飛上   ② 合同   ③ 上空   ④ 起立

189-193 다음 글을 읽고 물음에 답하시오.

홍서봉 정승의 어머니는 ㉠집이 아주 가난하여 거친 밥과 나물국도 매번 거를 때가 많았다. 하루는 여종을 보내어 ㉡고기를 사오게 하여 보니 ㉢色이 이상한 것이 고기에 독이 있는 것 같았다. 그래서 그 어머니가 여종에게 "파는 고기가 몇 덩어리나 있더냐?" 하고 물었다. 그리고 머리의 장식을 팔아 돈을 마련하여 여종으로 하여금 그 고기를 ㉣전부 사서 담장 밑에 묻게 하였다. 여종이 ㉤理由를 물어보니 다음과 같이 대답하였다. "다른 사람이 사서 먹고 병이 날까 염려하였기 때문이다."

189 ㉠의 한자 표기가 바른 것은?

① 親   ② 庭   ③ 家   ④ 族

190 ㉡의 한자 표기가 바른 것은?

① 衣   ② 住   ③ 肉   ④ 食

191 ㉢의 독음이 바른 것은?

① 파   ② 색   ③ 감   ④ 사

192 ㉣의 한자 표기가 바른 것은?

① 全部   ② 大體   ③ 全體   ④ 立志

193 ㉤의 독음이 바른 것은?

① 이해   ② 사유   ③ 원인   ④ 이유

194-197 다음 글을 읽고 물음에 답하시오.

오늘날 서민술의 대명사가 된 소주는 조선조까지만 해도 사치스런 ㉠술로 통해 권력가와 부유층만이 즐길 수 있었다. 고려말 원나라에서 들어온 소주는 서민들에게는 어쩌다 ㉡藥用으로 쓰는 게 고작이었다고 한다. ㉢弱骨이었던 단종이 왕에 오른 뒤 ㉣待臣들이 보양을 위해 소주를 ㉤권했다는 기록도 있다. 성종 때는 서민들이 소주 마시는 것을 두고 어전에서 과소비 논쟁이 벌어지기도 했다. 소주의 격이 떨어진 것은 일제와 ㉥建國期를 거치면서 소주의 주조법이 증류식에서 희석식으로 바뀌면서다. 당시 소주는 지금의 서울 공덕동 자리에서 주로 만들어졌는데, ㉦多量 생산돼 값이 떨어지면서 서민들도 즐겨 마시게 되었다.

194 ㉠의 뜻을 가진 것은?

① 戊   ② 戌   ③ 酒   ④ 酉

195 ㉡~㉥ 중 한자 표기가 바르지 않은 것은?

① ㉡藥用   ② ㉢弱骨
③ ㉣待臣   ④ ㉥建國期

196 ㉤의 '권' 자의 한자 표기가 바른 것은?

① 勤   ② 勸   ③ 權   ④ 卷

197 ㉦의 독음이 바른 것은?

① 다수   ② 다량   ③ 대거   ④ 대량

198-203 다음 글을 읽고 물음에 답하시오.

동서양을 ㉠막론하고 ㉡복권의 역사는 매우 길다. 기원전 3세기 때 진시황이 만리장성을 쌓기 위하여 복권을 ㉢팔았다는 이야기가 있다. 또 로마의 ㉣초대 황제인 아우구스투스는 연회 손님들에게 추첨을 통해 상품을 주었고, 5대 황제인 네로는 ㉤수시로 ㉥對中적 추첨 행사로 직업이나 땅, 노예, 선박 등을 나누어 주었다고 한다.
번호가 적힌 ㉦현대식 복권은 15세기 이후 네덜란드, 이탈리아를 거치며 ㉧자리를 잡았다. ㉨卽席 복권은 스위스에서 시작했는데 1974년 미국에서 나온 긁어내기식은 순식간에 전세계로 번져나갔다. 우리 나라는 1947년에 올림픽 대회 참가 ㉩經費를 마련하기 위하여 처음 발행하였다.
복권의 어원인 로토(Lotto)는 행운이라는 뜻이다. 그러나 복권 당첨자 중 ㉪상당수가 주위 사람들과의 ㉫不和, 사업 실패 등으로 불행해지는 것 또한 동서양의 공통점이다.

198 ㉠~㉤의 한자 표기가 바른 것은?

① ㉠漠論   ② ㉡福卷
③ ㉣初代   ④ ㉤須時

199 ㉢의 뜻을 가진 것은?

① 市   ② 易   ③ 買   ④ 賣

200 ㉥~㉫ 중 한자 표기가 바르지 않은 것은?

① ㉥對中   ② ㉨卽席
③ ㉩經費   ④ ㉫不和

201 ㉦의 '식' 자와 같은 한자를 사용하는 것은?

① 格式   ② 修飾   ③ 知識   ④ 休息

202 ㉧의 뜻을 가장 잘 나타낸 것은?

① 樹立   ② 押送   ③ 定着   ④ 盛業

203 ㉠의 한자 표기가 바른 것은?

① 極少數   ② 大多數

③ 相當數   ④ 未知數

204-210 다음 글을 읽고 물음에 답하시오.

선글라스를 '라이방'이라고 부르던 때가 있었다. 미국 바슈롬 사가 1930년 미 공군으로부터 ㉠依賴받아 개발한 ㉡보안경 '레이 밴'이 일본을 거쳐 들어오면서 '라이방'으로 굳어진 것이다. ㉢光線(Ray)을 차단(Ban)한다는 뜻으로 '레이 밴'으로 이름붙인 것이 선글라스의 ㉣代命詞로 굳어진 것이다. 원래는 ㉤飛行士용으로 개발됐지만 맥아더 장군과 비틀스 등이 ㉥愛用하면서 더욱 유명해졌다. 70년이 지난 지금도 세계 선글라스 시장의 40%를 ㉦점유하고 있다고 한다.

　바슈롬 사가 선글라스로 성공한 ㉧企業이라면 복사기의 대명사였던 제록스 사는 법정 관리 ㉨直前에 놓여 있다. 지난 해 5월만 해도 64달러이던 ㉩株式이 지난 10월엔 6.75달러로 10분의 1로 ㉪暴落했다. 컴퓨터 프린터와 ㉫저가 복사기가 대량 생산되면서 제록스의 ㉬주력 상품인 고급 복사기는 설 자리가 없어진 것이다.

204 ㉠의 독음이 바른 것은?

① 위탁   ② 위임

③ 의뢰   ④ 의탁

205 ㉡의 한자 표기가 바른 것은?

① 保安境   ② 保眼鏡

③ 寶眼境   ④ 補安鏡

206 ㉢~㉥ 중 한자 표기가 바르지 않은 것은?

① ㉢光線   ② ㉣代命詞

③ ㉤飛行士   ④ ㉥愛用

207 ㉦의 한자 표기가 바른 것은?

① 占有   ② 店乳

③ 點有   ④ 漸裕

208 ㉧~㉪의 독음이 바른 것은?

① ㉧지업   ② ㉨직전

③ ㉩수식   ④ ㉪몰락

209 ㉫의 '저' 자의 한자 표기가 바른 것은?

① 低   ② 貯

③ 著   ④ 抵

210 ㉬의 한자 표기가 바른 것은?

① 主力   ② 走力

③ 注力   ④ 酒力

※ 다음 문제를 읽고 알맞은 것을 고르시오.

제1영역 漢字

1-5 다음 한자(漢字)의 부수(部首)는 무엇입니까?

1 熱 : ① 土　② 儿　③ 九　④ 灬

2 榮 : ① 火　② 炎　③ 冖　④ 木

3 永 : ① 丶　② 亅　③ 小　④ 水

4 藝 : ① 艹　② 乙　③ 二　④ 云

5 屋 : ① 士　② 尸　③ 戶　④ 至

6-10 다음 한자(漢字)의 획수(劃數)는 모두 몇 획입니까?

6 往 : ① 10획　② 9획　③ 8획　④ 7획

7 右 : ① 8획　② 7획　③ 6획　④ 5획

8 遠 : ① 16획　② 15획　③ 14획　④ 13획

9 願 : ① 20획　② 19획　③ 18획　④ 17획

10 育 : ① 8획　② 9획　③ 6획　④ 5획

11-15 다음 필순(筆順)에 대한 설명에 가장 알맞은 한자는 어느 것입니까?

11 왼쪽에서 오른쪽으로 쓴다.
　① 今　② 選　③ 吉　④ 休

12 좌우의 모양이 같을 때에는 가운데를 먼저 쓴다.
　① 小　② 來　③ 買　④ 賣

13 가운데를 꿰뚫는 획은 나중에 쓴다.
　① 感　② 歲　③ 手　④ 國

14 가로획과 세로획이 교차될 때에는 가로획을 먼저 쓴다.
　① 引　② 末　③ 葉　④ 邑

15 삐침을 먼저 쓰고 파임을 나중에 쓴다.
　① 去　② 良　③ 婦　④ 父

16-20 다음 한자(漢字)와 그 조자(造字)의 방식이 같은 한자는 어느 것입니까?

예 한자 '日'은 그 조자(造字)의 방식이 구체적인 사물의 모습을 본떠서 만든 상형자(象形字)이다. 이와 비슷한 한자로는 '山'이 있다.

16 方 : ① 私　② 身　③ 定　④ 助

17 四 : ① 地　② 質　③ 上　④ 住

18 衣 : ① 石　② 致　③ 鄕　④ 形

19 根 : ① 六　② 肉　③ 王　④ 陰

20 近 : ① 在　② 首　③ 太　④ 民

21-31 다음 한자(漢字)의 음(音)은 무엇입니까?

21 油 : ① 류　② 누　③ 유　④ 우

22 應 : ① 긍　② 능　③ 승　④ 응

23 醫 : ① 술　② 의　③ 예　④ 유

24 音 : ① 성　② 양　③ 음　④ 향

25 銀 : ① 은　② 인　③ 간　④ 근

26 恩 : ① 온　② 운　③ 윤　④ 은

27 胸 : ① 망　② 복　③ 융　④ 흉

28 渴 : ① 게　② 갈　③ 알　④ 할

29 觸 : ① 독　② 촉　③ 속　④ 탁

30 促 : ① 족　② 작　③ 촉　④ 축

31 肖 : ① 소　② 조　③ 초　④ 차

32-39 다음의 음(音)을 가진 한자는 어느 것입니까?

32 인 : ① 敵　② 貯　③ 認　④ 第

33 제 : ① 存　② 章　③ 正　④ 弟

34 적 : ① 戰　② 赤　③ 典　④ 政

35 감 : ① 敢　② 甲　③ 降　④ 皆

36 갱 : ① 居　② 犬　③ 更　④ 乾

37 체 : ① 抄　② 秒　③ 礎　④ 遞

38 청 : ① 廳　② 滯　③ 超　④ 逮

39 첨 : ① 妾　② 替　③ 添　④ 徹

40-47 다음 한자(漢字)와 음(音)이 같은 한자는 어느 것입니까?

40 祖 : ① 罪　② 竹　③ 早　④ 次

41 宗 : ① 種　② 左　③ 着　④ 責

42 晝 : ① 窓　② 注　③ 指　④ 察

43 驚 : ① 鷄　② 癸　③ 溪　④ 庚

44 坤 : ① 絲　② 關　③ 穀　④ 困

45 遷 : ① 踐　② 斥　③ 哲　④ 尖

46 戚 : ① 策　② 拓　③ 彩　④ 賤

47 暢 : ① 薦　② 債　③ 蒼　④ 慼

48-58 다음 한자(漢字)의 뜻은 무엇입니까?

48 請 : ① 맑다　② 개다　③ 푸르다　④ 부탁하다

49 秋 : ① 봄　② 여름　③ 가을　④ 겨울

50 忠 : ① 용서　② 충성　③ 가운데　④ 꺼리다

51 取 : ① 팔다　② 사다　③ 가지다　④ 마시다

52 治 : ① 부수다　② 태우다　③ 어지럽다　④ 다스리다

53 弓 : ① 활　② 화살　③ 활동　④ 이르다

54 勸 : ① 권리　② 권세　③ 권하다　④ 기뻐하다

55 創 : ① 창고　② 푸르다　③ 비롯하다　④ 처량하다

56 慘 : ① 셋　② 참고하다　③ 참혹하다　④ 참소하다

57 懲 : ① 맑다　② 혼내다　③ 부르다　④ 거두다

58 疾 : ① 병　② 막다　③ 꾸짖다　④ 빠르다

59-65 다음의 뜻을 가진 한자(漢字)는 어느 것입니까?

59 크다 　 : ① 七　② 宅　③ 太　④ 八

60 오줌 　 : ① 便　② 品　③ 夏　④ 河

61 풀다 　 : ① 幸　② 解　③ 向　④ 香

62 돌아가다 : ① 均　② 乃　③ 及　④ 歸

63 다만 　 : ① 丹　② 但　③ 端　④ 當

64 펴다 　 : ① 震　② 鎭　③ 陳　④ 珍

65 벼슬 　 : ① 職　② 織　③ 遲　④ 振

66-70 다음 한자(漢字)와 뜻이 비슷한 한자는 어느 것입니까?

66 洞 : ① 頂　② 跡　③ 谷　④ 積

67 敬 : ① 愼　② 恭　③ 謹　④ 讚

68 惱 : ① 染　② 忘　③ 忙　④ 煩

69 孔 : ① 穴　② 塞　③ 障　④ 閑

70 潔 : ① 汚　② 濁　③ 淨　④ 載

제 2 영역　語 彙

71-72 다음 한자어(漢字語)와 그 새김의 방식이 같은 한자어는 어느 것입니까?

> 예 한자어 '年少'는 그 새김의 방식이 주어와 서술어의 관계이다. 이와 비슷한 한자어로는 '日出'이 있다.

71 學生 : ① 閑談　② 送舊　③ 損失　④ 續開

72 讓位 : ① 弱點　② 鎖骨　③ 養魚　④ 屬國

73-90 다음 한자어(漢字語)와 발음(發音)이 같은 한자어는 어느 것입니까?

73 三性 : ① 山城　② 三生　③ 參見　④ 參星

74 空名 : ① 工藝　② 公算　③ 空山　④ 公明

75 禁止 : ① 今日　② 金紙　③ 給水　④ 給食

76 得道 : ① 古樂　② 高落　③ 得度　④ 苦樂

77 失明 : ① 人命　② 實名　③ 大望　④ 每番

78 笑話 : ① 造化　② 消化　③ 送話　④ 俗畵

79 詩草 : ① 史草　② 時調　③ 水草　④ 始初

80 大魚 : ① 大雨　② 對語　③ 對言　④ 大逆

81 武勇 : ① 文才　② 無用　③ 美容　④ 運用

82 傳令 : ① 口令　② 完全　③ 電令　④ 目的

83 兵卒 : ① 士卒　② 中卒　③ 病卒　④ 軍卒

84 回議 : ① 會意　② 寒波　③ 寒流　④ 法則

85 散文 : ① 三門　② 山門　③ 尙文　④ 詩文

86 年久 : ① 煙草　② 硏考　③ 硏究　④ 悅樂

87 空輸 : ① 攻守　② 公主　③ 共同　④ 工具

88 分類 : ① 紛糾　② 分數　③ 封墳　④ 分流

89 狂奔 : ① 鑛分　② 光背　③ 流配　④ 掛鐘

90 奮起 : ① 奔忙　② 色彩　③ 分期　④ 粉筆

91-92 다음 한자어(漢字語)들 중 괄호 안의 한자(漢字)의 발음(發音)이 다른 한자어는 어느 것입니까?

91 ① 遊(說)　② 演(說)　③ 假(說)　④ 異(說)

92 ① (布)施　② (布)木　③ 公(布)　④ 宣(布)

93-110 다음 단어들의 '□'에 공통으로 들어갈 알맞은 한자(漢字)는 어느 것입니까?

93 □工, □快, □備 : ① 防　② 完　③ 木　④ 有

94 □性, □體, □人 : ① 個　② 合　③ 身　④ 心

95 □聞, □習, 高□ : ① 風　② 學　③ 豊　④ 低

96 □園, 家□, 親□ : ① 族　② 田　③ 庭　④ 訓

97 貧□, □書, 出□ : ① 血　② 古　③ 弱　④ 現

98 目□, 貴□, □位 : ① 上　② 重　③ 下　④ 人

99 例□, 主□, □目 : ① 題　② 意　③ 耳　④ 文

100 □開, □示, 發□ : ① 退　② 暗　③ 明　④ 展

101 □減, □視, □重 : ① 輕　② 加　③ 貴　④ 達

102 各□, □自, □界 : ① 世　② 各　③ 獨　④ 鼻

103 □期, □足, 豊□ : ① 年　② 手　③ 滿　④ 充

104 □落, □長, 農□ : ① 急　② 夫　③ 部　④ 村

105 壯□, 極□, 强□ : ① 烈　② 列　③ 限　④ 士

106 飯□, 飮□, □量 : ① 店　② 酒　③ 重　④ 辛

107 □結, □死, □傷 : ① 秘　② 豚　③ 壓　④ 凍

108 □留, □揚, □制 : ① 體　② 抑　③ 讚　④ 規

109 冬□, 睡□, 熟□ : ① 季　② 眠　③ 懼　④ 錦

110 □仰, 確□, 背□ : ① 信　② 固　③ 推　④ 綱

111-126 다음 한자어(漢字語)와 뜻이 반대(反對)이거나 상대(相對)되는 한자어는 어느 것입니까?

111 不法 : ① 立法　② 說法　③ 合法　④ 文藝

112 生花 : ① 生命　② 造花　③ 生氣　④ 和色

113 暗示 : ① 明示　② 明暗　③ 暗黑　④ 思考

114 原因 : ① 事故　② 結果　③ 因果　④ 季節

115 自動 : ① 人工　② 自然　③ 作動　④ 手動

116 前半 : ① 長期　② 結氷　③ 後半　④ 決勝

117 他殺 : ① 殺人　② 自殺　③ 殺害　④ 殺到

118 前進 : ① 後進　② 先進　③ 移民　④ 進展

119 絶對 : ① 相對　② 絶望　③ 密接　④ 外傳

120 好材 : ① 大才　② 好感　③ 惡材　④ 財貨

121 非凡 : ① 凡人　② 農夫　③ 育英　④ 平凡

122 伐木 : ① 誰何　② 渴望　③ 移植　④ 植木

123 害蟲 : ① 病蟲　② 益蟲　③ 寸蟲　④ 殺蟲

124 眞實 : ① 虛僞　② 僞證　③ 記憶　④ 大暑

125 暴露 : ① 暴惡　② 隱蔽　③ 階段　④ 醜惡

126 閑暇 : ① 細菌　② 局面　③ 奔走　④ 尋常

127-132 다음 성어(成語)에서 '□'에 들어갈 알맞은 한자(漢字)는 어느 것입니까?

127 □友以信 : ① 交　② 親　③ 愛　④ 眞

128 □土不二 : ① 神　② 身　③ 臣　④ 堂

129 言中有□ : ① 危　② 固　③ 骨　④ 忍

130 口□腹劍 : ① 密　② 甘　③ 尙　④ 蜜

131 明鏡□水 : ① 至　② 止　③ 只　④ 藥

132 行不由□ : ① 徑　② 卿　③ 經　④ 路

133-136 다음 성어(成語)의 뜻풀이로 적절한 것은 어느 것입니까?

133 事實無根
　① 근거 없는 말
　② 우려하던 일이 발생하다.
　③ 소문이 사실로 판명되다.
　④ 기초가 튼튼하지 않고 약하다.

134 非一非再
　① 잘못하고 고치지 않는다.
　② 한두 사람의 노력으로는 바뀌지 않는다.
　③ 일을 하다가 중도에 포기하다.
　④ 같은 현상이 한두 번이 아니고 많다.

135 手不釋卷
　① 외물과 자아가 어울려 하나가 되다.
　② 경치가 좋기로 이름난 곳
　③ 가냘프고 고운 여자의 손
　④ 항상 글을 읽다.

136 口尙乳臭
　① 뛰어난 재주를 가진 어린 아이
　② 말이나 하는 짓이 유치하다.
　③ 업은 아이 삼년 찾는다.
　④ 몸이 매우 허약하다.

137-140 다음의 뜻을 가장 잘 나타낸 성어(成語)는 어느 것입니까?

137 커다란 전체 중 드러난 작은 부분
　① 百日天下　　② 氷山一角
　③ 大義名分　　④ 怒發大發

138 잘잘못을 따져 묻지 않는다.
　① 有名無實　　② 同苦同樂
　③ 男女有別　　④ 不問曲直

139 나라가 잘 다스려져서 풍속이 아름답게 된다.
　① 道不拾遺　　② 厚顏無恥
　③ 抑强扶弱　　④ 異口同聲

140 화가 바뀌어 오히려 복이 된다.
　① 飽食暖衣　　② 單騎匹馬
　③ 轉禍爲福　　④ 同病相憐

제3영역　讀解

141-154 다음 문장에서 밑줄 친 한자어(漢字語)의 음(音)은 무엇입니까?

141 우리 조상은 세계 어느 민족에도 뒤지지 않는 찬란한
文化를 이룩하였다.
　① 문호　② 문화　③ 문명　④ 문물

142 1997년 말, 우리 나라의 경제 사정이 急速히 나빠졌다.
　① 정도　② 급속　③ 과속　④ 수속

143 우리는 조상으로부터 뛰어난 슬기를 물려받은 後孫
이다.
　① 자손　② 손자　③ 후손　④ 후배

144 내일 외국으로 떠나는 나를 위해 친구들이 送別 잔치
를 해주었다.
　① 환송　② 환영　③ 송축　④ 송별

145 사람은 살아가는 동안 권리와 義務의 주체가 된다.
　① 희생　② 복무　③ 의무　④ 임무

146 오늘날의 논에는 水路가 잘 만들어져 있다.
　① 수도　② 수맥　③ 수로　④ 육로

147 동해의 여름철 水溫은 서해나 남해보다 낮다.
① 수질　　② 수온　　③ 온도　　④ 수면

148 자전거는 걷는 것보다 빨라 작은 失手에도 크게 다칠 수 있다.
① 실책　　② 과실　　③ 실례　　④ 실수

149 어머니는 할머니로부터 料理 솜씨를 전수받았다.
① 요리　　② 조리　　③ 처리　　④ 음식

150 농구는 공격과 수비의 전환이 빠르게 진행되는 競技이다.
① 운동　　② 구기　　③ 기술　　④ 경기

151 보다 성숙한 정치를 위해서는, 국민 모두가 對話와 타협의 태도를 지녀야 한다.
① 대담　　② 담화　　③ 대화　　④ 좌담

152 이번 여행의 宿所는 지난번보다 깨끗했다.
① 숙사　　② 숙식　　③ 숙소　　④ 거처

153 그는 이것이 바로 脚本 없는 드라마라며 감탄사를 연발하였다.
① 각색　　② 교본　　③ 극본　　④ 각본

154 그렇게 삼 년 동안 싸움터만 찾아다니며, 혹은 구경을 하고, 혹은 직접 加擔도 하였으나, 그 어느 것도 로마군에 의하여 진압되지 않는 것을 보지 못했다.
① 가담　　② 가세　　③ 참가　　④ 참여

155-159 다음 문장에서 밑줄 친 한자어(漢字語)의 뜻풀이로 적절한 것은 어느 것입니까?

155 勿論 월급은 현금으로 지급될 것이다.
① 부연 설명하자면　　② 동시에
③ 말할 것도 없이　　④ 가치가 없다.

156 그 문제는 未決로 남았다.
① 아직 해결되지 못하다.　　② 확실히 해결되다.
③ 곧 해결될 것이다.　　④ 해결 가능성이 없다.

157 우리는 조상의 美風을 이어가야 한다.
① 약하게 부는 바람　　② 아름다운 풍속
③ 아름다운 자연　　④ 버려야 할 관습

158 참사에 뒤이어 터키인들이 무장으로 자위책을 講究하고 있다는 소식이 전해졌다.
① 억지로 빼앗다.　　② 억지로 권하다.
③ 궁리하여 찾아내다.　　④ 강의하다.

159 인권을 監視하고 인권 유린을 항의하기 위해 수많은 국제 기구들이 존재한다.
① 굽어보다.　　② 뚫어지게 쳐다보다.
③ 주의 깊게 살피다.　　④ 둘러보다.

160-164 다음 문장에서 빈칸에 들어갈 가장 적절한 한자어(漢字語)는 어느 것입니까?

160 씨름은 두 사람이 상대방의 샅바를 잡고 □□를 겨루는 경기이다.
① 元氣　　② 勝敗　　③ 力量　　④ 武力

161 공동체 의식이란, 모든 사람이 서로 도우며 한 □□처럼 아끼고 사랑하는 마음을 말한다.
① 佳族　　② 家族　　③ 身體　　④ 親友

162 오늘은 하루 □□ 업무에 시달렸다.
① 終日　　② 每日　　③ 始終　　④ 同案

163 법조계와 시민 단체들로부터 '반민주악법'으로 지탄받아온 전시대의 법률을 고치거나 없애는 작업을 정치권이 언제부터 '개혁 입법'이라고 □□한 어휘로 바꿔치기해 놓았는지 분명치 않다.
① 就勞　　② 高尙　　③ 古尙　　④ 低俗

164 상대편의 사정도 모르고 불쑥 찾아가는 것은 큰 □□가 아닐 수 없다.
① 結禮　　② 決禮　　③ 缺禮　　④ 潔禮

165-170 다음 문장에서 밑줄 친 한자어(漢字語)의 한자 표기(漢字表記)가 바르지 않은 것은 어느 것입니까?

165 독서는 즐거움, ① 教訓, ② 知食과 ③ 情報를 얻기 위하여 반드시 ④ 必要하다.

166 주어진 ① 時間을 어떻게 ② 活用하느냐에 따라 ③ 成功과 ④ 實敗가 좌우된다.

167 ① 圖書 목록을 ② 作成해 두면 ③ 效果적인 ④ 讀書를 할 수 있다.

168 콜럼버스가 아메리카 대륙을 ① 發堅하기 ② 以前에 알려져 있던 유럽, 아시아, 아프리카의 세 대륙을 ③ 舊大陸, 남북아메리카 및 오스트레일리아를 신대륙이라고 부르는 것은 서구 중심적인 ④ 思考이다.

169 ① 多數決로 결정된 의견을 ② 尊重한다. 비록 내 의견이 옳다고 생각하더라도 다수결로 ③ 潔淨된 ④ 事項을 따른다.

170 중국과의 정치적 ① 交涉에 이어 경제적 교류가 개시될 ② 展望이다. 체제나 이념의 ③ 差異를 넘어 우호와 ④ 通常을 증진하려는 정부의 노력을 격려하면 격려했지 반대할 까닭은 조금도 없다.

171-178 다음 문장에서 밑줄 친 단어(單語)를 한자(漢字)로 바르게 쓴 것은 어느 것입니까?

171 상대방을 무시해서는 안 된다.
　① 無始　　② 無時　　③ 無視　　④ 務時

172 나라마다 인사하는 법이 다르다.
　① 人士　　② 人師　　③ 仁事　　④ 人事

173 동굴 입구에 들어서자 싸늘한 기운이 살갗에 느껴졌다.
　① 人口　　② 入口　　③ 入究　　④ 入句

174 한자의 뜻과 소리를 빌려 우리말을 적어 낸 글자 표기를 '이두' 라고 한다.
　① 漢字　　② 漢子　　③ 韓字　　④ 漢者

175 저는 공부하는 것이 좋기 때문에 커서도 계속해서 학문을 연구하는 학자가 되고 싶습니다.
　① 學字　　② 學自　　③ 學者　　④ 學子

176 농악은 농사를 지을 때 어려움을 덜고 작업의 능률을 올리기 위해서 생긴 것이다.
　① 昨業　　② 作業　　③ 動作　　④ 行動

177 그가 편집국장 자리에 붙어 있을 수 있는 것은 일제시대부터의 신문인이라는 관록에 의해서였는데, 그 기득권이 요즈음 위협을 받고 있다.
　① 己得權　　② 已得權　　③ 旣得權　　④ 期得權

178 이 사진 한 장은 나치가 저질렀던 역사적 죄악에 대한 참회 의지를 극명하게 보여주고 있다.
　① 克明　　② 極明　　③ 劇名　　④ 極命

179-183 다음 문장에서 밑줄 친 단어(單語)나 어구(語句)의 뜻을 가장 잘 나타낸 한자(漢字) 또는 한자어(漢字語)는 어느 것입니까?

179 수영이는 얼굴이 온통 빨개졌다.
　① 每事　　② 全體　　③ 每番　　④ 常用

180 나폴레옹은 훌륭한 장군이자 정치가로 이름이 높다.
　① 偉大　　② 强弱　　③ 獨特　　④ 唱歌

181 내가 산 주식 값이 계속해서 떨어졌다.
　① 敗北　　② 算出　　③ 代打　　④ 下落

182 교통이 혼잡해서 걸어서 가는 사람도 있다.
　① 停止　　② 徒步　　③ 乘車　　④ 乘馬

183 아이들과 위험하게 건넜던 그 강변에서 우리는 어머니와 작별을 했다.
　① 盜講　　② 渡江　　③ 都河　　④ 渡海

184-188 다음 글을 읽고 물음에 답하시오.

계속되는 불황으로 인해 ㉠生産과 소비가 갈수록 위축되고 좀처럼 나아질 기미가 보이지 않고 있다. ㉡청년 실업자의 ㉢수도 역시 상당히 높고, 임금 근로자 가운데 임시 및 일용 근로자가 차지하는 ㉣비중이 커지고 있다. 일자리가 없어 구직을 포기하는 사람도 ㉤매우 늘어나고 있는 추세이다.

184 ㉠의 독음이 바른 것은?
　① 생생　　② 출산　　③ 생산　　④ 수산

185 ㉡의 한자 표기가 바른 것은?
　① 靑年　　② 淸年　　③ 請年　　④ 少年

186 ㉢의 한자 표기가 바른 것은?
　① 律　　② 數　　③ 手　　④ 授

187 ㉣의 한자 표기가 바른 것은?
　① 備中　　② 飛中　　③ 對中　　④ 比重

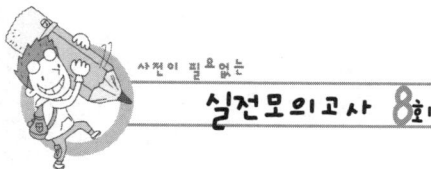
188 ⓜ의 뜻을 가장 잘 나타낸 것은?

① 急減   ② 急增   ③ 快速   ④ 加速

189-193 다음 글을 읽고 물음에 답하시오.

우리 나라 ㉠最初의 전등은 1887년 경복궁에 가설되었다. 1887년 3월 6일 어스름이 짙게 깔린 경복궁 내 건청궁, 작은 불빛 하나가 깜빡깜빡하는가 싶더니 처음 보는 눈부신 조명이 갑자기 주위를 밝혔다. 주위에 ㉡모여들었던 남녀노소들은 모두 놀라고 말았다. 마침내 우리 나라 최초로 전등이 점화된 것이다. 에디슨이 백열전등을 발명한 지 불과 8년만에 서울에 전등이 켜졌으니 당시로서는 획기적인 사건이 아닐 수 없었다. 그때만 해도 전기는 ㉢문명의 총아라 해도 ㉣지나친 말이 아닐 정도로 전등 가설에는 큰 돈이 들었다. 궁정에 제일 먼저 전깃불이 켜진 것도 그런 이유에서였던 것이다. 향원정 연못가에 세워진 발전 ㉤설비는 당시 동양에서 가장 성능이 뛰어난 것이었다고 한다.

189 ㉠의 독음이 바른 것은?

① 시작   ② 최초   ③ 최후   ④ 시초

190 ㉡의 뜻을 가장 잘 나타낸 것은?

① 萬人   ② 大衆   ③ 集合   ④ 雲集

191 ㉢의 한자 표기가 바른 것은?

① 文名   ② 文明   ③ 間名   ④ 朝夕

192 ㉣의 한자 표기가 바른 것은?

① 過言   ② 言語   ③ 笑言   ④ 意志

193 ㉤의 한자 표기가 바른 것은?

① 說客   ② 防備   ③ 對備   ④ 設備

194-197 다음 글을 읽고 물음에 답하시오.

보통 사람의 ㉠몸무게에서 뇌가 차지하는 비중은 2%에 ㉡不過한 1,300~1,400g 정도다. 하지만 20세기 첨단 과학기술로도 풀지 못하는 것이 ㉢人看 뇌의 비밀이다. 생각과 ㉣行動을 통제·감독·㉤指示하는 뇌는 찬란한 인류 문명을 이뤄내는 원천이지만 혈액 공급이 15초만 차단돼도 ㉥意識不明이 된다. 4분 이상 중단되면 1백60억 개 정도인 뇌세포는 회복이 불가능할 정도로 손상을 입는다. 그런데 같은 인간이라도 뇌세포 양에 따라 두뇌의 '질'은 천차 만별이라고 한다. 지금까지의 연구로는 ㉦후천적 노력보다 타고나는 것이라는 주장이 설득력을 얻고 있다.

194 ㉠의 뜻을 가진 것은?

① 身長   ② 體力   ③ 體重   ④ 骨相

195 ㉡~㉤ 중 한자 표기가 바르지 않은 것은?

① ㉡不過   ② ㉢人看   ③ ㉣行動   ④ ㉤指示

196 ㉥의 독음이 바른 것은?

① 신원 불명   ② 의식 불명
③ 인사 불성   ④ 하사 불성

197 ㉦의 '천' 자의 한자 표기가 바른 것은?

① 千   ② 天   ③ 淺   ④ 泉

198-203 다음 글을 읽고 물음에 답하시오.

세계적으로 카지노의 대명사로 통하는 곳이 미국 라스베이거스다. ㉠사막 한복판에 세워진 ㉡도시이건만 카지노장의 휘황찬란한 불빛으로 ㉢불야성이다. 각국에서 몰려든 도박사들이 스스로의 ㉣행운을 믿으며 슬롯머신이나 룰렛, 카드 게임에 매달리다가 ㉤결국 지갑을 축내고 마는 곳이기도 하다. 공항에도 게임기가 설치되어 있어 비행기로 떠나기 직전 마지막 동전 몇 푼까지도 털어내고야 만다. 1920년대 후반까지만 해도 광부들이 떼지어 옮겨다니며 살던 작은 ㉥마을에 지나지 않았던 이곳이 ㉦只今과 같은 ㉧面貌를 갖추게 된 것은 당시 미국을 휩쓸었던 대공황을 ㉨克服하기 위해 네바다 주정부가 도박을 합법화하면서부터였다. 한 해 동안 ㉩無慮 3천5백만 명의 ㉪관광객이 이곳을 찾아 1백50억 달러를 ㉫뿌리고 간다고 하니 카지노도 엄연한 하나의 산업으로 분류될 만하다.

198 ㉠~㉤의 한자 표기가 바른 것은?

① ㉠沙莫   ② ㉡道市   ③ ㉣行雲   ④ ㉤結局

199 ㉢의 한자 표기가 바른 것은?

① 不夜成   ② 不夜城   ③ 佛夜成   ④ 佛也聖

200 ㉥의 뜻을 가진 것은?

① 寸   ② 村   ③ 市   ④ 道

201 ㉦~㉨ 중 한자 표기가 바르지 않은 것은?

① ㉦只今   ② ㉧面貌   ③ ㉨克服   ④ ㉩無勵

202 ㉪의 '광' 자와 같은 한자를 사용하는 것은?

① 光景   ② 狂人   ③ 鑛夫   ④ 廣場

203 ㉫의 뜻을 가장 잘 나타낸 것은?

① 普及   ② 消費   ③ 飢餓   ④ 空襲

204~210 다음 글을 읽고 물음에 답하시오.

화투의 12월 비 스무끗짜리에는 우산을 쓴 선비가 수양버들 가지를 향해 뛰어오르는 개구리를 바라보는 그림이 나온다. 흔히 '⊙雨中슈蓏'이라고 부르는 이 그림의 주인공은 ⓛ서기 10세기 일본 헤이안 시대의 ⓒ名筆 오노 도후이다. 붓글씨 ⓔ沿習이 ⓜ盡力이 나서 우산을 쓰고 나섰다가 개구리가 수십 번을 ⓑ失敗한 끝에 마침내 수양버들 가지로 뛰어오르는 것을 보고 ⓢ대오각성, 일본 최고의 명필이 되었다는 ⓞ教訓을 담은 그림이다.

일본은 무슨 일이든지 한 가지 일에 ⓩ精進, ⓩ一家를 이룬 사람을 높이 받들고 기리는 ⓚ傳統을 가꾸어 오고 있다. 이른바 '천하제일' 전통으로, 어떤 기술이나 특정 물품 ⓔ제조 분야에는 반드시 천하제일이 있고 그 사람이 만든 작품을 손에 넣는 데는 천금도 아끼지 않는다는 것이다. 도자기나 일본도는 말할 것도 없고 기와, ⓟ분재, 도장 등 온갖 기능마다 천하제일의 명장이 있다.

204 ⊙의 독음이 바른 것은?

① 노중 영감 ② 무중 영감
③ 우중 영감 ④ 운중 영감

205 ⓛ의 한자 표기가 바른 것은?

① 書記 ② 序記 ③ 庶幾 ④ 西紀

206 ⓒ~ⓑ 중 한자 표기가 바르지 않은 것은?

① ⓒ名筆 ② ⓔ沿習 ③ ⓜ盡力 ④ ⓑ失敗

207 ⓢ의 한자 표기가 바른 것은?

① 大悟 ② 大烏 ③ 代悟 ④ 待烏

208 ⓞ~ⓚ의 독음이 바른 것은?

① ⓞ일화 ② ⓩ청진 ③ ⓩ일대 ④ ⓚ전통

209 ⓔ의 한자 표기가 바른 것은?

① 提調 ② 制條 ③ 製造 ④ 體操

210 ⓟ의 '재' 자의 한자 표기가 바른 것은?

① 裁 ② 薦 ③ 栽 ④ 遷

※ 다음 문제를 읽고 알맞은 것을 고르시오.

제1영역	漢 字

1-5 다음 한자(漢字)의 부수(部首)는 무엇입니까?

1 現 : ① 玉　② 目　③ 儿　④ 見

2 號 : ① 口　② 儿　③ 几　④ 虍

3 畫 : ① 聿　② 田　③ 一　④ 十

4 黃 : ① 艹　② 八　③ 田　④ 黃

5 孝 : ① 丿　② 土　③ 子　④ 老

6-10 다음 한자(漢字)의 획수(劃數)는 모두 몇 획입니까?

6 香 : ① 7획　② 8획　③ 9획　④ 10획

7 賢 : ① 12획　② 13획　③ 14획　④ 15획

8 血 : ① 5획　② 6획　③ 7획　④ 8획

9 協 : ① 8획　② 9획　③ 10획　④ 11획

10 惠 : ① 10획　② 11획　③ 12획　④ 13획

11-15 다음 필순(筆順)에 대한 설명에 가장 알맞은 한자는 어느 것입니까?

11 왼쪽에서 오른쪽으로 쓴다.
　　① 夫　　② 勞　　③ 湖　　④ 造

12 좌우의 모양이 같을 때는 가운데를 먼저 쓴다.
　　① 巨　　② 樂　　③ 救　　④ 極

13 가운데를 꿰뚫는 획은 나중에 쓴다.
　　① 半　　② 景　　③ 空　　④ 今

14 가로획과 세로획이 교차될 때에는 가로획을 먼저 쓴다.
　　① 草　　② 經　　③ 敬　　④ 古

15 삐침을 먼저 쓰고 파임을 나중에 쓴다.
　　① 郡　　② 人　　③ 宅　　④ 紙

16-20 다음 한자(漢字)와 그 조자(造字)의 방식이 같은 한자는 어느 것입니까?

> **예** 한자 '日'은 그 조자(造字)의 방식이 구체적인 사물의 모습을 본떠서 만든 상형자(象形字)이다. 이와 비슷한 한자로는 '山'이 있다.

16 竹 : ① 己　② 年　③ 移　④ 節

17 入 : ① 住　② 三　③ 里　④ 人

18 告 : ① 八　② 見　③ 飛　④ 五

19 研 : ① 大　② 夫　③ 夜　④ 出

20 韓 : ① 玉　② 用　③ 黑　④ 漢

21-31 다음 한자(漢字)의 음(音)은 무엇입니까?

21 訓 : ① 순　② 준　③ 천　④ 훈

22 喜 : ① 희　② 노　③ 애　④ 락

23 價 : ① 고　② 가　③ 매　④ 무

24 慶 : ① 강　② 갱　③ 경　④ 형

25 各 : ① 각　② 객　③ 명　④ 종

26 街 : ① 고　② 가　③ 규　④ 로

27 刀 : ① 검　② 인　③ 도　④ 력

28 豆 : ① 도　② 두　③ 조　④ 주

29 贈 : ① 등　② 승　③ 증　④ 회

30 鑄 : ① 도　② 수　③ 주　④ 소

31 拙 : ① 척　② 철　③ 출　④ 졸

32-39 다음의 음(音)을 가진 한자는 어느 것입니까?

32 경 : ① 界　② 競　③ 歌　④ 希

33 구 : ① 校　② 橋　③ 觀　④ 究

34 계 : ① 輕　② 課　③ 季　④ 共

35 두 : ① 斗　② 燈　③ 卵　④ 徒

36 련 : ① 旅　② 練　③ 浪　④ 郎

37 제 : ① 燥　② 潮　③ 條　④ 齊

38 점 : ① 弔　② 漸　③ 程　④ 際

39 정 : ① 整　② 蝶　③ 提　④ 濟

40-47 다음 한자(漢字)와 음(音)이 같은 한자는 어느 것입니까?

40 禁 : ① 內　② 金　③ 急　④ 基

41 南 : ① 東　② 圖　③ 怒　④ 男

42 單 : ① 短　② 堂　③ 德　④ 冬

43 忘 : ① 晚　② 免　③ 忙　④ 麥

44 妙 : ① 鳴　② 卯　③ 戊　④ 茂

45 蒸 : ① 憎　② 仲　③ 遵　④ 準

46 組 : ① 占　② 竊　③ 照　④ 折

47 跡 : ① 籍　② 轉　③ 專　④ 亦

48-58 다음 한자(漢字)의 뜻은 무엇입니까?

48 童 : ① 겨울　② 같다　③ 아이　④ 움직이다

49 頭 : ① 콩　② 말　③ 꼬리　④ 머리

50 登 : ① 같다　② 날다　③ 오르다　④ 내리다

51 冷 : ① 덥다　② 덮다　③ 차다　④ 우두머리

52 例 : ① 찢다　② 법식　③ 맵다　④ 벌이다

53 領 : ① 방울　② 머리　③ 고개　④ 거느리다

54 露 : ① 안개　② 서리　③ 우레　④ 드러나다

55 滴 : ① 과녁　② 따다　③ 물방울　④ 귀양보내다

56 抵 : ① 집　② 막다　③ 낮다　④ 바닥

57 載 : ① 싣다　② 심다　③ 재앙　④ 엄숙하다

58 張 : ① 마당　② 막다　③ 베풀다　④ 단장하다

59-65 다음의 뜻을 가진 한자(漢字)는 어느 것입니까?

59 흐르다 : ① 流　② 留　③ 望　④ 每

60 쌀　 : ① 番　② 拜　③ 米　④ 密

61 옷　 : ① 備　② 服　③ 奉　④ 部

62 춤　 : ① 墨　② 尾　③ 勿　④ 舞

63 밥　 : ① 飯　② 朴　③ 房　④ 杯

64 섞다 : ① 暫　② 殘　③ 雜　④ 潛

65 윤달 : ① 淫　② 紫　③ 酌　④ 閏

66-70 다음 한자(漢字)와 뜻이 비슷한 한자는 어느 것입니까?

66 美 : ① 醜　② 佳　③ 凡　④ 純

67 斷 : ① 繼　② 續　③ 微　④ 切

68 篤 : ① 敦　② 忽　③ 輕　④ 疏

69 暖 : ① 卑　② 邦　③ 溫　④ 涼

70 躍 : ① 跡　② 跳　③ 踏　④ 踐

제 2 영 역　語彙

71-72 다음 한자어(漢字語)와 그 새김의 방식이 같은 한자어는 어느 것입니까?

> 예 한자어 '年少'는 그 새김의 방식이 주어와 서술어의 관계이다. 이와 비슷한 한자어로는 '日出'이 있다.

71 關稅 : ① 辭任　② 取捨　③ 透析　④ 慣例

72 忍耐 : ① 豆乳　② 陸軍　③ 敦篤　④ 妙藥

73-90 다음 한자어(漢字語)와 발음(發音)이 같은 한자어는 어느 것입니까?

73 開城 : ① 改善　② 個性　③ 改定　④ 客主

74 科第 : ① 結實　② 事實　③ 課題　④ 消失

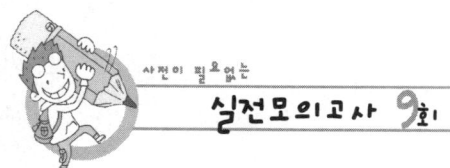

75 手技 : ① 主氣　② 手記　③ 再起　④ 吉運

76 良心 : ① 兩心　② 冷心　③ 來日　④ 多量

77 養母 : ① 先親　② 羊毛　③ 代母　④ 國母

78 水上 : ① 速達　② 受賞　③ 主上　④ 首相

79 正式 : ① 正直　② 習俗　③ 宿食　④ 定食

80 漁船 : ① 生鮮　② 魚鮮　③ 設令　④ 俗語

81 雨期 : ① 雨衣　② 雨雪　③ 右記　④ 地位

82 全一 : ① 電報　② 前日　③ 典故　④ 進步

83 消中 : ① 道中　② 大衆　③ 所重　④ 增減

84 禁火 : ① 神話　② 金貨　③ 休戰　④ 興國

85 講和 : ① 決定　② 鷄卵　③ 强化　④ 但書

86 遠遊 : ① 原因　② 原油　③ 溪谷　④ 歸家

87 傾向 : ① 加勢　② 長考　③ 惡手　④ 京鄕

88 亞麻 : ① 御馬　② 野馬　③ 龍馬　④ 兒馬

89 水伯 : ① 太半　② 數百　③ 道伯　④ 辯論

90 頻度 : ① 貧道　② 賓客　③ 頻煩　④ 凝固

91-92 다음 한자어(漢字語)들 중 괄호 안의 한자(漢字)의 발음(發音)이 다른 한자어는 어느 것입니까?

91 ① (暴)力　② 亂(暴)　③ (暴)惡　④ (暴)雨

92 ① 規(則)　② 罰(則)　③ 然(則)　④ 原(則)

93-110 다음 단어들의 '□'에 공통으로 들어갈 알맞은 한자(漢字)는 어느 것입니까?

93 □達, □來, □着 : ① 近　② 先　③ 到　④ 傳

94 □油, 發□, 月□ : ① 給　② 末　③ 歲　④ 石

95 □實, 熱□, □意 : ① 成　② 眞　③ 心　④ 誠

96 □川, 氷□, 運□ : ① 水　② 河　③ 山　④ 行

97 結□, 雲□, □計 : ① 合　② 海　③ 末　④ 集

98 多□, 不□, □運 : ① 幸　② 小　③ 武　④ 安

99 婚□, 能□, □典 : ① 姻　② 動　③ 法　④ 事

100 早□, □場, 勇□ : ① 退　② 期　③ 感　④ 進

101 □言, 內□, 一□ : ① 失　② 容　③ 助　④ 無

102 □目, □落, □擧 : ① 下　② 列　③ 名　④ 科

103 材□, 原□, 史□ : ① 料　② 才　③ 記　④ 書

104 方□, 公□, 形□ : ① 式　② 試　③ 鄕　④ 質

105 假□, 回□, 思□ : ① 相　② 上　③ 想　④ 霜

106 開□, 終□, 難□ : ① 國　② 局　③ 店　④ 聘

107 □宮, □惑, 昏□ : ① 迷　② 疑　③ 睡　④ 龍

108 吉□, 惡□, 解□ : ① 凶　② 毒　③ 夢　④ 脫

109 探□, 收□, 抄□ : ① 錄　② 祿　③ 綠　④ 緣

110 □體, □會, □則 : ① 議　② 總　③ 法　④ 拓

111-126 다음 한자어(漢字語)와 뜻이 반대(反對)이거나 상대(相對)되는 한자어는 어느 것입니까?

111 進化 : ① 進展　② 退化　③ 相反　④ 修習

112 勝戰 : ① 敗戰　② 文章　③ 復習　④ 敗退

113 質問 : ① 對答　② 對話　③ 永遠　④ 問罪

114 敵對 : ① 賣買　② 患難　③ 使者　④ 友好

115 直線 : ① 線路　② 光線　③ 曲線　④ 線上

116 先學 : ① 進學　② 學生　③ 後學　④ 新進

117 死後 : ① 使命　② 生前　③ 人事　④ 落島

118 父母 : ① 子女　② 祖父　③ 女子　④ 貴族

119 地下 : ① 地上　② 廣魚　③ 建軍　④ 安樂

120 名筆 : ① 惡性　② 名聲　③ 惡筆　④ 大名

121 歡待 : ① 歡聲　② 冷溫　③ 威嚴　④ 冷待

122 投手 : ① 走者　② 打者　③ 天弓　④ 敗者

123 否認 : ① 倫理　② 溪川　③ 是認　④ 甚大

124 壓勝 : ① 慘敗　② 壓倒　③ 惜敗　④ 敗因

125 未納 : ① 納稅　② 納期　③ 完納　④ 代納

126 薄待 : ① 源泉　② 寒帶　③ 熱帶　④ 厚待

127-132 다음 성어(成語)에서 '□'에 들어갈 알맞은 한자(漢字)는 어느 것입니까?

127 安分□足 : ① 止　② 知　③ 志　④ 己

128 弱肉□食 : ① 江　② 給　③ 强　④ 生

129 身言書□ : ① 判　② 且　③ 我　④ 除

130 金□之交 : ① 亂　② 蘭　③ 銀　④ 管

131 高□安眠 : ① 枕　② 掌　③ 丈　④ 腸

132 □亡齒寒 : ① 旬　② 辰　③ 晨　④ 脣

133-136 다음 성어(成語)의 뜻풀이로 적절한 것은 어느 것입니까?

133 眼下無人
① 나에게 해를 끼치는 사람
② 해롭기만 하고 이로운 바가 없다.
③ 근심 없이 편안히 지내다.
④ 방자하고 교만하다.

134 一心同體
① 큰 차이 없이 거의 같다.
② 각기 다른 모양과 색깔
③ 비슷한 것이 많으나 서로 같지는 않다.
④ 서로 굳게 결합하다.

135 何必曰利
① 계획이나 결정을 자주 바꾸다.
② 변화가 많아서 예측하기 어렵다.
③ 이익만을 추구하다.
④ 일부를 보면 전체를 알다.

136 金城湯池
① 방어 시설이 잘 되어 있는 성
② 도읍의 화려하고 번화한 모습
③ 고국의 멸망을 한탄하다.
④ 맛있는 음식을 즐기다.

137-140 다음의 뜻을 가장 잘 나타낸 성어(成語)는 어느 것입니까?

137 어진 사람은 적이 없다.
① 角者無齒　　② 仁者無敵
③ 天下無敵　　④ 兵農一致

138 옛 것을 익혀서 새로운 것을 알다.
① 溫故知新　　② 一葉知秋
③ 自初至終　　④ 電光石火

139 재주는 같지만 솜씨가 다르다.
① 舊態依然　　② 同工異曲
③ 鷄卵有骨　　④ 初志一貫

140 매우 크고 좋은 집
① 朝變夕改　　② 切齒腐心
③ 左衝右突　　④ 高臺廣室

제3영역　讀 解

141-154 다음 문장에서 밑줄 친 한자어(漢字語)의 음(音)은 무엇입니까?

141 作文을 잘 하기 위해서는 무엇보다도 많이 읽고, 많이 쓰고, 많이 생각해야 한다.
① 작업　② 작문　③ 문장　④ 학문

142 우리 나라의 長官은 자주 바뀐다.
① 장관　② 장수　③ 장군　④ 부장

143 야유회 場所가 월드컵 공원으로 정해졌다.
① 처소　② 자리　③ 장소　④ 위치

144 정부는 장애인의 사회적 再活에 조금 더 투자를 해야 한다.
① 부활　② 재활　③ 재생　④ 부흥

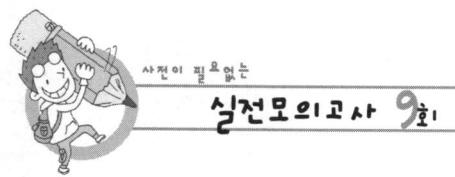

145 문종은 <u>在位</u> 2년만에 세상을 떠났다.
　① 임기　② 즉위　③ 자립　④ 재위

146 동물들은 여러 가지 <u>材料</u>를 써서 집을 짓는다.
　① 재료　② 원료　③ 재목　④ 소재

147 <u>取材</u>가 끝난 기자는 기사문을 작성한다.
　① 취재　② 취제　③ 소재　④ 일과

148 제 1, 2차 세계 대전은 엄청난 생명과 <u>財産</u>의 피해를 가져왔다.
　① 생명　② 재물　③ 재화　④ 재산

149 <u>戰爭</u>이 끝나자, 가시 철망이 겹겹이 쳐진 휴전선이 생겼다.
　① 전투　② 전쟁　③ 투쟁　④ 전란

150 올해는 수출의 부진으로 <u>赤字</u>가 발생했다.
　① 흑자　② 손해　③ 적자　④ 손실

151 <u>電話</u>나 라디오, 텔레비전을 통해서 세계 곳곳에서 일어나는 일들을 알 수 있다.
　① 전화　② 전보　③ 전신　④ 전자

152 연날리기는 오랜 옛날부터 정초에 <u>全國</u>에서 행해지는 놀이이다.
　① 전국　② 전체　③ 전부　④ 거국

153 기계로 하는 작업이 능률적이긴 하지만 인간의 판단 능력까지 대신해 주지 않는다는 사실을 <u>看過</u>해서는 안 된다.
　① 추가　② 묵과　③ 간과　④ 첨가

154 그는 평생을 바친 <u>刻苦</u>의 연구 끝에 불치병의 치료약을 개발했다.
　① 각고　② 고난　③ 해고　④ 필생

155-159 다음 문장에서 밑줄 친 한자어(漢字語)의 뜻풀이로 적절한 것은 어느 것입니까?

155 잃어버린 아이를 찾으려고 <u>百方</u>으로 수소문하고 다녔다.
　① 한 가지 방법　② 여러 사람
　③ 여러 가지 도구　④ 여러 가지 방법

156 곧 그의 <u>非行</u>이 모두 밝혀질 것이다.
　① 잘한 행위　② 숨겨진 행위
　③ 잘못된 행위　④ 독특한 행위

157 초등학교까지 번진 과소비의 <u>盛行</u>은 우리에게 경각심을 불러 일으킨다.
　① 매우 성하게 유행하다.
　② 별로 유행하지 않다.
　③ 서로 경쟁하다.
　④ 많은 사람의 행위

158 그는 한 달 동안 영창 신세를 지고 나와 두 계급 <u>降等</u>을 당하고 말았다.
　① 자리에서 쫓겨나다.
　② 진급하지 못하다.
　③ 계급이나 등급을 낮추다.
　④ 항복하다.

159 후보 가운데 많은 사람들은 안정의 <u>槪念</u>도 제대로 설명하지 못하면서 선거 때만 되면 안정을 주장하고 나서는 것이다.
　① 굳게 믿는 마음
　② 이상적인 생각이나 견해
　③ 여러 가지 생각
　④ 어떤 현상에 대한 일반적인 지식

160-164 다음 문장에서 빈칸에 들어갈 가장 적절한 한자어(漢字語)는 어느 것입니까?

160 복도에 □□되어 있는 사진들이 우리의 눈길을 끌었다.
　① 販賣　② 展開　③ 前示　④ 展示

161 우리는 그 의견에 □□적으로 반대하였다.
　① 同意　② 兩面　③ 絕對　④ 對等

162 막이 열리면 무대 □□에 나무가 보인다.
　① 建設　② 正面　③ 以前　④ 平面

163 청자 제조 기술은 아직도 베일에 싸여있다. 특히 흙과 불의 조화 속에 모습을 드러내는 은은하면서도 맑은 비취색은 엄밀한 □□과 현대 과학 기술을 동원해도 100% 재현이 힘들다.
　① 考證　② 考增　③ 高增　④ 高證

164 우리는 지나친 국방비 지출이 국민의 부담을 가중시키고 경제의 □□한 성장에 장애가 되는 것을 염려한다.
　① 健全　② 建全　③ 乾田　④ 建田

165-170 다음 문장에서 밑줄 친 한자어(漢字語)의 한자 표기(漢字表記)가 바르지 않은 것은 어느 것입니까?

165 우리 ① 歷史는 빛나는 ② 傳統과 ③ 獨特한 문화를 ④ 創調해 온 과정이다.

166 ① 祖上이 남긴 거룩한 문화재를 ② 保存, 보호하고 그것을 바탕으로 더욱 새로운 우리의 전통 문화를 창조해 나가는 일이야말로 우리의 책임인 ③ 同視에 ④ 義務이다.

167 선비 정신은 물질보다는 ① 精神, ② 利得보다는 ③ 命分을 ④ 重視하는 깨끗하고 맑은 정신이다.

168 ① 教育熱이 세계적인 우리 나라의 학부모는 자녀가 부당하거나 ② 不平等한 대우를 받는 것을 용납하지 않는다. 헌법 제31조에서는 '모든 국민은 능력에 따라 균등하게 교육을 받을 ③ 權利를 가진다.'고 '교육의 평등권'을 ④ 明視하고 있다.

169 감당하기 어려울 정도로 ① 盛大한 잔치를 베푼다. 그리고 손님들이 돌아갈 때는 호피 등 값비싼 선물을 한 아름씩 안겨주곤 한다는 것이다. 자신들의 ② 偶越性을 ③ 誇示하는 ④ 過消費 경쟁인 셈이다.

170 사당패, 창극패를 ① 賤時하던 ② 舊習이 뿌리 깊게 남아서 ③ 新派나 경음악을 딴따라라 하며 시답잖게 보는 ④ 形便이니….

171-178 다음 문장에서 밑줄 친 단어(單語)를 한자(漢字)로 바르게 쓴 것은 어느 것입니까?

171 우리 집은 정원이 넓다.
① 定原　② 庭園　③ 正園　④ 情園

172 말은 기쁨, 슬픔, 노여움 같은 감정도 전달해 준다.
① 感情　② 減定　③ 感精　④ 感動

173 우리가 조금만 노력하면 합성 세제를 쓰지 않아도 만족스럽게 생활할 수 있다.
① 不足　② 滿足　③ 萬足　④ 滿族

174 광고의 주요 기능은 전달과 설득이다.
① 重要　② 住要　③ 主要　④ 注要

175 일을 하다가 힘이 든다고 중간에 그만둔다면 어떤 일도 제대로 이룰 수가 없다.
① 重間　② 道中　③ 中道　④ 中間

176 정부는 수도권의 고른 발전과 환경 오염 방지를 위해 많은 노력을 기울이고 있다.
① 防止　② 方志　③ 防志　④ 防地

177 공장 지역의 공해가 기타 지역보다 훨씬 심한 것으로 나타났다.
① 其他　② 技打　③ 己他　④ 氣打

178 일본이 4세기 중엽부터 6세기 중엽까지 임나일본부라는 기관을 두어 한반도 남쪽을 통치했다는 학설은, 일본 왕조를 미화하는 설화적인 서술로 채워진 '일본 서기'를 근거로 했으니 조작에 날조를 덧칠한 셈이다.
① 根去　② 根擧　③ 根據　④ 近距

179-183 다음 문장에서 밑줄 친 단어(單語)나 어구(語句)의 뜻을 가장 잘 나타낸 한자(漢字) 또는 한자어(漢字語)는 어느 것입니까?

179 진만이는 희재와 싸우고 난 후에 교제를 끊어 버렸다.
① 修交　② 外交　③ 絶交　④ 親善

180 집 뒤편 앵두나무에 열매가 주렁주렁 달렸다.
① 落　② 金　③ 化　④ 實

181 영철이가 호수에 돌을 던지자 파문이 일었다.
① 川　② 水　③ 湖　④ 冷

182 친구와 오랫동안 함께 살다보니 싸움도 잦아졌다.
① 哀惜　② 同樂　③ 同苦　④ 同居

183 기업이 줄줄이 무너지면서 대량 실업을 유발했다.
① 逃亡　② 倒産　③ 播遷　④ 偏頗

184-188 다음 글을 읽고 물음에 답하시오.

사람의 첫인상은 여러 ㉠요소에 의해서 ㉡정해진다. 그 사람의 외모라든가 분위기, ㉢성품, 말씨, 옷차림 등이 그 요소가 될 수 있다. 물론 사람마다 보는 요소와 요소 간의 비중이 차이는 있을 수 있겠지만, 대개 위에서 ㉣擧論한 요소에서 크게 벗어나지는 않는다. 무엇보다도 그 사람을 첫인상만으로 다 알 수는 없으니 시간을 두고 좀 더 지켜보면서 그 사람에 대해 알아 가는 것이, 그 사람에 대해 잘 알 수 있는 ㉤방법 중의 하나일 것이다.

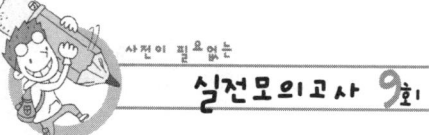

184 ㉠의 한자 표기가 바른 것은?

① 要所　　② 元素　　③ 要素　　④ 要因

185 ㉡의 뜻을 가장 잘 나타낸 것은?

① 定　　② 正　　③ 固　　④ 結

186 ㉢의 한자 표기가 바른 것은?

① 姓名　　② 性品　　③ 性質　　④ 性別

187 ㉣의 독음이 바른 것은?

① 거론　　② 거동　　③ 거지　　④ 거명

188 ㉤의 한자 표기가 바른 것은?

① 方案　　② 方道　　③ 代案　　④ 方法

189-193 다음 글을 읽고 물음에 답하시오.

삼국지의 주인공인 유비의 휘하에 ㉠文武를 겸비한 마량이라는 이름난 참모가 있었다. 그는 제갈량과 절친한 사이로, 한번은 세 ㉡치의 혀 하나로 남쪽 변방의 흉포한 오랑캐의 한 무리를 부하로 삼는 등 많은 ㉢공을 이루어 낼 정도로 덕성과 지모가 뛰어난 인물이었다.
오형제 중 장남인 마량은 태어날 때부터 눈썹에 흰 털이 섞여 있었다. 그래서 그는 고향 사람들로부터 '백미' 라는 ㉣별명을 얻었다. 그들 오형제는 '읍참마속' 으로 유명한 마속을 포함하여 모두 재주가 비범했는데, 그 중에서도 마량이 가장 뛰어났다. 그래서 사람들은 마씨네 오형제 중에서 '백미' 가 가장 뛰어나다며 마량을 ㉤특히 칭송했다. 이 때부터 '백미' 란 같은 부류의 여럿 중에서 가장 뛰어난 사람이나 물건을 가리키는 말이 되었다.

189 ㉠의 독음이 바른 것은?

① 문무　　② 문예　　③ 무반　　④ 문필

190 ㉡의 뜻을 가장 잘 나타낸 것은?

① 齒　　② 致　　③ 寸　　④ 本

191 ㉢의 한자 표기가 바른 것은?

① 大功　　② 成功　　③ 失敗　　④ 立地

192 ㉣의 한자 표기가 바른 것은?

① 別命　　② 別名　　③ 別食　　④ 別種

193 ㉤의 '특' 자의 한자 표기가 바른 것은?

① 對　　② 特　　③ 期　　④ 勉

194-197 다음 글을 읽고 물음에 답하시오.

지난 1971년 8월 23일 한낮, 라디오에서 다급한 목소리의 아나운서가 뉴스 속보를 전했다. '㉠政體 불명의 무장괴한들이 서울 영등포 대방동에서 군경과 ㉡交戰하고 있다' 는 것이었다. 순간 국민들의 뇌리에는 ㉢自動적으로 '㉣또 무장 남파 간첩들일 것' 이라는 짐작이 스쳐 지나갔다. 김신조 등 북한 124군부대의 무장 간첩들이 청와대를 습격하기 위해 남파된 지 불과 3년이 지난 때였던 것이다. 그러나 ㉤事實은 정반대로 무장괴한들은 이른바 '북파공작원' 들이었다. 북한 무장 간첩 청와대 습격 사건에 박정희 당시 ㉥대통령의 분노는 극에 달했고 이에 중앙정보부가 공군에 지시하여 ㉦報復 공격을 위한 특수 부대를 창설하고 길러낸 요원들이었던 것이다.

194 ㉠~㉤ 중 한자 표기가 바르지 않은 것은?

① ㉠政體　② ㉡交戰　③ ㉢自動　④ ㉤事實

195 ㉣의 뜻을 가진 것은?

① 又　　② 于　　③ 也　　④ 乎

196 ㉥의 '령' 자의 한자 표기가 바른 것은?

① 悅　　② 領　　③ 支　　④ 凉

197 ㉦의 독음이 바른 것은?

① 예방　　② 선제　　③ 보복　　④ 위장

198-203 다음 글을 읽고 물음에 답하시오.

블라디미르 푸틴 러시아 대통령은 지난 번 일본 도쿄 G8 ㉠정상 회담 때 일본 ㉡유도의 ㉢발상지인 고도칸을 찾아 일본 ㉣고단자들과 ㉤대련을 가져 사람들을 놀라게 한 적이 있다.
일본 유도가 러시아에 ㉥전파되기 시작한 때는 1897년으로 니콜라이 2세 ㉦主宰 연회에서 러시아 주재 일본 ㉧務官 히로세 중령이 유도의 위력을 보여준 뒤부터다. 유도 3단인 그는 당시 자신보다 몸집이 훨씬 큰 러시아 레슬링 ㉨選手 3명을 순식간에 연회장 바닥에 메다꽂아 감탄한 황제가 유도 교육을 ㉩懇請했다는 것이다. 1952년 ㉪가난한 노동자 집안에서 태어나 어린 시절 불량 소년이었던 푸틴을 러시아의 대통령으로 만든 것도 ㉫예를 숭상하는 이 유도였다고 한다.

198 ㉠의 한자 표기가 바른 것은?

① 政商會談
② 精詳會談
③ 頂上會談
④ 頂相會談

199 ㉡~㉤의 한자 표기가 바른 것은?

① ㉡有道
② ㉢發祥地
③ ㉣古段者
④ ㉤對聯

200 ㉥의 '파' 자와 같은 한자를 사용하는 것은?

① 罷場
② 播種
③ 波及
④ 破格

201 ㉦~㉩ 중 한자 표기가 바르지 않은 것은?

① ㉦主宰
② ㉧務官
③ ㉨選手
④ ㉩懇請

202 ㉪의 뜻을 가진 것은?

① 貴
② 賤
③ 貧
④ 富

203 ㉫의 뜻을 가장 잘 나타낸 것은?

① 尙武
② 崇禮
③ 常禮
④ 缺禮

204~210 다음 글을 읽고 물음에 답하시오.

교련 반대 시위로 ㉠觸發된 위수령 발동으로 고려대에 ㉡무장 군인들이 진주한 것은 지난 1971년 10월의 일이었다. 전국 대학에 내려진 무기 휴업령과 동시에 진주한 군인들의 ㉢無差別적인 구타·㉣連行으로 교정은 온통 쑥대밭이 되어 버렸다. 그리고 그 뒤 ㉤休業令이 ㉥解制되기까지 한 달 동안 대학문은 닫힌 채 열릴 줄을 몰랐다. ㉦유신 체제가 ㉧宣布되기 직전의 암울하던 시대 ㉨狀況이었다. 휴업령 해제 직후 연설에서 이 학교의 총장은 "올 가을은 ㉩荒凉한 낙엽의 계절이며 닥쳐올 겨울은 무서운 ㉪消盡의 계절이 되겠지만 그래도 봄은 오고야 말 것"이라며, 학생들의 울분을 다독거렸다. 대학가 ㉫시위 때마다 고려대가 유달리 주목받은 것은 '지성'과 '야성'을 두루 표방한 때문이라고 한다. 그 뒤에도 ㉬시국 상황에 따라 고려대 교문은 가끔씩 닫히곤 했다.

204 ㉠의 독음이 바른 것은?

① 돌발
② 만발
③ 적발
④ 촉발

205 ㉡의 한자 표기가 바른 것은?

① 武將軍人
② 武壯軍人
③ 武裝軍人
④ 武長軍人

206 ㉢~㉥ 중 한자 표기가 바르지 않은 것은?

① ㉢無差別
② ㉣連行
③ ㉤休業令
④ ㉥解制

207 ㉦의 한자 표기가 바른 것은?

① 儒臣體制
② 唯新體制
③ 惟新體制
④ 維新體制

208 ㉧~㉪의 독음이 바른 것은?

① ㉧공포
② ㉨장황
③ ㉩황경
④ ㉪소진

209 ㉫의 한자 표기가 바른 것은?

① 施威
② 施爲
③ 示威
④ 侍衛

210 ㉬의 '국' 자의 한자 표기가 바른 것은?

① 國
② 局
③ 菊
④ 圍

※ 다음 문제를 읽고 알맞은 것을 고르시오.

제1영역	漢 字

1-5 다음 한자(漢字)의 부수(部首)는 무엇입니까?

1 京 : ① ノ　② 亠　③ 亅　④ 口

2 曲 : ① 田　② 日　③ 二　④ 口

3 登 : ① 豆　② 一　③ 癶　④ 口

4 室 : ① 亠　② 厶　③ 丶　④ 宀

5 才 : ① 一　② ノ　③ 亅　④ 手

6-10 다음 한자(漢字)의 획수(劃數)는 모두 몇 획입니까?

6 近 : ① 7획　② 8획　③ 9획　④ 10획

7 樂 : ① 13획　② 14획　③ 15획　④ 16획

8 量 : ① 11획　② 12획　③ 13획　④ 14획

9 聲 : ① 14획　② 15획　③ 16획　④ 17획

10 增 : ① 14획　② 15획　③ 16획　④ 17획

11-15 다음 필순(筆順)에 대한 설명에 가장 알맞은 한자는 어느 것입니까?

11 위에서 아래로 쓴다.
　　① 指　② 定　③ 祝　④ 八

12 바깥쪽을 안쪽보다 먼저 쓴다.
　　① 九　② 口　③ 毛　④ 田

13 받침을 나중에 쓴다.
　　① 深　② 漁　③ 進　④ 勇

14 왼쪽에서 오른쪽으로 쓴다.
　　① 知　② 參　③ 察　④ 兄

15 삐침은 나중에 쓴다.
　　① 頭　② 身　③ 方　④ 鼻

16-20 다음 한자(漢字)와 그 조자(造字)의 방식이 같은 한자는 어느 것입니까?

> 예 한자 '日'은 그 조자(造字)의 방식이 구체적인 사물의 모습을 본떠서 만든 상형자(象形字)이다. 이와 비슷한 한자로는 '山'이 있다.

16 兩 : ① 寸　② 着　③ 仁　④ 漢

17 好 : ① 角　② 街　③ 孝　④ 母

18 固 : ① 功　② 品　③ 下　④ 士

19 多 : ① 基　② 究　③ 私　④ 間

20 林 : ① 課　② 男　③ 詩　④ 馬

21-31 다음 한자(漢字)의 음(音)은 무엇입니까?

21 競 : ① 궁　② 쟁　③ 경　④ 각

22 廣 : ① 확　② 황　③ 속　④ 광

23 每 : ① 매　② 회　③ 일　④ 양

24 備 : ① 용　② 비　③ 통　④ 시

25 勢 : ① 새　② 력　③ 세　④ 예

26 藥 : ① 락　② 요　③ 금　④ 약

27 愁 : ① 추　② 주　③ 춘　④ 수

28 朱 : ① 수　② 주　③ 단　④ 적

29 暇 : ① 하　② 감　③ 가　④ 겸

30 絡 : ① 락　② 각　③ 서　④ 금

31 盟 : ① 도　② 태　③ 명　④ 맹

32-39 다음의 음(音)을 가진 한자는 어느 것입니까?

32 경 : ① 功　② 內　③ 福　④ 慶

33 무 : ① 武　② 半　③ 稅　④ 愛

34 서 : ① 章　② 序　③ 里　④ 早

35 벌 : ① 代　② 法　③ 省　④ 伐

36 양 : ① 農　② 麥　③ 嚴　④ 讓

37 고 : ① 恭　② 姑　③ 奈　④ 腦

38 매 : ① 欺　② 裏　③ 埋　④ 濯

39 타 : ① 墮　② 抽　③ 隊　④ 遂

40-47 다음 한자(漢字)와 음(音)이 같은 한자는 어느 것입니까?

40 住 : ① 景　② 注　③ 收　④ 往

41 朝 : ① 罪　② 充　③ 祖　④ 明

42 冬 : ① 信　② 洋　③ 最　④ 童

43 只 : ① 之　② 乙　③ 慈　④ 他

44 皮 : ① 佳　② 及　③ 彼　④ 辛

45 唐 : ① 黑　② 墨　③ 黨　④ 兮

46 鑄 : ① 演　② 泳　③ 遙　④ 奏

47 臭 : ① 淑　② 醉　③ 厚　④ 稀

48-58 다음 한자(漢字)의 뜻은 무엇입니까?

48 角 : ① 뿔　② 밥　③ 약　④ 소

49 吉 : ① 약　② 사다　③ 길하다　④ 흉하다

50 買 : ① 팔다　② 사다　③ 조개　④ 변하다

51 孫 : ① 손자　② 조상　③ 아들　④ 남매

52 走 : ① 날다　② 주인　③ 임금　④ 달리다

53 祭 : ① 조상　② 제사　③ 고기　④ 썩을

54 鐵 : ① 돌　② 쇠　③ 옛　④ 크다

55 繫 : ① 깨다　② 매다　③ 파다　④ 가다

56 突 : ① 문　② 우리　③ 갑자기　④ 무섭다

57 飜 : ① 묻다　② 까다　③ 빌다　④ 번역하다

58 央 : ① 옆　② 위　③ 뒤　④ 가운데

59-65 다음의 뜻을 가진 한자(漢字)는 어느 것입니까?

59 구원하다 : ① 救　② 句　③ 勉　④ 報

60 절　　　 : ① 拜　② 米　③ 食　④ 兒

61 헤아리다 : ① 歌　② 怒　③ 料　④ 科

62 억　　　 : ① 畫　② 志　③ 億　④ 幸

63 판단하다 : ① 判　② 快　③ 怨　④ 卽

64 거문고　 : ① 鑛　② 蜂　③ 琴　④ 鎖

65 누르다　 : ① 飾　② 錢　③ 蟲　④ 壓

66-70 다음 한자(漢字)와 뜻이 비슷한 한자는 어느 것입니까?

66 鑑 : ① 庚　② 鏡　③ 斥　④ 肅

67 尋 : ① 訪　② 妨　③ 紋　④ 涯

68 殃 : ① 缺　② 繼　③ 災　④ 螢

69 弄 : ① 鼓　② 肯　③ 宰　④ 戲

70 添 : ① 渴　② 加　③ 枯　④ 殉

제2영역　語彙

71-72 다음 한자어(漢字語)와 그 새김의 방식이 같은 한자어는 어느 것입니까?

> 예 한자어 '年少'는 그 새김의 방식이 주어와 서술어의 관계이다. 이와 비슷한 한자어로는 '日出'이 있다.

71 雲集 : ① 至高　② 衛生　③ 修身　④ 有備

72 恒常 : ① 敬畏　② 巖石　③ 激憤　④ 必勝

73-90 다음 한자어(漢字語)와 발음(發音)이 같은 한자는 어느 것입니까?

73 巨人 : ① 加入　② 擧人　③ 工人　④ 巨物

74 科目 : ① 過日　② 果木　③ 課稅　④ 過客

75 男性 : ① 南星　② 南極　③ 國難　④ 南下

76 力戰：① 力道　② 歷傳　③ 力說　④ 力作

77 使臣：① 士林　② 四神　③ 史官　④ 史觀

78 先手：① 死守　② 改惡　③ 聖水　④ 選手

79 樹植：① 主食　② 數式　③ 晝食　④ 良好

80 數目：① 大木　② 樹木　③ 草木　④ 注目

81 肉聲：① 育成　② 感化　③ 六花　④ 百花

82 展望：① 觀望　② 官望　③ 戰亡　④ 昨日

83 志士：① 知事　② 直進　③ 特集　④ 物質

84 天高：① 希望　② 年號　③ 靑春　④ 千古

85 旣決：① 旣往　② 手決　③ 旣婚　④ 起結

86 應待：① 應試　② 應對　③ 應用　④ 應答

87 世系：① 世事　② 世界　③ 洗手　④ 四季

88 地師：① 指事　② 滿潮　③ 滿員　④ 漫步

89 支煩：① 非番　② 地番　③ 當番　④ 缺番

90 招聘：① 來訪　② 氷板　③ 聘禮　④ 初氷

91-92 다음 한자어(漢字語)들 중 괄호 안의 한자(漢字)의 발음(發音)이 다른 한자어는 어느 것입니까?

91 ① (龜)鑑　② (龜)船　③ (龜)裂　④ (龜)甲

92 ① (宅)配　② (宅)地　③ 住(宅)　④ 貴(宅)

93-110 다음 단어들의 '□'에 공통으로 들어갈 알맞은 한자(漢字)는 어느 것입니까?

93 □手, □話, 示□：① 歌　② 洗　③ 談　④ 訓

94 生□, 朝□, □明：① 食　② 善　③ 鮮　④ 老

95 □念, □學, □保：① 想　② 留　③ 安　④ 數

96 必□, 全□, 樂□：① 勝　② 的　③ 敗　④ 然

97 加□, 減□, 光□：① 速　② 明　③ 重　④ 少

98 水□, □貨, □賞：① 銀　② 金　③ 受　④ 材

99 城□, 正□, 家□：① 問　② 門　③ 文　④ 聞

100 □動, □作, □初：① 造　② 新　③ 始　④ 最

101 □主, □子, □臣：① 君　② 父　③ 忠　④ 聖

102 □能, 發□, 有□：① 無　② 達　③ 實　④ 效

103 □急, □田, □星：① 大　② 水　③ 火　④ 金

104 急□, 可□, □節：① 變　② 守　③ 能　④ 賣

105 □軍, 老□, □兵：① 將　② 壯　③ 師　④ 卒

106 □待, □德, 重□：① 接　② 厚　③ 上　④ 恩

107 模□, □眞, 透□：① 映　② 寫　③ 賜　④ 伸

108 □債, □員, 創□：① 社　② 任　③ 負　④ 院

109 □銳, □兵, □端：① 募　② 精　③ 弊　④ 尖

110 □彈, □破, □笑：① 銃　② 悠　③ 暴　④ 爆

111-126 다음 한자어(漢字語)와 뜻이 반대(反對)이거나 상대(相對)되는 한자어는 어느 것입니까?

111 强大：① 弱小　② 强弱　③ 弱化　④ 弱體

112 高價：① 禁約　② 各個　③ 給料　④ 低價

113 加速：① 低速　② 減速　③ 急速　④ 理致

114 放火：① 齒科　② 消火　③ 能動　④ 善防

115 年上：① 素服　② 年度　③ 年下　④ 部下

116 江南：① 江北　② 中部　③ 江西　④ 江東

117 固定：① 流動　② 銀行　③ 存在　④ 野心

118 引上：① 學究　② 引下　③ 滿期　④ 引受

119 滿足：① 滿場　② 萬石　③ 不滿　④ 效果

120 逆行：① 逆戰　② 大逆　③ 順逆　④ 順行

121 約婚：① 破婚　② 結婚　③ 再婚　④ 成婚

122 奇異：① 野菜　② 平民　③ 異人　④ 平凡

123 未決：① 決算　② 解決　③ 完全　④ 茂盛

124 承諾 : ① 承認　② 拒絕　③ 攻破　④ 否認

125 平等 : ① 條約　② 牽制　③ 差別　④ 怪奇

126 債權 : ① 篤實　② 權限　③ 雁書　④ 債務

127-132 다음 성어(成語)에서 '□'에 들어갈 알맞은 한자(漢字)는 어느 것입니까?

127 □者三友 : ① 名　② 益　③ 人　④ 德

128 忠言□耳 : ① 過　② 逆　③ 直　④ 到

129 前代□聞 : ① 後　② 城　③ 風　④ 未

130 □上空論 : ① 紙　② 天　③ 卓　④ 談

131 三□五倫 : ① 康　② 綱　③ 剛　④ 鋼

132 小□大失 : ① 貪　② 貧　③ 徵　④ 望

133-136 다음 성어(成語)의 뜻풀이로 적절한 것은 어느 것입니까?

133 敗家亡身
① 싸움에 패한 장수
② 싸울 때마다 계속하여 패하다.
③ 마음에 매우 차지 아니하다.
④ 재산을 다 없애고 몸을 망치다.

134 死生有命
① 노력하면 안 되는 일이 없다.
② 남의 운명을 쥐고 있다.
③ 목숨이 끊어지다.
④ 사람이 죽고 사는 것은 운명에 달려 있다.

135 種豆得豆
① 간사한 꾀로 남을 속여 희롱하다.
② 콩 심은 데 콩 나고 팥 심은 데 팥 난다.
③ 예상하지 못한 이익이 생기다.
④ 적에게 완전 포위당한 상태

136 泥田鬪狗
① 사납게 서로 다투거나 싸우는 모양
② 고래 싸움에 새우 등 터진다.
③ 모습이 매우 추하고 지저분하다.
④ 까마귀 날자 배 떨어진다.

137-140 다음의 뜻을 가장 잘 나타낸 성어(成語)는 어느 것입니까?

137 태도나 수단이 떳떳하고 정당하다.
① 敬天愛人　② 生死苦樂
③ 南男北女　④ 正正堂堂

138 죽은 사람의 이름이 길이 남다.
① 人死留名　② 山高水長
③ 耳目口鼻　④ 良藥苦口

139 간단한 말로 남을 감동시키거나 폐부를 찌르다.
① 骨肉相爭　② 寸鐵殺人
③ 泰然自若　④ 晝耕夜讀

140 좋지 않은 근본 요소를 완전히 제거하다.
① 同價紅裳　② 拔本塞源
③ 氣高萬丈　④ 金科玉條

제3영역　讀解

141-154 다음 문장에서 밑줄 친 한자어(漢字語)의 음(音)은 무엇입니까?

141 일이 계획대로 進行되고 있다.
① 퇴행　② 진행　③ 행진　④ 추진

142 육지는 산지와 고원, 사막, 草原, 평야 등으로 이루어져 있다.
① 전답　② 해양　③ 초원　④ 산맥

143 집을 出發한 지 한 시간만에 학교에 도착했다.
① 도착　② 출동　③ 출시　④ 출발

144 진정한 친구라면 忠告를 아끼지 말아야 한다.
① 고충　② 충고　③ 조언　④ 보고

145 숲은 생태계의 질서를 正常적으로 유지하는 역할을 한다.
① 정상　② 보조　③ 정직　④ 정태

146 날씨가 너무 더워서 窓門을 열어젖혔다.
① 대문　② 창문　③ 정문　④ 창틀

147 무절제한 사냥 때문에 희귀 동물의 숫자가 <u>減少</u>하고 있다.

① 멸소 ② 축소 ③ 감량 ④ 감소

148 갑자기 내린 비로 인하여 등산 약속이 <u>取消</u>되었다.

① 취하 ② 취소 ③ 철회 ④ 조정

149 옐로 카드란 축구 경기 등에서, 고의로 <u>反則</u>을 한 선수에게 경고의 뜻으로 내보이는 노란 종이 쪽지를 말한다.

① 반즉 ② 규칙 ③ 반칙 ④ 파울

150 풀은 약이 되기도 하고, <u>食品</u>이 되기도 한다.

① 즉석 ② 식구 ③ 식품 ④ 식사

151 심청이는 아버지의 눈을 뜨게 하기 위해서는 어떤 고통도 <u>甘受</u>할 수 있다고 생각했다.

① 감내 ② 인내 ③ 감수 ④ 감인

152 비만을 예방하려면 음식을 <u>調節</u>하고 운동을 꾸준히 해야 한다.

① 감소 ② 함량 ③ 조절 ④ 계절

153 자식들의 효성스러운 <u>看病</u>으로(로) 아버지의 병세가 차츰 좋아졌다.

① 간병 ② 간호 ③ 구완 ④ 문병

154 회의에는 총리를 비롯한 주요 <u>閣僚</u>와(과) 고위 당직자들이 참석하였다.

① 신료 ② 각료 ③ 관료 ④ 장관

155-159 다음 문장에서 밑줄 친 한자어(漢字語)의 뜻풀이로 적절한 것은 어느 것입니까?

155 어떤 잘못을 했을 때 남들이 모르게 그것을 감추는 것보다는 잘못된 점을 <u>是正</u>해서 다시는 그러지 않도록 하는 것이 더 좋다.

① 잘못을 바로 잡다. ② 용서를 구하다.
③ 인정하다. ④ 인정하지 않다.

156 병의 <u>始發</u>은 그때부터였다.

① 처음으로 떠나다. ② 마지막으로 떠나다.
③ 처음으로 시작되다. ④ 최근에 시작되다.

157 평생동안 <u>心血</u>을 바친 사업이 실패로 돌아갔다.

① 모든 재산 ② 온갖 힘
③ 건강 ④ 모든 지식

158 김 과장은 입사 이래로 6년째 계속 <u>皆勤</u>이다.

① 빠짐없이 출근하다. ② 열심히 일하다.
③ 일찍 출근하다. ④ 퇴근하지 않다.

159 기본적인 학문 · 사상 · 표현의 자유가 정부 당국의 <u>介入</u>과 탄압으로 침해되어서는 안 된다.

① 무시하다. ② 억누르다.
③ 끼어들다. ④ 북돋우다.

160-164 다음 문장에서 빈칸에 들어갈 가장 적절한 한자어(漢字語)는 어느 것입니까?

160 개나리와 진달래는 우리 ☐☐ 어디서나 볼 수 있다.

① 指名 ② 現實 ③ 實在 ④ 江山

161 요즈음에는 옛날의 한복을 활동하기에 보다 편리하게 고친 ☐☐ 한복을 입는 사람도 있다.

① 改良 ② 在來 ③ 改造 ④ 不便

162 경제 성장으로 국민들의 생활이 ☐☐에 비해 넉넉해졌다.

① 現在 ② 過去 ③ 來世 ④ 現金

163 누구나 자기 생각만 옳다고 ☐☐하면 실수를 할 수 있다.

① 悲鳴 ② 固執 ③ 考集 ④ 故執

164 그 곳에서 ☐☐은(는), 동냥조차 나갈 수 없는 병든 동료들에게 자신이 얻어 온 밥을 나누어 먹이고 있었다.

① 乞人 ② 傑人 ③ 貴人 ④ 宜當

165-170 다음 문장에서 밑줄 친 한자어(漢字語)의 한자 표기(漢字表記)가 바르지 않은 것은 어느 것입니까?

165 운전하는 사람이나 걸어다니는 사람 모두가 ① <u>生命</u>의 ② <u>所重</u>함을 깨닫고 ③ <u>交通</u> 질서를 잘 지킨다면 교통 ④ <u>事古</u>로 목숨을 잃는 일은 거의 없을 것이다.

166 커다란 ① <u>共場</u>에서 여러 사람의 손을 거쳐 자동차가 ② <u>次例</u>로 ③ <u>完成</u>되어 가는 ④ <u>光景</u>은 인상적이다.

167 ① 歷史적 ② 人物과 사건을 ③ 年對에 따라 알아보려면 연대표를 이용하는 것이 ④ 便利하다.

168 그는 주위의 ① 勸告를 ② 無視하고 ③ 事業을 늘리다 ④ 波産하고 말았다.

169 ① 百中은 석가모니의 제자 중 신통제일인 목련이 자신의 친어머니가 ② 轉生에 지은 온갖 업으로 지옥에서 ③ 苦痛받고 있는 것을 보고 그 고통을 덜어준 날이라고 해서 불교에서는 5대 명절 중 하나다. 그만큼 효심과 ④ 關係가 깊은 날이다.

170 순식간에 벌어진 ① 總理에 대한 밀가루·달걀 ② 洗禮는 하룻밤 사이에 ③ 局面을 ④ 反戰시켰다.

171-178 다음 문장에서 밑줄 친 단어(單語)를 한자(漢字)로 바르게 쓴 것은 어느 것입니까?

171 가정은 개인의 귀중한 보금자리이다.
① 告貴   ② 貴重   ③ 高貴   ④ 古貴

172 저 멀리 고속 도로가 보인다.
① 高速   ② 古俗   ③ 考速   ④ 高俗

173 장애인을 위한 운동 경기는 고대 그리스의 히포크라테스 시대부터 의료의 목적으로 실시되었다.
① 活動   ② 運動   ③ 運同   ④ 行動

174 기업이 다른 기업들과 공정한 경쟁을 할 때, 기업과 나라의 경제가 함께 발전하게 된다.
① 公定   ② 公庭   ③ 共正   ④ 公正

175 얼룩말이 빙 둘러서서 먹이를 먹는 것은 공동의 힘으로 적을 물리치기 위해서이다.
① 公同   ② 共動   ③ 共同   ④ 空洞

176 우리 겨레의 가장 큰 과업은 통일된 국가를 이룩하는 일이다.
① 果業   ② 科業   ③ 課業   ④ 過業

177 어떠한 고난과 어떠한 난관이 닥치더라도 학업을 포기해서는 안 된다.
① 難觀   ② 難關   ③ 卵官   ④ 暖關

178 지난 달 은밀한 탈출 기도가 있었으나 사전에 발각되었다.
① 氣道   ② 氣度   ③ 企圖   ④ 企道

179-183 다음 문장에서 밑줄 친 단어(單語)나 어구(語句)의 뜻을 가장 잘 나타낸 한자(漢字) 또는 한자어(漢字語)는 어느 것입니까?

179 태양의 흑점은 맨눈으로는 볼 수 없다.
① 肉體   ② 目次   ③ 目禮   ④ 肉眼

180 박과장은 다른 은행으로 돈을 부쳤다.
① 送金   ② 代金   ③ 出金   ④ 利子

181 타자는 투수가 던진 공을 기다렸다는 듯이 쳐냈다.
① 極   ② 授   ③ 打   ④ 技

182 나이가 삼십이 넘었는데도 아직 앳되어 이십 대 초반으로 보인다.
① 露骨   ② 純白   ③ 童顏   ④ 美容

183 개발도상국에서 선진국으로 발돋움하는 것은 그리 쉬운 일이 아니다.
① 更新   ② 路程   ③ 開放   ④ 跳躍

184-188 다음 글을 읽고 물음에 답하시오.

맹자가 위나라 혜왕과 ㉠문답을 나누었다. 맹자가 물었다. "사람을 ㉡죽이는 데 ㉢政治로 죽이는 것과 칼로 죽이는 것과 차이가 있습니까?" 혜왕은 차이가 없다고 대답하였다. 그러자 맹자가 다음과 같이 혜왕에게 말하였다. "왕의 창고에는 기름진 고기가 있고, 왕의 마굿간에는 ㉣말들이 많이 있는데 ㉤백성들은 굶주려 죽고 있습니다. 이것은 짐승을 몰아서 사람을 잡아먹게 하는 것이니 어디에 백성의 부모다운 면이 있다고 하겠습니까?"

184 ㉠의 한자 표기가 바른 것은?
① 問答   ② 文答   ③ 對答   ④ 正答

185 ㉡의 뜻을 가장 잘 나타낸 것은?
① 死   ② 令   ③ 殺   ④ 害

186 ㉢의 독음이 바른 것은?
① 정도   ② 경제   ③ 정치   ④ 정객

187 ㉣의 뜻을 가장 잘 나타낸 것은?
① 言   ② 馬   ③ 語   ④ 牛

188 ㉤의 한자 표기가 바른 것은?
① 自手   ② 百名   ③ 白手   ④ 百姓

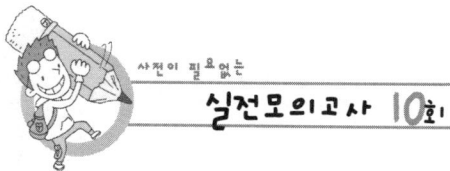

189-193 다음 글을 읽고 물음에 답하시오.

최근 들어 ㉠結婚 연령이 계속 높아지고 있다. 이런 현상의 가장 큰 이유로 남성은 주로 경제적 부담을 꼽은 반면 여성은 자아 성취 욕구 상실 때문이라고 답해 결혼을 미루는 ㉡이유가 성별에 따라 큰 격차를 보인다. 특히 IMF ㉢이후 경제적인 ㉣어려움이 사회 전반에 파급되면서 늘기 시작한 만혼 추세가 이제는 완전히 자리잡고 있는 모습을 볼 수 있다.
자녀 출산 계획에 대해서는 2명을 원하는 ㉤부부들이 많은 가운데 1명, 3명 등을 원하는 부부도 어느 정도 비율을 차지하고 있다.

189 ㉠의 독음이 바른 것은?

① 결혼   ② 약혼   ③ 혼인   ④ 혼약

190 ㉡의 한자 표기가 바른 것은?

① 利有   ② 移由   ③ 理有   ④ 理由

191 ㉢의 한자 표기가 바른 것은?

① 今後   ② 以來   ③ 由來   ④ 以後

192 ㉣의 뜻을 가장 잘 나타낸 것은?

① 遠   ② 難   ③ 高   ④ 鮮

193 ㉤의 한자 표기가 바른 것은?

① 父子   ② 婦女   ③ 夫婦   ④ 人夫

194-197 다음 글을 읽고 물음에 답하시오.

㉠三國史記, ㉡三國遺史 등에 '빈녀양모(貧女養母)'의 설화가 나온다. 신라 한기부 사람 연권(連權)의 딸로, 어려서 아버지를 여의고 홀어머니를 ㉢奉養하면서 살아간 ㉣孝女 지은(知恩)의 얘기다. 설화에 따르면 지은은 결국 가난을 이기지 못해 쌀 열 섬을 받는 대가로 자신을 부잣집 종으로 판다. 실로 오랜만에 이㉤밥을 입에 대본 어머니는 "밥맛은 좋으나 간장을 칼로 찌르는 것 같으니 어찌된 것인가?"라며 연유를 물었다. ㉥自初至終을 듣고 통곡하니 그 소리가 나라님의 귀에 들어가 효행의 보상을 받는다는 권선징악 이야기이다. 이 설화는 훗날 ㉦고전소설 심청전(沈淸傳)의 모티브가 된다.

194 ㉢의 독음이 바른 것은?

① 공양   ② 보양   ③ 봉양   ④ 영양

195 ㉤의 뜻을 가진 것은?

① 飯   ② 絲   ③ 舌   ④ 昌

196 ㉠~㉥ 중 한자 표기가 바르지 않은 것은?

① ㉠三國史記   ② ㉡三國遺史
③ ㉣孝女   ④ ㉥自初至終

197 ㉦의 '소' 자의 한자 표기가 바른 것은?

① 小   ② 少   ③ 笑   ④ 素

198-203 다음 글을 읽고 물음에 답하시오.

학창시절에 ㉠노란 은행잎을 주어 책갈피에 끼워놓은 기억들이 있다. ㉡계절도 느낄 수 있지만 실제로 은행잎은 ㉢방충 효과가 있어 좀이 책을 쓰는 것을 막는다. 은행나무는 ㉣공해에 강하여 ㉤도심의 가로수로 적합하다. 열매인 은행은 익혀 먹으면 폐를 다듬게 하고 기를 돋우며 천식과 기침을 다스린다고 '㉥본초강목'은 전한다. 은행잎에서 혈액 ㉦順換을 돕는 약까지 생산하니 버릴 게 없다.
은행나무는 ㉧古生代에도 자랐고 10여 종이 있었으나 동아시아에 1종만 남아 있다. 이것이 '살아 있는 화석'으로 불리는 이유다. ㉨원산지인 중국에서는 옛날부터 절의 마당에 많이 심었고 ㉩우리 나라에는 ㉪高麗 시대 이전 승려들이 중국에서 씨를 가져와 퍼뜨린 것으로 ㉫推定된다.

198 ㉠의 뜻을 가진 것은?

① 綠   ② 赤   ③ 紅   ④ 黃

199 ㉡~㉤의 한자 표기가 바르지 않은 것은?

① ㉡季節   ② ㉢防蟲   ③ ㉣公害   ④ ㉤道心

200 ㉥의 '강' 자와 같은 한자를 사용하는 것은?

① 三綱   ② 剛斷   ③ 講論   ④ 健康

201 ㉨의 한자 표기가 바른 것은?

① 元産地   ② 原産地   ③ 源産地   ④ 遠産地

202 ㉩의 뜻을 가장 잘 나타낸 것은?

① 強國   ② 大國   ③ 聯邦   ④ 我邦

203 ㉦~㉫ 중 한자 표기가 바르지 않은 것은?

① ㉦順換   ② ㉧古生代   ③ ㉪高麗   ④ ㉫推定

204-210 다음 글을 읽고 물음에 답하시오.

전쟁의 ㉠慘禍가 채 ㉡復舊되지 않은 1955년, 서울에서 열린 제36회 ㉢전국 체전은 ㉣盛火가 처음으로 등장한 대회였다. 단군이 쌓아 ㉤祭天의식을 치렀던 성지, 마니산 정상의 참성단에서 채화돼 전국을 돌며 봉송되는 성화를 보며 사람들은 민족의 기상을 생각했다.

참성단은 조선 인조 때와 숙종 때 각각 ㉥重修한 기록이 있어 조정에서도 ㉦精誠들여 관리해 왔음을 알 수 있다. 그러나 일제는 한민족의 뿌리를 ㉧象徵하는 참성단을 ㉨意圖적으로 ㉩毀損했는데, 이를 보수하고 지킨 사람들이 바로 강화의 ㉪기독교도였다. 그들은 참성단에서 부흥사경회를 가질 때마다 ㉫보수할 돌을 등에 지고 마니산을 오르며 ㉬찬송을 했다고 한다. 그들은 민족 신앙과 기독교 복음을 조화시킬 줄 알았던 것이다. 개천절을 맞아 암울했던 시절, 햇불을 들고 참성단에 모이던 기독교인들의 모습을 떠올리며 '홍익인간(弘益人間)'의 참뜻을 되새겨 본다.

204 ㉢의 한자 표기가 바른 것은?

① 全局體戰   ② 全國體典
③ 全局體典   ④ 全國體戰

205 ㉠~㉤ 중 한자 표기가 바르지 않은 것은?

① ㉠慘禍   ② ㉡復舊
③ ㉣盛火   ④ ㉤祭天

206 ㉥~㉨의 독음이 바른 것은?

① ㉥개수   ② ㉦정성
③ ㉧상형   ④ ㉨의욕

207 ㉩의 독음이 바른 것은?

① 말살   ② 파괴
③ 축소   ④ 훼손

208 ㉪의 한자 표기가 바른 것은?

① 基督敎道   ② 基督敎徒
③ 基督敎導   ④ 基督矯導

209 ㉫의 한자 표기가 바른 것은?

① 保守   ② 補修
③ 保手   ④ 族譜

210 ㉬의 '송' 자의 한자 표기가 바른 것은?

① 訟   ② 誦
③ 頌   ④ 送

※ 다음 문제를 읽고 알맞은 것을 고르시오.

제1영역   漢字

1-5 다음 한자(漢字)의 부수(部首)는 무엇입니까?

1 考 : ① ノ   ② 老   ③ 土   ④ 人

2 比 : ① 比   ② 匕   ③ 一   ④ 一

3 送 : ① 八   ② 大   ③ 二   ④ 辶

4 聖 : ① 口   ② 王   ③ 耳   ④ 一

5 野 : ① 土   ② 里   ③ 田   ④ 用

6-10 다음 한자(漢字)의 획수(劃數)는 모두 몇 획입니까?

6 街 : ① 9획   ② 10획   ③ 11획   ④ 12획

7 圖 : ① 12획   ② 13획   ③ 14획   ④ 15획

8 禮 : ① 16획   ② 17획   ③ 18획   ④ 19획

9 調 : ① 14획   ② 15획   ③ 16획   ④ 17획

10 黃 : ① 10획   ② 11획   ③ 12획   ④ 13획

11-15 다음 필순(筆順)에 대한 설명에 가장 알맞은 한자는 어느 것입니까?

11 바깥쪽을 안쪽보다 먼저 쓴다.
　　 ① 止   ② 春   ③ 忠   ④ 因

12 가운데를 꿰뚫는 획은 나중에 쓴다.
　　 ① 手   ② 世   ③ 室   ④ 十

13 삐침을 먼저 쓰고 파임을 나중에 쓴다.
　　 ① 良   ② 言   ③ 合   ④ 移

14 허리를 끊는 획은 나중에 쓴다.
　　 ① 母   ② 知   ③ 充   ④ 幸

15 오른쪽 위의 점은 제일 나중에 쓴다.
　　 ① 成   ② 香   ③ 興   ④ 血

16-20 다음 한자(漢字)와 그 조자(造字)의 방식이 같은 한자는 어느 것입니까?

예 한자 '日'은 그 조자(造字)의 방식이 구체적인 사물의 모습을 본떠서 만든 상형자(象形字)이다. 이와 비슷한 한자로는 '山'이 있다.

16 東 : ① 姓   ② 時   ③ 立   ④ 藥

17 馬 : ① 鳥   ② 取   ③ 語   ④ 節

18 河 : ① 目   ② 白   ③ 勉   ④ 牛

19 右 : ① 果   ② 左   ③ 唱   ④ 海

20 川 : ① 休   ② 效   ③ 男   ④ 面

21-31 다음 한자(漢字)의 음(音)은 무엇입니까?

21 歌 : ① 흠   ② 객   ③ 가   ④ 영

22 課 : ① 언   ② 어   ③ 고   ④ 과

23 洞 : ① 장   ② 도   ③ 두   ④ 동

24 病 : ① 상   ② 호   ③ 병   ④ 인

25 樹 : ① 목   ② 수   ③ 촌   ④ 두

26 育 : ① 육   ② 월   ③ 운   ④ 교

27 圓 : ① 차   ② 방   ③ 원   ④ 인

28 丑 : ① 유   ② 긴   ③ 축   ④ 차

29 敦 : ① 독   ② 실   ③ 범   ④ 돈

30 拍 : ① 방   ② 박   ③ 거   ④ 수

31 誘 : ① 유   ② 수   ③ 투   ④ 명

32-39 다음의 음(音)을 가진 한자는 어느 것입니까?

32 방 : ① 例   ② 願   ③ 防   ④ 請

33 성 : ① 研   ② 價   ③ 位   ④ 誠

34 웅 : ① 番   ② 億   ③ 雄   ④ 章

35 부 : ① 浮   ② 浴   ③ 壬   ④ 蟲

36 우 : ① 純   ② 尤   ③ 卯   ④ 否

37 겸 : ① 遣　　② 緊　　③ 謙　　④ 抑

38 둔 : ① 俊　　② 徹　　③ 核　　④ 屯

39 칭 : ① 幣　　② 稱　　③ 享　　④ 穡

40-47 다음 한자(漢字)와 음(音)이 같은 한자는 어느 것입니까?

40 固 : ① 快　　② 鄕　　③ 故　　④ 勝

41 島 : ① 到　　② 各　　③ 苦　　④ 富

42 務 : ① 毛　　② 武　　③ 藝　　④ 園

43 謝 : ① 朴　　② 扶　　③ 於　　④ 巳

44 辛 : ① 申　　② 甲　　③ 篇　　④ 幸

45 睦 : ① 陸　　② 刺　　③ 頗　　④ 牧

46 祀 : ① 介　　② 蛇　　③ 掛　　④ 爵

47 銳 : ① 詐　　② 鉛　　③ 豫　　④ 誕

48-58 다음 한자(漢字)의 뜻은 무엇입니까?

48 景 : ① 서울　　② 경치　　③ 엮다　　④ 이기다

49 根 : ① 재주　　② 식물　　③ 뿌리　　④ 가지

50 冷 : ① 덥다　　② 차다　　③ 이슬　　④ 따뜻하다

51 貧 : ① 입다　　② 나누다　　③ 탐하다　　④ 가난하다

52 增 : ① 덜다　　② 승려　　③ 더하다　　④ 살피다

53 遇 : ① 가다　　② 찾다　　③ 모이다　　④ 만나다

54 皮 : ① 저　　② 벽　　③ 가죽　　④ 피하다

55 啓 : ① 절　　② 열다　　③ 참다　　④ 닫다

56 錦 : ① 대　　② 비단　　③ 조개　　④ 아름답다

57 妥 : ① 쥐다　　② 접하다　　③ 부드럽다　　④ 온당하다

58 環 : ① 고리　　② 꾀다　　③ 겸하다　　④ 바꾸다

59-65 다음의 뜻을 가진 한자(漢字)는 어느 것입니까?

59 벼슬 : ① 波　　② 官　　③ 臣　　④ 洋

60 머리 : ① 打　　② 守　　③ 頭　　④ 熱

61 어제 : ① 作　　② 衆　　③ 窓　　④ 昨

62 무릇 : ① 凡　　② 飯　　③ 署　　④ 哀

63 가지다 : ① 皆　　② 持　　③ 谷　　④ 又

64 구리 : ① 泥　　② 株　　③ 銅　　④ 把

65 낫다 : ① 愈　　② 御　　③ 販　　④ 奚

66-70 다음 한자(漢字)와 뜻이 비슷한 한자는 어느 것입니까?

66 狗 : ① 豚　　② 猛　　③ 突　　④ 犬

67 賓 : ① 頻　　② 客　　③ 誓　　④ 巡

68 帥 : ① 將　　② 師　　③ 削　　④ 慾

69 病 : ① 繁　　② 簿　　③ 疾　　④ 哀

70 遙 : ① 幽　　② 遠　　③ 雜　　④ 遵

제 2 영 역　語　彙

71-72 다음 한자어(漢字語)와 그 새김의 방식이 같은 한자어는 어느 것입니까?

> 例 한자어 '年少'는 그 새김의 방식이 주어와 서술어의 관계이다. 이와 비슷한 한자어로는 '日出'이 있다.

71 日新 : ① 出血　　② 揚名　　③ 家風　　④ 伸張

72 多少 : ① 深淺　　② 存在　　③ 類似　　④ 認識

73-90 다음 한자어(漢字語)와 발음(發音)이 같은 한자어는 어느 것입니까?

73 上京 : ① 所用　　② 商人　　③ 常經　　④ 上向

74 實例 : ① 過度　　② 失禮　　③ 實力　　④ 實務

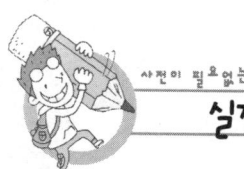

75 內助：① 年初　② 來朝　③ 子女　④ 急造

76 歷史：① 列舉　② 命令　③ 力士　④ 年老

77 戰死：① 前者　② 前史　③ 精算　④ 電子

78 新鮮：① 新設　② 性善　③ 責善　④ 神仙

79 入神：① 一新　② 立身　③ 失神　④ 自信

80 認定：① 友情　② 人情　③ 愛情　④ 修正

81 利害：① 理解　② 飮福　③ 仁政　④ 陰害

82 發電：① 發達　② 發展　③ 發明　④ 發見

83 千字：① 天子　② 密着　③ 參加　④ 接着

84 今上：① 患者　② 黑心　③ 金賞　④ 孝女

85 輕動：① 運動　② 驚動　③ 泰東　④ 鳴動

86 利錢：① 口傳　② 口錢　③ 以前　④ 原典

87 戒世：① 追擊　② 末世　③ 家勢　④ 季世

88 梅信：① 賣身　② 賣盡　③ 買收　④ 賣笑

89 寶庫：① 步道　② 報告　③ 報果　④ 補缺

90 封事：① 封印　② 奉事　③ 封書　④ 封紙

91-92 다음 한자어(漢字語)들 중 괄호 안의 한자(漢字)의 발음(發音)이 다른 한자어는 어느 것입니까?

91 ①(沈)沒　②(沈)默　③(沈)潛　④(沈)氏

92 ①(行)軍　②(行)列　③(行)路　④(行)星

93-110 다음 단어들의 '□'에 공통으로 들어갈 알맞은 한자(漢字)는 어느 것입니까?

93 □南, □水, 江□：① 門　② 湖　③ 北　④ 入

94 惡□, 親□, □答：① 問　② 筆　③ 人　④ 對

95 □城, □地, □俗：① 大　② 都　③ 風　④ 土

96 活□, 通□, □上：① 達　② 行　③ 路　④ 道

97 家□, □地, 住□：① 庭　② 宅　③ 族　④ 土

98 □目, 作□, 名□：① 曲　② 德　③ 成　④ 家

99 □客, 美□, □望：① 希　② 絕　③ 色　④ 觀

100 □雪, □夜, 空□：① 晝　② 白　③ 百　④ 同

101 □行, □力, 競□：① 走　② 爭　③ 流　④ 步

102 □示, □紙, 年□：① 色　② 間　③ 別　④ 表

103 師□, 兄□, □子：① 父　② 第　③ 弟　④ 母

104 □觀, 喜□, □報：① 悲　② 可　③ 樂　④ 怒

105 □文, □物, 祝□：① 憂　② 祭　③ 散　④ 帝

106 淸□, 洗□, 自□：① 潔　② 淨　③ 靜　④ 顏

107 跳□, 飛□, □進：① 躍　② 行　③ 前　④ 退

108 □民, □子, □出：① 序　② 國　③ 庶　④ 徐

109 □念, □要, 大□：① 慨　② 略　③ 伸　④ 槪

110 □書, 所□, 貯□：① 藏　② 墻　③ 蓄　④ 錯

111-126 다음 한자어(漢字語)와 뜻이 반대(反對)이거나 상대(相對)되는 한자어는 어느 것입니까?

111 空想：① 夢想　② 公空　③ 現實　④ 現代

112 上行：① 逆流　② 下行　③ 同生　④ 順行

113 年末：① 年始　② 年中　③ 月初　④ 月末

114 能動：① 結論　② 能力　③ 受動　④ 作動

115 同感：① 同質　② 反正　③ 反省　④ 反感

116 共同：① 共用　② 獨善　③ 公同　④ 單獨

117 車道：① 車路　② 人道　③ 風車　④ 車線

118 放心：① 安心　② 注意　③ 主意　④ 主義

119 不義：① 正義　② 實用　③ 定義　④ 定議

120 生存：① 生死　② 生前　③ 死亡　④ 一生

121 低俗：① 低溫　② 古俗　③ 高尙　④ 和尙

122 舊式：① 公式　② 新式　③ 典式　④ 方式

123 自立 : ① 獨立　② 獨存　③ 依他　④ 依然

124 詳述 : ① 著述　② 詳細　③ 略式　④ 略述

125 聰明 : ① 愚鈍　② 愚民　③ 聰敏　④ 總名

126 入黨 : ① 脫黨　② 入堂　③ 朋黨　④ 脫出

127-132 다음 성어(成語)에서 '□'에 들어갈 알맞은 한자(漢字)는 어느 것입니까?

127 子孫□代 : ① 滿　② 萬　③ 百　④ 白

128 自□自足 : ① 急　② 由　③ 己　④ 給

129 文□四友 : ① 具　② 方　③ 房　④ 進

130 命在□刻 : ① 傾　② 頃　③ 更　④ 境

131 氣盡□盡 : ① 脈　② 多　③ 消　④ 身

132 登高自□ : ① 鼻　② 秘　③ 費　④ 卑

133-136 다음 성어(成語)의 뜻풀이로 적절한 것은 어느 것입니까?

133 好衣好食
① 좋은 옷을 입고 좋은 음식을 먹는다.
② 목표를 이루기 위해 꾸준히 노력하다.
③ 용모가 아름다운 여자
④ 남달리 뛰어나고 고아한 풍채

134 公明正大
① 소식을 들어 아는 바가 없다.
② 바람결에 떠도는 소문
③ 한 귀로 듣고 한 귀로 흘려버리다.
④ 하는 일이나 태도가 아주 정당하고 떳떳하다.

135 我田引水
① 값비싼 물건
② 나무가 매우 튼튼하다.
③ 자기에게만 이롭게 하다.
④ 한창 기운이 성하다.

136 首丘初心
① 부지런히 학문과 덕행을 닦다.
② 처음에 세운 뜻을 끝까지 밀고 나가다.
③ 자나 깨나 잊지 못하다.
④ 고향을 그리워하는 마음

137-140 다음의 뜻을 가장 잘 나타낸 성어(成語)는 어느 것입니까?

137 여러 방면에 능통한 사람
① 東西古今　② 決死反對
③ 八方美人　④ 風林火山

138 임자 없는 빈 산
① 公平無私　② 空山明月
③ 無主空山　④ 山川草木

139 계란으로 바위치기
① 虛張聲勢　② 國泰民安
③ 以卵投石　④ 燈火可親

140 친구 따라 강남 간다.
① 完全無缺　② 四顧無親
③ 天壤之差　④ 近墨者黑

제3영역　讀 解

141-154 다음 문장에서 밑줄 친 한자어(漢字語)의 음(音)은 무엇입니까?

141 비정규직 증가는 최근 고용 市場의 일반적인 추세이다.
① 장소　② 시장　③ 사회　④ 장시

142 학벌 사회의 폐해는 부, 명예, 권력을 一部가(이) 독점하는 문제 정도에서 끝나는 게 아니다.
① 일부　② 부분　③ 소수　④ 다수

143 동북 아시아는 새롭게 끓어 넘치기 直前의 단계에 와 있다.
① 직후　② 직전　③ 즉전　④ 직선

144 스포츠에서는 종종 의외의 結果가(이) 나오기도 한다.
① 경과　　② 결실　　③ 성과　　④ 결과

145 大氣 오염이 날로 심각해지고 있다.
① 환경　　② 수질　　③ 대기　　④ 공기

146 지난 140년간 지구 地面 온도는 계속 상승했다.
① 지면　　② 수면　　③ 표면　　④ 지상

147 언어적 表現에는 절대적인 참이 있는 것이 아니다.
① 표출　　② 발현　　③ 표현　　④ 발언

148 1957년 10월 세계 最初의 인공 위성인 스푸트니크 1호가 발사되었다.
① 최고　　② 최소　　③ 최초　　④ 최대

149 출산 및 육아에 대한 정부 지원이 대폭 强化될 전망이다.
① 강화　　② 강조　　③ 증가　　④ 강점

150 여성들의 사회 진출은 결혼관에 큰 變化를(을) 가져왔다.
① 변동　　② 변이　　③ 변경　　④ 변화

151 그는 모든 것을 宿命에 맡기고 노력하지 않았다.
① 운명　　② 숙명　　③ 천운　　④ 운수

152 그는 주위의 人物을 경계하는 버릇이 있다.
① 인간　　② 인적　　③ 인상　　④ 인물

153 일부 교회에서는 단군상 철거 대회를 열고 목사와 장로가 단군상 파괴를 干證하는 일까지 빚어졌다.
① 검증　　② 간섭　　③ 간증　　④ 선동

154 그는 늙어 죽는 날까지 무슨 짓을 해서라도 손녀 하나 있는 것 자기 손으로 거두기로 이미 覺悟이(가) 되어 있었다.
① 결심　　② 각오　　③ 작심　　④ 준비

155-159 다음 문장에서 밑줄 친 한자어(漢字語)의 뜻풀이로 적절한 것은 어느 것입니까?

155 어머니를 至極히 모시던 사임당은 어머니 생각에 잠을 이루지 못하는 날이 많았다.
① 소홀하다.　　② 공경하다.
③ 무시하다.　　④ 극진하다.

156 모든 일에는 長短이 있기 마련이다.
① 장점과 단점　　② 길고 짧음
③ 장점　　　　　④ 단점

157 그는 永永 돌아오지 않았다.
① 곧바로　　② 즉시　　③ 영원히　　④ 온전히

158 그것이 현재의 왜곡된 교육 현실을 改革하는 출발점이기도 하다.
① 가죽을 바꾸다.
② 전해 내려오는 것을 지키다.
③ 새롭게 뜯어고치다.
④ 낡은 것을 수리하다.

159 서부 開拓 시대를 배경으로 한 영화는 은행강도가 단골로 등장한다.
① 땅을 일궈 쓸모 있게 하다.
② 영토를 넓히다.
③ 바다를 메워 육지를 만들다.
④ 활짝 열어 드나들게 하다.

160-164 다음 문장에서 빈칸에 들어갈 가장 적절한 한자어(漢字語)는 어느 것입니까?

160 인간의 본성에는 싸움을 불러 일으키는 세 가지의 □□가 있다.
① 要求　　② 必要　　③ 要素　　④ 成分

161 15세기 후반 조선에서는 사회 경제적 변화에 조응하여 새로운 정치 세력이 대두되기 □□하였다.
① 始作　　② 出發　　③ 開始　　④ 完成

162 조선 후기에 도시 시장과 농촌 장시가 성장하고, 포구 상업이 새로운 □□으로 발전하였다.
① 次元　　② 結果　　③ 經過　　④ 變德

163 이 책은 여러 명이 쓴 □□이다.
① 著名　　② 公著　　③ 共著　　④ 功著

164 민주화를 표방하는 총통으로서도 정권의 안정에 조금도 도움이 되지 않으리라는 점을 알고 □□을(를) 내렸을 것이다.
① 結團　　② 決斷　　③ 留保　　④ 廢止

165-170 다음 문장에서 밑줄 친 한자어(漢字語)의 한자 표기(漢字表記)가 바르지 않은 것은 어느 것입니까?

165 ① 東羊에서는 언제나 ② 人間이 ③ 中心이 되어 본위가 되며 ④ 主體가 된다.

166 ① 競爭心은 인간으로 하여금 ② 利得을 보기 위해, ③ 少心함은 ④ 安全을 보장받기 위해, 명예욕은 좋은 평판을 듣기 위해 남을 해치도록 유도한다.

167 귀납과 연역의 ① 質的 차이가 확률치의 ② 量的 차이로 ③ 解所되어 버릴 수 있는가는 의문스러운 ④ 問題이다.

168 베트남전 ① 反對示威가 한창이던 당시 젊은이들은 ② 權偉와 질서에 도전하는 주인공들의 무한질주에 열광했지만, 은행갱을 ③ 美化했다는 ④ 非難은 피할 수 없었다.

169 프랑스는 담배에 관한 한 비교적 ① 寬大한 나라였다. ② 成因 남자의 42%, 성인 여자의 27%가 '골초'인데다 해마다 6만 여 명이 담배로 인한 질병으로 죽어가는 데도 ③ 吸煙의 ④ 深刻性에 대해 요란하게 떠들지 않는 나라가 프랑스였다.

170 선진국에선 오래 전부터 국제 회의를 ① 産業으로 간주하고 있다. 국제 회의는 국력 과시의 ② 幾會가 아니라 대표단이 쓰는 ③ 外貨를 겨냥한 비즈니스라는 것이다. 그런데도 우리는 아직도 국제 회의를 ④ 國威 선양의 기회로 알고 있다.

171-178 다음 문장에서 밑줄 친 단어(單語)를 한자(漢字)로 바르게 쓴 것은 어느 것입니까?

171 우리 민족의 사업은 세계를 무력으로 정복하거나 경제력으로 지배하려는 것이 아니다.
① 相業　② 商業　③ 事業　④ 思業

172 오늘의 한국 민주주의가 제자리걸음을 하고 있는 가장 큰 원인은 무엇인가?
① 原人　② 遠人　③ 遠因　④ 原因

173 유럽 대륙이 유럽(Europe)이라는 이름을 가지게 된 연유는 그리스의 신화에 등장하는 에우로페(Europe)라는 여자 이야기로부터 시작된다.
① 神話　② 信和　③ 神和　④ 神貨

174 경영자가 해야 할 대표적인 활동은 대개 다음의 단계를 거친다.
① 大表　② 對表　③ 代表　④ 代理

175 데이터마이닝이란 대량의 데이터로부터 쉽게 드러나지 않는 유용한 정보들을 추출하는 과정을 말한다.
① 流用　② 有用　③ 有勇　④ 有容

176 유체는 기체와 액체의 총칭이다.
① 己體　② 氣體　③ 技體　④ 期體

177 한반도는 동해에서 난류와 한류가 교차하여 좋은 어장을 이룬다.
① 暖留　② 難留　③ 暖流　④ 難流

178 소년은 일을 하는 틈틈이 혼자서 공부를 했다. 가게 주인은 그런 소년을 매우 기특하게 생각했다.
① 豈特　② 棄特　③ 奇特　④ 騎特

179-183 다음 문장에서 밑줄 친 단어(單語)나 어구(語句)의 뜻을 가장 잘 나타낸 한자(漢字) 또는 한자어(漢字語)는 어느 것입니까?

179 재영이가 탄 차가 화물차와 충돌했지만 다행히 가벼운 찰과상만 입었다.
① 理　② 輕　③ 重　④ 豊

180 영철이가 사는 곳은 어촌이라 항상 바다 바람이 심하게 불어온다.
① 海風　② 陸風　③ 大風　④ 長風

181 민선이는 아침 일찍 영화를 보러 극장에 갔다.
① 朝朝　② 朝夕　③ 早期　④ 早朝

182 이번만큼은 그냥 보아 넘길 문제가 아니다.
① 白眼視　② 等閑視　③ 重大視　④ 敵對視

183 그 분의 노련한 다그침이 훈련에 큰 도움이 되었다.
① 彈壓　② 督勵　③ 應援　④ 入營

184-188 다음 글을 읽고 물음에 답하시오.

신라의 선덕여왕은 지혜로운 ㉠임금으로 ㉡有名하다. 그 중에 다음과 같은 일화가 있다. 여왕이 즉위하기 전 당에 다녀온 ㉢사신이 모란꽃 ㉣그림과 그 씨를 가져왔는데, 당시 신라에는 아직 모란꽃이 없었다. 궁녀들은 그림을 보며 이 모란이란 꽃은 그림으로 보아 꽃송이가 크고 빛도 고우니, 향기도 아주 좋을 것이라고 이야기하고 있었다. 그러나 여왕은 모란꽃 그림을 자세히 보고 이 꽃은 향기가 없는 꽃일 것이라고 말했다. 궁녀들이 의아해하자, 여왕은 다음과 같이 말했다. "다른 그림의 꽃에는 나비가 있는데, 여기 모란꽃 그림에는 나비가 한 마리도 없다. 모란꽃에는 향기가 없다는 증거가 아니냐?" 궁녀들이 머리를 갸우뚱하며 여왕의 말을 ㉤믿지 않았다. 그러나 모란꽃 씨를 심은 후 꽃이 만개하게 되자 과연 모란꽃에는 향기가 없었고, 사람들은 여왕의 지혜에 감탄하였다고 한다.

184 ㉠의 뜻을 가진 것은?
① 公　　② 王　　③ 兄　　④ 祖

185 ㉡의 독음이 바른 것은?
① 무명　　② 유명　　③ 평판　　④ 명성

186 ㉢의 한자 표기가 바른 것은?
① 使臣　　② 私信　　③ 使命　　④ 身命

187 ㉣의 뜻을 가장 잘 나타낸 것은?
① 用　　② 晝　　③ 書　　④ 畵

188 ㉤의 뜻을 가장 잘 나타낸 것은?
① 信用　　② 不滿　　③ 不信　　④ 滿足

189~193 다음 글을 읽고 물음에 답하시오.

이제마는 조선 ㉠말기의 ㉡한의학자로 사상 의학으로 특히 유명하다. 어려서부터 유교 ㉢經典을 비롯하여 의약과 점술 등에 ㉣환히 통달했으며, 무인이 되기를 원해 군사 관계 서적도 많이 읽었다. 19세기 말 군관직을 거쳐, 현감을 거쳤으며 관기를 바로잡는 데 힘썼다. 그러나 얼마 안 되어 사직하고 서울에 돌아와 사상 의학을 정립시키기 위해 저술을 시작하여 이듬해 유명한 '동의수세보원'을 완성하였다. 그 뒤 일생을 의학 연구와 ㉤제자들을 기르는 데 보냈다.

189 ㉠의 한자 표기가 바른 것은?
① 期末　　② 末技　　③ 初期　　④ 末期

190 ㉡의 한자 표기가 바른 것은?
① 韓醫學者　　　　② 中醫學者
③ 法醫學者　　　　④ 英文學者

191 ㉢의 독음이 바른 것은?
① 경서　　② 경전　　③ 경질　　④ 사전

192 ㉣의 뜻을 가장 잘 나타낸 것은?
① 能通　　② 不通　　③ 法統　　④ 大通

193 ㉤의 한자 표기가 바른 것은?
① 題字　　② 第子　　③ 弟子　　④ 一字

194-197 다음 글을 읽고 물음에 답하시오.

전매청의 ㉠後身인 담배인삼공사는 인삼을 취급하지 않는다. 지난 1998년 한국인삼공사가 새로 생기면서 인삼 관련 업무를 가져갔던 것이다. 그런데도 담배인삼공사라는 ㉡이름을 그대로 쓰는 바람에 많은 사람들이 계속 인삼 업무를 취급하는 것으로 ㉢誤解한다.
담배인삼공사에는 '왜 ㉣混同을 불러 일으키는 이름을 고치지 않느냐'는 ㉤問意가 많다. 그러나 이름을 바꾸지 않은 이유는 따로 있다. 곧 '몸에 관하여 담배는 해로운 것이고 인삼은 좋은 것이니 기업 이미지상 인삼을 그대로 두는 것이 낫다'는 ㉥상업적 판단 때문이었던 것이다. 한국인삼공사가 생기기 2년 전 이미 인삼은 전매 제도에서 ㉦解除되었고, 담배도 곧 그렇게 될 예정이다.

194 ㉡의 뜻을 가진 것은?
① 命　　② 名　　③ 字　　④ 號

195 ㉠~㉤ 중 한자 표기가 바르지 않은 것은?
① ㉠後身　　② ㉢誤解　　③ ㉣混同　　④ ㉤問意

196 ㉥의 '적' 자의 한자 표기가 바른 것은?
① 赤　　② 的　　③ 敵　　④ 適

197 ㉦의 독음이 바른 것은?
① 해금　　② 해리　　③ 해제　　④ 해체

198-203 다음 글을 읽고 물음에 답하시오.

일본 '사무라이(侍)'는 그 한자에 함축돼 있듯이 원래 ㉠貴族이나 ㉡領主에게 ㉢奉仕하는 ㉣測近을 뜻했다. 그러던 것이 중세 가마쿠라막부의 군사정권 시대에 ㉤농민봉기를 다스리고, 영주들 ㉥사이의 전쟁을 수행하는 임무가 부여되면서 허리에 늘 칼을 차는 것이 허용된 무사 계급으로 정착된 것이다. 잘 알려진 것처럼 사무라이의 이미지는 ㉦잔인함과 ㉧비장함이다. 아랫사람이 잘못했을 경우 차고 있는 칼로 가차없이 그 목을 칠 수 있는 ㉨권한이 주어졌으며 자신이 ㉩궁지에 빠지면 스스로 ㉪배를 갈라 명예를 지켰던 것이다. 따라서 그들 ㉫주위엔 늘 죽음이 있었다. 에도시대 사무라이 수양 지침서 '하가쿠레'는 '죽기 위해 자신을 갈고 닦으라.'는 가르침으로 시작하여 '유종(有終)의 미'라는 가르침으로 끝을 맺고 있다.

198 ㉠~㉣ 중 한자 표기가 바르지 않은 것은?

① ㉠貴族　　　　② ㉡領主
③ ㉢奉仕　　　　④ ㉣測近

199 ㉤의 한자 표기가 바른 것은?

① 農民蜂起　　　② 農民鳳起
③ 農民峯起　　　④ 農民逢起

200 ㉥의 뜻을 가진 것은?

① 間　　　　② 間
③ 聞　　　　④ 鬪

201 ㉦~㉨의 한자 표기가 바른 것은?

① ㉦殘忍　　　　② ㉧肥壯
③ ㉨權閑　　　　④ ㉩宮地

202 ㉪의 뜻을 가장 잘 나타낸 것은?

① 斷指　　　　② 刻舟
③ 割腹　　　　④ 破船

203 ㉫의 '위' 자와 같은 한자를 사용하는 것은?

① 包圍　　　　② 卽位
③ 偉大　　　　④ 慰勞

204-210 다음 글을 읽고 물음에 답하시오.

㉠人流가 ㉡戰爭에서 ㉢地雷를 사용하기 시작한 것은 15세기 중국 명나라 때부터다. 유럽에서도 지뢰가 사용되었다는 ㉣주장이 있지만 뚜렷한 기록으로 남아 있는 것은 없다. 근대전에서 지뢰가 ㉤本格적인 무기로 쓰이기 시작한 것은 1904년 러일전쟁 때부터라고 한다. 땅속에 폭약을 묻어 병사의 생명을 노리는 ㉥殺傷武器로서의 지뢰 역사는 겨우 100년도 안 되는 셈이다. 그런데도 지금은 전 세계 105개국에 2억 5천만 개의 지뢰가 묻혀 있으며 매달 2,000여 민간인의 목숨을 앗아간다는 ㉦통계가 나와 있다.
지뢰는 기본적으로 적군의 ㉧接近을 차단하는 방어 무기이지만 직접적인 ㉨침략 위협을 받지 않는 나라들도 많은 양의 지뢰를 ㉩保有하고 있다. 지뢰 최다 보유국인 중국은 1억 1천만 개로 인구 10명당 1개꼴이라는 것이 국제 지뢰 금지 운동 본부의 ㉪推算이다. 지뢰에 의한 ㉫피해를 줄이기 위해 세계 각국은 국제 지뢰 금지 조약까지 체결했지만 이렇다 할 성과를 올리지 못하고 있다. 미국, 러시아, 중국 등 지뢰를 많이 보유하고 있는 나라들이 가입을 주저하는 데다 ㉬條約을(를) 체결한 나라들도 선뜻 지뢰를 없애지 못하고 있기 때문이다.

204 ㉠~㉤ 중 한자 표기가 바르지 않은 것은?

① ㉠人流　② ㉡戰爭　③ ㉢地雷　④ ㉤本格

205 ㉣의 '장' 자의 한자 표기가 바른 것은?

① 丈　　② 將　　③ 張　　④ 掌

206 ㉥의 독음이 바른 것은?

① 살육 무기　　　② 살상 무기
③ 살생 무기　　　④ 살인 무기

207 ㉦의 한자 표기가 바른 것은?

① 統系　② 統計　③ 通戒　④ 通計

208 ㉨의 한자 표기가 바른 것은?

① 浸掠威脅　　　② 侵略威脅
③ 浸掠危脅　　　④ 侵略危脅

209 ㉧~㉪의 독음이 바른 것은?

① ㉧근접　② ㉩보유　③ ㉪계산　④ ㉬규약

210 ㉫의 한자 표기가 바른 것은?

① 彼害　② 被害　③ 疲害　④ 避害

※ 다음 문제를 읽고 알맞은 것을 고르시오.

제1영역 漢 字

1-5 다음 한자(漢字)의 부수(部首)는 무엇입니까?

1 充：① 儿　② 厶　③ 亠　④ 充

2 唱：① 口　② 日　③ 日　④ 唱

3 眞：① ヒ　② 儿　③ 目　④ 眞

4 則：① 貝　② 刀　③ 水　④ 則

5 太：① 丶　② 太　③ 人　④ 大

6-10 다음 한자(漢字)의 획수(劃數)는 모두 몇 획입니까?

6 限：① 8획　② 9획　③ 10획　④ 11획

7 東：① 5획　② 6획　③ 7획　④ 8획

8 希：① 4획　② 5획　③ 6획　④ 7획

9 南：① 9획　② 10획　③ 11획　④ 12획

10 民：① 7획　② 6획　③ 5획　④ 4획

11-15 다음 필순(筆順)에 대한 설명에 가장 알맞은 한자는 어느 것입니까?

11 가로획과 세로획이 교차할 때에는 가로획을 먼저 쓴다.
　　① 七　② 獨　③ 防　④ 北

12 왼쪽에서 오른쪽으로 쓴다.
　　① 首　② 番　③ 奉　④ 昨

13 왼쪽과 오른쪽의 모양이 같을 때에는 가운데를 먼저 쓴다.
　　① 線　② 孫　③ 永　④ 藥

14 오른쪽 위의 점은 나중에 찍는다.
　　① 兩　② 武　③ 漁　④ 列

15 위에서 아래로 쓴다.
　　① 案　② 朝　③ 相　④ 料

16-20 다음 한자(漢字)와 그 조자(造字)의 방식이 같은 한자는 어느 것입니까?

> **예** 한자 '日'은 그 조자(造字)의 방식이 구체적인 사물의 모습을 본떠서 만든 상형자(象形字)이다. 이와 비슷한 한자로는 '山'이 있다.

16 子：① 門　② 律　③ 盆　④ 陸

17 四：① 月　② 十　③ 位　④ 恩

18 決：① 由　② 校　③ 弟　④ 界

19 全：① 根　② 財　③ 草　④ 早

20 飛：① 窓　② 耳　③ 協　④ 波

21-31 다음 한자(漢字)의 음(音)은 무엇입니까?

21 號：① 학　② 한　③ 호　④ 후

22 患：① 관　② 환　③ 완　④ 뢰

23 婚：① 곤　② 돈　③ 온　④ 혼

24 建：① 건　② 선　③ 전　④ 천

25 廣：① 왕　② 광　③ 동　④ 탕

26 急：① 읍　② 흡　③ 급　④ 즙

27 卵：① 란　② 단　③ 묘　④ 안

28 乃：① 나　② 난　③ 이　④ 내

29 巧：① 구　② 교　③ 군　④ 둔

30 眠：① 련　② 연　③ 안　④ 전

31 塗：① 도　② 모　③ 고　④ 로

32-39 다음의 음(音)을 가진 한자는 어느 것입니까?

32 매：① 木　② 末　③ 童　④ 每

33 빈：① 貧　② 仕　③ 素　④ 城

34 수：① 良　② 始　③ 樹　④ 式

35 술：① 戌　② 愁　③ 叔　④ 旅

36 연：① 與　② 煙　③ 尤　④ 瓦

37 역 : ① 擁　② 傲　③ 疫　④ 憐

38 기 : ① 寬　② 壞　③ 狗　④ 祈

39 나 : ① 那　② 琴　③ 屈　④ 糾

40-47 다음 한자(漢字)와 음(音)이 같은 한자는 어느 것입니까?

40 陽 : ① 光　② 養　③ 橋　④ 起

41 元 : ① 究　② 買　③ 遠　④ 毛

42 種 : ① 聞　② 終　③ 反　④ 拜

43 朱 : ① 茂　② 妙　③ 尾　④ 宙

44 泉 : ① 淺　② 飯　③ 散　④ 細

45 替 : ① 肥　② 邪　③ 逮　④ 誓

46 趣 : ① 床　② 醉　③ 沙　④ 祥

47 瞬 : ① 雙　② 脣　③ 額　④ 獻

48-58 다음 한자(漢字)의 뜻은 무엇입니까?

48 悲 : ① 날다　② 생각　③ 슬프다　④ 아니다

49 聲 : ① 말　② 발　③ 소리　④ 머리

50 實 : ① 꽃　② 풀　③ 나무　④ 열매

51 硏 : ① 돌　② 풀다　③ 풀다　④ 갈다

52 飮 : ① 냄새　② 죽다　③ 마시다　④ 흐리다

53 坤 : ① 땅　② 구름　③ 하늘　④ 시내

54 絲 : ① 실　② 바늘　③ 골무　④ 실패

55 囚 : ① 사람　② 닫다　③ 에우다　④ 가두다

56 焉 : ① 새　② 어찌　③ 까치　④ 까마귀

57 夷 : ① 활　② 적　③ 군사　④ 오랑캐

58 籍 : ① 논　② 문서　③ 인주　④ 벼루

59-65 다음의 뜻을 가진 한자(漢字)는 어느 것입니까?

59 낱 : ① 京　② 個　③ 計　④ 官

60 주다 : ① 基　② 郡　③ 給　④ 救

61 도읍 : ① 都　② 勢　③ 鮮　④ 鼻

62 높다 : ① 純　② 甚　③ 拾　④ 崇

63 얼굴 : ① 悟　② 顏　③ 於　④ 仰

64 남다 : ① 云　② 練　③ 餘　④ 慾

65 진흙 : ① 泥　② 衛　③ 墻　④ 葬

66-70 다음 한자(漢字)와 뜻이 비슷한 한자는 어느 것입니까?

66 副 : ① 亞　② 遂　③ 餓　④ 耶

67 伏 : ① 巖　② 隱　③ 讓　④ 輿

68 詐 : ① 燕　② 演　③ 欺　④ 臥

69 除 : ① 嶺　② 域　③ 靈　④ 損

70 禽 : ① 獸　② 裕　③ 梨　④ 淫

제 2 영역　語彙

71-72 다음 한자어(漢字語)와 그 새김의 방식이 같은 한자어는 어느 것입니까?

> 예 한자어 '年少' 는 그 새김의 방식이 주어와 서술어의 관계이다. 이와 비슷한 한자어로는 '日出' 이 있다.

71 貢納 : ① 窮地　② 騎兵　③ 鼓動　④ 紅樓

72 奇遇 : ① 渡江　② 誇張　③ 莫逆　④ 憤怒

73-90 다음 한자어(漢字語)와 발음(發音)이 같은 한자어는 어느 것입니까?

73 慶事 : ① 經史　② 輕笑　③ 敬順　④ 景福

74 課題 : ① 果然　② 課外　③ 過熱　④ 科題

75 單身：① 多才　② 短信　③ 勤農　④ 技能

76 事例：① 勞力　② 四禮　③ 綠陰　④ 論難

77 算數：① 山寺　② 三省　③ 山水　④ 筆順

78 加設：① 加熱　② 街說　③ 歌手　④ 授受

79 入國：① 賣國　② 愛國　③ 市國　④ 立國

80 是認：① 試食　② 時人　③ 學習　④ 風習

81 引用：① 認容　② 因習　③ 認可　④ 人間

82 節氣：① 存亡　② 絕望　③ 交接　④ 絕技

83 人指：① 合致　② 認知　③ 法治　④ 出衆

84 教訓：① 通過　② 豊年　③ 校訓　④ 體感

85 射手：① 小數　② 湖水　③ 死守　④ 車主

86 敢戰：① 角錢　② 感電　③ 強電　④ 敢行

87 孤高：① 古老　② 不告　③ 産苦　④ 考古

88 辭免：① 洗面　② 四面　③ 小滿　④ 紙面

89 補修：① 保守　② 補助　③ 報施　④ 譜所

90 寺院：① 師表　② 社員　③ 思想　④ 想像

91-92 다음 한자어(漢字語)들 중 괄호 안의 한자(漢字)의 발음(發音)이 다른 한자어는 어느 것입니까?

91 ① (糖)分　② 製(糖)　③ 雪(糖)　④ 乳(糖)

92 ① (北)極　② (北)進　③ 敗(北)　④ (北)伐

93-110 다음 단어들의 '□'에 공통으로 들어갈 알맞은 한자(漢字)는 어느 것입니까?

93 同□, □土, □校：① 鄕　② 農　③ 等　④ 末

94 □去, 罪□, □失：① 名　② 過　③ 退　④ 手

95 □家, □教, □親：① 近　② 下　③ 宗　④ 善

96 □量, 速□, 進□：① 多　② 道　③ 力　④ 度

97 □强, □貴, 巨□：① 富　② 尊　③ 商　④ 最

98 □命, 苦□, □死：① 運　② 生　③ 病　④ 天

99 □圖, 應□, 入□：① 詩　② 急　③ 對　④ 試

100 □道, □字, □色：① 人　② 赤　③ 文　④ 才

101 冷□, 母□, 性□：① 質　② 戰　③ 子　④ 情

102 □加, □減, □大：① 增　② 巨　③ 重　④ 打

103 單□, 時□, 定□：① 價　② 代　③ 一　④ 義

104 □例, □重, □等：① 同　② 北　③ 比　④ 輕

105 □心, 初□, □服：① 衣　② 霜　③ 傷　④ 喪

106 □馬, □車, 合□：① 乘　② 停　③ 落　④ 胸

107 □聘, □待, □請：① 招　② 召　③ 覆　④ 付

108 濫□, □得, 捕□：① 劃　② 發　③ 獲　④ 捉

109 □病, □風, 怪□：① 異　② 疾　③ 秩　④ 狀

110 印□, 抽□, 形□：① 象　② 像　③ 僞　④ 態

111-126 다음 한자어(漢字語)와 뜻이 반대(反對)이거나 상대(相對)되는 한자어는 어느 것입니까?

111 自然：① 自爲　② 油然　③ 人爲　④ 事理

112 送信：① 修身　② 送神　③ 受信　④ 接受

113 到着：① 出發　② 到達　③ 出席　④ 交着

114 前者：① 先人　② 作者　③ 長者　④ 後者

115 學生：① 學校　② 教師　③ 教習　④ 學習

116 事前：① 史傳　② 事後　③ 死後　④ 事典

117 重視：① 重要　② 輕重　③ 無視　④ 無時

118 室內：① 野外　② 家內　③ 校內　④ 在野

119 出勤：① 退勤　② 出戰　③ 勤勉　④ 開校

120 新入：① 進入　② 經力　③ 來歷　④ 經歷

121 開業：① 事業　② 閉業　③ 成業　④ 興業

122 正當：① 堂堂　② 當然　③ 不當　④ 適當

123 異端：① 頂端　② 適正　③ 精通　④ 正統

124 快樂：① 歡樂　② 快然　③ 苦痛　④ 苦樂

125 貸邊：① 對邊　② 此邊　③ 借邊　④ 大便

126 經度：① 緯度　② 輕度　③ 危道　④ 經緯

136 昏定晨省

① 일찍 자고 일찍 일어나다.

② 심지가 굳어 흔들리지 아니하다.

③ 머리가 어지럽고 정신이 혼미하다.

④ 부모를 잘 섬기고 효성을 다하다.

127-132 다음 성어(成語)에서 □에 들어갈 알맞은 한자(漢字)는 어느 것입니까?

127 難功□落：① 不　② 百　③ 明　④ 德

128 同時多□：① 人　② 者　③ 神　④ 發

129 勇氣百□：① 倍　② 背　③ 泣　④ 切

130 榮枯盛□：① 涯　② 排　③ 衰　④ 赴

131 □柔不斷：① 憂　② 優　③ 牛　④ 柔

132 如□薄氷：① 李　② 吏　③ 離　④ 履

137-140 다음의 뜻을 가장 잘 나타낸 성어(成語)는 어느 것입니까?

137 아름다운 산과 큰 내

① 名山大川　　② 君臣有義

③ 人事不省　　④ 見利思義

138 공을 논하여 그에 알맞은 상을 주다.

① 行方不明　　② 一言半句

③ 運數大通　　④ 論功行賞

139 여러 사람을 당해낼 만한 용기

① 信賞必罰　　② 兼人之勇

③ 一片丹心　　④ 才勝德薄

140 몹시 위급한 상태

① 羽化登仙　　② 縱橫無盡

③ 流芳百世　　④ 一觸卽發

133-136 다음 성어(成語)의 뜻풀이로 적절한 것은 어느 것입니까?

133 空前絕後

① 의지할 곳이 없는 외로운 홀몸

② 이전에도 없었고 앞으로도 없다.

③ 결함이 없이 완전하다.

④ 등잔 밑이 어둡다.

134 是非曲直

① 주변의 사물을 다양한 관점에서 바라보다.

② 낡은 생각을 고집하는 것은 어리석다.

③ 매우 위태로운 상황

④ 옳고 그르고 굽고 곧다.

135 呼父呼兄

① 가족 간에 화기애애하다.

② 아주 가까운 거리

③ 부형을 부형답게 모시다.

④ 부형이 돌아가신 슬픔

제3영역　讀　解

141-154 다음 문장에서 밑줄 친 한자어(漢字語)의 음(音)은 무엇입니까?

141 인간이 자연을 지배하게 되면서부터 환경 문제는 심각하게 進行되기 시작했다.

① 진전　② 진행　③ 진보　④ 진출

142 유기적이라는 말은 구성 요소가 잘 조직되어 있어서 하나 더하기 하나가 둘이 아니라 둘 이상이 되었을 때 使用하는 말이다.

① 구사　② 이용　③ 사용　④ 미만

143 환경 특성에 대한 정확한 평가 기준이 과학적으로 設定되어야 한다.

① 설정　② 설계　③ 설립　④ 제정

144 教育은 공간적으로 가정과 학교 그리고 사회에서 동시다발적으로 일어나는 것이다.
① 교실　　② 교수　　③ 양성　　④ 교육

145 배드민턴은 자신의 능력과 체력에 맞게 운동량을 調節할 수 있어 재미와 즐거움을 더할 수 있다.
① 조정　　② 정정　　③ 조절　　④ 조제

146 현대 스포츠에서는 승자만이 話題의 중심이 되고 역사 속에 기록된다.
① 주제　　② 기사　　③ 화제　　④ 화두

147 일반적으로 스포츠에 영향을 주는 날씨 요소는 크게 溫度, 습도, 바람, 기압 등이 꼽힌다.
① 기온　　② 온도　　③ 체온　　④ 정도

148 현재 지구상에는 약 4,500~5,000개 정도의 言語가 있다고 알려져 있다.
① 언어　　② 어언　　③ 어휘　　④ 단어

149 지난 해부터 카페와 結合한 형태의 PC방들이 우후죽순 생겨나고 있다.
① 결합　　② 결성　　③ 구성　　④ 결속

150 제품의 설계 단계에서부터 환경 친화적 技法을 적용하였다.
① 방법　　② 기술　　③ 수법　　④ 기법

151 그 가수는 일년 간의 空白을 깨고 마침내 다시 무대에 섰다.
① 휴식　　② 공백　　③ 여백　　④ 공간

152 나의 행동은 故意라기보다는 작은 실수였다.
① 고의　　② 범의　　③ 과실　　④ 주의

153 꽃송이 하나를 입 안에 넣고 잘근잘근 씹으니, 희미한 甘味가 혀를 자극했다.
① 구미　　② 취미　　③ 감미　　④ 진미

154 일부러 따라 배우려 들지 않아도 '화이트 크리스마스'나 '징글벨', '루돌프 사슴코' 등의 簡單한 가락 정도는 저절로 흥얼거릴 수 있다.
① 간단　　② 간략　　③ 평범　　④ 평이

155-159 다음 문장에서 밑줄 친 한자어(漢字語)의 뜻풀이로 적절한 것은 어느 것입니까?

155 피해자와 그 가족, 그리고 가해자와 수사 경찰의 인권은 사건의 輕重을 떠나 반드시 제일 먼저 존중되어야 할 가치이다.
① 매우 중요하다.
② 별로 중요하지 않다.
③ 소중하다.
④ 중요함과 중요하지 않음

156 범죄자는 지위 高下를 막론하고 처벌받아야 한다.
① 나이가 많고 적다.　　② 신분이 높다.
③ 성능이 좋고 나쁘다.　　④ 신분의 높고 낮음

157 이야기하는 내용의 중요 骨子를 파악해야 한다.
① 중심이 되는 줄기　　② 뼈를 이루는 부분
③ 주변 부분　　④ 대략적인 개요

158 고르지 않은 날씨로 기록 更新에 실패하였다.
① 고쳐 새롭게 하다.　　② 고쳐서 확장하다.
③ 뒤바꾸다.　　④ 다시 살아나다.

159 민생과 치안에 못지않게 중요한 것은 악법 改廢와 개혁 입법에 관한 문제이다.
① 열고 닫다.　　② 고쳐 바르게 하다.
③ 고치거나 없애다.　　④ 잘못 손대어 나빠지다.

160-164 다음 문장에서 빈칸에 들어갈 가장 적절한 한자어(漢字語)는 어느 것입니까?

160 그는 음악가가 되어 언제 들어도 심금을 울리는 □□을 남기고 싶어했다.
① 明曲　　② 樂曲　　③ 名曲　　④ 名畵

161 그는 새삼스레 인간의 행복이 □□에만 있지 않다는 것을 깨달았다.
① 家庭　　② 富貴　　③ 世上　　④ 幸運

162 □□에 우리 사회에는 범죄가 부쩍 늘고 있다.
① 最後　　② 過去　　③ 未來　　④ 最近

163 재판부가 엄정하게 □□를(을) 진행한 뒤 공정한 판결을 한다면 아무도 항의하지 않을 것이다.
① 工判　　② 公判　　③ 公務　　④ 工作

164 이 일은 참으로 쉽지 않으니, 지혜와 용맹을 □□한 사람이라야만 할 수 있을 것이다.

① 謙卑　② 謙備　③ 兼卑　④ 兼備

165-170 다음 문장에서 밑줄 친 한자어(漢字語)의 한자 표기(漢字 表記)가 바르지 않은 것은 어느 것입니까?

165 지조란 것은 순일한 ① 精神을 지키기 위한 불타는 ② 信念이요, 눈물겨운 ③ 情誠이며, 냉철한 확집이요, ④ 高貴한 투쟁이기까지 하다.

166 우리들 대부분에게 ① 家族은 항상 ② 便安한 안식처 이고, 사랑의 공동체이며, 가족 구성원 간의 기쁨과 즐거움을 추구하는 ③ 共間으로 ④ 認識된다.

167 스무 살이 되던 해, 윤봉길은 ① 書堂에서는 더 ② 以 上 배울 것이 없다고 생각되어, ③ 讀學으로 ④ 新學 問을 공부하기로 하였다.

168 대부분 70, 80대로 나이가 많은 이들은 ① 歸鄕의 ② 代價로 치른 가족과의 생이별, 오랜 타향살이로 얻은 ③ 持病, 빠듯한 살림살이와 낯선 환경에 대한 ④ 敵應 문제 등 3중, 4중의 고통을 겪고 있었다.

169 ① 當時 우리 학생들이 교사의 ② 引率 아래 영화를 ③ 單體 관람한 데에는 중요한 ④ 背景이 따로 있었다.

170 논문은 대단히 높게 ① 評價를 받은 듯 모든 ② 著名한 학자의 글을 누르고 ③ 雜紙 ④ 卷頭에 실려 있었다.

171-178 다음 문장에서 밑줄 친 단어(單語)를 한자(漢字)로 바르게 쓴 것은 어느 것입니까?

171 메이저리그 각 구단의 오프시즌은 거물 에이전트 스 캇 보라스의 정규 시즌이다.

① 車物　② 巨物　③ 舉物　④ 大物

172 거리에서 경쾌한 크리스마스 음악이 흘러 나온다.

① 敬快　② 競快　③ 景快　④ 輕快

173 저가부터 고가까지 다양한 휴대폰이 출시되고 있다.

① 低價　② 高價　③ 高家　④ 高加

174 두 국가가 공존을 꾀하였다.

① 共存　② 共尊　③ 公存　④ 工存

175 맹진사는 급히 뜰로 내려가 과객을 맞이 했다.

① 過客　② 科客　③ 果客　④ 課客

176 물체는 보통 고체·액체·기체의 세 가지로 분류 된다.

① 分流　② 分留　③ 分有　④ 分類

177 그는 단신이지만 장신 선수들을 제치고 올해의 최우 수 선수로 뽑혔다.

① 短信　② 短身　③ 單身　④ 端信

178 도둑들은 금고를 부수고 현금과 수표를 모두 털어 달 아났다.

① 今古　② 金庫　③ 禁庫　④ 金固

179-183 다음 문장에서 밑줄 친 단어(單語)나 어구(語句)의 뜻을 가장 잘 나타낸 한자(漢字) 또는 한자어(漢字語)는 어느 것입니까?

179 장사는 서로 간에 믿고 거래할 수 있어야 한다.

① 回信　② 書信　③ 信用　④ 信者

180 수영이는 책을 빨리 읽는 것에 능하다.

① 速讀　② 代讀　③ 一讀　④ 暗記

181 할아버지의 마지막 바람은 통일이 되어 북의 고향에 가시는 것이다.

① 宿願　② 所願　③ 宿命　④ 運命

182 지난밤에 아버지께서 발을 헛딛으시는 바람에 옷이 흙투성이가 되어 돌아오셨다.

① 落傷　② 失手　③ 失足　④ 失敗

183 아무런 준비 없이 당한 일이라서 아직 어안이 벙벙하 고 할 말이 생각나지 않는다.

① 突擊　② 突發　③ 突變　④ 突入

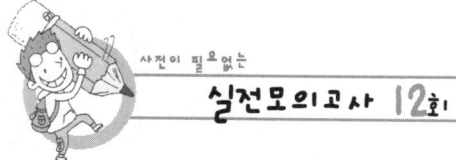

184-188 다음 글을 읽고 물음에 답하시오.

한 기관이 직장인들이 직장 ㉠이외에 가장 관심을 두는 분야에 대해 ㉡설문 조사한 결과를 ㉢發表한 바가 있는데 그 결과가 무척 흥미롭다.
직장인들이 직장 이외에 가장 관심을 갖는 분야를 묻는 질문에 '재테크'와 '건강 관리'가 나란히 1, 2위를 차지하였다. 이어서 '결혼을 포함한 가정 생활', '취미 활동', '㉣宗敎 활동'의 순으로 집계가 되었다.
경기 불황으로 인해 재테크에 보다 많은 사람들이 관심을 갖게 된 결과로 재테크가 1위로 오른 것으로 분석되며, 주5일 근무제가 확산되면서 직장인들의 여가 시간이 늘어나고 또 웰빙 ㉤바람이 불면서 건강 관리가 2위에 오른 것으로 보인다.

184 ㉠의 한자 표기가 바른 것은?

① 理外 ② 以上 ③ 以內 ④ 以外

185 ㉡의 한자 표기가 바른 것은?

① 說問 ② 說文 ③ 設問 ④ 設定

186 ㉢의 독음이 바른 것은?

① 공표 ② 발표 ③ 수표 ④ 표절

187 ㉣의 독음이 바른 것은?

① 수교 ② 외교 ③ 친교 ④ 종교

188 ㉤의 뜻을 가장 잘 나타낸 것은?

① 熱風 ② 大風 ③ 風速 ④ 風致

189-193 다음 글을 읽고 물음에 답하시오.

한니발은 ㉠고대 카르타고의 장군으로 코끼리를 이끌고 알프스를 넘은 것으로 유명하다. 한니발은 에스파냐에서 성장한 후 장군이 되어 제1차 포에니 전쟁에서 로마에게 패한 것을 ㉡갚기 위해 BC 218년 로마와 제2차 포에니전쟁을 일으켰다. 한니발은 남프랑스를 점령한 뒤 로마의 예상을 뒤엎고 알프스를 넘어 이탈리아로 침입하여 이탈리아 각지에서 로마군을 ㉢크게 이겼다. 특히 BC 216년 칸네 전투에서는 천재적인 용병술을 발휘하여 전사상 손꼽히는 대섬멸전을 ㉣展開하였으며, 수도 로마까지 육박하여 들어갔다. 그러나 로마의 지구전에 말려 들어 전선은 점차 교착 상태에 빠졌고 그 뒤 이탈리아 ㉤반도 남쪽 끝에서 전투를 계속하였다. BC 202년 자바의 결전에서 스키피오가 이끄는 로마군에게 패하고 결국 소아시아로 도망가 한 많은 생애를 마쳤지만, 그의 이름은 전사에 길이 빛나고 있다.

189 ㉠의 한자 표기가 바른 것은?

① 高大 ② 中古 ③ 古代 ④ 現代

190 ㉡의 뜻을 가장 잘 나타낸 것은?

① 報復 ② 回收 ③ 修習 ④ 報道

191 ㉢의 뜻을 가장 잘 나타낸 것은?

① 完敗 ② 大勝 ③ 勝敗 ④ 勝利

192 ㉣의 독음이 바른 것은?

① 개전 ② 속개 ③ 전계 ④ 전개

193 ㉤의 한자 표기가 바른 것은?

① 反島 ② 半島 ③ 半半 ④ 圖書

194-197 다음 글을 읽고 물음에 답하시오.

고려와 조선 시대에는 청렴과 강직을 선비의 가장 큰 ㉠德目으로 받들어 청빈한 관리는 ㉡厚待까지 기리게 했다. 청백리(淸白吏) 제도가 바로 그것이다. 세종 때의 황희와 맹사성, 성종 때의 허종 등 장기간 정승을 지냈으면서도 초라하고 궁핍한 ㉢生活을 마다않은 이들이 청백리의 ㉣代表적인 인물이다. 요즘도 가뭄에 ㉤콩 나듯 염리(廉吏)의 얘기가 들려오긴 하지만 언제부턴가 청렴한 사람을 보면 답답한 사람, 강직한 이는 융통성 없는 사람으로 치부하는 세태가 자리 잡기 시작했다. 직위를 ㉥이용해 사리사욕 채우기에 바쁜 사람들의 청탁과 압력, 뇌물과 ㉦口文으로 얽힌 사건이 언론의 단골 메뉴가 된 지 오래다.

194 ㉠의 독음이 바른 것은?

① 과목 ② 덕목 ③ 두목 ④ 안목

195 ㉤의 뜻을 가진 것은?

① 果 ② 豆 ③ 來 ④ 米

196 ㉡~㉦ 중 한자 표기가 바르지 않은 것은?

① ㉡厚待 ② ㉢生活
③ ㉣代表 ④ ㉦口文

197 ㉥의 '이' 자의 한자 표기가 바른 것은?

① 以 ② 利 ③ 理 ④ 異

198-203 다음 글을 읽고 물음에 답하시오.

미국의 웨스트 버지니아 주 출신 로버트 버드 상원의원은 한 때 대통령 후보 ㉠물망에까지 올랐던 7선 의원으로 워싱턴 정가의 거물 중 거물이다. 그가 ㉡남의 차를 들이받은 '㉢죄목' 으로 법정에서 온갖 ㉣잡범들과 함께 ㉤차례를 기다린 뒤 재판을 받은 사실이 ㉥보도돼 신선한 ㉦衝擊을 준 적이 있다. 원래 상원의원은 ㉧議事黨을 오가며 일으킨 사건에 대해서는 ㉨이른바 '면책특권(免責特權)' 을 갖는다. 교통 경관이 현장에서 그를 체포하지 않은 것은 이 때문이었다. 하지만 버드는 ㉩事故 10여일 뒤 스스로 법원에 나가 "나를 재판하라"고 요구한 것이다. 버드 의원의 '㉪美談' 이 미국 언론에선 취급조차 되지 않을 정도로 구미 선진국에선 '법 앞에 ㉫만인이 평등하다' 는 인식이 보편화되어 있다.

198 ㉠의 한자 표기가 바른 것은?
① 勿忘   ② 勿望
③ 物忘   ④ 物望

199 ㉡의 뜻을 가진 것은?
① 自   ② 他
③ 吾   ④ 我

200 ㉢~㉥의 한자 표기가 바른 것은?
① ㉢罪目   ② ㉣雜凡
③ ㉤茶禮   ④ ㉥步道

201 ㉨의 뜻을 가장 잘 나타낸 것은?
① 所爲   ② 所謂
③ 所有   ④ 所見

202 ㉫의 '만' 자와 같은 한자를 사용하는 것은?
① 滿員   ② 萬歲
③ 晩秋   ④ 怠慢

203 ㉦~㉪ 중 한자 표기가 바르지 않은 것은?
① ㉦衝擊   ② ㉧議事黨
③ ㉩事故   ④ ㉪美談

204-210 다음 글을 읽고 물음에 답하시오.

송이의 맛은 옛부터 ㉠菜蔬 가운데 으뜸으로 꼽힌다. ㉡造船 영조 때 농사요결서 '증보산림경제' 에는 '꿩고기와 함께 국을 끓이거나 꼬챙이에 꿰어서 유장을 발라 ㉢半熟해 먹으면 채중선품(菜中仙品)' 이라 ㉣記錄돼 있다. 또 ㉤生六臣 김시습은 '…고운 몸은 아직도 ㉥송화향기를 띠고 있네/희고 짜게 볶아 내니 빛과 맛도 아름다워/먹자마자 이빨이 시원한 것 깨닫겠네' 라는 송이 찬가를 남겼다. 한약재로서도 널리 쓰여 위를 편하게 하며 식욕을 증진시키고 ㉦정력강화, ㉧脚氣病, 피부병에 ㉨效能이 있는 것으로 전해진다.

주로 적송의 잔뿌리에 ㉩寄生하는 송이는 한반도와 일본 열도의 ㉪特産品으로 천하의 모든 초목에 관한 기록을 담았다는 중국의 '신농본초경' 에도 송이 ㉫항목은 없다. 요즘 들어 만주, 대만 등지에서도 발견되지만 ㉬숙주가 시베리아 적송이거나 백송, 흑송 이어서 맛과 향기가 훨씬 처진다.

204 ㉠~㉣ 중 한자 표기가 바르지 않은 것은?
① ㉠菜蔬   ② ㉡造船   ③ ㉢半熟   ④ ㉣記錄

205 ㉤의 독음이 바른 것은?
① 사륙신   ② 사육신   ③ 생육신   ④ 생륙신

206 ㉥의 한자 표기가 바른 것은?
① 松火香氣   ② 松花香氣
③ 頌花香氣   ④ 誦花香氣

207 ㉦의 한자 표기가 바른 것은?
① 定力强化   ② 精力剛化
③ 定力剛化   ④ 精力强化

208 ㉧~㉪의 독음이 바른 것은?
① ㉧각기병   ② ㉨효험   ③ ㉩숙생   ④ ㉪토산품

209 ㉫의 '항' 자의 한자 표기가 바른 것은?
① 巷   ② 恒   ③ 項   ④ 抗

210 ㉬의 한자 표기가 바른 것은?
① 宿酒   ② 宿主   ③ 宿住   ④ 熟酒

기출문제 1회

※ 다음 문제를 읽고 알맞은 것을 골라 답안 카드의 답란 (①, ②, ③, ④)에 표기하시오.

제1영역   漢字

1-5 다음 한자(漢字)의 부수(部首)는 무엇입니까?

1 校 : ① 木   ② 交   ③ 六   ④ 八

2 動 : ① 重   ② 千   ③ 里   ④ 力

3 魚 : ① 丶   ② 灬   ③ 田   ④ 魚

4 兵 : ① 八   ② 斤   ③ 丘   ④ 一

5 到 : ① 至   ② 刂   ③ 一   ④ 土

6-10 다음 한자(漢字)의 획수(劃數)는 모두 몇 획입니까?

6 四 : ① 4   ② 5   ③ 6   ④ 7

7 可 : ① 3   ② 4   ③ 5   ④ 6

8 首 : ① 6   ② 7   ③ 8   ④ 9

9 臣 : ① 6   ② 7   ③ 8   ④ 9

10 黑 : ① 11   ② 12   ③ 13   ④ 14

11~15 다음 필순(筆順)에 대한 설명에 가장 알맞은 한자는 어느 것입니까?

11 왼쪽에서 오른쪽으로 쓴다.
     ① 力   ② 言   ③ 完   ④ 川

12 좌우의 모양이 같을 때에는 가운데를 먼저 쓴다.
     ① 水   ② 木   ③ 大   ④ 女

13 가운데를 꿰뚫는 획은 나중에 쓴다.
     ① 米   ② 不   ③ 中   ④ 土

14 가로획과 세로획이 교차될 때에는 가로획을 먼저 쓴다.
     ① 百   ② 古   ③ 子   ④ 耳

15 삐침을 먼저 쓰고 파임을 나중에 쓴다.
     ① 父   ② 正   ③ 土   ④ 己

16-20 다음 한자(漢字)와 그 조자(造字)의 방식이 같은 한자는 어느 것입니까?

예 한자 '日'은 그 조자(造字)의 방식이 구체적인 사물의 모습을 본떠서 만든 상형자(象形字)이다. 이와 비슷한 한자로는 '山'이 있다.

16 車 : ① 夕   ② 大   ③ 耳   ④ 獨

17 上 : ① 角   ② 客   ③ 目   ④ 本

18 休 : ① 林   ② 人   ③ 木   ④ 郡

19 固 : ① 果   ② 神   ③ 男   ④ 門

20 鳥 : ① 相   ② 右   ③ 天   ④ 牛

21~31 다음 한자(漢字)의 음(音)은 무엇입니까?

21 京 : ① 취   ② 경   ③ 흠   ④ 각

22 備 : ① 비   ② 간   ③ 양   ④ 고

23 始 : ① 백   ② 수   ③ 혈   ④ 시

24 充 : ① 충   ② 윤   ③ 류   ④ 실

25 訓 : ① 지   ② 천   ③ 훈   ④ 소

26 黃 : ① 토   ② 황   ③ 상   ④ 구

27 甘 : ① 입   ② 감   ③ 전   ④ 첨

28 斗 : ① 두   ② 아   ③ 거   ④ 유

29 毒 : ① 매   ② 주   ③ 약   ④ 독

30 付 : ① 부   ② 촌   ③ 보   ④ 인

31 肺 : ① 시   ② 폐   ③ 자   ④ 억

32~39 다음의 음(音)을 가진 한자는 어느 것입니까?

32 한 : ① 太　②漢　③湖　④研

33 억 : ① 業　②邑　③漁　④億

34 암 : ① 暗　②音　③案　④偉

35 주 : ① 由　②猶　③宙　④油

36 관 : ① 連　②吹　③淺　④關

37 접 : ① 蝶　②攝　③鉛　④豫

38 탄 : ① 炭　②壇　③丸　④塊

39 돈 : ① 挑　②豚　③逐　④屯

40~47 다음 한자(漢字)와 음(音)이 같은 한자는 어느 것입니까?

40 仕 : ① 示　②浴　③寺　④是

41 會 : ① 回　②增　③展　④的

42 早 : ① 市　②祖　③限　④次

43 忍 : ① 煙　②凶　③舌　④寅

44 臥 : ① 酉　②委　③瓦　④臣

45 騷 : ① 疫　②蔬　③胥　④弔

46 契 : ① 桂　②菌　③煩　④苗

47 確 : ① 鑛　②掠　③鶴　④擴

48~58 다음 한자(漢字)의 뜻은 무엇입니까?

48 慶 : ① 일하다　② 경사　③ 농사　④ 슬프다

49 最 : ① 취하다　② 말하다　③ 젊다　④ 가장

50 屋 : ① 집　② 이르다　③ 빠르다　④ 화살

51 考 : ① 치다　② 막다　③ 생각하다　④ 아끼다

52 陽 : ① 볕　② 바꾸다　③ 그늘　④ 응하다

53 晴 : ① 푸르다　② 채소　③ 살다　④ 개다

54 味 : ① 아니다　② 맛　③ 냄새　④ 먹다

55 芽 : ① 싹　② 어금니　③ 풀　④ 가지

56 顧 : ① 곳집　② 마르다　③ 높다　④ 돌아보다

57 怠 : ① 태도　② 위태하다　③ 민첩하다　④ 게으르다

58 幣 : ① 돈　② 폐하다　③ 해지다　④ 죽다

59~65 다음의 뜻을 가진 한자(漢字)는 어느 것입니까?

59 이 : ① 致　②齒　③恥　④元

60 어제 : ① 夕　②古　③送　④昨

61 낮 : ① 午　②南　③景　④光

62 캐다 : ① 榮　②抱　③採　④豆

63 벗 : ① 癸　②丹　③又　④朋

64 관청 : ① 署　②暑　③央　④聽

65 고개 : ① 岳　②嶺　③標　④荒

66~70 다음 한자(漢字)와 뜻이 비슷한 한자는 어느 것입니까?

66 了 : ① 懸　②作　③終　④忌

67 訪 : ① 問　②來　③巡　④尋

68 助 : ① 扶　②演　③長　④條

69 牽 : ① 肩　②順　③延　④滯

70 努 : ① 壯　②勵　③隸　④奴

제 2 영역　語彙

71~72 다음 한자어(漢字語)와 그 새김의 방식이 같은 한자어는 어느 것입니까?

> 예 한자어 '年少'는 그 새김의 방식이 주어와 서술어의 관계이다. 이와 비슷한 한자어로는 '日出'이 있다.

71 妄動 : ① 非凡　② 肯定　③ 報恩　④ 改過

72 登程 : ① 狀況　② 程度　③ 入閣　④ 折半

73~90 다음 한자어(漢字語)와 발음(發音)이 같은 한자어는 어느 것입니까?

73 冬至：① 藥指　② 間紙　③ 米質　④ 同志

74 力士：① 力作　② 歷史　③ 恩師　④ 進士

75 病死：① 道士　② 自殺　③ 兵事　④ 無事

76 樹石：① 首席　② 朝夕　③ 水路　④ 受注

77 星火：① 生花　② 生産　③ 變化　④ 聖畫

78 世情：① 勢道　② 稅政　③ 性情　④ 洗手

79 消化：① 笑話　② 敎化　③ 草花　④ 美化

80 速記：① 婚期　② 傳記　③ 俗氣　④ 興起

81 受賞：① 手相　② 水原　③ 右相　④ 日常

82 詩人：① 起因　② 衆人　③ 知人　④ 是認

83 商議：① 堂直　② 上衣　③ 常習　④ 表紙

84 造花：① 風化　② 香火　③ 調和　④ 通話

85 妻兄：① 處刑　② 舊形　③ 求刑　④ 姉兄

86 道路：① 暴露　② 徒勞　③ 初老　④ 印朱

87 監司：① 劍士　② 感謝　③ 弔辭　④ 照射

88 强要：① 細腰　② 需要　③ 緊要　④ 綱要

89 拒否：① 距離　② 支拂　③ 巨富　④ 雜費

90 依據：① 義擧　② 疑處　③ 悲劇　④ 徹底

91~92 다음 한자어(漢字語)들 중 괄호 안의 한자(漢字)의 발음(發音)이 다른 한자어는 어느 것입니까?

91 ① 能(率)　② 引(率)　③ (率)直　④ (率)先

92 ① 開(拓)　② 干(拓)　③ (拓)本　④ (拓)植

93~110 다음 단어들의 '□'에 공통으로 들어갈 알맞은 한자(漢字)는 어느 것입니까?

93 男□, □利, □安：① 女　② 有　③ 便　④ 平

94 同□, □情, 好□：① 席　② 族　③ 列　④ 感

95 再□, □造, □物：① 木　② 建　③ 魚　④ 修

96 □助, □出, □命：① 救　② 相　③ 運　④ 家

97 尊□, 品□, □重：① 對　② 性　③ 質　④ 貴

98 才□, □力, 萬□：① 天　② 英　③ 能　④ 一

99 回□, □禮, 正□：① 答　② 信　③ 敬　④ 視

100 □用, □打, 年□：① 登　② 使　③ 代　④ 次

101 □角, □目, 先□：① 三　② 頭　③ 題　④ 種

102 定□, □手, 接□：① 着　② 立　③ 歌　④ 車

103 音□, □問, 人□：① 樂　② 訪　③ 道　④ 質

104 □價, 韓□, 用□：① 高　② 國　③ 紙　④ 法

105 哀□, □待, □聲：① 願　② 歡　③ 期　④ 肉

106 看□, □産, □片：① 破　② 過　③ 國　④ 一

107 □入, 仲□, □意：① 加　② 媒　③ 好　④ 介

108 □空, 書□, □橋：① 虛　② 冊　③ 架　④ 鐵

109 提□, □帶, □持：① 携　② 起　③ 地　④ 堅

110 同□, 細□, □子：① 乘　② 胞　③ 技　④ 獨

111~126 다음 한자어(漢字語)와 뜻이 반대(反對)이거나 상대(相對)되는 한자어는 어느 것입니까?

111 內容：① 內面　② 形式　③ 美容　④ 形體

112 可決：① 否決　② 解決　③ 終決　④ 先決

113 希望：① 責望　② 絶望　③ 志望　④ 野望

114 保守：① 留保　② 固守　③ 退步　④ 進步

115 自律：① 自主　② 自由　③ 他律　④ 他力

116 常例：① 定例　② 特例　③ 比例　④ 先例

117 口語：① 用語　② 造語　③ 文語　④ 失語

118 直流：① 合流　② 下流　③ 主流　④ 交流

119 君子：① 小人　② 君父　③ 臣下　④ 人君

120 遠心力：① 求心力　② 無重力　③ 原動力　④ 親和力

121 寒流：① 海流　② 氣流　③ 暖流　④ 急流

122 當番：① 非番　② 順番　③ 每番　④ 宿直

123 革新：① 改革　② 變革　③ 死守　④ 守舊

124 濕性：① 油性　② 彈性　③ 硬性　④ 乾性

125 滿潮：① 退潮　② 干潮　③ 高潮　④ 順潮

126 却下：① 接受　② 賣却　③ 退却　④ 棄却

127~132 다음 성어(成語)에서 '□'에 들어갈 알맞은 한자(漢字)는 어느 것입니까?

127 先公後□：① 正　② 事　③ 政　④ 私

128 □故知新：① 用　② 溫　③ 容　④ 論

129 □火可親：① 燈　② 母　③ 旦　④ 食

130 手不釋□：① 策　② 拳　③ 卷　④ 券

131 外□內剛：① 儒　② 柔　③ 幼　④ 遊

132 東□西走：① 奔　② 分　③ 奮　④ 赴

133~136 다음 성어(成語)의 뜻풀로 적절한 것은 어느 것입니까?

133 聞一知十
① 아는 것이 많다.
② 들은 것이 많다.
③ 매우 총명하다.
④ 주의력이 산만하다.

134 門前成市
① 찾아오는 사람이 많다.
② 찾아오는 사람을 거절하다.
③ 집 근처에서 장사를 하다.
④ 집 근처에 편의 시설이 있다.

135 雪上加霜
① 엎치락뒤치락하다.
② 엎친 데 덮치다.
③ 부질없이 거듭하다.
④ 같은 값이면 다홍치마이다.

136 發憤忘食
① 화를 이기지 못하다.
② 의욕이 사라지다.
③ 놀이에 폭 빠지다.
④ 열심히 공부하다.

137~140 다음의 뜻을 가장 잘 나타낸 성어(成語)는 어느 것입니까?

137 온갖 일을 다 겪다.
① 山戰水戰　② 富貴在天
③ 坐不安席　④ 多多益善

138 동작이 재빠르다.
① 九牛一毛　② 難兄難弟
③ 電光石火　④ 一擧兩得

139 제 마음대로 휘두르다.
① 右往左往　② 左之右之
③ 寸鐵殺人　④ 三人成虎

140 벗이 잘되는 것을 기뻐하다.
① 水魚之交　② 類類相從
③ 螢窓雪案　④ 松茂栢悅

제3영역 讀 解

141~154 다음 문장에서 밑줄 친 한자어(漢字語)의 음(音)은 무엇입니까?

141 서구화된 음식 습관과 운동 부족 등으로 초등학생 비만율이 10년만에 네 배 가까이 增加한 것으로 나타났다.
① 배가　② 증가　③ 누가　④ 첨가

142 농구는 공격과 수비의 전환이 빠르게 진행되는 競技이다.
① 운동　② 구기　③ 기술　④ 경기

143 한복에서 두드러지는 것은 부드럽고 우아한 曲線의 미이다.
① 곡선　② 전아　③ 축적　④ 유종

144 망망대해에서 15일 동안이나 표류하다 드디어 저 멀리 陸地의 한 자락을 보게 되었다.
① 토지　　② 능지　　③ 육지　　④ 국지

145 勤勉과 성실이 우리 집의 가훈이다.
① 은근　　② 근면　　③ 노력　　④ 근검

146 나의 꿈은 국제적인 園藝 사업가가 되는 것이다.
① 원예　　② 연예　　③ 도예　　④ 곡예

147 저는 料理가 취미입니다.
① 수리　　② 정리　　③ 조리　　④ 요리

148 한약을 선호하는 대부분의 사람들은 산삼에 지대한 藥效가 있다고 생각한다.
① 효능　　② 효과　　③ 약효　　④ 약재

149 서구의 문화가 들어오면서부터 거의 모두가 신식에 의한 婚禮를 행하게 되었다.
① 가례　　② 관례　　③ 하례　　④ 혼례

150 英雄의 이야기는 언제나 우리 가슴을 설레게 한다.
① 군웅　　② 간웅　　③ 영웅　　④ 영령

151 사람은 살아가는 동안 권리와 義務의 주체가 된다.
① 희생　　② 의무　　③ 복무　　④ 의리

152 요즘은 은행나무가 공해에 강하다고 하여 街路樹로 많이 심고 있다.
① 가로수　　② 신작로　　③ 침엽수　　④ 활엽수

153 이 글은 객관적 사실에 立脚하여 기록한 것이다.
① 입안　　② 입건　　③ 입증　　④ 입각

154 대단위 공업 단지나 주변의 하천 및 바닷물의 汚染이 심각하여 농작물이 죽거나 물고기가 떼죽음을 당하는 현상이 일어나고 있다.
① 농도　　② 오염　　③ 염도　　④ 감염

155~159 다음 문장에서 밑줄 친 한자어(漢字語)의 뜻풀이로 적절한 것은 어느 것입니까?

155 내일은 바람이 多少 강하게 불겠습니다.
① 매우　　② 조금　　③ 다시　　④ 아직

156 그는 木石같아서 내가 아무리 애원해도 거들떠보지도 않았다.
① 감정이 없음　　② 마음이 단단함
③ 의지가 굳음　　④ 뻔뻔스러움

157 그는 靑雲의 꿈을 안고 유학을 떠났다.
① 헛됨　　② 소망　　③ 출세　　④ 알참

158 그와 나는 莫逆한 사이이다.
① 막연함　　② 소원함　　③ 도와줌　　④ 잘 통함

159 내 말에는 秋毫의 거짓도 없다.
① 아주 큼　　② 아주 작음　　③ 호탕함　　④ 소심함

160~164 다음 문장에서 빈칸에 들어갈 가장 적절한 한자어(漢字語)는 어느 것입니까?

160 체육 시간에 학생들이 운동장에 □□하였다.
① 收集　　② 合力　　③ 同居　　④ 集合

161 가진 것을 나눌수록 즐겁고 □□해집니다.
① 平和　　② 幸福　　③ 快樂　　④ 希望

162 민주 □□에서는 국가의 중요 정책을 결정할 때에 항상 국민의 요구와 의견을 존중한다.
① 道德　　② 家庭　　③ 政治　　④ 法庭

163 학교 운동장 주변의 민들레 한 송이, 동네를 돌아다니는 강아지, 뿐만 아니라 우리 주변의 아주 작고 사소한 소재들도 훌륭한 □□의 주제가 될 수 있다.
① 探究　　② 言語　　③ 關心　　④ 視聽

164 그 選手는 □□의 아픔을 딛고 재기에 성공하였다.
① 遲刻　　② 缺陷　　③ 奮鬪　　④ 負傷

165~170 다음 문장에서 밑줄 친 한자어(漢字語)의 한자 표기(漢字表記)가 바르지 않은 것은 어느 것입니까?

165 민요는 ① 民族의 노래요, ② 大衆의 노래이며, 우리의 ③ 所重한 ④ 文花 유산이다.

166 기름진 ① 陰食과 당분이 많은 ② 食品은 ③ 熱量이 높고 ④ 過食하기 쉽기 때문에 이런 음식은 줄여야 한다.

167 그는 ① 物利學 ② 分野에서 ③ 世界的으로 이름 있는 ④ 人物이다.

168 ① 工夫를 잘 하는 방법은 ② 赤是 ③ 授業 시간을 잘 ④ 活用하는 것이다.

169 정면의 문을 열면 ① 二層으로 오르는 ② 階端이 나타나고 좌우편 문을 열면 거실과 ③ 食堂으로 가는 ④ 複道가 나타난다.

170 인간의 ① 大腦는 左右 ② 半球로 뚜렷이 나뉘어져 있으며 左腦는 언어·논리성·학습 능력 등을 ③ 支配하며, 右腦는 공간의 입체 능력과 그리기·④ 宴奏하기와 같은 예술적이고 창조적인 능력과 관계가 있다.

171~178 다음 문장에서 밑줄 친 단어(單語)를 한자(漢字)로 바르게 쓴 것은 어느 것입니까?

171 나는 숙제를 거의 다 하였습니다.
　　① 課題　　　　　　② 話題
　　③ 題材　　　　　　④ 宿題

172 사람들의 입에서 입으로 소문이 널리 퍼졌습니다.
　　① 所聞　　　　　　② 小聞
　　③ 所問　　　　　　④ 小問

173 동화가 퍽 재미있었습니다.
　　① 動話　　　　　　② 童話
　　③ 動和　　　　　　④ 童和

174 자연은 언제나 열려있는 놀이터이자 배움의 공간이다.
　　① 公間　　　　　　② 共間
　　③ 功間　　　　　　④ 空間

175 빛같이 신선하고 빛과 같이 밝은 마음으로 누구에게나 다정한 사람이고 싶다.
　　① 信善　　　　　　② 身線
　　③ 新鮮　　　　　　④ 神仙

176 의사가 환자를 치료했다.
　　① 醫者　　　　　　② 患者
　　③ 亡者　　　　　　④ 病者

177 그 집은 형제 자매 사이에 우애가 남다르다.
　　① 妹弟　　　　　　② 弟妹
　　③ 姉弟　　　　　　④ 姉妹

178 주주총회에서 주주들이 기업의 방만한 경영을 따졌다.
　　① 防漫　　　　　　② 防慢
　　③ 放漫　　　　　　④ 放慢

179~183 다음 문장에서 밑줄 친 단어(單語)나 어구(語句)의 뜻을 가장 잘 나타낸 한자(漢字) 또는 한자어(漢字語)는 어느 것입니까?

179 황희는 1363년 지금의 황해도 개성에서 태어났습니다.
　　① 生長　　② 生成　　③ 出生　　④ 出産

180 토끼는 함정이 있는 곳에 이르렀습니다.
　　① 到達　　② 下達　　③ 到來　　④ 以來

181 용돈을 아껴 쓰면 급한 일로 돈이 필요할 때 요긴하게 잘 쓸 수 있습니다.
　　① 愛用　　② 節約　　③ 要約　　④ 有用

182 그는 컴퓨터에 관한 한 남이 따라서 좇아오는 것을 허용하지 않는다.
　　① 追從　　② 服從　　③ 從來　　④ 從事

183 서당 학동을 소송을 하는 사람과 소송을 당하는 사람으로 나누어 옳고 그름을 따지게 하였다.
　　① 訟事　　② 訴訟　　③ 被訴　　④ 提訴

184~188 다음 글을 읽고 물음에 답하시오.

우리 나라는 ㉠사계절이 ㉡뚜렷합니다. 봄에는 새싹이 파릇파릇 돋아납니다. ㉢여름에는 ㉣푸른 잎이 시원한 그늘을 만들어 줍니다. 가을에는 울긋불긋한 단풍이 山을 뒤덮습니다. 그리고 겨울에는 ㉤하얀 눈이 앙상한 가지를 포근히 덮어 줍니다.

184 ㉠의 한자 표기가 바른 것은?
　　① 四季絕　　　　　② 四季節
　　③ 四界絕　　　　　④ 四界節

185 ㉡의 뜻을 가장 잘 나타낸 것은?
　　① 分明　　　　　　② 分化
　　③ 淸明　　　　　　④ 生動

186 ㉢의 뜻을 가진 것은?
　　① 冬　　② 秋　　③ 夏　　④ 春

187 ㉣의 뜻을 가장 잘 나타낸 것은?
　　① 景　　② 淸　　③ 黑　　④ 綠

188 ㉤의 뜻을 가장 잘 나타낸 것은?
　　① 白雪　　② 白雲　　③ 白眼　　④ 白雨

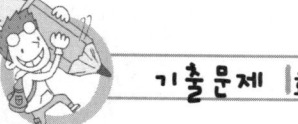

189~193 다음 글을 읽고 물음에 답하시오.

아버지와 아들이 ㉠팔 나귀를 끌고 ㉡場으로 떠났습니다. 이것을 보고 사람들이 "타고 가지 왜 끌고 갈까?"하고 말했습니다. 그 말을 들은 아버지는 아들을 나귀 등에 태웠습니다. 한참을 가는데, 이것을 본 老人이 "아이가 버르장머리가 없군."하고 말했습니다. 그래서 아버지는 ㉢자기가 나귀 등에 타고 아들을 걷게 하였습니다. 얼마쯤 가는데, 이번에는 한 아주머니가 "참 ㉣인정머리도 없군."하고 말했습니다. 이 말을 들은 아버지는 아들과 함께 나귀 등에 탔습니다. 낑낑거리며 걷는 나귀를 보고, 이번에는 ㉤農夫가 말했습니다. "저럴 수가, 불쌍하기도 하지." 그래서 이번에는 나귀의 다리를 묶어, 아들과 함께 낑낑거리며 메고 갔습니다.

189 ㉠의 뜻을 가진 것은?
① 八　　② 稅　　③ 賣　　④ 買

190 ㉡의 독음이 바른 것은?
① 장　　② 궁　　③ 역　　④ 성

191 ㉢의 한자 표기가 바른 것은?
① 自身　　② 自己　　③ 自信　　④ 自起

192 ㉣의 한자 표기가 바른 것은?
① 認定　　② 認情　　③ 人定　　④ 人情

193 ㉤의 독음이 바른 것은?
① 농부　　② 어부　　③ 부부　　④ 주부

194~197 다음 글을 읽고 물음에 답하시오.

인물화는 인물을 대상으로 하여 그 인물이 지닌 표정이나 자세, 분위기 등을 나타낸 그림이다.
인물을 대할 때 먼저 눈에 띄는 것은 눈, ㉠코, 입 등의 생김새로, 얼굴의 ㉡比例와(과) 기울기를 어떻게 잡아 표현하느냐에 따라 그 느낌이 달라진다.
인물을 표현할 때에는 사실적으로 표현하기도 하지만, 자신의 ㉢主觀에 따라 단순화하거나 ㉣變形시켜 표현하기도 한다. 인물의 ㉤細部 묘사보다는 자세와 ㉥表精의 특징을 찾아내어 자기가 받은 느낌을 ㉦개성적으로 나타내는 것이 좋다.

194 ㉠의 뜻을 가진 것은?
① 眼　　② 鼻　　③ 尺　　④ 官

195 ㉡의 독음이 바른 것은?
① 비례　　② 비열　　③ 차례　　④ 차열

196 ㉢~㉥ 중 한자 표기가 바르지 않은 것은?
① ㉢主觀　　② ㉣變形　　③ ㉤細部　　④ ㉥表精

197 ㉦의 '개' 자의 한자 표기가 바른 것은?
① 開　　② 改　　③ 個　　④ 皆

198~203 다음 글을 읽고 물음에 답하시오.

아프리카, 동남 아시아, 오스트레일리아의 ㉠열대림에는 베짜기개미가 서식한다. 베짜기개미들은 여럿이 힘을 합해 한 나뭇가지에 달려 있는 여러 ㉡잎들을 끌어당긴 뒤, ㉢애벌레들이 분비하는 명주실을 사용하여 바느질하듯 잎들을 엮어 집을 만든다. 이처럼 未成年者들까지 ㉣동원한 ㉤조직적인 협동 社會를 ㉥유지하는 데 絶對的으로 必要한 것이 바로 高度로 發達한 ㉦화학 언어이다. 개미들은 터의 ㉧경계, 먹이 장소, ㉨浸入者의 位置 等을 不過 몇 가지의 간단한 화학 낱말들을 가지고 傳達한다. 그리고 그것들을 ㉩適切히 조합하여 더 ㉪複雜한 내용의 문구를 만들기도 한다. 페로몬을 사용하는 이와 같은 개미의 意思疏通도 우리 인간의 ㉫專有物로만 생각했던 언어의 기본적인 구조를 갖춘 하나의 엄연한 意思疏通 手段이다.

198 ㉠의 한자 표기가 바른 것은?
① 烈帶林　　② 熱帶林
③ 烈對林　　④ 熱對林

199 ㉡의 뜻을 가진 것은?
① 葉　　② 枝　　③ 芳　　④ 材

200 ㉢의 뜻을 가장 잘 나타낸 것은?
① 寸蟲　　② 幼蟲　　③ 成蟲　　④ 羽蟲

201 ㉣~㉦의 한자 표기가 바른 것은?
① ㉣動院　　② ㉤組職
③ ㉥維持　　④ ㉦和學

202 ㉧의 '경' 자와 같은 한자를 사용하는 것은?
① 景槪　　② 經過
③ 傾度　　④ 境遇

203 ㉨~㉫ 중 한자 표기가 바르지 않은 것은?
① ㉨浸入者　　② ㉩適切
③ ㉪複雜　　④ ㉫專有物

204~210 다음 글을 읽고 물음에 답하시오.

點火장치는 실린더 안의 ㉠壓縮된 ㉡혼합기를 전기 불꽃으로 ㉢點火시켜 ㉣燃燒시키는 ㉤張置이다.
자동차용 ㉥機關에는 주로 고압 點火法이 쓰이는데, 이를 ㉦축전지 點火法이라 한다.
축전지 點火法은 구조가 간단하고, 點火 시기의 調整 範圍를 넓게 할 수 있으며, ㉧低速 ㉨回轉時에도 필요한 고전압을 ㉩確實하게 얻을 수 있고 接點이 있어 자동차용 기관에 널리 쓰인다.
축전지의 낮은 전압(12~24V)을 電源으로 하여 1차 點火 코일에 電流를 흐르게 하고, 이 전류를 기관에 의해 ㉪驅動되는 캠의 작용으로 ㉫단속시키면 2차 코일에 높은 전압(15,000~20,000V)이 발생하게 된다. 이 고전압을 ㉬배전기에 의해 點火 順序에 맞게 각 點火 플러그에 공급하여 전기 불꽃을 발생시켜 혼합기를 點火시킨다.

204 ㉠의 독음이 바른 것은?

① 염숙   ② 염축
③ 압축   ④ 압박

205 ㉡의 한자 표기가 바른 것은?

① 混合氣   ② 混合器
③ 昏合氣   ④ 昏合器

206 ㉢~㉥ 중 한자 표기가 바르지 않은 것은?

① ㉢點火   ② ㉣燃燒
③ ㉤張置   ④ ㉥機關

207 ㉦의 한자 표기가 바른 것은?

① 築電地   ② 蓄電地
③ 築電池   ④ 蓄電池

208 ㉧~㉪의 독음이 바른 것은?

① ㉧고속   ② ㉨회차시
③ ㉩충실   ④ ㉪구동

209 ㉫의 한자 표기가 바른 것은?

① 團束   ② 斷續
③ 短速   ④ 單屬

210 ㉬의 '배' 자의 한자 표기가 바른 것은?

① 倍   ② 配
③ 排   ④ 背

ㄱ

가 架 시렁 가
가 價 값 가
가 街 거리 가
가 假 거짓 가
가 歌 노래 가
가 加 더할 가
가 佳 아름다울 가
가 可 옳을 가
가 家 집 가
각 覺 깨달을 각
각 閣 집 각
각 却 물리칠 각
각 各 각각 각
각 刻 새길 각
각 脚 다리 각
각 角 뿔 각
간 肝 간 간
간 簡 간략할 간
간 看 볼 간
간 干 방패 간
간 幹 줄기 간
간 刊 새길 간
간 懇 간절할 간
간 姦 간사할 간
간 間 사이 간
간 艱 건사할 간, 대쭝 간
갈 渴 목마를 갈
감 鑑 거울 감
감 監 볼 감
감 甘 달 감
감 減 덜 감
감 感 느낄 감
감 敢 감히 감
갑 甲 갑옷 갑
강 鋼 강철 강
강 剛 굳셀 강
강 康 편안할 강
강 降 내릴 강, 항복할 항
강 講 욀 강
강 江 강 강
강 强 강할 강

개 介 낄 개
개 改 고칠 개
개 槪 대개 개
개 蓋 덮을 개
개 皆 다 개
개 個 낱 개
개 開 열 개
개 慨 슬퍼할 개
객 客 손 객
갱 更 다시 갱, 고칠 경
거 距 떨어질 거
거 拒 막을 거
거 據 의거할 거
거 巨 클 거
거 去 갈 거
거 居 살 거
거 車 수레 거·차
거 擧 들 거
건 件 물건 건
건 健 굳셀 건
건 建 세울 건
건 乾 하늘 건, 마를 건
걸 傑 뛰어날 걸
걸 乞 빌 걸
검 檢 검사할 검
검 儉 검소할 검
검 劍 칼 검
겁 劫 위협할 겁
게 憩 쉴 게
격 格 격식 격
격 激 격할 격
격 隔 사이뜰 격
격 擊 칠 격
견 絹 비단 견
견 遣 보낼 견
견 堅 굳을 견
견 肩 어깨 견
견 見 볼 견, 뵈올 현
견 犬 개 견
결 缺 이지러질 결
결 潔 깨끗할 결
결 決 결단할 결
결 結 맺을 결
겸 兼 겸할 겸
겸 謙 겸손할 겸
경 乙 새 을 (빌 걸)
경 傑 편안할 걸
경 儉 검소할 경
경 檢 검사할 경
경 硬 굳을 경
경 鏡 거울 경
경 傾 기울 경
경 警 깨우칠 경
경 境 지경 경
경 頃 이랑 경, 잠깐 경
경 卿 벼슬 경
경 竟 마침내 경
경 輕 가벼울 경
경 經 지날 경
경 慶 경사 경

경 敬 공경 경
경 驚 놀랄 경
경 競 다툴 경
경 京 서울 경
경 庚 별 경
경 耕 밭갈 경
경 景 볕 경
경 經 글 경, 지날 경
계 繼 이을 계
계 季 계절 계
계 繫 맬 계
계 啓 열 계
계 階 섬돌 계
계 系 이을 계
계 界 지경 계
계 計 셀 계
계 溪 시내 계
계 癸 북방 계, 천간 계
계 鷄 닭 계
계 械 기계 계
계 桂 계수나무 계
계 戒 경계할 계
계 契 맺을 계
계 姑 시어미 고
계 孤 외로울 고
고 稿 원고 고
고 告 알릴 고
고 固 굳을 고
고 高 높을 고
고 考 생각할 고
고 苦 쓸 고
고 故 연고 고
고 古 예 고

고 敲 두드릴 고
고 顧 돌아볼 고
고 穀 곡식 곡
고 谷 골 곡
고 哭 울 곡
고 曲 굽을 곡
곤 困 곤할 곤
곤 坤 땅 곤
골 骨 뼈 골
공 恐 두려울 공
공 孔 구멍 공
공 恭 공손할 공
공 貢 바칠 공
공 供 이바지할 공
공 工 장인 공
공 空 빌 공
공 公 공평할 공
공 功 공 공
공 攻 칠 공
공 共 한가지 공
과 誇 자랑할 과
과 寡 적을 과
과 過 지날 과
과 郭 성곽 곽
과 果 실과 과
과 科 과목 과
과 課 공부할 과, 과정 과
관 冠 갓 관
관 貫 꿸 관
관 寬 너그러울 관
관 慣 익숙할 관
관 館 집 관
관 關 관계할 관
관 官 벼슬 관
관 管 대롱 관, 주관할 관
관 觀 볼 관
광 狂 미칠 광
광 鑛 쇳돌 광
광 廣 넓을 광

고 異 다를 고
고 穀 곡식 곡
고 谷 골 곡
광 光 빛 광
괘 掛 걸 괘
괴 塊 흙덩이 괴
괴 壞 무너질 괴
괴 愧 부끄러울 괴
괴 怪 괴이할 괴
교 巧 공교할 교
교 郊 들 교
교 較 견줄 교, 비교할 교
교 橋 다리 교
교 矯 바로잡을 교
교 校 학교 교
교 交 사귈 교
교 敎 가르칠 교
교 狗 개 구
교 求 구할 구
교 救 구원할 구
교 俱 함께 구
교 拘 잡을 구
교 丘 언덕 구
교 懼 두려워할 구
교 區 구역 구
교 驅 몰 구
교 苟 구차할 구
교 句 글귀 구
교 九 아홉 구
교 奮 떨칠 구
구 究 연구할 구
구 久 오랠 구
구 口 입 구
구 菊 국화 국
구 舊 예 구
구 局 판 국

ㄹ

漢字	음	훈음
羅	라	벌릴 라
絡	락	이을 락
洛	락	떨어질 락
樂	락	즐길 락, 노래 악
欄	란	난간 란
蘭	란	난초 란
亂	란	어지러울 란
卵	란	알 란
濫	람	넘칠 람
覽	람	볼 람
廊	랑	행랑 랑
浪	랑	물결 랑
郎	랑	사내 랑
來	래	올 래
冷	랭	찰 랭
略	략	간략할 략
掠	략	노략질할 략
梁	량	들보 량
諒	량	살필 량
糧	량	양식 량
兩	량	두 량
凉	량	서늘할 량
良	량	어질 량
量	량	헤아릴 량
麗	려	고울 려
慮	려	생각할 려
勵	려	힘쓸 려
旅	려	나그네 려
曆	력	책력 력
歷	력	지날 력
力	력	힘 력
戀	련	그리워할 련
憐	련	불쌍히여길 련
鍊	련	단련할 련
蓮	련	연꽃 련

ㄷ (도)

漢字	음	훈음
陶	도	질그릇 도
塗	도	칠할 도
圖	도	그림 도
道	도	길 도
都	도	도읍 도
徒	도	무리 도
度	도	법도 도, 헤아릴 탁
島	도	섬 도
到	도	이를 도
刀	도	칼 도
督	독	감독할 독
篤	독	도타울 독
毒	독	독 독
讀	독	읽을 독, 구절 두
獨	독	홀로 독
敦	돈	도타울 돈
豚	돈	돼지 돈
突	돌	갑자기 돌
銅	동	구리 동
凍	동	얼 동
冬	동	겨울 동
洞	동	골 동, 밝을 통
童	동	아이 동
動	동	움직일 동
同	동	한가지 동
斗	두	말 두
頭	두	머리 두
豆	두	콩 두
鈍	둔	둔할 둔
屯	둔	진칠 둔
得	득	얻을 득
騰	등	오를 등
燈	등	등 등
等	등	무리, 같을 등
登	등	오를 등

ㄷ (단)

漢字	음	훈음
段	단	층계 단
端	단	끝 단
但	단	다만 단
丹	단	붉을 단
短	단	짧을 단
單	단	홑 단
達	달	통달할 달
淡	담	맑을 담
擔	담	멜 담
談	담	말씀 담
畓	답	논 답
踏	답	밟을 답
答	답	대답할 답
唐	당	당나라, 당황할 당
黨	당	무리 당
糖	당	엿 당
當	당	마땅할 당
堂	당	집, 당당할 당
臺	대	대 대
帶	대	띠 대
隊	대	무리 대
貸	대	빌릴 대
待	대	기다릴 대
代	대	대신할 대
對	대	대할 대
大	대	큰 대
德	덕	큰 덕
渡	도	건널 도
途	도	길 도
倒	도	넘어질 도
盜	도	도둑 도
逃	도	달아날 도
挑	도	돋울 도
跳	도	뛸 도
稻	도	벼 도
桃	도	복숭아 도
導	도	인도할 도

ㄴ

漢字	음	훈음
那	나	어찌 나
諾	낙	허락할 낙
暖	난	따뜻할 난
難	난	어려울 난
南	남	남녘 남
男	남	사내 남
納	납	들일 납
娘	낭	계집 낭
耐	내	견딜 내
柰	내	어찌 내
內	내	안 내
乃	내	이에 내
女	녀	계집 녀
年	년	해 년
念	념	생각 념
寧	녕	편안할 녕
奴	노	종 노
努	노	힘쓸 노
怒	노	성낼 노
農	농	농사 농
腦	뇌	뇌 뇌
惱	뇌	번뇌할 뇌
能	능	능할 능
泥	니	진흙 니

ㄷ

漢字	음	훈음
茶	다	차 다·차
多	다	많을 다
斷	단	끊을 단
壇	단	단 단
團	단	둥글 단
檀	단	박달나무 단
旦	단	아침 단

ㄱ (금)

漢字	음	훈음
今	금	이제 금
金	금	쇠 금, 성 김
級	급	등급 급
急	급	급할 급
及	급	미칠 급
給	급	줄 급
肯	긍	즐길 긍
幾	기	몇 기
器	기	그릇 기
旗	기	기 기
奇	기	기이할 기
忌	기	꺼릴 기
企	기	꾀할 기
騎	기	말탈 기
棄	기	버릴 기
紀	기	벼리 기
寄	기	부칠 기
祈	기	빌 기
欺	기	속일 기
豈	기	어찌 기
飢	기	주릴 기
機	기	틀 기
其	기	그 기
記	기	기록할 기
期	기	기약할 기
氣	기	기운 기
幾	기	몇 기
己	기	몸 기
旣	기	이미 기
起	기	일어날 기
技	기	재주 기
基	기	터 기
緊	긴	긴할 긴
吉	길	길할 길

ㄱ (국~금)

漢字	음	훈음
國	국	나라 국
群	군	무리 군
郡	군	고을 군
軍	군	군사 군
君	군	임금 군
屈	굴	굽을 굴
窮	궁	다할, 궁할 궁
宮	궁	집 궁
弓	궁	활 궁
勞	로	수고로울 로
拳	권	주먹 권
權	권	권세 권
勸	권	권할 권
卷	권	책 권
厥	궐	그 궐
軌	궤	굴대 궤
鬼	귀	귀신 귀
貴	귀	귀할 귀
歸	귀	돌아갈 귀
規	규	법 규
叫	규	부르짖을 규
科	과	과목 과
菌	균	버섯 균
均	균	고를 균
劇	극	심할 극
克	극	이길 극
極	극	극진할, 다할 극
僅	근	겨우 근
斤	근	도끼 근
謹	근	삼갈 근
近	근	가까울 근
勤	근	부지런할 근
根	근	뿌리 근
琴	금	거문고 금
錦	금	비단 금
禽	금	새 금
禁	금	금할 금

ㄹ (계속)

- 聯 련 연이을 련
- 練 련 익힐 련
- 鍊 련 불릴 련
- 裂 렬 찢을 렬
- 劣 렬 못할 렬
- 烈 렬 매울 렬
- 列 렬 벌일 렬
- 獵 렵 사냥할 렵
- 廉 렴 청렴할 렴
- 領 령 거느릴 령
- 令 령 하여금 령
- 靈 령 신령 령
- 零 령 떨어질 령
- 嶺 령 고개 령
- 隷 례 종 례
- 禮 례 예도 례
- 例 례 법식 례
- 露 로 이슬 로
- 老 로 늙을 로
- 路 로 길 로
- 爐 로 화로 로
- 祿 록 녹 록
- 鹿 록 사슴 록
- 綠 록 푸를 록
- 論 론 논할 론
- 賴 뢰 힘입을 뢰
- 雷 뢰 우레 뢰
- 了 료 마칠 료
- 僚 료 동료 료
- 料 료 헤아릴 료
- 龍 룡 용 룡
- 淚 루 눈물 루
- 累 루 여러 루
- 樓 루 다락 루
- 漏 루 샐 루
- 屢 루 여러 루
- 類 류 무리 류
- 留 류 머무를 류
- 柳 류 버들 류
- 流 류 흐를 류
- 陸 륙 뭍 륙
- 六 륙 여섯 륙
- 栗 률 밤 률
- 率 률 비율 률
- 倫 륜 인륜 륜
- 輪 륜 바퀴 륜
- 隆 륭 높을 륭
- 陵 릉 언덕 릉
- 吏 리 벼슬아치 리
- 履 리 밟을 리
- 梨 리 배 리
- 裏 리 속 리
- 離 리 떠날 리
- 李 리 오얏, 성 리
- 理 리 다스릴 리
- 里 리 마을 리
- 利 리 이로울 리
- 隣 린 이웃 린
- 臨 림 임할 림
- 林 림 수풀 림
- 立 립 설 립

ㅁ

- 莫 막 없을 막
- 幕 막 장막 막
- 漠 막 사막 막
- 馬 마 말 마
- 麻 마 삼 마
- 磨 마 갈 마
- 魔 마 마귀 마
- 慢 만 거만할 만
- 漫 만 질펀할 만
- 晚 만 늦을 만
- 滿 만 찰 만
- 萬 만 일만 만
- 灣 만 물굽이 만
- 妄 망 망령될 망
- 忘 망 잊을 망
- 忙 망 바쁠 망
- 亡 망 망할 망
- 望 망 바랄 망
- 茫 망 아득할 망
- 罔 망 없을 망
- 每 매 매양 매
- 妹 매 누이 매
- 梅 매 매화 매
- 埋 매 묻을 매
- 媒 매 중매 매
- 賣 매 팔 매
- 買 매 살 매
- 麥 맥 보리 맥
- 脈 맥 줄기 맥
- 盟 맹 맹세 맹
- 孟 맹 맏 맹
- 猛 맹 사나울 맹
- 盲 맹 소경 맹
- 免 면 면할 면
- 勉 면 힘쓸 면
- 眠 면 잘 면
- 面 면 낯 면
- 綿 면 솜 면
- 滅 멸 꺼질 멸
- 銘 명 새길 명
- 冥 명 어두울 명
- 命 명 목숨 명
- 明 명 밝을 명
- 鳴 명 울 명
- 名 명 이름 명
- 冒 모 무릅쓸 모
- 模 모 본뜰 모
- 募 모 모을 모
- 貌 모 모양 모
- 謀 모 꾀할 모
- 某 모 아무 모
- 侮 모 업신여길 모
- 母 모 어미 모
- 毛 모 터럭 모
- 牧 목 칠 목
- 睦 목 화목할 목
- 木 목 나무 목
- 目 목 눈 목
- 沒 몰 빠질 몰
- 夢 몽 꿈 몽
- 卯 묘 토끼 묘
- 妙 묘 묘할 묘
- 苗 묘 모 묘
- 廟 묘 사당 묘
- 墓 묘 무덤 묘
- 霧 무 안개 무
- 戊 무 천간 무
- 茂 무 무성할 무
- 貿 무 무역할 무
- 舞 무 춤출 무
- 務 무 힘쓸 무
- 武 무 호반 무
- 無 무 없을 무
- 默 묵 잠잠할 묵
- 墨 묵 먹 묵
- 文 문 글월 문
- 聞 문 들을 문
- 問 문 물을 문
- 門 문 문 문
- 勿 물 말 물
- 物 물 물건 물
- 尾 미 꼬리 미
- 微 미 작을 미
- 眉 미 눈썹 미
- 迷 미 미혹할 미
- 味 미 맛 미
- 美 미 아름다울 미
- 未 미 아닐 미
- 米 미 쌀 미
- 敏 민 민첩할 민
- 憫 민 민망할 민
- 民 민 백성 민
- 密 밀 빽빽할 밀
- 蜜 밀 꿀 밀

ㅂ

- 朴 박 소박할 박
- 泊 박 머무를 박
- 拍 박 칠 박
- 薄 박 엷을 박
- 博 박 넓을 박
- 迫 박 핍박할 박
- 班 반 나눌 반
- 般 반 일반 반
- 叛 반 배반할 반
- 返 반 돌이킬 반
- 盤 반 소반 반
- 伴 반 짝 반
- 反 반 돌이킬 반
- 飯 반 밥 반
- 拔 발 뽑을 발
- 髮 발 터럭 발
- 發 발 필 발
- 傍 방 곁 방
- 芳 방 꽃다울 방
- 邦 방 나라 방
- 倣 방 본뜰 방
- 妨 방 방해할 방
- 放 방 놓을 방
- 訪 방 찾을 방
- 房 방 방 방
- 防 방 막을 방
- 方 방 모 방
- 輩 배 무리 배
- 背 배 등 배
- 配 배 나눌 배
- 倍 배 곱 배
- 拜 배 절 배
- 杯 배 잔 배
- 培 배 북돋울 배
- 排 배 밀칠 배
- 番 번 차례 번
- 煩 번 번거로울 번
- 繁 번 번성할 번
- 飜 번 번역할 번
- 罰 벌 벌할 벌
- 伐 벌 칠 벌
- 犯 범 범할 범
- 範 범 법 범
- 凡 범 무릇 범
- 法 법 법 법
- 壁 벽 벽 벽
- 碧 벽 푸를 벽
- 邊 변 가 변
- 辯 변 말씀 변

성(聖)·세(歲)·소(消)·속(俗)·손(孫)

訓音	漢字	音
성 성	姓	성
성인 성	聖	성
성품 성	性	성
성할 성	盛	성
소리 성	聲	성
이룰 성	成	성
재 성	城	성
정성 성	誠	성
가늘 세	細	세
세금 세	稅	세
씻을 세	洗	세
인간 세	世	세
해 세	歲	세
형세 세	勢	세
나물 소	蔬	소
깨어날 소	蘇	소
성길 소	疎	소
시끄러울 소	騷	소
밝을 소	昭	소
부를 소	召	소
불사를 소	燒	소
쓸 소	掃	소
호소할 소	訴	소
바 소	所	소
본디, 흴 소	素	소
사라질 소	消	소
웃음 소	笑	소
작을 소	小	소
적을 소	少	소
묶을 속	束	속
붙을 속	屬	속
조 속	粟	속
빠를 속	速	속
이을 속	續	속
풍속 속	俗	속
덜 손	損	손
손자 손	孫	손

서(書)·석(石)·선(船)·설(說)·섭(涉)·성(星)

訓音	漢字	音
관청 서	署	서
실마리 서	緒	서
여러 서	庶	서
용서할 서	恕	서
천천히 서	徐	서
펼 서	敍	서
맹세할 서	誓	서
갈 서	逝	서
글 서	書	서
더울 서	暑	서
서녘 서	西	서
차례 서	序	서
조갤 석	析	석
풀 석	釋	석
돌 석	石	석
아낄 석	惜	석
옛 석	昔	석
자리 석	席	석
저녁 석	夕	석
돌 선	旋	선
베풀 선	宣	선
고요할 선	禪	선
가릴 선	選	선
고울 선	鮮	선
먼저 선	先	선
배 선	船	선
신선 선	仙	선
줄 선	線	선
착할 선	善	선
혀 설	舌	설
눈 설	雪	설
말씀 설, 달랠 세	說	설
베풀 설	設	설
건널 섭	涉	섭
당길 섭	攝	섭
별 성	星	성
살필 성, 덜 생	省	성

사(事)·산(山)·삼(三)·상(相)·색(色)·생(生)

訓音	漢字	音
일 사	事	사
절 사	寺	사
죽을 사	死	사
집 사	舍	사
하여금 사	使	사
깎을 삭	削	삭
초하루 삭	朔	삭
낳을 산	産	산
메 산	山	산
셈할 산	算	산
흩을 산	散	산
죽일 살, 감할 쇄	殺	살
석 삼	三	삼
갚을 상	償	상
맛볼 상	嘗	상
형상 상	像	상
뽕나무 상	桑	상
상 상	床	상
상서로울 상	祥	상
자세할 상	詳	상
치마 상	裳	상
코끼리 상	象	상
형상 상, 문서 장	狀	상
다칠 상	傷	상
항상 상	常	상
상줄 상	賞	상
생각 상	想	상
서로 상	相	상
서리 상	霜	상
숭상할 상	尙	상
윗 상	上	상
잃을 상	喪	상
장사 상	商	상
막힐 색, 변방 새	塞	색
찾을 색, 새끼줄 삭	索	색
빛 색	色	색
날 생	生	생

비(賓)·빈(貧)·빙(氷)

訓音	漢字	音
외삼촌 구	舅	구
손 빈	賓	빈
자주 빈	頻	빈
가난할 빈	貧	빈
부를 빙	聘	빙
얼음 빙	氷	빙

ㅅ

訓音	漢字	音
간사할 사	邪	사
뱀 사	蛇	사
같을 사	似	사
말씀 사	詞	사
말씀 사	辭	사
맡을 사	司	사
모래 사	沙	사
모일 사	社	사
버릴 사	捨	사
베낄 사	寫	사
비낄 사	斜	사
속일 사	詐	사
이 사	斯	사
제사 사	祀	사
조사할 사	査	사
줄 사	賜	사
넉 사	四	사
뱀 사	巳	사
역사 사	史	사
사례할 사	謝	사
사사 사	私	사
생각 사	思	사
선비 사	士	사
섬길 사	仕	사
스승 사	師	사
실 사	絲	사
쏠 사	射	사

부(部)·불(佛)·붕(朋)·비(非)

訓音	漢字	音
붙을 부	附	부
썩을 부	腐	부
질 부	負	부
도울 부	扶	부
떼 부	部	부
뜰 부	浮	부
며느리, 지어미 부	婦	부
부자 부	富	부
아닐 부	否	부
아닐 불(부)	不	부
아비 부	父	부
지아비 부	夫	부
북녘 북, 달아날 배	北	북
가루 분	粉	분
달릴 분	奔	분
떨칠 분	奮	분
무덤 분	墳	분
분할 분	憤	분
어지러울 분	紛	분
나눌 분	分	분
떨칠 불	拂	불
부처 불	佛	불
무리 붕	朋	붕
무너질 붕	崩	붕
계집종 비	婢	비
낮을 비	卑	비
비석 비	碑	비
비평할 비	批	비
살찔 비	肥	비
숨길 비	秘	비
쓸 비	費	비
왕비 비	妃	비
갖출 비	備	비
견줄 비	比	비
날 비	飛	비
슬플 비	悲	비
아닐 비	非	비

변(變)·별(別)·병(病)·보(寶)·복(福)·봉(鳳)·부(府)

訓音	漢字	音
분별할 변	辨	변
변할 변	變	변
다를, 나눌 별	別	별
나란히 설 병	竝	병
병풍 병	屛	병
남녘, 천간 병	丙	병
병들 병	病	병
병사 병	兵	병
기울 보	補	보
넓을 보	普	보
보배 보	寶	보
족보 보	譜	보
갚을, 알릴 보	報	보
걸음 보	步	보
보전할 보	保	보
겹칠 복	複	복
배 복	腹	복
점 복	卜	복
뒤집을 복	覆	복
복 복	福	복
엎드릴 복	伏	복
옷, 복종할 복	服	복
회복할 복, 다시 부	復	복
근본 본	本	본
봉우리 봉	峰	봉
붓 봉	筆	봉
봉할 봉	封	봉
새 봉	鳳	봉
만날 봉	逢	봉
받들 봉	奉	봉
다다를 부	赴	부
마을, 관청 부	府	부
문서 부	簿	부
버금 부	副	부
부세 부	賦	부
줄 부	付	부
부적 부	符	부

송 訟 송사할 송
송 誦 욀 송
송 頌 칭송할 송
송 送 보낼 송
송 松 소나무 송
쇄 鎖 쇠사슬 쇄
쇄 刷 인쇄할 쇄
세 洗 씻을 세
세 細 가늘 세
수 囚 가둘 수
수 殊 다를 수
수 遂 드디어 수
수 隨 따를 수
수 輸 보낼 수
수 需 쓸, 쓰일 수
수 帥 장수 수
수 雖 비록 수
수 睡 졸음 수
수 獸 짐승 수
수 搜 찾을 수
수 垂 드리울 수
수 收 거둘 수
수 愁 근심 수
수 樹 나무 수
수 誰 누구 수
수 修 닦을 수
수 首 머리 수
수 須 모름지기 수
수 壽 목숨 수
수 受 받을 수
수 水 물 수
수 授 줄 수
수 手 손 수
수 數 셈 수
수 秀 빼어날 수
수 守 지킬 수
숙 熟 익을 숙
숙 叔 아재비 숙
숙 淑 맑을 숙

숙 肅 엄숙할 숙
숙 宿 잘 숙
숙 孰 누구 숙
순 循 좇을 순
순 瞬 눈깜짝일 순
순 巡 돌, 순행할 순
순 殉 따라죽을 순
순 旬 열흘 순
순 脣 입술 순
순 純 순수할 순
순 順 순할 순
술 術 재주 술
술 戌 개 술
숭 崇 높을 숭
습 拾 주울 습, 열 십
습 濕 젖을 습
습 襲 엄습할 습
승 僧 중 승
승 昇 오를 승
승 乘 탈 승
승 承 이을 승
승 勝 이길 승
시 侍 모실 시
시 矢 화살 시
시 施 베풀 시
시 示 보일 시
시 視 볼 시
시 始 비로소 시
시 詩 시 詩
시 試 시험할 시
시 是 옳을 시
시 市 저자 시
식 飾 꾸밀 식

식 食 밥, 먹을 식
식 式 법 식
식 植 심을 식
식 識 알 식, 기록할 지
신 申 납 신
신 神 귀신 신
신 伸 펼 신
신 晨 새벽 신
신 愼 삼갈 신
신 辛 매울 신
신 身 몸 신
신 信 믿을 신
신 新 새 신
신 臣 신하 신
실 實 열매 실
실 失 잃을 실
실 室 집 실
심 審 살필 심
심 尋 찾을 심
심 深 깊을 심
심 甚 심할 심
심 心 마음 심
십 十 열 십
쌍 雙 쌍 쌍
씨 氏 성씨 씨

ㅇ

아 雅 맑을 아
아 亞 버금 아
아 芽 싹 아
아 牙 어금니 아
아 餓 주릴 아
아 我 나 아
아 阿 언덕 아
아 兒 아이 아

악 岳 큰산 악
악 惡 악할 악, 미워할 오
안 岸 언덕 안
안 雁 기러기 안
안 顔 얼굴 안
안 眼 눈 안
안 案 책상 안
안 安 편안 안
알 謁 뵐 알
암 巖 바위 암
암 暗 어두울 암
압 壓 누를 압
압 押 도장찍을 압
앙 央 가운데 앙
앙 殃 재앙 앙
앙 仰 우러를 앙
애 哀 슬플 애
애 愛 사랑 애
애 涯 물가 애
액 厄 재앙 액
액 額 이마 액
야 耶 어조사 야
야 夜 밤 야
야 也 이끼(어조사) 야
야 野 들 야
약 躍 뛸 약
약 若 같을 약
약 約 맺을 약
약 藥 약 약
양 樣 모양 양
양 楊 버들 양
양 揚 날릴 양
양 壤 흙덩이 양
양 養 기를 양
양 讓 사양할 양
양 羊 양 양
양 洋 큰바다 양
어 御 거느릴 어
어 漁 고기잡을 어
어 語 말씀 어
어 於 어조사 어

억 億 억 억
억 憶 생각할 억
억 抑 누를 억
언 焉 어조사 언
엄 嚴 엄할 엄
업 業 일 업
여 余 나 여
여 如 같을 여
여 汝 너 여
여 餘 남을 여
여 與 줄, 더불 여
여 輿 수레 여
여 予 나 여
역 役 부릴 역
역 疫 전염병 역
역 易 바꿀 역, 쉬울 이
역 逆 거스를 역
역 域 지경 역
역 譯 번역할 역
역 驛 역말 역
역 亦 또 역
연 延 늘일 연
연 沿 물따라내려갈 연
연 鉛 납 연
연 軟 연할 연
연 宴 잔치 연
연 燕 제비 연
연 緣 인연 연
연 演 펼 연
연 硏 갈 연
연 然 그럴 연
연 煙 연기 연
연 燃 사를 연
열 悅 기쁠 열
열 閱 볼 열
열 熱 더울 열
염 染 물들 염
염 炎 불꽃 염
영 映 비칠 영
영 影 그림자 영
영 營 경영할 영
영 榮 영화 영
영 迎 맞을 영
예 藝 재주 예
예 銳 날카로울 예
예 譽 기릴 예
오 傲 거만할 오
오 汚 더러울 오
오 娛 즐길 오
오 誤 그릇할 오
오 嗚 슬플 오
오 烏 까마귀 오
오 悟 깨달을 오
오 吾 나 오
오 午 낮 오
오 五 다섯 오
옥 獄 옥 옥
옥 玉 구슬 옥
옥 屋 집 옥

뜻	漢字	음
긴 장	長	장
마당 장	場	장
장수, 장차 장	將	장
장할 장	壯	장
실을 재	載	재
마를 재	裁	재
재앙 재	災	재
재상 재	宰	재
두 재	再	재
심을 재	栽	재
어조사 재	哉	재
있을 재	在	재
재목 재	材	재
재물 재	財	재
재주 재	才	재
다툴 쟁	爭	쟁
막을 저	抵	저
밑 저	底	저
나타날 저	著	저
낮을 저	低	저
쌓을 저	貯	저
고요할 적	寂	적
길쌈 적	績	적
도둑 적	賊	적
문서 적	籍	적
물방울 적	滴	적
발자취 적	跡	적
쌓을 적	積	적
과녁 적	的	적
대적할 적	敵	적
맞을 적	適	적
붉을 적	赤	적
구를 전	轉	전
오로지 전	專	전
전각 전	殿	전
돈 전	錢	전

ㅈ

뜻	漢字	음
모양 자	姿	자
방자할 자	恣	자
이 자	玆	자
자줏빛 자	紫	자
재물 자	資	자
찌를 자·척	刺	자
글자 자	字	자
놈 자	者	자
사랑 자	慈	자
손위누이 자	姉	자
스스로 자	自	자
아들 자	子	자
술잔, 잔작할 작	爵	작
술부을, 어제 작	酌	작
지을 작	昨	작
지을 작	作	작
남을 잔	殘	잔
잠길 잠	潛	잠
잠깐 잠	暫	잠
섞일 잡	雜	잡
장려할 장	獎	장
감출 장	藏	장
꾸밀 장	裝	장
단장할 장	粧	장
담 장	墻	장
막을 장	障	장
베풀 장	張	장
손바닥 장	掌	장
씩씩할 장	莊	장
어른 장	丈	장
오장 장	臟	장
장사지낼 장	葬	장
창자 장	腸	장
휘장 장	帳	장
글 장	章	장

뜻	漢字	음
뜻 의	意	의
어조사 의	矣	의
옳을 의	義	의
옷 의	衣	의
의논할 의	議	의
의원 의	醫	의
의지할 의	依	의
오랑캐 이	夷	이
귀 이	耳	이
다를 이	異	이
두 이	二	이
말이을 이	而	이
써 이	以	이
옮길 이	移	이
이미 이	已	이
날개 익	翼	익
더할 익	益	익
혼인 인	姻	인
끌 인	引	인
도장 인	印	인
범, 동방 인	寅	인
사람 인	人	인
알 인	認	인
어질 인	仁	인
인할 인	因	인
참을 인	忍	인
편안할 일	逸	일
날 일	日	일
한 일	一	일
맡길 임	任	임
품삯 임	賃	임
북방, 천간 임	壬	임
들 임	人	임

뜻	漢字	음
나을 유	愈	유
넉넉할 유	裕	유
멀 유	悠	유
벼리 유	維	유
생각할 유	惟	유
선비 유	儒	유
젖 유	乳	유
기름 유	油	유
남길 유	遺	유
놀 유	遊	유
닭 유	酉	유
말미암을 유	由	유
부드러울 유	柔	유
어릴 유	幼	유
오직 유	唯	유
오히려 유	猶	유
있을 유	有	유
고기 육	肉	육
기를 육	育	육
윤택할 윤	潤	윤
윤달 윤	閏	윤
숨을 은	隱	은
은 은	銀	은
은혜 은	恩	은
새 을	乙	을
음란할 음	淫	음
그늘 음	陰	음
마실 음	飲	음
소리 음	音	음
읊을 음	吟	음
고을 읍	邑	읍
울 읍	泣	읍
엉길 응	凝	응
응할 응	應	응
거동 의	儀	의
마땅 의	宜	의
의심할 의	疑	의

뜻	漢字	음
어조사 우	于	우
오른쪽 우	右	우
집 우	宇	우
운 운	韻	운
구름 운	雲	운
옮길 운	運	운
이를 운	云	운
수컷 웅	雄	웅
근원 원	源	원
도울 원	援	원
인원 원	員	원
집 원	院	원
동산 원	園	원
둥글 원	圓	원
멀 원	遠	원
언덕, 근원 원	原	원
원망할 원	怨	원
원할 원	願	원
으뜸 원	元	원
넘을 월	越	월
달 월	月	월
거짓 위	偽	위
맡길 위	委	위
위장 위	胃	위
씨줄 위	緯	위
어길 위	違	위
에워쌀 위	圍	위
위로할 위	慰	위
이를 위	謂	위
지킬 위	衛	위
위엄 위	威	위
위태할 위	危	위
자리 위	位	위
위대할 위	偉	위
할 위	爲	위
그윽할 유	幽	유
꾈 유	誘	유

뜻	漢字	음
따뜻할 온	溫	온
늙은이 옹	翁	옹
안을 옹	擁	옹
기와 와	瓦	와
누울 와	臥	와
느릴 완	緩	완
완전할 완	完	완
가로되 왈	曰	왈
갈 왕	往	왕
임금 왕	王	왕
두려워할 외	畏	외
바깥 외	外	외
노래 요	謠	요
멀 요	遙	요
허리 요	腰	요
흔들 요	搖	요
요긴할 요	要	요
욕될 욕	辱	욕
욕심 욕	慾	욕
목욕할 욕	浴	욕
하고자할 욕	欲	욕
떳떳할 용	庸	용
날랠 용	勇	용
쓸 용	用	용
얼굴 용	容	용
깃 우	羽	우
뛰어날 우	優	우
어리석을 우	愚	우
우편 우	郵	우
짝 우	偶	우
근심 우	憂	우
더욱 우	尤	우
또 우	又	우
만날 우	遇	우
벗 우	友	우
비 우	雨	우
소 우	牛	우

田 밭 전
電 번개 전
典 법 전
殿 대궐 전
前 앞 전
全 온전할 전
傳 전할 전
展 펼 전
切 끊을 절, 온통 체
折 꺾을 절
纏 얽을 전
絶 끊을 절
節 마디 절
點 점찍을 점
占 점령할 점, 점칠 점
漸 점점 점
店 가게 점
蝶 나비 접
接 접할 접
訂 바로잡을 정
程 길 정
整 가지런할 정
靜 고요할 정
貞 곧을 정
征 칠 정
廷 조정 정
亭 정자 정
停 머무를 정
情 뜻 정
庭 뜰 정
淨 깨끗할 정
丁 장정 정
井 우물 정
正 바를 정
政 정사 정
頂 정수리 정
定 정할 정

精 정밀할 정
齊 가지런할 제
濟 건널 제
提 끌 제
堤 둑 제
除 덜 제
制 절제할 제
際 사이 제
祭 제사 제
製 지을 제
題 제목 제
帝 임금 제
弟 아우 제
諸 모두 제
第 차례 제
劑 약제 제
條 가지 조
照 비칠 조
燥 마를 조
操 잡을 조
租 구실 조
潮 밀물 조
組 끈 조
調 고를 조
助 도울 조
朝 아침 조
鳥 새 조
兆 억조 조
早 이를 조
造 지을 조
祖 할아비 조
族 겨레 족
足 발 족
尊 높을 존
存 있을 존
拙 옹졸할 졸
卒 마칠 졸

宗 마루 종
終 마칠 종
綜 모을 종
種 씨 종
鐘 쇠북 종
從 좇을 종
縱 세로 종
左 왼 좌
罪 허물 죄
坐 앉을 좌
座 자리 좌
佐 도울 좌
州 고을 주
朱 붉을 주
洲 물가 주
周 두루 주
柱 기둥 주
株 그루 주
珠 구슬 주
鑄 부어만들 주
奏 아뢸 주
走 달릴 주
晝 낮 주
宙 집 주
主 주인 주
酒 술 주
住 살 주
注 물댈 주
竹 대 죽
遵 좇을 준
俊 준걸 준
準 법 준
仲 버금 중
中 가운데 중
重 무거울 중
衆 무리 중
卽 곧 즉

贈 줄 증
增 더할 증
曾 일찍 증
蒸 찔 증
證 증거 증
憎 미울 증
症 증세 증
指 가리킬 지
枝 가지 지
持 가질 지
池 못 지
遲 더딜 지, 늦을 지
誌 기록할 지
智 지혜 지
志 뜻 지
地 땅 지
只 다만 지
止 그칠 지
之 갈 지
紙 종이 지
至 이를 지
知 알 지
支 지탱할 지
職 벼슬 직
織 짤 직
直 곧을 직
振 떨칠 진
陳 베풀 진
珍 보배 진
鎭 진압할 진
盡 다할 진
陣 진칠 진
進 나아갈 진
震 진동할 진
辰 별 진, 때 신
眞 참 진
疾 병 질

姪 조카 질
秩 차례 질
質 바탕 질
執 잡을 집
集 모을 집
徵 부를 징
懲 징계할 징

ㅈ

差 어긋날 차
且 또 차
次 버금 차
此 이 차
借 빌릴 차
捉 잡을 착
錯 섞일 착
讚 기릴 찬
贊 도울 찬
餐 밥 찬
參 참여할 참, 석 삼
慘 참혹할 참
斬 벨 참
慙 부끄러울 참
唱 부를 창
蒼 푸를 창
倉 곳집 창
創 비롯할 창
暢 화창할 창
昌 창성할 창
悵 슬퍼할 창
窓 창 창
彩 채색 채
債 빚 채
採 캘 채
菜 나물 채
策 꾀 책
責 꾸짖을 책
册 책 책

處 곳 처
妻 아내 처
拓 넓힐 척
戚 겨레 척
尺 자 척
斥 물리칠 척
踐 밟을 천
遷 옮길 천
淺 얕을 천
泉 샘 천
川 내 천
千 일천 천
天 하늘 천
哲 밝을 철
徹 뚫을 철
鐵 쇠 철
尖 뾰족할 첨
添 더할 첨
妾 첩 첩
貼 붙일 첩
聽 들을 청
廳 관청 청
晴 갤 청
請 청할 청
淸 맑을 청
靑 푸를 청
替 바꿀 체
滯 막힐 체
逮 잡을 체
遞 갈마들 체
締 맺을 체
體 몸 체
抄 베낄 초
肖 닮을 초
超 뛰어넘을 초
招 부를 초
礎 주춧돌 초

ㅎ

한자	훈·음
含	머금을 함
陷	빠질 함
合	합할 함
巷	거리 항
抗	대항할 항
航	배 항
港	항구 항
項	목 항
恒	항상 항
該	해당할 해
奚	어찌 해
亥	돼지 해
海	바다 해
解	풀 해
害	해칠 해
核	씨 핵
行	다닐 행
幸	다행 행
享	누릴 향
響	울릴 향
鄕	시골 향
香	향기 향
向	향할 향
虛	빌 허
許	허락할 허
獻	드릴 헌
憲	법 헌
軒	집 헌
驗	시험할 험
險	험할 험
革	가죽 혁
玄	검을 현
縣	고을 현
顯	나타날 현
懸	매달 현
絃	줄 현
現	나타날 현

ㅍ

한자	훈·음
票	표 표
標	표할 표
表	겉 표
品	물건 품
風	바람 풍
豊	풍성할 풍
被	입을 피
疲	지칠 피
避	피할 피
皮	가죽 피
彼	저 피
畢	마칠 필
必	반드시 필
筆	붓 필
匹	짝 필

ㅎ

한자	훈·음
荷	멜 하
河	물 하
下	아래 하
何	어찌 하
夏	여름 하
賀	하례할 하
鶴	학 학
學	배울 학
旱	가물 한
汗	땀 한
寒	찰 한
恨	한할 한
閑	한가할 한
韓	한국 한
漢	한수 한
限	한할 한
割	벨 할
咸	다 함

ㅍ

한자	훈·음
播	뿌릴 파
頗	자못 파
把	잡을 파
破	깨트릴 파
波	물결 파
板	널 판
版	조각 판
販	팔 판
判	판단할 판
八	여덟 팔
貝	조개 패
敗	패할 패
遍	두루 편
編	엮을 편
偏	치우칠 편
片	조각 편
篇	책 편
便	편할 편, 똥오줌 변
評	평론할 평
平	평평할 평
蔽	가릴 폐
弊	해질 폐
廢	폐할 폐
肺	허파 폐
幣	화폐 폐
閉	닫을 폐
浦	물가 포
飽	배부를 포
胞	태 포
包	쌀 포
捕	잡을 포
布	베 포, 베풀 포
抱	안을 포
暴	사나울 폭, 모질 포
爆	불터질 폭
幅	폭 폭
漂	뜰 표

ㅌ

한자	훈·음
濯	씻을 탁
濁	흐릴 탁
炭	숯 탄
歎	탄식할 탄
彈	탄알 탄
誕	태어날 탄
奪	빼앗을 탈
脫	벗을 탈
貪	탐낼 탐
探	찾을 탐
塔	탑 탑
湯	끓을 탕
殆	위태로울 태
怠	게으를 태
態	태도 태
太	클 태
泰	클 태
擇	가릴 택
澤	못 택
宅	집 택, 댁
討	칠 토
吐	토할 토
土	흙 토
痛	아플 통
統	거느릴 통
通	통할 통
退	물러날 퇴
透	사무칠 투
鬪	싸움 투
投	던질 투
特	특별할 특

ㅍ

한자	훈·음
派	갈래 파
罷	마칠 파

ㅊ

한자	훈·음
就	나아갈 취
吹	불 취
側	곁 측
測	헤아릴 측
層	층 층
値	값 치
置	둘 치
恥	부끄러울 치
治	다스릴 치
齒	이 치
致	이룰 치
則	법칙 칙, 곧 즉
親	친할 친
漆	옻 칠
七	일곱 칠
枕	베개 침
寢	잘 침
浸	잠길 침
沈	잠길 침, 성 심
侵	침노할 침
針	바늘 침
稱	일컬을 칭

ㅋ

한자	훈·음
快	쾌할 쾌

ㅌ

한자	훈·음
墮	떨어질 타
妥	온당할 타
他	다를 타
打	칠 타
草	늦을 타
托	맡길 탁

ㅊ

한자	훈·음
礎	주춧돌 초
秒	초 초
招	부를 초
初	처음 초
草	풀 초
觸	닿을 촉
促	재촉할 촉
燭	촛불 촉
寸	마디 촌
村	마을 촌
聰	귀밝을 총
總	다 총
銃	총 총
催	재촉할 최
最	가장 최
抽	뽑을 추
醜	더러울 추
秋	가을 추
推	밀 추
追	쫓을 추
蓄	쌓을 축
築	쌓을 축
縮	줄일 축
畜	짐승 축
逐	쫓을 축
祝	빌 축
丑	소 축
春	봄 춘
出	날 출
衝	찌를 충
蟲	벌레 충
充	채울 충
忠	충성 충
臭	냄새 취
趣	뜻 취
醉	취할 취
取	가질 취

현 賢 어질 현
혈 血 피 혈
혈 穴 구멍 혈
협 脅 으를 협
협 脅 옆구리 협
협 協 합할 협
형 螢 반딧불 형
형 亨 형통할 형
형 衡 저울대 형
형 兄 형 형
형 刑 형벌 형
형 形 모양 형
혜 慧 지혜 혜
혜 惠 은혜 혜
혜 兮 어조사 혜
호 護 도울 호
호 胡 오랑캐 호
호 互 서로 호
호 毫 털끝 호
호 豪 호걸 호
호 虎 범 호
호 呼 부를 호
호 乎 어조사 호
호 號 이름 호
호 好 좋을 호
호 戶 집 호
호 湖 호수 호
혹 惑 미혹할 혹
혼 魂 넋 혼
혼 昏 어두울 혼
혼 混 섞일 혼
혼 婚 혼인할 혼
홀 忽 문득 홀
홍 鴻 기러기 홍
홍 洪 넓을 홍

홍 弘 클 홍
홍 紅 붉을 홍
화 禍 재앙 화
화 天 내 화
화 畵 그림 화, 그을 획
화 華 빛날 화
화 火 불 화
화 話 말씀 화
화 化 될 화
화 花 꽃 화
화 貨 재물 화
화 和 화할 화
화 權 권세 권
확 確 굳을 확
확 擴 넓힐 확
환 環 고리 환
환 還 돌아올 환
환 丸 둥글 환
환 換 바꿀 환
환 患 근심 환
환 歡 기쁠 환
활 活 살 활
황 荒 거칠 황
황 況 하물며 황
황 黃 누를 황
황 皇 임금 황
회 悔 뉘우칠 회
회 懷 품을 회
회 會 모일 회
회 回 돌아올 회
획 劃 그을 획
획 獲 얻을 획
횡 橫 가로 횡
효 曉 새벽 효
효 孝 효도 효
효 效 본받을 효

후 候 제후 후
후 厚 두터울 후
후 後 뒤 후
훈 訓 가르칠 훈
훼 毀 헐 훼
휘 輝 빛날 휘
휴 携 이끌 휴
휴 休 쉴 휴
흉 胸 가슴 흉
흉 凶 흉할 흉
흑 黑 검을 흑
흡 吸 마실 흡
흥 興 일 흥
희 戱 놀이 희
희 喜 기쁠 희
희 稀 드물 희
희 希 바랄 희

사전이 필요없는 한자시험 실전모의고사 개념끝

3판 1쇄 | 2010년 3월 10일
3판 2쇄 | 2011년 5월 15일

지은이 | 김영훈
펴낸이 | 정연미
펴낸곳 | 에듀멘토르

등록 | 2009년 10월 5일 제2009-19호
주소 | 서울시 마포구 서교동 366-10 청원빌딩 3층
전화 | 02-711-0911
팩스 | 02-711-0920
http://www.mentorbook.kr

편집디자인 | nmedia
표지디자인 | Design Tong
내용문의 | mentorBook@yahoo.co.kr

ISBN : 978-89-94127-26-1 13710

© 2010 에듀멘토르

가격 : 12,000원

http://www.mentorbook.kr

| 본문 2 |

| 본문 1 |

으뜸한자 600

사전이 필요없는 성공회의소 한자시험 중급기본서(3·4·5 포함)

| 차례

Chapter 1 | 기초 이론 학습
· 부수란 무엇인가?
· 한자의 짜임
· 한자어의 짜임
· 필순의 기본원칙

Chapter 2 | 5급 한자 600
Chapter 3 | 4급 한자 300
Chapter 4 | 3급 한자 900

Chapter 5 | 기타 출제 유형별 정리
· 반대자 / 유의자
· 반의어 / 상대어
· 동음이의어
· 일자다음자
· 사자성어

Chapter 6 | 제1회 기출문제
Chapter 7 | 색인 및 정답

| 책 소개

성공회의소 한자 급수 시험에 맞게 구성한 이 책은 각 급별로 한자를 분류한 것은 물론, 각 급의 출제 유형에 걸맞은 학습 요소를 집중적으로 학습하도록 되어 있다. 출제 비중이 높은 영역을 유형별로 정리했으며, 각 페이지마다 배운 한자를 복습하고 24자 학습 후에는 해당 한자를 총복습할 수 있는 연습문제를 배치하여 시험에 많이 나오는 한자를 완벽하게 마스터할 수 있도록 돕는다.

무엇보다 이 책의 가장 큰 강점은 각 한자의 훈·음으로 물론 한자어를 이룬 다른 한자의 훈·음까지 보여주어 자전이 필요하지 않다는 것이다. 또한 성공회의소 시험에서 중점으로 두고 있는 한자어 학습을 위하여 각 페이지의 하단에 한자어가 포함된 문장을 익히며 학습 내용을 활용할 수 있도록 꾸몄기 때문에 학습 효과를 극대화할 수 있다.